D1721664

Kontaktdeutsch

Zur Theorie eines Varietätentyps
unter transkulturellen Bedingungen
von Mehrsprachigkeit

Csaba Földes

Kontaktdeutsch

Zur Theorie eines Varietätentyps
unter transkulturellen Bedingungen
von Mehrsprachigkeit

gnV Gunter Narr Verlag Tübingen

Bibliographische Information der Deutschen Bibliothek

Die Deutsche Bibliothek verzeichnet diese Publikation in der Deutschen Nationalbibliografie; detaillierte bibliografische Daten sind im Internet über http://dnb.ddb.de abrufbar.

Die Publikation wurde durch einen Druckkostenzuschuss der Alexander von Humboldt-Stiftung freundlicherweise gefördert.

Redaktionsmitarbeit: János Németh

Einbandgestaltung unter Verwendung des Gemäldes „kONTRASTE ROT" von Michael Wagner.

© 2005 · Narr Francke Attempto Verlag Tübingen GmbH + Co. KG
Dischingerweg 5 · D–72070 Tübingen

Das Werk ist einschließlich aller seiner Teile urheberrechtlich geschützt. Jede Verwertung außerhalb der engen Grenzen des Urhebergesetzes ist ohne Zustimmung des Verlages unzulässig und strafbar. Das gilt insbesondere für Vervielfältigungen, Übersetzungen, Mikroverfilmungen und die Einspeicherung und Verarbeitung in elektronischen Systemen.

Internet: http://www.narr.de
E-Mail: info@narr.de

ISBN 3-8233-6160-0

Inhaltsverzeichnis

„Ich habe behauptet, dass unter allen
Fragen mit welchen die heutige
Sprachwissenschaft zu thun hat,
keine von grösserer Wichtigkeit ist
als die Sprachmischung [...]"

(SCHUCHARDT 1884: 3)

1 Einleitung und Problemhorizont

1.1 Kulturen im Kontakt: Zwei- und Mehrsprachigkeit als kontaktlinguistische[1] Herausforderung

Die Problematik des fundamental menschlichen Phänomens 'Zwei- bzw. Mehrsprachigkeit' hat sich heute zu einem höchst aktuellen inter-, multi- und transdisziplinären[2] Forschungsbereich entwickelt, der das Interesse fast sämtlicher geistes-, kultur- und sozialwissenschaftlicher (und z.t. sogar naturwissenschaftlicher) Disziplinen für sich gewonnen hat. Die nachhaltige Reflexion und der mittlerweile bemerkenswerte internationale Wissensstand gehen u.a. aus dem umfangreichen Zwei-sprachigkeits-Handbuch von PAULSTON (1988), der 758 großformatige Seiten umfassenden und multidisziplinär angelegten Bilinguismus-Enzyklopädie von BAKER/JONES (1998) und dem 902-seitigen monu-mentalen Bilinguismus-Handbuch von BHATIA/RITCHIE (2004) detail-liert hervor. Gleichwohl ist zu bemerken, dass die unterschiedlichen Szenarien des Zwei- bzw. Mehrsprachigkeitsgebrauchs in der germa-

---

[1] Unter 'Kontaktlinguistik' verstehen die Herausgeber des für diesen Gegenstandsbe-reich maßgebenden HSK-Bandes „eine von Linguisten aller Fachrichtungen gegen-über dem Phänomen des sozialen *Kontakts zweier oder mehrerer natürlicher Einzelspra-chen* eingenommene Forschungshaltung und die daraus resultierenden theoretischen und praktischen Resultate" (Hervorhebung im Original; GOEBL/NELDE/STARÝ/WÖLCK 1996: XXV). Mit einem ähnlichen Ansatz, allerdings etwas einfacher und verkürzter formuliert GOEBL (1997: 52): Kontaktlinguistik ist „die sprachwissenschaftliche Be-trachtung von Sprachen und deren Sprechern, die miteinander in irgendeiner Form von sozialem Kontakt stehen". Ein interdisziplinäres Konzept der Kontaktlinguistik „als Wissenschaftszweig der Mehrsprachigkeitsforschung" stammt von NELDE (1992: 232 ff.).

[2] Zu diesem terminologischen System von 'Disziplinarität' vgl. NOWOTNY (1997: 178 ff.).

7

nistischen Linguistik[3] wesentlich seltener thematisiert werden als in anderen Neuphilologien. So moniert z.b. auch PÜTZ (1994: 5), dass „entsprechende Untersuchungen in deutscher Sprache bislang nicht existieren" und „eine umfassende Untersuchung über das Deutsche als am Kontaktgeschehen beteiligtes System bislang nicht vorliegt".

Über das Kulturthema 'Zweisprachigkeit' herrscht in der Forschungsliteratur im Hinblick auf Horizonte, Umfang und Fluchtlinien nach wie vor keine Einhelligkeit. BARTHA (1999: 40) betont, dass eine einheitliche Definition schon deswegen nicht möglich sei, „weil die Zweisprachigkeit der Individuen [...] nichts anderes ist, als ein von den unterschiedlichen Sprechern auf unterschiedliche Weise erworbener Status", der sich sogar (vor allem unter Einwirkung äußerer Umstände) verändern kann.

Manche Publikationen – darunter auch jüngere – behandeln das Forschungsanliegen 'Zwei- bzw. Mehrsprachigkeit' zu simplifiziert. So geht z.b. OHRT (1998: 5) davon aus, dass dieser Begriff völlig eindeutig sei, und zwar in dem Sinne: „Ein Individuum soll mehr als eine Sprache beherrschen, also außer seiner Muttersprache mindestens noch eine Fremdsprache. [...] [M]an kann auch feststellen, dass es weltweit kaum eine andere Meinung gibt [...]." Nach dem aktuellen Stand der Forschungsliteratur ist dagegen zu konstatieren, dass diese Behauptung der faktischen Komplexität und dem mannigfachen Facettenreichtum des Gegenstandes nicht gerecht wird. Es liegt noch nicht einmal eine adäquate und einhellig akzeptierte Definition des 'Bi-' bzw. 'Multilinguismus' vor. Bereits vor drei Jahrzehnten führte OVERBEKE (1972: 112 ff.) bei seiner Auseinandersetzung mit dem Terminus nicht weniger als 21 Definitionen der Zweisprachigkeit an, die er aus der Fachliteratur unter drei Gesichtspunkten – nämlich: normativ, beschreibend und methodologisch – ermittelt hatte. Trotz der stürmischen Entwicklung und vieler beachtenswerter Leistungen auf dem Gebiet der Bi- und Multilinguismusforschung bleibt nach wie vor festzustellen, dass das Spektrum der zur Verfügung stehenden Arbeitsdefinitionen ziemlich breit ist:

---

[3] Auf die Frage, zu der sich kürzlich KERTÉSZ (2001a: 505 ff.) aufschlussreich geäußert hat, ob es überhaupt eine einigermaßen autonome germanistische Linguistik gibt, soll hier nicht eingegangen werden.

Auf der einen Seite findet man Forscher, die nur die „muttersprach-ähnliche Kontrolle über zwei Sprachen"[4] (BLOOMFIELD 1933: 56) als Zweisprachigkeit anerkennen. Zu diesem Lager gehört auch z.b. BRAUN (1937: 115), nach dessen Ansicht unter Bilinguismus „aktive vollendete Gleichbeherrschung zweier oder mehrerer Sprachen zu verstehen" ist. Sogar in der Gegenwart meinen viele Linguisten (z.B. RICKHEIT/SICHEL-SCHMIDT/STROHNER 2002: 141), die BLOOMFIELDsche Definition habe sich „bis heute gut bewährt". Analog äußert BLOCHER (1982: 17): „Unter Zweisprachigkeit ist zu verstehen die Zugehörigkeit eines Menschen zu zwei Sprachgemeinschaften in dem Grade, daß Zweifel darüber bestehen können, zu welcher der beiden Sprachen das Verhältnis enger ist, oder welche als Muttersprache zu bezeichnen ist, oder welche mit größerer Leichtigkeit gehandhabt wird, oder in welcher man denkt". Diese Position wird also von manchen Forschern bis dato vertreten. Entsprechend hat BRADEAN-EBINGER kürzlich die „allgemeine Defini-tion" so formuliert: „Zwei- und Mehrsprachigkeit ist die muttersprach-ähnliche Beherrschung, der aktive und passive Gebrauch von zwei oder mehreren Sprache [sic!], die Fähigkeit, diese Sprachen je nach Sprechsituation und -partner zu wechseln" (1997a: 42).[5] Fast identisch sind auch die Definition von MALMKJAER (1991: 57) in der „Linguistics Encyclopedia" und die von ROZENTAL'/TELENKOVA (1976: 88). Ferner wird der Aspekt der 'Gleichsprachigkeit' (Äquilinguismus) in der Definition von LÖFFLER (2005: 70) angesprochen, der unter „eigentlichem Bilingualismus" den Fall versteht, dass „ein Sprecher oder eine Sprecher-gruppe in der Lage ist, sich in zwei Sprachen so gut wie in der Mutter-sprache auszudrücken". Auch LASCH (1996: 3) meint mit Zweisprachig-keit eine „Situation", „in der die Mitglieder einer Gemeinde zwei Sprachen mit einem vergleichbaren Kompetenzgrad beherrschen". In den modernen Sprachlexika begegnen einem ebenfalls solche Definiti-

---

4   Diese Übersetzung ins Deutsche, wie auch die weiteren Übersetzungen der zitierten Originaltexte, wurden von mir vorgenommen. In der deutschen Erstausgabe der BLOOMFIELD'schen Werkes durch Peter Ernst und Hans Christian Luschützky, unter Mitwirkung von Thomas Herok heißt diese Passage: „muttersprachliche Beherrschung zweier Sprachen" (BLOOMFIELD 2001: 86).

5   Einerseits findet man diese Definition (zusammen mit den zu ihrem Umfeld gehören-den Passagen) in identischem Wortlaut und derselben Schreibung auch schon in sei-ner früheren Buchpublikation (BRADEAN-EBINGER 1991: 135), andererseits stimmen die Monographien BRADEAN-EBINGER (1997a) und (1997b) bis auf den Titel weitge-hend überein, obwohl das in den Publikationen nicht vermerkt wird.

onen: Das neue Akademie-Wörterbuch der ungarischen Sprache (JU-HÁSZ/SZŐKE/O. NAGY/KOVALOVSZKY 2003: 659) definiert Zweisprachigkeit als „Fähigkeit und Praxis der (gleich) guten Verwendung von zwei Sprachen". In der Realität zeigt sich aber, dass zwischen den zwei (oder mehr Sprachen) bi- bzw. multilingualer Personen kaum eine Symmetrie besteht. Somit ergibt sich die Frage, ob es überhaupt eine „ausgeglichene" Zweisprachigkeit geben kann. Denn dazu müssten solche 'idealen' Verhältnisse vorliegen, in denen die Sprecher in allen Situationen, über alle Themen, in allen Stillagen, mit allen Kommunikationspartnern beide Sprachen beliebig einsetzen können, d.h. wo die gesamte Gemeinschaft über eine ausgeglichene Zweisprachigkeit verfügt.

Ein anderes Extrem bilden Minimaldefinitionen, wie etwa die von HAUGEN (1953: 7): „Die Zweisprachigkeit beginnt dort, wo der Sprecher einer Sprache komplette, inhalttragende Äußerungen in der anderen Sprache erzeugen kann." In einer anderen Publikation sieht und expliziert HAUGEN (1972: 310) das bilinguale Individuum als Antipoden zum unilingualen[6] Sprecher, indem er sagt, „zweisprachig" ist ein Oberbegriff für Sprecher mit einer Vielzahl unterschiedlicher Sprachfertigkeiten und diese Sprecher haben miteinander nur soviel gemeinsam, dass sie nicht einsprachig sind. Andere Wissenschaftler äußern sich über das Sprachvermögen radikaler; so etwa DIEBOLD (1961: 99), der sogar die Hypothese aufstellte, dass auch schon eine „passive" (m.E. besser: rezeptive)[7] Verstehenskompetenz als Mindestgrenze der Bilingualität ausreiche. POHL (1965) vertritt eine ähnliche Auffassung. Daher überrascht es, dass MÜLLER (2000: 14) die Ansicht WEINREICHs (1968: 15) – „Die Praxis, abwechselnd zwei Sprachen zu gebrauchen, soll Zweisprachigkeit heißen; die an solcher Praxis beteiligten Personen werden zweisprachig genannt" – als „Minimaldefinition" betrachtet,

---

6   Statt des sonst üblicheren Terminus 'monolingual' spreche ich bewusst von 'unilingual', weil sowohl *uni* als auch *lingual* lateinischen Ursprungs sind, während 'monolingual' eine griechisch-lateinische Mischbildung darstellt. Mit 'unilingual' oder 'einsprachig' bezeichne ich zusammenfassend Personen, die entweder nur ein Sprachsystem (selbst wenn in mehreren Varietäten) beherrschen oder deren Kompetenz in L2 nicht ausreicht, diese Sprache als Kommunikationsmittel mit nur L2-Sprechern zu gebrauchen.

7   Im Gegensatz zur Terminologie von WANDRUSZKA (1979: 21) – „tätige" und „verstehende" Mehrsprachigkeit – unterscheide ich typologisch zwischen 'produktiver' und 'rezeptiver' Mehrsprachigkeit.

obwohl sie ein wesentlich höheres Mindestkriterium (= den Gebrauch) ansetzt als HAUGEN und (besonders) DIEBOLD (1961) oder POHL (1965). Die – insgesamt betrachtet, unprofessionelle – Definition von RÁCZ (1999: 375) benutzt die Verwendungsfrequenz als Kriterium, d.h. den regelmäßigen Gebrauch zweier Sprachen: „Zweisprachigkeit heißt die Situation, wenn ein Volk oder Volksgruppe neben der Muttersprache auch eine andere Sprache verwendet von Tag zu Tag" (ähnlich auch in RÁCZ 2001: 155).

Bilinguismus ist meiner Überzeugung nach jedoch keine absolute, sondern eine relative Fähigkeit bzw. Fertigkeit. Mit dem Blick auf das Anliegen und den Charakter meiner explorativ-interpretativen Untersuchung dürfte sich wohl die funktionale Betrachtungsweise von OKSAAR (1992: 24, 2001: 24, 2003: 31) und SPOLSKY (2001: 45) am ehesten eignen, wonach Zwei- bzw. Mehrsprachigkeit die Fähigkeit einer Person ist, zwei oder mehr Sprachen als Ausdrucks- und Kommunikationsmittel zu verwenden und von einer Sprache in die andere zu wechseln, wenn die Situation es erfordert. Davon ausgehend, definiere ich Zwei- bzw. Mehrsprachigkeit – unter Verwendung des Ansatzes von TRACY/GAW-LITZEK-MAIWALD (2000: 497) – als derartige Beherrschung zweier oder mehrerer kognitiver Systeme, dass mit unilingualen Sprechern in einem „einsprachigen Modus" (vgl. 2.6) der einen oder der anderen Sprache kommuniziert werden kann.

Der überwiegende Teil der Forschungsliteratur macht zwischen 'Zweisprachigkeit' und 'Mehrsprachigkeit' keinen essenziellen Unterschied; und zwar mit der Begründung, dass es vom Theoretischen her unerheblich sei, wie viele Sprachen ein Individuum beherrsche, sofern dieses Individuum nicht einsprachig ist. Bei dieser Argumentation ist im Wesentlichen nur die Opposition Einsprachigkeit vs. Mehrsprachigkeit von Belang, wobei Zweisprachigkeit lediglich eine Spielart der Mehrsprachigkeit darstellt. Auch wenn heute die Anzahl von Publikationen zunimmt, die in einer Drei- und Mehrsprachigkeit (verglichen mit der Zweisprachigkeit) nicht nur quantitative, sondern auch qualitative Unterschiede sehen (vgl. NAVRACSICS 1999: 14, CLYNE 2003: 4),[8]

---

[8] CLYNE (2002: 325) etwa differenziert besonders subtil, wenn er meint, die Dreisprachigkeit habe sich in der letzten Zeit zu einem eigenständigen Forschungsgebiet der Linguisten entwickelt. Zudem wird das Problemfeld sowohl in inhaltlicher als auch in terminologischer Hinsicht dadurch kompliziert, weil Personen mit Kompetenzen

bleibe ich – wie auch z.b. HORN (1990: 1), LYONS (1992: 252), BARTHA (1999: 40), ROMAINE (2001: 512), COLIN (2002: 67) und OKSAAR (2003: 26) – bei der herkömmlichen globalen Betrachtung im Sinne einer Einheit, zumal es in der von mir behandelten Konstellation – angesichts der Vielfalt von ineinander übergehenden Varietäten (vgl. Abschnitt 2.4) – ohnehin schwierig bis unmöglich ist zu entscheiden, um wie viele Sprachen es sich tatsächlich handelt. Wichtig ist zudem das Postulat, dass bilinguale Personen nicht als „Bi-Unilinguale" (doppelt Einsprachige) zu betrachten und zu beurteilen sind. Notwendig ist vielmehr ein holistischer Ansatz. Denn die Qualität der sprachkommunikativen Kompetenz und der entsprechenden psycholinguistischen Mechanismen (etwa bei Rezeptions- und Produktionsprozessen) ist jeweils verschieden.

Man kann das Phänomen der Zwei- und Mehrsprachigkeit aus der Sicht der Gruppe (d.h. der Gemeinschaft bzw. Gesellschaft) oder aus der des Individuums angehen. Es lässt sich aber auch unter dem Aspekt der Kommunikationswissenschaft oder (enger gefasst) dem der Sprache bzw. der Sprachwissenschaft betrachten. Die vorliegende Monographie setzt sich zum Ziel,[9] primär aus letzterer Perspektive,[10] innerhalb eines systemtheoretischen Ansatzes zur Theorie, Terminologie, Methodologie und Empirie im Hinblick auf die **Sprachen-** bzw. **Varietätenkontakte** einen Beitrag zu leisten. Dabei sollen – unter Berücksichtigung der kulturellen Funktionen und Bedingtheiten von Sprache[11] – verschiedene synchrone Kontaktmanifestationsformen und Interaktions- bzw. Koproduktionsphänomene (kurz: Sprachenkontakt-

---

in mindestens drei Sprachen von manchen Linguisten mit einem weiteren Terminus als „polyglott" bezeichnet werden, vgl. WILLIAMS (1995: 144).

[9] Nähere Erörterungen zu den Zielsetzungen dieser Arbeit befinden sich weiter unten, vgl. Abschnitt 2.2.

[10] 'Sprache' wird hier im weiten linguistischen Sinne als 'Sprachstruktur' und 'Sprachgebrauch' verstanden, ohne dabei den Begriff 'Sprache' auf den allgemein-semiotischen Sinn auszuweiten. Zwecks weiterer Komplexitätsreduktion werden in der vorliegenden Arbeit manche geläufigen Grundbegriffe vorexplikativ verwendet.

[11] Berührungen von Sprachen sind stets eingebunden in ein komplexes Netzwerk vielfältiger Wirkungskräfte, etwa: kultureller, psychischer, sozialer, politischer und sogar wirtschaftlicher Art. Beiträge im Sammelband von ARUTJUNOV/NEŠČIMENKO (1994) haben z.B. ausgeführt, dass ein Kontakt von Sprachen nicht einfach ein Kontakt zwischen Zeichensystemen mit spezifischen Strukturen ist, sondern immer auch einen Kontakt zwischen Kulturen beinhaltet.

phänomene)[12] zwischen zwei (bzw. gelegentlich mehreren) Sprachsystemen anhand von ungarndeutschem[13] oralem Dialektmaterial[14] hinterfragt werden. In meine Untersuchung sind sowohl die Sprachsystemals auch die Kommunikationsebene integriert (vgl. bereits einige Vorstudien, z.B. FÖLDES 1996b, 1998, 2002, 2003a, 2003b). Trotz der geläufigeren Bezeichnung 'Sprachkontakt' verwende ich seit längerer Zeit (vgl. FÖLDES 1996b) mit Bedacht die Termini **'Sprach e n - kontakt'**, **'Sprach e n mischung'**[15] etc., um mit diesen terminologischen Varianten den Umstand zu betonen, dass es sich um die Koexistenz und die Interaktion von z w e i o d e r m e h r Sprach(varietät)en handelt.

Die Forschungsliteratur zu dieser Thematik ist sehr heterogen und meiner Meinung nach noch recht unausgegoren. Beispielsweise schlägt SPILLNER (1992: 173) vor, „die territoriale Sprachkontaktsituation mit 'Sprachenkontakt' zu bezeichnen, die individuelle Sprachenkontaktsituation mit 'Sprachkontakt'". Diese Argumentation betrachtet 'Territo-

---

[12] Unter Sprachenkontaktphänomenen sollen die jeweiligen Ausprägungen des Realitätsbereichs 'Sprachenkontakt' (vgl. seine Definition in diesem Abschnitt weiter unten) verstanden werden.

[13] Mit dem Terminus 'ungarndeutsch' meine ich die deutsch(sprachig)e Minderheit in Ungarn sowohl im Hinblick auf ihre Sprache als auch im Hinblick auf ihre Kultur bzw. ihre Ethnie. Terminologische Alternativen wie „Ungarn deutscher Muttersprache" (z.B. NELDE/VANDERMEEREN/WÖLCK 1991: 11 und 13) oder „Deutsche in Ungarn" (z.B. HUTTERER 1991a) kann ich weder inhaltlich noch von der Tradition her akzeptieren. Denn erstens handelt es sich weder ethnisch noch sprachlich-kulturell um „Ungarn" und zweitens soll hier unter 'ungarndeutsch' die spezifische, historisch entstandene soziale Gruppe der ethnisch–sprachlich-kulturellen deutschen Minderheit (meist mit einer doppelten bzw. hybriden Identität) in Ungarn verstanden werden, wohingegen sich die Bezeichnung „Deutsche in Ungarn" auch bzw. vornehmlich auf die für eine bestimmte Zeit (aus familiären oder beruflichen Gründen) in Ungarn lebenden deutschsprachigen Individuen mit bundesdeutschem Hintergrund bezieht. Die Kritik von PRAXENTHALER (2002: 45): „Die Bezeichnung 'deutsche Minderheiten' erscheint nicht zuletzt deshalb irreführend, weil diese keine deutschen Staatsangehörigen sind" beruht auf einer Unkenntnis der begrifflich-terminologischen Traditionen und Konzepte in Ostmitteleuropa. Denn Ethnonyme wie 'deutsch' werden in diesem multiethnischen und kultursensiblen Kontakt- bzw. Integrationsraum normalerweise in ethnisch-kulturellem und/oder sprachlichem Sinne und kaum im Sinne der Staatsangehörigkeit verstanden.

[14] Die Termini 'Dialekt' und 'Mundart' verwende ich als Synonyme, wie z.B. GOOSSENS (1977: 18 und 23) im Bereich der allgemeinen Dialektologie und HUTTERER (1994: 93 ff.) in der „Sprachinseldialektologie".

[15] Der Terminus 'Sprachmischung' geht übrigens noch auf den in Graz tätigen deutschen Sprachwissenschaftler SCHUCHARDT (1884) zurück.

rium' und 'Individuum' offenbar als komplementär, obwohl in diesem Zusammenhang ein anderes Begriffspaar, nämlich *Gemeinschaft (Sozium)* vs. *Individuum* adäquater wäre. Folglich nenne ich das komplexe Aufeinandertreffen von zwei oder mehr Sprachen (bzw. Varietäten) auf der Ebene einer oder mehrerer Sprecher- bzw. Diskursgemeinschaften *'Sprachenkontakt'*, während ich die individuelle Seite als *'Zwei- bzw. Mehrsprachigkeit'* bezeichne. Dagegen versteht z.B. POHL (1999: 19–4) „unter Sprachkontakt" lediglich seine Wirkung, d.h. seine Folge, nämlich „die Beeinflussung eines Sprachsystems durch ein anderes". In meiner Begrifflichkeit entspricht 'Sprechergemeinschaft' der englischen Bezeichnung 'linguistic community' im Sinne von GUMPERZ (1984: 121) und akzentuiert vor allem die 'Gemeinschaft der Sprecher'. Da es aber vielmehr um die Gemeinsamkeiten der gruppenspezifischen kommunikativen Konzepte und Verfahren gehen sollte, mit deren Hilfe die Mitglieder einer sozialen Gruppe die Sprache verwenden, bedient sich mein terminologischer Apparat spezifizierend der Bezeichnung 'Diskursgemeinschaft' (vgl. auch KRAMSCH 2003: 6 f.).

Ich operiere beim Terminus *Sprach e n kontakt* mit einer Binnenpluralisierung, wie dies auch bei manchen anderen Komposita mit dem Bestimmungswort *Sprache-* in der Fachliteratur immer üblicher wird. So bezieht sich z.B. bei HAARMANN (1988: 1661 und AMMON 2000a: 654 und 2000b: 668) die Bezeichnung *Sprach e n politik* auf politische Begebenheiten, wobei Sprachen im Hinblick auf deren Status und Verbreitung sowie deren gesellschaftliche Funktionen eingeschlossen sind. Das heißt, es geht um das Verhältnis zwischen verschiedenen Sprachen. Im Gegensatz dazu beschäftigt sich die *Sprachpolitik* mit der politisch reglementierten Sprachverwendung innerhalb einer Einzelsprache. Über die hier vorgebrachten Argumente hinaus ist die von mir gewählte terminologische Festlegung auch für eine konsistente Konstituierung des in meiner Arbeit verwendeten wissenschaftlichen Begriffsapparats und der Methodologie[16] förderlich, wie dies noch unter 2.6.2 zu sehen sein wird.

---

[16] Bekanntlich bezieht sich die 'Methodologie' im engsten Sinne auf die Erforschung oder Beschreibung von Methoden und Verfahren, die bei einer bestimmten Aktivität angewandt werden. Meist wird das Wort aber im weiteren Sinne gebraucht und bezieht bei einer Argumentation innerhalb einer Disziplin die allgemeine Auseinandersetzung mit Zielen, Konzepten und Leitfragen sowie eine Betrachtung der Beziehungen zwischen den Subdisziplinen mit ein. Insofern beinhaltet die Wissenschaftsmethodologie auch Versuche zur Analyse und Hinterfragung ihrer Ziele und Grund-

Darüber hinaus verwende ich den Terminus 'Kultur e n kontakt', obwohl das Substantiv *Kultur* (aus lat. *cultura*) als Kollektivum traditionell als Singularetantum fungiert. Mit dieser Pluralisierung verweise ich ausdrücklich auf die Vielfältigkeit der kulturellen Systeme. Nicht wenige Autoren wählen für die Bezeichnung von zwei- bzw. mehrsprachigen Personen Wortbildungskonstruktionen wie „Bilinguist" (z.B. GYŐRI-NAGY 1990: 202 f.), „Doppelsprachträger" (WEISS 1959: 10), „Bilingua" (z.B. MELIKA 2000: 20 ff.), „Bilingue" (z.B. LÜDI/PY 1984: 8), „Zweisprachler" (z.B. STOLT 1964: 7 ff.), „Mehrsprachler" (z.B. JUHÁSZ 1986: 203 ff.), „Zwei- oder Mehrsprachsprecher" (z.B. JEßNER/HERDINA 1996: 219), „Mehrsprachensprecher" (z.B. JEßNER/HERDINA 1996: 218), „Multilingua" (z.B. MELIKA 2000: 19 ff.) u.dgl. mehr. Auf diese Komposita verzichte ich aber, zumal sie u.U. als eine Art sprachlicher Ungleichbehandlung gedeutet werden könnten. Denn einsprachige Individuen nennt man wohl kaum „Einsprachler" o.ä. Folglich spreche ich unmarkiert von ein-, zwei- oder mehrsprachigen Personen, Individuen usw.

1.2 Sprachenkontakt: Ansätze, Potenzen und Anwendungsfelder der Forschung

1.2.1 Deutsch im Kontakt: Relevanz sprachlicher Berührungen

Kenntnis und Studium der Zwei- und Mehrsprachigkeit sowie der sprachlichen Kontakte sind keineswegs erst jüngeren Datums. Bereits W. GRIMM hat 1846 festgestellt: „Kein Volk, wenigstens kein europäisches, scheidet sich streng von dem andern und setzt geistigen Berührungen Grenzpfähle entgegen, wie man den Waren und Erzeugnissen des Bodens tut. Sobald aber Völker sich äußerlich nähern, so erfahren auch ihre Sprachen eine notwendige Wechselwirkung" (GRIMM 1986: 217). Obwohl GRIMMs wegweisende Gedanken im Grunde natürlich auch heute noch stimmen, muss man allerdings beim derzeitigen Stand der Forschung relativierend hinzufügen: Die Praxis zeigt, dass es an der

---

konzepte (wie Erklärung, Kausalität, Experiment, Wahrscheinlichkeit), der Methoden zur Erreichung dieser Ziele, der Unterteilung der gegebenen Wissenschaft in diverse Bereiche und des Bezugs dieser Bereiche zueinander etc. Manche Forscher verwenden den Terminus lediglich als „besser klingendes" Synonym für 'Methode' (siehe SLOMAN 1977b: 387 f., vgl. auch MITTELSTRAß 2004: 887).

Nahtstelle von (zwei) Sprachen und Kulturen in der kommunikativen Wirklichkeit nicht in jedem Fall zu (nennenswerten) Sprachenkontakten kommt oder gar zu Konvergenzen[17] bzw. Mischungen (Hybridisierungen).[18] Beispielsweise liegen die Ortschaften Kleintarmasch/Kistormás und Kelesch/Kölesd im Komitat Tolnau/Tolna in der sog. Schwäbischen Türkei (Südungarn) derart dicht nebeneinander, dass sie eigentlich ein Konglomerat bilden. Trotzdem fanden zwischen dem lutheranischen und überwiegend deutschbewohnten Kleintarmasch und dem mehrheitlich von Ungarn und teilweise von Deutschen bewohnten kalvinistischen Kelesch kaum Sprachenkontakte statt (vgl. Varga 1937, 1940: 12 ff. und Szita 1996: 97 ff.). Zur Vorgeschichte führt Varga (1940: 13) aus, dass Kleintarmasch homogen lutheranisch und deutsch war (mit einer „hessischen" Ortsmundart), während in Kelesch

---

17 Hutterer (1989: 236) macht deutlich, dass man seit Georg von der Gabelentz und Hugo Schuchardt weiß, dass „Konvergenz eine der gewaltigsten Triebkräfte der Sprachgeschichte ist". Zur Begriffsgeschichte vgl. bereits die Konvergenztheorie von Trubetzkoy (1939), die besagt, dass Sprachen miteinander in ständigem Kontakt stehen und sich gegenseitig beeinflussen. Durch Sprachenmischung (auch genetisch nicht verwandter Sprachen) ergibt sich allmählich eine strukturelle Angleichung (z.B. durch Entlehnungsprozesse). Zu modernen Theorien von sprachlichen Konvergenzen siehe z.B. das 'Multiple-Birth-Modell' von Aitchinson (1995), den areallinguistischen Ansatz von Coetsem (2002: 3–20) und besonders die kontaktlinguistischen Konzepte von Field (2002: 187) und Clyne (2003: 79 ff.).

18 In den letzten zwanzig Jahren gab es vor allem in den Kulturwissenschaften verschiedene Ansätze, das Phänomenfeld „Vermischung" konzepttheoretisch zu erfassen. Man spricht von „Kreolisierung" (z.B. Hannerz 1996: 65 ff.), von „Melange" (z.B. Rushdie 1992: 458), von „Mulattissierung" (z.B. Loetscher, siehe Dewulf 2002), von „kulturellem Synkretismus" (z.B. Canevacci 1992: 12 ff.), von „Crossover-Kultur" (z.B. Nederveen Pieterse 1994: 171), von „Multisprech" (z.B. Erfurt 2003: 5 ff.) und besonders oft von „Hybridität" (z.B. Bronfen/Marius/Steffen 1997, Werbner 1997). Viele Definitionsversuche der „Hybridisierung" gehen z.T. auf Bachtins kultursemiotisches Konzept (1979: 244) zurück: „Vermischung zweier sozialer Sprachen innerhalb einer einzigen Äußerung". Indes besteht bei der Verwendung des mittlerweile in den Fachdiskursen etablierten „poststrukturalistischen" Begriffs 'Hybridität' (und mit ihm verbundener Termini) eine Schwierigkeit in der unterschiedlichen Vorstellung hinsichtlich Extension und Abgrenzung von ähnlichen oder benachbarten Konzepten, insbesondere weil der Begriff aus unterschiedlichen Argumentationszusammenhängen bzw. Wissenschaftskontexten stammt und sich auf verschiedene Objektbereiche bezieht. Ackermann (2004: 140) weist sogar darauf hin, dass sich dieser Begriff einer eindeutigen Verortung verweigert und häufig „im Metaphorischen" verbleibt, indem er „Transformationen gegen Kontinuität und Mehr- gegen Eindeutigkeit" setzt. Zur Konzeptualisierung dieses Schlüsselbegriffs siehe Bhabha (2000: 5, 7 etc.).

drei „Elemente" nebeneinander lebten: (a) die bodenständigen kalvinistischen Ungarn, (b) einige alte lutheranische ungarische Familien und (c) später zugezogene lutheranische Deutsche. Die soziale Gruppenbildung erfolgte interessanterweise nicht auf ethnischer oder sprachlicher Basis, sondern auf der Grundlage der Konfession und des Wohnorts: Die lutheranischen Deutschen in Kleintarmasch und die kalvinistischen Ungarn in Kelesch haben jeweils ihre Eigenständigkeit bewahrt, während die lutheranischen Ungarn mit den Deutschen in Kelesch eine Gemeinschaft konstituierten – in starker Absonderung sowohl von den lutheranischen Deutschen in Kleintarmasch als auch von den kalvinistischen Ungarn in Kelesch.

Die Untersuchung von Sprachenkontakten und Kulturenbegegnungen ist im Hinblick auf die deutsche Sprache – so hoffentlich auch im Falle dieser Arbeit – aus einer Reihe von Gründen besonders instruktiv und wichtig. Zeichnet sich doch das deutsche Sprachgebiet durch eine außerordentlich hohe Kontaktfrequenz aus und, wie NELDE (2001: 34) bemerkt, deshalb zugleich durch einen hohen Grad von „Konfliktgefährdung". Es befindet sich nämlich in einem ausgeprägten Kontaktareal mit romanischen, germanischen, slawischen und sogar finnischugrischen Sprachen, darüber hinaus hat es die längste Sprachgrenze und die meisten Nachbarsprachen in Europa. Das alles impliziert eine breite und differenzierte Vielfalt an menschlichen Kontakten und damit auch an kulturellen und sprachlichen Berührungen über die Ländergrenzen hinweg. Außerdem finden seit jeher direkte Sprachenkontakte auch innerhalb des deutschen Sprach- und Kulturraums statt. Man denke nur an die Interaktionen mit den Sprachen der autochthonen Minderheiten (z.B. Sorbisch in Brandenburg und Sachsen,[19] Dänisch und Friesisch in Schleswig-Holstein und in Niedersachsen in Deutschland; Slowenisch, Kroatisch und Ungarisch in Österreich etc.). Hinzu kommt eine Koexistenz mit zahlreichen Migrantensprachen (Türkisch, Spanisch usw.). Folglich kann Deutsch wohl als „kontaktfreudigste" Sprache Europas angesehen werden. Natürlich ist das Kontaktpotenzial mancher anderer europäischer Sprachen ebenfalls erheblich. Man denke z.B. in historischer Hinsicht an das Lateinische, in Bezug auf die Gegenwart an das Englische. Ihre Kontakteinwirkung lässt sich aber unter sozio-

---

[19] Und nicht in Sachsen-Anhalt wie die Bilinguismus-Enzyklopädie von BAKER/JONES (1998: 402) irrtümlicherweise angibt.

linguistischem Aspekt wohl kaum mit Umfang, Tiefe und Vielfalt der zwischensprachlichen Interaktionsaktivität des Deutschen vergleichen. Demgegenüber wird Deutsch in der Fachliteratur oft als eine „strukturell gegen Transfer resistente Sprache" betrachtet. Solche Hinweise findet man bereits im epochalen Werk von WEINREICH (1968: 62), das seinerzeit ein neues Kapitel in der Erforschung des Bilinguismus und der Sprachenkontakte eingeleitet hat. Man kann jedoch auch auf jüngere Arbeiten verweisen. So bezeichnet TESCH (1992: 85) Deutsch geradezu als „introvertierte Sprache". Aufgrund der von mir bereitgestellten und analysierten empirischen Daten bin ich aber – zumindest für die behandelte Konstellation – zu entgegengesetzten Schlussfolgerungen gelangt (vgl. Abschnitt 3).

1.2.2 Nutzanwendungen

Das Studium von arealen Sprachenkontakten (sowie von Zwei- und Mehrsprachigkeit) stellt – sowohl generell wie auch im Falle der vorliegenden Arbeit – einen vielseitigen, wissenschaftliche Herausforderungen bergenden „Abenteuerspielplatz" dar. Es verlangt eo ipso inter-, multi- und vor allem transdisziplinäre Feldforschungen und hält als integrativer Ansatz gleichzeitig für verschiedene Wissenschaftsbereiche Relevantes bereit. So entwickelt sich laut WILDGEN (1988: 21) die Kontaktlinguistik durch die Vielfalt ihrer Aspekte und Fragestellungen zu einer „Interaktionszone humanwissenschaftlicher Methoden". Ein kontaktlinguistischer Blickwinkel, der breit genug gewählt und nicht durch modisch eingeengte „Definitionswut" bestimmt ist, kann ferner – wie NELDE (2001: 39) argumentiert – die europäische Linguistik einerseits vor nationalphilologischer und unilingualer „Borniertheit", andererseits vor „luftigen" Theoriekonstruktionen fern jeder empirischen und historischen Sach- und Fachkenntnis bewahren.

So gesehen, können die Zwei- bzw. Mehrsprachigkeitsforschung und die Kontaktlinguistik für eine Reihe von Disziplinen, etwa für die Anthropologie, die Sozialpsychologie, oder die Literaturwissenschaft, von hohem heuristischen Wert sein (vgl. die entsprechenden Artikel im HSK-Band von GOEBL/NELDE/STARÝ/WÖLCK 1996: 23 ff.).

An dieser Stelle beschränke ich mich exemplarisch auf einige wenige Aspekte. Mit Blick auf den Bereich der s p r a c h l i c h - k o m m u n i - k a t i v e n N o r m und der p h i l o l o g i s c h - l i n g u i s t i s c h e n T e r m i n o l o g i e etwa genügt es hier wohl, darauf hinzuweisen, dass sich anhand dieser beiden Problemkreise zahlreiche offene Fragen ergeben: Beispielsweise gibt es bis heute keine Einigung über die Definition von Sprach- bzw. Kommunikationsnormen; und auch die sprachliche bzw. linguistische Terminologie gilt momentan allenfalls aus der Perspektive der Einsprachigkeit als hinreichend definiert und einigermaßen zutreffend.[20] Man denke nur daran, dass die fundierte Klärung selbst solch grundlegender Fragen noch aussteht, was denn im Falle von bilingualen Personen unter sog. 'Muttersprache' oder 'Fremdsprache' zu verstehen ist. Diese Termini sind für eine Verwendung im Kontext der Zwei- bzw. Mehrsprachigkeit einfach nicht geeignet (vgl. auch LÜDI/PY 1984: 25 und MAHLSTEDT 1996: 18).[21] Denn der Terminus *Muttersprache* ist für die Kontaktlinguistik völlig unbrauchbar; seine Bedeutung ist unscharf und er ist konnotativ belastet, kann höchstens für unilinguale Sprachräume gelten. Mit folgender Ansicht des ungarischen Ex-Kultusministers, Professor ANDRÁSFALVY, kann ich daher weder terminologisch noch inhaltlich etwas anfangen: „Wie jeder nur eine Mutter hat, so hat jeder nur eine Muttersprache [...]" (1992: 5). Daran ist freilich zu erkennen, wie nachhaltig sich die „Standortgebundenheit" (im vorliegenden Falle: die von einsprachigen und 'einkulturigen' Menschen) auf die Begrifflichkeit auswirkt. Dabei ist mit „Standortgebundenheit" die „Blickbedingtheit der geisteswissenschaftlichen Begriffsbildung" (PLESSNER 1983: 91) gemeint, die letzten Endes zur kulturhermeneutischen Konturierung unserer Leitbegriffe führt. In diesem Zusammenhang halte ich Elemente aus der neuen Begrifflichkeit der Plansprache Esperanto für viel treffender. Sie hat den Ausdruck *gepatra lingvo*, d.h. „Elternsprache" geprägt (*ge-* = Präfix des Kollektivums, *patro* = Vater, *gepatroj* = Eltern), d.h. die Sprache, die man von seinen Eltern gelernt hat. Eine neue Bezeichnung ist im Esperanto *denaska lingvo* (*de* = Präfix, *naski* = gebären, *naskiĝi* = geboren werden), d.h. die Sprache, in die man hineingeboren wird. Auf einer globaleren Ebene

---

[20] Selbst in der „interkulturellen Germanistik" erfolgen Konzipierung, Theorie- und Begriffskonstitution ausschließlich auf der Basis der Einsprachigkeit, d.h. es wird erklärtermaßen von unilingualen Personen ausgegangen und „von den Problemen und der Erfordernis der Mehrsprachigkeit abgesehen" (so WIERLACHER 2000: 271).

[21] Ungeachtet des spezifischen Blickwinkels des Bilinguismus erscheint etwa der tradierte Fremdsprachenbegriff als recht problematisch. Zur Verdeutlichung nenne ich nur die völlig unangemessene Definition in der Cambridge-Enzyklopädie der Sprache: „Der Begriff 'Fremdsprache' wird gemeinhin auf alle Sprachen angewandt, die nicht in einem Land heimisch sind" (CRYSTAL 1993: 368).

können kontaktlinguistische Analysen dazu beitragen, divergierende Kategorien der sonst überwiegend einzelsprachlich ausgerichteten Forschung zu synchronisieren bzw. zu vereinheitlichen.

Erhebliches Gewicht kommt ferner unter dem Aspekt der immer bedeutsamer werdenden sprachphilosophischen E m e r g e n z - T h e - o r i e Mehrsprachigkeitsstudien zu. Die Emergenz-Theorie bezieht sich in unserem Fall auf das Hervortreten latenter, nur unter besonderen Bedingungen realisierbarer Möglichkeiten von natürlichen Strukturtypen in Situationen, in denen die kulturelle Tradierung der Sprache abbricht oder die Tradierung unvollkommen ist (BECHERT/WILDGEN 1991: 139).[22] Das bedeutet, dass in Sprachenkontaktsituationen unter Umständen auch Potenziale einer Sprache zutage treten, die sich unter den Bedingungen einer (relativen) Einsprachigkeit nicht ergeben.

Die kontaktlinguistischen deskriptiven Verfahren können überdies weiterführende Erkenntnisse für die k o n t r a s t i v e L i n g u i s t i k liefern. Es geht nämlich vordringlich darum, Kontaktphänomene zu ermitteln, also Unterschiede zu den Strukturen und Mustern der deutschen Sprache unter Einsprachigkeitsbedingungen. Diese Abweichungen kommen in ihrer Mehrheit durch komplexe Übertragungsmechanismen aus der/den Umgebungssprache(n) zustande. Man kann also indirekt – in diesem Fall deutsch-ungarische – Systemunterschiede wahrnehmen, die sonst vielleicht unbemerkt geblieben wären. Das ist besonders bei Sprachenpaaren von Bedeutung, die kontrastiv-linguistisch bislang nicht umfassend untersucht worden sind. Auch für die hier zur Debatte stehende Konstellation trifft das zu. So existiert für deutsch-ungarische Relationen – abgesehen von einzelnen verdienstvollen Detailstudien – keine kontrastive Grammatik.

Empirische Ergebnisse kontaktlinguistischer Forschungen vermögen Aufschlüsse für verschiedene a n g e w a n d t - l i n g u i s t i s c h e Disziplinen zu liefern, etwa für die P s y c h o l i n g u i s t i k . Beispielsweise kann man aus den Strukturen von Sprachenkontakt-Manifestationen (etwa von Transferenzen) auf die Art des Spracherwerbs schließen und die Organisation des mentalen Lexikons[23] aufdecken. Kontaktlinguisti-

---

[22] Zu Begriff und Problematik der 'Emergenz' vgl. den Sammelband von KROHN/KÜPPERS (1992) und die Monographie von STEPHAN (1999).

[23] DENIG/UNWERTH (1986: 249) weisen auf Unstimmigkeiten in der Terminologie zum mentalen Lexikon hin und auch BOT et al. (1995: 1) beklagen ungenaue Definitionen und theoretische Vagheit. Zur zeitgenössischen Definition und zur Architektur des

sche Forschungen und ihre Erkenntnisse sind obendrein für die Theorie und Praxis einer wissenschaftlich fundierten S p r a c h e n p o l i t i k (Aspekte der Sprachplanung etc.; vgl. TOLCSVAI NAGY 1998b, AGER 2001) und der S p r a c h p f l e g e von großem Wert (vgl. NELDE 1992: 234). Außerdem ist die Kontaktlinguistik im Stande, relevante Beiträge zur K o n f l i k t a n a l y s e zu leisten (vgl. NELDE 1992: 238 ff. und 2001: 39);[24] nicht zuletzt deswegen, weil sie komplexe sprachliche/linguistische Verhältnisse und das darin liegende Konfliktpotenzial beschreibt.

Eine kontaktbezogene Sichtweise kann ferner im Hinblick auf die S p r a c h g e s c h i c h t e zur Entwicklung eines fruchtbaren und zukunftsweisenden Betrachtungs- und Erklärungsmodells beitragen (vgl. REICHMANN 2000: 463 f.), womit nicht zuletzt auch der „nationalen Engstirnigkeit" dieser Disziplin entgegengewirkt werden kann (vgl. REICHMANN/CHERUBIM/ERBEN/SCHILDT/STEGER/STRASSNER 1995: 455 ff.).

Durch die Sprachkontaktforschung werden dynamische Phänomene wie Variation, Heterogenität und Hybridität sichtbar gemacht und dabei Invarianz, Homogenität, Regel- bzw. Systemhaftigkeit relativiert oder in Frage gestellt (vgl. WILDGEN 2003: 196). Insofern leistet die Kontaktlinguistik sogar Grundlagenforschung in der Sprachwissenschaft und z.T. auch für die Kulturwissenschaft.

Last but not least, können Forschungen über Zwei- bzw. Mehrsprachigkeit, zusammen mit der Kontaktlinguistik, durch ihr empirisches Forschungsmaterial und ihr immer differenzierteres Instrumentarium nicht unerheblich zu einer paradigmatischen T h e o r i e d e r I n t e r - , M u l t i - b z w. T r a n s k u l t u r a l i t ä t beitragen (vgl. zu dieser Begrifflichkeit 7.2); es handelt sich eigentlich um Grundlagenforschung im Bereich der Transkulturalität. Außerdem lässt sich u.U. ein bemerkenswertes Wechselverhältnis zwischen Deskription und theoretischer Reflexion konstatieren, was sogar zu der interaktionistischen These geführt hat, dass sich in inter- bzw. transkulturellen Kontaktsituationen neue Kommunikationsformen und Diskurstypen herausbilden können (vgl. ansatzweise GUMPERZ 1982a: 172 ff.; auf explizite Weise KOOLE/TEN THIJE 1994: 4, 195 ff.).

---

mentalen Lexikons vgl. sowohl im Hinblick auf ein- wie auch auf zweisprachige Personen vgl. ENGELKAMP/RUMMER (1999: 155 ff.), GÓSY (1999: 121) und NAVRACSICS (2001: 51 ff.).

[24] Die Konfliktaspekte kontaktlinguistischer Forschungen thematisiert NELDE in mehreren Publikationen (z.B. 1987).

2 Zielsetzung und Methoden

2.1 Sprachenkontakte und kulturelle Konfrontationen im Falle des Deutschen als Minderheitensprache

Es ist ein wissenschaftliches Axiom, dass kulturelle und sprachliche Kontakte immer und überall auftreten können, wo Menschen einander begegnen, nicht aber unbedingt zustande kommen müssen, wie das die Beispiele Kleintarmasch/Kistormás und Kelesch/Kölesd belegen (vgl. 1.2.1). Fakt ist jedoch, dass diese Kontakte eben nicht zwischen Sprachen, sondern zwischen Sprechern bzw. ihren zugehörigen Sprecher- bzw. Diskursgemeinschaften existieren (vgl. NELDE 2001: 25).

In meiner varietäten- und besonders kontaktlinguistisch ausgerichteten Arbeit soll eine spezifische Sprach- und Sprachensituation[25] mit besonderen Ausformungen, Strukturierungen und Funktionen des Deutschen differenziert untersucht werden (vgl. 2.2), in der vor allem multilinguale Sprachproduktions- und -rezeptionsbedingungen sowie ein intensiver soziokultureller und sprachlicher Austausch seit langem und organisch zu den natürlichen Existenzbedingungen der deutschen Sprache gehören. Es handelt sich um eine spezifische Situation, bei der das Deutsche weder 'Muttersprache' noch 'Fremdsprache' im herkömmlichen Sinne dieser Termini ist, sondern eine Art 'hybridisiertes Alltagsdeutsch' (in der Funktion als „Intim-Varietät"). Im Allgemeinen betrifft das den Gebrauch des Deutschen als Minderheitensprache (nach einer anderen Terminologie: 'Nationalitätensprache'; oder noch treffender: 'Diaspora-Deutsch')[26] etwa in weiten Teilen Ostmittel-,[27]

---

[25] Unter 'Sprachsituation' verstehe ich Standort und Gesicht einer gegebenen Sprache (bzw. Varietät) in areallinguistischer, soziolinguistischer und systemlinguistischer Hinsicht; mit 'Sprachensituation' bezeichne ich die zu einem bestimmten Zeitpunkt herrschende Konstellation von mehreren Sprachen (bzw. Varietäten) in einer Gemeinschaft.

[26] Die terminologische Alternative „Randdeutsch" von LÖFFLER (2005: 63) lehne ich angesichts ihrer Konnotationen ab.

[27] In den meisten west- bzw. westmitteleuropäischen Quellen ist von „Mittelosteuropa" die Rede (z.B. GEHL 2004: 95). Auch nicht wenige Wissenschaftler aus Ungarn und den Nachbarländern bedienen sich dieses Terminus (z.B. KNIPF-KOMLÓSI 2003b: 269, 270, 273 ff. bzw. KOZMOVÁ/PONGÓ 2004: 6). Indessen verwende ich bereits seit mehr als einem Jahrzehnt gezielt die Bezeichnung Ostmitteleuropa (vgl. FÖLDES 1993: 217), um damit zu signalisieren, dass es sich um den „Osten der Mitte" und nicht um die

Ost- und Südosteuropas sowie in den GUS-Staaten.[28] Von diesem Kontext ausgehend, ist die Sprechsprache bzw. die produktive Sprachverwendung der deutschen Minderheit in Ungarn – exemplifiziert am paradigmatischen Beispiel einer (donau-)schwäbischen Ortschaft – das zentrale Untersuchungsobjekt dieser Abhandlung.[29] Es handelt sich um eine Untersuchung anhand des Konzepts 'gelebter Kommunikationsraum' (vgl. KREFELD 2004: 19) und 'lebensweltliche Zwei- bzw. Mehrsprachigkeit', wobei unter 'Lebenswelt' die Welt der alltäglichen Normalität zu verstehen ist, die sich um zwei (nicht immer scharf trennbare) Pole, nämlich um die Sicherung des Lebensunterhalts und um das soziale Netzwerk herum organisiert (vgl. BERGER/LUCKMANN 2003).

Das Themenfeld der Zwei- bzw. Mehrsprachigkeit und der Sprachenkontakte darf natürlich nicht allein auf sprachliche Aspekte eingeengt werden, da diese kein ausschließlich sprachliches Problem verkörpern, vielmehr – wie z.B. bereits WEISS (1959: 26) betont hat – „ein reines Umweltprodukt" sind. Demgemäß möchte ich zunächst kurz die aktuellen soziodemographischen und sprachkommunikativen Charakteristika der Ungarndeutschen zusammenfassen. Über die Zahl der Ungarndeutschen, d.h. der Angehörigen der deutsch(sprachig)en Minderheit in Ungarn, lassen sich in mehrfacher Hinsicht nur schwer genaue Angaben machen. Bereits die Frage, wer überhaupt als Ungarndeutscher zu bezeichnen ist, wirft u.a. methodologische Schwierigkeiten auf. Sollte das aufgrund mehr oder weniger objektiver ethnischer, sprachlicher, kultureller Faktoren geschehen oder aufgrund der subjektiven Identität bzw. des individuellen Bekenntnisses eines Betroffenen? Es ergeben sich also Fragen über Fragen, auf die eine vernünftige und sinnvolle Antwort gar nicht möglich ist. Den Forschungsprozess erschwerend ist

---

„Mitte des Ostens" handelt. (Letzteres, also die Mitte Osteuropas, wäre doch in Russland anzusiedeln!)

[28] Infolge der nicht ganz identischen historischen, politischen, wirtschaftlichen, psychosozialen u.a. Bedingungen treten naturgemäß lokale Unterschiede und Besonderheiten auf. So sieht z.B. die (Sprach-)Situation bei den Rumäniendeutschen und bei der deutschen Minderheit in Oberschlesien jeweils deutlich anders aus.

[29] Im Gebrauch der deutschen Sprache in den MOE-Staaten sieht EICHINGER (2000b: 44) sogar – auch in Ungarn – ein weiteres Beispiel für die „polyzentrische Struktur des Deutschen" (zum Konzept der Plurizentrizität siehe AMMON 1995a). Da aber das authentische Vorkommen des Deutschen in dieser Region weniger den Status einer Standardsprache als vielmehr den einer dialektalen Sprechsprache besitzt, gehört es für mich nicht zur Plurizentrizitätsthematik.

ferner, dass die in den Statistiken und dem einschlägigen Fachdiskurs veröffentlichten Zahlen erheblich divergieren.

Die Interessenvertretung der Minderheit, die Landesselbstverwaltung der Ungarndeutschen, gibt die derzeitige numerische Größe der deutschen Minderheit in Ungarn mit etwa 200.000 bis 220.000 an. Das macht etwa 2,5% der Gesamtbevölkerung aus. Somit bilden die Ungarndeutschen die größte sog. nationale Minderheit in Ungarn. Das Attribut 'national' ist bei dieser Aussage entscheidend, denn die quantitativ stärkste Minderheit in Ungarn sind die Sinti und Roma (in Ungarn heißen sie auch offiziell „Zigeuner"), die aber sowohl laut Gesetzgebung als auch in Fachpublikationen im Gegensatz zu den „nationalen" Minderheiten als sog. ethnische Minderheit eingestuft sind. Insofern stimmen solche, sogar in der seriösen Forschungsliteratur oftmals anzutreffenden, jedoch undifferenzierten Aussagen nicht, dass die Ungarndeutschen „die zahlenmäßig größte" Minderheit seien (z.b. NELDE/ VANDERMEEREN/WÖLCK 1991: 3 oder PRAXENTHALER 2002: 47).

Die vorhin erwähnte Zahl – 200.000 bis 220.000 – taucht auch in zahlreichen wissenschaftlichen Publikationen (z.b. bei BORN/DICKGIE-ßER 1989: 229 sowie MANHERZ et al. 1998: 4) und im Regierungsbericht Nr. J/1397 vom Juni 1999 über die Lage der nationalen und ethnischen Minderheiten in der Republik Ungarn (abgedruckt in: DEMETER ZAYZON 1999: 124) auf. NELDE spricht von „Ungarn deutscher Muttersprache" [sic!] mit „schätzungsweise weniger als 200.000 Sprechern" (1990b: 271); in ähnlicher Weise ist bei NELDE/VANDERMEEREN/WÖLCK (1991: 13) von „schätzungsweise weniger als 220.000 Sprechern" die Rede. Hingegen ergab die sog. Ratsqualifizierung (auf Ungarisch: tanácsi minősítés), d.h. eine Schätzung der jeweiligen Gemeinderäte, nur 138.000 Personen. Das Osteuropa-Lexikon von REHDER (1993: 775) weiß von noch weniger, genauer von 123.400 Ungarndeutschen. Indessen gibt es in der Fachliteratur und in der Presse auch höhere Werte. Beispielsweise gibt MAITZ (1998: 212) die Zahl der Angehörigen der deutschen Minderheit mit 230.000 und HAARMANN (1993: 58) sogar mit 245.000 an, während TAMÁSI/LADÁNYI LINGL (2000: 91) für die Gegenwart von nicht weniger als 254.000 Ungarndeutschen ausgehen. Die Artikel von BALVANY (z.B. 1998: 10 und 1999: 13) berichten sogar regelmäßig von über 300.000 „Deutschen in Ungarn".

Bei Versuchen, die Anzahl von Ungarndeutschen zu bestimmen, werden nicht selten die einzelnen Kategorien (Sprache, Ethnie, Identität

usw.) verwechselt oder miteinander vermengt: Die Angabe von NAV-
RACSICS (1999: 38) in ihrer Bilinguismus-Monographie, dass „laut
Schätzungen 200.000 bis 220.000 deutschsprachige Bürger in Ungarn
leben", wie auch die Feststellung von PRAXENTHALER (2002: 47) – „mit
220.000 bildeten die Deutschsprachigen die größte offiziell anerkannte
Minderheitengruppe in Ungarn"[30] – beruhen auf einem Irrtum. Noch
weniger stimmig ist die Tabelle in der Bilinguismus-Enzyklopädie von
BAKER/JONES (1998: 414), in der die Sprecherzahl der Minderheitensprache Deutsch sogar mit 250.000 angegeben wird. Diese Behauptung
ist nicht zu halten, denn so viele Personen sind nicht deutschsprachig:
Diese Größenordnung bezieht sich vielmehr auf die Gesamtzahl der
Personen ungarndeutscher Abstammung, von denen nur ein Bruchteil
tatsächlich als deutschsprachig gilt.

Andererseits haben die offiziellen Volkszählungsergebnisse viel
weniger Angehörige der deutschen Minderheit ergeben (vgl. Tabelle 1
und 2).[31]

Jahr	Zahl der Einwohner mit deutscher Muttersprache
1941	475.491
1949	22.455
1960	50.765
1980	35.594
1990	31.231
2001	33.792

Tabelle 1: Die Bevölkerung nach ihrer Muttersprache in Ungarn; Quelle: Die
betreffenden Bände des „Központi Statisztikai Hivatal" Budapest (Staatliche
Zentrale für Statistik)

---

[30] PRAXENTHALER (2002: 47) fügt dem noch den propagandistischen Slogan hinzu, dass
der ungarische Staat „dieser [Minderheit] nach dem zweiten Weltkrieg umfassende
Rechte gewährte".

[31] In diesem Zusammenhang ist z.B. die folgende Formulierung in der auflagenstärk-
sten ungarischen Tageszeitung *Népszabadság* vom 02.06.1999, S. 10 eine Fehlinterpretation von Tatsachen: „Aufgrund von Schätzungen erklären sich in unserer Heimat
heute 200.000 bis 220.000 Personen als Deutsche."

Jahr	Zahl derjenigen, die sich zur deutschen Nationalität bekannt haben
1941	302.198
1949	2.617
1960	8.640
1980	11.310
1990	30.824
2001	62.233

Tabelle 2: Die Bevölkerung nach „Nationalitätenzugehörigkeit" (ethnischer Zugehörigkeit) in Ungarn; Quelle: Die betreffenden Bände des „Központi Statisztikai Hivatal" Budapest (Staatliche Zentrale für Statistik)

Die augenscheinliche Divergenz zwischen Ergebnissen der Volkszählung, den Schätzungen der ungarndeutschen Organisationen und der Forschungsliteratur verdeutlicht die Kompliziertheit der Lage, was die ethnische Zugehörigkeit einerseits und die individuellen Bekenntnisse zur Muttersprache andererseits angeht. In diesem Zusammenhang weisen z.b. die von HUTTERER (1991d: 335) präsentierten statistischen Daten anschaulich nach, dass es in den einzelnen Stichjahren der Volkszählung um Zahlen geht, die vor allem als Reflex jeweils einer politischen, soziokulturellen und sozialpsychologischen Situation zu explizieren sind. In Polan/Magyarpolány im Komitat Wesprim/Veszprém betrug nämlich der Prozentsatz der Deutschen 1880 noch 63,1%, 1900 sogar 69,9%, während dieses Verhältnis im Jahre 1920 nur 0,2%, jedoch 1941 schon wieder 76,4% ausmachte. Für Beritschke/Bakonypölöske, einen anderen Ort derselben Gegend, lassen sich ähnliche Schwankungen eruieren: 1880 soll es noch 72,4% Deutsche gegeben haben, 1900 nur noch 2,0%, 1920 auch nur 8,1%, dagegen stieg im Jahre 1941 den Prozentsatz wieder auf 86,1% an.

Politisch motivierte sprachkulturelle Verschiebungen sind auch aus meinen Tabellen ersichtlich: Der Zweite Weltkrieg und die sich daran anschließenden harten Repressalien im Zeichen der Kollektivschuld (nämlich Zwangsaussiedlungen, der Druck zur gesellschaftlichen und sprachlichen Assimilation,[32] die Diskriminierung des öffentlichen Gebrauchs der deutschen Sprache) haben Zäsuren im Leben der Ungarndeutschen verursacht. Die Ungarndeutschen sind – zumal seit den letzten hundert Jahren – eine sog. offene Minorität (zum Terminus vgl. ALLARDT/STARCK 1981 und SAARI 2003: 137),[33] d.h. sie kapseln sich von der Mehrheit (und anderen Minderheiten) nicht ab, sondern sie pflegen lebensweltlich einen vielfältigen Umgang mit ihnen. Entsprechend werden die Sprach(en)verhältnisse der Ungarndeutschen seit über 250 Jahren grundlegend durch immer intensiver werdende 'Außenkontakte' mit der raumbeherrschenden Territorialsprache Ungarisch und mit anderen Umgebungs-/Kontaktsprachen bzw. -varietäten[34] gekennzeichnet. Ungarisch übt seit der zweiten Hälfte des 19. Jahrhunderts einen sukzessiv erstarkenden Einfluss auf das Sprachsystem, auf die Sprechhandlungen und dadurch auf den „kommunikativen Haushalt" aus (Terminus im Sinne von LUCKMANN 1988), d.h. auf das Sprachenrepertoire[35] der Ungarndeutschen. Nach 1945 nahm die Einwirkung des Ungarischen extrem zu und wurde allseitig nachweisbar.

Bereits J. GRIMM, der Begründer der germanischen Philologie und Sprachwissenschaft und WREDE, ein Altmeister der deutschen Dialektgeographie, hatten richtig erkannt: Die Geschichte der Sprache beruht auf der Geschichte ihrer Träger (vgl. WREDE 1919: 4 und 18). Später führte MATTHEIER (1980: 160) im Hinblick auf den sog. geschlossenen (m.E. besser: 'zusammenhängenden') deutschen Sprach- und Kulturraum aus, dass Veränderungen in den Gebrauchsstrukturen und -funktionen einer Sprache eng mit Veränderungen in den sprachlichen Strukturen verbunden sind und dass beide Prozesse gewöhnlich gleichzeitig ablaufen. Unter den Bedingungen multilingualer Sprachproduk-

---

[32] Die wichtigsten Ursachen für die Assimilation, hauptsächlich die soziolinguistischer Art, hat KNIPF-KOMLÓSI (2003b: 273 f.) zusammengefasst.

[33] Im Hinblick auf die schrumpfende quantitative Größe und die fortgeschrittene „Assimilation" charakterisiert z.B. KNIPF-KOMLÓSI (2003b: 270) die Ungarndeutschen als eine „Restminderheit".

[34] HUTTERER bedient sich der Termini „Umsprache" (1989: 246, 1993: 170) und „Mitsprache" (1989: 249, 253).

[35] Die 'Repertoire'-Metapher geht vor allem auf GUMPERZ (1990) und DENISON (2000) aus der Zwei- bzw. Mehrsprachigkeitsforschung zurück, im Gegensatz zur 'Kode'-Metapher der Systemlinguistik (vgl. GUMPERZ 1990 und DENISON 2000).

tion und -rezeption sowie von Inter- bzw. besser: 'Transkulturalität'[36] gilt das, wie mir scheint, für das sprachlich-kulturelle „Biotop" meiner Untersuchungen verstärkt. Denn die Konfigurationen des Sprachgebrauchs haben sich zugleich aus zweierlei entscheidenden Gründen geändert, wodurch verschiedene sprachsystematische Strukturveränderungen hervorgerufen wurden:

(a) Zum einen hatten die erwähnten, lang andauernden und tief greifenden, gleichsam alle sozialen Domänen erfassenden sozio-, inter- sowie transkulturellen und sprachlichen Kontakte,[37] zusammen mit den sich daraus ergebenden kommunikativen Mustern nachhaltige Konsequenzen für die Kommunikationsformen und für das sprachliche System. Denn Kulturen- und Sprachenkontakte können eo ipso bedeutsame Veränderungen in den interagierenden Sprachvarietäten auslösen. Dabei ist die Richtung der kontakt-induzierten Konvergenzen in der behandelten Konstellation vorrangig Ungarisch→Deutsch und nur in einem viel geringeren Maße Deutsch→ Ungarisch, weil im untersuchten Großraum das Ungarische den „sprachlichen Mehrwert" repräsentiert. Das betrifft sowohl die sprachlichen Formen, Strukturen und Modelle als auch die Kommunikations- bzw. Diskursgewohnheiten. Darüber hinaus wird davon sogar – wie ich meine – das Weltmodell[38] der miteinander in Berührung befindlichen ethnischen Gruppen bzw. Diskursgemeinschaften betroffen.

(b) Zum anderen erfolgte die sprachliche Bewältigung der Umwelt – von der Situation der Mehrsprachigkeit abgesehen – auf andere Art und Weise als im zusammenhängenden deutschen Sprach- und Kulturraum. Unterscheidet sich doch der soziokulturelle und sozio-

---

[36] Zur inhaltlichen Unterscheidung der Termini „Interkulturalität", „Multikulturalität" und „Transkulturalität" vgl. weiter unten Abschnitt 6.1.

[37] Auch im Sinne der MARTINET'schen (1963: 163) „externen Faktoren" der Sprachveränderungen.

[38] „Weltmodell" kann im Anschluss an BÄCKER/CIV'JAN (1999: 289 f.) als die Summe der Vorstellungen des Menschen von sich und der Welt definiert werden. Ob allerdings die durch Sprachenkontakte per definitionem hervorgerufenen kontaktsprachlichen Veränderungen wirklich „vor allem transzendent" sind, wie BÄCKER/CIV'JAN (1999: 290) behaupten, bedarf noch einer wissenschaftlichen Verifizierung. Zur 'Weltbild'-Forschung vgl. BAŃCZEROWSKI (1999).

pragmatische Referenzrahmen für die deutsche Minderheit in Ungarn fundamental von dem im „binnendeutschen" Sprachgebiet.

Die beiden Aspekte (a) und (b) üben ihre sprach- und kommunikationsgestaltende Wirkung auf das Deutsche als Minderheitensprache im Kulturraum Ungarn auch heute noch aus.

2.2 „Kontaktdeutsch" als Gegenstandsfeld: Forschungsansätze und Erkenntnisziele

JUHÁSZ, der prominente ungarische Sprachgermanist, hat den bilingualen (bicodalen) Diskursmodus[39] deutscher Minderheiten als „einen Sprachgebrauch" verstanden, „der sich nicht klassifizieren und noch weniger bewerten lässt" (1986: 200). Gerade das jedoch beabsichtige ich mit meinen Untersuchungen zu leisten. Sie sollen nämlich – als allgemeines H a u p t z i e l – eine vitale und hochkomplexe Kontaktsituation von Sprachen bzw. Varietäten am paradigmatischen Beispiel der ungarndeutschen Ortschaft Hajosch[40] (in der Aussprache der Bewohner ['ha:joʃ]; auf Ungarisch: Hajós) aus der Sicht des Kulturphänomens 'deutsche Sprache' im Kräftefeld von typologischer Tradition und sukzessiver Innovation beschreiben und den Kontaktprozess modellieren.[41] In diesem Kontext soll die empirisch fassbare Variationsbreite von arealen Sprachenkontakt- bzw. -interaktionserscheinungen in ihrer Systematik und interaktiven Dynamik dokumentiert und dargelegt werden. Theoretisch betrachtet, geht es um die generelle Frage, wie der

---

[39] Er selbst hat diesen Terminus nicht benutzt. Im Übrigen hat er sich an der entsprechenden Stelle seines genannten Aufsatzes nicht mit Ungarn, sondern mit dem Elsass befasst.

[40] Bei HUTTERER (1991c: 270) steht *Heuers*. T. MOLNÁR (1997) führt stets auch die Variante *Hajesch* an, die sonst eigentlich nicht üblich ist. Die „Genealogy Page by Richard Heli" verzeichnet auch *Wallersdorf* (vgl. im Internet unter: http:// spotlightongames.com/genealogy/backa_e-n.html; gesehen am 05.05.2005), während die Liste des Goethe-Instituts über „Städte-, Gebiets- und Schulpartnerschaften zwischen Ungarn und der Bundesrepublik Deutschland" an erster Stelle die Variante *Hajasch* angibt (http://www.goethe.de/ms/bud/pv/part_04.htm#323; gesehen am 05.05.2005).

[41] Zur Problematik von Modellen in der Wissenschaft vgl. AUGER (1965: 3 ff.), zur Modellbildung speziell in der Sprachwissenschaft vgl. CHAO (1969: 558 ff.) und insbesondere zur funktionellen Modellierung als Grundsatz in der Linguistik vgl. MELCSUK (2001: 140 ff.).

Makrokosmos bilingualer und transkultureller sprachkommunikativer Handlungssysteme angemessen erfasst werden kann. Dies wird exemplarisch am Mikrokosmos einer ungarndeutschen Diskursgemeinschaft in der Batschka (im Komitat Batsch-Kleinkumanien/Bács-Kiskun) aufgezeigt; vgl. Grafik 1 und Abschnitt 2.7.

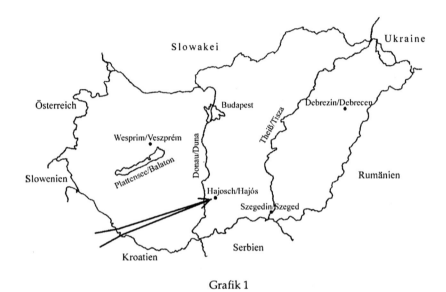

Grafik 1

Das Konzept 'Diskursgemeinschaft' definiere ich als eine Sprechergruppe mit einem ihr eigenen Sprachsystem (d.i. der zur Analyse stehenden Kontaktvarietät des Deutschen), mit einer für sie charakteristischen Sprechkultur und einer sie kennzeichnenden Kommunikationsbzw. Diskursroutine, die diese Sprechergemeinschaft von anderen unterscheiden (vgl. auch BIZZELL 1994). Relevant ist die anstehende Forschungsaufgabe auch deswegen, weil in der untersuchten Varietät derzeit nicht in erster Linie die sprachinterne Dynamik, sondern vor allem der Sprachenkontakt als Katalysator für sprachliche und kommunikative Wandel- bzw. Innovationsprozesse fungiert.

Das Forschungsanliegen will ein wichtiges Desiderat beseitigen. Hat doch LÖFFLER (2005: 71) als Forschungsmanko beklagt: „Wie das Deutsche in einer deutsch-anderssprachigen Bilingualismus-Situation 'reagiert', das heißt, sich in bestimmten Merkmalsbereichen oder gar strukturell verändert, ist noch nicht systematisch untersucht worden." Solche „Bilingualismus-Situationen" werden leider nicht einmal in der Kontaktlinguistik gebührend beachtet, wie das etwa die definitorische Stellungnahme von WILDGEN (2003: 195) belegt, nach dem die Sprachkontaktforschung als Disziplin „die Interkommunikation über Sprachgrenzen hinweg" in den Vordergrund stellt. Im Gegensatz dazu denke ich, dass überdies gerade bilinguale Diskursgemeinschaften (wie in dieser Arbeit) für die Kontaktlinguistik einen aktuellen Gegenstand bilden können und müssen.

Meiner Untersuchung über eine spezifische 'Kultur der Mehrsprachigkeit' und eine 'gelebte Hybridität' liegen vor allem folgende Prämissen als inhaltliche Ausgangspunkte zugrunde:

(a) Erstens bin ich der Überzeugung, dass es seit den Anfängen, und bis heute, eigentlich nie eine deutsche Einheitssprache gegeben hat, sondern regionale Sprachformen. Das heißt, die 'deutsche Standardsprache' ist ein theoretisches Konstrukt (vgl. ausführlicher FÖLDES 2002; zum wissenschaftstheoretischen Begriff von 'Konstrukt' vgl. SLOMAN 1977a: 133 und MITTELSTRAß 2004: 445). Folglich muss die Erforschung einer spezifischen lokalen Varietät für die deutsche Sprache schlechthin von großem Wert sein. Zumal auch COSERIU (1992: 285) die Bedeutung von punktuellen, eng eingegrenzten Sprachformen für die Sprachwissenschaft betont: Lediglich „ein einziger Dialekt auf einem einzigen Niveau in einem einzigen Sprachstil, d.h. mit anderen Worten eine *syntopische, synstratische und symphasische* Sprache [...] darf *funktionelle Sprache*[42] genannt werden. Das Adjektiv 'funktionell' ist in diesem Fall dadurch gerechtfertigt, daß nur eine Sprache dieser Art tatsächlich und unmittelbar in den Diskursen (oder 'Texten') funktioniert (1992: 285)". Weiters fügt er hinzu: „Der eigentliche Gegenstand der als strukturell und funktional verstandenen Sprachbeschreibung ist nun gerade die 'funktionelle' Sprache [...]" (COSERIU 1992: 285).

(b) Zweitens gehe ich davon aus, dass Tendenzen der gesprochenen Empfängersprache ganz früh an Sprachenkontaktphänomenen bzw. Interaktionsstrukturen (vor allem an dynamischen und

---

[42]   Hervorhebungen im Original.

stabilen Transferenzen, vgl. unter 2.6) erkennbar sind. Von daher kann aus Kontakt-, Interaktions- bzw. Konvergenzerscheinungen u.U. auf allgemeinere Tendenzen der Empfängersprache geschlossen werden.

(c) Drittens gilt cum grano salis, dass die von mir in Bezug auf den Untersuchungsort diskutierten Phänomenbereiche eine regional größere Reichweite haben und generelle Schlüsse auf die Besonderheiten bi- bzw. multilingualer Sprachproduktion und transkultureller Kommunikationsstrukturen bei den Ungarndeutschen zulassen,[43] in bestimmter Weise sogar auf Analoges im Deutschen als Minderheitensprache schlechthin. Dies hat weitreichende linguistische Bedeutsamkeit, zumal die Zahl der Deutsch-Muttersprachler außerhalb des zusammenhängenden deutschen Sprach- und Kulturraums heute auf 52 bis 120 Millionen geschätzt wird (BARBOUR/STEVENSON 1998: 2)!
Überdies kann somit ein Baustein zur Modellierung – oder mit dem Terminus von ÁGEL (1997: 66 f.): „Simulierung" – bilingualer und bikultureller Sprachverhaltenssysteme[44] vorgelegt werden, mit Blick auf ihre Struktur, Hierarchie und Dynamik.

Die vorliegende Untersuchung versteht sich – im Sinne von BROWN (1999: 2 f.) – als eine „primäre Forschung", die mithilfe einer unmittelbaren explorativen Datenanalyse neue Erkenntnisse erbracht hat. Sie ist zunächst einmal eine exakte linguistische Feldforschung,[45] die – als übergreifende Zielsetzung – phänomenorientiert und problembezogen den Kontaktdruck[46] des Ungarischen als Modell-, Bezugs- und Überdachungssprache in mündlichen Diskursen innerhalb der Vernakularsprache auf der synchronen Ebene beschreibt (siehe ausführlicher

---

[43] Deswegen werde ich an entsprechenden Stellen jeweils kurz im Rahmen eines Ausblicks auf Deutsch als Minderheitensprache in anderen Ländern, vor allem im benachbarten ostmittel-, ost- und südosteuropäischen Kontaktareal eingehen.

[44] Dieser Aspekt ist noch relativ wenig bearbeitet. Lediglich Ansätze zu allgemeinen Interaktionsmodellen von Faktoren und Mechanismen der Sprachenkontakte liegen z.B. bei HAARMANN (1999: 125 ff.) und MELIKA (2000: 20 ff.) vor.

[45] Zu ihren Grundlagen, Konzepten und Methoden vgl. SENFT (2002) und SCHRADER-KNIFFKI (2003). Eine Fundierung und Systematisierung von Grundfragen des empirischen und korpusbezogenen Arbeitens in der Sprachwissenschaft nimmt SCHLOBINSKI (1996) vor.

[46] BACH (1985: 26) sprach in diesem Sinne noch von „sprachlicher Strahlung".

Teilziel Nr. 3). Dabei kann es sich lediglich um eine relative Synchronie handeln, denn Sprachenkontakten ist eine große Dynamik eigen. Die gewählte, primär synchron-kontaktlinguistische Vorgehensweise darf dabei im gegebenen Kontext als neuartig gelten – auch, weil sie eine Alternative zu den bisher in den Forschungen zur Sprache der Ungarndeutschen dominierenden areallinguistisch-sprachgeographischen (vor allem laut- und wortgeographischen)[47] Ansätzen bietet. Das Ziel dieser früheren Arbeiten bestand, der Homogenitätsannahme des Strukturalismus entsprechend, vor allem in einer systemlinguistisch-strukturellen Beschreibung des „reinen", d.h. ungemischten Grunddialekts, was ein hohes Maß an „Idealisierung" des Objekts bedeutete. Aber gerade in einer Region mit einer Verschränkung von mehreren Sprach(varietät)en und kulturellen Systemen erscheint es mir wünschenswert – und das ist eines meiner Forschungsanliegen (T e i l z i e l N r . 1) –, den systemlinguistischen Ansatz durch einen verwendungslinguistischen zu ergänzen, dem eine Heterogenitätshypothese zugrunde liegt. Denn nur so lässt sich die Sprach- und Kommunikationswirklichkeit in ihrer Komplexität angemessen darstellen und erläutern.[48] Daher können für solche Untersuchungen die Kontaktlinguistik und z.t. die Variationslinguistik[49] einen geeigneten fachwissenschaftlichen und methodischen Rahmen bieten.

Wirklich gewichtige Beiträge liegen in der Forschungsgeschichte der Kontaktlinguistik[50] in Ungarn lediglich zu den diachronen Ansätzen vor (bereits seit K. Lumtzer, J. Melich u.a.), bei denen nach wie vor eine einsprachig ausgerichtete Kontaktbetrachtung vorherrscht. Die diesbezüglichen Publikationen von HUTTERER (1991e)[51] bereicherten die Kontaktforschung mit viel Relevantem, obgleich er nicht allgemein von „Kontaktlinguistik", sondern speziell von „Lehnwortaustausch" sprach. Er hat vor allem viel Interessantes zur Forschungsgeschichte zusammengetragen. Im Bereich der Periodisierung der „Wortbeziehungen" Deutsch-Ungarisch hat HUTTERER fünf verschiedene Zeitabschnitte

---

47 Vgl. vor allem die Arbeiten von HUTTERER (z.B. 1963, 1991a) und MANHERZ (z.B. 1977).
48 Es kann gleichwohl lediglich um eine teilweise Erklärung gehen, denn zur wirklich umfassenden Explikation wären auch außerlinguistische Blickwinkel und Instrumentarien – z.B. die der Psychologie – erforderlich.
49 Im Sinne etwa von HÄCKI BUHOFER (1998).
50 Zur Historiographie vgl. ausführlicher FÖLDES (2003b).
51 Erstveröffentlichung bereits 1968.

erarbeitet, die nach seiner Meinung jeweils „mehr oder weniger eigenständig zu behandeln sind". Es handelt sich um (a) die Landnahmezeit (896) bis ungefähr 1000, (b) das ungarische Mittelalter von der Staatsgründung um 1000 bis zu der Schlacht bei Mohatsch/Mohács im Jahre 1526, (c) das Zeitalter der Dreiteilung Ungarns zwischen 1526 und dem ausgehenden 17. Jahrhundert, (d) die Periode des Wiederaufbaus nach der Vertreibung der Türken im 18. Jahrhundert und (e) um das Reformzeitalter einschließlich des ungarischen Freiheitskampfes 1848/1849, das die weitere Entwicklung im 19.–20. Jahrhundert bestimmte (1991e: 411 ff.). Sodann arbeitete er die Sonderstellung des Jiddischen im deutsch-ungarischen Lehnwortaustausch heraus (1991e: 421 ff.). Außerdem verdanken wir HUTTERER wesentliche Einsichten über die besondere Vermittlerrolle des – wie er sagte – „ungarländischen Deutschtums" bei den Sprachenkontakten Deutsch-Ungarisch (1991e: 409).

MOLLAY (1982) hat eine Reihe von historischen Erkenntnissen zur Kontaktproblematik vorgelegt. An erster Stelle muss wohl seine Dissertation zur Erlangung des akademischen Titels „Doktor der Sprachwissenschaft" aus dem Jahre 1975 erwähnt werden, die sieben Jahre später auch als umfangreiches Buch erscheinen konnte. Es ist eine vielseitig fundierte, detaillierte Darstellung der wissenschaftsgeschichtlichen Zusammenhänge, in erster Linie im Hinblick auf die deutsch-ungarischen sprachlichen Kontakte bis zum Ausgang des 16. Jahrhunderts. Die Monographie enthält einerseits theoretische Erkenntnisse, nämlich einen komplexen Überblick über die Geschichte sowie die Forschungsproblematik der deutsch-ungarischen sprachlichen Berührungen, wobei auch auf lautgeschichtliche sowie sachgeschichtliche Gesichtspunkte eingegangen wird. Andererseits enthält sie ein diachron angelegtes Wörterverzeichnis mit 632 Einheiten, das die deutschen Lehnwörter der ungarischen Sprache präsentiert. Der Band ist jedoch weitaus mehr als nur ein spezifisches etymologisches Wörterbuch. Denn die Erklärungen der Lemmata sowie der Ableitungen sind in die Beschreibung des historischen Hintergrundes integriert. Auf diese Weise werden die mannigfaltigen Verästelungen des Wortschatzes und die weitreichenden sprachlichen Relationen sichtbar. Auf MOLLAY geht ferner eine weitere zeitliche Einstufung des Kontaktgeschehens zurück, die allerdings nicht identisch mit der von HUTTERER (1991e) ist, denn MOLLAY verwendet für sein Modell gänzlich andere Gliederungsaspekte. Die von MOLLAY etablierten fünf Perioden sind die folgenden: (a) 862–1060:

Beginn der sprachlichen Kontakte, (b) 1061–1342: die erste massenhafte Einwanderung von Deutschen nach Ungarn, (c) 1342–1686: die Herausbildung des Schrifttums der Ungarndeutschen, (d) 1687–1920: österreichisch-ungarische Kontakte und (e) 1921–1945: deutsch-ungarische Kontakte.

Wenngleich auch außerhalb Ungarns über die deutsch-ungarischen Sprachenkontakte einige diachron ausgerichtete Arbeiten erschienen sind (z.b. MARTINS 1970), widmen sich in erster Linie ungarische Wissenschaftler diesem Themenfeld. So behandelt HORVÁTH (1978) in ihrem Buch deutsche Elemente in der ungarischen Sprache des 17. Jahrhunderts, wobei im Rahmen der deutsch-ungarischen Kontakte besonderes Augenmerk auf die österreichischen Belange gerichtet wird, während z.b. BEKE (1989) „sprachsoziologische Bemerkungen" über die deutsch-ungarischen Sprachbeziehungen im 16. Jahrhundert formuliert. Aus der jüngsten Zeit sollte man im Bereich ungarndeutscher Forschungen die Dissertation von ERB (1997) hervorheben. Sie hatte das Ziel, die bis 1945 usualisierten ungarischen „Lehnwörter in den neueren Sprachinseln" von Ungarn zu erforschen. ERB hat diese zusammengetragen und das Sprachmaterial in Form eines „Dokumentationswörterbuches" systematisch beschrieben bzw. es unter bestimmten strukturlinguistischen, vor allem aber „soziopragmatischen" Gesichtspunkten präsentiert. Dementsprechend gliedert sich die Arbeit in zwei Hauptteile: in ein Wörterbuch im Sinne einer „Datenbank" und in einen analytischen Teil, dessen primäres Korpus das Wörterbuch bildet und der sich als eine „mehrschichtige, interdisziplinär ausgerichtete Quellen- und Beleganalyse" versteht. Zu erwähnen ist auch die erkenntnisreiche Arbeit von GERSTNER (1998): In einer Kurzmonographie werden die beiden zeitgenössischen etymologischen Sprachlexika des Ungarischen unter dem Aspekt der Lehnwörter deutscher Provenienz verglichen. Dabei sprengte GERSTNER die Grenzen eines simplen Wörterbuchvergleichs, indem er nicht nur die deutschen Lehnwörter heranzog, sondern alle Lehnbeziehungen, die mit Deutsch direkt oder indirekt zusammenhängen. Er berücksichtigte so systematisch sämtliche interlingualen Austauschprozesse, bei denen die deutsche Sprache eine Vermittlerrolle gespielt hat oder bei denen Deutsch in direkter oder indirekter Weise am Sprachaustausch beteiligt war.[52] BASSOLA

---

[52] Die Thematik „deutsche Wörter im Ungarischen" steht zugleich im Fokus didaktischer und populärwissenschaftlicher Publikationen: Die Veröffentlichung von GYIMESI

(1995) hat sich in seinem Buch über „Deutsch in Ungarn" ebenfalls vornehmlich aus einer sprachhistorischen Perspektive geäußert. Dagegen gelten die synchronen Beziehungen der deutsch-ungarischen Sprachen- und Kulturenkontakte anhand von Material über das Deutsche als Minderheitensprache in Ungarn als ziemlich unerforscht. NELDE/VANDERMEEREN/WÖLCK (1991: 8) haben vor gut einem Jahrzehnt unzweideutig als Desiderat formuliert: „[I]m Falle Ungarns liegen bis heute keine nennenswerten empirischen Daten hinsichtlich synchroner Aspekte des Sprachkontakts vor". In der Tat kann man anmerken: Die Zahl von Arbeiten, die schwerpunktmäßig die Einwirkung bestimmter ungarndeutscher Dialekte auf den ungarischen Sprachgebrauch von Ungarndeutschen thematisieren, ist ziemlich gering (z.B. RÓNAI 1968, GERSTNER 1979, 1983, SZABÓ 2000b). Die andere Blickrichtung – die synchrone Kontaktbeeinflussung ungarndeutscher Dialekte durch das Ungarische – ist aber im Wissenschaftsdiskurs kaum präsent. So ist dem oben zitierten Befund von NELDE/VANDERMEEREN/WÖLCK (1991: 8) hinzuzufügen: Auch seitdem ist in dieser Hinsicht nicht viel Substanzielles geschehen. Ein Handbuchartikel von HESSKY (1997) fasst Aspekte zur Geschichte der Sprachenkontakte Ungarisch-Deutsch zusammen, wobei sich ihre Ausführungen aber im Wesentlichen auf die deutsche Minderheit in Ungarn beschränken. Zur Forschungsgeschichte stellt HESSKY darin zu Recht fest: „Während in der Hungarologie der deutsch-ungarische Sprachkontakt, insbesondere die lexikalische Entlehnung aus dem Deutschen, relativ gründlich erforscht ist, hat man in der ungarndeutschen Dialektologie der Frage des Sprachkontakts Ungarisch-Deutsch, dem Einfluß des Ungarischen auf die ungarndeutschen Mundarten, relativ wenig Aufmerksamkeit entgegengebracht" (HESSKY 1997: 1726).

Gerade an diesem Punkt setzt mein Projekt an (T e i l z i e l N r . 2): Ich stelle – im Zeichen einer zweisprachig ausgerichteten Kontaktbetrachtung – eine ungarndeutsche Nicht-Standardvarietät vor, und zwar als eine Ausprägung des Deutschen als Minderheitensprache. Diese existiert genuin unter transkulturellen Mehrsprachigkeitsbedingungen, wird meist in gesellschaftlich und politisch bedingten Konfliktsituatio-

---

(1999) legt eine Auflistung solcher Lexeme vor, strebt aber dabei keine fachwissenschaftlichen Ziele an. Deshalb ist sie allenfalls als Informationsmaterial für ungarische Deutschlehrer zu betrachten.

nen[53] verwendet und weist nicht nur zahlreiche, sondern auch vielgestaltige Kontakteinflüsse bzw. zwischensprachliche Interaktionsphänomene auf. Theoretisch wird diese von mir untersuchte, sehr spezifische Sondervarietät zum ersten Mal mit dem Terminus 'Kontaktdeutsch' bezeichnet. Prozesse und Produkte interlingualer und interdialektaler Kontakte sowie der Verknüpfungs-/Verbindungsintensität (Terminus nach KALLMEYER/KEIM/ASLAN/CINDARK 2002: 1) von Sprachvarietäten lassen sich an einer gegenwärtigen ungarndeutschen Varietät (so auch an meinem Material) besonders gut erforschen, weil sie aufgrund ihrer spezifischen soziolinguistischen Merkmale und Relationen optimale Voraussetzungen für Phänomene der Sprachenmischung (Hybridisierungen) bietet. Sie

(a) existiert nur als „Kontaktvarietät",[54]

(b) kommt ausschließlich als Low-Varietät in einer Diskursgemeinschaft mit di- bzw. triglossischer Varietätenverteilung vor und

(c) verfügt nicht über eine standardisierte „Norm".[55]

Unter 'Sprachenmischung' (Hybridisierung) werden in der Arbeit generell die wechselseitigen Einwirkungen bzw. ihre Manifestationen verstanden, die sich aus dem Aufeinandertreffen eines im Sprachgebrauch einer Diskursgemeinschaft üblichen Systems mit einem anderen System ergeben. Dabei handelt es sich hier im Wesentlichen um die deutsche mundartliche Sprachverwendung und um die ungarische Standardsprache (bzw. eine standardnahe Varietät des Ungarischen). Da die zwei Diskursgemeinschaften quantitativ äußerst ungleich sind

---

53 NELDE/VANDERMEEREN/WÖLCK (1991: 7) und NELDE (1992: 238 ff.) konstatieren, dass Konflikte unvermeidlich erscheinen, wenn sich eine Diskursgemeinschaft einer oder mehreren anderen gegenüber in einer untergeordneten Position befindet, also wenn z.B. eine Bevölkerungsgruppe eine sprachliche Minderheit bildet.

54 Vgl. 2.6 und Fußnote 104.

55 Gleichwohl hat GYŐRI-NAGY in den 80er Jahren einmal programmatisch für die „verschiedenermaßen zum Hochdeutsch neigende Variante" ungarndeutscher Sprecher die Existenz einer „natürlichen ungarndeutschen Hochsprache" postuliert und festgestellt: „Dieses sprachgeschichtlich-sprachpsychologisch organische, instinktiv-überdialektale, kommunikativ vollwertige 'Einheitsdeutsch' zweisprachiger Ungarndeutscher können wir zu Recht das Ungarndeutsch nennen" (1983: 7). Seine Forderung kam allerdings viel zu spät und blieb weitgehend unbeachtet.

(die ungarndeutsche sehr klein, die ungarische vergleichsweise groß), ist in der Praxis der Beeinflussungsvektor oft einseitig ausgerichtet. Mit 'Sprachenmischung' (Hybridisierung) bezeichne ich sowohl den entsprechenden (primär kognitiven) P r o z e s s, als auch das sprachlich-kommunikative E r g e b n i s, das sich in der Herausbildung neuer Sprach- und Kommunikationsformen, -usancen sowie -stile manifestiert. Der Hauptakzent wird aber auf dem Aspekt der Sprache liegen, d.h. vor allem auf der 'Ergebnis'-Seite. Es geht also um Sprachenmischung bzw. „Varietätengebrauchs-Mischung" und als deren Folge um reaktive Entwicklungen.

Diese 'Sprachenkontakt-Ergebnisse', d.h. die kontaktgeprägten Elemente, Strukturen und Modelle, sollen in der vorliegenden Monographie nicht nur allgemein charakterisiert, sondern auch im Einzelnen typisiert werden. Dabei gehe ich von dem wissenschaftstheoretischen Prinzip aus (vgl. MITTELSTRAß 2004: 363 f.), dass 'Typen' intensionale Merkmalkomplexe darstellen und 'Klassen' mit unscharfen Grenzen konstituieren. (Diese von Typen konstituierten Klassen weisen dann eine innere Struktur auf.) Im Sinne einer kleinen „Typologie der Typen" geht es hier nach dem Umfang des Merkmalkomplexes um 'partielle Typen' (im Gegensatz zu den 'holistischen Typen'), die als 'empirisch motivierte Typen' (im Gegensatz zu den 'theoretisch motivierten Typen') gehandhabt werden und nach dem Maß an Kohärenz relativ 'kohärente Typen' (gegenüber den 'inkohärenten Typen') verkörpern. Schließlich sollen durch die kontaktlinguistische Empirie dieser Arbeit 'natürliche Typen' (im Gegensatz zu 'Idealtypen' und 'künstlichen Typen', vgl. MITTELSTRAß 2004: 185 f., 363 f.) erschlossen werden.

Das Untersuchungsdesign verfolgt die Absicht (T e i l z i e l   N r. 3), die empirisch fassbare Flexibilität und Dynamik von Dialektstrukturen im mehrsprachigen Kontext abzubilden („real time analysis" im Sinne von BAILEY 2002 und TURELL 2003). Das soll eine Erweiterung des Wissens auch über die Parameter ermöglichen, nach denen sprachliche Strukturen variieren können. Was wiederum für die Beschäftigung mit den Prinzipien des Aufbaus von sprachlichen Systemen große Bedeutung besitzt. So konzentriert sich meine Studie auf die Erfassung und Auswertung diverser ausgewählter, selbst erhobener sprachkommunikativer Daten aus der gesprochenen Sprache[56] von Ungarndeut-

---

[56] Die heute in der Forschung so populäre Kategorie 'gesprochene Sprache' (vgl. SCHWITALLA 1997, HENNIG 2000, FIEHLER 2000a und DÜRSCHEID 2002: 25 ff.) kann

schen.[57] Von den Korpusdaten ausgehend, werden schlüssige Aussagen über das dynamische und zunehmend oszillierend-fluktuierende orale Sprach- und Diskursverhalten bi- bzw. multilingualer Ungarndeutscher gemacht. Dabei soll vor dem Hintergrund der soziohistorischen, soziolinguistischen und sozialpsychologischen Bedingungen, die das Verhältnis der kontaktierenden bzw. interagierenden Varietäten bestimmen, das Polysystem sprachlicher Erscheinungen betrachtet werden. Eine „Sprachtodforschung" im Sinne von STIEHLER (2000: 3), zu der Sprachenmischung führen kann, wird nicht angestrebt. Vielmehr wird durch die Explikation der Kulturrealität 'Sprachenkontakt' die Sprachvariation als Phänomen der Kommunikationspraxis im konkreten Zusammenhang ihres Vorkommens untersucht.

Die Sprachenmischung stellt ein überaus facettenreiches Problemfeld dar. ŠČERBA (1958 [Erstausgabe 1925]: 42) hat bereits vor achtzig Jahren entdeckt, dass es sich dabei um eine der unklarsten Erscheinungen der Linguistik handelt. Ich glaube indes, eine Untersuchung dieses Phänomens verfügt – nicht zuletzt gerade wegen ihrer Komplexität – eindeutig über Relevanz. Denn die systematische Beschreibung, Interpretation, Klassifizierung und Evaluierung von kontaktgeprägten bzw. gemischtsprachigen Redeprodukten ermöglicht Aussagen über strukturelle Merkmale und soziopragmatische Funktionen des bi- bzw. multilingualen Sprach- und Kommunikationsverhaltens. Auch lassen sich aus dem erfassten empirischen Material Einsichten über die kognitive Organisation von Zweisprachigkeit gewinnen, vor allem im Hinblick auf die Organisation des mentalen Lexikons. Es sollen also

---

unterschiedlich expliziert werden. Sie lässt sich einerseits aufgrund von Bedingungen des Mediums mit Blick auf die systemlinguistischen Besonderheiten (vgl. das „Freiburger Projekt"; SCHRÖDER 1975), andererseits durch die sprachliche Ausgestaltung von sozialen sowie kommunikativen Beziehungen und Normen im kommunikativen Prozess (vgl. das Modell von KOCH/OESTERREICHER 1985, das ein Kontinuum zwischen den Polen 'konzeptionell mündlich' vs. 'konzeptionell schriftlich' beschreibt) fassen. In der vorliegenden Arbeit wird gesprochene Sprache – vor allem der Einfachheit halber – im Sinne von STEGER (1979: 175 f.) verstanden. Vgl. auch die Kritik und das ihr gegenübergestellte Konzept „kommunikativer Praktiken" von FIEHLER (2000b).

57 Eine in jeder Hinsicht vollständige Analyse, auf die hier natürlich kein Anspruch erhoben wird, sollte eigentlich die Sprachen von zweisprachigen Kommunikatoren nicht separat untersuchen, weil ja beide Sprachen gleichzeitig verwendet werden, sondern das gesamte sprachkommunikative Repertoire wäre im komplexen Kommunikations- bzw. Interaktionsraum en détail mit einzubeziehen.

Mechanismen und Ergebnisse intersprachlicher und interdialektaler Beeinflussungen und Alternierungen im Varietätenkontakt ermittelt werden. Untersuchungsansatz war dabei die sprachtheoretische Annahme, dass in der Sprache nichts aus purem Zufall geschieht.[58] Für den konkret vorliegenden Fall bedeutet das: Phänomene der Sprachenmischung funktionieren selbst in einer ultimativen Sprachenkontakt-Situation nicht ohne System und Gesetzmäßigkeiten,[59] sowohl linguistisch als auch sozial und kulturell. Man muss folglich davon ausgehen, dass Elemente, Strukturen und Modelle des Ungarischen im Sinne einer „geordneten Selektion" (HASSELMO 1972: 261 ff.) in die ungarndeutsche Basisvarietät eingebettet wurden und werden bzw. an den Umschaltungsprozeduren des Kodes beteiligt sind. Damit soll den Aussagen derjenigen Forscher ausdrücklich widersprochen werden, die in solchen Konstellationen eine „regellose" und „durch nichts motivierte Sprachmischung" (z.b. BRAUN 1937: 125, STOLT 1964: 13) oder etwas völlig Unsystematisches sehen, vgl. z.b. auch die jüngeren Publikationen von BOUTERWEK (1990: 21) und GLONING (1994: 17).

Ein weiteres wesentliches Erkenntnisziel (T e i l z i e l   N r.   4) meiner Untersuchungen besteht darin, die Validität verschiedener –

---

[58] Zum 'Sprachwandel' gibt es (allerdings unter den Bedingungen der Einsprachigkeit) mehrere Theorien. Vgl. z.B. KELLER (1990), der davon ausgeht, dass sog. natürliche Sprachen weder Naturphänomene noch Artefakte sind, sondern als „Phänomene der dritten Art" spontane Ordnungen darstellen, die von ihm deshalb im Rahmen einer evolutionären These „mittels der unsichtbaren Hand" präsentiert werden. POLENZ (1978: 6–10 und 2000: 21–27) fasst die Hauptlinien der „traditionellen", der „systemlinguistischen", der „soziolinguistisch/sozialgeschichtlichen" sowie der „soziopragmatischen Sprachwandeltheorien" kompakt zusammen. WOLFF (2004: 11 und 29–32) versteht unter „Sprachwandel" einen sozialgeschichtlichen und zugleich sprachpragmatischen Vorgang. Er nimmt auch zur Begrifflichkeit „Wandel" vs. „Veränderung" und „Entwicklung" in der Sprache Stellung (WOLFF 2004: 28). SCHWERDT (2000: 79 ff.) setzt sich mit dem Verhältnis der innersprachlichen und außersprachlichen Faktoren sowie mit Erklärungsansätzen des Sprachwandels auseinander und thematisiert, wie „bereits geschehener Sprachwandel" (speziell Lautwandel) hinsichtlich seiner Bedingungen oder Ursachen theoretisch adäquat erfasst werden kann. Dabei ist diese Studie prononciert als Retrospektive aufzufassen, denn eine Prognose, welcher Wandel sich im Einzelnen ereignen würde, ist nicht möglich. EGGERS (1998: 411–447) liefert eine integrative Bestandsaufnahme bisheriger Forschungsansätze. Der Handbuchartikel von MATTHEIER (1998) bietet einen aktuellen und klärenden Überblick über Fragen der Terminologie, über Abgrenzungen und Konzeptualisierungsmöglichkeiten für eine Theorie des Sprachwandels.

[59] Zur Problematik und Abgrenzung von „Prinzipien", „Regeln" und „Gesetzmäßigkeiten" in der Sprachwissenschaft vgl. z.B. WOLFF (2004: 33).

zumeist an anderen Sprachenpaaren und in anderen soziokulturellen Zusammenhängen aufgestellten – Hypothesen und Aussagen der internationalen Bi- bzw. Multilinguismusforschung und der Kontaktlinguistik über Mechanismen der Sprachenmischung an dem erschlossenen spezifischen Sprachmaterial zu überprüfen. So werde ich mich im Weiteren auf Manifestationen von Sprachen- bzw. Varietätenkontakten im Rahmen eines genuinen interaktionalen Szenariums der Zwei- bzw. Mehrsprachigkeit konzentrieren. Die Sprache von Ungarndeutschen dient dabei als Demonstrationsmaterial für diverse synchrone Sprachenkontakt- und „Sprachinsel"-Phänomene,[60] was im Fall des Deutschen und des Ungarischen – als genetisch und typologisch voneinander sehr abweichende Sprachen – von großem sprachtheoretischem Interesse ist. In der Fachliteratur wird nämlich seit je kontrovers diskutiert, ob (bzw. mit welchem Anteil) bei sprachlichen und kulturellen Berührungen eher die typologische Beschaffenheit der kontaktierenden Sprachen/Varietäten oder die soziokulturellen Rahmenbedingungen den Ausschlag geben. VOČADLO (1938: 170) hat z.B. Deutsch als eine sog. homogene Sprache eingestuft, für die seiner Ansicht nach eine Vermeidung von fremden Wörtern und allenfalls die Nachbildung anderssprachlicher Modelle charakteristisch sei. KIPARSKY hat zeitgleich eine konträre Stellung bezogen und postuliert, dass die Fähigkeit der „homogenen" Sprachen, Transferenzen aufzunehmen, nicht von der linguistischen Struktur der jeweiligen Sprache, sondern von den politisch-sozialen Einstellungen der Sprecher abhänge (1938: 176). Auch in aktuellen Werken taucht dieser Fragenkomplex immer wieder auf, so z.B. in der in Moskau herausgegebenen großen linguistischen Enzyklopädie. Diese betont, dass für die Mehrsprachigkeit „der Grad der genetischen oder typologischen Nähe" der beteiligten Sprachen „von essenzieller Wichtigkeit" ist (ZOGRAF 1990: 303), eine nähere Durchdringung dieser Problematik findet aber eigentlich nicht statt.

---

[60] In Anbetracht der gegenwärtigen Sprach(en)situation verwende ich die Metapher „Sprachinsel" ungern, zumal heute in Ungarn kaum mehr von geschlossenen, einheitlichen deutschen Siedlungsräumen gesprochen werden kann (siehe Abschnitt 7). Doch schließe ich mich dem terminologischen Vorschlag von NEWEKLOWSKY (1973: 177), der in solchen Fällen von „Auswandererdialekten" spricht, ebenfalls nicht an. Im interethnischen, inter- bzw. transkulturellen und mehrsprachigen Areal scheinen mir vielmehr die mannigfaltigen Berührungen von Ethnien, Kulturen und Sprachen nach einer Hervorhebung zu verlangen. Hinsichtlich der deutschen Minderheit hätte heute die Bezeichnung „Diaspora" mehr Gültigkeit (vgl. 2.1).

Daraus resultiert also das zentrale Anliegen, in meinem Projekt Elemente, Strukturen, Modelle und Gesetzmäßigkeiten im 'Mikrokosmos' einer spezifischen Kontaktvarietät des Deutschen heuristisch zu beschreiben und zu exemplifizieren, die sich von der sog. Binnendeutschen Standardsprache (zum Terminus vgl. 2.3), aber auch von den „binnendeutschen" regionalen Sprachformen grundlegend unterscheidet. Eine solche Varietät lässt sich systemlinguistisch nur wie folgt beschreiben: (a) Welche Elemente, Strukturen und Modelle der Kontaktvarietät stimmen mit der entsprechenden deutschen Basismundart überein, welche können als Transferenzen oder als Umschaltungsphänomene des Kodes aus der koexistierenden ungarischen Varietät expliziert werden? (b) Welche Elemente, Strukturen und Modelle können bzw. müssen als spezifische kreative Elemente der „hybridisierten" Kontaktvarietät interpretiert werden?

Anhand der ausgewerteten Sprach- oder besser: Sprechproben sollen (als T e i l z i e l N r . 5) Aspekte der Varianz und der Sprachinnovation ermittelt und dokumentiert werden. Statt 'Innovation' steht in linguistischen Publikationen meist der Terminus 'Sprachwandel' (vgl. Fußnote 58). Da aber 'Sprachwandel' nicht in Sprüngen, sondern durch kontinuierliche Ausbreitung stattfindet, spreche ich, wie z.B. ANDERSEN (1989: 11 f.), lieber von 'Innovation'. Ich konzentriere mich auf die Mikroanalyse von Fällen der konkreten oralen Sprachverwendung und setze diese gegebenenfalls zu meso- und makrostrukturellen Gegebenheiten sprachlicher und sozialer Art in Beziehung. Nicht zuletzt deshalb, weil soziale Faktoren gerade bei gesprochensprachlichen Nicht-Standardvarietäten ausschlaggebend sind.

Anhand der präsentierten sprachkommunikativen Erfahrungsdaten möchte ich ferner auf die Frage eingehen (T e i l z i e l N r . 6) , wie die vorgestellte, im Umbruch befindliche regionale Kontaktvarietät – im Spannungsfeld einerseits von Kontakt-, andererseits von Isolationsphänomenen – zwischen Evolution[61] und Erosion[62] zu beurteilen ist. Zudem soll die Auseinandersetzung mit einer bilingualen Kontaktvarietät dazu führen, Modelle von bi- bzw. multilingualen Verhaltensweisen

---

[61] Zum Grundprinzip der evolutionären Veränderungsprozesse in der Sprache vgl. z.B. KELLER (1990: 18, 137 f. und besonders 175–190) und POLENZ (2000: 28 und besonders 68–78).

[62] Zur Begrifflichkeit der „Erosion" vgl. DAHL (2001).

und von Sprachenkontaktphänomenen aufzustellen, als maßgebliche Teile einer Theorie der Zwei- bzw. Mehrsprachigkeit.

Und nicht zuletzt: Neben dem Deutschen gibt es in Ungarn eine Reihe weiterer autochthoner Minderheitensprachen, die in soziokultureller und sprachlicher Hinsicht unter durchaus vergleichbaren Rahmenbedingungen existieren. Deshalb soll meine vorliegende Erschließung von deutsch-ungarischen Sprachen- und Kulturenkontakten, die für die Sprache der deutschen Minderheit in Ungarn selbst im größeren Kontext der ungarländischen Minderheitensprachen charakteristisch sind, auch zur Erforschung der Mehrsprachigkeit sowie der Sprachen- und Kulturenkontakte im gesamten Karpatenbecken einen Beitrag leisten (Teilziel Nr. 7). Auf der Grundlage meiner Untersuchungen könnte die Erforschung weiterer ungarländischer Minderheitensprachen sicher zu aufschlussreichen Ergebnissen führen. Es liegen ja bereits wertvolle Forschungsergebnisse vor: Zum einen sind es allgemeine Studien über Kontakte des Ungarischen mit slawischen Sprachen, dem Rumänischen und dem Deutschen. Im diesem Zusammenhang stehen im Fokus der Forschungstätigkeit von SULÁN (1963) und KIRÁLY (2001) slawisch-slawische und slawisch-ungarische Kontakte auf dem Gebiet Ungarns; SIPOS (1967) hat anhand des Kontakts des Sempliner/Zempléner slowakischen Dialekts und des Ungarischen über die slawisch-ungarischen Sprachbeziehungen gearbeitet; ungarisch-rumänische bzw. rumänisch-ungarische Kontakte bilden das Thema der Untersuchungen von MÁRTON (1969) und BAKOS (1982). ROT (1991a) hat multilinguale Aspekte angesprochen, während man bei RÓNA-TAS (1978: bes. 253 ff.) im Hinblick auf allgemeine Fragen der sprachlichen Kontaktbeziehungen und der Sprachenmischung über den Forschungsstand der 70er Jahre des 20. Jahrhunderts eine informative Synthese findet. Zum anderen handelt es sich um spezielle Untersuchungen über die einzelnen Minderheitensprachen im Kontext des Ungarischen. So hat GYIVICSÁN (1993a) über die slowakische Minderheit in Ungarn viel Bemerkenswertes publiziert; mit dem Slowenischen haben sich GADÁNYI (1999) und BERNJAK (1999), mit dem Kroatischen BARICS (2002) beschäftigt; das Rumänische haben BARTHA/BORBÉLY (1995) und BORBÉLY (2001a, 2001b) untersucht; und mit dem Ruthenischen hat sich UDVARI (1991) auseinander gesetzt.[63] Zudem

---

[63] Überdies wären hier Untersuchungen zu anderen Minderheitensprachen im Kontaktareal des Karpatenbeckens zu nennen, etwa die Forschungen von NYOMÁRKAY

wäre ein Vergleich mit der „Kehrseite", d.h. mit den Sprachenkontaktsituationen des Ungarischen in den Nachbarländern ebenfalls nutzbringend. Einzelne verdienstvolle Studien haben bereits instruktive Einsichten erbracht, etwa die Bücher von CSERNICSKÓ (1998) für die Karpaten-Ukraine, von GÖNCZ (1999) für die Wojwodina und von LANSTYÁK (2000) für die Slowakei. Hinzu kommen die Aufsätze von BOKOR (1995) für Slowenien, von PÉNTEK (1997) für Rumänien sowie die plurithematischen Sammelbände von GYŐRI-NAGY/KELEMEN (1991, 1992), KONTRA (1991), KASSAI (1995) und KONTRA/SALY (1998). Gerade ein derart breiter Forschungsansatz, der das gesamte kontaktlinguistische Areal im Karpatenbecken berücksichtigt, müsste die deutschungarischen Daten meiner Arbeit wirklich optimal interpretieren und sinnvoll auswerten. Betonte doch bereits MOLLAY (1986: 112): „Diese Gebiete bildeten mit dem Gebiete des heutigen Ungarn nicht nur in historischer, wissenschaftlicher, kultureller, sondern auch in kommunikativer Hinsicht eine Einheit [...]."

Global betrachtet, möchte die vorliegende Abhandlung (T e i l z i e l N r . 8) zur Herausarbeitung von sprachenpaarübergreifenden Gemeinsamkeiten wie auch von sprachenpaarspezifischen Eigenheiten Ansätze eines kontaktlinguistischen Terminologie-, Theorie- bzw. Beschreibungsmodells entwickeln und zur Diskussion stellen sowie (nicht zuletzt zu dessen Erprobung) konkrete ungarndeutsche Befunde vorlegen, systematisieren und hinterfragen.

2.3 Die analysierte sprachliche Kontaktsituation

Die methodischen Vorgaben meiner Arbeit erlauben (auch vom Umfang her) keine ausführliche dialektologische sowie sprachenpolitischsoziolinguistische Darlegung der sprachlich-kommunikativen Verhältnisse und keine detaillierte Auseinandersetzung mit (transkulturellen) Identitätskonstrukten[64] der Ungarndeutschen.[65] Über alle inhaltlichen

---

(1996). Außerdem ist zu erwähnen, dass den deutsch-ungarischen Sprachenkontakten im Bereich des Deutschen als Minderheitensprache mitunter auch seitens der hungarologischen Linguistik Aufmerksamkeit geschenkt wird, vgl. z.B. die Aufsätze von RÓNAI (1968), GERSTNER (1979, 1983), SZABÓ (2000a und 2000b) und ZELLIGER (2002).

[64] Eigentlich hieße der korrekte sozialpsychologische Terminus *Ich-Identität* (vgl. STROß 1991). Im Rahmen eines interaktionistischen Identitätsbegriffs müsste man m.E. kor-

Parameter der Erforschung von Geschichte, Kultur, Sprache etc. der Ungarndeutschen informieren bereits die von NELDE (1990a) und MANHERZ (1998) herausgegebenen Bände. Theoretische Überlegungen und Bausteine zu einer soziopragmatischen Sprachgeschichte des Deutschen in Ungarn hat MAITZ (2003) vorgelegt. Was die synchronsprachwissenschaftlichen Aspekte betrifft, so kann man vor allem auf die Publikationen von HUTTERER (z.B. 1960, 1963, 1991a), MANHERZ (z.B. 1977), KNIPF-KOMLÓSI (z.B. 1994, 2003a) und WILD (z.B. 1994a) zurückgreifen. Soziolinguistische Bestandsaufnahmen zur derzeitigen Situation der Zweisprachigkeit von Ungarndeutschen liefern DEMINGER (2000) und GERNER (2003). Über den Komplex der Sprache als soziales und kulturelles Medium für die ethnisch-kulturelle[66] Selbstidentifikation und Identität der Ungarndeutschen findet man beispielsweise bei FÖLDES (1992), BINDORFFER (1997), BAYER (2001) und GERNER (2003) ausführlichere Informationen. Deshalb seien hier nur einige der für die nachfolgenden Betrachtungen erforderlichen Aspekte genannt.

Von grundlegender Bedeutung ist in diesem Zusammenhang etwa die Tatsache, dass Deutsch als Minderheitensprache in einem völlig anders gearteten soziokulturellen Referenzrahmen existiert als die binnendeutsche Standardvarietät, aber auch als die binnendeutschen Dialekte der Gegenwart. Ich verwende für die Sprachvarietäten der Bundesrepublik Deutschland den Terminus 'Binnendeutsch'. Dieser Terminusgebrauch ist allerdings in der Forschung noch keineswegs etabliert. So meint SCHEURINGER (1997: 343), *Binnendeutsch* sei das „Produkt einer arroganten und anmaßenden Sichtweise". NELDE (1986: 266)

---

rekterweise von Identität e n sprechen. Besonders im Falle von Minderheiten ist ferner zu verdeutlichen, dass 'national-kulturelle Identität' vom 'Abstammungsbewusstsein' (vgl. RÓNA-TAS 1995: 105) zu unterscheiden ist. Zur Diskussion des Konzepts 'Identität' siehe z.B. STRAUB (2004), zum Verhältnis von 'Kultur' und 'Identität' vgl. z.B. LÜDI/PY (1984: 34 ff.), NYOMÁRKAY (2000), KRAMSCH (2003: 65 ff.) und OKSAAR (2003: 16 ff.).

[65] Abzulehnen sind dabei solche abstrusen Befunde, wie der von KŐRÖSI (2001: 186), die kürzlich verkündete: „Die doppelte Identität kann am einfachsten durch die unauflösliche Verbindung von Muttersprache und Vaterland definiert werden", was sogar zu einem „Zustand der 'Schizophrenie'" führe, und zwar mit der Begründung: „In diesem Fall bewegen sich Abstammung und Sprache, zwei der zentralen Bereiche der Identität, auf verschiedenen Ebenen" (2001: 186).

[66] Es verblüfft, dass sich die problembeladene Attribuierung *v ö l k i s c h e* *Identität* sogar noch in zeitgenössischen Veröffentlichungen von Germanistik-Professoren findet, etwa bei STEIGERWALD (1992: 18 ff.).

lehnt diese terminologische Identifikation ebenfalls bewusst ab und „bevorzug[t] die für alle deutschsprachigen Länder gültige Bezeichnung 'Standarddeutsch'". Doch scheint mir das nicht ganz praktikabel zu sein, zumal Deutsch im sozio- und variationslinguistischen Schrifttum seit Ende der 60er Jahre zunächst nur ansatzweise, dann – trotz anhaltender Kontroversen – immer unübersehbarer als „plurizentrische", „plurinationale" (oder zumindest als „pluriareale") Sprache begriffen wurde und daher keine einheitliche Standardnorm aufweist (zur Forschungsgeschichte und Problemlage vgl. AMMON 1995a, 1998 und Fußnote 29).

Es können sich unterschiedliche Typen der Sprachenkontakte etablieren. HAARMANN (1980: 194 f., 1983: 155) unterscheidet zwischen Kontakten, die interlinguale u n d interethnische Phänomene darstellen (wenn also die Sprachenkontakte auf interethnischen Berührungspunkten zwischen den Trägern dieser Sprachen beruhen) und solchen, die ausschließlich interlingual bleiben. In diesem Theorierahmen kann man die Kontaktsituation der Ungarndeutschen als interlingual-interethnisch einstufen. Nach einer dazu parallelen Begrifflichkeit lassen sich im Sinne von FILIPOVIĆ (1986: 51) und MAČEK (1991: 281) einerseits „direkte" Sprachenkontakte identifizieren (wenn bi- bzw. multilinguale Sprecher ihre Sprache in aktiver Kommunikation benutzen), andererseits „indirekte", wenn der Kontakt über die – geschriebenen oder oralen – Massenmedien, das Schrifttum, die Literatur u.dgl. vor sich geht und kein Austausch zwischen den Sprechenden der einzelnen Sprachen stattfindet. Nach der terminologisch-typologischen Übersicht von MELIKA (2000: 17) kann man die den Gegenstandsbereich meiner Untersuchungen etablierende Situation als „intraregionale (intraterritoriale)", „interne", „permanente" und „interlinguale" „natürliche" Kontakte „nicht verwandter Sprachen" bezeichnen. Ein weiterer Aspekt: Dem Konzept von ŠRÁMEK (2003: 10) zufolge handelt es sich hier um „Kleinkontakte"; diese sind „sozial sowie regional auf das Sprachgeschehen im Dorf, in einer kleinen Region, in Mischehen usw. beschränkt und haben sich überwiegend auf mundartlicher Basis abgewickelt".

Die internationale soziolinguistische Literatur widmet den durchaus dynamischen Prozessen innerhalb der Mehrsprachigkeit vielseitige Aufmerksamkeit. Sie geht von Folgendem aus: Wenn sich die Tendenzen der Sprachwahl im Laufe der Zeit zugunsten einer (dominanten) Sprache und zuungunsten einer anderen (rezessiven) Sprache verändern, spricht man von 'Sprachverschiebung', 'Sprachverlagerung', 'Sprachwechsel' oder 'Sprachumstellung' (auf Englisch: language shift).[67] Die vollständige Sprachverschiebung (language replacement), bei der die rezessive Sprache keine Sprecher mehr besitzt, wird als 'Sprachersatz', 'Sprachuntergang' oder als 'Sprachtod' bezeichnet. Im Falle der Unterbrechung oder Umkehrung des Prozesses handelt es sich um 'Spracherhalt' oder 'Sprachbewahrung' (language mainte- nance). Der Vorgang des Sprachzerfalls, der u.U. zum sog. 'Sprachtod' führen kann, wird in der Soziolinguistik unterschiedlich erfasst: als überschneller 'Sprachwandel' (und 'Sprachgebrauchswandel'), als Reduktion zu einer pidginartigen Sprachform oder als Selbstaufgabe einer Sprache durch ihre Sprecher. Diese Konzepte betreffen zum Teil strukturelle, zum Teil funktionelle Gesichtspunkte, die aber nur in ihrer Gesamtheit einen Befund ergeben, der Anhaltspunkte für Prognosen liefern kann.

Die natürliche Mehrsprachigkeit und die Diglossie[68] der Ungarn- deutschen haben in den letzten Jahrzehnten – auch in Hajosch – in quantitativer und qualitativer Hinsicht einen grundlegenden Transfor- mationsprozess durchlaufen: Für den jahrhundertelangen Verlauf der soziohistorisch gewachsenen Kontaktsituation lassen sich mehrere sprachwissenschaftliche Etappen ausmachen, die einer tief greifenden und sowohl diachron als auch synchron angelegten Analyse bedürfen. Hinsichtlich der aktuellen Sprachsituation soll an dieser Stelle lediglich vorausgeschickt werden, dass sowohl die sprachlichen Formen als auch die Kommunikations- bzw. Diskursrealisierungen gleichzeitig auf der Mikro- und Makroebene durch eine außerordentlich hohe Dynamik gekennzeichnet sind. Mitunter zeigen sich sogar Ansätze von Fluktua- tion und eine zunehmende Labilität von Sprach- bzw. Kommunikations-

---

67 Auf dem Gebiet der Zwei- und Mehrsprachigkeitsforschung tauchen auch andere Terminologieverwendungen auf. Beispielsweise schreibt RÁCZ (1999: 375): „Sprach- wandel heißt das [sic!] Prozess der Zweisprachigkeit, wenn man die Muttersprache immer weniger und die Zweitsprache immer häufiger benutzt" oder geringfügig modifiziert (RÁCZ 2001: 155): „Sprachwandel heißt der Prozess, wenn man in der Situation der Zweisprachigkeit beginnt, seine Muttersprache immer weniger und die Zweitsprache immer häufiger zu benutzen". Ebenfalls im Sinne von 'Sprachumstel- lung' setzen hingegen HOLOVČAK/MELIKA (1996: 255) den Terminus 'Sprachaus- tausch' ein.
68 BRADEAN-EBINGER (1991: 150 ff., bes. 163) möchte den Terminus 'Biglossie' in der Sprachenkontakt- und Bilinguismusforschung als „Terminus für die bilingualen Kon- taktlinien von zweisprachigen Sprachgemeinschaften" vorschlagen.

strukturen. Folglich ist Okkasionalität ein zentrales Merkmal ungarn-deutscher Redeweise. Die Szenarien des Zwei- bzw. Mehrsprachig-keitsgebrauchs, d.h. die Gebrauchsmuster und Konstellationen der Kookkurrenz und Koexistenz der beteiligten Sprach(varietät)en haben sich signifikant verändert. Das klassische Diglossie-Konzept, bei dem die Funktionen von High- und Low-Varietät[69] praktisch komplementär verteilt sind (vgl. FERGUSON 1959: 328), unterliegt in diesem Fall einem eklatanten Wandel:[70] Ungarisch findet (als H-Varietät) inzwischen in so gut wie allen Primär- und Sekundärdomänen häufig, vorwiegend oder ausschließlich Verwendung; der ungarndeutsche Ortsdialekt dagegen hat die meisten Funktionen abgegeben und sich (als L-Varietät) auf die Primärdomäne 'Familie' zurückgezogen, wobei er selbst in diesem „Refugium" immer häufiger dem Ungarischen weicht (der Dialekt wird quasi zum „Pflegefall").[71] Das allgemeine sprachkommunikative Han-deln der Minderheit wird durch ihre kognitiv (und emotional) erlebte Welt und durch ihren sprachlichen Alltag determiniert, was heute alles weitgehend in ungarischer Sprache stattfindet. Der jeweilige ungarn-deutsche Dialekt und Ungarisch befanden und befinden sich in einer Situation des Sprachenkonflikts (vgl. dazu DIRVEN/PÜTZ 1996), der sich sogar verschärft hat, nachdem das traditionelle diglossische Nebenein-ander der Varietäten aufbrach. Inzwischen wird der Konflikt im Kopf jedes einzelnen Sprechers ausgetragen, denn es sind schließlich die Sprecher, die sich in kommunikativen Konstellationen jeweils für die eine und somit gegen die andere Sprache entscheiden müssen. Das hat zur Folge, dass es mittlerweile nicht wenige Ungarndeutsche gibt, die der deutschen Sprache in keiner ihrer Ausformungen produktiv oder rezeptiv mächtig sind.[72] KERN (1995: 11) meint sogar: „Feststeht, daß

---

[69] Bei „H(igh)" und „L(ow)" handelte es sich in FERGUSONs Konzept (1959: 336) noch um genetisch verwandte, aber sprachlich unterschiedlich ausgebaute Varietäten. Seit KLOSS (1976: 315 f.) ist – als Fortführung von FISHMANs Ideen (1971) – von zwei nicht genetisch verwandten, aber sich komplementär verhaltenden Sprachen die Rede; dementsprechend hat sich die terminologische Distinktion „Binnendiglossie" (in-diglossia) vs. „Außendiglossie" (out-diglossia) durchgesetzt.

[70] Der Domänen- und folglich der Funktionsverlust regionaler/lokaler Dialekte setzte übrigens bei der städtischen Bevölkerung bereits Ende des 19. bzw. Anfang des 20. Jahrhunderts ein.

[71] Mit der Begrifflichkeit von UNTERMANN (1989: 18) könnte man u.U. bereits von einer „Restsprache" sprechen.

[72] Die derzeitige Situation kann nunmehr in die Stufe IV des generalisierbaren (vekto-rialen) Modells von MELIKA (1994: 298 ff.) über die – verschiedene Phasen des Bi-

der Sprachverlust die Ungarndeutschen von allen Volksgruppen in Mittel- und Osteuropa wohl am meisten heimgesucht hat". Auch wenn ich diesem Verdikt nicht ganz zustimme, so bezeichnet er doch einen nicht zu übersehenden Trend.[73] Das bedeutet aber nicht unbedingt, dass für diese Sprecher die ungarndeutsche ethnisch-sprachlich-kulturelle Herkunft keine Rolle mehr spielt. Denn viele haben in den letzten Jahrzehnten eine unilinguale, jedoch bi- bzw. transkulturelle Primärsozialisation durchlaufen: Ungarisch dient als Familien- und Umgebungssprache, aber im Alltag spielen ungarndeutsche Sitten, Bräuche, Essgewohnheiten etc. eine nicht zu unterschätzende Rolle. Sprache ist mithin ein zentrales, aber keineswegs das alleinige konstitutive Merkmal einer ethnisch-nationalen Gruppe. So scheint mir etwa die Schlussfolgerung von GUTTMANN (1995: 794) über die ungarische Minderheit in Slowenien etwas eilfertig ausgefallen zu sein, wenn festgestellt wird, der Sprachgebrauch der dort „Lebenden mit ungarischer Muttersprache, folglich der Ungarn", wodurch GUTTMANN Sprache mit Ethnikon gleichsetzt. Was also die deutsche Minderheit in Ungarn betrifft, so bleibt die von mir beschriebene Ausrichtung auf das Ungarische selbst dann noch überdeutlich, wenn man BRADEAN-EBINGER (1997a: 76 und 1997b: 53) zustimmt, dass die deutsche Sprache in den letzten Jahren bei den Ungarndeutschen im (rezeptiven) Medienkonsum – insbesondere hinsichtlich des Fernsehens – eine leicht führende Position erlangt hat, zum Nachteil des Ungarischen.[74] Allerdings muss man auch hin-

---

bzw. Multilinguismus durchlaufende – Sprachumstellung (dort: „Sprachwechsel") eingeordnet werden. Sie wird als „subordinative[r] Bilinguismus mit Unterordnung der Erstsprache (Muttersprache)" beschrieben, bei dem die deutsche Sprache nicht selten selbst im Familienkreis nur noch eingeschränkt gesprochen wird und auf Deutsch nur noch die „älteste Volksschicht" verkehrt. Die „mittlere Generation, die noch 'schwowisch' versteht, gebraucht die Mundart mit erheblichen Systemverletzungen", die Sprache sei in dieser Phase „funktional stark gelähmt".

[73] Vor gut drei Jahrzehnten hat PROTZE (1969a: 307, 1969b: 600) noch konstatiert: „Die Bewohner aller [deutschen] Sprachinseln sind zwei- oder mehrsprachig. Das gilt mehr für die passive als für die aktive Sprachbeherrschung". Infolge eines fortgeschrittenen Sprachumstellungsprozesses hat sich heute in den Staaten Ostmittel-, Ost- und Südosteuropas die Sprachkompetenzstruktur bei den Angehörigen deutscher Minderheiten schon deutlich in Richtung der Mehrheitssprache verschoben.

[74] Es bleibt ohnehin abzuwarten, ob sich dieser Befund als dauerhaft erweisen wird. Zur Zeit der zitierten Erhebungen von BRADEAN-EBINGER gab es in Ungarn nämlich noch keine privaten Fernsehsender, sodass viele Ungarndeutsche, wenn ihnen das Angebot der zwei ungarischsprachigen öffentlich-rechtlichen Kanäle nicht zusagte, auf deutschsprachige Satellitensender auswichen. Heute stehen auch mehrere un-

sichtlich der gesprochenen Sprache mit regionalen Unterschieden rechnen. In Südungarn dürften bei den Ungarndeutschen Spracherhalt, Sprachverwendung und Sprachsensibilität ein günstigeres Bild zeigen als in den anderen Landesteilen, etwa in der Budapester Umgebung (vgl. auch KNIPF-KOMLÓSI 2003a: 53).

Aus der immer stärkeren Hinwendung zum Ungarischen resultiert, dass bekannte, seit längerer Zeit verhältnismäßig konstant vorhandene Formen von Sprachen- bzw. Varietätenmischung durch neuere Kontakt- bzw. Mischformen ergänzt oder teilweise abgelöst wurden, auf den verschiedenen Ebenen, aber ganz vornehmlich in der Lexik, Phraseologie und Pragmatik.

Die Frage der Sprachentrennung ergibt sich bei Mitgliedern bi- oder multilingualer Diskursgemeinschaften – zumindest im sog. bilingualen Diskurs- bzw. Interaktionsmodus (vgl. 2.6) – nicht oder zumindest ganz anders als bei einsprachigen Menschen und Gemeinschaften (vgl. 2.4). Unter identisch mehrsprachigen Personen ist eine „hybride" Redeweise die natürliche und übliche Varietät und sozialpsychologisch gesehen hat die hybridisierte Sondervarietät eine nicht unwesentliche Funktion als mögliches Symbol regionaler Loyalität bzw. Identität. Wenn man die gegenwärtigen sprachlich-kommunikativen Konfigurationen bei den Ungarndeutschen zusammenfassen will, kann man mit einiger Vereinfachung resümieren, dass im Wesentlichen auf drei sprachliche Kodes und ihre Übergangs- bzw. Mischformen zurückgegriffen wird, und zwar auf den jeweiligen ungarndeutschen Ortsdialekt, auf die ungarische Standardsprache und auf die deutsche Standardsprache. Dabei wird die Zwei- bzw. Mehrsprachigkeit immer labiler.[75]

Insgesamt ist für die untersuchte Sprachen- bzw. Varietätenkontakt-Konstellation[76] charakteristisch, dass die Hauptkomponenten des Kontaktgeschehens neben anderen ein (ungarndeutscher) Dialekt und eine exogene (nämlich die ungarische) Standardsprache sind (vgl. 2.4). Das heißt, die Situation ist durch eine Zwei- bzw. Mehrsprachigkeit

---

garischsprachige Privatsender zur Verfügung, was mitunter wohl zu einer sprachlichen Umdisponierung geführt haben dürfte.

[75] Gleichwohl ist angesichts der Tatsache, dass sich etwa das zweisprachige mentale Lexikon ständig verändert, generell fraglich, ob man je wirklich „stabil" zweisprachig (oder gar mehrsprachig) sein kann.

[76] Zur allgemeinen Thematik von quantitativen und qualitativen Kontaktbedingungen vgl. MELIKA (1991: 86 ff.), zu den verschiedenen Faktoren für die Konstituenz eines Sprachenkontaktes vgl. HAARMANN (1999: 125 f.).

strukturell „unähnlicher" Sprachen mit „ungleichwertigem" Status und Prestige geprägt. Dieses Sprachengefüge dürfte als Besonderheit anzusehen sein. Für das Spannungsfeld von Standardsprache und Dialekt[77] meldet LABOV (1971: 143 f.) Zweifel an: „Wir sind noch keinem Sprecher eines Nicht-Standard-Dialekts begegnet, der sich gute Kenntnisse in einer Standardsprache erworben und sich gleichzeitig die Beherrschung des Nicht-Standard-Dialekts bewahrt hätte." Allerdings spezifiziert er seine Aussage nicht dahin gehend, ob das innerhalb derselben Sprache gelten soll oder (auch) dann, wenn die beiden Varietäten zwei separaten Sprachsystemen[78] angehören. Aufgrund der Themenstellung seiner Arbeit nehme ich das erstere an. Die von mir untersuchte asymmetrische Sprachensituation ist komplexer, d.h. die obige Feststellung LABOVs besitzt hier keine allgemeine Gültigkeit. Vereinfacht gesagt: Es treffen ein Dialekt (eine ungarndeutsche regionale Varietät) und eine Standardsprache (das Ungarische), die sogar verschiedenen Sprachsystemen angehören, aufeinander. Dies führt zu einem asymmetrischen Charakter des Sprachenkontaktes. Neben dem massiven Druck der Mehrheitssprache als Sprache des Prestiges, des sozialen Aufstiegs und des Zugangs zur Beteiligung an der sog. höheren Kultur (= sozialer Grund)[79] ergibt sich längerfristig auch schon aus der vorhandenen sprachlichen Asymmetrie zwischen einem Basisdialekt mit enger Raumbildung einerseits und einer elaborierten Standardsprache andererseits (= linguistischer Grund) die Hauptrichtung der konvergenten Sprachenkontakte. Für eine solche Varietätenkonstellation gibt es in der Linguistik keine gängige Bezeichnung. Der Terminus Zwei- und Mehrsprachigkeit bezieht sich doch zumeist auf Standardsprachen, oder er wird undifferenziert verwendet, ohne genaue Aussagen darüber, welchen Status die betreffenden Varietäten haben. Für eine präzise Bezeichnung des Nebeneinanders von zwei Dialekten gibt es in der Forschungsliteratur terminologische Vorschläge wie „Zweimundartigkeit" (z.B. LEOPOLD 1957: 252) oder „Bidialektismus" (z.B. TRUDGILL 1986: 1). Die im Blickpunkt meiner Betrachtungen stehende Situation könnte man in Ermangelung eines etablierten Terminus vielleicht 'asymmetrische Zwei-

---

[77] Zur Problematik der Rückläufigkeit von Dialekten vgl. z.B. die Arbeiten von KISS (1994: 82 ff.) und (2001: 246 ff.).

[78] Angesichts der markanten Varietätenvielfalt wäre es eigentlich – besonders mit Blick auf das Deutsche – korrekter, von 'Systemmengen' zu sprechen.

[79] Auf die diachron geprägte Substrat-Superstrat-Problematik soll nicht eingegangen werden (vgl. POKORNY 1968, RÓNA-TAS 1978: 272 ff., KONTZI 1982, SEBBA 1997: 182 ff.).

sprachigkeit' oder **'bilinguale Dialekt-Standard-Diglossie'**[80] nennen. Wobei der letztere Terminus vorzuziehen ist, weil der erstere, etwa bei LÜDI (1996: 235), auch zur Bezeichnung des Grades der Sprachbeherrschung bei bi- und multilingualen Individuen verwendet wird. Es ist eigentlich überraschend, wie wenig der gegenseitige sprachliche und kulturelle Austausch bei den deutschen Minderheiten und ihren Nachbarn ins Blickfeld der Forschung geraten ist. Meist wird viel eher die Andersartigkeit, d.h. die spezifische, oft konservative Einmaligkeit dieser Diskursgemeinschaften hervorgehoben. So schrieb ROSS vor nicht allzu langer Zeit über die verschiedenen deutschen Minderheiten in der ganzen Welt: „Die Wolgadeutschen, [...] die Siebenbürger waren nicht Träger einer deutschen Sprach- und Kulturausstrahlung, sondern selbstgenügsame Inseln im Meer der Fremde, Brauchtumspfleger, während die Welt um sie herum sich eilig wandelte" (1970: 182). Obwohl auch noch BECHERT/WILDGEN in ihrer zeitgenössischen Überblicksmonographie (1991: 153) in Südosteuropa[81] „Sprachinseln mit relativ schwacher Mischung" ausweisen, ist jedoch in Kenntnis der sprachlichen Daten und Fakten festzustellen, dass sich in diesem Sprachmaterial eine beeindruckende Breite und Fülle von punktuellen Sprachenkontaktphänomenen manifestieren, wie auch von übergreifenden Überlappungs-, Übergangs-, Konvergenz-, Konversions- und gar Fusionserscheinungen zwischen den zwei sprachlichen bzw. kommunikativen Systemen. Meine Beobachtungen legen indirekt nahe, dass SCHUCHARDT vor mehr als einem Jahrhundert über das damalige Österreich-Ungarn nicht ganz zu Unrecht geurteilt hat: „Nirgends findet sich ein günstigerer Boden für Sprachmischung als in unserer Monarchie" (1884: 17).[82]

---

[80] Oder 'Triglossie', weil – wie bereits gesagt – neben den beiden Hauptakteuren der Kontaktsituation (dem ungarndeutschen Ortsdialekt und der ungarischen Standardsprache) eigentlich auch die deutsche Standardvarietät von Bedeutung ist.

[81] Auch die (ost)mitteleuropäischen Ungarndeutschen dürften von den Verfassern darunter subsumiert worden sein.

[82] Indes hält NELDE (1986: 252) die „germanisch-romanische Sprachgrenze" für den „wichtigsten europäischen Kontaktbereich".

2.4 Die sprachkommunikative Kompetenz der Diskursgemeinschaft

In einer 'Kultur von Mehrsprachigkeit' tritt in der Sprache (dem Sprachgebrauchssystem) und in der gesamten Kommunikationskultur von deutschen Minderheiten in hohem Maße eine Affinität zu Hybridisierungen auf, man könnte dies mit dem Ausdruck ADORNOs (1998: 112) „Exogamie der Fremde" etikettieren. Diese Präferenz für Mischungen hat nur zum Teil sprachliche Gründe, häufig beruht sie auf der sozialen Identität und der Selbstpositionierung der Sprecher in Relation zur deutschen Minderheitenpopulation einerseits und zur ungarischen Mehrheitsgesellschaft andererseits. Deutsch als Minderheitensprache existiert ja per definitionem andauernd in einem dichten Geflecht von mehreren Sprach(varietät)en bzw. Kulturen und unterliegt daher vielfältigen Sprachenkontakten – sowie nicht selten sogar Sprachenkonflikten. Die sprachlichen und kommunikativen Verhältnisse werden durch Zwei- bzw. Mehrsprachigkeit (oder oft „Gemischtsprachigkeit") durchgehend bestimmt: Einsprachigkeit im Deutschen gibt es heute unter deutschen Minderheiten – auch in Ungarn – kaum mehr,[83] höchstens als außerordentlich seltene Ausnahme in der allerältesten Generation bei Frauen.[84] (Männer hatten schon seit etlicher Zeit eher die Möglichkeit bzw. Notwendigkeit, durch die Berufsausbildung und nicht zuletzt durch den Militärdienst Kenntnisse in der Landessprache zu erwerben.) Im Gefüge der drei interagierenden Hauptvarietäten – ungarndeutscher Ortsdialekt (als Haussprache), ungarische Standardsprache (als Öffentlichkeits- und Prestigesprache) und deutsche Standardsprache (als Sprache von Medien und z.T. des Schulunterrichts) – unterliegt die Struktur der sprachlichen Dominanzverhältnisse von Generation zu

---

[83] Das ist der Hauptunterschied zwischen dem sprachlichen bzw. kommunikativen Repertoire der ungarndeutschen und der binnendeutschen Sprecher, weil ja Letztere in der Regel auf nur ein Register (genauer: auf die Stilregister innerhalb einer Sprache) zurückgreifen können.

[84] In diesem Zusammenhang wurde mir beispielsweise durch eine ungarndeutsche Familie in Ofall/Ófalu über eine interessante – und zugleich traurige – Manifestation der deutschen Unilingualität berichtet: Für die über 90-jährige (Ur-)Großmutter bedeutet eine fachärztliche Behandlung oder ein Krankenhausaufenthalt auch deswegen besondere Probleme, weil die alte Dame mangels entsprechender Kenntnisse des Ungarischen weder mit Ärzten und Pflegepersonal noch mit den Mitpatientinnen zu kommunikativen und folglich zu sozialen Kontakten fähig ist.

Generation einer Verschiebung. Im kommunikativen Haushalt der alten und ältesten Ungarndeutschen ergibt sich in der Regel die Reihenfolge: Dialekt-Standarddeutsch–Ungarisch,[85] bei der mittleren bis älteren Altersgruppe:[86] Ungarisch-Dialekt-Standarddeutsch und bei den jüngeren Sprechern: Ungarisch-Standarddeutsch-Dialekt.[87] Die z.T. bereits unzulängliche Kompetenz im deutschen Ortsdialekt (und in der deutschen Standardvarietät) wie auch die damit einhergehende negative Attitüde bei vielen jungen Ungarndeutschen signalisiert folgendes Dialogsegment aus Hajosch:

(1) – *Kâm:scht mit, mit mi:ar en Woch:amarkt, Noncsi?*[88] / – *Mama, beszélj érthetően!* (Standarddeutsch: – Kommst [du] mit, mit mir im (= in den) Wochenmarkt, Noncsi [Kosename der Enkelin aus *Noémi*]? / – Oma, sprich verständlich!).

Dabei muss angemerkt werden, dass die deutsche Standardsprache praktisch nie die Funktion einer wirklichen „Sprechsprache" ausübte, sie war lediglich die Sprache der Schule, der Kanzel, der Volks- und Kirchenlieder, der Schrift (von Grabinschriften bis hin zu Briefen); sie wurde also kaum gesprochen, sondern gebetet, gesungen, rezitiert, geschrieben und gelesen.

Für die beschriebene Sprachverlagerung gibt es ein Bündel historischer, sozialpsychologischer, ethno- bzw. soziolinguistischer und anderer Gründe. Nach der Terminologie von BAETENS BEARDSMORE (1982: 13) liegt ein „funktionaler Bilingualismus" vor, d.h. die Kenntnisse der jeweiligen Sprachen reichen dem Sprecher aus, um bestimmte Funktionen zu erfüllen, wenn auch nicht für alle Funktionen in beiden Sprachen.[89] Der Begrifflichkeit von APELTAUER (2001: 629) zufolge hat man

---

[85] Die skurrile Diagnose von KŐRÖSI (2001: 187), nach der für die Ungarndeutschen, da ihre „Muttersprache [...] eindeutig die Mundart" ist, „Hochdeutsch" eine Fremdsprache sei, ist – angesichts des kunterbunten (diatopischen) Varietätenreichtums der deutschen Sprache – natürlich zurückzuweisen.

[86] Wegen ihrer oft mangelhaften Sprachkompetenz im Deutschen können die in der Nachkriegszeit Geborenen und Aufgewachsenen ironisch, aber wohl treffend, eine „stumme Generation" genannt werden.

[87] Ähnliche Befunde über die „generationsmäßige Entfaltung des äußeren Sprachwechsels" lieferte die Forschungsliteratur mehrfach, etwa WILD (1990: 112 f.).

[88] Zum verwendeten Transkriptionssystem vgl. Abschnitt 3.1.1.

[89] In einem anderen Koordinatensystem liegt hier – zumindest nach der etwas überholten Begrifflichkeit von STROH (1952: 328) – „unorganische Mehrsprachigkeit" vor,

es im analysierten Kontext mit einer „normalen Zweisprachigkeit" zu tun, da die Sprecher – im Gegensatz zur „balancierten Zweisprachigkeit" – über eine „dominante" Sprache verfügen. Spätestens seit der sog. Ethnographie der Kommunikation (vgl. GUMPERZ/HYMES 1964) – einer stark vom symbolischen Interaktionismus abhängigen US-amerikanischen soziolinguistischen Richtung, in deren Fokus die Einbettung von Sprechhandlungen in Interaktionssituationen steht – ist bekannt, wie wichtig die Problematik der kommunikativen Kompetenz ist, die ja die sprachlichen Interaktionsstrukturen steuert.

Hinsichtlich der Ungarndeutschen spricht GYŐRI-NAGY (1990: 198 f.) von einer „Zweifaktorenkompetenz", die sich aus einer ungarischen und einer deutschen Komponente (er behandelt sie in dieser Reihenfolge) zusammensetzt. Bei genauerem Hinsehen zeigt sich m.E. allerdings, dass die zu analysierende Sprachenkontaktsituation nicht bloß auf das Zusammenwirken der beiden Sprachsysteme – des Deutschen und des Ungarischen – zu reduzieren ist. Die Vielfalt der am Kontaktgeschehen beteiligten Sprachoptionen, die eine strukturbildende Rolle spielen, ist gleichsam faszinierend. Somit steht meine Bewertung in einem krassen Gegensatz etwa zu der eher kritisch problematisierenden Sichtweise von LASATOWICZ (2001: 338), indem sie die sprachliche Situation in Oberschlesien als ein „verwirrendes Nebeneinander unterschiedlicher Sprachvarietäten" charakterisiert.

Viele Sprecher haben ein breit gefächertes und ausdifferenziertes Sprachen- bzw. Kommunikationsrepertoire. Daraus folgt, dass seine analytische Erfassung recht kompliziert ist, besonders wenn man alle drei theoretisch-methodologischen Zugänge berücksichtigen will: Sprache als System (überindividuelles Gebilde), Sprache als Handlung(skompetenz) und Sprache als Kommunikation. Ein „prototypischer" ungarndeutscher – etwa Hajoscher – Kommunikator von heute ist doch im Verlauf seiner Sozialisation und während seines aktiven Sprachverkehrs – zumindest potenziell – in einem überaus breiten sozialen Varietätenraum mit mehreren Sprach(varietät)en konfrontiert. Es handelt sich m.E. um ein komplexes Bündel von endogenen („deutschen") und exogenen („fremden") Varietäten, das in der Regel als ein

---

wenn also „nichtverwandte, verschiedenartige" bzw. „artfremde Sprachen miteinander" auftreten.

Varietätenkontinuum[90] mit teilweise fließenden Übergängen zu verstehen ist. (Sind doch Größen wie 'Standardsprache' und 'Basisdialekt' ohnehin nur gedankliche Konstrukte.) Zu diesem weiten sprachkommunikativen Repertoire können – je nach der individuellen Sprachbiographie – vor allem folgende Varietäten gehören:

Erstens: Der jeweilige ungarndeutsche Ortsdialekt, der in typologischer Hinsicht immer auch schon eine Mischmundart ist. Vorgänge der Dialektmischung sowie des horizontal-räumlichen und des vertikalen Dialektausgleichs hat für die sog. Donauschwaben z.b. SCHWOB (1971 und 1998) dokumentiert. Obendrein sind die Ortsdialekte inhomogen, indem sie meist Schichtungen aufweisen, wie dies bereits MANHERZ 1977 am Beispiel der Sprachgeographie und Sprachsoziologie deutscher Mundarten in Westungarn besonders in phonetisch-phonologischer Hinsicht verdeutlicht hat.

Zweitens: Die ungarische Standardsprache, die primär von der Schule und den Medien vermittelt wird.

Drittens: Das „deutsch gefärbte" Ungarisch, weil die Kommunikatoren das Ungarische in der Regel nicht von ungarischen Muttersprachlern, sondern von deutschen (mit Dialekt) lernen, die unterschiedliche, zumeist nur bescheidene – Kompetenzbestände des Ungarischen in einem ungarndeutschen Milieu besitzen. Bereits HUTTERER (1991d: 340) hat von Beobachtungen berichtet, dass ungarndeutsche Jugendliche, die Ungarisch von ihren deutschsprachigen Eltern gelernt haben, selbst dann, wenn sie nunmehr des Deutschen weder produktiv noch rezeptiv kundig sind, etwa in ihrer Aussprache eindeutige Merkmale des Deutschen aufweisen. Auf Analoges verweist heute auch BRENNER (2002: 18). Diese spezifische und wahrscheinlich nicht nur phonetisch-phonologisch relevante Sprachform spielte bislang in der Forschung leider kaum eine Rolle.

Viertens: Das von ungarischen Kontakteinflüssen geprägte Standarddeutsch. Denn der deutsche Standard ist den ungarndeutschen Kommunikatoren – zum Beispiel in der Schule oder in den ungarn-

---

[90] Zur Begrifflichkeit sprachlicher Kontinua vgl. NIEBAUM/MACHA (1999: 6 ff.) und FÖLDES (2002: 226 ff.).

deutschen Medien – meist lediglich durch die Vermittlung anderer ungarndeutscher oder ungarischer Sprecher bekannt, kaum aber durch binnendeutsche Sprecher.

Fünftens: Der deutsche Standard, wie er etwa von unilingualen Personen im deutschen Sprach- und Kulturraum verwendet wird. Als Ungarndeutscher lernt man diese Varietät dank bundesdeutscher oder österreichischer Medien oder bei Reisen in den deutschen Sprach- und Kulturraum kennen. Dabei ist der traditionelle Einfluss des österreichischen Deutsch eigens zu betonen.[91] So weist z.b. auch KIEFER (1967: 93) auf den Konsum des Wiener Rundfunks seitens der Hajoscher und auf die Rolle der österreichischen Umgangssprache (1967: 96) hin.

Sechstens: Der deutsche Dialekt bzw. die deutschen Dialekte der Nachbarorte. Beispielsweise thematisiert KIEFER (1967: 91, 96 und 97 ff.) den Einfluss der „rheinfränkischen Verkehrsmundart" der Region und als dessen Ergebnis das „'verschönerte' Schwäbisch" (1967: 91) Hajoscher Frauen.

Siebtens: Die ungarische(n) Mundart(en) der Umgebung;

sowie mancherorts auch:

Achtens: Die regionalen Varietäten anderer Minderheitensprachen, z.b. des Kroatischen, Serbischen oder des Slowakischen. Dies ist für Hajosch heute schon weniger kennzeichnend, früher aber war z.b. Miske, eines der Nachbardörfer von Hajosch in hohem Maße slowakischsprachig. KIEFER (1967: 89) erwähnt anhand seiner Beschäftigung mit der unmittelbaren Umgebung des Ortes Hajosch auch „das slowakische Dorf Miske", wobei er jedoch einige Zeilen weiter unten einräumt: „Miske ist ein ungarisches[92] Dorf geworden" (KIEFER 1967: 90).

---

[91] Auch wenn ich die Aussage von KNIPF-KOMLÓSI (2003b: 274) – „Die Ungarndeutschen haben eine bewusste Kenntnis über den plurizentrischen Charakter des Deutschen" – in dieser Form nicht ganz teile, denke ich, dass ungarndeutschen Sprechern Aspekte der Vielfalt in der deutschen Sprache bekannt sind. Aber unabhängig von Bewusstseinsinhalten stellen österreichische, besonders Wiener Spracheinflüsse eine relevante sprachkommunikative Realität dar.

[92] Gemeint war: „ungarischsprachiges Dorf".

Die obige Aufzählung ist als eine Art Repertoiredynamik zu verstehen, was allerdings nicht bedeuten soll, dass sämtliche Varietäten auf allen Sprachebenen und in allen Funktionsbereichen vertreten sind. Im Sinne des sog. komplementären Prinzips von GROSJEAN (2002: 106 f.) erwerben und verwenden bilinguale Sprecher/Hörer ihre Sprach(varietät)en in jeweils verschiedenen Lebensbereichen bzw. Kommunikationszusammenhängen und im Umgang mit jeweils anderen Menschen/Gruppen, sodass eine weitgehende Ausgeglichenheit ihrer Kompetenz in den einzelnen Sprach(varietät)en sehr selten auftritt. Vielmehr ist für die von mir untersuchte Sprach- und Kommunikationswirklichkeit typisch, dass von einer Varietät die eine Ebene und/oder der eine Funktionsbereich präsent ist, während von anderen Varietäten andere Ebenen und/oder Funktionsbereiche die (asymmetrische) Kontaktsituation und den individuellen Varietätenraum der Sprecher bestimmen. In der doch eher als heterogen zu bezeichnenden ungarndeutschen Kultur- und Diskursgemeinschaft ist die Sprachkompetenz immer in Abhängigkeit von zahlreichen außerlinguistischen Aspekten zu sehen. Denn auf die sprachkommunikative Kompetenz wirken sich verschiedene soziologische Parameter aus, wie Bildungsstand, Beruf, soziales Netzwerk und – besonders in jüngster Zeit – Medienkonsum sowie Kontakte mit dem binnendeutschen Sprach- und Kulturraum.

Die Relationen der genannten Varietäten im Spannungsfeld zwischen Hegemonie und Harmonie und die Attitüden ihnen gegenüber – als Verhaltensindikatoren bzw. -prädiktionen – stellen ein hochinteressantes und weiter zu untersuchendes Problemfeld dar. Hinsichtlich der sprachkommunikativen Kompetenz von Ungarndeutschen erlangen also Beschreibungsstichworte wie 'Variabilität', 'Prozesshaftigkeit' bzw. dynamische sprachliche und kommunikative 'Mobilität' eine herausragende Bedeutung. Ein reizvolles – aber in dieser Arbeit nicht angestrebtes – Untersuchungsziel könnte die Analyse funktionaler, struktureller und soziostilistischer Variationsphänomene in Abhängigkeit von situativen und kontextspezifischen Parametern bilden (zur Bestimmung und Abgrenzung von 'Situationskontext' und 'kulturellem Kontext' vgl. HALLIDAY [1999: 8] und KRAMSCH [2003: 25 f.]).

Die Personen, in deren sprachlich-kommunikativem Besitz (auch) solche Nicht-Standardvarietäten enthalten sind, stehen vor der Wahl, ihr Repertoire beizubehalten, zu vereinfachen oder zu erweitern. Hier spielt das mentale Konzept der Sprachbewusstheit/des Sprachbewusstseins[93] – genauer: die Kontextualisierung von Sprachbewusstseinskonstrukten – eine wichtige Rolle. Die externen (u.a. attitudinalen, sprachideologischen usw.) sowie sprachinternen (strukturellen) Bedingungen sind dabei gleichermaßen von Relevanz. Bezüglich des Sprachen- bzw. Varietätenrepertoires der Sprecher ist die Problematik der kommunikativen Kompetenz in ihrer Vielschichtigkeit sorgfältig zu reflektieren. Denn die Beschreibung, Erklärung und Bewertung bi- bzw. multilingualer Redeprodukte dürfen nicht auf die Sprache als System reduziert werden (vgl. Abschnitt 3.1.5). Bilinguale kommunikative Kompetenz stellt mithin sowohl in qualitativer als auch in quantitativer Hinsicht ein überaus facettenreiches und schwer messbares Phänomen dar.[94] Die Komplexität ergibt sich einerseits daraus, dass sie recht veränderlich ist, weil sich Sprachfähigkeit und Sprachfertigkeit des Individuums über Jahrzehnte hinweg entwickeln, oftmals große Schwankungen aufweisen. Andererseits kann jede beteiligte Sprache/Sprachvarietät auf verschiedenen Ebenen bei unterschiedlichen Fertigkeiten mit abweichendem Perfektionsgrad ausgeprägt sein. Bekanntlich sind die Sprachsysteme zwei- bzw. mehrsprachiger Menschen in den seltensten Fällen absolut gleichwertig entwickelt. Die rezeptiven und produktiven Sprachleistungen werden nämlich bei den vier Grundfertigkeiten (Hören, Sprechen, Lesen und Schreiben) von jeweils unterschiedlichen Fähigkeiten gesteuert. In Anbetracht all dieser Umstände erscheint mir die pauschale Unterscheidung 'Hauptsprache' vs. 'Nebensprache' (wie bei WEISS 1959: 20) oder 'starke Sprache' vs. 'schwache Sprache' (wie bei AFSHAR 1998) für zweisprachige Personen kaum angemessen.

Meiner Untersuchung lege ich folgendes Konzept der sprachkommunikativen Kompetenz zugrunde, das auf ein Schema von CELCE-MURCIA/DÖRNYEI/THURRELL (1995: 10) zurückgeht:

---

[93] Eine klärende Reflexion über die Termini 'Sprachbewusstsein' und 'Sprachbewusstheit' offeriert OOMEN-WELKE (2003: 452 ff.).

[94] Das Sprachvermögen bi- bzw. multilingualer Personen differenziert zu erheben und ihren jeweiligen Sprachstand adäquat zu messen, ist in der Forschung praktisch kaum lösbar, stellt SCHWENK (1988: 15) fest.

Sprachkommunikative Kompetenz

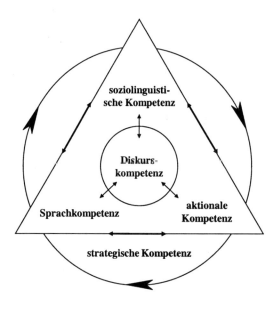

Grafik 2

Dabei erfordert es eine Hervorhebung, dass im Hintergrund sämtlicher Akte von Sprechhandlungen sprachlich und kulturell determinierte Verhaltensweisen stehen.

Bei ihrem sog. individuumzentrierten Ansatz unterscheidet OKSAAR (1991: 171) zwischen (allgemeiner) „kommunikativer Kompetenz", die sie als unmarkierte Größe sieht und „interaktionaler Kompetenz", die sie als markierte Größe speziell der gesprochenen Sprache zuschreibt. Unter dem Gesichtspunkt, dass bei der gesprochenen Sprache stets auch besondere – z.b. nonverbale, extraverbale und parasprachliche – informationstragende Mittel mitwirken, stimme ich ihr völlig zu, meine auch, dass nach Möglichkeit u.a. Pausen, Tonstärke, Sprechmelodie, Gestik, Mimik, Blick, Körperhaltung, zeit- und raumbezogene Signale usw. ebenfalls zu berücksichtigen sind. Diese Aspekte finden sich auch in verschiedenen Komponenten des obigen – und viel feiner strukturierten und differenzierten – Modells (vgl. Grafik 2). Da mein Projekt primär auf die linguistische Analyse von Redeprodukten bzw. des Kodes und nur sekundär auf die von Sprecherstrategien und -verhalten abzielt, nehme ich eine solche polare Differenzierung „kommunikative Kompetenz" vs. „interaktionale Kompetenz" nicht vor. Vielmehr operiere ich aufgrund des durch die Grafik 2 dargestellten Modells im Bezugsrahmen einer komplexen „sprachkommunikativen Kompetenz" bzw. „Sprach- und Kommunikationskompetenz".

Was also den Kode betrifft, so werden im oben beschriebenen ganz besonderen Gefüge von Sprachsystemen, -ausprägungen bzw. –kontinua die Sprachvarietäten der Ungarndeutschen in Wort und Schrift naturgemäß von anderen Triebkräften und Normvorstellungen[95] determiniert als die binnendeutsche Standardvarietät oder die Dialekte in Deutschland. Grund dafür sind eine urtümliche Dialektalität, eine relative Isoliertheit vom zusammenhängenden deutschen Sprach- und Kulturraum und die durchgreifenden Wirkungsmechanismen von Sprachen- und Kulturenkontakten. Das „Kontaktdeutsch" erhielt im Verlauf der Jahrhunderte mithin seine arealen, sozialen, funktional-stilistischen und sonstigen Eigenheiten. Dabei handelt es sich einerseits um Typika, die usuelle Geltung haben, andererseits um Varianten, die okkasionelle Verwendung besitzen. Daraus können sich u.a. gewichtige sprachen- und schulpolitische sowie didaktische Implikationen ergeben, die einer sorgsamen methodischen Umsetzung bedürfen (vgl. FÖLDES 1995: 156 ff.); es sind noch weitere komplexe Forschungen inter-, multi- und transdisziplinärer Art notwendig.

2.5 Das „Eigene" vs. das „Fremde": Problematisierung eines Gegensatzes

Eine Feststellung erscheint mir noch zur Sichtweise wichtig: Im archetypischen und auch im universalen Weltmodell bilden die semantischen

---

[95] Der Begriff und die praktischen Probleme von Sprachnormen, vor allem die von Normgebern, Normautoritäten, Normsubjekten und Norminhalten (Unterscheidung verschiedener grammatischer Stufen der Sprache), Normzwecken und die der Legitimation von Normen sind selbst im Hinblick auf die Einsprachigkeit noch nicht in allen ihren Facetten endgültig festgelegt (vgl. zu diesem Themenfeld SZENDE 1976: 161 ff., JUHÁSZ 1985, TOLCSVAI NAGY 1998a, 2003 und ZILLIG 2003).

Antipoden „Eigenes" vs. „Fremdes" eines der grundlegenden Oppositionspaare.[96]

In der einschlägigen Forschung werden die kontaktierenden Umgebungssprachen der (deutschen) Minderheiten üblicherweise als „Fremdsprachen" apostrophiert, so als ob diese Kontaktsprachen ihnen nicht vertraut wären. Das erscheint mir in mehrfacher Hinsicht unbefriedigend. Ich habe bereits hervorgehoben, dass die Angehörigen der deutschen Minderheiten „von Haus aus" zwei- oder mehrsprachig sind; viele Linguisten und Sprachdidaktiker beklagen sogar die schwindende Kompetenz der Sprecher in der ethnischen Muttersprache Deutsch, bescheinigen ihnen dafür einwandfreie sprachkommunikative Fertigkeiten in der/den anderen Sprache(n), und zwar entweder direkt oder indirekt dadurch, dass sie Vorgänge der bzw. Tendenzen zur Sprachumstellung („language shift") beschreiben. Daher ist es befremdlich, wenn man der/den teilweise sogar umfassender beherrschten Kontaktsprache(n) den Status einer „Fremdsprache" zuweist, wie das in der Fachliteratur leider üblich ist, etwa für die „Donauschwaben" durch GLONING (1994: 18 und 23 ff.), für die Oberschlesier von LASATOWICZ (1992: 23 und 1996: 11),[97] für die Russlanddeutschen von KLASSEN (1969: 593), KIRSCHNER (1987: 86), FRANK (1992: 163) und so weiter.

Diese radikale Gegenüberstellung 'Eigenes' – 'Fremdes'[98] bezieht sich in der Forschungsliteratur nicht nur auf Sprachliches. Beispielsweise apostrophiert FRANK (1992: 160) die herkömmlichen Siedlungsgebiete der Russlanddeutschen als „fremdes Land".[99] In der berühmten Monographie von MOSER zur Sprachgeschichte ist sogar in der sechsten, überarbeiteten Auflage in Bezug auf die deutschen „Sprachinseln" in Mittel- und Osteuropa nicht nur von Fremdsprachen, sondern gar von

---

[96] Zur Dialektik der Relationsbegriffe „Eigenes" und „Fremdes" vgl. ALBRECHT (2003: 236 f.).

[97] An einer Stelle spricht LASATOWICZ von einem „xenolingualen System" (1998: 108).

[98] Bei BÄCKER/CIV'JAN (1999: 290) wird z.B. als Synonym für „Eigenes" auch „Heimatliches" verwendet und dem „Fremden" gegenübergestellt. In diesem Bezugsrahmen wäre im Falle der deutschen Minderheiten schwierig zu entscheiden, was denn das „Heimatliche" ist. Für die „ungarndeutsche Kultur" und ihre Selbstdefinition ist ja ohnehin gerade das Wechselverhältnis von Eigenem und Fremdem von jeher ein konstitutives Merkmal.

[99] Begrifflichkeiten wie „Gastland" oder „Gastlandkultur", die auch in den jüngsten Publikationen gängig sind (z.B. NELDE 2001: 35), finde ich ebenfalls unangebracht. Denn für die Minderheiten geht es um ihre Heimat und nicht um irgendeinen Staat, in dem sie gerade zu Gast sind.

„fremdvölkischen Umwohnern" (1969: 195) die Rede. Die traditionelle Fachterminologie der Lexikologie halte ich in diesem Punkt gleichfalls für nicht unproblematisch. Bei der gängigen Begrifflichkeit wie „Erbwort", „Fremdwort",[100] „Lehnwort" etc. ergibt sich für mich die Frage, was denn nun eigentlich als „Eigenes" und was als „Fremdes" zu gelten hat. Auch in Nominationen wie „eindringen" u.ä. steckt für mich im Hinblick auf Sprachenkontakte eine falsche Metaphorik, weil (a) es sich nicht um einen kriegerischen Akt handeln muss[101] und (b) sowieso nicht allein konkrete (materielle) Elemente, sondern auch kommunikative Muster u.dgl. übernommen werden, die ja ohnehin nicht „eindringen", sondern allenfalls „nachgeahmt" werden können.

Daher sollte man künftig auch in den terminologischen Festlegungen versuchen, den inter- bzw. transkulturellen Bi- bzw. Multilinguismus und die ausgeprägte Bi- bzw. Transkulturalität dieser Menschen angemessen zu berücksichtigen. Dabei schließe ich mich den Aussagen der rumäniendeutschen Schriftstellerin Herta MÜLLER an: „Fremd ist für mich nicht das Gegenteil von bekannt, sondern das Gegenteil von vertraut. Unbekanntes muß nicht fremd sein, aber Bekanntes kann fremd werden" (1999: 11).

2.6 Forschungsterminologie

Dass zwei- bzw. mehrsprachige Sprecher bei der intragruppalen Kommunikation innerhalb eines komplexen Sprachverhaltensmodells besondere Interaktionsstrategien und -formen entwickeln,[102] ist der Forschung seit längerem bekannt. Bereits bei HAUGEN (1953: 60 ff. und später 1978: 284 ff.) findet man Hinweise auf die Unterscheidung zwi-

---

[100] Hinzu kommt, dass „Fremdwort" ein semantisch extrem offener Terminus ist.

[101] Auch wenn manche Autoren bei Sprachenkontakten plakativ vom „sprachlichen Kampf" (z.B. SCHÖNFELDER 1957: 260) bzw. vom „Sprachenkampf" (z.B. SØNDER-GAARD 1980: 297 ff.) sprechen. Im Hinblick auf die Kriegsmetaphorik in der Sprachwissenschaft setzt sich z.B. BRÜHL (1995: 182 ff.) mit einigen früheren Phänomenen auseinander.

[102] In diesem Zusammenhang spreche ich von „kommunikativen Praktiken". In Anlehnung an FIEHLER (2000b: 97 f.), aber in einem konkreteren Sinne als bei ihm, verstehe ich darunter ein Konzept der Kommunikationsteilnehmer, an dem sie sich orientieren und mit dessen Hilfe sie ihre kommunikative Praxis – produktiv wie rezeptiv – strukturieren und organisieren.

schen einer einsprachigen, von den Wörterbüchern und Grammatiken kodifizierten „rhetorischen" Norm und einer „bilingualen" Norm.[103] Auch GUMPERZ (1982a: 59 ff., 1986: 107) verfährt ähnlich und behandelt die zwei Sprachen eines bilingualen Menschen als Teil eines einzigen Ganzen, d.h. desselben sprachkommunikativen Repertoires. KOLDE (1981: 23 f. und 155 ff.) nennt das „Mehrsprachigennorm" oder gar „Mischsprache".

Bei diesen Voraussetzungen wähle ich für meine Arbeit die von LÜDI und PY (1984: 51 ff.) „bilingualistische" Konzeption genannte bilinguale Sprach- und Kommunikationskompetenz als Beschreibungs- und Interpretationsrahmen. Der sog. binnendeutsche Standard wird dabei der Operationalisierbarkeit halber als Bezugsgröße (aber keineswegs als Bewertungsmaßstab!) angesehen. Entsprechend kann die Primärsprache von zwei- oder mehrsprachigen Personen als eine Sondervarietät bewertet werden, die ich „**Kontaktvarietät**"[104] nenne. Eines ihrer hervorstechenden Merkmale besteht darin, dass der bilinguale Sprecher (im zweisprachigen Diskurs- bzw. Interaktionsmodus) z.B. regelmäßig aus der jeweils anderen Sprache (bzw. Varietät) Elemente, Strukturen und Muster übernimmt[105] und/oder die Sprachen abwechselnd benutzt,[106] was zu verschiedenen Arten von Sprachenmischung führt. Hat doch bereits ROZENCVEJG (1963: 64) gefordert, man solle als Axiom akzeptieren, dass es keine Zweisprachigkeit ohne Interferenz (ich füge hinzu: und ohne andere Sprachenmischungsphänomene) gibt! Und in der Tat: Mitglieder zwei- bzw. mehrsprachiger Gemeinschaften trennen nämlich ihre Sprachwelten in aller Regel nicht strikt, sondern überschreiten in ihrer gesprochensprachlichen kommunikativen Alltagspraxis kreativ die Grenzen einer Sprache, indem sie kommunikati-

---

[103] Die bilinguale Norm soll in meiner Arbeit als eine Art gesprochene Gebrauchsnorm (ohne institutionelle normgebende Instanzen) verstanden werden (vgl. Kapitel 5). Dabei ist zu beachten, dass 'Norm' weniger eine linguistische, sondern eine soziologische Kategorie ist. Deswegen spielt die Frage eine entscheidende Rolle, welchen Normerwartungen man als Sprecher in einem Sozium entsprechen will.

[104] Mein Terminus bezieht sich – wie die nachfolgenden Ausführungen zeigen werden – auf ein bilinguales Sprachgepräge und unterscheidet sich somit vom Terminusgebrauch bei WIESINGER (2001: 53) oder bei MATTHEIER (2002: 137), wo „Kontaktvarietät" im Sinne von 'Nachbarvarietät' verwendet wird. Bei WIESINGER (2001: 50) steht auch z.B. „Kontaktraum" in der Bedeutung 'Nachbarregion'.

[105] Das sind Aspekte der S p r a c h e (d.h. des Sprachsystems).

[106] Hier handelt es sich um Aspekte der K o m m u n i k a t i o n (d.h. der Sprachverwendung).

ve Möglichkeiten aus mehreren sprachlichen und kulturellen Systemen in den Dienst einer effektiven Interaktion, d.h. einer verständigungsorientierten Kommunikation (im Sinne von HABERMAS 1981: 385 ff.), stellen. Plakativ heißt das: Ihre gesprochene Sprache „geht fremd". Somit bedeutet Sprachenmischung das Durchbrechen der funktionalen Sprachentrennung. Dabei ergeben sich regulär Strukturen, Kombinationen und Gebrauchspräferenzen, die herkömmliche einzelsprachliche Wohlgeformtheitsbedingungen verletzen, woraus eine enorme Herausforderung für die linguistische Theorie resultiert. Mithilfe von bi- bzw. multilingualen kommunikativen Praktiken und Prozeduren kann in der 'Ingroup' außerdem eine verbale Konstruktion und Aufrechterhaltung von lebensweltlicher „Nähe" erfolgen (Terminus nach KOCH/OESTERREICHER 1985: 15 ff.). Es geht also um Kommunikationsweisen, die kulturell geformt sind, somit von den Gruppen-Mitgliedern als normal bzw. vertraut erlebt werden, also eine Folie für ihr 'Selbstkonzept' (vgl. DEUSINGER 1998) wie auch für ihre kollektive Identität darstellen.

Zwei- bzw. mehrsprachige Personen befinden sich in ihrer kommunikativen Alltagspraxis – wenn man ein psycholinguistisches interaktives Modell verwendet – an verschiedenen Punkten eines (doppelten) Situationskontinuums, die (als spezifische sinnhafte Weisen, ein Gespräch zu realisieren) verschiedene Diskurs- bzw. Interaktionsmodi verlangen. Bei Interaktionen mit ausschließlich unilingualen Sprechern sind die zwei- und mehrsprachigen Individuen an den beiden Enden des Kontinuums im unilingualen Sprachverwendungsmodus anzusiedeln (in Grafik 3 ganz links der deutschsprachige und ganz rechts der ungarischsprachige unilinguale Pol). Als Antipode zu den beiden agiert der bi- bzw. multilinguale Sprachverwendungsmodus (in Grafik 3 in der Mitte), bei dem zwei- und mehrsprachige Sprecher mit Kommunikationspartnern interagieren, denen praktisch dasselbe sprachkommunikative Repertoire zur Verfügung steht und mit denen sie im Allgemeinen eine gemischtsprachige Kommunikation praktizieren, also den Kode umschalten, Lexeme etc. transferieren usw. Zwischen den beiden Extrempunkten des deutschen bzw. des ungarischen unilingualen Sprachverwendungsmodus, liegen zwei „Halbkontinua". Innerhalb des jeweiligen „Halbkontinuums" können sich die zwei- und mehrsprachigen Sprecher – in Abhängigkeit vom Kommunikationspartner, dem Thema, der Situation etc. – in verschiedenen Intervallen befinden. Das soll durch Grafik 3 (in teilweiser Anlehnung an GROSJEAN 1997,

Quelle: NAVRACSICS 1999: 78 und an KALLMEYER/KEIM/ASLAN/CIN-
DARK 2002: 5) veranschaulicht werden. Die Basissprachen *A* und *B* (in
unserem Fall der ungarndeutsche Ortsdialekt und das Ungarische) sind
am oberen bzw. unteren Rand angesiedelt, während das doppelte Kontinuum den mittleren Teil beansprucht. An den unilingualen Enden der
beiden Halbkontinua passen sich die zwei- bzw. mehrsprachigen Personen dem Sprachhandeln des ausschließlich einsprachigen Kommuni-
kationspartners an. Ihre andere(n) Sprach(varietät)en werden (möglichst)
vollständig ausgeschlossen (d.h. deaktiviert). Ein komplettes Ausschal-
ten der jeweils anderen Sprache kann allerdings nie vollkommen ge-
lingen, weil auch im unilingualen Modus sich stets – evident oder
latent – Spuren der anderen Sprache wiederfinden lassen. Die Aufhel-
lungen bzw. Verdunkelungen der Ellipsen zeigen, in welchem Grade
die betreffende Sprache im gegebenen Falle aktiv ist. Der mittlere Teil
der Grafik markiert Situationen, in denen zwei- bzw. mehrsprachige
Sprecher mit anderen zwei- bzw. mehrsprachigen Sprechern kommunizieren. In diesen Fällen gelangen in der Regel die beiden Sprachen *A*
und *B* – z.B. in der Form von Kode-Umschaltungen – weitgehend zum
Einsatz. Dabei wird jeweils diejenige Sprache, die als dominierende
Basissprache der Kommunikation fungiert, etwas aktiver sein als die
andere. So kann innerhalb eines Gesprächs – in Abhängigkeit von den
situationsbestimmenden Faktoren – einmal die eine, einmal die andere
Sprache als Basissprache dienen.

Das Ganze demonstriert, dass zweisprachige Menschen in ihrer
kommunikativen Praxis nicht nur zwischen ihren beiden Sprachen,
sondern auch mindestens zwischen zwei Diskursmodi (dem unilingualen und dem bilingualen Sprachgebrauch) wählen können.[107] Dadurch
ist mithin bei zwei- bzw. mehrsprachigen Personen in zweierlei Hinsicht Hybridität möglich: Einerseits – auf der systemlinguistischen
Ebene – als eine Mischung von Elementen, Strukturen und Modellen;
andererseits – auf der Ebene der Kommunikation – als eine Mischung
der Diskursmodi. Aber selbst der bilinguale Diskursmodus kann (wie
angedeutet) variieren, je nachdem, ob die Redeprodukte mehr deutsch-
oder mehr ungarischsprachige Anteile haben, d.h. ob man sich im
Schema etwas links oder etwas rechts von der Mitte befindet.

---

[107] Dabei unterteilen sich auch die Diskursmodi je nach der Dominanz der einzelnen
Sprachen in einen eher deutschen bzw. in einen eher ungarischen Bereich.

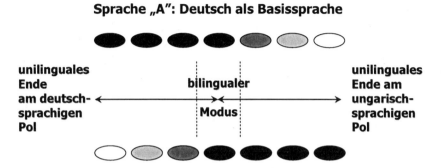

Sprache „A": Deutsch als Basissprache

unilinguales
Ende
am deutsch-
sprachigen
Pol

bilingualer

Modus

unilinguales
Ende am
ungarisch-
sprachigen
Pol

Sprache „B": Ungarisch als Basissprache

Grafik 3

Die Grafik zeigt freilich eher globale Zuordnungen, sie soll nicht suggerieren, dass es einen absolut stabilen Zusammenhang zwischen Kontext
und Sprachverwendung gibt. In meinem Beobachtungsbereich trifft
man Sprecher mit habitualisiert großem Deutschanteil und Sprecher
mit habitualisiert großem Ungarischanteil. Bilinguale Sprecher finden
ihre eigenen, originären kommunikativen Lösungen. Etwas vereinfa-
chend, kann man die Optionen folgendermaßen zusammenfassen: Mit
Ungarischsprachigen wird (unilingual) Ungarisch gesprochen, mit
Deutschsprachigen (unilingual) Deutsch und mit zweisprachigen Ungarndeutschen „zwei- bzw. gemischtsprachig".

In kognitiver Hinsicht sind Kontakt- bzw. Interaktionsphänomene
das Produkt einer simultanen Aktivierung von mehreren sprachlichen
Kenntnissystemen. Zum einen zeigt sich diese Koaktivierung im Nebeneinander (z.B. *Me:i Gwand han i: mes:a kimosogatni*, vgl. Beleg Nr.
10), zum anderen in der Überblendung von Elementen beider Sprachen
(etwa bei interlingualen Kontaminationen, wie Beleg Nr. 77). Für die
Sprecher handelt es sich um eine Art systemübergreifende Synonymie
in einem größeren Rahmen, aus dem die am besten passenden Elemente, Strukturen oder Modelle ausgewählt werden können. (Einer weitgehend zwei- bzw. mehrsprachigen Kompetenz dauerhaft eine nur
einsprachige Performanz zuzuordnen, wäre m.E. ein Widerspruch in

sich selbst.) Daher werte ich diese Vorgänge, systemtheoretisch gesehen, als normale Erscheinungsformen und Ausprägungen innerhalb eines zweisprachigen Handlungsrahmens. Damit stehe ich im Gegensatz zu WEISS (1959: 27 f.), der sie als „Mischungsfehler" bzw. „Sprachmischungsfehler" bezeichnet, sowie zu SPILLNER (1992: 173), der über „negative Folgen wie sprachliche Interferenzen und Sprachmischung" räsoniert (vgl. auch Abschnitt 5). Dagegen stimme ich prinzipiell GUMPERZ (1982b: 59 ff.) zu, wenn er die Kode-Umschaltung der zweisprachigen Personen – nach meiner Konzeption als Aspekt innerhalb der Sprachenmischung[108] – im Rahmen seines sozial-anthropologischen Zugriffs als 'Interaktionsstrategie' charakterisiert.

2.6.1 Oberbegriff: 'Sprachenmischung'

Es sei betont, dass die in Frage stehende Kontaktvarietät kein „Mixtum compositum" ist, d.h. nicht als bloße Summe von L_1 und L_2 (bzw. L_3 usw.) anzusehen ist, sondern auch weitere, qualitativ neue Möglichkeiten offeriert (vgl. SJÖLIN 1976). Es geht also im Sinne von BECHERT/WILDGEN (1991: 3) auch nicht um ein simples Modell mechanischer Mischung, bei der sich das Mischungsprodukt restlos in Bestandteile der einen oder anderen Varietät zerlegen lässt und bei der erwartet wird, dass diese Bestandteile klar erkennbar und den Herkunftsvarietäten ohne Weiteres zuzuordnen sind. Denn oft entsteht dabei, wie gesagt, etwas gänzlich Neues.

Die Kulturrealität 'Zwei- bzw. Mehrsprachigkeit' ist eine überaus komplexe Kategorie und lässt sich nicht von der Einsprachigkeit herleiten. In konzeptuell mündlichen Sprachenkontaktsituationen kommt es also vereinfacht gesagt (neben den grundlegenden Determinanten des mündlichen Austausches wie Prozessualität, Flüchtigkeit, Interaktivität und Handlungsbezogenheit) zu vielerlei Ausprägungen von Sprachenmischung. Dazu gehören:

(a) zwischensprachliche Übernahmen und Beeinflussungen;
(b) Sprachenwechsel-Erscheinungen;

---

[108] Damit widerspreche ich einem Großteil der Fachliteratur, zumal Kode-Umschaltungen herkömmlicherweise nicht zur Sprachenmischung gerechnet werden. Nur vereinzelt findet man ähnliche Einordnungen, die aber meist nicht näher begründet bzw. interpretiert werden, so etwa bei STROH (1993: 39).

(c) sonstige bi- bzw. multilinguale kommunikative Handlungs-praktiken (wie zwischensprachliche Dopplung, Bevorzugungs-strategien, Umgehens- bzw. Vermeidungsstrategien, Verein-fachungsstrategien, bilingualer Semidialog etc.).[109]

Ich verstehe 'Phänomen (a)' als (linguale bzw. sprachliche) **Transfe-renz** und 'Phänomen (b)' als **Kode-Umschaltung**[110] (vgl. weiter unten in Abschnitt 2.6.2) – ungeachtet der kritischen Einstellung etwa von WANDRUSZKA (1979: 25), der sämtliche Bezeichnungen mit 'Kode' in Bezug auf die menschliche Sprache strikt ablehnt. Mit diesem termi-nologischen Vorgehen schlage ich weitgehend neue Wege ein. Denn es war z.B. bisher in der zeitgenössischen kontaktlinguistischen Forschung nicht üblich, 'Sprachenmischung' als Oberbegriff anzusetzen.[111] So schrieb OKSAAR (1991: 172) kopulativ von „Mischung und Kodeum-schaltung" und FORGÁCS (2002: 141) setzte „Sprachenmischung" mit der satzinternen Kode-Umschaltung gleich.

Die terminologische Abgrenzung zeitigt m.E. beim Kontakt typolo-gisch divergenter Sprachen nachdrücklich vieldimensionale theore-tische, methodologische und praktische Schwierigkeiten. BRADEAN-EBINGER (1991: 54) hat in seiner Dissertation 1985 die wichtigste Ursache für den „Mangel an theoretischen Grundlagen" in der Kontaktlinguistik im „Fehlen einer relativ einheitlichen Terminologie" gesehen. Ich glau-be, auch heute noch steht eine schlüssige und klärende Bearbeitung der terminologischen Grundsatzfragen aus, sodass dieser Aspekt, wie ich die Forschungslage einschätze, als eines der gravierendsten Probleme in der Sprachenkontakt- und der Mehrsprachigkeitsforschung anzuseh-

---

[109] SCHILLER (2000: 27 ff.) unterscheidet folgende Merkmale bilingualen Sprecherver-haltens: „Interferenz", „Codeswitching", „Codewechsel" sowie „Störungen der kom-munikativen Basis". Besonders mit letzterer Bezeichnung kann ich mich jedoch nicht anfreunden, weil sie die Kommunikationsstrukturen bilingualer Personen dadurch letztlich aus der Sicht der Einsprachigkeit beurteilt werden, vgl. das von mir in Ab-schnitt 2.2 angesprochene Stichwort 'einsprachig ausgerichtete Kontaktbetrachtung'.

[110] Dieses Wort wird in der Fachliteratur, soweit es überhaupt Verwendung findet, zusammengeschrieben, etwa bei KRIER (1990: 213 ff.), OKSAAR (1992: 25, 2003: 15, 115, 131 f., 134) als *Kodeumschaltung* oder kürzlich ebenfalls (allerdings mit Verweis auf meine einschlägigen Schriften) bei KAPPEL/NÉMETH (2002: 98). Mit der Bindestrich-Schreibung hingegen möchte ich dem Leser oder Leserin die Transparenz, insbesondere die Über-sichtlichkeit der Komponentengrenzen erleichtern.

[111] Die von mir vorgenommene Klassifizierung von Sprachenkontaktphänomenen ent-hält ebenfalls mehrere Neuerungen (vgl. 2.6.2).

en ist. Ein möglicher Grund für dieses Desiderat liegt m.E. darin, dass die Kontaktlinguistik als eine noch recht junge linguistische Disziplin gilt. Deshalb ist meine eindringliche Begriffsdiskussion nicht allein als arbeitsbegleitender Umstand, sondern als wesentliche Arbeitsaufgabe zu begreifen.

Die Schwierigkeiten können unterschiedlicher Art sein. GUMPERZ (1982a: 66 f.), POPLACK/WHEELER/WESTWOOD (1987: 37),· aber auch HELLER (1988: 11) und HAUST (1993: 117) haben beispielsweise darauf verwiesen, dass es auf synchroner Ebene oft problematisch bzw. sogar unmöglich ist, den Status besonders von Ein-Wort-Einsprengseln als Kode-Umschaltung oder eben als Transferenz/Entlehnung eindeutig zu bestimmen. HEATH (1989: 23) sieht ein, dass eine Distinktion zwischen Kode-Umschaltung und Entlehnung „nützlich" sei, konzediert jedoch gleichzeitig, dass es im Einzelfall schwierig sei zu entscheiden, ob man es mit einer Kode-Umschaltung oder einer Entlehnung zu tun habe. Aus ähnlichen Überlegungen fordern TREFFERS-DALLER (1991: 260 und 1994: 243) und JEßNER/HERDINA (1996: 219 ff.), Kode-Umschaltung und Transferenz/Entlehnung unter einem systemtheoretischen Blickwinkel theoretisch nicht zu unterscheiden. TREFFERS-DALLER verlangt, beide Phänomene in erster Linie als Interaktion von dem Lexikon der Sprache L_1 mit dem Lexikon der Sprache L_2 anzusehen, da seit der Einführung der X-Bar-Theorie[112] viele syntaktische Eigenschaften als vom Lexikon bzw. (spezieller) als von individuellen lexikalischen 'Items' abgeleitet gelten. Kürzlich haben in der ungarischen Bilinguismusforschung BARTHA (1999: 118) sowie DÁVID (2002: 146 ff.) und in der internationalen Fachliteratur HINNENKAMP (1998: 155), ROMAINE (2000: 157) sowie CLYNE (2003: 71) klar dargelegt, dass keine eindeutigen Kriterien zur Unterscheidung der einzelnen Typen von Sprachenkontakterscheinungen existieren.[113] MYERS-SCOTTON (2002: 153) hat in ihrer neuen Monographie sogar detailliert ausgeführt, dass unter synchronen Aspekten keine Notwendigkeit besteht, zwischen 'Transferenz' (bei ihr: „borrowing") und 'Kode-Umschaltung' („codeswitching") zu unterscheiden.

---

[112] Zu diesem linguistischen Konzept vgl. STOWELL (1981).

[113] Von methodologischen Schwierigkeiten, die Kode-Umschaltung von anderen Kontaktphänomenen zu unterscheiden, berichten auch z.B. BERK-SELIGSON (1986: 321 f.) in ihrer spanisch-hebräischen und BADER/MAHADIN (1996: 38) in ihrer arabisch-englischen Untersuchung.

Davon ausgehend, sollen im Weiteren (wie auch bei PFAFF 1979: 291)[114] die verschiedenen kontaktbedingten Besonderheiten, die ich sämtlich als Varianten der synchronen Kombination zweier (oder mehrerer) Sprach(varietät)en (und ihrer Modelle) ansehe, unter dem Oberbegriff **Sprachenmischungsphänomene**[115] behandelt werden, wobei ihre einzelnen Ausprägungen nicht als absolute Kategorien, vielmehr als Prototypen innerhalb eines Kontinuums (vgl. auch BLANKEN-HORN 2000: 18, 2003: 55, FIELD 2002: 187) aufzufassen sind. Von den teilweise nicht unerheblichen typologisch-funktionalen (und psycholinguistischen) Differenzen sehe ich bewusst ab, zumal empirisch ausgerichtete Untersuchungen operationale Definitionen und eine integrative, einheitliche Betrachtungsperspektive erfordern. Dieses Konzept hat selbstverständlich nichts mit dem Sprachmischungsbegriff der Stilistik zu tun, der Ansätze bezeichnet, die im Rahmen von Untersuchungen zu fremdsprachigen Zitaten die Sprache des Grundtextes mit einbeziehen.[116]

---

[114] TREFFERS-DALLER (1994: 29) verfährt ähnlich, indem sie die intrasentenzielle Kode-Umschaltung und die Transferenz/Entlehnung unter dem Oberbegriff „language mixture" behandelt. Ihr Verfahren unterscheidet sich von meinem indes dadurch, dass bei TREFFERS-DALLER nur die beiden genannten und nicht alle Kontaktphänomene zur Sprachenmischung gehören. Bei MEEUWIS/BLOMMAERT (1998: 76) gibt es auch einen „mixed code" als übergeordneten Terminus für viele Phänomene. KELLER-MANN/SHARWOOD SMITH (1986) schlagen hingegen den theorieneutralen Terminus *crosslinguistic influence* („zwischensprachlicher Einfluss") als umfassenden Oberbegriff für sämtliche Zweisprachigkeitsphänomene vor.

[115] Bei diesen Erscheinungen hat SCHUCHARDT seinerseits auch von sprachlicher „Indifferenz" gesprochen (1884: 81). WHINNOM (1971: 91) verwendet für die Mischungsvorgänge den Terminus „hybridization" (Hybridisierung) und LÜDI (1987) spricht von „transkodischer Formulierung". Aber auch hinsichtlich der Bezeichnung 'Sprachenmischung' finden sich in der einschlägigen Forschung diverse terminologische und begriffliche Versionen. FRANK (1992: 163) spricht – allerdings ohne den Terminus definiert zu haben – von „schleichender Sprach v e r mischung" [Hervorhebung von mir – C. F.]. APELTAUER (1993: 16 f.) versteht auch die Sprache einsprachiger Personen als 'Mischung', weil ja deren Vokabular viele Elemente fremden Ursprungs enthält. Zur „Sprachmischung" zählt er auch gelegentliche „sprachliche Moden", durch die über „Ländergrenzen" hinweg Lehnwörter Verbreitung finden (1993: 16). ASFANDIAROVA (2002: 342 ff.) bezeichnet mit dem Terminus „Sprachmischung" – im Hinblick auf die von ihr untersuchte russlanddeutsche „Sprachinsel" in Baschkirien – eigentlich eine Dialektmischung innerhalb des deutschen Sprachsystems: Mischungs-und Ausgleichsprozesse fränkischer Mundarten.

[116] Dieser stilistische Ansatz geht auf SPITZER (1923) zurück und wurde in den 1980er Jahren von AYAD (1980) und WERNER (1987), später teilweise von SCHILLER (2000) aufgegriffen.

Da ich 'Sprachenmischung' als Oberbegriff ansetze, weiche ich von der Praxis der meisten Linguisten ab. Bei näherer Betrachtung kann man aber feststellen, dass auch bei manchen anderen modernen Ansätzen der internationalen Forschung konzeptionell ähnlich verfahren wird. Die zentrale Kategorie etwa von MYERS-SCOTTON (2002: 7 ff.) heißt nämlich „bilinguales Sprechen"; dabei besteht der Unterschied nur darin, dass bei MYERS-SCOTTON der bilinguale Sprachproduktionsprozess im Vordergrund steht, während ich eher sprachzeichenorientiert vorgehe.

Anhand meines Sprachenmischungskonzeptes lässt sich postulieren, dass die zumeist übliche und kritiklos hingenommene Beschreibungs- und Interpretationspraxis, bei der für die kommunikative (und gesprochen-sprachliche) „Norm" der zwei- bzw. mehrsprachigen Menschen (in diesem Falle der Ungarndeutschen) Modelle, Instrumentarien und Maßstäbe der (geschriebenen) Sprache von Unilingualen angewandt werden, nicht valide ist (vgl. ausführlicher in Abschnitt 5).[117] Allgemeiner formuliert: Es geht nicht an, ein mehrfaktorielles Problem nach nur einem Faktor zu beurteilen. Deswegen wird im Folgenden die Sprachvarietät der Ungarndeutschen im genannten Sinne als Kontaktvarietät (als deutscher 'Transferenzdialekt' mit Anteilen ungarischer Provenienz) untersucht. Das ist umso berechtigter, als das gegenwärtige unverwechselbare Gesicht dieser Sprachvarietät (wie auch das kommunikativ-interaktionale Sprachvariationsverhalten der Ungarndeutschen) m.E. gerade von Kontaktphänomenen maßgebend bestimmt wird. MOSER (1974: 625) äußerte sich hingegen über das „ehemalige Großungarn", dann das spätere „Rumpfungarn", selbst auch über das heutige Land Ungarn: „Doch wurde der madjarische Einfluß auf die Gestalt des Deutschen nie so groß wie der des Französischen im Westen oder des Englischen in Übersee, die als Kultursprachen ein größeres Gewicht hatten [...]." Ich glaube, dass weder MOSERs Aussage noch meine gegenteilige Auffassung mit fundierten statistischen Vergleichswerten belegt werden können. Trotzdem möchte ich starken Zweifel anmelden und im Folgenden gerade die umfassende Mannigfaltigkeit von deutsch-ungarischen Transferenz- und Kode-Umschaltungs-Erscheinungen sowie anderer bilingualer kommunikativer Praktiken – als kulturelles

---

[117] Allerdings ist das Verhältnis von geltender „Norm" und bestehender Sprachwirklichkeit auch innerhalb des zusammenhängenden deutschen Sprach- und Kulturraums selbst bei unilingualen Sprechern nicht unproblematisch.

Handeln – in den Mittelpunkt stellen. Dabei soll eine vor allem sozio- und psycholinguistisch ausgerichtete – und zweisprachig fokussierte – kontaktlinguistische Betrachtung angestrebt werden, keineswegs aber eine, die SPILLNER (1992: 180) als „fehleranalytisch" bezeichnet hat.

2.6.2 Unterbegriffe: 'Interferenz', 'Transferenz', 'Kode-Umschaltung', 'nonce-borrowing' etc.

Mit 'Transferenz' bezeichne ich – als integrierendes bilinguales Verfahren – die Übernahme von Elementen, Merkmalen und Gesetzmäßigkeiten aus der/den Kontaktsprache(n); vgl. CLYNE (1975: 16), das korreliert in etwa mit dem, was BLOOMFIELD (2001: 530 ff.) mit „kultureller Entlehnung" umschreibt. Es handelt sich mithin um eine Integration der einen Sprache (d.h. der weniger aktiven) in die andere, nämlich die Matrixsprache. Die einzelnen Sprachtransferenz-Fälle werden Transfers genannt. Eigentlich ist selbst die von mir erarbeitete Begrifflichkeit noch nicht optimal. Denn Termini wie 'Transferenz' deuten laut ihrer Etymologie darauf hin, dass etwas „hinübergetragen" wird in eine andere Sprache. Dabei handelt es sich in Wirklichkeit um wesentlich mehr: Als Folge der Sprachenkontakte bzw. der Sprachenmischungen entsteht etwas Neues.

Auch in diesem Bereich ist die Fachliteratur von einer terminologischen Übereinstimmung – oder auch nur von einer durchweg stichhaltigen Konzeption – offenbar noch weit entfernt. Bei HANSEN-JAAX wird, anders als bei mir, 'Transfer' als Oberbegriff für „jegliche Form intersprachlicher Beeinflussung verwendet" (1995: 1). Ihre Vorgehensweise ist jedoch nicht ganz transparent, weil sie an anderen Stellen ihres Buches 'Transfer' als Gegensatz zur 'Kode-Umschaltung' behandelt (HANSEN-JAAX 1995: 23). Weiter, auf Seite 53, wird allerdings etwas deutlicher, dass sie letztlich zwischen einem einseitigen Integrationsmechanismus (Transfer) und der gleichberechtigten Alternation zwischen zwei beteiligten Sprachen (Kode-Umschaltung) unterscheidet.

Bei POHL (1999: 19–4) wird „jede einzelne Erscheinung" von „Sprachkontakt" als „Interferenz" bezeichnet. LÖFFLER (2005: 74) setzt (im Gegensatz zu dem von mir verwendeten terminologischen Konzept) ein Gleichheitszeichen zwischen 'Transferenz' und 'Übernahme' bzw. zwischen 'Interferenz' und 'Mischung', erläutert aber sein Vorgehen nicht. Fast genauso verfahren auch WEISS (1959: 27) oder BRAUNMÜLLER (1995: 144), wenn sie „Sprachmischung" im Sinne von „Interferenz" gebrauchen oder von „Interferenz- oder Mischsprache" schreiben. NEKULA (1997: 147 ff.) scheint die direkten (materiellen, lautlichen) Übernahmen aus einer anderen Sprache – ebenfalls undefiniert – nicht etwa als 'Transferenz', sondern als „Code-switching" zu verstehen. ISSABEKOW (1991: 96) stellt in seiner Abhandlung über die Russlanddeutschen lapidar fest, dass ihre „dialektale Sprache [...] sehr stark von Wörtern, Entlehnungen und Lehnübersetzungen aus der russischen Sprache angefüllt" sei, wobei er eine Abgrenzung zwischen diesen drei, von ihm genannten Möglichkeiten nicht vornimmt. Bei BECHERT/WILDGEN (1991: 3) erscheint „Sprachmischung" als Synonym für „Interferenz oder Transfer". Auch in anderen Publikationen, sogar jüngeren Datums, finden sich ähnliche Auffassungen. So reduziert der Handbuch-Artikel des „Metzler-Lexikons Sprache" von GIPPER (2000: 664) „Sprachmischung" zur „Aufnahme von Elementen aus einer zweiten Sprache". Ich möchte dagegen betonen, dass es sich bei den 'Transferenzen' nicht nur um die Übernahme von Elementen, sondern auch um die von Strukturen und Modellen handelt. Überdies rechne ich – wie schon erwähnt – nicht nur Transferenzen zum Phänomenfeld 'Sprachenmischung'.

Für die Bestimmung der 'Transferenz' liegen auch andere Vorschläge vor: Bei HAARMANN (1979: 117 f.) und in Anlehnung an ihn auch bei BRADEAN-EBINGER (1991: 55 f.) wird „Interferenz" als „eine individuelle (idiolektale) Sprachvariation, ein Phänomen der individuellen Mehrsprachigkeit", „Transferenz" als eine „interindividuelle (interidiolektale) Sprachvariation, ein Phänomen der Gruppenmehrsprachigkeit" definiert. Diese Distinktion lässt sich aber in der kommunikativen Wirklichkeit, wie auch auf der kontaktlinguistischen Reflexionsstufe meiner Meinung nach nicht konsequent durchhalten. Auch in der erwähnten Monographie von BRADEAN-EBINGER (1991) wird diese Unterscheidung eher deklariert als einsichtig vorgenommen.

Statt 'Transferenz' bedient man sich in der einschlägigen Forschungsliteratur – im Gegensatz zu der von mir gewählten Perspektive – sehr oft des seit der „Prager Schule" geläufigen, eigentlich aus der Physik stammenden, dann aus der behavioristischen Lernpsychologie entlehnten Terminus 'Interferenz' in einem ähnlichen, doch etwas engeren Sinne. Ich greife aus der Vielzahl der Publikationen nur drei Beispiele heraus und nenne: NELDE (1986: 262 ff.), ARTER-LAMPRECHT (1992: 44) und HOFFMANN (1997: 95 ff.). Dieser Terminus scheint mir freilich in mehrfacher Hinsicht recht ungünstig gewählt. Erstens, weil er sich nach herkömmlicher Definition auf die Verletzung der Norm in einer einsprachigen Diskursgemeinschaft bezieht; auch wenn der Aspekt der 'Einsprachigkeit' in der Regel nicht explizit genannt wird (JUHÁSZ 1970, CZOCHRALSKI 1971, FELESZKO 1987: 43, DĘBSKI 2004) und deshalb wohl kaum mit dem Konzept der oben erörterten bilingualen sprachkommunikativen Kompetenz vereinbar sein dürfte. Zweitens gehört er m.E. eher in die Domäne der Fremdsprachendidaktik und der Sprachlehr- bzw. Sprachlernforschung, wo es auf die Feststellung und mögliche Verhütung von Normverstößen und auf eine entsprechende Fehlertherapie ankommt. Drittens halte ich es für bemerkenswert, dass 'Interferenz' selbst im Rahmen der Kontaktlinguistik ziemlich uneinheitlich verwendet wird. Darauf haben schon mehrere Forscher hingewiesen, etwa CLYNE (1975) in seinem sehr verdienstvollen Forschungsbericht, später SCHOTTMANN (1977: 13 ff.) und TESCH (1978: 31 ff.).

In der sprachgeschichtlichen, lexikologisch-semantischen wie auch in der kontaktlinguistischen Forschung ist es üblich, neben 'Interferenzen' auch von 'Entlehnungen'[118] zu sprechen. Die Forschungsliteratur auch darüber ist recht uneinheitlich. Bei SPILLNER (1992: 173) steht „Interferenz [...] einerseits für die Entlehnung vom lexikalischen Inventar einer Sprache ins System einer anderen Sprache," sie bezeichnet „andererseits aber auch die durch negativen Transfer bedingte individuelle Sprachmischung im konkreten Sprachvollzug". HARTWEG (1986: 50) bezeichnet hingegen Übernahmen als „Interferenzen". NAIDITSCH (1994: 31 ff.) liefert nur äußerst knappe oder gar keine Begriffsbestimmungen und verwendet, wie ich es verstehe, „Sprachinterferenz" als Oberbegriff, zu dem sie „Lehnwörter", „Lehnübersetzungen", „Lehnübertragungen", „Fremdwörter", „code switching" (an anderen Stellen dafür: „Kodeumschaltung" und „Kodewechsel") sowie „Kodemischung" zählt. Bei NAVRACSICS (1999: 79) gibt es im Wesentlichen zwei Arten der bilingualen kommunikativen Handlungspraktiken: die 'Kode-Umschaltung' und die 'Entlehnung', wobei sie die 'Interferenz' innerhalb der Kode-Umschaltung betrachtet. In der Monographie von STIEHLER (2000: 2 f.) werden „Interferenz" und „code-switching" (gelegentlich auch als „Kodewechsel" bezeichnet) ebenfalls nicht gegeneinander abgegrenzt. Indem KNIPF-KOMLÓSI in einem ihrer Aufsätze (2003b: 276 f.) z.B. problematisiert, dass der Einfluss des Ungarischen „zu einem

---

[118] Vgl. die in der Forschung intensiv rezipierte Typologie von „Lehnbeziehungen" bei BETZ (1974) und POLENZ (2000: 41 f.).

erhöhten Codeswitching, zu einer Mischsprache" führte und diese „Mischform" im „häufige[n] Gebrauch ungarischer lexikalischer Elemente in deutschen Äußerungen (Mundart)" bestehe, setzt sie 'Interferenz', 'Kode-Umschaltung' und 'Mischsprache' gleich. In diesem Sinne verwendet sie Aussagen wie „[d]ieses durch die Nominationslücken entstandene Switchen" und „[d]ie Füllung der lexikalischen Lücken durch ungarische Lexeme" (KNIPF-KOMLÓSI 2003b: 277) eigentlich synonymisch. In ZIMMERs Ausführungen (1997: 70 und 74) findet sich ebenfalls keine klare Distinktion zwischen „Codesprung" (= Kode-Umschaltung) und „Interferenz". Ähnlich verfährt ZIEGLER (1996: 69 f.), der zuweilen auch Phänomene, die ich als 'Kode-Umschaltung' verstehe, unter „Interferenz" betrachtet. Bei OLESCH (1986: 167 ff.) stehen – soweit man es richtig deuten kann, weil ja ebenfalls keine Definitionen vermittelt werden – „Interferenz", „Interfer", „Transfer" und „Entlehnung" synonym nebeneinander. Er versucht allerdings noch weiter zu differenzieren und, je nach Integrationsstufe und Häufigkeit des „entlehnten" Elements, verschiedene Termini einzuführen – ähnlich wie andere Autoren. So spricht SPILLNER (1992: 173) bei der „Interferenz auf ‚langue'-Ebene" von „systemhafte[r] Interferenz", bei der „Interferenz auf ‚parole'-Ebene" von „kommunikative[r] Interferenz".[119] Da die verschiedenen Vorschläge zur strukturellen Unterscheidung nach meiner Meinung in vielen Fällen nicht mit absoluter Konsequenz umzusetzen sind, betrachte ich (wie oben definiert) die diversen Formen der 'Entlehnung' unter dem Aspekt von 'Transferenz'. Denn 'Transferenz' könnte, synchron gesehen, als Oberbegriff fungieren, während 'Entlehnung' praktisch zur diachronen Betrachtungsrichtung gehört.

Abweichend etwa von CLYNE (1975: 16), der „Interferenz auf den allgemeinen Verwirrungsprozeß im Sprachkontakt"[120] beschränkt und

---

[119] Die moderne Soziolinguistik stellt immer wieder fest, dass „Langue" und „Parole" kaum voneinander abzugrenzen sind (vgl. z.B. CHAMBERS 2001: 25 ff.). Ich glaube, dass diese Opposition für die Kontaktlinguistik nicht zu operationalisieren ist: Neben sprachtheoretischen Bedenken finde ich, dass sich die kontaktlinguistischen Untersuchungen primär an der Sprechtätigkeit orientieren, die doch immer dynamisch ist. Und beim derzeitigen Forschungsstand haben sie vor allem die Aufgabe, aus der Empirie hervorgehende Probleme zu erkennen, zu thematisieren, zu lösen und zu interpretieren (vgl. auch Abschnitt 4.2).

[120] Die „Verwirrung" bezieht sich hier also auf Normabweichungen. In Sprachenkontaktsituationen ist diese Sicht wohl kaum angebracht, weil kontakt-induzierte Spracheigenheiten – wie unter 2.2 schon erwähnt – nicht zufällig, d.h. nicht ohne System und Regularitäten auftreten.

aus seinem Instrumentarium dennoch nicht eliminiert, verzichte ich ganz auf diesen terminus technicus in meinen Untersuchungen. Eine begriffliche Distinktion ist auch für die 'Kode-Umschaltung' nicht unproblematisch. Der Terminus „code switching" wird von HAUGEN (1956: 40) zur Bezeichnung einer komplexen gesprochen-sprachlichen Kommunikationsstrategie zweisprachiger Sprecher gebraucht, wenn „der Bilinguale ein völlig unassimiliertes Wort aus einer anderen Sprache in seine Rede einführt" (HAUGEN: 1956: 40, 1978: 284, aber auch viele andere Linguisten wie SEBBA 1997: 6, 293). Indes gibt es in der Forschungsliteratur auch gänzlich andere Lesarten dieses Terminus. Viele Forscher – z.B. HYMES (1977: 103), MYERS-SCOTTON/URY (1977: 5), KÜHNL/TURSKI (1989: 121), SCHLIEBEN-LANGE (1991: 95), HARTMANN (1995: 161), LÖFFLER (1996: 30), VANDEKERCKHOVE (1998: 280) und BORBÉLY (2001b: 72 ff.) – beziehen nämlich diesen Terminus auch auf den Gebrauch von (diatopischen, diastratischen oder diaphasischen) Varietäten derselben Sprache. Manche Forscher deklarieren ihn zum Oberbegriff für sämtliche Arten der Kontaktphänomene, z.B. MCCLURE (1977), HEYSE (2000: 137), L. MURAI (2000: 18) und FORGÁCS (2002: 141). Andere erklären 'Kode-Umschaltung' zwar nicht explizit zum Oberbegriff, verwenden diese jedoch in einem sehr breiten Sinne. Beispielsweise behandelt NAVRACSICS (1999: 140 ff. und 2000: 81) im Rahmen der Kode-Umschaltung auch Phänomene, die ich eindeutig als lexikalische Transferenzen oder als morphosyntaktische Transferenz verstehe, zumal sie grammatisch in hohem Maße integriert sind und sogar ungarisch suffigiert werden, wie etwa „... kinyitottam a fortocskát" (... ich habe das „fortotschka" [kleines Fenster] geöffnet).[121] Ähnlich verfahren MIRK (1997: 203) und HINNENKAMP (2000), die den Terminus 'Kode-Umschaltung' in einem sehr weiten Sinne gebrauchen. Bei MANHERZ et al. (1998: 47) findet man dagegen für „Kodewechsel", dass eine Diskursgemeinschaft innerhalb derselben Sprache definitiv und endgültig auf ein anderes Kommunikationsmedium übergeht.[122] Konkret meint MANHERZ die Aufgabe des deutschen Dialekts als übliches Kommunikationsmittel zugunsten der Standardsprache bei vielen

---

[121] Vgl. ebenda die „inkorrekte Kongruenz im Numerus" beim Syntagma „Ha nem lennénk olyan idős, ..."' (Wenn wir nicht so alt wären, ...), die Navracsics gleichfalls als Kode-Umschaltung qualifiziert.

[122] Etwa im gleichen Sinne benutzt RÁcz (2001: 155) den Terminus „Sprachwandel", vgl. Fußnote 67.

jüngeren Ungarndeutschen. PFLUGMACHER (2000: 85) gebraucht „code switching" für Vorgänge, wenn Sprecher verschiedener Dialekte in einem Gesprächsakt – zwecks Erleichterung der Verständigung – zum überregionalen Deutsch überwechseln. Eine wiederum ganz andere Verwendung findet man bei HESS-LÜTTICH und POSNER (1990), die in ihrem Sammelband über Probleme der massenmedialen Kommunikation „Code-Wechsel" im Sinne von 'Wechsel des Mediums' gebrauchen oder bei KOLLER (2001: 150 f.), der „Kodewechsel" unter dem Blickwinkel der „Translationslinguistik" als eine „Umschlüsselung" versteht, die der Übersetzer zwischen Sender und Empfänger vollzieht.

In meiner Arbeit verstehe ich unter 'Kode-Umschaltung' (ähnlich wie HAUGEN 1956, CLYNE 1997: 313 und MILROY/GORDON 2004: 209) einen Wechsel zwischen zwei Sprach(varietät)en innerhalb eines Diskurses, eines Satzes oder einer Konstituente. Dieses Phänomen ist eine gängige Praxis unter zwei- bzw. mehrsprachigen Personen in Situationen, in welchen ein bilingualer Diskursmodus (zweisprachiger Sprachgebrauch) angemessen erscheint. Es handelt sich eigentlich um einen Wechsel der Matrixsprache. Auch hier wird der heuristische Wert des für meine Untersuchung gewählten terminologischen Apparates deutlich: Aufgrund der obigen Definition geht es bei der Kode-Umschaltung um den alternierenden Gebrauch z w e i e r Sprachen/Varietäten. Das heißt, wenn dieses Phänomen unter den Mischungsvorgängen subsumiert werden soll, eignet sich als Oberbegriff nur das (beim Erstglied „pluralisierende") Kompositum ‚Sprach e n mischung' und nicht die mit dem Singular operierende Wortbildungskonstruktion 'Sprachmischung', weil ja letzterer Terminus lediglich die Mischung innerhalb e i n e r Sprache bezeichnet. Überdies offeriert die Verwendung von Termini wie ‚Sprachenmischungsphänomene' oder 'Sprachenkontaktphänomene' die Einbeziehung auch solcher Erscheinungen wie Umgehens- bzw. Vermeidungsstrategien etc.

Bezüglich der erwähnten strukturellen Unterscheidungsproblematik 'Transferenz vs. Kode-Umschaltung' ergibt sich die größte Schwierigkeit daraus, dass man – besonders im Falle zweisprachiger Diskursgemeinschaften – in der analytischen Praxis zwischen Entlehnung (bei mir im Rahmen der Transferenz) und (intrasentzieller) Kode-Umschaltung im Einzelnen oft kaum unterscheiden kann. Nach gängigen Definitionen ist ein grundlegendes Merkmal von Kode-Umschaltung, dass dabei keinerlei sprachsystematischen Integrationserscheinungen auftreten (vgl. PÜTZ 1994: 220). Nimmt man diese Begriffsbestimmung ernst, so könnte man einen empirischen Beleg selbst bei minimaler „akzentgefärbter" Aussprache nicht mehr den Kode-Umschaltungen zuordnen. Da aber in der Sprechrealität fast immer zumindest Anzeichen für solche und ähnliche Phänomene festzustellen sind, dürfte in vielen Untersuchungen – wie DÁVID (2002: 147) anmerkt – eine „extreme Verschiebung aller empirischen Belege" in Richtung Transferenz oder Entlehnung vorliegen. Ähnliche Probleme haben sich in zahlreichen einschlägigen Arbeiten ergeben, z.b. bei APPEL/MUYSKEN (1997: 172), BARTHA (1999: 20), BIEGEL (1996: 43 f.), HOFFMANN (1997: 95 und 104), OKSAAR (1969: 148) sowie bei STENSON (1991: 559). Wie Abschnitt 4 zeigen wird, sind Adaption und Integration von Elementen aus einer anderen Sprache äußerst vieldimensionale und schwer operationalisierbare Prozesse, sodass im Einzelfall eine klare Entscheidung – assimiliert oder nicht – kaum möglich ist. Die Nähe der beiden Begriffe wird auch dadurch deutlich, dass es Linguisten gibt, die „borrowing" (= Entlehnung bzw. Integration) als eine Form der Kode-Umschaltung auffassen (z.B. REYES, vgl. den Hinweis von PÜTZ 1993: 185 und JEß-NER/HERDINA 1996: 222). Diesbezüglich macht BRADEAN-EBINGER (1991: 123) für mich kaum nachvollziehbare Aussagen (wörtlich zitiert): „der Interferenz des *code-switching (Sprachumstellung)*" [Hervorhebung im Original] schenke man „immer größere Aufmerksamkeit". Dieser Wortlaut taucht bei ihm auch in späteren Veröffentlichungen auf (BRADEAN-EBINGER 1997a: 33 und 1997b: 25).

Die Problematik der terminologischen Abgrenzungen wird durch den Phänomentyp der 'nonce loans' (Ad-hoc-Entlehnungen) weiter kompliziert, die von manchen Forschern als eigenständige Kategorie isoliert wird (vgl. WEINREICH 1968: 11, POPLACK/SANKOFF 1988: 1176).[123] Es handelt sich um nicht-rekurrente Übernahmen, die nur idiolektal distribuiert sind, im übrigen aber denselben Kriterien entsprechen wie die etablierten Lehnwörter; sie sind also morphologisch, syntaktisch und womöglich auch phonologisch integriert. Die Unterscheidung von etabliertem Lehnwort, 'nonce-borrowing/nonce-loans' und 'Kode-Umschaltung' ist im einschlägigen Schrifttum umstritten. Weil sich ein empirisch adäquater Nachweis bezüglich der Differenzierung dieser Konstrukte m.E. in der praktischen Forschungsarbeit nicht realisieren

---

[123] Gleichwohl betrachten z.B. APPEL/MUYSKEN diese – wie sie sagen – zufällige Übernahme von Wörtern einer Sprache im Diskurs als „Lexical Interference" (1997: 165).

lässt, wird im Weiteren auf den Typ der „nonce-borrowing" gänzlich verzichtet. Da ich bei meiner Arbeit keinen solchen Typ festgelegt habe, kann ich die Hypothesen der Fachliteratur weder bestätigen noch widerlegen, denen zufolge bei typologisch verschiedenen Sprachen die Mischung sich eher durch „nonce borrowing" als durch Kode-Umschaltung realisiere (POPLACK/SANKOFF 1988: 1180 und ROMAINE 2000: 156). Im englisch-finnischen Sprachenkontakt soll das Häufigkeitsverhältnis – aufgrund der Erhebungen von POPLACK/WHEELER/WESTWOOD (1987: 37) – fünf zu eins zuungunsten von „nonce borrowing" sein. Die Autorinnen vermuten, dass dies auch für andere typologisch unterschiedliche Sprachenpaare gilt (vgl. POPLACK/WHEELER/WESTWOOD 1987: 37 und POPLACK/SANKOFF 1988: 1177).

Der Typ der „nonce-borrowing" scheint mir ohnehin wenig relevant zu sein, zumal die soziolinguistische und sprachliche Etablierung von Übernahmen ein längerer, durch und durch dynamischer Prozess ist (vgl. Abschnitt 4), sodass „nonce-borrowing" und etablierte Entlehnungen keine konzeptuell verschiedenen Sprachenkontaktphänomene darstellen,[124] sondern lediglich graduelle Unterschiede zeigen. In Anbetracht meiner Erkenntnisziele sehe ich für meine Untersuchung – mit PÜTZ (1993: 190 und 193) – von einer eingehenderen Auseinandersetzung mit den Facetten der terminologischen Distinktion zwischen 'Kode-Umschaltung' und 'Entlehnung' bzw. 'Transferenz' ab. ROMAINE (2000: 151) postuliert, dass es zwischen strukturell unähnlichen Sprachen weniger Potenzen für Kode-Umschaltung gibt und dass bei ihnen deshalb die Unterscheidbarkeit von 'Kode-Umschaltung' und 'Entlehnung/Transferenz' geringer sei als bei ähnlichen. Diese Einsicht dürfte mein Vorgehen einer Zusammenfassung von 'Kode-Umschaltung' und 'Transferenz' (darunter auch 'Entlehnung') zu einem Oberbegriff der 'Sprachenkontaktphänomene' weiter legitimieren, zumal Deutsch und Ungarisch als kontaktierende Sprachen sowohl genetisch als auch typologisch ganz unterschiedlich sind.[125] Soviel sei jedoch festgehalten, dass Kode-Umschaltung nach meiner Ansicht in der Regel intentional[126]

---

[124] Dies wird im Prinzip auch von POPLACK/WHEELER/WESTWOOD (1987: 37) zugegeben.

[125] Sie stehen einander allerdings areal und im Sinne der Konzeption einer kulturellen Verwandtschaft – vgl. GÁLDI (1947: 3) – nahe, besonders was das Varietätenpaar Ungarisch und „Ungarndeutsch" betrifft.

[126] Zum psychologischen Begriff der Intentionalität vgl. BRENTANO (1955), zur gegenwärtigen kognitiv-philosophischen Konzeptualisierung vgl. (DENNETT 1998: bes. 102 ff.). An dieser Stelle sei bemerkt, dass bestimmte sprachliche Handlungen – als psy-

eingesetzt wird. Bei Kode-Umschaltung weiß der bilinguale Sprecher nämlich mehr oder weniger, dass das zur Disposition stehende Sprachzeichen eigentlich Element der jeweils anderen Sprache ist. In diesem Zusammenhang kann die Sprechereinstellung zu einem gegebenen Sprachzeichen in der Einschätzung als Kode-Umschaltung oder Entlehnung/Transferenz möglicherweise eine maßgebende Rolle spielen (vgl. auch PÜTZ 1993: 190).

Neben 'Kode-Umschaltung' bzw. 'Code-switching' kennt die Fachliteratur auch andere terminologische Festlegungen. Eine Gruppe dieser Bezeichnungen stellt lediglich Variationen des zentralen terminus technicus dar, wie etwa der „Codesprung" von ZIMMER (1997: 70). Eine andere Gruppe der Termini geht ganz und gar alternative Wege. Beispielsweise spricht KLASSEN (1981: 188) von „Alternanz" – ARGENTE (1998: 6) gleichfalls („alternacia de lenguas"). Einige Linguisten verwenden für diese Phänomenklasse – entweder ausschließlich oder synonym zum Terminus 'Kode-Umschaltung' bzw. 'Code-switching' – die Variante „Kodeswitching" VEITH (2003: 206), „Kodewechsel" (z.B. SJÖLIN 1976, HANSEN-JAAX 1995: 2, 7 ff., MIRK 1997: 202 f. und KNECHT 2001: 81), „Code-Wechsel" (z.B. LYONS 1992: 253), „Kode-Wechsel" (z.B. DEPPERMANN/SPRANZ-FOGASY 2001: 1149), „Codewechsel" (CLYNE/ MOCNAY 1999: 167, KNIPF-KOMLÓSI 2003b: 276, MÜLLER 2000: 30 ff. und POHL 1999: 19–5)[127] oder die Bezeichnung „Sprachwechsel" (z.B. CLYNE 1975: 28, 1980: 23, 1981: 36, 1992: 198 und 2002: 333, CRYSTAL 1993: 362 f., PÜTZ 1993: 181, 1994: 2 ff., ZIEGLER 1996: 95). Da aber 'Sprachwechsel' bei manchen Autoren im Sinne von 'Sprachumstellung' („language shift") gebraucht wird (z.B. KLASSEN 1981: 189, KLOSS 1985: 1709, BECHERT/WILDGEN 1991: 4 und 35 f., HAUST 1993: 94, SCHWING 1993: 7, HUFEISEN 1995b: 24, MAHLSTEDT 1996: 95 und DÁVID 2002: 146), ist er eindeutig polysem und kann Verwirrungen bzw. Verwechslungen verursachen. BRADEAN-EBINGER (1991: 123) verwendet hingegen „Codeswitching"[128] und „Sprachumstellung" synonym und ohne nähere Erläuterung, während er für jenes Phänomen, das in der Literatur zumeist als „Sprachumstellung" bezeichnet wird, gelegentlich auch „Sprachwech-

---

chische Prozesse – zwar intentional, aber nicht unbedingt bewusst erfolgen. Siehe dazu etwa die Ausführungen des Psychologen HORVÁTH über das Wesen von Denkprozessen (1984: bes. 74 ff.).

[127] Auf inkonsequente Weise taucht bei ihr hin und wieder auch die orthographische Version „Kodewechsel" auf (z.B. MÜLLER 2000: 32).

[128] An anderen Stellen spricht er von 'Kodewechsel' (BRADEAN-EBINGER 1991: 172).

sel" benutzt, z.B. auf den Seiten 130, 139 usw. In einer anderen Publikation verwendet er (BRADEAN-EBINGER 1997a) das Wort „Sprachumstellung" einmal im Sinne von „Code-switching"[129] (1997a: 33), ein anderes Mal für „Sprachwechsel" (1997a: 46). Vom Ansatz her finde ich dagegen die Idee von JUHÁSZ (1986: 204) interessant, zwischen „code switching" als Tätigkeit und „switching code", dem „vergegenständlichte[n] Begriff des Kommunikationsmittels", zu unterscheiden. Zu bedauern ist nur, dass er die Phänomene nicht näher detailliert. Aus seinen Darlegungen lässt sich schließen, dass er sämtliche Sprachenkontakterscheinungen (die 'Transferenz' eingeschlossen) als „switching code" behandelt. SCHILLER (2000: 26) unterscheidet dagegen zwischen „Codeswitching" als „Wechsel von einer Sprache zur anderen mitten im Satz bzw. Text" einerseits und „Codewechsel" als „Wechsel von einer Sprache zur anderen oberhalb der Satzgrenze" andererseits.[130]

In Anbetracht dieser Umstände bleibe ich bei der relativ eindeutigen 'Kode-Umschaltung'. Manche anderen Konzepte, wie etwa der Terminologiegebrauch von KIRSCHNER (1987: 87 und 90), scheinen mir etwas ungenau und deshalb nicht nachahmenswert zu sein: KIRSCHNER spricht nämlich pauschal von „eine[r] Art Zitat",[131] wenn „in der Rede der zweisprachigen Mundartträger [...] nicht nur einzelne Fremdwörter, sondern auch ganze fremdsprachliche Ausdrücke auf[treten]" (1987: 87). Als Zitat bezeichnet er „eine Redeeinflechtung, die aus mehr als einem Wort besteht, aber nicht den Status eines Satzes besitzt. Das Zitat ist das in die Rede der Sprache$_1$ eingesetzte Syntagma der Sprache$_2$" (KIRSCHNER 1987: 90). Diese Begriffsbestimmung trifft meiner Ansicht nach nicht das Wesen dieses Sprachenkontaktphänomens, sondern zielt lediglich auf eine Begrenzung des strukturellen Umfangs der Kode-Umschaltung ab.

---

[129] Genauer gesagt, steht an der zitierten Stelle – wohl als Druckfehler – „Code-switsching".

[130] Die Satzgrenze als grundsätzlichen Unterscheidungsparameter anzusetzen, ist bei Kode-Umschaltungen auch deshalb nicht günstig, weil bei mündlichen Redeprodukten – wie SCHREIBER (1995) ausführt – der Satzbegriff ohnehin problematisch ist.

[131] In ganz anderer Bedeutung verwendet LOSONCZY (1987: 355) die Bezeichnungen „Wortschatz-Zitate" bzw. „lexikalische Zitate" – unter Berufung auf nicht genannte rumänische Quellen. Sie beziehen sich für hier auf nicht oder kaum eingebürgerte Lehnelemente, deren phonetische Adaption noch in der Anfangsphase steckt. Auf einem anderen Blatt steht, dass LOSONCZYs Artikel – wohl ungewollt – ein beredtes Beispiel von Sprachenkontaktprozessen darstellt, da der deutschsprachige Text sehr stark von Transferenzen aus dem Ungarischen durchsetzt ist.

In manchen fachwissenschaftlichen Werken wird der 'Kode-Um-schaltung' die 'Kodemischung' gegenübergestellt. Über die Definition von 'Kodemischung' ist man sich jedoch keineswegs einig. Bei manchen Forschern wird „code-mixing" im Sinne von 'Kode-Umschaltung' gebraucht (so EDWARDS 1994: 73), während beispielsweise für BECHERT/ WILDGEN (1991: 65), TREFFERS-DALLER (1994: 29), APPEL/MUYSKEN (1997: 118), HOFFMANN (1997: 104), BAKER (2002a: 68) und FORGÁCS (2002: 141) die „Kode-Mischung" mit der intrasentenziellen Kode-Umschaltung identisch ist. Demnach erstreckt sich 'Kode-Umschaltung' auf eine ganze Äußerung, wohingegen 'Kodemischung' innerhalb einer Äußerung auftritt. NSAKALA (1994: 116) interpretiert 'Kodemischung' als Rekurs in einer Sprachäußerung auf ein Wort oder eine Phrase von der anderen Sprache, während 'Kode-Umschaltung' bei ihm den Fall bezeichnet, wenn ein Sprecher im Diskurs in eine andere Sprache wechselt als die seines Gesprächspartners. DI SCIULLO/MUYSKEN/SINGH (1986: 1 ff.) und MUYSKEN (2000: 1) verwenden „code-mixing" sowohl als übergeordneten Begriff wie auch gleichbedeutend mit „code-switching". Bei WENTZ/MCCLURE fungiert „code switching" als generischer Terminus mit den Untergruppen „code changing" (bei mir: Kode-Umschaltung) und „code mixing" (bei mir: Transferenz) – vgl. den Hinweis von CLYNE (1987: 740). REICH/REID (1992: 137 f.) liefern zwar keine expliziten Definitionen, meinen aber – soweit dies aus ihrer Formulierung hervorgeht – mit „code-switching" jede „Umschaltung" und mit „code-mixing" jede „Mischung". HINNENKAMP (2000: 100) spricht im Extremfall von „Code-Legierung" und führt einen weiteren Terminus ein, indem er „Code-Switching" und „Code-Mixing" zu einer „Code-Oszillation" zusammenfasst, allerdings ohne die Bedeutungen näher abzugrenzen.

Einen konzeptuell anderen Ansatz zeigt die Untersuchung von MUYSKEN (2000), die dann von „code-mixing" ausgeht, wenn zwischen den beiden kontaktiereden Sprachsystemen Konvergenz stattfindet (vgl. GARDNER-CHLOROS 2003: 331). KAYAMBAZINTHU (1994: 1) verfährt wiederum ganz anders, indem sie 'Kode-Umschaltung' als bewusste pragmatische Strategie zur Pflege interpersoneller Beziehungen betrachtet, die persönlichen Motiven dient. 'Kodemischung' ist hingegen eher eine unbewusste psychologische Sprachverarbeitung, die im verbalen Repertoire des Sprechers eine nicht unerhebliche Sprachkompetenz voraussetzt und bei der es schwierig ist zu bestimmen, welche die

Basis- oder Matrixsprache ist (zu diesem Terminus vgl. MYERS-SCOTTON 1992: 36, 2002: 8). Dieser Zugriff leuchtet mir prinzipiell ein, da aber diese Distinktion im Einzelfall nicht leicht zu vollziehen ist,[132] arbeite ich in meiner Untersuchung mit einer umfassenden Kategorie 'Kode-Umschaltung'.

Bezüglich des Gesamtkonzepts weicht gleichwohl MUYSKENs Ansatz (2000, 2004: 154 f.) wesentlich von dem meinen ab, indem er drei Prozesse unterscheidet: (a) „Insertion" von lexikalischen Items oder Konstituenten aus einer Varietät in eine andere, (b) „Alternation" zwischen Strukturen und (c) „kongruente Lexikalisierung", wenn zwei Varietäten eine gemeinsame grammatische Struktur teilen, die lexikalisch mit Elementen beider angereichert werden kann (vgl. auch GARDNER-CHLOROS 2003: 333).

2.7 Ort der Datenerhebung

Für den Untersuchungsort sind folgende Informationen wichtig: Die zu besprechenden Sprachdaten wurden allesamt in der „donauschwäbischen"[133] Gemeinde Hajosch erhoben. Die Geschichte des Ortes ist relativ gut bearbeitet (z.b. von FLACH/PAUL 1976). Man findet in zahlreichen Veröffentlichungen einen stattlichen Fundus vor allem historischer und volkskundlicher – kaum aber sprachlicher – Auskünfte. Das gilt auch für die Sammelbände von T. KISS (1986) und SCHELLACK (1996) sowie für das Schwerpunktheft „Hajós – ein ungàrndeutsches Dorf" der Zeitschrift *Volkskunde in Rheinland-Pfalz. Informationen der Gesellschaft in Rheinland-Pfalz* (10. Jg. 1995, Heft 1). Allerdings basieren die Ausführungen darin im Wesentlichen auf den Erfahrungen von kürzeren Studienreisen bundesdeutscher Studierender und ihrer Betreuer. In einem anderen derartigen Aufsatz räumt der Verfasser selbst ein, dass ihm zu den Erhebungen in Hajosch gerade mal „nur zwei kurze Tage" zur Verfügung standen (MEINERS 1990: 253). Ebenfalls werden diverse volkskundliche Beobachtungen z.B. in den Beiträgen von GYÖRGYPÁL-ECKERT (1941) und WERNER (1969) festgehalten. Über Fragen der Herkunft der Deutschen in Hajosch berichten HERMANN

---

[132] Auch BIEGEL (1996: 42 f.) verweist auf die Schwierigkeiten einer Differenzierung im Rahmen seines deutsch-französischen Projekts.
[133] Zum 'Donauschwaben'-Begriff vgl. z.B. KÜHNEL (1988), EBERL (1989) und SCHWOB (1998: 119 f.).

(1932), KÜNZIG (1969) und HECKENBERGER (1996). Die „Geschichte Hajos's/Hajesch's" [sic!],[134] mit dem Schwerpunkt „Ein- und Aussied-lungen in Hajos" [sic!],[135] bildet den Gegenstand der zweisprachigen Monographie von T. MOLNÁR (1997), die auf der Dissertation der Auto-rin beruht. Ethnisch-anthropologische Untersuchungsergebnisse legt ein Beitrag von HENKEY (1981) vor. Mit Fragen der Kirchengeschichte setzt sich die Publikation von LUKÁCSY (1937) auseinander. Die Arbeiten von SCHNEIDER (1999 und 2000) befassen sich mit der agrargeschicht-lichen Entwicklung des Dorfes, von seiner Wiederbesiedlung nach dem Ende der Türkenkriege in den 20er Jahren des 18. Jahrhunderts bis in die 90er Jahre des 20. Jahrhunderts. Eine aspektreiche Dorfsoziographie von Hajosch haben T. KISS/TIBORI (1988) erarbeitet. Manche Publikati-onen enthalten Interviews mit alten Hajoschern über Ortsgeschichtli-ches, Volkskundliches und Biographisches (man vgl. SCHWEDT 1995 und KOVÁCS-ZÁGONI SZABÓ 1999). Das Buch zweier Hajoscher Lehre-rinnen – SCHÖN/HARMATH (1998) – referiert die Ergebnisse einer über mehrere Jahrzehnte hinweg veranstalteten Sammlung des Kinderfolk-loreschatzes des Dorfes. Dabei wird auf praktisch alles eingegangen, was in der ungarndeutschen Tradition des Ortes zu den kulturellen Überlieferungen der Kinder, etwa bis zu ihrem zwölften Lebensjahr, gehörte (und teilweise noch gehört), d.h. Reime, Lieder, Spiele, Spiel-sachen, Sprüche und Gebete.[136] Ein Büchlein von SCHÖN (2003a) vereint volkstümliche Legenden um die Madonna der Hajoscher Kirche. Wie das Thema 'Sonne' im Hajoscher Volksglauben erhalten blieb, hat ein Artikel von SCHÖN (2003b) anhand von Sprichwörtern, Wetterregeln, Sprüchen, Gebeten (auch Hexengebeten), Sagen und Bräuchen vorge-legt. Mit systematisierender Absicht will ihr neues Konvolut (SCHÖN

---

[134] So steht es auf Seite 108. Die Übersetzung aus dem „Ungarieschen" [sic!] besorgten Judit Hock und Jürgen Wenderhold.

[135] Eine authentische bibliographische Beschreibung des Bandes ist schwierig, zumal auf dem Deckel „Ein- und Aussiedlungen", auf der inneren Titelseite hingegen „An-/Aussiedlungen" steht; hier erscheint aber die als Haupttitel hervorgehobene Über-schrift des Deckels „Der Grundstein bleibt" weder auf Ungarisch noch auf Deutsch. Obendrein wird auch die deutsche Ortsnamenvariante uneinheitlich angegeben: Auf dem Deckel als „Hajos" [sic!], auf der inneren Titelseite als „Hajos/Hajesch". Nur am Rande füge ich an, dass auf dem Deckel und auf dem Buchrücken das ursprüngliche „Die Grundstein" mittels eines halb durchsichtigen Aufklebers nachträglich in „Der Grundstein" korrigiert wurde.

[136] Vgl. meine Rezension in *Suevia Pannonica. Archiv der Deutschen aus Ungarn* 18 (28) 2000, S. 129–132.

2005) – wie es im Vorwort steht – „die Kenntnisse des Volkes [...] über die sichtbare und unsichtbare Welt, ihre rationalen und irrationalen Vorstellungen aus der umliegenden Natur zeigen [...]. Den Großteil des Buches macht der Volksglaube aus. Bis zu einem kleineren Grade wurde einiges von den angewandten Sitten und Gebräuchen auch aufgenommen, hauptsächlich im Thema 'Das Jahr', um einigermaßen das Ganze anzudeuten" (SCHÖN 2005: 7).

Die Gemeinde Hajosch liegt im Norden der traditionsreichen Sprach- und Kulturlandschaft Batschka,[137] etwa 120 km südlich von Budapest und knapp 20 km südöstlich von der erzbischöflichen Stadt Kalocsa entfernt (vgl. Grafik 1). Der Volkszählung 2001 zufolge hat sie 3.544 Einwohner. Nach Angaben der kommunalen Selbstverwaltung sind 70 bis 75 Prozent der Bevölkerung deutscher Abstammung (vgl. auch T. MOLNÁR 1997: 107).

Die heutige Gemarkung der Gemeinde setzt sich aus Gemarkungen und Flurteilen verschiedener ehemaliger Ortschaften (wie *Kal, Hild, Orbágy-Szentgyörgy* usw.) zusammen (vgl. FLACH/PAUL 1976: 5 ff.). Der Ort *Kal* wurde zum ersten Mal im Jahre 1389 urkundlich erwähnt. Während des Bauernaufstandes 1514 ist das Dorf wahrscheinlich zerstört worden, denn in Dokumenten des Jahres 1543 fand es keine Erwähnung mehr. Später erschien es als „Prädium" (Puszta) oder als Flurname (vgl. FLACH/PAUL 1976: 5). Der Vorläufer von *Hild* war *Eld*, es wurde 1346 zuerst erwähnt.

1543 findet man das Dorf unter dem Namen *Ilda*, während der Kurutzenherrschaft war es von Raitzen (Serben) bewohnt, 1719 pachteten es die Bewohner von *Bátya*. Der Ort *Orbágy* ist 1429 erstmals belegt, er existierte aber bereits 1355. Während der Türkenherrschaft wurde die Siedlung vernichtet. Danach kamen die Einwohner unter die Pacht-Herrschaft der Fajszer Untertanen des Erzbischofs.

Nach der Gründung von Hajosch wurden der Gemeinde die drei „Prädien" verwaltungsmäßig angeschlossen. Sie bilden seitdem Flurteile der Gemeindemarkung Hajosch. Urkundlich belegt ist Hajosch erstmals im Jahre 1366. Die Frühzeit des Dorfes ist kaum bekannt, fest steht nur, dass es während der Türkenherrschaft bewohnt war und 1690 als verlassene Ortschaft erwähnt wurde.

---

[137] HOCHSTRASSER ist allerdings der Ansicht, dass im Deutschen nur die Bezeichnungen *Batscher Gespannschaft/Bezirk/Distrikt* oder *Batscher Land, Batscherland und Batschland* korrekt seien (1999: 73).

Nach der Vertreibung der Türken waren kirchliche Autoritäten und adlige Familien bemüht, ihre ehemaligen Besitztümer oder andere zu gewinnen. Das galt auch für den Erzbischof von Kalocsa, zu dessen erworbenen und später durch die *commissio neoaquistica* sanktionierten Besitzungen in der Umgebung von Kalocsa neben den „Prädien" *Hild* und *Orbánszentgyörgy* auch die „Prädien" *Kall* und *Hajos* zählten. Auf diesem „Prädium" *Hajos* wurde im Jahre 1722 der neue Ort Hajosch gegründet. Nach der Türkenvertreibung haben zwar Ungarn und Slowaken die entvölkerten Orte neu besiedelt, aber ihre Arbeitskraft reichte nicht zur wirtschaftlichen Wiederinstandsetzung aus. Deshalb ersuchte Kardinal-Erzbischof[138] Imre (Emmerich) Csáky am 17. Januar 1711 um die Genehmigung, auch deutsche Kolonisten[139] anzusiedeln.

Als erste deutsche Siedlung entstand das 1722 angelegte Hajosch mit fast ausschließlich schwäbischen Kolonisten. Wie auch FLACH/PAUL (1976: 15) entdeckten, wird fälschlicherweise 1723 als Jahr der Ortsgründung angesehen, weil in diesem Jahre die kirchlichen Matrikelbücher angelegt wurden. Die ersten 25 Siedlerfamilien trafen jedoch bereits am 1. Juni 1722 im neu gegründeten Hajosch ein. Zwischen 1722 und 1726 sind fünf weitere Kolonistengruppen angekommen.[140] Aus der Konskription von 1725 geht hervor, dass die Siedlung eine politische Gemeinde mit eigenem Gemeindevorstand war.

Aus dem Zeitraum zwischen 1722 und 1750 ist ein Einwohnerverzeichnis überliefert, welches belegt, dass die Siedler aus nicht weniger als 85 Ortschaften stammten: die Mehrheit aus Südwestdeutschland, viele aus Bayern, einige aus Österreich, sogar aus Schweizer Kantonen,

---

[138] T. MOLNÁR verzeichnet „Csaky" (so die durchgehende Schreibung) nur als Bischof (1997: 111).

[139] Die Wortfamilie 'Kolonisation, Kolonist oder Kolonie' wird in meiner Arbeit selbstverständlich nicht im Sinne der „imperialistischen" Begrifflichkeit der Kolonialpolitik, der Besitznahme fremder Gebiete durch eine dominierende andere Macht oder Bevölkerung gebraucht, sondern es handelt sich stets um eine Art innere Kolonisation, d.h. um die Erschließung eines Landes, wie sie etwa bei BRUNN (1972: 291) definiert wird: „Kolonie heißt hier ein durch administrative Maßnahmen oder Eigentumsverhältnisse eingegrenztes Gebiet, das in kleinere Grundstücke – Kolonielose – für bäuerlich Einwanderer – Kolonisten – aufgeteilt wird, die ihre Grundstücke roden und urbar machen, d.h. kolonisieren sollen."

[140] MÁLNÁSI (1933: 91–93) macht die absurde Bemerkung, dass die Kolonisten „Müßiggänger, arbeitsscheue und unbeholfene Menschen aus bayerischen, schwäbischen, fränkischen und rheinischen Gebieten waren", deren Hauptberuf und Leidenschaft der Weinanbau war und dass „der Verstand ihrer Nachkommen vom Alkohol getrübt wurde".

einige aus Ungarn, vorwiegend aus der Batschka. Somit ist im Wesentlichen eine „primäre Sprachinsel" entstanden (zum Terminus vgl. LASATOWICZ 2001: 339).

Die im Jahre 1828 durchgeführte Konskription wies nach, dass von den insgesamt 387 abgabepflichtigen Familien nur 17 keinen deutschen Nachnamen hatten. Davon waren 10 ungarische. Der überwiegende Teil der Bevölkerung (über 95 Prozent) bestand aus Deutschen, die aus dem Raum um Obermarchtal, Zwiefalten, Riedlinger, Mengen, Saulgau und Biberach stammten (FLACH 1953: 83, FLACH/PAUL 1976: 105–113). Somit ist Hajosch eine der wenigen „donauschwäbischen" Siedlungen,[141] die tatsächlich von Schwaben besiedelt wurde und in der seitdem tatsächlich eine schwäbische Siedlungsmundart gesprochen wird.[142] Der berühmte ungarndeutsche Germanist SCHMIDT (1928: 26) nannte jene Ungarndeutschen „Abstammungsschwaben" im Gegensatz zu den nur so genannten „Nennschwaben", die eigentlich andere „ungarndeutsche" Dialekte fränkischer, bairischer u.a. Herkunft sprachen bzw. sprechen.

Bis in die erste Hälfte des 20. Jahrhunderts war die Dorfgemeinschaft in ethnisch-kultureller Hinsicht relativ homogen und intakt. Die nachfolgenden Umwälzungen beschreibt z.B. der Volkskunde-Professor SCHWEDT (1996: 43) recht einseitig, indem er schreibt: „Diese alte Ordnung mit ihren festen Normen wurde erschüttert, als in den dreißiger Jahren sich auch Hajóser dem 'Volksbund' anschlossen, einer faschistischen Organisation der deutschstämmigen Ungarn" [sic!].[143] Dies kann auch deshalb faktisch nicht ganz stimmen, weil die örtliche Organisation des Volksbundes in Hajosch – nach den Angaben von T. MOLNÁR (1997: 129) und SCHNEIDER (2000: 170) – erst im November 1940 gegründet wurde. Fest steht allerdings, dass sich 1942 bei den SS-Anwerbungen über 40, nach anderen Quellen 52 Personen freiwillig zur Waffen-SS meldeten (T. MOLNÁR 1997: 131). Eine wesentlich höhere Zahl wurde allerdings 1944 zwangsweise zur SS eingezogen. Darüber hinaus dienten ungarndeutsche Männer auch in der ungarischen Armee. Jüdische Dorfbewohner wurden deportiert, damals kam – wie meine Informan-

---

[141] Es gibt – außer im Sathmarer Gebiet – nur sechs 'donauschwäbische' Ortschaften, in denen der Dialekt tatsächlich schwäbischer Provenienz ist.

[142] Hajoscher Textproben findet man in der Fachliteratur z.B. in KÜNZIG/WERNER (1969) und SCHÖN (2004, 2005).

[143] Ähnlich urteilt auch SCHNEIDER (2000: 171), der den Volksbund eindeutig als „faschistische Organisation" bezeichnet.

t(inn)en[144] berichten – in Hajosch der Spruch auf: „Ringel, Ringel, Reihe, alle kommen in die Reihe".[145] Und in der Tat kam nach Kriegsende die nächste Heimsuchung: Nach dem Prinzip der Kollektivschuld verpflichtete Ende 1944 der Befehl Nr. 3 der Sowjetkommandantur alle ungarndeutschen Männer zwischen 17 und 45 und alle ungarndeutschen Frauen zwischen 18 und 30 Jahren zur „unmittelbar im Hinterland zu vollbringende[n]" Pflichtarbeit (T. MOLNÁR 1997: 135). In Wirklichkeit handelte es sich um eine Verschleppung zur Zwangsarbeit in die Sowjetunion, die im ungarndeutschen Volksmund bis heute „malenkij robot" genannt wird. In Hajosch wurde dieses Los 500 Männern und 100 Frauen zuteil (T. MOLNÁR 1997: 138). Die Verschleppten konnten erst zwischen 1946 und 1950 allmählich zurückkehren, sofern sie die Grausamkeiten überlebt hatten. Die Verordnungen der Bodenreform hat man in Hajosch vielfach auf Kosten der Ungarndeutschen (besonders der „Volksbundisten") ausgeführt, was zu vielen Enteignungen von Häusern und zu Zwangseinquartierungen ungarischer Flüchtlinge aus dem Süden etc. führte. Noch folgenschwerer war die (mit dem Potsdamer Abkommen konform) durch die Verordnung Nr. 12.330/1945 M.E. eingeleitete Aussiedlung (im Sprachgebrauch der Ungarndeutschen: Vertreibung) derjenigen, die beim letzten Zensus ihre „Nationalität" (sprich: Volkszugehörigkeit) und Muttersprache als 'Deutsch' angaben. Hinzu kamen ferner Mitglieder des Volksbundes oder Angehörige (reichs)deutscher Militärorganisationen. In Hajosch begann am 11. April 1947 die Aussiedlungsaktion und dauerte in mehreren Schüben bis zum 1. Oktober 1948 (vgl. T. MOLNÁR 1997: 192 ff.). Die Zahl der in die Besatzungszonen der Alliierten auf dem Gebiet von Deutschland Ausgesiedelten ist nicht genau bekannt,[146] fest steht aber, dass an ihre Stelle im Rahmen des sog. Bevölkerungsaustauschs aus der Tsche-

---

[144] Trotz des in jüngster Zeit vermehrt auftauchenden kritischen Einwandes, dem zufolge der Begriff 'Informant' mit einer impliziten Instrumentalisierung von Personen operiere (vgl. SCHRADER-KNIFFKI 2003: 140), halte ich den Terminus für unbedenklich und verwende ihn, wie er in der sprachwissenschaftlichen Feldforschung seit je gebräuchlich ist.

[145] Der abgewandelte Liedtext wurde also standardnah und nicht in der Mundart verwendet.

[146] T. MOLNÁR (1997: 211) schreibt dazu: „Eines ist sicher, in Hajos/Hajesch gab es kaum eine Familie, die auf irgendeine Weise betroffen gewesen wäre, entweder sie selbst oder ihre Verwandten."

choslowakei (d.h. aus dem historischen Oberungarn) 622 Ungarn nach
Hajosch gekommen sind.

Durch diese traumatischen Erschütterungen („Bankrott der Sinn-
systeme") und durch die noch lange Zeit nachwirkende Brandmarkung
nach dem Prinzip der Kollektivschuld wurden das Selbstbewusstsein
und die ethnisch-kulturellen Identitätsstrukturen[147] der Hajoscher Ungarndeutschen massiv beeinträchtigt. Wenn auch die deutsche Sprache
– entgegen den Aussagen vieler Publikationen (vgl. z.b. kürzlich bei
ERDŐDY 2002: 189 und GEHL 2004: 93) – nach 1945 nicht „verboten"
wurde, erfuhr doch ihr Gebrauch infolge einer schwerwiegenden Diskriminierung und Einschüchterung der Ungarndeutschen deutliche
Einschränkungen. Somit büßte die deutsche Sprache ihren Wert als
Kulturträger und als identitätsstiftende bzw. -stützende Größe erheblich ein. Soziale Kategorisierungen geschehen doch (auch) über die
Sprache. Wie man sich selbst einordnet und wie man von anderen
eingruppiert wird, ist (auch) eine Frage der sprachlichen Kategorien,
die hierfür zur Verfügung stehen. Die Frage nach der Beschaffenheit
jener sprachlichen bzw. kulturellen Schemata (im Sinne der „cultural
schema theory" von STRAUSS/QUINN 1999) und sprachlichen Ausdrucksweisen, die man bei der Konstruktion der kulturellen, nationalen, regionalen, sozialen, geschlechts- und altersbedingten Identitäten
verwendet, wäre gewiss eine gesonderte Untersuchung wert. Den
Rückgang der – wie auch immer gearteten – „deutschen" Identität in
Hajosch erkennt man etwa aus den Statistiken der Volkszählung, die in
der Tabelle 3 zusammengefasst wurde. Zur Einordnung der Zahlen
eine wichtige Hintergrundinformation: Die Gesamtzahl der Einwohner
von Hajosch belief sich bei der Volkszählung im Jahre 2001 auf 3.544.
Dabei ist die Tendenz sinkend, denn 1962 betrug sie noch 5.584 (Quelle:
Népszámlálás 2001. 4. kötet: Nemzetiségi kötődés. A nemzeti, etnikai
kisebbségek adatai. Budapest: KSH 2002, S. 167).

---

[147] Die Komplexität der ethnischen Identität manifestiert sich auch in der Vielschichtigkeit der Selbst- und Fremdbestimmung und der Zugehörigkeit zu diversen sozialen
Gruppen.

Jahr	Zahl der Einwohner mit deutscher Muttersprache
1941	4.246
1960	1.005
1980	339
1990	566
2001	499

Tabelle 3: Die Bevölkerung nach ihrer Muttersprache in Hajosch; Quelle: Die betreffenden Bände des „Központi Statisztikai Hivatal" Budapest (Staatliche Zentrale für Statistik)

Jahr	Zahl derjenigen, die sich zur deutschen Nationalität bekannt haben
1941	3.321
1960	58
1980	54
1990	547
2001	975

Tabelle 4: Die Bevölkerung nach „Nationalitätenzugehörigkeit" (ethnischer Zugehörigkeit) in Hajosch; Quelle: Die betreffenden Bände des „Központi Statisztikai Hivatal" Budapest (Staatliche Zentrale für Statistik)

Diese Tabelle zeigt, dass – infolge der dargestellten geschichtlichen Umstände bzw. der dadurch ausgelösten sozialpsychologischen Reflexe – jahrzehntelang eine Abkehr von einem öffentlichen Bekenntnis zur deutschen Abstammung und „Muttersprache" üblich war. Demzufolge konnten der Hajoscher schwäbische – inzwischen solitäre – Ortsdialekt und die deutsche Standardsprache im gegebenen Bedingungsgefüge an eine bzw. zwei Generationen nicht (oder nur lückenhaft) vermittelt werden. Die Zeiten, als sich auch die Kinder in Hajosch daheim der Mundart bedienten, wie dies noch in den 60er Jahren des 20. Jahrhunderts von KIEFER (1967: 92) attestiert werden konnte, sind längst vergangen. Zudem wuchsen die Kinder lange Zeit ohne einen sog. Nationalitätenunterricht (Unterricht in der ethnischen Muttersprache) auf. Die sprachenpolitische Konsolidierung trat erst seit den 1980er

Jahren und auch nur stufenweise ein. Heute bemüht sich Hajosch – als wirtschaftlich erfolgreiche Gemeinde – um eine Intensivierung und Entfaltung der Pflege der angestammten Kultur und Sprache. Das in den Schulen vermittelte Standarddeutsch gewinnt für immer mehr junge Ungarndeutsche identitätsstiftenden Symbolwert. Dabei spielen auch Kontakte mit dem deutschen Sprach- und Kulturraum, z.B. die gut funktionierende Gemeindepartnerschaft mit Hirrlingen im Kreis Tübingen, eine besondere Rolle. Diese von 1971 datierende fruchtbare Zusammenarbeit war übrigens die erste offizielle Partnerschaft zwischen Ortschaften in der Bundesrepublik Deutschland und in Ungarn (vgl. SCHWEDT 1996: 45). Bei der jüngsten Volkszählung haben im Jahre 2001 in Hajosch immerhin 1.004 Personen deklariert, dass sie sich den deutschen „kulturellen Werten" und „Traditionen verbunden" fühlen. Außerdem äußerten 829 Personen, dass sie die deutsche Sprache in der Familie und im Freundeskreis regelmäßig benutzen (vgl. Népszámlálás 2001. 4. kötet: Nemzetiségi kötődés. A nemzeti, etnikai kisebbségek adatai. Budapest: KSH 2002, S. 167).

Wie erwähnt, wird in den Veröffentlichungen über Hajosch der Sprache und dem Sprachgebrauch kaum und vor allem keine systematische Aufmerksamkeit geschenkt. Die wenigen Arbeiten sprachwissenschaftlicher Provenienz wenden sich – im Rahmen innereinzelsprachlicher Zugriffe – vorrangig dialektologischen und phonetischen Fragen zu, oft mit der Absicht, die Herkunftslandschaft der eingewanderten Deutschen zu bestimmen. So hat bereits der Szegediner Germanist SCHMIDT (1928: 27 f.) „für die sprachlich ausschlaggebende Mehrheit der Hajóser Kolonisten den Riedlinger Raum auf beiden Seiten der oberen Donau" als Ursprungsgebiet identifiziert. Aufgrund der Beschreibung von Lautmerkmalen gelangte SCHICK (1954) zu ähnlichen Schlussfolgerungen. In diesem Zusammenhang sollte allerdings auch die Gefahr einer Fehlinterpretation durch „dialektgeographische Illusion" bedacht werden (vgl. SCHIRMUNSKI 1930: 178).

Für die Ethnographen KÜNZIG/WERNER (1969) spielte die Mundart lediglich indirekt bei der Aufzeichnung der von ihnen gesammelten Volkserzählungen eine Rolle. Im groß angelegten Projekt von KLEIBER (1990) über den „Wortatlas der kontinentalgermanischen Winzerterminologie", der die altüberlieferte Weinbauernkultur und Weinbauernterminologie in germanisch-deutschen Sprachgebieten sprachgeographisch-sachkundlich dokumentiert, war Hajosch einer der 30 Forschungspunkte aus Ungarn (KLEIBER 1990: 115, siehe dazu auch SZABÓ 1996: 156). MEINERS (1990) fasst einige Aspekte über den Werdegang der Sprachensituation in der „Mundartinsel" (1990: 256) Hajosch zusammen.

Der Aufsatz von SCHNEIDER (1995) verspricht in seinem Titel zwar etwas zum Thema Kommunikation und Sprache, sein Inhalt wird aber diesen Erwartungen keineswegs gerecht: Über Sprache bringt SCHNEIDER nur einige allgemeine oder gar „unlinguistische" Feststellungen. Es ist beispielsweise kennzeichnend, dass dieser Autor stilisierend, d.h. zur Herstellung einer (vermeintlichen) sprachlichen Authentizität, Hajoscher Sprechern von ihm selbst als mundartlich angenommene Kennwörter in den Mund legt. So zitiert er, wie jemand angeblich *schaffen* (mit Anführungszeichen in seinem Text, S. 12) im Sinne von 'arbeiten' verwendet. Diese Semantik kann aber deshalb nicht stimmen, weil das Verb *schaffen* in Hajosch ausschließlich im Sinne von 'befehlen' gebraucht wird. Genauso wenig authentisch ist SCHWEDT, wenn er Hajoschern die angeblich typische Diminutivform „Schweinle" in den Mund legt (1996: 39). SCHWEDTs Behauptung widerspricht nämlich den sprachlichen Tatsachen, weil ja in Hajosch in dieser Bedeutung nur das Lexem *Sau* und sein Diminutivum *Säule* gebraucht werden. Und selbst, wenn das Wort *Schwein* existierte, müsste die Verkleinerung *Schwe:ile* heißen.

Selbst auf Aspekte des Unterrichts in der Minderheitensprache wird von SCHNEIDER eingegangen, wenn auch recht oberflächlich, voller Fehlinformationen und -interpretationen. Das belegt folgendes Zitat aus seiner Publikation: „Die staatliche Förderung besteht in einer Erhöhung des Kindergeldes für diejenigen Kinder, die den Fremdsprachenunterricht besuchen" (1995: 14). Mit etwas Ironie könnte man sagen, dass in diesem Satz alles stimmt; nur geht es nicht um das Kindergeld und auch nicht um seine Erhöhung, sondern um einen besonderen finanziellen Zuschuss, der – je nach Anzahl der Lernenden – denjenigen Schulen zusteht, die „Minderheitenunterricht" anbieten. Folglich handelt es sich auch nicht um einen „Fremdsprachenunterricht", sondern um den Unterricht der Minderheitensprache.

SCHÖN/HARMATH[148] äußern sich in puncto Sprache nur recht lapidar: „Das Schwäbische ist bei den älteren Leuten bis heute ganz selbst-

---

[148] Der Nachname von Maria Schön erscheint in ihren unterschiedlichen Publikationen orthographisch uneinheitlich (mal *Schőn*, mal *Schön*). Ich übernehme beim Rückgriff auf ihren Namen immer die Variante im jeweils zitierten Werk. Wo ich sie als Person

verständlich. Die mittlere Generation spricht oft nur ungewollt [sic!] Schwäbisch. Die Schulkinder lernen in der Schule Deutsch, aber können die Mundart nicht mehr aussprechen" (1998: 5). Über Sprachliches bietet lediglich der schon etwas ältere Aufsatz von KIEFER (1967) manch Aufschlussreiches, obgleich KIEFER leider nur phonetische Aspekte thematisiert.

Die Basis der Ortsmundart ist – wie schon oben ausgeführt – Schwäbisch, mit bestimmten alemannischen Wurzeln. KÜNZIG nennt die rezente Hajoscher Mundart sogar „erzschwäbisch" (1969: 7), aber an anderer Stelle „altschwäbisch" (WERNER/KÜNZIG 1971: 7). Die Eigentümlichkeiten des Dialekts weisen KÜNZIG (1969: 8) und FLACH/PAUL (1976: 128) seiner ursprünglichen Herkunft aus dem Donaugebiet oberhalb von Ulm zu. Kamen doch die für den Hajoscher Dialekt verantwortlichen Siedler aus der Gegend um den Berg Bussen und aus den angrenzenden Orten am oberen Donaulauf. Obzwar „über die Herkunft der Hajóser [...] keine Aufzeichnungen bekannt" sind, gelangten WEIDLEIN (1935: 285) und andere Forscher bereits früher aufgrund verschiedener Befunde zu demselben Schluss.

Das heutige Gepräge der Gemeinde wird durch eine ausgesprochen lebensweltliche und inter- bzw. transkulturelle Mehrsprachigkeit bestimmt. Natürlich nimmt dabei das Ungarische eine unangefochtene Vorrangstellung in fast allen sozialen Domänen und bei allen Altersgruppen ein, bis auf die Ältesten über 75. Dennoch kann ich den radikalen Befunden und Diagnosen in Presseberichten des In- und Auslandes nicht zustimmen. Man muss Artikel von P. PAPP in der *Budapester Zeitung* (21/2001, S. 18) mit dem Titel „Ungarndeutsche Mundart stirbt aus" oder von G. REIßMÜLLER in der *FAZ* (03.01.2002, S. 7): „Die Deutschen [...] haben ihre Sprache verloren" unbedingt ablehnen. Ebenso darf man ähnlich klingende kategorische Bilanzen aus der Forschungsliteratur, wie etwa die Feststellung von ÁRKOSSY (1997: 22), dass „[i]m heutigen Ungarn [...] der Prozeß des Muttersprachverlustes bereits abgeschlossen" sei, nicht ernst nehmen.[149] Parallel zum zunehmenden

---

erwähne, verwende ich die „magyarisierte" Schreibweise *Schőn*, weil sie selbst ihren Namen so schreibt.

[149] TRESZL (1974: 74) hat durch seine kategorische Beantwortung einer von ihm gestellten rhetorischen Frage diese bereits vor Jahrzehnten selbst annulliert: „Besteht heute noch eine Möglichkeit, das deutsche Volkstum in Ungarn zu retten? Auf diese Frage muß man mit 'nein' antworten."

Funktionsverlust (bzw. auch Funktionsverzicht) des schwäbischen Ortsdialekts durch das Aussterben der ältesten Generation steigen aber Prestige und Ansehen der deutschen Standardsprache stetig und sie übernimmt ansatzweise einige Funktionen, die früher dem Ungarischen vorbehalten wurden. Das gilt etwa für die Domäne 'Medien' (vgl. den Hinweis auf BRADEAN-EBINGER 1997a: 76 und 1997b: 53 in Abschnitt 2.3), was wohl mit der weiteren Verbreitung des Kabelfernsehens bzw. der zahlreichen deutschsprachigen Satellitensender zu erklären ist. Es bleibt freilich zunächst einmal abzuwarten, inwieweit die zweifellos fortschreitende Aufwertung der deutschen Standardvarietät zu neuen Distributionen innerhalb der komplexen Mehrsprachigkeitskonstellation der Hajoscher Ungarndeutschen führen wird. Denn es handelt sich – trotz der Stärkung der standarddeutschen Komponente – eher um eine rezeptive Zweisprachigkeit mit klarer Dominanz des Ungarischen. Somit nimmt der deutsche Standard bei den jüngeren Generationen immer mehr den Charakter einer Zweitsprache an, die letztlich durch Schulunterricht erworben wird, deren Beherrschung zumindest weitgehend durch institutionelle Unterweisung ausgebaut und gestützt wird. Es ergibt sich dabei die Frage, ob bzw. in welchem Umfang diese Varietät die bisherigen Funktionen des Dialekts als Nicht-Standardvarietät, als Sprache der Familie und der unmittelbaren persönlichen Intimsphäre ('Sprache der Nähe') übernehmen kann.

2.8 Methodologie der Untersuchung

Im Rahmen meines hiermit vorgestellten kontaktlinguistischen Projekts habe ich mit qualitativ-heuristischen Methoden gearbeitet, eine Quantifizierung war nicht angestrebt. Es sollte um real ablaufende Kommunikationsvorgänge zwischen Angehörigen der analysierten Diskurs- bzw. Kodegemeinschaft gehen. Um das bekannte soziolinguistische Beobachter-Paradoxon[149] weitgehend zu minimieren und Sprechproben aus der natürlichen Sprechweise von Ungarndeutschen zu bekommen, wie sie bei der 'Ingroup'-Kommunikation in Spontangesprächen unter Gruppenmitgliedern in verschiedenen Alltagssituationen auftritt, wur-

---

[149] Das Ziel der soziolinguistischen und in diesem Fall der kontaktlinguistischen Erforschung der Gemeinschaft bestand darin, herauszufinden, wie Menschen sprechen, wenn sie nicht systematisch beobachtet werden; man kann die notwendigen Daten jedoch nur durch systematische Beobachtung erhalten (vgl. LABOV 1971: 135).

de mündliches Sprachmaterial aus freien Gesprächen in charakteristischen Diskursbereichen gewonnen, zumeist durch in der Gesprächsanalyse geläufige „pseudo-offene" Aufnahmen (nach BRINKER/SAGER 1996: 32f.). Es handelte sich vorrangig um Dialoge und kleine Polyloge unter Beteiligung von vier bis fünf Personen. Bei der Erforschung von gesprochener Sprache wird dem „Postulat der Natürlichkeit" entsprochen (vgl. SCHANK/SCHWITALLA 1980: 314), wenn folgende Definitionscharakteristika zutreffen: (a) freies Ad-hoc-Formulieren, (b) Sprechen in einer Face-to-Face-Situation, sodass Zeit und Ort der Produktion und Rezeption des Sprechens in eins fallen, (c) Sprechen in natürlichen Situationen, d.h. das Sprechen selbst steht nicht im Fokus der Aufmerksamkeit und (d) nicht-teilnehmende Beobachter sind nicht anwesend. Für die Verwendung spontaner Sprechhandlungen sprach auch, dass man wirklich authentische Kontakt-Manifestationen und somit u.a. die Organisation des mentalen Lexikons von zwei- bzw. mehrsprachigen Sprechern in der Hoffnung auf reliable Ergebnisse m.E. nur in der genannten Weise untersuchen kann. Das bedeutet, man sollte Interaktionen auswerten, in denen sich sämtliche Kommunikationsteilnehmer in hohem Maße im sog. bilingualen Diskursmodus befinden.

Da sich die Arbeit weder auf die Erhebung von herkömmlichen Dialektdaten noch auf die Herausstellung soziolinguistisch maßgeblicher Attitüden richtet, wurde weder mit einem „Fragebuch" (wie z.B. HUTTERER 1963: 37 ff.) noch mit einer „kontaktlinguistischen Umfrage" (wie z.B. NELDE/VANDERMEEREN/WÖLCK 1991: 4 ff.) gearbeitet. Hierzu sei bemerkt, dass die „kontaktlinguistisch" genannte Umfrage von NELDE/VANDERMEEREN/WÖLCK (1991) meiner Ansicht nach ohnehin eher eine soziolinguistische war, zumal es nicht um die Ermittlung von kontaktsprachlichen Angaben ging, sondern – wie die Verfasser selber sagen – um eine „Untersuchung zur Spracheinstellung von Fünfkirchner Ungarndeutschen" (NELDE/VANDERMEEREN/WÖLCK 1991: 1).

Wesentliche Quantitäten der sprachlichen Erfahrungsdaten wurden mithilfe ortsansässiger und dialektkundiger, zudem germanistisch-linguistisch geschulter Exploratorinnen (Deutschlehrerinnen und Germanistikstudentinnen) erhoben.[150] Diese ortskundigen Assistenz-Personen zählten zugleich zu den Vertrauenspersonen der Informant(inn)en. Da-

---

[150] Frau Maria Schön, Deutschlehrerin i.R., bin ich für ihre engagierte Hilfe bei der Datenerhebung und die kompetenten Hinweise bei der Deutung zahlreicher schwieriger Dialektbelege zu besonderem Dank verpflichtet.

mit wollte ich eine möglichst hochgradige pragmatische Authentizität sichern und aus wirklich authentischen[151] gesprochensprachlichen Kommunikationssituationen authentischen Sprachstoff gewinnen. Die sprachliche Datensammlung wurde aber auch durch meine regelmäßige teilnehmende Beobachtung[152] begleitet und ergänzt. Dabei stand, wie bei dieser Methode üblich, die Beobachtung im Vordergrund, die Teilnahme war ihr lediglich untergeordnet (vgl. WERLEN 1996: 751). Die angewandten Verfahrensweisen gehören also zu den sog. weichen Methoden der Sozialforschung, im Gegensatz zu den „harten" oder „quantitativen" Methoden wie etwa eine Fragebogenerhebung (vgl. SCHLIEBEN-LANGE 1991: 119 ff.).

Hinsichtlich des soziodemographischen Status der Gewährspersonen ist zu sagen: Es handelt sich mehrheitlich um Frauen, meist Rentnerinnen der lokalen ehemaligen Landwirtschaftlichen Produktionsgenossenschaft oder um Hausfrauen, die sich zeitlebens mit Ackerbau und/oder Tierhaltung beschäftigt hatten. Alle waren im Alter von 55 bis 88, alle waren ortsgebürtig und hatten nie längere Zeit im binnendeutschen Sprach- und Kulturraum verbracht, sodass eine ziemliche sprachliche Homogenität erreicht werden konnte. Das Fehlen von Gewährspersonen aus der mittleren und jüngeren Generation hängt damit zusammen, dass diese die Mundart – zumindest produktiv – meist nicht mehr hinreichend beherrschen. Die Überrepräsentation der Frauen lässt sich damit erklären, dass in dieser Altersgruppe eine deutlich geringere Anzahl von Männern zu finden ist. Da es beim Projekt nicht auf die Ermittlung der Verwendungsfrequenz bzw. der Distribution von sprachlichen Formen etc. ankam, war eine Muster-Auswahl der Probanden nach ethnographischen Prinzipien – wie etwa dem Gemeinschaftsprofil (vgl. WÖLCK 1985) oder dem Sozioprofil (vgl. NELDE 1984) – nicht vorgesehen. Eine absolute und alle wissenschaftstheoretischen Ansprüche erfüllende „Repräsentativität" sollte weder bei der Auswahl der Infor-

---

151 Als „authentisch" werden Formen von Sprechhandlungen betrachtet, wenn sie ursprünglich um ihrer eigenen – und nicht um etwa didaktischer oder anderer Zwecke willen hervorgebracht wurden (vgl. SCHNIEDERS 1999: 189); vgl. auch meine obigen Ausführungen zur „Natürlichkeit".

152 Wie WERLEN (1996: 750) hervorgehoben hat, war die 'teilnehmende Beobachtung' ursprünglich die Bezeichnung einer ethnologischen Methode, die dazu diente, „fremde" Kulturen zu verstehen. Zu wesentlichen methodologischen Vorstellungen und Konzepten von 'Beobachtung' vgl. QUASTHOFF (2003: 71 ff.) und MILROY/GORDON (2004: 68 ff.).

manten noch bei den bereitgestellten sprachkommunikativen Daten angestrebt werden (um eine gewisse, auf Erfahrungswerten beruhende Repräsentativität war ich jedoch bemüht). Es handelt sich nämlich nicht darum, (flächendeckend) herauszufinden, wer, wann, mit wem welche Formen, Strukturen oder Modelle verwendet, sondern darum, systematisch darzustellen, was für bilinguale kommunikative Handlungsformen und ihnen entsprechende Sprachmittel in der untersuchten transkulturellen Situation im Kontakt eines deutschen Dialekts mit der ungarischen Standardsprache (im Spannungsfeld einer unter 2.4 angesprochenen Varietätenvielfalt) überhaupt entstehen und auftreten. Im Zusammenhang mit dem Repräsentativitätsanspruch bei der Erforschung gesprochener Mundart äußerten z.B. SCHANK/SCHWITALLA (1980: 315), dass im Lichte der modernen linguistischen Theorie und Methodologie die Problematik eines repräsentativen Korpus „an Brisanz verloren" hat, u.a. weil „eine exemplarische empirische Basis als ausreichend" erscheint, „um das zunächst intuitive kommunikative Wissen des Forschers explizit und intersubjektiv überprüfbar zu machen". KÖNIG (1982: 464) konstatierte treffend: „Repräsentativitätsprobleme wurden meist nicht theoretisch, sondern empirisch gelöst, nach Erfahrungswerten". Im Hinblick auf das System verdeutlichte er: „Mit geringen Textmengen kann man schon sehr viel über die häufigeren Phänomene aussagen" (KÖNIG 1982: 469). Aufgrund der von mir analysierten hohen Zahl von Diskursen glaube ich, verlässliche Daten gewonnen zu haben.[153] Im Hinblick auf die Verwendung werden von KÖNIG (a) die Repräsentativität bei der Sprecherauswahl (KÖNIG 1982: 471 ff.), (b) die Repräsentativität der Sprechsituation (KÖNIG 1982: 475 ff.) und (c) die Repräsentativität bei der Darstellung und Interpretation der Forschungsergebnisse (KÖNIG 1982: 480 f.) genannt. Aufgrund von empirischen Beobachtungswerten gehe ich davon aus, dass die von mir ausgewerteten Sprechproben auch in Bezug auf diese drei Parameter aussagekräftig sind. So hoffe ich, auf der Basis der analysierten Ausschnitte Aussagen treffen zu können, die für größere Gesamtheiten, im optimalen Falle für die Gesamtmenge des Untersuchungsgegenstandes gelten können. Im Hinblick auf die Validität kann man für mein Projekt unter Rückgriff auf DEPPERMANN (2001: 25) ein entsprechendes Maß an Validität annehmen,

---

[153] Im Sinne GABLERS (1996: 733 ff.) ist meine sprachlich-diskursive Stichprobe im Grunde als repräsentativ anzusehen, weil diese Teilmenge in den Verteilungen der wichtigsten Merkmale mit denen der Gesamtheit hinreichend übereinstimmt.

nach dessen Ansicht valide Daten dann vorliegen, „wenn Existenz und Ausformung des interessierenden Phänomens von der Aufnahme nicht beeinflußt werden". Die vorliegende Studie wird auch dem Postulat der Reliabilität im Sinne von JODLBAUER (1993: 35 f.) gerecht, zumal die analysierten Sprachbelege ausschließlich aus authentischen Diskursen stammen.

Neuerdings werden als zusätzliches Gütekriterium bei Forschungen (insbesondere bei explorativen Ansätzen in den Sozialwissenschaften) „Offenheit" und „Kommunikationsbereitschaft" empfohlen. Diese Kriterien werden z.b. erfüllt, wenn die Probanden quasi mit in das Projekt einbezogen und nicht nur als Untersuchungsobjekte bzw. statistische Werte behandelt werden. Dadurch ist die Anerkennung der sozialen Relevanz eines Forschungsvorhabens auch als ein Validitätskriterium zu begreifen (vgl. KIRK/MILLER 1996: 32 ff.). Bei meiner Forschungsunternehmung sollte aufgrund ihrer oben beschriebenen Anlage auch diesem Gütekriterium entsprochen werden.

Das Projekt begann bereits Anfang 1994 und dauerte bis Ende 2003, sodass es sich mittlerweile gleichsam um eine Longitudinalstudie handelt. Design, Materialgrundlage, Terminologie, Hypothesen und erste Ergebnisse sind in FÖLDES (1996b) zusammengefasst und zur Diskussion gestellt.

Meine um pragmatische Authentizität bemühte Vorgehensweise scheint mir besonders bei Sprachdatenerhebungen von zwei- bzw. mehrsprachigen Minderheitenangehörigen zweckmäßig, wenn nicht erforderlich zu sein, weil nicht selten eine hohe Divergenz zwischen der tatsächlichen Sprachverwendung in einem bestimmten sozialen Handlungsfeld und den diskursiven Daten darüber herrscht. So sollte bzw. konnte bei der Untersuchung die im Blickpunkt stehende Sprachvarietät im Kontextstil 'zwanglose Sprechweise' (im Sinne von LABOV 1971: 165) in ihrem natürlichen sozialen Umfeld in authentischem Interaktionsrahmen erhoben werden. Dies scheint mir von Bedeutung, zumal die beobachtete Population über mehrere Kodes verfügt und/oder ein Varietätenkontinuum mit mehreren (ineinander übergehenden) Stufen benutzt. Bei einer vergröbernden Sicht der Dinge kann man sagen: Nur innerhalb der „peer group" (Familienmitglieder und Bekannte aus der Dorfgemeinschaft) wird die urwüchsige, spontane mundartliche Varietät – der breite Dialekt samt natürlichen Kontaktausprägungen – gesprochen. Auf eine etwas „höhere", formellere und deshalb durch

weniger, zumindest aber durch etwas andere Sprachenkontaktwirkungen gekennzeichnete Situationsvarietät[154] weicht man aus, sobald
mehr oder minder fremde Ungarndeutsche am Gespräch beteiligt sind.
Dafür ist auch der abweichende Dialekt der Nachbarorte verantwortlich (z.b. Rheinfränkisch in Nadwar/Nemesnádudvar).[155] Die Gegenwart sowohl von „Deutschländern" (= Bundesdeutschen) als auch von
diesen Dialekt nicht sprechenden Ungarn (auch wenn diese die Mundart gut verstehen) als auch von dialektkundigen, aber sozial höher
stehenden Prestigepersonen löst sofort eine Bemühung um Annäherung an den Standard, genauer: an einen nur vermeintlichen – Standard aus. Dieses Phänomen ist keineswegs auf die Ungarndeutschen
beschränkt. Auch im Falle von bilingualen Diskursgemeinschaften in
ganz anderen soziokulturellen Zusammenhängen wird in der Fachliteratur häufig festgestellt, dass sie im Beisein von Außenstehenden
kaum auf die sonst üblichen „typisch" bilingualen Sprecherstrategien
wie Kode-Umschaltung usw. zurückgreifen (vgl. z.b. JACOBSON 1978:
303 über das „Chicano Idiom" in den USA). Denn man will sich auf
sein Gegenüber sprachlich einstellen und sich anpassen, letztlich zum
Gesprächspartner konvergieren. Bereits Anfang des 20. Jahrhunderts
haben Forscher auf solche kommunikativen Praktiken aufmerksam
gemacht, so z.b. SCHILLING (1933: 51), der von Kompromissformen und
von „Hyperhochdeutsch" schrieb. Der Grundsatz dieses Sprecherver-
haltens entlang des Dialekt/Standard-Kontinuums ist eigentlich nicht
sonderlich überraschend. Eine derartige Sprachvariation und Sprachen-
/Varietätenwahl lässt sich gut in die Theorie der Sprechakkomodation
von GILES/BOURHIS/TAYLOR (1977: 318 ff.) als 'Analyseparadigma' ein-
betten.

Auch Sprecher von binnendeutschen Regiolekten bzw. Dialekten
bewegen sich in 'Outgroup'-Kommunikationen oftmals von ihrer Varietät zum Standard hin, wenn sie es mit externen Gesprächspartnern
oder Kommunikationssituationen zu tun haben, insbesondere bei
Berührungen mit der Sprache/Varietät höherer sozialer Schichten
und/oder größerer Geltungsbereiche. RUOFF (1973: 52) charakterisiert

---

[154] Zum Terminus vgl. GYŐRI-NAGY (1990: 197), der sich an die dialektologische Forschungsliteratur anlehnt.
[155] In Anbetracht dieses Ortes und anderer ungarndeutschen Nachbardörfer bedarf die
Aussage von KÜNZIG (1969: 6) über „die inselartige Lage des deutschen Dorfes [Ha-
josch] inmitten der magyarischen Gemeinden" einer Relativierung.

dieses Phänomen im Rahmen der Gesprochenen-Sprach-Forschung als eine „Tendenz zur sprachlichen 'Hebung'". Der auffallende Unterschied dürfte lediglich gradueller Art sein, da bei den Ungarndeutschen die Einstellung gegenüber ihrer Varietät gewöhnlich recht negativ ist; sie trauen ihr kaum Prestige sowie kommunikativen Wert zu und betrachten sie vielfach als „schlechtes Deutsch". Diese Attitüde scheint bei Ungarndeutschen ziemlich allgemein zu sein; was zu LABOVs (1971: 175) Beobachtung passt: „[I]nnerhalb einer Sprachgemeinschaft sind die sozialen Einstellungen der Sprache gegenüber äußerst einheitlich".

In diesem Bereich wird nochmals deutlich, wie eingeschränkt der Blick der nur im Bezugssystem der (unreflektiert erlebten) Einsprachigkeit denkenden und handelnden Sprachforschung stellenweise ist. BÄCKER und CIV'JAN behaupten z.B. kategorisch, dass „im Wertsystem einer jeglichen Tradition und eines jeglichen Weltmodells" das Verhältnis „zur *eigenen* Sprache als einem unveräußerlichen Besitz, ja als einem Organ des *eigenen Körpers*" der „Muttersprache" einen „hohen positiven Stellenwert" verleiht, denn die „*Muttersprache*" sei „die *eigene* und damit [..] die *beste, Schutz gewährleistende* Sprache" (1999: 291 – Hervorhebungen im Original). Bei diesen (fast blumigen) Feststellungen haben die Verfasser wohl automatisch ausschließlich an unilinguale Sprecher und Diskursgemeinschaften gedacht.

Bei zwei- und mehrsprachigen Diskursgemeinschaften ist die Situation natürlich viel komplexer. Die oben erörterte überkritische Haltung der meisten Ungarndeutschen könnte mit einem sehr hohen Ausprägungsgrad von Aspekten der „Sprachilloyalität" charakterisiert werden. Dieser Terminus wird benutzt im Sinne von KRAMER (1990: 15), der ihn in Analogie zu WEINREICHs „Sprachloyalität" (1968: 131 f.) geprägt hat. Er meinte, in ihr zeige sich die enge Verbindung der sozialpsychologischen Organisation des Menschen mit seinem Sprachgebrauch. Ein maßgebender Grund für diese Sprachilloyalität wäre vielleicht darin zu suchen, dass die metakommunikative[156] Einschätzung der Variation im Bewusstsein der Sprachteilhaber von Sprache zu Sprache unterschiedlich ist. Die Geringschätzung der eigenen natürlichen Sprechweise durch Ungarndeutsche könnte mithin u.U. auch durch den abweichenden Typ der Standard-Substandard-Verteilung in der Umgebungssprache Ungarisch verstärkt worden sein; nämlich etwa dadurch, dass

---

[156] Zur Begriffsbestimmung 'Metakommunikation' vs. 'Metasprache' vgl. TECHTMEYER (2001: 1449 ff.).

das Ungarische, verglichen mit dem Deutschen, ziemlich homogen ist und kaum Dialekte kennt, es gibt eher großräumige Verkehrsvarietäten oder eben Soziolekte.[157] Ein beredtes Zeugnis dafür, dass Ungarischsprachige – selbst variationslinguistisch publizierende Forscher (!) – wenig Verständnis für Ausprägungen der „inneren Mehrsprachigkeit" aufbringen, ist etwa die Aussage von ERDŐDI (1973: 158) über die in informellen Domänen zu beobachtenden „Abweichungen von der deutschen Literatursprache" in Österreich: „Der österreichische Sprecher lebt in einer 'sprachlichen Bewusstseinsspaltung'". Diese Einstellung, dass nämlich vom ungarischen Standpunkt her die Abweichungen vom Standard sehr oft soziolektaler Art sind und nicht selten deswegen sozial interpretiert, ja stigmatisiert werden, wird von den meisten ungarndeutschen Kommunikatoren unreflektiert auf das Deutsche übertragen. Es liegt also eine integrative Übernahme der Spracheinstellungen vor. Diese kontaktlinguistisch so relevante, jedoch wenig beachtete Manifestation von Transferenz kann man auf Aspekte des von DURRELL (1995: 417 f.) als „soziolinguistische Interferenz"[158] bezeichneten Phänomens zurückführen.

In dieser meiner Abhandlung kann ich aus dem Zuständigkeitsspektrum der sich erfreulicherweise immer mehr etablierenden kontaktlinguistischen Disziplin nur einige besonders kennzeichnende synchrone Phänomene exponieren, wobei stellenweise naturgemäß auch die diachrone Perspektive nicht gänzlich ausgeklammert werden kann und soll. Denn gerade bei kontaktlinguistischen Betrachtungen ergänzen einander Diachronie und Synchronie in fruchtbarer Weise. Ist doch 'Synchronie' nach COSERIUs Vorstellungen (1992: 274) das Funktionieren von Sprache im Sprechen und 'Diachronie' ihr historisches Werden.

---

[157] DÉCSY (1965: 10) stellt auch fest: „Mundartlich ist das ungarische Sprachgebiet nicht stark differenziert; ein Szekler (Ungar aus Ost-Siebenbürgen) kann ohne weiteres einen Ungarn aus West-Transdanubien oder aus der ungarischen Tiefebene verstehen." Neuere Werke (etwa KERESZTES 1999: 11 f.) räumen ebenfalls ein, dass zwischen den einzelnen Dialekten nur „relativ geringfügige Unterschiede" bestehen.

[158] Allerdings versteht z.B. UESSELER (1982: 163) unter „soziolinguistischer Interferenz" etwas anderes, und zwar den gegenseitigen Beeinflussungsprozess von Sprachen und Dialekten aufgrund von Bilinguismus und Sprachenkontakten, d.h. er vertritt den herkömmlichen strukturellen Interferenz- bzw. Transferenzbegriff.

Als Zusammenfassung und Verallgemeinerung lässt sich feststellen: Wie bereits unter 2.2 bei der Darlegung meiner Forschungsziele angedeutet, sollen in einem induktiven Vorgehen, ausgehend von den interessantesten und aussagefähigsten Sprach- (eigentlich Sprech-)proben, kontaktlinguistisch relevante Erscheinungen und Vorgänge differenziert dargestellt, expliziert und aus ihnen nach Möglichkeit auch allgemeinere theoretische Konsequenzen gezogen werden. Somit ist meine Arbeit dem methodologischen Prinzip verpflichtet, dass Daten erst dann ihren Wert erhalten, wenn sie nicht nur dargestellt, sondern auch im Rahmen eines adäquaten Theoriegebäudes analysiert werden, in unserem Fall ist das die der Kontaktlinguistik samt ihrem Instrumentarium. Außerdem möchte ich globale Aspekte beitragen zur Ausarbeitung, Erprobung und Fundierung von gegenstandsangemessenen Methoden und Instrumentarien für das wissenschaftliche Erfassen des Realitätsbereichs Minderheitensprachen („Sprachinsel"-Varietäten). Denn in diesem Bereich stehen bislang kaum adäquate Arbeitstechniken zur Verfügung, die sowohl der komplizierten Sprach- bzw. Kommunikationswirklichkeit als auch den modernen Erkenntnissen der Linguistik gerecht werden.

3 Prozesse und Resultate der Sprachenmischung: Hybridität in Sprache und Kommunikation

3.1 Transferenzen: Beschreibung der Phänomenklasse

3.1.1 Ebenenproblematik

Der erste spontane Eindruck des Betrachters ist gewöhnlich, dass Transferenzphänomene in erster Linie

(1) in der Phonetik/Phonologie und
(2) in der Lexik in Erscheinung treten.

Ad (1): Man denke nur an den häufig problematisierten „fremden Akzent", was auch in der Beurteilung der Rede von Ungarndeutschen durch SCHWANZER (1969: 188) als (einzig) auffälliges Merkmal deutlich herausgestellt wird: „Eigentümlichkeiten in der Aussprache des Deutschen [...] kommen auch im engen Kontakt [...] zustande. Bekannt ist die eigenartige Färbung des volkstümlichen Ungarn-Deutschen [sic!] [...]". WEISS (1959: 51 f.) führt ebenfalls aus, dass die „Klanggestalt einer Sprache" in zweisprachigen Gebieten „besonders empfindlich gegenüber fremden Einflüssen" sei und stellt fest: „[B]evor man in der Sprache eines Fremden den abweichenden Gebrauch in Wortschatz und Grammatik bemerkt, hört man bereits die fremdartige Aussprache, die gegen das Klangbild verstößt, das man von seiner Sprache hat. Die Aussprache ist eben das 'shiboleth'. Die Tendenz zur Sprachmischung erkennt man bei einem Sprecher zuerst an seiner Aussprache". Zusammenfassend konstatiert PROTZE (1969b: 600) im Hinblick auf die Sprache deutscher Minderheiten: „Am meisten der Interferenz ausgesetzt ist die Intonation".

Da in der Beschreibung ungarndeutscher Mundarten traditionell gerade die phonetisch-phonologischen Probleme zu den häufigsten Untersuchungsaspekten gehören (vgl. z.B. HUTTERER 1963 sowie heute MÁRKUS 2003) und weil KIEFER (1967) gerade mit Blick auf Hajosch bereits eine spezielle phonetisch-phonologische Publikation erarbeitet hat, werde ich im Weiteren auf diese Fragestellung nicht eingehen.

Ad (2): Andererseits gilt es beinahe als Axiom, dass die Lexik die offenste und variabelste Ebene des Sprachsystems darstellt. Umfang und Intensität von Kontakt-Beeinflussung der einzelnen Sprachsegmente hängen im Wesentlichen davon ab, inwiefern das gegebene System offen oder geschlossen ist. Als weitgehend offenes System wird also das lexikalisch-semantische System betrachtet, weil ständig neue Lexeme – als Neologismen – in das System gelangen, während andere – als Archaismen – ausgeschieden werden. Verhältnismäßig offen ist auch das phonetische System. Als gleichsam dicht geschlossen gilt hingegen das phonologische System. Das syntaktische System ist als relativ geschlossen anzusehen; deutlich geschlossener ist dagegen das morphologische System. Dementsprechend werden die einzelnen Systeme recht intensiv, relativ oder nur in ziemlich resistenter Weise von der interlingualen Transferenz betroffen.

So bilden in meinem Material lexikalisch-semantische Transferenzen[160] (vgl. 3.1.2) die umfangreichste Gruppe. Die internationale kontaktlinguistische Forschung konzentriert sich gemeinhin vorrangig auf lexikalische Transfers (vgl. MCMAHON 1999: 200 ff., STANFORTH 2002: 805). Ein Grund dafür dürfte sein: „Lexikalische Interferenzen sind insgesamt leichter zu untersuchen als andere Arten von Interferenz. Sie können von privaten und offiziellen Gesprächen, in Texten aller Art festgestellt und mit Hilfe von Wörterbüchern sozusagen vom Schreibtisch aus untersucht werden" (GLONING 1994: 22).

Hingegen ist in der Forschungsliteratur von grammatischen, phraseologischen u.a. Transferenzen bisher kaum die Rede gewesen. In der ersten Hälfte des 20. Jahrhunderts hat SAPIR (1921: 203) – und von unseren Zeitgenossen z.B. BÁTORI (1980: 134) – sogar die Möglichkeit einer substanziellen morphologischen Beeinflussung schlichtweg verneint. Die Forschung hat auch später vielerlei Restriktionen aufgestellt, wo und wann bestimmte Hybridisierungen überhaupt vorkommen können (vgl. BAKER/JONES 1998: 59 f. und in Abschnitt 3.2.1 der vorliegenden Arbeit). Die Erfahrung zeigt aber (und das belegt auch die von mir durchgeführte Analyse), dass es bei bestimmten zweisprachigen Individuen bzw. bilingualen Gemeinschaften unter bestimmten Bedingungen so gut wie keine Einschränkungen für Transferenzen und das Umschalten von der einen Sprache/Sprachvarietät auf die andere gibt und dass

---

[160] KONTRA (1981: 14) nennt sie „direkt kölcsönzés" [= direkte Entlehnung].

sich diese Umschaltung nicht selten sogar innerhalb eines Satzes oder gar Satzteils ereignet. Das war bei der von mir beobachteten ungarn-deutschen Diskursgemeinschaft durchaus der Fall. Die einschlägige Forschungsliteratur akzentuiert jedoch die weitgehende Konservierung des deutschen Ursprungsdialekts und behauptet, er sei fast unverändert erhalten geblieben und werde noch heute wie einst verwendet. So hob HUTTERER, der Nestor ungarndeutscher Sprachforschung, über die Schwaben hervor: „[A]m reinsten haben sie ihre Eigenart – Volkskultur und Sprache – im Süden des Landes nur in Heuers/Hajós an der Donau […] bewahrt" (1991c: 270). Auch KIEFER hat bei seiner Untersuchung (vor mehr als dreieinhalb Jahrzehnten) postuliert: „Die Hajoscher haben ihre Sprache sehr gut bewahrt. Wenn die Hajoscher Mundart sich auch nicht dem Einfluß der ungarischen Hochsprache bzw. der Mundart anderer deutscher Siedlungen völlig entziehen konnte, so sind diese Einflüsse kaum maßgeblich" (1967: 89). KÜNZIG (1969: 6) hat gleichfalls betont, dass „auch die tiefgreifenden politischen und sozial-strukturellen Veränderungen […] die altüberlieferte, gewachsene Sprache der Hajóser, mindestens bei der älteren Generation, kaum verändert haben". Es wird also behauptet, dass im deutschen Ortsdialekt trotz des schon acht Generationen andauernden Zusammenlebens mit Unga-rischsprachigen lediglich „eine relativ kleine Zahl von ungarischen Fremdwörtern" im Umlauf sei (KÜNZIG/WERNER 1969: 10). Meine Ana-lysen von derzeitigem Sprachmaterial haben gerade das Gegenteil gezeigt: Die Sprach- und Kommunikationsrealität in Hajosch ist durch eine faszinierende Bandbreite intensiver Sprachbeeinflussungen ge-kennzeichnet.

Unter diesem Vorzeichen sollen im Folgenden die von mir eruierten zwischensprachlichen Kontakt-, Interaktions- bzw. Konvergenzphäno-mene anhand einiger Sprechproben aus dem erarbeiteten Datenkorpus vorgestellt und besprochen werden.

Die Art und Weise bzw. die Genauigkeit von Transkription müssen sich stets nach der Fragestellung des Forschungsprojektes richten. Also verzichte ich bei der Verschriftlichung der mündlichen Belege auf die IPA-Transkription aus mehreren Gründen (vgl. auch die problemge-schichtliche Übersicht von MANHERZ 1977: 32 ff.): Es ging mir um eine formal-strukturelle Erfassung von Belegen aus authentischen Diskur-sen und nicht um eine phonetische Analyse. Deshalb schließe ich mich der Meinung von PATOCKA (1997: 80) an, der in seiner Habilitationsschrift im Bereich der Dialektsyntax wie folgt argumentiert: „Anstelle einer engen phonetischen Transkription, die in einer Untersuchung" mit nicht phonetisch-phonologischer Ausrichtung „mehr Nachteile als Vorteile brächte, wird für die Korpusbelege eine Umschrift gebraucht, die die phonetischen Verhältnisse nur in groben Zügen andeutet".

Im Hinblick auf die Aussprache bekommt man bei gesprochenen Dialektvarietäten ohnehin kaum wirklich aussagekräftige und zuverlässige Daten. Findet man doch allein von verschiedenen [e]-Lauten eine Vielfalt vor. Dabei ist es nicht immer eindeutig zu beurteilen, ob der Vokal offen oder geschlossen ausgesprochen wird, wie weit der Mund geöffnet wird, ob er lang, mittellang oder kurz ist, ob der Vokal nasaliert wird. Zudem gibt es zahlreiche Kombinationen und somit eine geradezu unendliche Fülle von Vokal-Klängen. Aus der Phonetik ist bekannt, dass Sprechlaute – als Realisationen von Phonemen – in der gesprochenen Sprache oft (in unterschiedlichem Maße) reduziert werden, was u.a. auch die Grundlage der sog. 'Gestaltregel' bildet (vgl. SZENDE 1997: 129 ff.).

Es handelt sich bei der Kulturtechnik 'Transkription' darum, dass beim Hören ein lautliches Kontinuum, ein Geflecht von Schallschwingungen wahrgenommen wird, das sich graphisch nur schwer wiedergeben lässt. Man muss wohl daher SCHANK/SCHWITALLA (1980: 316) zustimmen, dass „jede Verschriftlichung notwendig interpretativ" ist. Obwohl die Notationssysteme eigentlich die Aufgabe hätten, die akustische Seite widerzuspiegeln, berücksichtigen sie eher die artikulatorischen Eigenheiten (vgl. KOEKKOEK 1955: 9 f., BRENNER 1998: 25). Das grundsätzliche Dilemma, welchem Segment des Sprechschalls welches Symbol zuzuordnen ist, wird noch zusätzlich durch den Umstand erschwert, dass im akustischen Phänomen 'Sprachschall' eine diskrete Folge von Elementen (von segmentierbaren Sprechlauten) nicht unmittelbar gegeben ist, liegt doch die Hauptinformation gerade in deren Übergängen (vgl. BRENNER 1998: 25).

Ein weiteres Argument ist, dass mit der von mir verwendeten einfachen Notation die präsentierten Diskurssegmente problemloser und schneller lesbar sind. Und nicht zuletzt: Die Transkription vermag ohnehin nicht alle Besonderheiten einzelner ungarndeutscher bilingualer Sprechformen, die wie die hier zu beschreibende Varietät, gegenwärtig in einem stark variierenden Wandelprozess begriffen sind, restlos wiederzugeben. Professionelle, der Festhaltung phonetischer

Finessen angepasste Transkriptionssysteme sind per definitionem ohnehin „konsequenter" und dadurch statischer als das äußerst variationsreiche und dynamische dialektale Sprechen.

Außer IPA liegen in der Forschungspraxis auch andere Notationssysteme vor. Beispielsweise ist „GAT" eine für gesprächsanalytische Untersuchungszwecke konzipierte Transkriptionsmodalität, die eine für die komplexe Analyse verbaler Interaktion relevante Darstellung von Sprachdaten ermöglicht (vgl. SELTING/AUER/BARDEN/BERGMANN/COUPER-KUHLEN/GÜNTHNER/MEIER/QUASTHOFF/SCHLOBINSKI/UHMANN 1998). Die Schwerpunkte bzw. Akzente dieses Notationssystems korrelieren allerdings nicht ganz mit meinem Forschungsanliegen: Bei GAT erfolgt z.B. die Gliederung des Gesprächs in Phrasierungseinheiten, die am jeweiligen Einheitenende durch Zeichen für die Tonhöhenbewegung gegliedert werden. Sodann kann GAT durch eine Darstellung der segmentalen Struktur auch redebegleitende Erscheinungen sowie die grundlegende Dialogizität des Gesprächs wiedergeben, einschließlich des simultanen Sprechens bzw. der Überlappungen und der Rezeptions- und Verzögerungssignale. Somit ist GAT komplex und informativ, zugleich aber ziemlich aufwendig. Da es aber für die (unilinguale) Gesprächsanalyse entwickelt wurde, bietet es kein spezielles Instrument für die Notation bilingualer bzw. gemischtsprachiger Handlungssysteme und Redeprodukte, bei dem es auf Sprachenkontaktmanifestationen ankommt. Deshalb verzichte ich darauf. Die Forschung kennt außerdem andere Verschriftungsverfahren für diskursive Daten. So etwa die von JEFFERSON (1994) entwickelte sog. konversationsanalytische Transkription (abgekürzt mit CAT), die sog. halbinterpretativen Arbeitstranskriptionen (HIAT) von EHLICH/REHBEIN (1976), die sog. Transkriptionsrichtlinien der Diskursdatenbank (DIDA) des Instituts für Deutsche Sprache in Mannheim (siehe http://www.ids-mannheim.de/prag/dida; Stand: 21.12.2003) und die sog. Interlineare Morphemglossierung (IMT) von LEHMANN (1982).[161] Da sie alle für nicht-kontaktlinguistische Verwendungen konzipiert worden sind, gehe ich auf sie nicht ein.

Zur Notation wende ich also ein relativ einfaches Verfahren an, das im Sinne von DITTMAR (2004: 83) als eine „Grobtranskription" anzuse-

---

[161] Eine Übersicht über die geläufigen Transkriptionssysteme findet man in EHLICH/SCHWITALLA (1976), EDWARDS/LAMPERT (1993), SCHLOBINSKI (1996: 57 ff.), KOWAL/O'CONNELL (2003) und DITTMAR (2004).

hen wäre. Demgemäß bediene ich mich in all den Fällen, in denen die Phonem-Graphem-Beziehungen des binnendeutschen Standards auch für den dargestellten Dialekt übertragbar sind, des deutschen Schrift-alphabets. Bei Abweichungen von diesen Korrespondenzen wird mit folgenden ergänzenden Zeichen operiert: Zur Kennzeichnung derjenigen langen Vokale des Dialekts, die im binnendeutschen Standard nicht lang sind wie auch zur Markierung von langen Konsonanten dient ein nachgestellter Doppelpunkt (wie z.B. in der Monographie von SCHWING 1993: 11 ff. über den hessischen – „fuldischen" – Ortsdialekt von Bo-schok/Palotabozsok). Im Falle von Vokalen ist diese Praxis in Ausspra-chewörterbüchern gang und gäbe; da es aber in den meisten deutschen Sprachvarietäten keine langen Konsonanten gibt, bleibt diese Notati-onsweise in der Fachliteratur auf Vokale begrenzt. SZABÓ (2000b: 367) meint im Hinblick auf das Deutsch der Sathmarschwaben: „Der schwä-bische Dialekt kennt – im Gegensatz zum Ungarischen – keine langen Konsonanten". Hingegen werden in meiner Hajoscher schwäbischen Datenbasis Konsonanten (selbst in einfachen Wörtern) oft gedehnt. Man kann geradezu sagen, Melodie und Rhythmus des Hajoscher Dialekts werden von den langen Konsonanten stark bestimmt, der Wechsel von kurzen und langen Konsonanten hat einen besonderen Klang zur Folge. Jeder Konsonant kann lang sein (auch die Affrikaten). So werden im folgenden Hajoscher Sprichwort sämtliche [m-] und [s]-Laute lang ausgesprochen:

(2) *Im:er schlim:er und bes:er nim:er.* (Standarddeutsch;[162] im Weiteren als SD: Immer schlimmer und besser nimmer, d.h. die Lebensauffassung des pessimistischen Menschen: Im Leben wird immer alles schlechter.).

Das Zeichen 'à' steht – wie z.B. bei WILD (1990) – für einen (wohl aus dem Ungarischen stammenden) Laut, der unter artikulatorischen As-pekten ein kurzer gerundeter Hinterzungenvokal mit tiefer Zungenlage und weit – jedoch nicht mit weitest – geöffnetem Kieferwinkel ist und

---

[162] Darunter verstehe ich – zur größtmöglichen Wahrung der Authentizität – die dis-kurstreue Wiedergabe des sprachlichen Belegs mit Elementen und Mitteln der deutschen Standardsprache, unabhängig davon, ob im binnendeutschen Standard die gegebene lexikalische oder morphosyntaktische Ausformung gebräuchlich ist oder nicht. Angesichts der Tatsache, dass das Deutsche zunehmend als eine „pluri-zentrische", „plurinationale" oder zumindest als „pluriareale" Sprache angesehen wird (vgl. 2.3), gibt es ja sowieso keinen normativ einheitlichen Standard.

unter akustischem Aspekt eine dunkle Klangfarbe besitzt. In Zweifels-fällen verschiedener Art habe ich stets – der besseren Lesbarkeit halber – standardnähere Schreibungen bzw. der geschriebenen Sprache näher stehende Formen bevorzugt. Damit verfahre ich ähnlich wie PATOCKA (1997: 85), der bei seinem Transkriptionssystem „auf die Nähe zur üblichen Orthographie Bedacht" nimmt.

In meiner Notation erscheinen die Elemente ungarischer Provenienz bei allen Belegen gemäß der ungarischen Standardorthographie; typo-graphisch werden sie – zur prägnanteren Kennzeichnung und Hervor-hebung – durch **Fettdruck** markiert. Die Substantive werden im Un-garischen (mit Ausnahme der Eigennamen und mancher Abkürzungen) mit kleinem Anfangsbuchstaben geschrieben. Folglich schreibe ich sie nur dann groß, sofern sie von mir als bereits „verdeutschte" Transferate im deutschen Kotext eingestuft werden, ansonsten aber klein, z.B. bei Kode-Umschaltungen und in den metakommunikativen Erläuterungen.

Nunmehr möchte ich zu einer Hajoscher „Sprachdegustation" ein-laden:

Wenngleich Beleg Nr. (3) in gewisser Hinsicht einen Extremfall darstellt, begegnen einem beim Blick in das „Intimleben" von Kontakt-varietäten – so auch im vorliegenden Erhebungsort – reichlich Sätze mit einer ganzen Reihe von Transferenzen:

(3) *Brauchid dà: em Nappali ànd em Ebédlő so Csillár égni?* (SD: Brauchen da im „Nappali" [= Wohnzimmer] und im „Ebédlő" [= Esszimmer] solche „Csillár" [= Kronleuchter] [zu] „égni" [= brennen]?);

(4) *Dr Polgármester hàt kitiltanid dean:i Babapiskótaárus vàm Piac.* (SD: Der Bürgermeister hat verwiesen diese Löffelbiskuit-Verkäufer vom Markt.).

In solchen Fällen drängt sich die Frage auf, welcher Sprache eine derart hybride Äußerung – REITER brandmarkt übrigens sprachliche Konglo-merate ähnlicher Natur schonungslos mit dem Stigma „sprachliche Bastarde" (1960: 53) – zuzurechnen ist. Aufgrund der grammatischen Ausformung gilt Nr. (3) wohl als Deutsch. Die veritablen methodolo-gischen Schwierigkeiten beginnen dort, wo auch das grammatische Gerüst in gewisser Weise gemischtsprachig ist,[163] z.B. in:

---

[163] Mit diesem Problem befasse ich mich detailliert unter 3.1.3.

(5)   *Tuar's ne:i a Sup:ába.* (SD: Tu es hinein in die Suppe!).

Hier liegt eine Transferenz mit einer Morphemmischung vor. Das *a* vor dem Wort *Sup:ába* ist ein bestimmter Artikel des Ungarischen, die Endung *-ba* (bzw. *-be*) fungiert als ungarisches Illativsuffix (Ortsbestimmungssuffix des inneren Raumes auf die Frage ‚wohin?'). Bemerkenswert ist, dass mit der Wahl der Suffixvariante *-ba* der für das Ungarische charakteristischen Assimilation nach dem Gesetz der sog. 'Vokalharmonie' voll entsprochen wird.[164] Bereits dieser Beleg dokumentiert, dass mein Hajoscher Datenkorpus in vielerlei Hinsicht neuartige sprachliche Kontaktphänomene enthält, die in der bisherigen Forschung noch nicht bekannt bzw. nicht vertreten waren. So führte z.B. SCHWOB (1971: 57) über die Sathmarschwaben aus, die in einem traditionell mehrheitlich ungarischsprachigen Umfeld ebenfalls schwäbisch sprechen, dass es nicht üblich sei, „daß fremde Formen an Mundartwörter angehängt wurden". Mein Belegmaterial enthält jedoch u.a. zahlreiche derartige und andere komplexe Fälle.

In den folgenden Abschnitten sollen nun die im Erhebungsort registrierten Sprachenmischungsvorgänge systematisiert und jeweils anhand einiger – z.T. dekontextualiserter – Vorkommensbelege vorgestellt werden.

Zur Explikation solcher Sprechbelege bemerkt MELIKA (1993: 235 ff.) in Anlehnung an die slawistische Fachliteratur, dass durch die Wechselwirkungen der Sprach(varietät)en in den kontaktierenden Sprachen eine „Heterogenität" entsteht, die für die Sprecher der unilingualen Versionen derselben Sprachen mitunter Verständigungsstörungen herbeiführen könne. Unter 'Heterogenität' wird das Vorhandensein von anderssprachigen Wortlautformen oder Morphostrukturen (bzw. von eigensprachlichen aus anderen Varietäten) verstanden. Diese Heterogenität kann ihrem Charakter nach explizit und/oder implizit, d.h.

---

[164] Die 'Vokalharmonie' ist eine wichtige phonetische Besonderheit der finnisch-ugrischen Sprachen (wonach es im Ungarischen helle, dunkle und gemischte Wörter gibt), die sich auch auf die Suffixalternation auswirkt. Das ungarische Korrelat für *Suppe* heißt *leves* und bekommt als helles Wort die Suffixvariante *-be* – im Gegensatz zu der im Beleg vorgekommenen Form *Sup:ába*, die mit der Variante *-ba* suffigiert wurde. Da auch schon *Sup:a* eine assimilierte Form darstellt, ist die Wahl der Endung, aus heutiger Sicht, lediglich eine Auswahl zwischen zwei – wegen der Vokalharmonie entstandenen – Morphemalternanten.

offensichtlich erkennbar und/oder verborgen sein. Vor allem auf dem Gebiet des Wortschatzes tritt sie deutlich zutage (vgl. 3.1.2).

Für Manifestationen von Sprachenkontakten können verschiedene Faktoren verantwortlich sein. Insgesamt kann man sagen, dass als Indikatoren für solche Erscheinungen historisch, wie auch heute im Allgemeinen, mehrere Gründe in Frage kommen. Einige sollen hier genannt werden: Ein häufiger Auslöser kann z.B. im anders gearteten soziokulturellen Umfeld liegen. Im konkreten Fall: Die sich vor Jahrhunderten in Ungarn niedergelassenen Deutschen wurden in ihrer neuen Heimat mit einer neuen, abweichenden soziokulturellen Umwelt konfrontiert. Das hat seit der Ansiedlungszeit den Kontakteinflüssen der Umgebungssprache Ungarisch den Weg geebnet. Außerdem besteht ein temporales Motiv darin, dass die endogene Varietät der Ungarndeutschen eine z.T. archaische Mundart ist (zumeist aus dem 18. Jahrhundert), der die modernen Kommunikationsbedürfnisse der Gegenwart diagonal gegenüberstehen. Auch die geographische Distanz – mit den sich daraus ergebenden Besonderheiten – kann als wichtiger Auslöser von Kontaktphänomenen herausgestellt werden (alte Heimat vs. neue Heimat). Eine varietäten- und funktionsspezifische Diskrepanz (das asymmetrische Verhältnis zwischen Dialekt und Standardsprache) sorgt ebenfalls oft für kontakt-induzierte Sprachinnovation.

Bei der Charakterisierung vieler Sprachenkontaktphänomene ist die Festlegung der Ausgangsbasis (der Kontakteinflüsse) deshalb nicht unproblematisch, weil zu entscheiden ist, ob die ungarische Standardsprache oder eine regionale Varietät als Quelle diente. Die zwischensprachlichen Kontakt-, Interaktions- bzw. Konvergenzerscheinungen könnten – außer der von mir gewählten Sehweise – zudem nach weiteren Gesichtspunkten beschrieben werden, wovon mir folgende am wichtigsten erscheinen:

(a) chronologisch und nach Generationen;
(b) funktional, entsprechend der Sprecherintention und dem Kommunikationszweck;
(c) nach der Textsortenspezifik (ob z.B. monologisch oder dialogisch).

Der verbreitetste und wohl auffälligste Typ der Übernahme ist der Worttransfer. Meine Untersuchung zeigt, dass die Transferenzen den analysierten ungarndeutschen Dialekt in Umfang und Tiefe durchaus massiv prägten und prägen: Die meisten neuen semantischen Konzepte kommen mit Transferenzen aus der Kontakt- und Prestigesprache Ungarisch zum Ausdruck. Es fällt auf, dass von Wortbildungsprodukten[165] des binnendeutschen Standards auch dann kaum Gebrauch gemacht wird, wenn sie durchsichtig sind.

3.1.2 Lexikalisch-semantische Transferenzen

Innerhalb der Transferenzen kommt der lexikalisch-semantische Transfer, d.h. die Transferenz von Wörtern (samt Bedeutungen) am häufigsten vor. Das wurde von nicht wenigen Linguisten bereits hinsichtlich verschiedener Sprachenkombinationen festgestellt (z.B. HAUGEN 1950: 213, WEINREICH 1968: 63 f., KLASSEN 1969: 591, SCHWOB 1971: 57, GLONING 1994: 18, MYERS-SCOTTON 2002: 171, SANKOFF 2002: 658, OKSAAR 2003: 134) und trifft auch für das von mir untersuchte Material zu (vgl. Beleg Nr. 3). Ungarische Transferenzen dieser Art weisen in der Datenbasis eine große Mächtigkeit bzw. eine hohe Frequenz auf, sie sind praktisch überall und in sämtlichen Sachgruppen, selbst im Grundwortschatz, vorhanden.

3.1.2.1 Die wohl augenfälligste Gruppe bilden die direkten Übernahmen, d.h. der unmittelbare Transfer einer Phonemreihe samt Bedeutung aus einer Sprache in die andere (vgl. Beleg Nr. 3). Auf der Kotext- bzw. Diskursebene kann das in der Terminologie von MELIKA (1993: 235 ff.) zu einer „fremdsprachige[n] Heterogenität" expliziter Art führen.

(6) *Wen: gàht d Rendelés a: an dr Szemészet an dr SZTK?* (SD: Wann geht [= fängt] die Sprechstunde an in der Abteilung für Augenkrankheiten in der Ambulanz?).

Von Transferenzen können zuweilen ganze (bilinguale) Wortfamilien ausgehen, z.B. *Koc|ka* 'Würfel': *kle:ini Koc|kala*[166] *schnàida* ('kleine Würflein schneiden – beim Kochen'), *Koc|kameahlspà is* ('Würfel' + 'Mehlspeise'), *Koc|kalaminta* ('Würfel'+ '-la' + 'Muster'), *koc|keg* ('Würfel'+ '-ig').

---

165 Siehe unter 3.1.3.6 zur Wortbildung.
166 *Koc|ka* + *-la* (entspricht dem standarddeutschen Diminutivsuffix *-lein*).

Da die von mir analysierten ungarndeutschen Sprecher nicht nur bzw. nicht in erster Linie eine astreine deutsch-dialektale und eine mischungsfreie standardsprachlich-ungarische Sprach- und Kommunikationskompetenz besaßen (vgl. auch 3.4), fanden sich im untersuchten Material reichlich Belege für die (okkasionelle) Transferenz unüblicher oder eigentlich inadäquater Formen und Strukturen aus der jeweils anderen Sprache, wie etwa in:

(7) I: *mus: hu:ei ga:u die* **havazni**. *Waràm: lach:ad'r jetz:? Han i: wiedr it: guat gse:it? Wia se:it ma de:s Angresch?* (SD: Ich muss heimgehen zu „havazni" [„schneen", gemeint war: um Schnee zu fegen]. Warum lacht ihr jetzt? Habe ich [es/etwas] wieder nicht gut gesagt? Wie sagt man das ungarisch?).

Befremdlich an diesem Redeprodukt kann die Verwendung des ungarischen Infinitivs *havazni* für: 'Schnee fegen' sein. Damit dürfte eine ungewöhnliche Bildung im Prozess des diskursiven Formulierens vorliegen, allerdings mit korrekten und recht produktiven Wortbildungsmitteln des Ungarischen, nämlich mit dem Suffix *-az/-oz/-ez/-öz*. Für unfreiwillige Komik sorgt die formale Übereinstimmung mit dem normativen Infinitiv *havazni* vom Verb *havazik* ('es schneit'). Im Hintergrund dieses „Lapsus" dürfte bei der Sprecherin die Kenntnis bzw. der Dominanzdruck dieses Verbs (etwa im Sinne einer zwischensprachlichen Unterdifferenzierung) stehen. Sie merkte erst bei der heiteren Reaktion ihrer Gesprächspartnerinnen, dass sie etwas Merkwürdiges gesagt hatte. Doch sie reagiert auf ihre sprachkommunikative Leistung recht kritisch, indem sie in Bezug auf ihren Ausrutscher 'wieder' verwendet und – zwecks Verständnisherstellung bzw. -kontrolle – metakommunikativ nach dem korrekten Ausdruck fragt. Labilitäten beim Umgang mit Transferenzen seitens der Sprecher lassen sich auch an typischen Merkmalen von Wortsuchprozessen erkennen, etwa an längeren Häsitationspausen und metakommunikativen Äußerungen.[167] Mit metasprachlichen bzw. -kommunikativen Kommentaren signalisieren die Sprecher bei lexikalischen Aktivierungsproblemen in der Sprachproduktion in expliziter Weise ihre tatsächliche oder vermeintliche Unsicherheit in der (in den beiden) Sprache(n). Man vgl.:

---

[167] Zum Terminus 'metakommunikative Äußerung' vgl. TECHTMEYER (2001: 1450).

(8) *Màarga we:arid sie wiedr lizat̯ara. Dà we:arid d Leut winig Feald meh kriaga àm iahra Kárpótlás*[168]*... odr sagid sie it: so?* (SD: Morgen werden sie [= wird man] wieder lizitieren. Da werden die Leute wenig Feld mehr kriegen um [= für] ihre Entschädigungsscheine... oder sagt man das nicht so?).

Der Sprecherin fiel beim Sprechen offensichtlich keine adäquate deutsche Bezeichnung für die in Ungarn damals gerade so aktuellen Entschädigungsscheine[169] ein, mit denen man bei den dafür vorgesehenen Versteigerungen „lizitieren", d.h. Grund und Boden ersteigern konnte. Vermutlich deswegen nimmt sie einfach die ungarische Vokabel *Kárpótlás* ('Entschädigung'). Als Grund solcher Formulierungsschwierigkeiten – nach der Terminologie von IVÁNYI (2001: 122 ff.) spricht man von „Wortsuchprozessen" oder von „erschwerten Formulierungen" – ist ein erschwerter Zugang zu einer im mentalen Lexikon enkodierten Einheit anzusetzen oder Lücken im mentalen Lexikon. Es kann sich aber auch um sprachexterne, verhaltensorganisatorische Schwierigkeiten sowie um psychische „Labilität und Vagheit der Textherstellung" (IVÁNYI 2001: 127) handeln.

Da also die meisten Sprecher(innen) an ihrer ungarischen Sprachkompetenz zweifelten, kam es oft zu negativen Selbstattribuierungen und die transferierten Formen wurden – mit oder ohne Grund – selbstkritisch kommentiert:

(9) *Dot: ischt dr Ebédhordó, odr wia se:it ma, em Szatyor den:a.* (SD: Dort ist der [= die] Menage, oder wie sagt man [das], [was] im [= in der] Einkaufstasche drin [ist].);

oder:

---

[168] Am ungarischen Lexem fehlt eigentlich das Akkusativsuffix *-t*, weil die Matrixsprache Deutsch ist, in dem der Akkusativ normalerweise mit der Nominativform übereinstimmt.

[169] Das waren Gutscheine, die man nach der Systemwende in Ungarn im Kontext der Rehabilitierung den während der vierzigjährigen Ein-Parteien-Diktatur Diskriminierten und Verfolgten als eine Art „Entschädigung" für die erlittenen Repressalien oder für die enteigneten (d.h. verstaatlichten) Güter zuerkannte. Mit diesen Scheinen konnte (kann) man im Zuge der Reprivatisierung u.a. (ehemaliges) staatliches Eigentum erwerben.

(10) *De:a Távkapcsoló, odr wia ma scha se:it, ischt scha wiedr schle:acht.* (SD: Dieser [= diese] Fernbedienung, oder wie man [das] schon sagt, ist schon wieder schlecht [= kaputt].);

(11) *Me:i Gwand han i: mes:a kimosogatni, odr wia wil: i: den: saga?* (SD: Mein Gewand [= Kleid] habe ich müssen ausspülen [durchwaschen], oder wie will ich denn [das] sagen?).

Das metasprachliche bzw. -kommunikative Bewusstsein der Sprecher zeigt heute in mancher Hinsicht Labilitäten. Außer gewissen Merkwürdigkeiten wie (Nr. 9) bis (Nr. 11) treten bisweilen Unsicherheiten bei den Sprachzuordnungen auf. Eine Hajoscher Sprecherin erzählte z.B., dass es in ihrem Dialekt einen Vergleich geben soll,

(12) *Gang weack: oder i: ren: di: àm: wia dr Mavart d Hen:ala.* (SD: Geh weg oder ich renne dich um wie der „Mavart" [= Name einer 1927 gegründeten ungarischen Verkehrsgesellschaft, der Vorgängerin der jetzigen Busfirma „Volán"] die Hühner.).

Dann setzte sie aber gleich fort:

(13) *Nem lehet wia dr Bus d Hen:ala, mert ez magyarul van.* (SD: Es kann nicht sein *wia dr Bus d Hen:ala,* da es auf Ungarisch ist.).

Der Vergleichskonstruktion *wia dr Bus d Hen:a la* ist natürlich nicht ungarisch. Wahrscheinlich kennt aber die Sprecherin das Lexem *Bus* nur aus dem Ungarischen. Die zwischensprachliche Verquickung wird auch dadurch deutlich, dass sie in ihrem ursprünglichen Satz gar nicht *Bus,* sondern *Mavart* gesagt hat. In diesem Zusammenhang sind Thematisierungen von Sprache, Auseinandersetzungen mit Bedeutungen und Bezeichnungen samt Reflexionen über konkurrierenden Sprachgebrauch nicht zuletzt deshalb hochgradig interessant, weil durch sie die Konstitution von Problemverhalten als Sachverhalte bewusst gemacht werden kann.

Wie die bisher erörterten Belege zeigen, erfolgen die Übernahmen mancher Lexeme (seitens der Sprecher) analysiert, die anderer unanalysiert oder teilweise analysiert. Dadurch können auch hybride Komposita mit einer gemischten Morphemstruktur entstehen, die durch den unmittelbaren Transfer (die Übernahme) eines Gliedes und die „Lehnübersetzung" (besser: 'Transferenzübersetzung') eines anderen gekennzeichnet sind. Sie werden in der Fachliteratur zuweilen auch „Lehnverbindungen" (z.b. bei DUCKWORTH 1977: 49 f.), „Mischverbindungen" (z.B. CURCIO 1997: 36), „Mischkomposita" (z.B. YANG 1990: 14, GLAHN 2000: 38) oder „Teillehnbildungen" (z.b. WESCH 1994: 169) genannt. KNIPF-KOMLÓSI (2002: 48) bezeichnet diese Zusammensetzungen als „Hybridkomposita", bei KONTRA (1981: 15) und BARTHA (1999: 119) heißen sie „hibrid kölcsönzés" [= hybride Entlehnung]. Für vergleichbare Phänomene findet man hier und da auch die seltsame Bezeichnung „Wörterbruch", z.b. ZIMMER (1997: 23). ZIEGLER hingegen spricht in diesem Fall von „entlehnten Komposita" (1996: 63), was ich nicht ganz nachvollziehen kann. Ansonsten nennt er sie „echte" und „unechte Mischbildungen" (ZIEGLER 1996: 80).

CLYNE/MOCNAY (1999: 166) bezeichnen sie als „Kompromissformen" und konnten in ihrem Korpus zur ungarisch-deutsch-englischen Dreisprachigkeit solche Erscheinungen nur „zwischen Deutsch und Englisch, aber nicht zwischen Ungarisch und den anderen Sprachen" feststellen. In meinem Material kommen jedoch derartige Sprachphänomene ziemlich oft vor, vgl.:

(14) *Em Hof den:a schrà it tr Törpegu:le.* (SD: Im Hof [drinnen] schreit der Zwerghahn; – ungar. *Törpe* = ‚Zwerg' + schwäb. *Gule* = ‚Hahn');

oder:

(15) *I: ka:n mit Nyugdíjasze:adl rà:eisa, abr dr Személyi mus: i: zà:eiga.* (SD: Ich kann mit Rentnerzettel reisen, aber den Personalausweis muss ich zeigen; – ungar. *nyugdíjas* = ‚Rentner' + dt. *Zettel*).

Strukturell stimmen meine ungarndeutschen Befunde mit den Feststellungen von FLEISCHER/BARZ (1995: 63) über die binnendeutsche Standardvarietät überein, dass die Hybridisierungsfähigkeit des Deutschen im Bereich der substantivischen und adjektivischen Komposition am stärksten entwickelt ist. FLEISCHER und BARZ führen ferner aus, „Fremdelemente können als Erst- wie als Zweitglieder mit heimischen Lexemen verbunden werden, ohne daß Beschränkungen, die sich aus ihrer 'Fremdheit' ergäben, zu systematisieren wären" (1995: 63, 243).

In der Tat ließen sich sowohl Komposita aus einem deutschen Grundwort und einem ungarischen Bestimmungswort (z.B. *Védőempfeng*, d.h. *védő* + *Impfung* = 'Schutzimpfung'; *Bàntahosa*, d.h. *bunda* + *Hose* =

'Barchentunterhose'; *Be:kajuck:a*, d.h. *béka* + *Jucken* ['Springen'] = 'Froschspringen') als auch solche aus einem ungarischen Grundwort und einem deutschen Bestimmungswort (z.B. *Strohbála*, d.h. *Stroh* + *bála* = 'Strohballen'; *He:ibála*, d.h. *Heu* + *bála*; *Trenkhaver*, d.h. *Trenk* + *haver* = 'Trinkkamerad', 'Saufbruder') ermitteln. Hin und wieder entstehen sogar ganze Wortfamilien, z.B.: *Villanystitz:*, d.h. *villany* + *Stütze* = 'Leitungsmast'; *Villanysam:lare*, d.h. *villany* + *Sammlerin* = 'Ableserin des Stromzählers'; *Villanygealt*, d.h. *villany* + *Geld* = 'Stromrechnung'; *Villanyuhr*, d.h. *villany* + *Uhr* = 'Stromzähler' bzw. *Munkásgwand*, d.h. *munkás* + *Gewand* = 'Arbeitskleid'; *Munkáshosa*, d.h. *munkás* + *Hosa* = 'Arbeitshose'; *Munkásmutz:*, d.h. *munkás* + *Mutz* = 'Arbeitsjacke'. Obwohl meine Beleggrundlage statistisch verlässliche Schlüsse wohl kaum zulässt, ist als vorläufiger Eindruck zu formulieren, dass im ausgewerteten Korpus etwas mehr deutsche Grundwörter mit ungarischen Bestimmungswörtern vorkommen als umgekehrt. In manchen Fällen sind beide Versionen möglich und ohne Weiteres austauschbar, z.B. *Unokabu:a*, d.h. *unoka* + *Bube* = 'Enkelsohn' oder *Bu:aunoka* bzw. *Unokamädle*, d.h. *unoka* + *Mädle* = 'Enkeltochter' bzw. *Mädliunoka*. Feste Regeln sind in diesem Bereich kaum zu eruieren, eher ist eine zunehmende Variabilität oder gar Labilität typisch. Beispielsweise kann man in ungarndeutschen Dialektsätzen in Hajosch sowohl das hybride Wort *Nus:fagyi* als auch das ihm semantisch entsprechende ungarische *Diófagyi* = 'Nusseis' hören, wogegen z.B. *E:ape:rfagyi* 'Erdbeereis' und *Málnafagyi* 'Himbeereis' jeweils nur auf diese eine Weise gebräuchlich sind. Eine weitere zwischensprachliche Variation ist insofern zu bemerken, als im Dialekt *Gu:lipaprika:sch* 'Gule [Hahn] + *Paprikasch* [gulaschähnliches Gericht mit saurer Sahne]' – gebräuchlich ist, während in ungarischen Sätzen in Hajosch *Kakaspörkölt* 'Hahn + *Pörkölt* [gulaschähnliches Gericht ohne saure Sahne]' verwendet wird; *Gulipörkölt* bzw. *Kakaspaprikás* sind nicht üblich. Sporadisch steht das hybride Kompositum als einzige Nominationsmöglichkeit zur Verfügung und daher sind keine Variationen bzw. Ausdrucksalternativen möglich, z.B. *Pfack:amaubeera* ('bleiche Maulbeere'). Hier geht das Erstglied auf ungar. *fakó* ('bleich, fahl') – mit einer für den Ortsdialekt im Anlaut so prägenden Affrikatisierung – zurück.

Ausgesprochen produktiv sind Komposita mit -*féle* und -*szerű*, wofür wahrscheinlich kommunikativ-kognitive Gründe anzunehmen sind (Wortsuchprozesse etc.). Als Beispiele: *Bearg-féle* ('eine Art Berg, etwas Berg-Ähnliches'), *Wolkabruch-féle* ('eine Art Wolkenbruch, etwas Wolkenbruch-Ähnliches'), *Brit:li-féle* ('eine Art Brett[lein], etwas Brett[lein]-Ähnliches'), *Schnäbl-szerű* ('eine Art Schnabel, etwas Schnabel-Ähnliches'), *en of:ana Ra:ufang-szerű* ('eine Art offener Rauchfang, etwas Rauchfang-Ähnliches') usw.

Gelegentlich werden auch Wortverbindungen, vor allem Nominalgruppen (erweiterte Substantivphrasen), aus dem Ungarischen transferiert; ähnliche Fälle bezeichnet CLYNE (2003: 74 ff.) als „mehrfache (multiple) Transferenz":

(16) *I: mu:ein, en **bordó Kocsi** isch gse:i.* (SD: Ich meine, ein bordeauxfarbener Wagen ist [es] gewesen.);

oder:

(17) *Krisztike hàt a **pöttyös Labda**.* (SD: Krisztike hat einen Ball mit Punkten.).

Sogar längere Syntagmen werden umstandslos transferiert:

(18) *Vàm vil:a **lehajolni, fölállni, lehajolni, fölállni** hàt sie s Kreuzweh kriat.* (SD: Vom vielen Bücken, Aufstehen, Bücken, Aufstehen hat sie das Kreuzweh gekriegt.).

Auch den deutschen Präpositionalkonstruktionen entsprechende, suffigierte Nomina ungarischen Ursprungs können sich während eines bilingualen Gesprächsmodus harmonisch in einen deutschen Satz einfügen, wie:

(19) *D Wol: mus: **kéznél** se:i.* (SD: Die Wolle muss bei der Hand [= greifbar] sein [= liegen].).

Ebenso werden ungarische Transferate in Kollokationen, mehr oder weniger festen Wortgruppen u.dgl. verwendet (vgl. auch 3.1.4), z.B.: *Tévé guck:a* 'Fernseh gucken':

(20) *Bis zehni, àlfe, **attól függ**, tuar i: Tévé guck:a.* (SD: Bis zehn, elf, das kommt drauf an, tue ich Fernseh gucken < ungar. *tévé* 'TV');

oder:

(21) *Dr Szusz ischt mr ausgang:a.* (SD: Der Atem/die Puste ist mir ausgegangen.).

In vielen Fällen können die Sprechbelege hinsichtlich ihrer Provenienz unterschiedlich interpretiert und eingeordnet werden. Beispielsweise erblicken die Sprecher im Bestimmungswort *sent-* des Kompositums *szentteur* ['sent-] ('sehr teuer') das ungarische *szent* (= Sankt), obwohl es eventuell auf das deutsche Substantiv *Sünde* zurückgeht (= sündteuer, sündhaft teuer). Im letzteren Fall läge keine Transferenz vom Typ einer Lehnverbindung bzw. gar keine zwischensprachliche Kontakterscheinung vor.

Ebenfalls oft kommen sog. Rückentlehnungen – im Rahmen meines Konzeptes eher: 'Rückwärts-Transferenzen' oder 'Rücktransferenzen' – vor, z.B.:

(22) *Du bischt so an Pernahajder, das: soein it: amàl meh gàit.* (SD: Du bist so ein „Pernahajder", dass [es] so einen nicht einmal mehr gibt.);

(23) *Gla:ubid deam: Pernahajder it:, de:a liagt wia dr Brieftragr!* (SD: Glaubt dem „Pernahajder" nicht, der lügt wie der Briefträger [wie gedruckt].);

(24) *Du bischt en echta Pernahajder, du hàscht mi: scha gnu:ag a:gloga!* (SD: Du bist ein echter „Pernahajder", du hast mich belogen schon genug!).

In diesen Beispielen deuten die Sprecher das Element **pernahajder** ('Faulenzer, Nichtsnutz') eindeutig als ein ungarisches, obwohl es sich eigentlich um einen aus dem Deutschen stammenden Transfer der ungarischen Sprache handelt: das Ausgangswort war *Bärenhäuter < auf der Bärenhaut liegen* 'faulenzen, faul sein' (vgl. BENKŐ 1976: III/166 und 1993: 1147). Noch spezifischer ist der Fall des Lexems **böllér** ('Schlächter'), das nach aller Wahrscheinlichkeit (vgl. BENKŐ 1967: 361, 1993: 135 und GERSTNER 1998: 12) ursprünglich aus ungarndeutschen Varietäten ins Ungarische übernommen wurde und nun als „Rückwärts-Transferenz" im schwäbischen Ortsdialekt in Hajosch Verwendung findet: *dr Böllér*.

In vielen Fällen kommt es wohl deshalb zum Transfer eines kontaktsprachlichen Elements, weil es im Vergleich zum entsprechenden genuinen Lexem des Dialekts ein Plus an Bedeutungsnuancen mitbringt, z.B.:

(25) *Dr Paprik:a ischt so traurig gse:i, jetz: kérem àndr viar Täg so gwachsa!* (SD:
Der Paprika ist so traurig [verkümmert] gewesen, jetzt bitte [ist er] in vier
Tagen so gewachsen!).

Denn allein das deutsche *bitte* hätte die Bedeutung des ungarischen
kérem im Sinne von 'ein Wunder ist geschehen' nicht so wirkungs- und
stimmungsvoll ausdrücken können.

Zu beachten ist auch, dass manche Belege nur bei synchroner Betrachtung als bilinguale Kontaktphänomene gelten: Das explizite Deri-
vat *Schogrschaft* setzt sich aus dem heute als ungarisch zu deutenden
Substantiv *sógor* und dem deutschen Suffix *-schaft* zusammen, wobei
aber ungar. *sógor* etymologisch von dem deutschen Wort *Schwager*
abstammt. In diesem Sinne wäre das Lexem *Schogrschaft*, diachron
betrachtet, eigentlich als einsprachig deutsch einzuordnen.

Im Gefüge zweier Sprach(varietät)en entstehen manchmal zwischensprachliche Kompromissformen, die für kontaktlinguistische Analysen
viel Spannendes zu bieten haben, wie z.B. *dr Schunda:r*[170] ('Gendarm,
Polizist vor dem Zweiten Weltkrieg'), entstanden unter dem Einfluss
von dt. *Gendarm* und ungar. *zsandár*. Der interlinguale Austausch und
die zwischensprachliche Identifikation können stellenweise besonders
subtile – und recht geistreiche – Vorgänge, virtuose Mixturen, hervor-
rufen, die sich nur bei profunder Kenntnis beider Sprachen entschlüs-
seln und nachvollziehen lassen. Beispielsweise ist im Hajoscher Dialekt
das Kompositum *dr Ma:muned* (*Ma* + *Muned* = Mann + Monat) recht
gängig. Dies geht sprachspielerisch auf die ungarischen Monatsnamen
szeptember, november und *december*[171] zurück, bei denen die letzten
zwei Silben volksetymologisch als *ember* (= Mann) uminterpretiert
wurden. So handelt es sich also um die Monate, deren ungarische Bezeichnungen den (vermeintlichen) Bestandteil *ember* (= Mann) enthalten.

3.1.2.2 Transferenzen erscheinen, wie in Abschnitt 2.6.2 definiert, nicht
nur in Form von direkten Übernahmen, sondern gelegentlich auch als
Nachbildungen, die in der diachronen Sprachenkontaktforschung
meist 'Lehnprägungen', aber zunehmend auch 'latentes (inneres)
Lehngut' (vgl. YANG 1990: 10, GLAHN 2000: 35) oder 'Kalkierungen'

---

[170] Genauso auch im Hajoscher Dialekttranskript von KÜNZIG/WERNER (1969: 19).
[171] Allerdings wird von den Sprechern auch der *Oktober*, obwohl dort keine „ember"-
Komponente, lediglich eine *-ber*-Endung vorliegt, dazu gezählt.

(vgl. BLANKENHORN 2003: 40) genannt werden.[172] In vielen Fällen trägt ja die „fremdsprachige Heterogenität" des lexikalisch-semantischen Systems impliziten Charakter (vgl. 3.1.2). Unter dieser impliziten Heterogenität kann der Teil des lexikalisch-semantischen Systems verstanden werden, der vom „durchschnittlichen Sprachteilhaber nicht (mehr) als fremd empfunden wird und für dessen nicht-eigensprachige Herkunft spezielle Untersuchungsmethoden erforderlich sind, damit sie als solche erkannt wird" (vgl. MELIKA 1993: 235 ff.). Ähnliches meint wohl auch BRAUNMÜLLER (2001: 117 ff.), wenn er von „verdeckter Mehrsprachigkeit" spricht.

In Anlehnung an die terminologischen und klassifikatorischen Vorschläge von HAUGEN (1950: 210 ff.), WEINREICH (1968: 73 f.), BETZ (1974: 135 ff.), DUCKWORTH (1977: 36 ff.), BECHERT/WILDGEN (1991: 69 ff.) und ARTER-LAMPRECHT (1992: 87 f.) umfasst meine Typologie folgende Komponenten:

3.1.2.2.1 Die überwiegende Mehrheit meiner Belege gehört zu den Transferenzen nach dem Modell einer sog. Lehnübersetzung.[173] Man könnte sie vielleicht 'Transferenzübersetzung' nennen. Es sind originalgetreue Lehnbildungen mit eigensprachlichen, d.h. deutschen Sprachmitteln nach ungarischem Vorbild:

(26) *Mo ischt me:i Olvasó*[174]*-A : u g a g l a s ?* (SD: Wo ist mein Lese-Augenglas [= meine Lesebrille]?).

---

[172] Bei CHMIEL (1987: 201 ff. und 1988: 117 ff.) scheint hingegen der Terminus „Lehnstruktur" als Oberbegriff für sämtliche Beeinflussungen zu fungieren, obwohl er den Begriff nicht definiert. BARTHA (1999: 119) spricht von „indirekt kölcsönzés" [= indirekter Entlehnung].

[173] Dieser Terminus wird in den Publikationen zu diesem Thema nicht immer konsequent verwendet. Beispielsweise bezeichnet CHMIEL (1987: 206 f.) auch andere Erscheinungen mit dem – von ihm nicht erläuterten – Terminus „Lehnübersetzung", z.B. das wasserpolnische *burmistrz* in der Relation zu deutsch *Bürgermeister*. Ich glaube aber, dass hier keine Lehnübersetzung vorliegt, weil ja *Bürger* nicht übersetzt wird. Es dürfte eher eine Mischform (hybrides Kompositum bzw. Lehnverbindung) vorliegen, wie in meinen Belegen (14) und (15). ZIMMER (1997: 26) betrachtet seinen Beleg *Nonproliferationsvertrag* als „Lehnübersetzung" von engl. *non-proliferation treaty*, obwohl hier keine exakte Glied-für-Glied-Übersetzung vorliegt. Bei JEDIG wird „Lehnübersetzung" auch für syntaktische Transferenzen verwendet als „Lehnübersetzung [...] von [...] syntaktischen Konstruktionen" (BEREND/JEDIG 1991: 182).

[174] *Olvasó* ist ein direkter Transfer aus dem Ungarischen und bedeutet: *lesend* oder *Leser*, im vorliegenden Fall: *Lese-*.

Augenglas entspricht Morphem für Morphem dem ungarischen *szemü-veg* (Auge + Glas = 'Brille'). Andererseits ist nicht auszuschließen, dass man es hier mit dem archaischen deutschen (Dialekt-)Wort *Augenglas* zu tun hat. In Anbetracht des synchronischen und diachronischen soziokulturellen Referenzrahmens der Diskursgemeinschaft ist aber eine Lehnübersetzung aus dem Ungarischen wesentlich wahrscheinlicher.

3.1.2.2.2 Transferenzen vom Typ 'Lehnübertragung',[175] von mir 'Transferenzübertragung' genannt, sind seltener. Es sind das nicht ganz gleichartige und nicht Element für Element identische Übersetzungen eines anderssprachigen Modells:

(27) *I: fend àisa W e a t : r w à g it:, wiavl Grad ka:n's se:i dà hen:a?* (SD: Ich finde unsere Wetterwaage [= unser Thermometer] nicht, wie viel Grad kann es sein hier drinnen?).

Wetterwaage dürfte auf ungar. *hőmérő* (Thermometer, gebildet aus *hő* = 'Temperatur' + *mérő* = 'Messer/Messgerät') zurückgehen, wobei die beiden Elemente *Wetter* (< Temperatur) und *Waage* (< Messgerät) in unmittelbarer semantischer Nähe der Vorlage bleiben. Andererseits ist das Lexem *Waage* auch in manchen binnendeutschen Dialekten im Sinne von 'Messgerät' bekannt, z.B. *Mostwaage*. Etwa die Winzer an Rhein und Mosel kennen seit Anfang des 19. Jahrhunderts das von dem Pforzheimer Mechaniker Christian Ferdinand Öchsle erfundene Gleukometer, 'Mostwaage' genannt, mit dem sich die Dichte (das spezifische Gewicht) des Traubenmostes bestimmen lässt. Im Grunde handelt es sich um eine Senk- bzw. Spindelwaage (Aräometer) mit angepasster Skaleneinteilung (BROCKHAUS 2001: XV/168).

3.1.2.2.3 Transferenzen des Typs 'Lehnschöpfung' (besser: 'Transferenzschöpfungen'), also Nachbildungen, bei denen nicht das Wortmaterial, sondern lediglich die Prägeweise, d.h. die Bildungsart entlehnt wird, kommen kaum vor. Diese Neuprägungen sind also vom kontaktsprachlichen Muster in der Regel semantisch, aber nicht formal abhängig. Vor allem wegen der formalen Unabhängigkeit dieser Formen von

---

[175] NAIDITSCH (1994: 41) verwendet „Lehnübersetzung" und „Lehnübertragung" synonym, auch wenn sie es explizit nicht behauptet. Aus ihren Belegen geht das aber eindeutig hervor, indem sie z.B. russlanddt. *traus ket šne* als Lehnübertragung identifiziert, obwohl ein klarer Fall von Lehnübersetzung aus dem Russischen vorliegt.

kontaktsprachlichem Muster schließt sie z.B. HÖFLER (1981: 152) „aus dem Bereich sprachlicher Entlehnung" aus. Im Gegensatz zu seiner Argumentation denke ich, dass es sich hier nicht lediglich um einen „innereinzelsprachlichen Prozeß" handelt (1981: 152), daher gliedere ich die Transferenzschöpfungen aus meinen Betrachtungen nicht aus. Beispiel:

(28) *Jetz: mus: ma deam. Biabli d H i t z : a w à g ne:itua.* (SD: Jetzt muss man dem Büblein die Hitzwaage [= das Fieberthermometer] hineintun.).

Die Zusammensetzung *Hitzwaage* dürfte mit der Einwirkung von ungar. *lázmérő* (Fieberthermometer, eigentlich *láz* = 'Fieber' + *mérő* = 'Messer/Messgerät') zu erklären sein. Die Glieder entsprechen aber nur recht indirekt der Vorlage: *Hitze* ~ *láz* (Fieber) und *Waage* ~ *mérő* (Messer/Messgerät).

3.1.2.2.4 Transferenzen im Sinne von 'Lehnbedeutungen',[176] d.h. 'Transferenzbedeutungen' kommen sehr häufig vor. Es handelt sich um die Ausweitung des *signifié* nach dem Modell analoger Zeichen des Ungarischen, d.h. das sprachliche Material bleibt grundsätzlich deutsch, während die Semantik zum Ungarischen tendiert (vgl. BETZ 1974: 135 ff. und zu weiteren Untergliederungsmöglichkeiten HAUGEN 1956: 46 und SCHUMANN 1965: 61 ff.):

(29) *Wà:eisch, d Fisch:r Mi:ade, wia sol: i: diar den: saga, dr Nebl Jancsiék, seal:i ha:ud iahran We:iga:ta n a u s g i : a ghät:.* (SD: Weißt du, die Fischer Maria, wie soll ich dir [es] denn sagen, der Nebl Jancsiék [= Einsprengsel aus dem Ungarischen: die Familie des Jancsi (Hansi) Nebl], die haben ihren Weingarten hinausgegeben [= verpachtet] gehabt.)

Hinausgeben im Sinne von 'verpachten' geht auf die Bedeutung des ungarischen Modellworts *kiad* zurück (wörtlich: „hinausgeben"), aber auch 'verpachten, vermieten'.

Weitere informative Belege:

---

[176] CHMIEL (1987: 108) klassifiziert auch 'Lehnbedeutungen' als „Lehnübersetzungen".

(30) *Ear hàt a:priaft be miar* (SD: Er hat „abgeprüft" bei mir; wohl in Analogie zu ungar. *levizsgázott nálam*, d.h. er hat bei mir seine Reputation verloren.);

(31) *S Schif: hàt ausbànda* (SD: Das Schiff hat „ausgebunden": in Anlehnung an ungar. *kikötött*, d.h. angelegt.);

(32) *d Nas àusblàsa* (SD: die Nase ausblasen, d.h. putzen; nach ungar. *kifúj*, wörtlich: 'ausblasen').

Nach ungarischem Muster präfigierte Verben findet man recht oft; z.B.: *àufsaga* (SD: aufsagen, d.h. kündigen; wohl unter Rückgriff auf ungar. *felmond* [*fel* = 'auf' und *mond* = 'sagen']); *nàm:ha:ua* (SD: hinumhauen, d.h. verschaukeln; nach ungar. *átver* [*át* = 'hinüber, hinum' und *ver* 'schlagen, hauen']) oder *dr Strum/dr Gas/s Was:r àufnutz:a* (SD: den Strom/das Gas/das Wasser aufnutzen, d.h. verbrauchen; nach ungar. *felhasznál*, wörtlich: 'aufnutzen'). Es gibt auch nominale Komposita wie *Guatsta:ur* (SD: Bürge, nach dem Muster von ungar. *jótálló* [*jó* = 'gut' und *álló* 'Steher']).

Der Kontaktdruck des Ungarischen kann die Bedeutungsstruktur deutscher Lexeme und somit die Struktur ganzer semantischer Felder etwa durch „zwischensprachliche Unter- bzw. Überdifferenzierungen" stark beeinflussen. So bezieht sich im untersuchten ungarndeutschen Dialekt das Adjektiv *gwalttäteg* nicht nur auf eine unter Anwendung von (körperlicher) Gewalt begangene unrechtmäßige oder kriminelle Tat, sondern auch auf eine Aufdringlichkeit. Denn das als Modell dienende ungar. *erőszakos* bedeutet sowohl 'gewalttätig' als auch 'aufdringlich'. Auf diese Weise liegt hier aus der Sicht des Lexems *gwalttäteg* eine Transferenzbedeutung vor, während aus der Sicht des semantischen Feldes 'Draufgängertum' – durch die Marginalisierung von *aufdringlich* – eine Simplifizierung stattgefunden hat. Beispiel:

(33) *Wem:a em Tagweark seand, nàch brengt dr Hear: äl: Täg en Kafe: naus ànd die u:ei ischt so gwalttäteg, das: sie äl:awàil zwà:eimàl na:stàht en Rà:eiha.* (SD: Wenn wir im Tagwerk sind, dann bringt der Herr [= Arbeitgeber] jeden Tag einen Kaffee hinaus und die eine [Frau] ist so „gewalttätig" [= aufdringlich], dass sie [sich] immer zweimal hineinsteht [anstellt] in Reihen [in die Schlange].)

Die aus dem Ungarischen transferierten Bedeutungen können zuweilen bemerkenswerte Homonyme erzeugen im Verhältnis zur Semantik der entsprechenden standarddeutschen Lexeme. Viel Aufschluss bieten die semantischen Potenzen der Adjektive *solid* und *schmutzig*, die im Ungarischen in der Form *szolid* bzw. *smucig* als verwurzelte deutsche Lehnwörter gelten, in der Bedeutung 'bescheiden, zurückhaltend' bzw. (pejor.) 'geizig'. In diesen Bedeutungen sind sie – wohl auf ungarischen Einfluss – auch im Hajoscher ungarndeutschen Dialekt gebräuchlich:

(34) *Aisa Doktrfra:u ischt so gschàid ànd schi:a ànd liab ischi a:u ànd zu deam: hear ischi gar it: stolz, so gean: tuat sie vrzähla mit die Leut, sie ischt stark e:isam:.* (SD: Unsere Doktorfrau [= Ärztin] ist so gescheit und schön und lieb ist sie auch und trotzdem ist sie gar nicht stolz, so gern tut sie erzählen mit die [= den] Leut[en], sie ist sehr solide [= bescheiden].);

(35) *Dr **Pista bácsi** ischt so faltsch gse:i mit am **Kárpótlás** hàt ear wel:a se:ini Schweschtra ànd se:in Bruadr hendrga:u, älts hàt:'r wel:a an se:in Sack: ne:i, das: die andri niks kriaged, so s c h m o t z : i g i Leut gàit's a:u.* (SD: Der Pista bácsi [= Onkel Pista] ist so falsch gewesen mit dem Kárpótlás [= mit der Entschädigung] hat er wollen seine Schwester und seinen Bruder hintergehen, alles hat er wollen in seinen Sack hinein, dass der andere nichts kriegt, so schmutzige [= hinterhältig geizige] Leute gibt's auch.).

Man sieht also, dass hier deutsche Lexeme in einer ungarndeutschen Mundart nicht in ihrer ursprünglichen deutschen Semantik, sondern als Transferenzen des Typs 'Lehnbedeutung' aus dem Ungarischen fungieren. Dadurch haben sich ihre Bedeutungen wesentlich von denen des deutschen Originals entfernt.

Es wäre m.E. einmal einer separaten Untersuchung wert, wie sich das Verhältnis der lexikalisch-semantischen Transferenzen zu ihren Prototypen entwickelt. Hier können nämlich verschiedene Sprachinnovationsprozesse beobachtet werden. Mein Belegkorpus zeigt viele Beispiele für Einengung, Erweiterung oder Verschiebung der herkunftssprachlichen Bedeutungen, wie auch für Veränderungen der Bedeutungsqualität (= Ameliorationen bzw. Pejorationen).

Die semantischen Kontaktprozesse können zahlreiche subtile Arten aufweisen. Am auffälligsten ist hinsichtlich der semantischen Wechselbeziehungen, dass in Sonderheit Lexeme mit hoher Gebrauchsfrequenz unter dem Einfluss der jeweils anderen Sprache ihre Gebrauchssphären erweitern (vgl. auch MELIKA 1993: 232). Das geschieht, indem das expandierte semantische Wortgebrauchsfeld bei einer beteiligten Varietät (in unserem Fall: des ungarndeutschen Ortsdialekts) in sich Teile der Gebrauchsfelder der mitwirkenden Varietät (in unserem Fall: des Ungarischen) integriert. So kommt es, dass sich die Bedeutungsstrukturen zahlreicher geläufiger Wörter beider Sprachvarietäten weitgehend überdecken und nur selten Gebrauchsunterschiede zeigen.

TYROLLER (1990: 31) meint, dass in Sprachenkontaktzonen der „Bedeutungswandel" hauptsächlich auf „fremdsprachliche Beeinflussung" zurückgeht, auch „ohne dass sprachimmanent ein Bedürfnis zu Veränderungen der semantischen Struktur besteht". Ich bin jedoch aufgrund meiner Untersuchung der Ansicht, dass immer irgendein semantisches Bedürfnis, zumindest bei der gerade ablaufenden Sprechhandlung vorhanden sein muss. Durch eine eingehendere diesbezügliche Auseinandersetzung mit den Belegen ließe sich das in den meisten Fällen zeigen und nachvollziehen (vgl. auch die Belege Nr. 42 und 43).

Die von 3.1.2.2.1 bis 3.1.2.2.4 vorgenommene Klassifizierung der Transferenztypen hat allerdings keinen absoluten Charakter, weil

(a) die Grenzen zwischen den einzelnen Gruppen oft fließend sein können;

(b) bisweilen auch mit komplexen Phänomenen zu rechnen ist, sofern bei demselben Sprachzeichen mehrere Kontakteinflüsse unterschiedlicher Art zugleich registriert werden können; vgl.:

(36) *Äl: Munid teand sie d* **Villanyuhr** *ra:leasa.* (SD: Allen [= Jeden] Monat tun sie [den] Stromzähler ablesen.).

Im Beleg Nr. (36) ist *Villanyuhr* zum einen ein hybrides Kompositum (vgl. 3.1.2), zum anderen eine Transferenzbedeutung aus dem Ungarischen (vgl. 3.1.2.2.4): *villany* (= elektrisch) + *Uhr* (< ungar. *óra*). Im binnendeutschen Raum sagt man *Stromzähler*.

3.1.2.2.5 Insgesamt ist festzuhalten, dass bei den Transferenzen nach dem Modell von 'Lehnbildungen' die Lehnübersetzungen bei weitem überwiegen. An zweiter Stelle stehen die Lehnbedeutungen. Für Lehnübertragungen gibt es nur wenige Beispiele; Lehnschöpfungen kommen ganz vereinzelt vor. Somit zeigen meine Beobachtungen in mehreren Punkten Parallelen zu Forschungsergebnissen über andere Sprachenkontaktkonstellationen, u.a. mit der 'Häufigkeitshierarchie' in der Untersuchung von ARTER-LAMPRECHT (1992: 93 ff.) an deutschamerikanischem Material. Jedoch kann man ihre und meine Angaben nicht direkt vergleichen, weil die einzelnen Beschreibungsraster nicht identisch sind. So gab es bei ihr z.b. keine Lehnschöpfungen/Transferenzschöpfungen in dem von mir definierten Sinne.

3.1.2.3 Lexikalisch-semantische Transferenzen aus dem Ungarischen erhalten häufig deutsch-dialektale Suffixe, z.b. im Plural: *Tanya* ('Einzelgehöft') → *Tanyana, Kof:a* ('Marktfrau') → *Kof:ana*,[177] *Kot:a* ('Note') → *Kot:ana, Minta* ('Muster') → *Mintana* usw.

(37) D *Tanyana seand nà: am Hot:rkamisiara aufbaua wà:ara.* (SD: Die Einzelgehöfte sind nach der Hotterkommissierung[178] aufgebaut worden.).

3.1.2.4 Zu lexikalisch-semantischen Transferenzen kommt es nicht nur aus direkter „Entlehnungsnot" (besser: 'Transferenznot'), d.h. also dann, wenn in der gegebenen Sprache/Varietät für einen Gegenstand, eine Erscheinung etc. keine geeignete Bezeichnung existiert, folglich eine Wort(schatz)lücke – eine semantische Defizienz – vorliegt.

Manchmal handelt es sich lediglich um gewisse konnotative oder stilistisch-pragmatische Unterschiede zwischen dem urtümlichen deutschen Dialektwort und der aus dem Ungarischen transferierten Vokabel. So liegt z.B. im Beleg Nr. (38) hinsichtlich der Transferenz ein gradueller Unterschied zum deutschen Pendant vor:

(38) De:s *ischt* **lehetetlen** *zum mach:a.* (SD: Das ist unmöglich zu machen.).

Man könnte in diesem Satz zwar auch *umigli* ('unmöglich') sagen: *De:s ischt umigli zum mach:a*, aber dann wäre die Sache den Kommunikatoren doch nicht ganz so hoffnungslos unmöglich wie beim ausdrucksstärkeren *lehetetlen*.

---

[177] Das Transferat *Kof:a* hat sich ziemlich fest und produktiv im System des Dialekts etabliert, was auch durch Komposita wie d *Aeirkof:a* ('Eierverkäuferin auf dem Markt') oder durch phraseologische Wendungen wie *däs ischt a echta Kof:a* ('das ist eine echte „Kof:a", d.h. sie ist ein schnippisches Weibsbild') deutlich wird.

[178] *Hotter* bedeutet im österreichischen Deutsch 'Feld-' bzw. 'Besitzgrenze' (DUDEN 1999: 1874). Das Lexem geht etymologisch vielleicht auf ungarisch *határ* ('Grenze') zurück; vgl. dazu ERDŐDI (1973: 159).

Das Transferat *Pocak* ('[dicker] Bauch') wird normalerweise nur ironisch-scherzhaft verwendet, wie in:

(39) *Jetz: han i: dr Pocak vo:l.* (SD: Jetzt habe ich den Bauch voll.).

Oft erfolgt der Transfer nicht nur aus stilistisch-pragmatischen Gründen, vielmehr entstehen durch Transferenzen Doppelformen, durch die sich eine begrifflich-referenzielle Funktionsteilung zwischen dem ursprünglichen Element der Sprache und dem transferierten Wort ergibt. So spricht etwa NAJDIČ im Falle einer Einschränkung der Bedeutung bei transferierten Lexemen von „Peripherisierung" (1997: 126). Es existieren gleichwohl mehrere Phänomene: Oft erfolgt eine Einengung, Erweiterung oder Verschiebung der herkunftssprachlichen Bedeutung oder eine Veränderung der herkunftssprachlichen Bedeutungsqualität findet statt (= Amelioration bzw. Pejoration).

Exemplarisch seien hier aus meinem Material lediglich zwei Phänomene genannt. In vielen Fällen erfährt das transferierte Element eine Umschichtung der semantischen Struktur. So ist in der Varietät von Hajosch neben *Beattler* ('Bettler') auch die ungarische Version *koldus* (etwa in der Form *'ku:duʃ*) üblich. Das Dialekt-Lexem hat die ursprüngliche Bedeutung des Deutschen beibehalten ('jmd., der um Almosen bittet, von Almosen lebt'), während man mit dem transferierten *Kudusch* im übertragenen Sinne einen armen Menschen bezeichnet. Dementsprechend heißt es in der phraseologischen Wendung:

(40) *Ma ischt arm gse:i wia Ku:dusch.* (SD: Man ist arm gewesen wie [ein] Bettler.).

In analoger Weise verhält es sich z.B. mit *Kneacht* 'eine Person, die für einen Bauern arbeitet, auf einem Bauernhof angestellt ist', während das aus dem Ungarischen stammende *Beresch* (< ungar. *béres*) jemanden umschreibt, der eine niedere Arbeit verrichten muss. Vgl. hierzu:

(41) *Am Sàn:tig mus: äl:awàjl i: dr Beresch se:i.* (SD: Am Sonntag muss ich immer der Knecht sein.).

In anderen Fällen hat eine andere semantisch-begriffliche Verlagerung stattgefunden. Zum Beispiel fungiert das Neuwort *Beka*[179] < ungar. *béka* ('Frosch') als Hyperonym, während *Frosch* im Sinne von 'Laub-, Gras- und Baumfrosch' und *Grot:* (= Kröte) in der Bedeutung 'Kröte' als Hyponyme gelten. (Andererseits können hier Variationen in deutschen Dialekten hineinspielen: *Kröte* wird in verschiedenen – selbst binnendeutschen – Mundarten oft als Oberbegriff verwendet.) Dieses transferierte Lexem kommt auch als phraseologische Komponente oder als Bestandteil von Sprichwörtern vor:

(42) *Dr Beka isch làicht ens Was:r ne:i tràịba.* (SD: Der Frosch ist leicht ins Wasser hineintreiben, d.h. es ist leicht, jemanden zu etwas zu veranlassen, was diese Person ohnehin gerne tut.).

Fragen der phraseologischen Transferenz werden in Abschnitt 3.1.4 thematisiert, an dieser Stelle sei deshalb nur erwähnt, dass Béka auch als phraseologische Komponente eine Rolle spielt:

(43) *Gegaletscht hàt:'r dr Be:ka doch na:gschluckt,* d.h. Letztendlich hat er den „Béka" (= Frosch) doch hinab- [herunter-]geschluckt.

Im Binnendeutschen hieße das: *Schließlich hat er die Kröte doch geschluckt.*

oder:

(44) *Dr Großhear: en dr Gazdaság se:it äl:awàil, wen: ma Probléma ha:ud, nàch sol: ma 's ihm saga. Nàch wen: ma s probiarid ihm klagna nàch weat:'r so zàan:eg, so wia so ein aufblàsada Be:ka. An:àch fluahad'r ànd gaht,* d.h. Der große Herr (= Chef) in der „Gazdaság" (= Wirtschaft) sagt immer, wenn wir ein Problem haben, dann soll man es ihm sagen. Dann wenn wir es probieren ihm klagen, dann wird er zornig, so wie so ein aufgeblasener „Beka" (= Frosch). Danach flucht er und geht.

Ähnlich sieht es mit dem Transferenzwort *Wicka* aus, das auf ungar. *bika* ('Stier') zurückgeht. In diesem Wortfeld bezeichnet das Lexem *Stiar* ('Stier') in Hajosch einen jungen Ochsen (also „en gschnittana Wicka") bis etwa anderthalb Jahre, der noch kein Zugvieh ist, während

---

[179] Dieses Lexem kommt auch bei KÜNZIG/WERNER (1969: 20 ff.) vor.

Ochs ('Ochse') die Bezeichnung für das ausgewachsene Tier ist. Die Vokabel *Wicka* bezeichnet ausschließlich das Zuchttier (den Bullen).[180] Als Ergebnis solcher Transferenzen entstehen also oft Wortfelder mit mehr oder weniger synonymen Lexemen, wobei die neuen Elemente das Feld bereichern und insgesamt zu erweiterten Ausdrucksparadigmen führen.

3.1.2.5 Es wäre an sich nicht ohne Interesse, ausgiebiger bei der Verteilung sämtlicher Arten lexikalischer Beeinflussungen nach Wortklassen zu verweilen. Dennoch sei hier lediglich summarisch bemerkt, dass der Transfer von Substantiven mit Abstand am häufigsten vorkommt. Bestätigt werden dadurch die seit langem gültigen Ergebnisse von Untersuchungen anderer Sprachenpaare durch SCHAPPELLE (1917: 26), HAUGEN (1950: 224), OLESCH (1986: 170), GIBBONS (1987: 57), ANDERS (1993: 24, 47, 51), BARTHA/BORBÉLY (1995: 285), BADER/MAHADIN (1996: 38), ZIEGLER (1996: 78 f.), STANFORTH (2002: 907) und SAARI (2003: 138). Auch CHMIEL (1987: 207) konnte für sein deutsch-polnisches Kontaktmaterial „fast ausschließlich" substantivische Transferenzen attestieren. Dazu passt, dass ANDERS (1993: 24 und 60) in dem von ihr besprochenen russlanddeutschen Korpus kein eindeutiges Beispiel für Verb-Transferenzen ermittelt hat. In meiner ungarndeutschen Datenbasis finden sich jedoch neben anderen Wortarten viele Verbtransfers, die auch deswegen bedeutsam sind, weil sich die transferierten Verben einer Sprache durch einen höheren Integrationsgrad auszeichnen als andere Wortarten. Man vergleiche in Beleg Nr. (45) die hybride Partizipform und in den Belegen (46) bzw. (47) das hybride Präfixverb (Verben ungarischer Herkunft mit deutschen Verbalpräfixen):

(45) *Sie ha:ud äl:awàịl gstrit:a mitanand ầnd jetz: seand sie elválned.* (SD: Sie haben miteinander immer gestritten und jetzt sind sie geschieden; – ungar. *elválik* = 'sich scheiden' + dt. *-t* – im mundartlichen Beleg zu *d* geworden – als Dentalsuffix des Partizips Perfekt); ähnlich auch im Beleg Nr. (104).

---

[180] Belegt für Hajosch auch z.B. bei KIEFER (1967: 93), für viele deutsche Mundarten im Ofner Bergland (bei Budapest) bei MÁRKUS (2003: 175; angeblich in der Bedeutung 'Stier'), für zahlreiche Gebiete des Karpatenbeckens bei HUTTERER (1991d: 320, 1993: 152) und sogar für das sog. Landlerische in Siebenbürgen bei BOTTESCH (1999: 159).

Oft wirkt sich die Stellung im Satz auf die phonetische Realisierung aus. Steht das hybride Partizip am Satzanfang, kann es z.b. nicht – wie oben – *elválned* heißen, sondern die übliche Form lautet dann *elválnid*: *Elválnid seand sie scha a paar Jáhra* (SD: Geschieden sind sie schon ein paar Jahre).

(46) *Geschtr hàt sie gvizsgázned.* (SD: Gestern hat sie die Prüfung abgelegt; – ungar. *vizsgázik* = 'eine Prüfung ablegen', d.h. dt. Präfix *ge-* + ungar. Stamm + dt. Dentalsuffix *-t.*).

Ähnlich auch:

(47) *Wia schi:a ha:ud'r me:ini Bi:m gmetszened!* (SD: Wie schön habt ihr (= haben Sie) meine Bäume ge- [ver-]schnitten!).

Weitere Belege für hybride Präfixverben:

(48) *Breng: a warms Was:r, das: i: dr Kes:l ausmosni ka:n.* (SD: Bring warmes Wasser, dass ich den Kessel auswaschen kann.);

bzw.:

(49) *Wia lang wit: den: no: ràm:turkálna en deam: Eas:a?* (SD: Wie lange willst [du] denn noch herumstochern in diesem Essen?).

Die Verbindung des deutschen Präfixes *rum* 'herum' und eines Verbs ungarischer Herkunft ist recht frequent, z.B.

(50) *Sie hàt si so ràm:kínlódnid ànd hàt's doch it: mach:a ken:a.* (SD: Sie hat sich so herumgeplagt und hat es doch nicht machen können.).

Viele der aus dem Ungarischen transferierten Verben sind jedoch eher abhängig von neueren Begrifflichkeiten, von der modernen Lebensweise, von den gesellschaftlichen und politischen Einrichtungen, sie sind bedingt durch Kultur, Technik usw. MYERS-SCOTTON (1997: 169, 2002: 41) nennt sie „cultural borrowing forms" ('Kulturlehnwörter'). Infolge der heute in mancher Hinsicht bereits eingeschränkten Informationskapazität der althergebrachten Mundart sprechen die Ungarndeutschen über diese Themen und in diesen Domänen meist Ungarisch, z.B.: **beutal** ('einweisen'), **operál** ('operieren'), **gázt bevezet** („Gas einführen", d.h. 'sich an die Gasversorgung anschließen lassen'), **disszidál** ('dissidieren'

– in der durch die „sozialistische" Gesellschaftsordnung favorisierten Bedeutung: 'emigrieren'), *dózerol* („dosern", d.h. 'mit dem Bulldozer die Erde bewegen') usw. Eine nicht unbedeutende Anzahl stammt jedoch – auf den ersten Blick überraschend – aus dem völlig „alltäglichen" Verbalschatz. Nach der Terminologie von MYERS-SCOTTON (1997: 169, 2002: 41) handelt es sich um „core borrowing forms" (d.h. 'Kernlehnwörter'), die solche Konzepte bezeichnen, für die die im Blickpunkt stehende deutsche Sprachvarietät bereits entsprechende Bezeichnungen besitzt, wie *felsöpör* ('aufkehren'), *kimos* ('auswaschen') u.a. Nach der Ansicht von MYERS-SCOTTON (2002: 41) gelangen sie in die Empfängersprache über Kode-Umschaltungen.

Das Datenkorpus enthält auch Verb-Belege, bei denen ein deutsches Grundwort mit ungarischen Präfixen bzw. Präfixoiden versehen wird. Gerade umgekehrt als bei Belegen Nr. (48) und Nr. (49). Es fällt auf, dass solche hybriden Formen in meinem Material lediglich im Falle komplexerer und seltenerer Präfixe (z.T. sogar mit spezifischen Bedeutungen) nachgewiesen werden konnten; die geläufigsten Verbalpräfixe des Ungarischen wie *be-*, *ki-* etc. sind nicht vorgekommen. Das noch am ehesten gängige Präfix war *föl-* in Beleg Nr. (52). Also:

(51) *Zwie Munid hat's daurid, bis:'r s Buach hat visszabracht.* (SD: Zwei Monate hat es gedauert, bis er das Buch hat zurückgebracht.);

(52) *D Feadra hat sie zescht bitzli fölgschit:led.* (SD: Die Federn hat sie erst ein bisschen durchgeschüttet.);

(53) *Dr ganz Film han i végiggucked.* (SD: Den ganzen Film habe ich zu Ende geguckt.);

(54) *Älts hat:'r összevissza[181] gwa:rfa en Haus.* (SD: Alles hat er drunten und drüben geworfen im Haus.).

Für die Transferenz von Adjektiven sei an dieser Stelle nur ein (sehr typisches) Beispiel genannt:

(55) *Ear ischt äl:awài l so ideges.* (SD: Er ist immer so nervös.).

---

[181] Das Element *összevissza* ist eigentlich ein Kompositum und kein Präfix. In bestimmten Kotexten spielt es aber eine intensivierende Rolle und erfüllt die Funktion des Verbalpräfixes *össze* (vgl. BENKŐ 1976: III/43, BÁRCZI/ORSZÁGH 1980: V/579).

Im Bereich von Adverbien werden aus dem Ungarischen zumeist solche Adverbien transferiert, die dem gewählteren Sprachgebrauch angehören und etwas abstrakter sind, etwa:

(56) *En dr Banda seand zwie Buaba gse:i, **rendkívül** schi:a.* (SD: In der Bande sind zwei Buben gewesen, außerordentlich schön.);

(57) *Mit dean:r Krankid mus: ma **okvetlen** en Spitàl.* (SD: Mit dieser Krankheit muss man unbedingt ins Spital.).

Der Transfer von morphologisch nicht sehr komplexen und syntaktisch wenig integrierten Wortarten, z.b. von Modaladverbien, Partikeln, Interjektionen, Füllwörtern, 'hedgings' (= Heckenbildungen) usw. ist ausgesprochen frequent.[182] Meine Befunde weisen z.b. über das Ergebnis von OLESCH (1986: 170) hinaus, dessen deutsch-polnisches Material auf die Autosemantika beschränkt ist und Synsemantika nicht beinhaltet.

(58) ***Különben** bi:n i: scha lang nem:i gse:i en Kalocsa.* (SD: Ansonsten bin ich schon lange nicht mehr gewesen in Kalocsa.).

Oder:

(59) ***Hiába**, de:s ischt scha so!* (SD: Man kann ja nichts machen, das ist schon so!).

Die Vokabel *hiába* kann in der ungarischen Sprache in zwei Funktionen stehen: als Modalpartikel (etwa in der Bedeutung 'nun mal')[183] und als Adverb (in der Bedeutung 'vergeblich'). Es fällt auf, dass sie immer lediglich als Modalpartikel, aber nie als Adverb in den ungarndeutschen Ortsdialekt transferiert wird. Dann steht in der Mundart immer *uneteg* (= unnötig):

(60) *Dà wa:t i: u:ne:teg, de:a Bus kà m:t doch nem:e.* (SD: Da warte ich unnötig [= vergeblich], der Bus kommt doch nicht mehr.).

---

182 Mit meinem Befund korrespondiert z.B. die Beobachtung von REISIGL (1999), der die intensive Transferenz italienischsprachiger (vor allem sekundärer) Interjektionen in das Südtiroler Deutsch dokumentiert.

183 Zur Problematik der Partikeln im Ungarischen vgl. KESZLER (1996).

Ungarische Modalpartikeln figurieren regelmäßig als Redeeinstieg bzw. -abschluss. So in:

(61) **Ejnye, ejnye,** *kendr, he:it seand'r wiedr stark fläteg.* (SD: Ejnye, ejnye [= Oh je, oh je] Kinder, heute seid ihr schon wieder stark [= sehr] fletzig.);

bzw.:

(62) *And iahran Bua ischt a:u và:ar am Jahr gstàarba, mo sie vàn deam: e:schta Ma: hàt,* **ja,**[184] **igen.** (SD: Und ihr Bube [= Sohn] ist auch voriges Jahr gestorben, den sie von diesem ersten Mann hat, ja, so ist es.).

Die Transferenz von Kontaktwörtern (und von expressiven Wörtern)[185] ist also in der analysierten transkulturellen Konvergenzsituation ausgesprochen häufig. Außer den obigen Belegen führe ich noch an: *na látod!* ('siehste!'), *hát igen* ('nun ja'), *(a) fene tudja* ('weiß der Teufel'), *mit tudom én* ('was weiß ich'), *persze* ('oh ja'), *hát persze* ('na freilich'), *na jó* ('nun gut'), *asziszem* (alltagssprachliche Form von *azt hiszem* 'ich glaube'), *nem tudom* ('weiß nicht'), *nahát!* ('na, so was!'), *tényleg* ('wirklich'), *muszáj* ('muss sein'), *szóval* ('also'), *úgyhogy* ('sodass'). Normalerweise wird aber in der traditionellen Fachliteratur betont, dass bei Sprachenkontakten allen voran Substantive mit einer gegenständlichen Bedeutung in die jeweils andere Sprache übernommen werden. Ich denke, dass dieser Umstand von der auch in Abschnitt 2.3 erörterten Art der Sprachenkontakte abhängt: Für sog. indirekte Sprachenkontakte sind solche Transferenzen anscheinend tatsächlich charakteristisch. Im Falle von „direkten" Sprachenkontakten tritt allerdings die Transferenz von Kontaktwörtern, d.h. von Diskursmarkern (wie Eröffnungssignale, Beendigungssignale, Gliederungspartikeln, Konnektoren, Verzögerungssignale, Hörersignale) und von Modifikatoren verschiedener Art sehr häufig auf. So ist das aus dem Ungarischen transferierte satzeinleitende *hát*[186] im Sprachgebrauch der Ungarn-

---

[184] *Ja* ist, diachronisch gesehen, natürlich deutsch, es gilt aber auch als etabliertes Lehnwort im Ungarischen, besonders in der hier vorliegenden Verbindung: *ja [,] igen.*

[185] Der konnotative Inhalt ist in der Rede von Mundartsprechern meist recht bedeutsam: Nicht selten überwiegt die Konnotation den kognitiven und rationalen Inhalt. Gerade das macht mundartliche Kommunikation besonders ausdrucksvoll und anziehend.

[186] Ich stufe dieses semantisch zunehmend entleerte und dafür pragmatisch geladene Element als Diskursmarker ein und meine, dass es im Sinne eines Verzögerungs-

deutschen[187] anscheinend so fest verankert, dass RUOFF (1994: 42) fragen konnte, wie lange dieses Element wohl bei Ungarndeutschen noch nach ihrer Aussiedlung nach Deutschland erscheint. In der jüngeren Forschung findet man zunehmend Ansätze, die bei gesellschaftlicher Zwei- bzw. Mehrsprachigkeit eine Tendenz zur Übernahme von Kontaktwörtern („discourse markers") erkennen wollen.[188] Interjektionen und lautnachahmende Wörter sind im Hajoscher Dialektdiskurs oft ungarischer Herkunft, z.B. *hoppá!* (wenn jemand stolpert oder fällt) oder *puff!* (wenn etwas auf den Boden fällt) etc. Zuweilen stehen diese Elemente doppelt, in einer deutschen und in einer ungarischen Version:

(63) *Ha:ud sie en scharpfa Käs auftre:it? O ja, persze, persze.* (SD: Haben sie reifen Käse aufgetragen? O ja, o ja, o ja.).

Vgl. dazu das Phänomen der 'zwischensprachlichen Dopplung' unter 3.3). Eindeutig lässt sich feststellen, dass diese transferierten Partikeln ziemlich isoliert stehen, zumeist am Anfang (vgl. Nr. 61), eventuell am Ende des Satzes (vgl. Nr. 62). Oder sie bilden den Abschluss der elliptischen Sprachäußerung bzw. des Zwischenrufs etc. und sind syntaktisch überhaupt nicht oder nur geringfügig integriert. Deshalb lassen sie sich auch als 'Satzwörter' einstufen. Das lässt sich mit der allgemeinen Tendenz erklären, dass in erster Linie diejenigen syntaktischen Ausdrucksmittel und Prinzipien aus einer Sprache in die andere gelangen, die im Satzbau der „Empfängersprache"[189] keine oder geringfügige Modifizierungen auslösen. Damit stimmen auch die Beobachtungen von ANDERS [1993: 30 und 61] an russlanddeutschem Material

---

signals als Redeeinstieg verwendet wird. (vgl. auch Beleg Nr. 224). Daher kann ich MIRK (1997: 206) nicht ganz zustimmen, wenn sie es als eine Konjunktion in der Bedeutung von 'wohl, ja, na, nun, halt' deutet.

[187] In der Hajoscher Dialektdokumentation von KÜNZIG/WERNER (1969) taucht *hát* beinahe auf jeder Seite auf, manchmal auch mehrmals. Auch die Boschoker ungarndeutschen Textproben von SCHWING (1993: 431 ff.) liefern viele Vorkommensbeispiele. Diese ungarische Partikel ist sogar bei mehreren anderen ungarländischen Minderheiten üblich; vgl. z.B. die Belege im Rumänisch der Ungarrumänen bei BARTHA/BORBÉLY (1995: 286 f.).

[188] Man vgl. z.B. NAJDIČ (1997: 125) für die Russlanddeutschen.

[189] Die übliche (metaphorische) Terminologie 'Empfänger-' bzw. 'Sendersprache' entspricht eigentlich kaum der Komplexität von Kontaktprozessen, weil etwa die Bezeichnung „Empfängersprache" eine Passivität suggeriert.

überein. Doch damit werden bereits morphosyntaktische Fragen angeschnitten (vgl. zur Grammatik unter 3.1.3).

Gleichfalls charakteristisch ist die Transferenz emotional-expressiv
markierter Lexeme aus dem Ungarischen:

(64) *Wu:za ànd äl:agr* **Atyaúristen** *seand em Boda den:a.* (SD: Wurzeln und aller
„Herrgott" [= Gott weiß, was sonst noch] sind im Boden drin.).

3.1.2.6 Es gibt manche Dimensionen der Sprache und der Sprachge-
brauchsbeziehungen, die in besonders hohem Maße und seit sehr
langer Zeit dem Einfluss des Ungarischen als Kontakt- und Prestigesprache unterlagen. Es sei im Folgenden kurz auf einige Bereiche hingewiesen.

3.1.2.6.1 Maß- und Mengenbezeichnungen u.ä. haben sich aus einleuchtenden Gründen rasch und nachhaltig dem ungarischen Usus
angepasst. So reden Ungarndeutsche in der Regel von *Dek:o:*[190] (= Deka-
gramm, 10 Gramm), von *Hekto:* (= Hektoliter, 100 Liter) usw.:

(65) *En d Le:tschla ne:i braucht ma zwanzk* **Dek:o:** *Meahl.* (SD: In die Kuchen
hinein braucht man zwanzig Deka[gramm] Mehl.);

bzw.:

(66) *Miar ha:ud vil:* **Hekto:** *We:i em Keal:r.* (SD: Wir haben viel Hektoliter Wein
im Keller.).

3.1.2.6.2 Die Angabe der Uhrzeit erfolgt nach ungarischem Muster. Da
hier auch Struktur und Wortfolge betroffen sind, könnte das eigentlich
in Abschnitt 3.1.5 in die Transferenzen der Diskursebene einbezogen
werden; vgl.:

(67) *Àm z w ö l f i   v a b à i   f e n f   M i n u t : a ischt' r hu:eikam:a.* (SD: Um zwölf
vorbei fünf Minuten ist er heimgekommen, d.h. Fünf Minuten nach zwölf
ist er heimgekommen.);

---

[190] *Deka* ist auch im österreichischen Deutsch geläufig, im vorliegenden Fall dürfte
jedoch die massive Einwirkung der ungarischsprachigen Umgebung, d.h. die landes-
spezifische soziokulturelle Realität Ungarns den Ausschlag gegeben haben.

(68) *D r u i   i s c h : a   v a b ä i   m i t   s i e b a   M i n u t : a .* (SD: Drei ist vorbei mit
sieben Minuten, d.h.: Sieben Minuten nach drei.).

3.1.2.6.3 Beim Sprechen und beim Schreiben in Buchstaben werden bei
den Jahreszahlen nach ungarischem Vorbild statt der entsprechenden
Hunderter Tausender verwendet:[191]

(69) *T a u s i d   n e : i h ä n d r t   v i a r a v i : a z k e em Hiarbscht seand uf Ha:josch:
d Rus:a re:ikam:a.* (SD: Tausend neunhundert vierundvierziger im Herbst
sind auf [= nach] Hajosch die Russen hereingekommen.)

3.1.2.6.4 Nicht nur im apellativischen Bereich, sondern auch bei der
Verwendung von Eigennamen manifestieren sich die Sprachenkontakte
reichlich. Deswegen ist das von HAARMANN (1983: 154 f.) angemeldete
Desiderat, die spezifische Situation der Personennamen unter den
Bedingungen von Sprachenkontakten in der Forschung zu berücksich-
tigen, längst überfällig. Da meine Untersuchung sich hauptsächlich auf
Apellativa richtet, beschränke ich mich im Weiteren auf einige wenige
onymische Beispiele.

Meine Belege verdeutlichen, dass die Hajoscher auch in den auf
Ungarisch ablaufenden Interaktionen oft deutschsprachige Kosenamen
und sonstige sog. inoffizielle Personenbenennungen (wie Kose-, Spitz-,
Bei-, Über-, Neck-, Scherz-, Ekel- und Spottnamen) verwenden oder
vice versa. Man sagt beispielsweise *Sandberg Rese* [= Sandberg Terese]
zu einer Person, die früher in einem höher gelegenen, sandigen Teil des
Ortes gewohnt hat. Nicht selten werden diese tradierten Namenausprä-
gungen auch auf die jüngeren Familienangehörigen übertragen. Es
heißt **Kis Majzi** (wörtlich: Kleiner Majzi), weil der Vater auf Deutsch
Majsa (< *Ameise*) genannt wurde. Oftmals sind diese Namenformen
schon gemischtsprachig, indem die Vornamen bereits auf Ungarisch
erscheinen. In *Rosal* **Pista** z.B. (*Pista* = Koseform von **István**, d.h. 'Stefan')
steht *Rosal*, weil eine Großmutter des Mannes *Rosalie* (= ungar. **Rozália**)
hieß. Es kommt sogar vor, dass Vornamen mit einer deutschen Koseform
selbst in einem sonst homogenen deutschen Satz auf Ungarisch auftreten:

---

[191] Diese Form der Zahlangaben wird von HUTTERER (1993: 160) für weite Teile des
Karpatenbeckens belegt.

(70) *Ken:scht du dr* **Pista** *it:?* (SD: Kennst du den Pista [ungarische Koseform für *István = Stefan*] nicht?).

Man stößt im „Sprachtandem" auf alle möglichen (dialektal) deutschen und ungarischen Koseformen. So heißt doch einer der Informanten *Josef* (ungar. *József*); doch er wurde von klein auf *Josche, Joʒe, Joschile, Joʒile*,[192] seltener *Seppi* genannt. Seinen Bruder nannten in der Kindheit alle nur *Hansile*.

Es fällt auf, dass – besonders ältere Menschen – unter Zuhilfenahme von deutschen Derivationssuffixen auch aus solchen indigenen ungarischen Vornamen gemischtsprachige Koseformen konstruieren, die keine deutschen Entsprechungen haben. So wird (unter Rückgriff auf die deutsch-dialektalen Suffixe *-le/-li* oder *-ile*) bei weiblichen Vornamen ohne deutsche Entsprechung aus ungar. **Enikő** > *En:ile*, aus **Melinda** > *Melindile*; bei männlichen Vornamen ohne deutsche Entsprechung aus **Csaba** > *Csabile*, aus **Zsolt** > *Zsoltile*. Dasselbe gilt auch für Spott- und Spitznamen etc. (unter Rekurs auf das Spottnamen-Bildungssuffix *-l*). Beispielsweise entsteht aus **Tünde** (weiblicher Vorname ohne deutsches Pendant) > *Tünd(e)l*, aus **Berci** (Koseform des männlichen Vornamens **Bertalan**) > *Bercl*. Hybride Spott- und Beinamenbildungen können sogar Konstruktionen aus Familien- und Vornamen betreffen wie etwa *Hu:abr Mártschl*, bei der die ungarische Vornamenvariante **Marcsa** (oder **Marcsi**) mit dem deutschen *-l*-Suffix versehen wird. Hier fällt auf, dass eine bereits diminuierte ungarische Koseform der deutsch-dialektalen Spottnamenbildung unterliegt, d.h. in hypokoristischen Kontexten können mehrfach diminuierte Diminutiva entstehen. Ebenso werden die deutsch-dialektalen Suffixe *-e* bzw. *-ise* zur Bildung der femininen Form von Nachnamen[193] auch genuin ungarischen Familiennamen angefügt, z.B. *d* **Újságose** (< **Újságos**), *d* **Vargise** (< **Varga**), *d* **Pásztise** (< **Pászti**). Hybride Beinamen können mit ungarischen Substantiven (**Kakasch Rosi** < **kakasch** 'Hahn', weil der Großvater dieser Person einst angeblich oft *kuk:uruku:!* rief), mit Adjektiven bzw. Partizipien (**Szemüveges Re:sl** < 'Brille tragend') etc. gebildet werden. In manchen

---

[192] Im Prinzip wäre auch *Joschka* möglich gewesen; man denke z.B. an den bundesdeutschen Außenminister *Joschka Fischer*, der ja ebenfalls ungarndeutscher Abstammung ist.

[193] Zum Beispiel *d Ginale* (< *Ginal*), *d Stof:re* (< *Stoffer*) bzw. *d Hep:ise* (< *Hepp*), *d Beckise* (< *Beck*). Bei manchen Familiennamen sind beide Suffixvarianten möglich, etwa *d Schusterise* oder *d Schustre* (< *Schuster*).

Fällen wird mit genuin ungarischen Formen operiert (z.B. *Ugyebár Hans* < *ugyebár* 'nicht wahr?', da dieser Mann früher als Brigadeleiter immer diesen Spruch verwendete), in anderen Fällen werden die beteiligten ungarischen Elemente den Aussprache- und Wortbildungs-regeln des deutschen Ortsdialekts angepasst (z.B. *E:grascha Liese* < *egres* 'Stachelbeere', weil diese Person mal Stachelbeeren gestohlen haben soll). Sogar Namenelemente aus Drittsprachen ergänzen den deutsch-ungarischen hybriden Rahmen, wie *Zego: Franz*, der diesen Beinamen in einem sowjetischen Arbeitslager erhielt (wohl aus mund-artlich polnisch *cego*, standardpolnisch *czego* 'Was (willst du)'. Ein anderes Beispiel: Aus anderen Ortschaften Eingeheiratete apostrophiert man – in Anspielung auf den Lieblingsspruch eines aus dem ehemals slowakischsprachigen Nachbardorf Miske stammenden Mannes – zu-weilen als *Hovorit'* (< slowak. 'sagt mal').

In der gegenwärtigen Kommunikationsdynamik tendiert man alles in allem längerfristig offenbar dazu, die (dialektal) deutschen Formen allmählich durch ungarische Pendants zu ersetzen. Hin und wieder kann man die Entwicklungslinie des Sprachenkontakts besonders deutlich verfolgen. Bei einer Hajoscher ungarndeutschen Familie wurde beispiels-weise dem Großvater in seiner Jugend der Spottname *Klàmpamach:r* (= Klumpenmacher) angehängt: *Klàmpamach:rs Stefi Vettr*. Sein Sohn hieß schon in etwas abgewandelter ungarischer Form *klumpás Pista* (ungar. *klumpa* < dt. Klumpen + -s als ungarisches Adjektivsuffix, das ausdrückt, dass jmd./etw. mit etw. versehen ist; *Pista* = ungar. Koseform von 'Stefan'). Und der Enkel heißt sogar in deutschsprachiger Rede *Klunyi Feri* (aus *klumpa* weiter gebildet; *Feri* = ungar. Koseform von 'Franz'). Die Familie wird heutzutage schlicht und einfach *Klunyiéks*[194] genannt. Auf andere Weise zeigt sich der ungarische Kontakteinfluss im nächsten Beleg: Während der Großvater in Hajosch als *Letschlis Hans Vettr* (*Letschle* = Gebäck oder Kuchen, vgl. zum Lexem auch Belege Nr. 65, 238 und 260) bekannt war, wurde bei seinem Enkel der Spottname ohne weiteres in ungarisch *sütemény* (= Kuchen) übersetzt. Kontakt-linguistisch beachtenswert sind zwischensprachliche Gleichsetzungen und Volksetymologien. Als Beleg für Gleichsetzungsverfahren dient der Beiname *ludas/Ludasch* von *András Ludl*, wo aus dem deutschen Familiennamen *Ludl* aufgrund der zufälligen Klangähnlichkeit mit dem ungarischen Substantiv *lúd* ('Gans') dieser Beiname entstanden ist, also

---

[194] Zur Bildungsweise vgl. Beleg Nr. (76).

ludas ('eine Person, die eine Gans besitzt', aber auch im übertragenen Sinne 'jmd., der an etw. schuld ist'). Volksetymologie tritt im Falle von *Josef Sauter* zutage, der „hungarisierend" immer öfter *Disznó Jóska* genannt wird, hierbei erfolgt eine Übersetzung des Familiennamens *Sauter* durch *disznó* ('Sau, Schwein'), obwohl er etymologisch mit der Bezeichnung dieses Haustieres nichts zu tun hat. Analog wird der ungarische Name *József Foltán* spielerisch in *Plätza Joːʒe* umgewandelt, indem die erste Teilkomponente des Zunamens volksetymologisch als ungar. *folt* ('Fleck, Flicklappen') gedeutet und mit *Plätza* in die deutsche Varietät übersetzt wird. (Der Familienname *Foltán* geht übrigens vermutlich auf französ. *Lafontaine* zurück.)

Der Gebrauch von Personennamen zeugt also in mehrfacher Hinsicht von einem flexiblen, z.T. im Wandel befindlichen hybrid-bilingualen Mikrosystem. Hinzu kommt: Wenn männliche Vornamen mit einem ungarischen Diminutivsuffix zusammen mit einem bestimmten Artikel des Deutschen verwendet werden, ist der Artikel in der Regel maskulin, z.B. *dr Norbika* (< *Norbi* < *Norbert*), *dr Tibike* (< *Tibi* < *Tibor*), *dr Andriska* (< *Andris* < *András*) oder *dr Zsoltika* (< *Zsolti* < *Zsolt*). Stehen hingegen dieselben Namenformen nicht mit einem bestimmten Artikel, sondern mit einem Possessivpronomen, erscheinen sie meist bereits als Neutrum: *meːi Norbika*, *ạɪsa Tibike*, *meːi Andriska* oder *ạɪsa Zsoltika* (*meːi* 'mein', *ạɪsa* 'unser').

Ein besonderes transkulturell-bilinguales Phänomen ist die Uminterpretation von Namen, indem z.B. Familiennamen deutscher Herkunft eine ungarische Lesart zugewiesen wird. So wird in Hajosch der Name *Zach* von der Großelterngeneration als [tsax] ausgesprochen, die Kinder und Enkel derselben Familie nennen sich aber – bei gleicher Schreibung – bereits [zaːtʃ]. Diese Buchstabe-Laut-Zuordnung (*Zach* und [zaːtʃ]) entspricht einer alten historischen Schreib- bzw. Aussprachetradition ungarischer Familiennamen. Somit wird der eigentlich deutsche Name durch die andere Aussprache vom Sprecher „hungarisiert".

Ein weiteres eigentümliches onymisches Charakteristikum besteht darin, dass Tiere fast ausschließlich ungarische Namen bekommen.[195]

---

[195] Analog lautet der Befund von MANHERZ et al. (1998: 44) hinsichtlich der Ungarndeutschen im Allgemeinen. Aber auch z.B. für die Wolgadeutschen wurde bereits in der ersten Hälfte des 20. Jahrhunderts festgestellt: „Rufnamen von Tieren sind häufig Entlehnungen aus dem Russischen" (BEREND/JEDIG 1991: 47). Dasselbe hat NAJDIČ (1997: 127) bei den Deutschen in der Gegend von Leningrad/St. Petersburg entdeckt.

Bereits alte Quellen, auch schon aus dem 19. Jahrhundert, legen nahe, dass das bei den Ungarndeutschen generell ein sehr frühes Kontaktphänomen gewesen ist. Beispielsweise haben BÓDISS (1895: 580) und RATZENBERGER (1896: 299) auf diese Erscheinung bereits aufmerksam gemacht, als die deutsche Sprache in der Regel das alleinige, aber auf jeden Fall das eindeutig vorherrschende Kommunikationsmittel der ungarndeutschen Dorfbevölkerung war. Für die 1930er Jahre attestiert auch SCHILLING, dass in seinen Untersuchungsorten Dunakömlőd/Kimling und Németkér/Kier, aber auch allgemein in den ungarndeutschen Ortschaften, ausschließlich ungarische Pferde-, Kuh- und Hundenamen im Umlauf waren (1933: 51). In einem unscheinbaren Hinweis der ethnographischen Monographie über Hartau/Harta, einen unweit von Hajosch liegenden ungarndeutschen Ort (FÉL 1935: 52), wird diese ungarische Namengebung auf rein praktische Gründe zurückgeführt: Man könnte sonst die Tiere auf dem (ungarischen) Markt nicht verkaufen. Von einer analogen Annahme geht auch SCHILLING (1933: 53) aus. Diese Erklärung mag Einiges für sich haben, ganz befriedigen kann sie aber meiner Meinung nach nicht. Denn auch den Haustieren (z.B. den Hunden), die nie zum Verkauf standen, wurden – selbst im Untersuchungsort von FÉL, wie aus ihren Angaben hervorgeht (1935: 47) – durchweg ungarische Namen gegeben.

Eine Reihe späterer Veröffentlichungen stellten in verschiedenen Orten wiederholt fest, dass Ungarndeutsche in der Regel ungarische Tiernamen verwenden. So hat BONOMI (1965: 42) in den 60er Jahren des 20. Jahrhunderts den Ungarndeutschen im Ofner Bergland bescheinigt: „Pferden, Kühen, Ziegen, Hunden und Katzen gibt man menschliche Vornamen, nur Schweinen nicht." Teil-Analoges habe auch ich an meinem Untersuchungsort beobachtet: In Hajosch heißen Pferde *Szellő*, *Deres*, *Sárga* oder *Béla*, *Csillag*, *Bandi* (männlich)[196] bzw. *Olga*, *Vilma*, *Julcsa* (weiblich); Kühe etwa *Virág*, *Rózsa*, *Kicsi*, *Böske* oder *Riska*. Hunde *Morzsi* oder *Csöpi* (vgl. auch den Beleg in der Anmerkung 202); Katzen *Csilla* oder *Lukrécia* (wohl nach einem sehr populären ungarischen TV-Märchen); Ochsen *Vitéz*, *Huszár*, *Betyár*, *Gyurka*, *Bimbó*;

---

[196] Von einem ganz und gar eigentümlichen Motiv der Namengebung berichtete eine meiner Informantinnen: Sie erzählte, dass vor dem Zweiten Weltkrieg in Hajosch weiße Pferde in mehreren ungarndeutschen Familien nach dem ungarischen Reichsverweser *Horthy* genannt wurden, wohl unter dem Eindruck seines Schimmels, auf dem der Staatsmann stolz bei Zeremonien mit großer Vorliebe erschien und sich gern so fotografieren ließ.

Ziegen *Gitta, Zsuzsa* usw. BONOMIs Feststellung wäre allerdings für Hajosch insofern zu relativieren, als es dort seit je üblich ist, auch Schweine mit menschlichen Vornamen zu bedenken, etwa mit dem ungarischen weiblichen Rufnamen *Zsuzsa* oder mit dem männlichen *Zoli*. Was aber besonders auffällt: Auch sind deutsche Rufnamen nicht selten, z.B. *Traud* oder *Traudle* (weiblich) bzw. *Tobias* (männlich). Ziegenböcke ruft man deutsch *Jakob* oder ungarisch *Jakab*. Ungarische Namen für Haustiere überwiegen dennoch auch in Hajosch. Auch Rufe und Befehle für Tiere sind bei den Hajoscher Ungarndeutschen heute oft ungarisch, z.B. *cöcö!* (zum Rufen von Schweinen), *hö:! hö:ha!* (zum Anhalten von Pferden oder Kühen) usw.

Im Hinblick auf die Ortsnamen kann man vor allem auf inoffizielle Namen ungarischer Provenienz aufmerksam werden. Zu solchen Straßennamen gehört z.B. *dr Hambar* (< *hambár* 'Speicher'), weil der Speicher des Erzbischofs da stand; *dr Fácános* (< *fácán* 'Fasane'), weil an dieser Stelle früher angeblich ein eingezäuntes Wildgehege mit vielen Fasanen stand; *dr Vadas* (< *vad* 'Wild'), weil sich vor den Grundstückvermessungen dort ein Wald befand, entsprechend heißen vier Gassen: *dr e:scht Vadas, dr zwe:it Vadas, dr drit: Vadas* und *dr viart Vadas*. Es gibt ferner ähnliche Flurnamen, z.B. *dr Csikójárás* (< *csikó* 'Fohlen' + *járás* 'Gang'); *dr Szilvás* (< *szilva* 'Pflaume').

3.1.2.6.5 Einen aspektreichen, aber zugleich brisanten Fragenkomplex bilden die Schimpfausdrücke und Flüche, die in mancher Hinsicht schon in die Richtung phraseologischer Transferenzen deuten (vgl. unter 3.1.4). Über die angeblich außerordentlich große Vorliebe der Ungarn (sowie der slawischen und anderer Ethnien in Ostmittel-, Ost- und Südosteuropa) für Flüche und ihre einschlägige sprachliche Kreativität ist unter volkskundlichen und anderen Gesichtspunkten bereits viel geschrieben worden. Ohne mich deshalb in diese Thematik vertiefen zu wollen, sei lediglich erwähnt, dass die deutschen Minderheiten – und nicht nur in Ungarn – Schimpfwörter und Flüche vielfältig aus den Kontaktsprachen transferiert haben bzw. an den entsprechenden Stellen des Diskurses vom Deutschen in die Kontaktsprache wechseln. PETROVIĆ (1995: 102) hebt beispielsweise für das „Essekerische" (d.h. den deutschen Ortsdialekt der Stadt Essegg[197]/Osijek, heute in Kroa-

---

[197] TAFFERNER (1998: 20) weist darauf hin, dass *Essegg* stets mit Doppel-*g* zu schreiben ist. Gleichwohl schreibt z.B. OBAD (1997: 337 ff.) durchweg *Essek*.

tien) als Folge der kroatischen Beeinflussung hervor, ohne eine nähere terminologische oder sonstige Spezifizierung: „Schimpfwörter und Flüche werden originalgetreu realisiert". In einer anderen Veröffentlichung erwähnt er über die Flüche im Essekerischen: „[D]ie derbsten und saftigsten sind nicht die deutschen, sondern entweder serbischen bzw. kroatischen oder ungarischen Ursprungs und werden im Original benutzt" (PETROVIĆ[198] 1994: 29). Die Einschätzung von NAJDIČ (1997), dass Russlanddeutsche bei Leningrad/St. Petersburg „ziemlich höflich" (gewesen) seien und im krassen Kontrast zu den Russischsprachigen (bei denen „Flüche und Schimpfwörter im alltäglichen Sprachgebrauch mancher ungebildeten Menschen oft nur zur Füllung von Häsitationspausen gebraucht werden"), dass sie „Lexik solcher Art in den Kolonistenmundarten nur im 'Notfall' verwende[n]" (1997: 123), wäre sicher adäquater zu überdenken und wohl auch zu relativieren. Bei den deutschsprachigen Belegen, die ihr dennoch begegnet sind, z.B. [lek miç am arš] (= leck mich am Arsch!) beeilt sie sich hinzuzufügen: „Dieser Ausdruck wurde in äußersten Fällen gebraucht (auch von Frauen)" (1997: 124). Andererseits räumt sie gleich im nächsten Satz selbst ein: „Übrigens wurden oft russische Flüche gebraucht [...]" (NAJDIČ 1997: 124). In diese letztere Richtung weist auch der von BEREND und JEDIG (1991: 47) referierte Befund von J. Dinges, dass „unter den Wolgadeutschen verschiedene russische Schimpfworte" [...] „besonders verbreitet sind". GERESCHER (2004: 203) glaubt, auch den Ungarndeutschen in der Batschka eine weitgehende Fluch-Abstinenz bescheinigen zu können und stellt etwas blumig fest: „Glauben und Aberglauben hielten unsere Menschen so fest im Griff, daß sie weder in Gedanken noch in Wirklichkeit zu bösen Ausdrücken in der Lage waren. Stellt man die frommen Ausdrücke neben die bösen, so zeigt sich ein Verhältnis, als ob die Alpen neben den Buchenwaldhügeln stünden." Mein Belegmaterial widerspricht diesem Befund deutlich.

Das Überhandnehmen ungarischer Flüche (bzw. einzelner Elemente daraus) sowie die Adoption stilistisch-pragmatisch derber und vulgärer Wörter und Ausdrücke erfolgt bei den Ungarndeutschen – den Berichten zufolge – seit langem (vgl. BÓDISS 1895: 580, RATZENBERGER 1896: 300, BONOMI 1966/67: 143 ff., ZILLICH 1967: 125). Das galt natürlich im breiteren Kontext auch für die Deutschsprachigen im historischen Ungarn, sogar außerhalb der jetzigen Staatsgrenzen. Folglich konnte z.B. KIENER

---

[198] In der genannten Publikation steht – wohl fälschlicherweise – die Schreibung *Petrovič*.

(1983: 285) aufgrund seiner Literaturrecherchen ermitteln, dass sich die Siebenbürger Sachsen kaum deutscher, vielmehr zum größten Teil ungarischer (oder rumänischer) Fluchwörter bedienten. Es wird noch hinzugefügt: „Doch wenn ein Siebenbürger Sachse einmal ganz schlimm flucht, benützt er einen ungarischen Fluch; denn der Ungar hat die schlimmsten Flüche."[199]

Mark Twain hat – als scharfzüngiger Kritiker des Deutschen – die strukturell-semantische „Fluchfähigkeit" des Deutschen als zu gering eingestuft und so kommentiert: „Ich würde ein paar starke Ausdrücke aus dem Englischen importieren – zum Fluchen und auch zur kraftvollen Beschreibung aller möglichen kraftvollen Vorgänge" (zitiert nach GENZMER 1998: 335). Meines Erachtens dürfte jedoch ein noch wichtigerer Grund für die Übernahme kontaktsprachlicher Fluchformeln und -wörter darin bestehen, dass die sprachpsychologische Distanz, bei einer auch noch so gut beherrschten Zweitsprache, anders ist als bei der Erstsprache. Deshalb bringt man z.T. auch ganz drastische Kraftausdrücke, Schimpfwörter oder Flüche in einer Zweitsprache leichter über die Lippen als in der Erstsprache, mit welcher man eine spezifische emotionale Nähe empfindet und eine feinfühlige und auch durch Tabus gesteuerte Sensibilität entwickelt. Haben doch auch z.B. DEWAELE/PAVLENKO (2004: IV) durch ihre sozio-psychologisch orientierten Studien zur Zweitspracherwerbsforschung nachgewiesen, dass Nicht-Muttersprachler üblicherweise die emotionale Kraft von Ausdrücken der Zweitsprache unterschätzen. Somit handelt es sich m.E. bei den Flüchen in einer bzw. durch eine andere Sprache letzten Endes um eine Art zwischensprachlicher Euphemisierung. Angesichts dieses Arguments kann ich solchen Aussagen wie z.B. der von TÅNGEBERG (1978: 26) nicht zustimmen, dass im bi- bzw. multilingualen Milieu immer in der sog. Muttersprache geflucht werde. ELWERTs Behauptung, Flüche seien „durch das Gesetz des Nachhalls bestimmt", d.h. sie würden „der Sprache entnommen, die für die Situation richtig ist, in der man sich in seiner Vorstellung befindet" (1959: 331), leuchtet mir folglich ebenfalls wenig ein.

Ein anderer Grund für die – oft sprachkreative – Verwendung ungarischer Fluchformeln oder -elemente im Rahmen ungarndeutscher

---

[199] Das bereits zitierte Werk von GERESCHER (2004: 203 ff.) bringt jedoch fast ausnahmslos rein deutsch-dialektale Formen, als hätte der Sprachen- und Kulturenkontakt in diesem Bereich keine Spuren hinterlassen.

Dialektdiskurse dürfte wohl sozio- und kulturhistorischer bzw. kulturanthropologischer Natur sein. In der einschlägigen Literatur gelten die Ungarischsprachigen allgemein als kaum übertreffbar hinsichtlich ihres Fluchens und obszönen Scheltens. Man kann feststellen, dass im Sprachen- und Kulturenkontakt ganze Fluch- und Schimpfwortschatzdomänen vom Ungarischen in den deutschen Dialekt adaptiert worden sind. Im Deutschen nimmt traditionell nur das skatologische (analexkrementelle) Vokabular einen höheren Stellenwert ein (vgl. NÜBLING/VOGEL 2004: 19), wohingegen im Ungarischen sowohl eine ausgeprägte sexuelle, eine krankheitsbasierte und eine religiöse als auch eine skatologische Fluch- und Schimpfwortprototypik kennzeichnend ist. Wie die Russen und viele andere Slawen sowie die Türken kennen und verwenden die Ungarn z.B. den Mutterfluch und insbesondere die Aufforderung zum Mutter-Inzest (vgl. KIENER 1983: 284 ff. und SCHELLBACH-KOPRA 1994: 610). Dies wirkt sich – wie meine Belege zeigen – auf Sprache und Sprechhandlung der Ungarndeutschen nachhaltig aus.

Merkwürdigerweise leitet TRESZL (1975: 49 f.) das intensive Fluchverhalten der Ungarndeutschen von den „verheerenden Auswirkungen" der bilingualen „Sprachmengerei" ab: Die „Mischsprachigkeit" führe zu einer sprachlichen Verarmung, die sich in einer rapiden Abnahme des Wortschatzes in beiden Sprachen bemerkbar mache. „Die daraus resultierende Hemmung" werde „vielfach mit Kraftausdrücken übertönt". Das sei ein Grund „für die Zunahme der Fluchgewohnheiten". Dieser Argumentation von TRESZL kann ich mich nicht anschließen, weil eine „Zunahme" des Fluchverhaltens bei Ungarndeutschen nicht nachweisbar ist und weil mich die Beziehung von Sprachenmischung und Fluchhäufigkeit nicht überzeugt. Bedienen sich doch auch unilinguale Ungarischsprachige mehr als oft ziemlich kräftiger Flüche!

In Hajosch sind heute nur vereinzelt rein deutschsprachige (grunddialektale) Schimpf- und Fluchformeln im Umlauf, wie etwa *greulagr Hånd* ('gräulicher Hund') oder *Du greulaga, wi:ataga, sieba-buck:alada Wealt!* ('Du gräuliche, tollwütige, sieben-buckelige Welt!'). Die meisten Ausdrücke sind entweder direkte (lautliche) Übernahmen aus dem Ungarischen oder – noch häufiger – deutsch-ungarische Misch- bzw. Kompromissformen. Die aus dem Ungarischen transferierten Flüche treten indessen nur ganz selten in ihrer mehr oder minder grammatisch „korrekten", d.h. in der im Ungarischen usualisierten Form auf, z.B.

Kutya Úristenit![200] [im Akkusativ] < ungar. *kutya* ('Hund') + *Úristen* ('Herrgott') oder *Azt a kurafi Máriát!* < ungar. Demonstrativpronomen + bestimmter Artikel 'Hurensohn Maria' [im Akkusativ]. Sie stellen trotz ihres homogen ungarischsprachigen Materials insofern eine Sprachenmischung dar, als sie in einem (überwiegend) deutschsprachigen Satz eingesetzt werden. Das Gros der auf Ungarisch gebrauchten Flüche erscheint etwas abgewandelt, wenngleich diese Modifizierungen nur ungarisches Sprachmaterial enthalten. Es könnte sein, dass diese Formen durch „ungenaues" Rezipieren in diesen Formen in die Hajoscher Varietät Eingang gefunden haben. Beispiele gibt es zahlreich; man vgl. die nachfolgenden Belege in dekontextualisierter Form: *Istenit a Máriád!* < ungar. *Isten* ('Gott'): in akkusativischer Form + *Mária*: in possessivischer Form, etwa 'deine Maria'. Möglich ist aber auch, dass hier *Máriát* gemeint war: das würde *Maria* im Akkusativ bedeuten. Der hybride Ausdruck *Du Bolomiska!* geht vermutlich auf ungar. *bolond* ('verrückt') + *Miska* ('Koseform von *Mihály* = *Michael*') zurück, zumal die Aussprache dem ungarischen Muster folgt: ['bolomiʃkɔ]. Auch an äußerst vulgären Sprüchen mangelt es nicht: *lófasz a seggit* < ungar. *lófasz* ('Pferdepenis') + *segg* ('Arsch') + Akkusativendung.[201] Dieselbe Komponente tritt auch in folgenden, syntaktisch deutschen Sätzen in Erscheinung:

(71)   *En Lófasz diar!* (SD: Einen Pferdepenis dir [= für dich]!);[202]

oder:

(72)   *Lófasz diar, du weascht mi: it: da ganza Tag sekiera!* (SD: [Einen] Pferdepenis dir [= für dich], du wirst mich nicht den ganzen Tag sekkieren [= quälen]![203]).

---

[200]   Die Mehrheit der ungarischen und der ungarisch beeinflussten Flüche lässt sich nicht adäquat ins Deutsche übersetzen. So muss ich mich bei ihrer Interpretation auf die Angabe bzw. Erläuterung der einzelnen Bestandteile beschränken.

[201]   Das ungarische Original operiert mit dem Illativsuffix *-be* (auf die Frage 'wohin?').

[202]   Weniger vulgär klingt die Variante *en Csipisz diar!*

[203]   Das Verb *sekkieren* (im Sinne von 'belästigen') kann hier im Prinzip als direkter Einfluss des österreichischen Deutsch oder vielmehr (nach meiner Meinung) als Reflex des ungarischen Pendants *szekíroz* interpretiert werden, das auf österreichisches Deutsch zurückgeht. Die Quelle der österr.-deutschen Wortfamilie *sekkieren, Sekkatur, sekkant* ist wiederum italienisch *seccatura*.

Ebenfalls ein ungarisches Tabuverb kommt in *Azt a paszamasta!*[204] vor, das vermutlich auf den ungarischen Fluch *baszd meg!* (wörtlich: „Du sollst es ficken") zurückgreift.

Gemischtsprachige Formen sind überaus zahlreich: *Hear:gid Úristenid a Máriád* ('Herrgott') + *Úristen* ('Herrgott') im Akkusativ + *Maria* (vgl. die Interpretationsmöglichkeiten oben), *Azt a Hear:got:s Wealt!* (*Azt a* = ungarischer expressiv-emphatischer Satzeinstieg in akkusativischer Form + Herrgotts Welt). Manche Formeln enthalten vollständige oder teilweise Wiederholungen derselben Komponenten in beiden Sprachen (vgl. 3.3): *Azt a gyere-be-rózsám-komm-herein!* – mit steigender Satzmelodie gesprochen – (*Azt a* = ungarischer expressiv-emphatischer Satzeinstieg in akkusativischer Form + komm-herein-meine-Rose-komm-herein!)

Drei Belege erscheinen besonders eindrücklich, sie zeugen jeweils von mehrfachen Sprachenkontakten. Der grobe Fluch *Azt a JOBFOJEMATJ!* beginnt mit dem für ungarische Flüche charakteristischen Redeeinstieg und enthält dann eine unanalysierte russische Form. Diese JOBFOJE-MATJ (eigentlich: *job' tvoju mat'*) ist ein äußerst derber Ausdruck in der Bedeutung: 'Fick deine Mutter!'. Da die Hajoscher ungarndeutsche Bevölkerung einerseits durch den Einmarsch der Roten Armee im Jahre 1944, andererseits durch anschließende jahrelange Verschleppung und Zwangsarbeitslager in der Sowjetunion mit der russischen Sprache in dauerhafte und nicht sehr angenehme Berührung kam, konnte dieser hybride Fluch sehr wohl in den Dialektdiskurs gelangen. In den Sprüchen *Azt a BOGOM Úristenid!* (ungarischer Redeeinstieg + Gott + Herrgott) und *it: amàl àm BOGOM hät: i: de:s gmacht!* (Nicht einmal um Gott hätte ich das gemacht!) ist *Bogom* – im Nominativ *Bog* – ein slawischer Transfer. Es lässt sich vermuten, dass dieser Ausdruck dadurch in die Redeweise der Ungarndeutschen aufgenommen wurde, dass viele junge Hajoscher früher (jetzt Mitglieder der alten Generation) in den südlich von Hajosch liegenden, auch von Slawen (von „Bunjewatzen", d.h. Kroaten) bewohnten Ortschaften als Hausangestellte o.ä. tätig waren.

Aus der Beleganalyse wird also sichtbar, dass beim Fluchverhalten der untersuchten Ungarndeutschen – unter dem Kontakteinfluss des Ungarischen – mehrere neue Quellbereiche eine Rolle spielen, vor-

---

[204] In der Form *pàszàmà* ist der Ausdruck bereits bei BÓDISS (1895: 579) für die Deutschen in der Batschka belegt.

nehmlich der sexuelle Bereich. Damit ist nicht nur eine quantitative Vermehrung des Fluch- und Schwimpfvokabulars erfolgt, d.h. man hat es nicht nur mit punktuellen lexikalisch-semantischen Transferenzen zu tun, sondern mit einer Art konzeptueller Erweiterung der Fluch- und Schimpfwortschatzdomänen.

3.1.2.6 Künftig könnten – über punktuelle lexikalisch-semantische Analysen hinaus – komplexere kontaktlinguistische Untersuchungen, etwa ganzer Wortfelder und Wortfamilien, wesentliche Erkenntnisse erbringen.

3.1.3 Grammatische Transferenzen

In seinem kürzlich herausgebrachten „donauschwäbischen" Dialektkompendium meint GERESCHER (o.J.: 5) radikal: „Grammatik – tes is was, wumr trhom netkhat hen, weil mrs net gapraucht hot" (Standarddeutsch: Grammatik – das ist etwas, was wir daheim nicht hatten, weil wir es nicht gebraucht haben.). Es bedarf wohl keines erläuternden Kommentars, dass diese absurde Feststellung mit der tatsächlichen Sprach- und Kommunikationsrealität nichts zu tun hat. Zur Vorstellung der wirklichen aktuellen Verhältnisse hinsichtlich der Morphosyntax sollen nun die im Belegkorpus ermittelten Realisierungsformen von Sprachenmischung in der Grammatik genauer betrachtet und ausgewertet werden.

Für die Forschungsliteratur bleiben diese Fragestellungen anscheinend nach wie vor in wichtigen Punkten (von den Kreolsprachen eventuell abgesehen; vgl. WINFORD 2003: 304 ff.) eine terra incognita. MÜLLER meinte in seiner erstmals 1861 erschienenen Schrift noch, dass „Sprachen in ihrem Vokabular zwar gemischt sein können, aber in ihrer Grammatik nie gemischt werden können" (1965: 79). Diese Ansicht wurde von der nachfolgenden Forschung nahezu zu einem Dogma erhoben. So glaubte SCHAPPELLE Anfang des 20. Jahrhunderts, in der Syntax der deutschen Sprache von „deutschbrasilianischen" Kolonisten noch keine portugiesischen Einflüsse nachweisen zu können (1917: 42).[205] Noch heute vertreten nicht wenige Linguisten den Standpunkt, dass zwischensprachliche morphosyntaktische Beeinflussungen praktisch nicht möglich seien. So bestreitet beispielsweise FILIPOVIĆ (1986: 185)

---

[205] Auf morphologischem Gebiet liefert er allerdings Belege für Sprachenkontakte.

für direkte Sprachenkontakte die Möglichkeit einer syntaktischen Transferenz.[206] Der entsprechende Wörterbuchartikel in der russischen linguistischen Enzyklopädie schränkt die Möglichkeit grammatischer Transferenzen auf die genetische Sprachverwandtschaft ein: Die Entlehnung von Wörtern mit grammatischen Funktionen und von formbildenden Affixen sei nur „möglich bei engen sprachlichen Kontakten verwandter Sprachen" (IVANOV 1990: 237). Um weitere spezielle Beispiele aus der Sprache deutscher Minderheiten im östlichen Europa und in der GUS zu zitieren, verweise ich etwa auf den Standpunkt von BARBA (1982: 181): Sie konnte bei den Rumäniendeutschen des Banats im morphosyntaktischen Bestand „keine merklichen Spuren" der Kontaktsprachen Ungarisch und Rumänisch registrieren. Analog meint STEPANOVA (1983: 198 f.) anhand ihrer Forschungen an russlanddeutschem Sprachmaterial, die Syntax sei derart stabil, dass sie selbst in Dialekten, die in anderssprachiger Umwelt existieren, keine zwischensprachlichen Beeinflussungen erführe. Für JEDIG konnte „ein sorgfältiger Vergleich der Wortfolge des Satzes im Russischen und des Satzes der niederdeutschen Mundart" bei Russlanddeutschen keinen Einfluss des Russischen nachweisen (BEREND/JEDIG 1991: 182). KLASSEN konstatiert ebenfalls für die von ihm untersuchte Sprache der Russlanddeutschen, deren Gesamtzahl er übrigens insgesamt auf „etwa sieben Millionen" beziffert (1994: 72): „Grammatische Einflüsse konnten ebenfalls nicht festgestellt werden" (1994: 71). Ähnliches bescheinigte übrigens ZIEGLER (1996: 62) sogar den „Deutschbrasilianern": „Interferenzen formbildender Hilfsmorpheme" waren „für den deutsch-portugiesischen Sprachkontakt [...] nicht zu belegen gewesen. Ebenso sind wortbildende Hilfsmorpheme, wie Prä- und Suffixe, als Interferenzen der morphosyntaktischen Ebene innerhalb des deutsch-portugiesischen Sprachkontaktes nicht nachzuweisen."

Selbst solche zeitgenössischen Publikationen, die mit einem ungarndeutschen Korpus arbeiten und als durchaus seriös einzustufen sind, belegen für die Bereiche der Syntax kaum Wirkungen von Sprachenkontakten. WILD (1994b: 98) resümiert die Resultate ihrer Forschungen damit, dass ein Einfluss der ungarischen Sprache auf die Stellung der Satzelemente nicht mit Sicherheit nachgewiesen werden könne.

---

[206] Unter 3.1.1 habe ich ferner auf SAPIR (1921: 203) und hinsichtlich der zeitgenössischen Forschung auf BÁTORI (1980: 134) hingewiesen, der die Möglichkeit einer substanziellen morphologischen Beeinflussung gleichfalls nicht anerkennt.

Das von mir ausgewertete Material deckt sich jedoch ganz und gar nicht mit jenen Aussagen, welche die Möglichkeit von morphosyntaktischen Transferenzen ausschließen bzw. welche bei der Analyse ihres Untersuchungsmaterials keine derartigen Transferenzen erschlossen haben. Um es gleich vorwegzunehmen: Ich konnte eine Reihe relevanter morphologischer und syntaktischer Kontakterscheinungen und kontakt-induzierter Grammatikalisierungsphänomene[207] belegen (die allerdings wirklich gegenstandskonform nur in einem diachronen Kontext anzugehen wären).[208] Diese morphosyntaktischen Spezifika gehen in mancher Hinsicht wesentlich über das hinaus, was an anderen Sprachenpaaren unter anderen sprachsoziologischen Konfigurationen beschrieben worden ist oder sie zeigen dazu nur teilweise Parallelen. HUFEISEN (1995a: 245) hat z.b. die englischen Transferenz-Einwirkungen im Deutsch von deutschsprachigen Einwanderern in Kanada analysiert und gelangte zu der Erkenntnis: „Im Bereich der Morphologie gibt es zwei Übernahmemechanismen: Englische Verben werden nach deutschen Regulierungen konjugiert, deutsche Nomen werden nach englischer Morphologie dekliniert." Ersteres Phänomen – allerdings eher in den Vergangenheitsformen – war auch in meinem Beobachtungsmaterial zahlreich vertreten (vgl. Nr. 45, 46, 47 etc.), doch im Präsens wurde z.B. gewöhnlich das ungarische Infinitivsuffix behalten (vgl. Nr. 166). Die von HUFEISEN genannte zweite Besonderheit kommt mir eher untypisch vor, zumal bei ihr (1995a: 247) je nach Zuordnung lediglich drei oder vier Items auftreten, die aber wenig überzeugend erscheinen, wie etwa *Beginner* ('Anfänger') oder *Konsumer* ('Konsument'). Ich sehe

---

[207] Zu den Grundannahmen, Argumentationsweisen und Definitionen der – bislang vorwiegend sprachtypologisch-universalistisch orientierten – Grammatikalisierungsforschung vgl. z.B. DIEWALD (1997), GIACALONE RAMAT/HOPPER (1998), HOPPER/TRAUGOTT (2000). Eine integrative und auf eine breitere empirische Basis rekurrierende Grammatikalisierungstheorie wird z.B. von GIRNTH (2000) angestrebt. Der Terminus „Grammatikalisierung" selbst ist allerdings wesentlich älter und geht auf A. Meillet zurück. Grammatikalisierungsphänomene besitzen im untersuchten transkulturellen Kontext auch deswegen Relevanz, weil von Sprache zu Sprache unterschiedlich ist, welche konzeptuellen Domänen bevorzugt mit grammatischen Formkategorien ausgedrückt werden.

[208] Das hängt wohl mit der fortgeschrittenen Stufe der Sprachumstellung in der untersuchten Diskursgemeinschaft zusammen, wenn nämlich die Sprecher das Ungarische (als eigentliche Zweitsprache) bereits besser beherrschen als das Deutsche (als eigentliche Erstsprache); vgl. die „IV. Phase" im Modell von MELIKA (1994: 298 ff.), das ich in der Fußnote 72 thematisiert habe.

bei diesen Belegen keine englischen Pluralendungen an deutschen Substantiven und halte daher diese Beispiele für einfache lexikalische Transferenzen aus dem Englischen.

3.1.3.1 In meinem Datenmaterial liegt dagegen eine Vielfalt aussagekräftigerer Fälle vor. So findet man im Beleg Nr. (73) in einem lexikalisch relativ homogenen – einsprachig deutschen – Satz ein als morphologischer Transfer aus dem Ungarischen exemplifizierbares Phänomen:

(73) *Kài̯'s nu: a Mischthàufara!*[209] (SD: Gehei [= Wirf] es nur auf den Misthaufen!).

Die Übernahme von Flexionsmorphemen erfolgt normalerweise sehr selten, zumal sie in hohem Maße integrierte und strukturierte Elemente der Sprache sind. Die Erfahrungen legen nahe: Je komplexere grammatische Funktionen diese erfüllen, desto geringer ist die Wahrscheinlichkeit ihres Transfers. Im Beleg Nr. (73) kann die Verwendung des ungarischen Artikels – falls dieses 'a' überhaupt als ungarischer Artikel und nicht als ein simpler Häsitationslaut eingestuft wird – u.U. auch dahingehend interpretiert werden, dass die Sprecherin das Substantiv *Mischthàufa* (SD: 'Misthaufen') als ungarisches Element behandelt. Sollte es so sein, verkörpert sich hier die Sprachenmischung nicht in einer grammatischen Transferenz, sondern in einer Kode-Umschaltung mitten im Satz.

Unter 3.1.1 kam es (bei Nr. 5) bereits zu einer Mischung des grammatischen Baus. Es gibt also Strukturen, bei denen die Bezugsgrammatik u.U. sowohl deutsch als auch ungarisch ist, z.B.:

(74) *Kàm:id a:u wentscházni!* (SD: Kommt [eigentlich: Kommen Sie] auch [etwas] wünschen!).[210]

Der obige Befund für Sprachenmischung kann einerseits so ausgelegt werden, dass ein Übergang von dem einen zum anderen Sprachsystem bzw. die Grenze zwischen diesen bei der Infinitivendung erst im gege-

---

[209] Das vorangegangene *a* ist ein bestimmter Artikel des Ungarischen und *-ra* ist ein ungarisches Sublativsuffix (Ortsbestimmungssuffix der Oberfläche auf die Frage ‚wohin?').

[210] Oder praktisch schon ganz ungarisch sind Sätze wie *A Csöpi paisázik* (SD: Der Csöpi [= Hundename] beißt) oder *Schlafáztam egy kicsit* (SD: Ich habe etwas geschlafen).

benen Redemoment auftrat (als 'Kode-Umschaltung' oder als 'grammatische Transferenz' interpretierbar). Man könnte andererseits auch annehmen, dass der Sprecher bereits das ganze Verb als ungarisch (bzw. hungarisiert) betrachtete. In diesem Fall wäre eher von einem Wort(rück-)transfer zu sprechen.

Noch frappierender ist der folgende Fall von morphosyntaktischer Doppelmarkierung:

(75) *Schit:'s miar ans Gläsliba!*[211] (SD: Schütte es mir ins Gläslein!).

Da ja die Kontraktion aus Präposition (*in*) und Artikel (*das*) noch deutsch ist, erfolgt hier die Sprachenmischung zweifellos beim ungarischen Illativsuffix am Wortende (siehe Beleg Nr. 75), was zu einer hybriden Morphemstruktur führt. Wenn man nach potenziellen Auslösern suchen will: Ein möglicher Grund für diesen Transfer der ungarischen Morphologie dürfte in der sprachökonomischen[212] Leistung des Ungarischen in diesem Bereich liegen, nämlich darin, dass raumbezogene Richtungsangaben im Ungarischen durch die jeweiligen Illativsuffixe rein morphologisch realisiert werden, während man sie im Deutschen etwas komplexer: durch Präfixe mit den davon abhängenden (und indirekt vom Verb bestimmten) Kasus in den Artikeln und Kernsubstantivendungen der Nominalgruppe – und somit morphosyntaktisch – ausdrückt. Überdies zeigt dieser Beleg eine eigentümliche Dualität: Die grammatischen Relationen kommen doppelt (also in beiden Sprachen) und zudem mit kategorial unterschiedlichen Beziehungsmitteln zum Ausdruck: im Deutschen analytisch und im Ungarischen synthetisch. Eine weitere Auffälligkeit ist dabei die Frage der Vokalharmonie. Durch Nachfragen bei den Informant(inn)en und aufgrund weiterer analoger Beispiele wurde klar, dass in diesem Beleg im Prinzip auch die helle

---

[211] Die Endung *-ba* ist ein ungarisches Illativsuffix, vgl. die Kommentare zu Beleg Nr. (5).

[212] WURZEL (2001: 384) räsoniert wohl zu Recht, dass sich im Problemfeld 'Ökonomie in der Sprache' die in der Forschungsliteratur gebrauchten Termini sowohl hinsichtlich ihrer jeweiligen theoretischen Einordnung als auch hinsichtlich der jeweils abgedeckten Phänomene in der Sprache deutlich unterscheiden. Zu Definition, Wirkungsbereichen, Arten der sprachlichen Ökonomie besonders im Kontext des „Sprachwandels" vgl. z.B. RONNEBERGER-SIBOLD (1980), KELLER (1990: 138 f., 143 f. sowie 150), POLENZ (2000: 29–37), SCHWERDT (2000: 95–99) und besonders WURZEL (2001). ROELCKE (2002a) beklagt, dass die Herausarbeitung eines übergreifenden Modells sprachlicher Ökonomie bislang aussteht und nähert sich der sprachlichen Ökonomie in ihrer Vielgestaltigkeit durch die Entwicklung eines allgemeinen Modells „kommunikativer Effizienz".

Variante *-be* – *Gläslibe*[213] (= ins Gläslein) – möglich wäre, ähnlich wie bei den beiden Optionen *Häfiliba* oder *Häfilibe* (= ins Häfilein/Tässchen). Bei Stämmen mit dunklen Vokalen – wie es der aus nur ausschließlich dunklen Vokalen bestehende Diphthong [ua] im folgenden Beispielwort belegt – ist hingegen nur die Suffixvariante *-ba* zulässig; vgl. z.B. *Kruagba* (= in den Krug). Als aktuellen Trend kann man jedenfalls erkennen, dass die dunkle Variante *-ba* an Terrain gewinnt.

Bei einer intensiven Auseinandersetzung mit diesem Beleg und anderen ähnlichen Redebeispielen stellt sich die Frage, in welchen Fällen doppelte Markierungen grammatischer Beziehungen bevorzugt werden. Eine nahe liegende Hypothese wäre, dass solche Phänomene besonders dann auftreten, wenn ein entsprechendes Strukturmuster auch in der Basissprache, d.h. dem deutschen Dialekt, in irgendeiner Weise vorhanden ist. Das könnte die Transferenz fördern. Belegsatz Nr. 75 hätte ja auch in der Basisvarietät im unilingualen Modus mit *hinein* enden können, etwa: *Schütte* [eigentlich: *Fülle*] *es mir ins Gläslein hinein.* Das ungarische Illativsuffix steht mithin an der Stelle des (allerdings vom Substantiv getrennt zu schreibenden) Lokaladverbs *hinein*. Da es sich gewiss nicht um ein unikausales Phänomen handelt, müsste ein wirklich stichhaltiges Erklärungsparadigma wohl zugleich mehrere Argumente von verschiedenen Ebenen heranziehen. Möglicherweise kann

---

[213] Dieses Lexem war früher in den Formen *klázli, glászli, glazli, kalázli* und *kelázli* als deutsches Lehnwort bairisch-österreichischer Provenienz auch im Ungarischen regional recht verbreitet. Die ungarische Version ist vor allem durch Auflösung der anlautenden Konsonantenhäufung und durch Dissimilation entstanden (vgl. BENKŐ 1970: 503 f., 1993: 760 und KISS 2001: 215). Beispielsweise verspottet ein altes Volkslied die westungarischen Dialekte wegen ihrer zahlreichen Germanismen wie folgt: „Dunántúl a magyar iszik klázlibul,/Megeszi a roszprádlit cintálbul./Dunántúl: klázlibul, cintálbul./Tiszántúl a magyar iszik kancsóbul,/Eszik fa-cseréptálbul vagy bográcsbul,/Tiszántúl: kancsóbul, bográcsbul" [„In Transdanubien trinkt der Ungar aus dem klázli,/Isst seinen Rostbraten aus dem Zinnteller./In Transdanubien: aus dem klázli, aus dem Zinnteller./In Transtisien trinkt der Ungar aus dem Krug,/Isst aus dem Holz-Tonteller oder aus dem Kessel,/In Transtisien: aus dem Krug, aus dem Kessel"] (nach KISS 2001: 215). Heute soll es nach BENKŐ (1993: 760) als *karázli, kázli* und *kelajszi* weiter bestehen.
Dazu noch ein selbst ermittelter Beleg aus der schöngeistigen Literatur (einem Märchen, Ende des 19. Jahrhunderts):
„– *De már, édes anyám,* – *azt mondta a sündisznó,* – *ha fiuknak fogadtak, ültessen az asztalhoz, aztán kalázliból adjon innom.*" (HALÁSZ 1898: 162). [Auf Deutsch: Mein liebes Mütterchen, – sagte der Igel, – wenn Sie mich schon als Sohn angenommen haben, dann setzen Sie mich an den Tisch und geben Sie mir aus dem Gläslein zu trinken.]

man – neben Erklärungen der 'Sprachökonomie' (vgl. dazu Fußnote 204) – auch argumentieren, dass derartige grammatische Transferenzen eher an strukturell komplexen und kognitiv „schwierigen" Stellen auftreten.

Eine doppelte Kennzeichnung von grammatischen Relationen liegt auch in anderen Fällen vor. Beispielsweise reihen viele Belege zwei Suffixe – ein ungarisches und ein deutsches – aneinander:

(76) *Àisi Nàchpr seand' s gse:i, s Leiéks.* (SD: Unsere Nachbarn sind es gewesen, des [= die] Leis.).

Der Familienname lautet *Lei*, er wurde zuerst mit dem ungarischen Kollektivbezeichnungssuffix *-ék*[214] versehen, dann zusätzlich auch auf Deutsch mit *-s* suffigiert. Diese Erscheinung gilt in Hajosch keineswegs als Ad-hoc-Auffälligkeit, sondern gehört im Ortsdialekt zu den üblichen, ganz und gar gängigen sprachlichen Formen (vgl. auch *Klunyiéks* in Abschnitt 3.1.2.6.4). Man könnte sogar sagen, dass sich *-éks* als neues (hybrides) Suffix etabliert hat; wie die Beispiele belegen, kann es sowohl deutschen als auch ungarischen Namen angefügt werden, vgl. *vàn s Nagyéks* ('von des [= den] Nagys'):

(77) *De:s Buach kàm:t vàn s Gáboréks hear.* (SD: Dieses Buch kommt von des [= den] Gábors.).

Für die doppelte (bilinguale) Kennzeichnung ein und derselben grammatischen Funktion – sie ließen sich auch als eine duale Kodierung auffassen – konnte also eine Vielfalt von Belegen unterschiedlicher Art eruiert werden:

---

214 Im Ungarischen gibt es eine spezielle Art von Kollektiva, bei der es sich um eine Bildung pluraler Substantive handelt, die eine Gruppe bezeichnen, zu der das betreffende Individuum gehört. Basen sind dabei vorrangig Eigennamen und Personenbezeichnungen. Folglich hat man es hier mit einem ungarischen Quasi-Wortbildungssuffix zur Markierung von Kollektiva zu tun, das analog zum possessiven Personalsuffix an Stämme tritt (vgl. KERESZTES 1999: 74). TOMPA (1972: 109) stuft es klar als „Ableitungssuffix" ein, nach KENESEI/VAGO/FENYVESI (1998: 353 f.) ist indessen sein Status als Derivationsaffix nicht eindeutig, da es u.U. auch als Flexionssuffix qualifiziert werden kann. Weitere Beispiele: *Takácsék* (= die Familie Takács), ähnlich wie im Deutschen das Suffix *-s* in Formen wie *Müllers* (= die Familie Müller); *igazgatóék* (= der Direktor und die Seinen).

(78) *S Gealt ischt odiván.* (SD: Das Geld ist hin [ist]; 'ist' wird also zweimal ausgedrückt.).

Das zusammengesetzte Verb *odiván* – standardungarisch: *odavan* – ('ist hin/verloren') wurde von der Sprecherin nicht analysiert, sondern wie ein Simplex gehandhabt und syntaktisch (noch einmal) mit dem deutschen *ist* verknüpft.

Hybride Präpositionalgefüge sind in diesem Zusammenhang gleichfalls interessant:

(79) *Ma seand mit am Autóval uf Mischka gfahra.* (SD: Wir sind mit dem Auto auf [nach] Miske gefahren.).

Ähnlich wie bei Beleg Nr. (75) gehen hier diesmal eine dativische Präpositionskonstruktion des Deutschen (*mit dem Auto*) und ein Instrumentalsuffix des Ungarischen (*-val*) eine harmonische Symbiose ein.

Viele Belege unterscheiden sich von dem obigen strukturell dadurch, dass das Substantiv an der Gelenkstelle der hybriden Fügung eindeutig ungarischer Provenienz ist:

(80) *Sie hàt de:s älts uf d Mérlegre tau.* (SD: Sie hat das alles auf die Waage getan.).

In diesem Satz wird der Ansatz[215] eines deutschen akkusativischen Präpositionalgefüges mit einem ungarischen Sublativsuffix (*-re*) verknüpft.

(81) *E:scht gega Màargis seam:a vàn dr Lagziból hu:eikà m:a.* (SD: Erst gegen Morgen sind wir von der Hochzeitsfete heimgekommen.).

Hier tritt zum Ansatz eines dativischen Präpositionalgefüges ein Elativsuffix[216] (*-ból*) des Ungarischen hinzu.

(82) *Gang: it: na: zum Kúthoz!* (SD: Geh nicht hin zum Brunnen!).

---

[215] „Ansatz", weil ja das Nomen ungarischer Provenienz ist, sodass man m.E. kaum von einem herkömmlichen deutschen Präpositionalgefüge sprechen kann.

[216] Im Ungarischen stellt eine Elativ-Relation eine Ortsbestimmung des inneren Raumes dar.

Bei diesem Beleg handelt es sich um die Kombination eines deutschen dativischen Präpositionalkonstruktions-Ansatzes und eines ungarischen Allativsuffixes[217] (-*hoz*).

(83) *Uhna Àndrlàis: ha:ud sie bis **Reggelig** tanzed.* (SD: Ohne Unterlass haben sie bis zum Morgen getanzt.).

Im obigen Satz wird der Ansatz eines deutschen Präpositionalgefüges mit einem ungarischen Terminativsuffix[218] (-*ig*) verbunden.

(84) *Bài dr **Kastélynál**, dot: han i: 'n gsi:ah.* (SD: Bei der [dem] Schloss, dort habe ich ihn gesehen.).

In diesem Beleg geht der Ansatz eines deutschen Präpositionalgefüges mit einem ungarischen Adessivsuffix[219] (-*nál*) eine Verbindung ein.

Auch bei Personennamen sind solche dualen Kodierungen möglich, z.B.:

(85) *I: han 's die Kendr äl:awàil   mes:a saga, sie sol:id it: na: zum **Bandihoz**.* (SD: Ich habe den Kindern allweil müssen sagen, sie sollen nicht hin zum Bandi [ungarischer männlicher Vorname in Koseform].).

Hier treffen der Ansatz eines deutschen dativischen Präpositionalgefüges und ein ungarisches Allativsuffix (-*hoz*) aufeinander.

In den obigen hybriden Belegen gelten die thematisierten deutschen und ungarischen Formen als reguläre Entsprechungen voneinander, z.B. die deutsche Präposition *zu* und das ungarische Allativsuffix -*hoz*. Indes gibt es sogar Fälle dieser Art von Hybridität, in denen die jeweiligen Sprachmittel keine regulären zwischensprachlichen Äquivalente sind, z.B. *vân dr **TSZ** által* (d.h. „von der TSZ által" – *TSZ* bedeutet *LPG* und die ungarische Postposition *által* entspricht der deutschen Präposition *durch*).

Mitunter entstehen hochkomplexe bilinguale Suffixkonglomerate, vgl.:

---

[217] Der Allativ bezeichnet eine Ortsbestimmung der seitlichen Nähe: Grundbedeutung: 'Bewegung in die Nähe hin'.

[218] Der Terminativ bezeichnet eine Orts- und Zeitgrenze.

[219] Der Adessiv bezeichnet eine Ortsbestimmung der seitlichen Nähe, Grundbedeutung: 'Befindlichkeit, Geschehen bei (in der Nähe von) etw.'.

(86) *Äl:igi hock:id den:a en iahri Stubanáikban ànd teand Tévé guck:a.* (SD: Alle hocken drin in ihren Stuben und tun TV gucken.).

Im obigen Beleg wird nicht nur die Ortsbestimmung (die Präposition *en* 'in' + das Inessivsuffix *-ban* 'in'), sondern auch das Possessivverhältnis (Possessivpronomen *iahri* 'ihre' + Pluralzeichen des Besitzes *-i*) und der Plural (Possessivpronomen *iahri* 'ihre' + Pluralzeichen *-k*) doppelt markiert.

Ähnlich auch z.B.:

(87) *Wia lang muscht denn no wata uf deini Gäschtjaidra?* (SD: Wie lang musst du denn noch warten auf deine Gäste?).

Manche der erörterten bilingualen Eigentümlichkeiten (z.B. die zusätzliche Suffigierung beim Substantiv in einem Präpositionalgefüge, wie im Beleg Nr. 75) sind ungemein spannend und verdienen eine besondere Hervorhebung. Wären sie doch beim Kontakt von zwei flektierenden indogermanischen Sprachen nicht denkbar. Beruhen doch bekanntlich die verschiedenartigen Kontakt-, Interaktions- bzw. Konvergenzphänomene – außer auf vielfältigen psycho-, neuro-, sozio- und pragmalinguistischen Faktoren – im Wesentlichen auf den strukturellen (typologischen) Eigenheiten und Möglichkeiten der miteinander in Berührung stehenden Sprachen. Über diese Zusammenhänge fehlen noch eingehendere empirische Untersuchungen hinsichtlich des arealen Kontaktes des Deutschen mit nicht-flektierenden Sprachen. Zu erwähnen ist aber eine kleinere – sogar mindestens dreimal gedruckte[220] – Arbeit von TEKINAY (1987) über eine zwar soziolinguistisch ganz anders gelagerte und geartete Sprachenkontaktkonstellation, die aber sprachtypologisch meinen Untersuchungen nahe steht. TEKINAY wertete einige – leider nicht sehr materialreiche – Sprechproben türkischer Arbeitsmigranten in Deutschland aus und hat in deren von deutschen Transferenzen geprägtem Türkisch eigentlich wenig sprachtypologisch Spektakuläres gefunden. Die Autorin brachte die Möglichkeit und Problematik der Sprachtypologie nicht einmal zur Sprache. Lediglich eine einzige Beobachtung könnte eventuell von Relevanz sein: das Vorkommen doppelter Pluralendung (deutsch-türkisch) in *kinder/ler* (1982: 76, 1983/84: 401,

---

[220] Davon zweimal mit jeweils unterschiedlichem Titel (TEKINAY 1982, 1983/1984 und 1987).

1987: 100).[221] Weitere nennenswerte Befunde, etwa Beispiele für eine zweifache Kennzeichnung ein und derselben grammatischen Beziehung mit kategorial unterschiedlichen Mitteln (wie etwa in meinem Beleg Nr. 75 o.ä.), kommen in dieser Publikation nicht vor. Folglich erforscht die Aufdeckung von Kontakten des grundsätzlich flektierenden Deutschen mit dem im Wesentlichen agglutinierenden Ungarischen[222] unter sprachtypologischen Gesichtspunkten m.E. Neuland und ist von herausragender wissenschaftlicher Attraktivität.

Bei einigen Belegtypen (wie etwa bei Nr. 88), ergibt sich die Frage, ob diese – je nach Interpretation – intralexematische Transferenz oder intralexematische Kode-Umschaltung im Normalfall auch für den Rest des Sprechereignisses den Übergang in die andere Sprache zur Folge hat. In dem von mir erfassten Korpus sind viele derartige Fälle enthalten; man vgl. das folgende Beispiel eines Überganges von der ungarischen Standardsprache in den deutschen Dialekt:

(88) *Hozd a Bàißzang:át am Ni:ne!* (SD: Bring die Beißzange dem Ähnl [= Opa]!).

Hier lässt sich wohl eine Tendenz vermuten, obgleich es dazu auch Gegenbeispiele gibt.

Bereits unter 3.1.2.3 wurde erwähnt, dass lexikalisch-semantische Transferate aus dem Ungarischen deutsche Suffixe erhalten können. Diesbezüglich liefert, von morphologischem Standpunkt aus betrachtet, in erster Linie die Graduierung von Adjektiven aufschlussreiche Fälle zwischensprachlicher Kontaktphänomene.

Manchmal erfolgt eine Transferenz bereits graduierter ungarischer Adjektive im Komparativ, z.B.:

---

[221] Einige strukturell ähnliche deutsch-türkische Belege findet man ferner bei KALLME-YER/KEIM/ASLAN/CINDARK 2002: 7). Für doppelte Pluralbildung kann man allerdings auch bei typologisch einander weitgehend ähnlichen Sprachen Belege finden; vgl. z.B. *Seitens >pages* in (kanadisch-) englisch-deutscher Konstellation (HUFEISEN 1995a: 247) oder *die Ohrens < die Ohren + ears* (HOFFMANN 1997: 106). Im Gegensatz zu mir sieht NAVRACSICS (1999: 140) in diesem Phänomen eine Kode-Umschaltung auf der Ebene der Morphologie.

[222] KIEFER (1999) weist plausibel nach, dass das Ungarische keine rein agglutinierende Sprache ist, die Agglutinierung aber eines seiner wesentlichen Charakteristika darstellt. SCHMIDT (1998: 998) charakterisiert das Gegenwartsdeutsch durch ererbte synthetisch-flektierende und neu entwickelte analytisch-isolierende Merkmale; zu weiteren sprachtypologischen Tendenzen vgl. ROELCKE (2002b: 259 ff.).

(89) *En okosabb gąįt's en Ha:josch: it: wia ear.* (SD: Einen Klügeren gibt's in Hajosch nicht wie er.).

Aus dem Ungarischen transferierte Lexeme können aber im Komparativ auch nach dem deutschen Muster und mit deutschen Steigerungssuffixen versehen werden, z.B.:

(90) *He:it ischi é:brar:.* (SD: Heute ist er munterer < aus ungar. *éber* 'munter'.).

Beim Superlativ wird in deutschen Sätzen hin und wieder auf Adjektive ungarischer Provenienz in der im Ungarischen üblichen komparierten Form zurückgegriffen. Belege gibt es sowohl für den (a) attributiven als auch für den (b) prädikativen Gebrauch:

zu (a):

(91) *Hàscht scha wiedr dr legolcsóbb Pul:ofr ka:uft?* (SD: Hast [du] schon wieder den billigsten Pullover gekauft?);

zu (b):

(92) *D Elefanta mes:id doch am legerősebb se:i.* (SD: Die Elefanten müssen doch am stärksten sein.).

In ihrer Mehrzahl bekommen die Adjektive oft das übliche ungarische Pluralzeichen *-k*, z.B.:

(93) *Sie weand jà die legelőkelőbbek se:i.* (SD: Sie wollen ja die Vornehmsten sein.);

oder:

(94) *De:s seand doch die legutolsók em Λ:at.* (SD: Das sind doch die Letzten im Ort.).

Hier nehmen die ungarischen Lexeme *legerősebb* ('stärkst-'), *legelőkelőbbek* ('vornehmst-'), *legutolsók* ('letzt-') jeweils eine adjektivische Gestalt an. Im Rahmen von hybriden Superlativformen können aber auch Adverbien ungarischer Herkunft vorkommen:

(95) *And wen: s Fuir em **legjobban** bren:t, nàch tuat ma d Kràmpi:ara ne:i.* (SD: Und wenn das Feuer am besten brennt, dann tut man die Kartoffeln hinein.).

Merkwürdigerweise werden mitunter deutsche Adjektive im Superlativ doppelt, d.h. sowohl ungarisch (mit dem Präfix *leg-*) als auch deutsch (mit dem Flexionssuffix *-st*) graduiert:

(96) *Sie seand stark arm, abr die **legi**armischti seand doch s Wendmach:rs gse:i.* (SD: Sie sind stark [= sehr] arm, aber die ärmsten sind doch die Wendmachers gewesen.).

Solche Belege demonstrieren, dass im Sprachenkontakt auch stark gebundene Morpheme durchaus transferiert werden können. Im Elativ ist die Verbreitung der hybriden Formen bzw. Bildungsarten ebenfalls sehr groß.

Für die Transferenz bereits auf Ungarisch graduierter Formen lässt sich Beleg Nr. (97) anführen:

(97) *S **legislegfontosabb** ischt jetz:, das: da zum Doktr gàhscht.* (SD: Das Allerwichtigste ist jetzt, dass du zum Doktor gehst.).

Deutsche graduierte Adjektive können mit ungarischen Präfixen verknüpft werden, was zu einer dualen Komparation führt:

(98) *Ear ischt dr **legislegkeack:ischt** Ma: gse:i.* (SD: Er ist der allerkeckste Mann gewesen; *keck* steht im Dialekt im Sinne von 'tapfer');

oder:

(99) *S **legislegarmseligscht** Häusli ischt en dr Alta Gas: gstanda.* (SD: Das allerärmste Häuschen ist in der Alten Gasse gestanden.).

Andererseits gibt es auch das Gegenteil, wenn sich also die doppelte Markierung darin zeigt, dass bei Elativkonstruktionen graduierte Adjektive ungarischer Provenienz mit der deutschen Vorsilbe *aller-* verbunden werden:

(100) *S **äl:rfontosabb** ischt jetz:, das: da....* (SD: Das Allerwichtigste ist jetzt, dass du...).

3.1.3.2 Aus meinen Belegtypen ist eine sprachlich-strukturelle Vielfalt von Erscheinungen zu ersehen. So kann man etwa erkennen, dass manchmal deutsche Verben nach dem Muster des Ungarischen konjugiert werden (vgl. Nr. 74). Aber noch öfter werden aus dem Ungarischen transferierte Verben nach der Bildungsart des Deutschen suffigiert:

(101) *Ear hàt **karambolozned** ànd sie ischt **béna** wà:ara.* (SD: Er hat karamboliert [= hatte einen Unfall] und sie ist [deshalb] gelähmt.);

(102) *I: han dr **Bitz:iegl** a:gfékezned és megállítottam.*[223] (SD: Ich habe das Fahrrad an- [ab-]gebremst und gestoppt.).

Oft verwandeln sich auf diese Weise ungarische onomatopoetische Wörter und Vokabeln mit spezifischer Bedeutung, Konnotation und/der Lautung sowie Realienbezeichnungen bzw. Bezeichnungsexotismen (oder „kulturspezifische Wörter" im Sinne von GODDARD/WIERZBICKA 2003: 148 ff.) zu deutschen flektierten Verben oder Partizipien, vgl.:

(103) *S Was:r tuat **lotsch:ala.*** (SD: Das Wasser [tut] plätschern < aus ungar. *locsol/locsog.*).

Oder:

(104) *S Was:r hät **glotsch:iled.*** (SD: Das Wasser hat geplätschert < aus ungar. *locsol/locsog.*).

Der folgende Ausdruck geht auf ungar. *ki van cifrázva* zurück:

(105) *De:s ischt abr guat **auscifráted*** (SD: Das ist aber gut ausgeschmückt.).

Im Hintergrund des Syntagmas *ischt vacseszned* verbirgt sich wohl das – transferierte und auf Deutsch flektierte (*ver-* + *-t*) – saloppe ungarische Verb *cseszik* (eigentlich 'bumsen') bzw. präfigiert *elcseszik* ('verpfuschen'), genauer die Phrase *el van cseszve* ('ist verpfuscht'), vgl.

(106) *Me:i Gwand, was d Nähdri gmacht hàt, ischt guat **vacseszned** ànd i: han's ihnr gse:it, wia sie's mach:a sol:.* (SD: Mein Gewand, was [das] die Näherin

---

[223] Bei diesem Beleg sehe ich in der Form *a:gfékezned* einen Transferenz-Fall, während der Schlussteil des Satzes *és megállítottam* wohl als Kode-Umschaltung zu interpretieren ist (vgl. 3.2).

gemacht hat, ist gut [= richtig] verpfuscht und ich habe es ihr gesagt, wie sie es machen soll.).

Als ein strukturell ähnlicher Beleg gilt *ischt vamacskred* ('ist in einem schlechten Zustand', [oft im Falle von Kranken]), in dem das ungarische Lexem *macska* ('Katze') bzw. *elmacskásodik* ('ein taubes Gefühl in den Gliedern haben; die Glieder sind eingeschlafen, sind müde und fad') enthalten ist. Hier handelt es sich eigentlich um ein hybrides Präfixverb mit einem transferierten Verbalpräfix aus dem Ungarischen. Dieses Modell ist durchaus produktiv, vgl. auch:

(107) *Iahra ganz Gealt tuat sie vacsokizni.* (SD: Ihr ganzes Geld tut sie für Schokolade ausgeben.).

Der hybride Infinitiv *vacsokizni* setzt sich aus dt. *va* 'ver' und ungar. *csokizni* 'Schokolade essen' zusammen und lehnt sich an das Modell von ungar. *elcsokizni* (das Präfix *el-* entspricht etwa dem deutschen *ver-*). Da dieses Muster im Deutschen nicht vorhanden ist, leuchtet das Motiv für diesen Typ der Transferenz leicht ein.

Aus der engen Symbiose der beiden kontaktierenden Sprachvarietäten resultiert oftmals eine enge Verzahnung der deutschen und der ungarischen Grammatik, indem die beiden Sprachen stark miteinander „kooperieren". So kann bei – echten wie unechten – reflexiven Konstruktionen das (deklinierte) Reflevixpronomen aus der einen und das (ebenfalls flektierte) Hauptverb aus der anderen Sprache stammen:

(108) *I: ha:n mi: so szégyellnid.* (SD: Ich habe mich so geschämt < ungar. *szégyell.*);

(109) *I: ha:n mi: so csalódned.* (SD: Ich habe mich so getäuscht < ungar. *csalódik.*);

oder:

(110) *Sie hat si so összegömbölyödned.* (SD: Sie hat sich so zusammengeknäuelt < ungar. *összegömölyödik.*).

Sprachenmischungsprozeduren sind mitunter derart komplex explizierbar, dass bei manchen Mischprodukten bereits die Sprachenzuordnung problematisch ist. In Abschnitt 2.6.1 wurde ja schon betont, dass

die Sprachenkontakte nicht simple mechanische Mischungen herbeiführen, bei denen alle Komponenten stets eindeutig den beteiligten
Sprach(varietät)en zugeordnet werden können. Beispiele Nr. (3) und (4)
wurden wegen ihrer morphosyntaktischen Merkmale klar als deutschsprachig angesehen. Mehr Nachdenken erfordern die Belege Nr. (111),
(112) und (113):

(111) D *Luckri szétschäar:ázta a Neaschtot.* (SD: Die Gluckhenne [= Glucke]
  zerscharrte das Nest.).

Dieser Satz beginnt noch eindeutig im Dialekt (mit einem deutschen
Artikel), die anderen Elemente sind hingegen nur in lexikalischer
Hinsicht deutsch. Das Korpus enthält eine Vielzahl solcher hybriden
Belege, in denen innerhalb einer Wortform eine mehrfach gemischte
Morphemstruktur vorliegt, z.B. ungarisches Präfix + deutscher Stamm
+ ungarisches Suffix bzw. deutsches Präfix + ungarischer Stamm +
deutsches Suffix.

Die folgenden Sätze (112) und (113) können bereits sowohl aus morphologischer als auch aus syntaktischer Sicht als ungarisch betrachtet
werden.

(112) *Schälázd meg az Äpf:lt!* (SD: Schäle den Apfel!);

(113) A *Luckri agyontap:azta a Hen:ilit.* (SD: Die Lukre [= Glucke] tappte[224] das
  Hennili [= Küken] tot.).

Im Gegensatz zum Beispiel Nr. (111) ist hier auch schon der bestimmte
Artikel ungarisch. Diese und ähnliche sprachliche Produkte demons-
trieren plastisch die Dynamik und die Prozessualität der erörterten
Sprachenkontaktwirkungen.

3.1.3.3 Es ist wichtig zu konstatieren, dass sich die lexikalischen Transferenzen in morphologischer Hinsicht in vielen Fällen nicht vollständig
in den deutschen Kotext integrieren[225] und dadurch mitunter auffällige
morphologische Diskrepanzen erzeugen. Allgemein gesehen, kann
man für solche Erscheinungen mehrere Gründe anführen: Beispiels-

---

[224] Als alternative Erklärung ist unter Umständen auch vorstellbar, dass es sich um das
  ungarische Verb *tapos* ('stampfen') handelt.
[225] Vgl. zur Problematik der Integration auch Abschnitt 4.

weise kann ein Lapsus beim Sprechen vorliegen oder es handelt sich möglicherweise darum, dass die morphologische Struktur des anderssprachigen Sprachzeichens für den deutschsprachigen Sprecher nicht erkennbar ist.

Bei meinem Material kommen die substantivischen Transferenzen aus dem Ungarischen grundsätzlich als Grundform im Nominativ Singular in den deutschen Dialekt. Dort nehmen sie oftmals weder die ungarischen noch die deutschen (a) Plural- und/oder (b) Kasusendungen (besonders im Akkusativ) an.

Vgl. zu (a):

(114) *Dot: ha:ud a:u Telepes gwuhnt.* (SD: Dort haben auch Ansiedler[226] gewohnt.);

(115) *Ihn ha:ud d Ávós[227] fut:gnàm:a.* (SD: Ihn haben die Staatssicherheitsleute fortgenommen.);

zu (b):

(116) *Die Kendr ka:ufa ma groβi Fürdőlepedő.* (SD: Den Kindern kaufen wir große Badetücher.);

(117) *Vil: Kripta mach:id sie jetz: em Kiarchof den:a.* (SD: Viele Krypten [= große, vornehme Grabstätten] machen sie [= macht man] jetzt im Kirchhof [= auf dem Friedhof].).

Der Artikelgebrauch zeigt ebenfalls kontaktbedingte Besonderheiten. In vielen Fällen bleibt – vor allem der unbestimmte – Artikel weg:

(118) *En aisr Gas: mach:id sie Alap.* (SD: In unserer Gasse machen sie [= macht man] ein Fundament.).

---

[226] Unter *Telepes* ('Ansiedler') verstehen die Hajoscher Ungarndeutschen die aus der Slowakei, dem vormaligen Oberungarn, zwangsweise hierher umgesiedelten Ungarn. Das Wort ist auch z.B. bei SCHWEDT (1995: 36) belegt.

[227] Ein aus dem Namen der früheren ungarischen Staatssicherheitsorganisation gebildetes Initialwort.

Besonders oft kommt das bei den ungarischen Varianten von der im Standarddeutschen existierenden „Fremdwörtern" vor, z.B.

(119) *Me:in Vat:r hàt Infarktus ghät:.* (SD: Mein Vater hat [einen] Infarkt gehabt.).

Die Häufigkeit und Geläufigkeit der Transferenz von mehr oder weniger homophonen bzw. homomorphen Lexemen mit identischer Bedeutung ist im Hinblick auf andere Sprachenpaare in der Forschungsliteratur bereits dokumentiert worden. CLYNE (1992) erklärt das z.b. mit einem genuin psycholinguistischen Ansatz, nämlich mit einer „innersprachlichen Auslösung" – gerade infolge einer morphologischen und semantischen Äquivalenz der beiden Versionen in den kontaktierenden Sprachen.

In anderen Fällen findet sich bei den ungarischen Worttransfers ein unbestimmter Artikel auch dann, wenn sowohl im Standarddeutschen als auch im Ungarischen Nullartikel steht:

(120) *Die Hasa mus: ma an Táp ka:ufa.*[228] (SD: Den Hasen [= Kaninchen] muss man ein [sic!] Futter kaufen.).

3.1.3.4 Wohl unter dem Einfluss des Ungarischen finden sich manche Belege für das gemeinsame Auftreten eines bestimmten Artikels und eines Possessivpronomens in der Funktion als Determinanten des Substantivs (vgl. *die meine Uhr* im folgenden Beleg):

(121) *D i m e : i Uhr set: ma a:u ne:ineam:a ànd an Elem ne:imach:a la:u.* (SD: [Die] meine Uhr sollte man auch hineinnehmen [zum Uhrmacher] und eine Batterie hineinmachen lassen[229] [= einsetzen].).

3.1.3.5 Die morphosyntaktisch relevanten Kontakteinflüsse des Ungarischen können mitunter von ungemeiner Subtilität sein. Aus meinem Datenkorpus geht z.B. eine vielschichtige Problematik des Pluralge-

---

[228] Es ist nicht ausgeschlossen, dass der Sprecher mit dem Ausdruck *an Táp* ('ein Futter') im gleichen Sinne eine Maß- bzw. Mengenbezeichnung gemeint hat, wie etwa in *egy zsák táp* ('ein Sack Futter'); deshalb verwendet er den unbestimmten Artikel.

[229] Schon die Formulierung deutet auf ein ungarisches Modell hin, denn im Ungarischen wäre in einem solchen Satz *beletetet* (= *hineintun/-machen lassen*) üblich.

brauchs hervor. Aus dem Ungarischen transferierte Lexeme können in einem deutschsprachigen Kontext ohne Weiteres im Plural stehen, vgl.:

(122) D *Csibék* seand *äl: em Gata danda.* (SD: Die Küken sind alle im Garten drunten.);

(123) D *Tanárok* haud *ihni it: siah lau.* (SD: Die Lehrer haben sich nicht sehen lassen.);

(124) D *Oroszok* seand scha em *44-r Jahr reikam:a uf Hajosch.* (SD: Die Russen sind schon im 44er Jahr reingekommen auf (= nach) Hajosch.).

Ungeachtet dessen stehen Substantive ungarischen Ursprungs sowohl nach bestimmten als auch nach unbestimmten Zahlwörtern nicht im Plural, vermutlich, weil im Ungarischen das Bezugswort nach seinem numeralischen Attribut stets im Singular verwendet wird, vgl.:

(125) *Zwua* **Pénztárca** *seand uf am Tisch doba gleaga.* (SD: Zwei Geldbörse [sic!] sind auf dem Tisch droben gelegen.);

(126) *Tausid* **Rendőr** *seand ram:geren:t uf dr Gas:.* (SD: Tausend Polizist [sic!] sind rumgerannt auf der Gasse.);

(127) *A paar* **Palacsinta** *han i gmacht.* (SD: Ein paar Palatschinke [sic!] habe ich gemacht.);

(128) *Äl:igi* **Tanuló** *haud mes:a ihni schia alega.* (SD: Alle Schüler (= Singular!) haben müssen sich schön anlegen [= anziehen].);

(129) *A Mas:a* **Gyerek** *seand dot: gsei.* (SD: Eine Masse Kind [sic!] sind dort gewesen.).

3.1.3.6 Weitere recht bemerkenswerte – um nicht zu sagen: faszinierende – interlinguale Erscheinungen kann man bei einigen Formen der Hybridisierung in der Wortbildung entdecken. Diese Eigenheiten besitzen auch deswegen eine komplexe und weit reichende Bedeutung, weil sich die kommunikativen Bedürfnisse sowohl des Individuums als auch des Soziums wohl am prägnantesten in der Wortbildung artikulieren. Die im Blickpunkt stehenden Hybridisierungen führen eine zwischensprachliche Grammatikalisierung herbei.

Extrem produktiv, hochvital und kreativ sind also die mit der ungarischen Vorsilbe *akár-* entstandenen kompakten „ungarndeutschen" Pronominaladverbien. Das entsprechende Muster des Ungarischen hat im deutschen Dialekt regelrecht einen Wortbildungsimpetus in Gang gesetzt, d.h. es wirkt paradigmenbildend und führt zu ganzen Wortbildungsreihen (zu dieser Terminologie siehe FLEISCHER/BARZ 1995: 69); vgl.:

(130)   I: *ha:n' s dr gse:it, da ka:scht ga:u ak:a:rmo:na: das: da wit:, d Wáhrid sagid sie diar doch it:!* (SD: Ich habe es dir gesagt, du kannst gehen, akár-[= egal]wohin dass du willst [eigentlich: ...wo du auch immer hinwillst], die Wahrheit sagen sie dir doch nicht! – schwäb. *mo* = ‚wo' + *na* = ‚hin', entsprechend: *mona* = ‚wohin');

(131)   *Ak:a:rwian i: 's wil:, 's weat: doch it: guat.* (SD: Wie ich es auch immer will, es wird doch nicht gut.).

Die zu Grunde liegenden durch Zusammensetzung konstruierten ungarischen konzessiven Komposita werden vom deutsch-ungarischen bilingualen Sprachträger reetymologisiert, wodurch ihre Motivation klar in Erscheinung tritt: Die Vorsilbe *akár-*, die etymologisch mit der Konjunktion *akár* verwandt ist (< *akar* ‚wollen'), wird aus der Zusammensetzung isoliert und mit den deutschen Fragepronomina *wohin* und *wie* verknüpft. Es gibt auch weitere Formen wie *ak:a:rwas, ak:a:rmo* (< *wo*) etc. Die mit *akár-* gebildeten Zusammensetzungen verankerten sich übrigens schon sehr früh im sprachkommunikativen Repertoire der Ungarndeutschen: Selbst einsprachige Personen, die des Ungarischen in keiner Weise kundig waren, haben sich regelmäßig im unilingualen Gesprächsmodus dieser hybriden Konstruktionen bedient. Diese Pronominaladverbien scheinen übrigens in diversen – wahrscheinlich in allen – ungarndeutschen (bzw. z.T. sogar in sämtlichen „donauschwäbischen") Gegenden im Karpatenbecken gängig zu sein. So findet man Belege in unterschiedlichen Quellen, z.B. im Beitrag von KNAB (1997) über die Mundart des Nachbardorfes Nadwar/Nemesnádudvar. KNAB führt folgende Sätze an: *Ich heb net von de' beschte g'lennt, ich war nar so a Mitt'lschilerin, aw'r die, „akar" (= gleich) weli Klass' daß ich war, hén die Lehrene mich imm'r allz'fahrt gen g'hatte* (1997: 189). Oder: *„Akar" (= Gleich) was des war far a' Nazio* (1997: 193). Auch KNECHTs Publikation (1999: 354, 2001: 74 und 96 f.) über sathmarschwäbische Dialekte im heutigen Rumänien enthält Ähnliches. HUTTERER (1993: 160) weist nach, dass diese *akár*-Ausdrücke mitunter „auch in mehrheitlich nicht ungarischer Umgebung" gängig sind. Selbst in Dialektwörterbüchern findet man sie lemmatisiert. SCHWALM (1979: 30) bringt beispielsweise für Waschkut/Vaskút die Form „akarwas" in den Bedeutungen 1. ‚was auch immer', ‚was ... auch', 2. ‚irgendwas'.

Neben den genannten Belegen fanden sich in meiner Hajoscher Datenbasis Konstruktionen wie: *ak:a:rwa:s* (*akár* + was), *ak:a:rwear* (*akár* + wer), *ak:a:rmo* (*akár* + wo), *ak:a:rwen:* (*akár* + wann), *ak:a:rwiavl* (*akár* + wie viel), *ak:a:rwa:s fa:r a* (*akár* + was für ein), *ak:a:r vàn mo/ak:a:r vàn mohear/vàn ak:a:rmo* (*akár* + von wo/ *akár* + von woher/von + *akár*wo). Beispiele:

(132) *Ak:a:rwa:s i: tuar, 's ischt ku:ein Weag.* (SD: „Akárwas" ich tue, es ist kein Weg, d.h. Was ich auch immer tue, es bringt nichts.);

(133) *Ak:a:rwear das: kàm:t, las:'a re:i!* (SD: „Akárwer" dass kommt, lass [ihn] rein!, d.h. Wer auch immer kommt, ...);

(134) *Ak:a:rmon i: a:u guck:, i: fend 's it:.* (SD: „Akárwo" ich auch gucke, ich finde es nicht, d.h. Wo ich auch immer hingucke, ...);

(135) *Ak:a:rwen: das: da kàm:scht, i: bi:n äwa dahu:ei.* (SD: „Akárwann" dass du kommst, ich bin immer daheim, d.h. Wann du auch immer kommst, ...);

(136) *Ak:a:rwiavl Leut das: kàm:ed, so ha:du sie Platz:.* (SD: „Akár wie viel" Leute dass kommen, so haben sie Platz, d.h. Wie viele Leute auch immer kommen, sie werden einen Platz finden.);

(137) *Ak:a:rwas fà:ar a Weat:r das: kàm:t, abr hack:a mes:a ma ga:u.* (SD: „Akárwas für ein" Wetter kommt, aber hacken müssen wir gehen, d.h. Was für ein Wetter auch immer kommt, ...);

(138) *Vàn ak:a:rmo das: 's hǫrkàm:t, abr hǫr mus:!* (SD: Von „akárwo", dass es herkommt, aber es muss her, d.h. Woher es auch immer kommt, ...).

Die Flexionsmöglichkeiten dieser hybriden Pronominaladverbien verdienen ebenfalls eine Hervorhebung:

Die traditionellen Formen lauten z.b. *mit ak:a:rwe:la Lef:l* ('mit „akár-welchem" Löffel'), *và n ak:a:rwe:lr Gabl* ('von „akárwelcher" Gabel') oder *vàn ak:a:rwe:li Mandsna:ma* ('von „akárwelchen" Männern').

Indes gibt es heute schon Doppelformen: Im Maskulinum: *ak:a:r-we:la Lef:l/ak:a:r dr we:l Lef:l* ('akárwelcher Löffel') bzw. in einem ob-liquen Kasus mit der Präposition *mit* zunehmend: *ak:a:r mit we:lam Lef:l*. Im Femininum: *ak:a:r die we:l Gabl* ('akárwelche Gabel') bzw. als Präpositionalgefüge mit *vàn* ('von') zunehmend: *ak:a:r vàn we:lr Gabl*. Im Neutrum: *ak:a:rwe:las Mẹas:r/ak:a:r s we:l Mẹas:r* ('akárwelches Mes-ser') bzw. in einem obliquen Kasus mit der Präposition *mit* zunehmend: *ak:a:r mit we:lam Mẹas:r*. Im Plural: *ak:a:rwe:li Mandsna:ma* ('akárwelche Männer') bzw. als Präpositionalgefüge mit *và n* ('von') zunehmend: *ak:a:r vàn we:li Mandsna:ma*. Meine Untersuchungsergebnisse legen die Vermutung nahe, dass gegenwärtig Formen wie im Beleg Nr. (139), die der sprachlichen Konstruktionsweise des Ungarischen strukturell näh-er stehen, häufiger auftreten als die „traditionellen":

(139) *Ak:a:r en we:las Haus nei, das:'r kam:a ischt, d Stuba ischt voll gleaga mit Stroh.* (SD: [Am Heiligabend] „Akár" in welches Haus hinein, dass er gekommen ist, die Stube ist voll gelegen mit Stroh).

Auch diese Fälle zeugen von einem hohen Maß an Flexibilität, Dynamik und Prozessualität von sprachlichen Kontaktmechanismen.

Der im binnendeutschen Standard dieser Konstruktion entsprechen-de Adverbialsatztyp ist in der Grammatik auch hinsichtlich seines Sta-tus problematisch. Er wird z.B. von KÖNIG/EISENBERG (1984: 314 f.), von den Konzessivsätzen getrennt, als „Irrelevanzkonditionale" behan-delt. Meiner Ansicht nach kommt es deswegen zur Übernahme der Vorsilbe *akár-* und zu verschiedenen damit gebildeten Komposita, weil die als Muster dienende ungarische Konstruktion sprachlich viel einfa-cher, ökonomischer und transparenter ist als die analytischen – und recht komplizierten[230] – Ausdrucksweisen des Deutschen (*w*-Fragewort + *auch immer* + Nebensatz), sodass durch die Hybridisierung die kogni-tive Verarbeitung vereinfacht wird. Der Transparenz fällt eine besonde-

---

[230] Unlängst hat sich LEUSCHNER (2000) mit diesen „Irrelevanzpartikeln in Nebensätzen mit *w-auch/immer*" ausführlich auseinander gesetzt und diesen Konstruktionen hohe Komplexität wie auch eine „(scheinbar) unübersichtliche Formenvielfalt" (2000: 342) attestiert.

re Bedeutung zu, weil sie dem kognitiven Prozess entgegenkommt, was wiederum den zwischensprachlichen Transfer begünstigt. Andererseits gilt auch, dass – wie in der Systemtheorie LUHMANNs (2000: 48 ff. und 236) – jede Komplexitätsreduktion immer eine Komplexitätssteigerung nach sicht zieht.

Ähnlich gelagerte Beispiele kann man im Deutschen von Hajosch mehrfach finden. Der etymologische Hintergrund der hybriden Demonstrativpronomina *ugyande:a/ugyandi:a/ugyande:s* (SD: derselbe/dieselbe/dasselbe) und *ugyanseal:* (SD etwa: dasselbe dort), mit denen die Identität einer Person oder eines Gegenstandes mit einer/einem zuvor genannten ausgedrückt werden kann, ist besonders aufschlussreich. Nach ihrer Bildungsart können sie als Lehnverbindungen charakterisiert werden und gehen auf ungar. *ugyanez* und *ugyánaz* zurück. Diese ungarischen Prototypen sind sprachhistorisch aus dem verstärkenden und intensivierenden Adverb *ugyan* und dem Demonstrativpronomen *ez* bzw. *az* durch Zusammenrückung entstanden. Das erste Glied *ugyan* hatte eine verstärkende Funktion und ging aufgrund des häufigen gemeinsamen Auftretens mit manchen Pronomina (z.B. *ez* – dt. 'dies') oder Adverbien (z.B. *ott* – dt. 'dort') im Sprachusus eine Einheit. So entwickelte sich im Laufe der Zeit aus einer ursprünglichen Wortverbindung ein Kompositum. Die in den Hajoscher Belegen auftretenden Amalgamierungen von ungar. *ugyan* + dt. *der/die/das* und ungar. *ugyan* + dt. *seal:* (ein Demonstrativum aus *selb*, das einen etwas weiter entfernten Bezugspunkt bezeichnet, wie 'jener') entsprechen semantisch etwa dem standarddeutschen Demonstrativum *derselbe/dieselbe/dasselbe* (das seinerseits aus dem bestimmten Artikel und dem alten Pronomen *selb* zusammengesetzt ist). Vgl.

(140) *Ugyande:a Zwet:r hàt sie ka:uft.* (SD: Ugyanden [= denselben] Pullover hat sie gekauft.);

(141) *Ugyandi:a Blus ha:n i: miar rausgsu:acht.* (SD: Ugyandie [= dieselbe] Bluse habe ich mir ausgesucht.);

(142) *Dot: ha:n i: ugyande:s gsi:ah.* (SD: Dort habe ich ugyandas [= ebendas] gesehen.).

Ich möchte betonen, dass sich in den obigen Belegen die „ungarndeutsche" Wortbildung – unter Einbeziehung deutscher und ungarischer

Elemente – auf der Basis der Wortbildungsstrukturen des Ungarischen (und nicht des Deutschen!) vollzieht. Trotzdem fanden aber dabei – auf eine spezifische Weise – die Eigenheiten beider Sprachvarietäten größtmögliche Berücksichtigung: Im Ungarischen steht normalerweise *ugyanaz a* (wörtlich: 'derselbe der') etc., d.h. dem substantivischen Demonstrativpronomen folgt der bestimmte Artikel. (Hier wird auch ein sprachtypologischer Unterschied deutlich: Im Ungarischen drückt der Artikel nur Bestimmtheit aus, im Deutschen auch das Genus.) In den ungarndeutschen Verwendungsbelegen steht dagegen das hybride Kompositum als Substitut für das Demonstrativpronomen plus den Artikel des Ungarischen gemeinsam, d.h. die ungarndeutsche Version erspart sich den Artikel; der Artikel wird nur einmal (im Kompositum) gesetzt. Damit wird – trotz des ungarischen Wortbildungsmodells – den sprachlichen Gesetzmäßigkeiten des Deutschen Genüge getan. Beachtenswert ist auch die Parallelität zwischen den binnendeutschen standardsprachlichen und den kontakt-induzierten ungarndeutschen Formen in einem weiteren Punkt: Bei bestimmten Präpositionen kommt es im Binnendeutschen zur Trennung von Artikel und *selb* (vgl. *derselbe Augenblick*, aber: *im selben Augenblick*) und in den ungarndeutschen Belegen wird *ugyan* von *der/die/das* bzw. *sẹal:* (= jener) gleichfalls getrennt, wie von Nr. (143) klar belegt, wobei das zugrunde liegende Modell allerdings eher dem Ungarischen entstammt. Man vgl. ungar. *ugyanabban > ugyan in jenem/jeder* (von den sprachtypologischen Differenzen einmal abgesehen, denn die ungarische Version ist eine agglutinative Bildung, während die ungarndeutsche mit einem Präpositionalkasus operiert):

(143) **Ugyan en sẹal:r Salfe:t den:a.** (SD: „Ugyan" in jener [= in eben jener] Serviette drinnen.).

Ungeachtet der ungarischen Vorlage werden aber wieder einmal auch die Gesetzmäßigkeiten und Gepflogenheiten des Deutschen berücksichtigt. Im Ungarischen wird nämlich das Kasussuffix zweimal verwendet (vgl. **ugyanab b a n a szalvétá b a n**), während im Deutschen die Kasuskennzeichnung nur im Zusammenhang mit dem Artikel erscheint (vgl. SD: *in d e r s elben Serviette*). Man sieht also: dass die hybride Bildung **ugyan en sẹal:r Salfe:t den:a** bis zur Komponente **ugyan** ungarisch geprägt ist, wobei **ugyan** wohl lediglich zum Zwecke des Nachdrucks in den ungarndeutschen Ausdruck transferiert wurde. Ansonsten verläuft alles nach den Gesetzmäßigkeiten des Deutschen, so wird die Kasusrelation im Deutschen nicht zweimal gekennzeichnet. Insgesamt ist also das Bildungsprinzip als logisch und nachvollziehbar anzusehen: Lediglich das Verstärkungselement wird aus dem Ungarischen übernommen; im Anschluss daran gelten klar und ohne ungarische Beeinflussung die im Deutschen üblichen Konstruktionsregulierungen.

Wie bei den Belegen Nr. (130) bis (139) mit *akár-* können auch hier Faktoren wie Kompaktheit und Sprachökonomie eine maßgebende Rolle gespielt haben. Somit weichen meine Betrachtungen von der globalen Feststellung von KNIPF-KOMLÓSI ab, wonach ein „Streben nach Ökonomie, sowie die Komprimierung mehrerer Informationen in einem Wortkomplex [...] für die außerhalb des geschlossenen deutschen Sprachraums existierenden Dialekte nicht charakteristisch" sei (2003a: 9). Denn zwischen binnendeutsch *derselbe* und ungarndeutsch *ugyander* mag zwar unter dem Blickwinkel der Sprachökonomie und Prägnanz kein essenzieller Unterschied bestehen, im Ungarischen – und unter seinem Einfluss auch in den ungarndeutschen Belegen – vermag aber das verstärkende Adverb *ugyan* auch in Verbindung mit Adverbien ein Kompositum zu bilden, vgl. beispielsweise das Pronominaladverb *ugyanott* (*ott* = 'dort'). Das kann im binnendeutschen Standard nur mit der doch umfangreicheren Wortgruppe *am gleichen/an demselben Ort* ausgedrückt werden.

Meine Datenbasis wartet auch mit Beispielen für die Kombination verschiedener solcher Konstruktionen auf. Formen wie *ugyande:s Bild* und *de:s näm:lig Bilt* (beide: 'dasselbe Bild') sind im untersuchten Dialekt in gleicher Weise üblich, zudem kommt im Sprechusus auch eine bilinguale Kombination der beiden obigen Ausdrücke vor: *ugyande:s näm:lig Bilt* ('dasselbe Bild'). Vermutlich wollen die Sprecher mit dieser Dopplung ihrer Aussage ein größeres Gewicht verleihen. Gleichfalls finden sich Belege für maskuline und feminine Formen: *ugyande:a näm:laga Ma:* ('derselbe Mann') bzw. *ugyandi:a näm:lig Farb* ('dieselbe Farbe').

Kontaktlinguistisch ebenfalls bemerkenswert sind zusammengesetzte hybride Adverbien und Konjunktionen. Beispielsweise dient das „ungarndeutsche" Adverb *hátwen:* zum Ausdruck von Eventualität:

(144) *Hátwen: dr Gas ausgàht.* (SD: Wenn aber das Gas ausgeht.).

Dabei ist *hát* eine Konjunktion aus dem Ungarischen. *hátwen:* gilt als eine Nachbildung des ungarischen Adverbs *hátha* ('wenn aber, vielleicht'); die Komponente *ha* entspricht im Deutschen der Konjunktion *wenn.* Ähnlich nimmt sich das „ungarndeutsche" Negationswort *dehogyit* aus.[231] *Dehogy* ist ein ungarisches Negationselement, *it* ist die Hajoscher ungarndeutsche Version von deutsch *nicht.* Mit *dehogyitt* liegt also ein Reflex von ungarisch *dehogynem* (< *dehogy* ['dɛxodj] = 'ach nein/mitnichten' + *nem* = 'nicht')[232] etwa im Sinne von 'und ob', als positive Antwort auf eine negativ gestellte Frage vor.

Ferner kann die ungarische subordinierende Konjunktion *hogy* im untersuchten Dialektdiskurs u.U. mit deutschen Konjunktionen kombiniert bzw. zusammengefügt werden, z.B. *hogy wen:* ('wenn' < ungar. *hogyha* – als Konjunktion von Konditionalsätzen – wörtlich 'dass wenn'). Die Sprecher nehmen diese Fälle wohl kaum als eine Art zwischensprachliche Reduplikation oder als Pleonasmus wahr, vielmehr folgen sie automatisch dem Konstruktionsschema des Ungarischen, in dem die Fusion der zwei Konjunktionen – *hogy* ('dass') bzw. *ha* ('wenn') – als eine echte subordinierende Konjunktion gilt:

(145) *A nd u:eini ha:ud nàch scha gse:it,* **hogy wen:** *ma Bu:einr fendt, mit seal:i sol: ma s Kreuz mach:a.* (SD: Und einige haben dann schon gesagt, dass wenn man Knochen findet, mit jenen [= denen] soll man das Kreuz machen.);

oder:

(146) *A n: àcht ha:ud sie gse:it,* **hogy wen:** *i: halt gang die hu:eimsu:acha, àn: àcht sol: i: a A:ei mitneam:a.* (SD: Und dann haben sie gesagt, dass wenn ich halt gehe zu heimsuchen [Feier zur Taufe] und dann soll ich ein Ei mitnehmen.).

Auf den Konvergenzstimulus der Referenzsprache Ungarisch hin können deutsche Konjunktionen ihre ursprüngliche Bedeutungsstruktur bzw. ihre semantisch-pragmatischen Gebrauchsmodalitäten wesentlich verändern. Vgl. etwa das in der binnendeutschen Gegenwartssprache als proportionale Satzteilkonjunktion – als Korrelat zu *je* – fungierende *det:o:* (bei GRIMM 1860: II/1034 noch als Adverb gebucht), das die Be-

---

[231] Im Waschkuter Dialektwörterbuch von SCHWALM (1979: 331) ist *tehodjšnet* im Sinne 'warum denn nicht' aus ungarisch *dehogyisnem* verzeichnet.

[232] Das ungarische *hogy* kann mit anderen Satzkomponenten (Negations- bzw. Korrelatwörtern) verschmelzen.

deutung und die Funktion des ungarischen *(csak) azért is* übernommen hat:

(147) *And det:o: ha:n i 's gmacht.* (SD: Und zum Trotz habe ich es doch gemacht.).

Man kann also resümieren: Besonders die in den Belegen (130) bis (139) enthaltenen Phänomene sind anschauliche und überzeugende Beispiele für den Transfer stark gebundener morphologischer Elemente. Andererseits ermöglichen sie Einsichten in bestimmte sprachliche und psycholinguale Prozesse bei der Sprachproduktion unter spezifischen Mehrsprachigkeitsbedingungen, deren Aufdeckung erhebliche theoretische Relevanz besitzt. Genauso wie die Beispiele (102), (220) und (221) legen sie nahe, dass der sprachliche Mechanismus der Kontakt-, Interaktions- bzw. Konvergenzerscheinungen nicht regellos, sondern nach bestimmten Gesetzmäßigkeiten funktioniert. Bei den Belegen mit *ak:a:r-* und **ugyan-** fällt auf, dass hier durch die bilinguale Sprachkreativität der mehrsprachigen Sprecher die Motivation der ursprünglich ungarischen Komposita augenscheinlich und transparent wird.

Ein besonderer Reiz liegt für interlinguale Betrachtungen in den Kontaktphänomenen, bei denen der bilinguale Sprecher manche Lexeme zwischensprachlich uminterpretiert und dabei auch einen Wortartwechsel vornimmt, z.B.:

(148) *Des Haus ischt ihm it: **tetszig** gnu:a gse:i.* (SD: Dieses Haus ist ihm nicht „tetszik" genug gewesen, d.h. dieses Haus hat ihm nicht besonders gefallen.).

Hier ist „*tetszig*" eigentlich eine ungarische finite Verbform (3. Person Singular) in der Bedeutung '(es) gefällt'. Der zweisprachige Sprecher hat das ungarische Verb *tetszik* – vielleicht wegen seiner Lautgestalt – wie ein deutsches Adjektiv behandelt und das Personensuffix des Verbs des Ungarischen als ein Adjektivsuffix des Deutschen (*-ig*) empfunden. Somit fand in diesem Beleg eine zwischensprachliche morphologische Transformation von großem Aufschluss statt. In anderen Fällen bewirkte die bilinguale Transformation keinen Wortartwechsel, sondern z.B. eine Deonymisierung von Eigennamen: In Hajosch nennt man in der Niederung den gebundenen, matschigen Boden **Scha:rge:s**, worin das ungarische Toponym **Sárköz** (auf Deutsch *Scharbruch*) steckt, wahrscheinlich weil in der Sárközer Region, der unmittelbaren Nachbarschaft, dieser Bodentyp vorherrscht, waren doch in der ehemaligen Inselwelt bis zur Regulierung der Donau Mitte des 19. Jahrhunderts Gewässer, Furten und Sümpfe charakteristisch.

3.1.3.7 Der durchgreifende Sprachenkontakt macht sich auf rein syntaktischem Gebiet ebenfalls geltend. Die ungarische subordinierende Konjunktion *hogy* (= dass) ist immer häufiger auch in sonst vollständig deutschsprachigen Sätzen anzutreffen. In solchen Fällen herrscht im Nebensatz allerdings nicht die im binnendeutschen Standard normative Endstellung des Finitums, sondern die Zweitstellung, wie in:

(149) *Des ka: ma so it: mach:a,* **hogy** *jetz: gang: e ånd tu:ar dr A:wäschlàmpa steahla.* (SD: Das kann man so nicht machen, dass jetzt gehe ich und tue den Abwaschlappen stehlen.);

(150) *Mit am Apadick: isch a:u so,* **hogy** *i:amal isch bes:r, i:amal schle:achtr.* (SD: Mit dem Appetit ist es auch so, dass einmal ist [er] besser, einmal schlechter.).

Hätte in diesem Satz die im Ortsdialekt ebenfalls mögliche deutsche Konjunktion *das:* gestanden, so wäre die Satzgliedstellung wie folgt gewesen: *Mit am Apadick: isch a:u so, das: i:amal bes:r ischt, i:amal schle:achtr.* (SD: Mit dem Appetit ist es auch so, dass [er] einmal besser ist, einmal schlechter.). Diese Belege zeigen deutlich, dass in der Zweisprachigkeitssituation syntaktische Konflikte zwischen den interagierenden Sprachsystemen in der Regel vermieden werden.[233] Die relativ hohe Frequenz der Transferenz von Konjunktionen u.dgl. lässt sich wohl in kognitiver Hinsicht so erklären, dass viele logische Relationen (z.B. Verknüpfungen) inhaltlich übereinzelsprachlich und daher beim Sprecher weniger an die Realisierung in einer gegebenen Einzelsprache fixiert sind als etwa die autosemantischen Elemente der Sprache.

Es konnte überdies jedoch beobachtet werden, dass eine für das Ungarische charakteristische Wortstellung häufig in Verbindung mit ungarischen Funktionswörtern auftaucht. Dies ist ein Indikator dafür, dass morphosyntaktische Merkmale meist kontextuell transferiert werden, d.h. dass die ungarischen Lexeme ihre semantischen, morphologischen und syntaktischen Merkmale mitbringen.

---

[233] Das ist übrigens, wie noch unter 3.2.5 zu sehen sein wird, auch bei den Kode-Umschaltungen der Fall.

Die Konjunktion *sàndr* (= sondern) existiert in der Hajoscher Mundart zwar noch, ihr Gebrauch nimmt aber zugunsten des ungarischen Pendants rapide ab. So sind alternative Formen möglich: *sàndr* vs. **hanem** (= die ungarische Entsprechung für *sondern*):

(151) *Se̯al: ischt ku:ei Jägrhàus gse:i, was gstanda ischt,* **hanem**[234] *a Tschesahàus*[235] *gse:i.* (SD: Jenes ist kein Jägerhaus gewesen, was [= das] [da] gestanden ist [= hat], sondern ein Feldhüterhaus.).

Der Gebrauch der subordinierenden (alternativen) mehrteiligen Konjunktionen entfaltet zunehmend einen beeindruckenden bilingualen Variationsreichtum. Es konnten z.B. in disjunktiven Satzverbindungen folgende Paare belegt werden: *entwedr – odr*, *vagy – vagy*, *vagy – odr*, *odr – vagy*, *odr – odr*. Der Kürze halber sollen nur zwei Beispiele angeführt werden:

(152) *Vagy ufs Oschtra vagy ufs Fescht hàt sie de:s Gwand kri̯at.* (SD: Vagy [= entweder] aufs [zu] Ostern vagy [= oder] aufs [zum] Fest hat sie dieses Gewand gekriegt.);

(153) *Vagy và:ar Mit:rna:cht it: schlafa ken:a odr nà: die zwölfi wach:a.* (SD: Vagy [= entweder] vor Mitternacht nicht schlafen können oder nach zwölf wachen.).

Auch die doppelte Negation[236] breitet sich im Hajoscher Dialekt – wohl in Analogie zum Ungarischen – aus. So kann beispielsweise mit dem Negationspronomen *niamr(d)* (= niemand) die Negationspartikel *it:* (= nicht) fakultativ auftreten:

(154) *Dàischt niamrd (it:) mitkàm:a mit dr L ài̯cht.* (SD: Da ist niemand [+ nicht = fakultatives Element] mitgekommen zum Begräbnis.).

Nach meinen Beobachtungen gibt es zwischen dem Typ der Negation und der Wortstellung eine Korrelation. In vielen Kotexten determiniert

---

[234] Statt **hanem** wäre auch *sàndr* (= sondern) möglich gewesen.
[235] *Tsches* geht auf ungarisch *csősz* ('Feldhüter') zurück.
[236] Die Erforschung der doppelten Negation besitzt ferner erhebliche sprachtheoretische Relevanz, da sie u.a. eine Herausforderung der FREGE'schen kompositionellen Semantik darstellt (vgl. FREGE 1994).

die Wortstellung, ob beide Negationen möglich sind oder ob lediglich die doppelte Negation stehen kann. Mit der folgenden Wortstellung ist nur die doppelte Negation möglich:

(155) *Ni:ana han i: ku:ein gschài̯da Zwet:r gfànda.* (SD: Nirgendwo habe ich keinen gescheiten [normalen] Pullover gefunden.);

Bei einer anderen Wortstellung sind beide Negationen denkbar:

(156) *En gschài̯da Zwet:r ha:n i: ni:ana (it:) gfànda.* (SD: Einen gescheiten [normalen] Pullover habe ich nirgendwo (nicht) gefunden.).

In ähnlicher Weise ist im Beleg Nr. (157) nur eine doppelte Negation sprachüblich:

(157) *Diar hàt ku:einr niks tau.* (SD: Dir hat keiner nichts getan);

während die Version Nr. (158) mit beiden Negationen operieren kann:

(158) *Ku:einr hàt diar no: eap:is/niks tau.* (SD: Keiner hat dir noch etwas/nichts getan.).

Die verschiedenen Formen mit doppelter Verneinung gewinnen (auf Kosten der einfachen Negation) zunehmend die Oberhand; zum Beispiel:

(159) *Jetz: tuar i: niks it:.* (SD: Jetzt tue ich nichts nicht. – Wohl in Anlehnung an ungar. „semmit sem" [= nichts nicht]);

(160) *Dean:i ha:ud nia niks ghät:.* (SD: Diese haben nie nichts [= nie etwas] gehabt.);

(161) *Và n dean:i ka: ma nia niks en:a we:ara.* (SD: Von diesen kann man nie nichts [= nie etwas] inne werden [= erfahren, hören]);

(162) *Dà ka:n niamrd niks saga.* (SD: Da kann niemand nichts [= etwas] sagen.);

(163) *Di:a Haut ka: ma wedr bràta wedr niks.* (SD: Diese Haut kann man weder braten weder nichts [noch für etwas anderes verwenden]).

Das Vorhandensein der doppelten Negation im Deutschen könnte andererseits womöglich auch als dialektologisch-sprachhistorisches Relikt gedeutet werden. In diesem Fall hat aber wohl der Einfluss des Ungarischen dieses Phänomen gestützt, sodass die obigen Befunde kontaktlinguistisch auf jeden Fall relevant sind.

Bei diesen Erscheinungen liegen die älteren Strukturen (noch) und die jüngeren Formen des ungarndeutschen Dialekts (schon) parallel vor, was den kontinuierlichen Sprachinnovationsprozess eindrücklich dokumentiert. So kommt in den in diesem Punkt besprochenen Belegen wieder einmal der Prozesscharakter bzw. die Dynamik von Sprachen-kontakterscheinungen überzeugend zum Ausdruck.

3.1.3.8 Ein wohl schon als „syntaktisch-pragmatisch" einzustufender Transfer lässt sich im folgenden Fall dokumentieren:

(164) I: ha:n em K o h l   K a n z l a r gschrieba, abr i: wà:eiß it:, kriag i: a Antwort
        odr it:. (SD: Ich habe dem Kanzler Kohl geschrieben, aber ich weiß nicht,
        kriege ich eine Antwort [= ob ich eine Antwort kriege] oder nicht.).

Im Ungarischen stehen – bis auf den Dr., der auch vor dem Namen geführt werden kann – sämtliche Titel, Ränge, Amtsbezeichnungen etc. hinter dem Familiennamen. So kann vermutet werden, dass dieser syntaktisch-pragmatische Sprachusus bei der Entstehung des Satzes Nr. (164) Pate gestanden hat.

3.1.3.9 Das nächste Beispiel demonstriert, dass die Sprachenmischung im untersuchten Material auch im Transfer von grammatischen Beziehungen und Funktionen zur Geltung kommt:

(165) Jetz: ga:ud jà scha äl: **uf: Baja**. (SD: Jetzt gehen sie ja schon alle auf [=
        nach] Baja.).

In diesem Satz wird die Sublativus-Relation (vgl. Fußnote 201) des Ungarischen mittels der deutschen Präposition auf ausgedrückt,[237] was im ausgewerteten Material sehr häufig vorkommt (siehe auch Belege Nr. 84 und 165). Auch etwas anderes kann man an diesem Beleg erken-

---

[237] Allerdings ist in solchen operativen Funktionen die Verwendung der direktionalen
    Präposition auf statt nach in (binnen)deutschen Dialekten nicht unbekannt.

nen: Im Gegensatz zu ANDERS' Beobachtungen (1993: 49), die bei den Russlanddeutschen die Erfahrung machte, dass sie die „Ortschaften mit deutscher Geschichte" mit den deutschen Namen erwähnen, werden von den Ungarndeutschen in der untersuchten Region – aufgrund der Gebundenheit an die Prestigesprache – eher die ungarischen Toponyme bevorzugt.

Besonders geläufig sind Transferenzen im Sinne einer Lehnbildung von Verbrektionen, Kollokationen und Verknüpfungsregulierungen oder -konventionen, etwa:

(166) *Uf d Komonischta team:a it: szavazni.* (SD: Auf [= für] die Kommunisten tun wir nicht stimmen.).

Die Verwendung der deutschen Präposition *auf* erklärt sich vermutlich mit dem Vorbild des ungar. Sublativsuffixes *-ra/-re*, wegen der ungarischen Verbrektion *valakire/valamire szavaz* = 'auf jmdn./etw. stimmen'.

Die in den Belegen Nr. (165) und (166) vorliegenden Besonderheiten treten z.b. auch in manchen (älteren) binnendeutschen Dialekten auf. Aber obwohl diese Erscheinungen als mundartliche Merkmale angesehen werden, ist dem deutsch-ungarischen Sprachenkontakt insofern eine Bedeutung zuzumessen, als er diese Besonderheiten stützt bzw. konserviert.

Ferner wird in der Funktion des standarddeutschen Indefinitpronomens *man* (das als „nominativisch gebrauchte Sammelbezeichnung, oft statt des bestimmteren *unsereiner, wir* oder *sie*" [ERBEN 1980: 218] benutzt wird, wie dies beispielsweise auch in den Belegen Nr. (117), (119) und (219) der Fall war, wohl in Analogie zum Ungarischen) am häufigsten auf die finite Verbform in der dritten Person Plural zurückgegriffen.

3.1.3.10 Kontaktbeispiele, die auch in den Kompetenzbereich der Wortbildung gehören, wurden bereits oben in mehren Fällen angeführt (vgl. z.B. Nr. 37). Dieser Thematik muss eine nicht unwichtige Rolle zukommen, ist doch das Deutsche eine ausgesprochene Wortbildungssprache, in der zur sprachlichen Erfassung der Welt in sehr starkem Maße Wortbildungsmittel eingesetzt werden. Da die Wortbildungslehre ein überaus komplexes und transdisziplinäres Gebiet darstellt, wird sie – ungeachtet ihres mittlerweile erheblichen wissenschaftlichen Kenntnisstandes – in den Fachpublikationen nach wie vor different behandelt. SCHWING (1993: 166 ff.) etwa positioniert sie in der Flexionsmorphologie, MATTHEWS (2002: 37) versteht sie als Teil der „lexical morphology" und TYROLLER (2003: 183 ff.) handelt sie im Rahmen der Grammatik ab. SIEBERT (1999) geht der Frage nach der Verortung der Wortbildung ebenfalls innerhalb der Grammatik nach. Andere Linguisten, wie EICHINGER, vertreten den Standpunkt, dass sich die Wortbildung nicht mehr mit den Mitteln der Morphologie darstellen lässt und die Wortbildungslehre daher als „ein Bereich der Linguistik [zu] verstehen [ist], der eine eigenständige Stellung in einem Grenzraum zwischen Flexionsmorphologie, Syntax und Lexikon hat" (2000a: 176). Diesen „Schnittstellenstatus" der Wortbildung thematisieren auch BARZ (2000: 300), NAUMANN (2000: 1) und DONALIES (2002: 14). Dass fließende Übergänge vorliegen, sieht man andererseits im Bereich der linguistischen Semantik an der Aussage LUTZEIERs (1985: 21), der jegliche klare Unterscheidung zwischen Vollwörtern und Strukturwörtern ablehnt, die aus entsprechenden Bedeutungstypen wie „Begriffsbedeutung" vs. „Beziehungsbedeutung" resultieren soll.

Angesichts der Tatsache, dass die Wortbildung also zweifellos viele Bereiche der Sprache tangiert, erscheinen ihre Aspekte in meiner Arbeit nicht in einem gesonderten Kapitel, sondern – vor allem im Rahmen des Grammatik-Kapitels – in mehreren Abschnitten. Über die bisher angeführten Befunde hinaus sind im untersuchten Korpus hinsichtlich der Wortbildung folgende weitere Aspekte von Belang.

Die Belege zeigen mehrere unterschiedliche Phänomene. Beispielsweise findet gelegentlich nicht nur eine hybride, sondern eine „duale Wortbildung" statt (ein ähnliches Beispiel war etwa Nr. 76), d.h. es wird zugleich auf die entsprechenden Wortbildungssuffixe beider Sprachen zurückgegriffen, so wie in: *Owoda:schr* ('Kindergärtler' < ungar. *óvoda* 'Kindergarten' sowie das ungarische Nominalsuffix -*s* + das deutsche Suffix -*er*); bisweilen können solchen hybriden Bildungen weitere Derivationsmorpheme angehängt werden, vgl. das Diminutivum *Owoda:schrla*. Dieser Beleg weist andererseits nach, dass für die Substantivderivation auch komplexe Konstituenten in Frage kommen, d.h. solche, die selbst wiederum zusammengesetzt sind.

Aus vielen Belegen geht hervor, dass lexikalisch-semantische Transferenzen aus dem Ungarischen regulär den Wortbildungsmechanismen des deutschen Basisdialekts unterworfen werden, etwa beim Diminutiv,

z.B. *vers* ('Gedicht') → *Versle* (Basis ungarischer Provenienz + schwä-
bisch-alemannisches Diminutivsuffix -*le*):

(167) *Nu so a kle:is Versle.* (SD: Nur so ein kleines Gedichtlein.);

oder *bugyi* ('Unterhose') → *Bugyile*:

(168) *Nu a Bugyili hàt sie a:ghät:.* (SD: Nur ein Höschen hat sie angehabt.).

sowie bei Kose- bzw. Spottnamen, z.B. dr *Bácsile* ('Onkelchen') aus
bácsi + Diminutivsuffix -*le*. Bei diesen Belegen für affixale Modifi-
kationen wurden für die Substantivderivation – im Gegensatz zum
obigen *Owoda:schr*-Beispiel – simplizische Konstituenten verwendet.

SCHWOB (1971: 56 f) etwa hat anhand seiner Betrachtungen an sath-
marschwäbischem Sprachstoff konstatiert, dass sich Belege für „solche
Mischbildungen" am leichtesten „im Bereich der Verkleinerungssilben"
finden lassen, nach dem Strukturtyp: „ungarisches Fremdwort mit
schwäb. Diminutivsuffix" (1971: 57). Derartige Fälle habe ich oben aus
Hajosch expliziert. Mein Material geht aber deutlich über diesen sprachlichen Datentyp hinaus, wie das auch die nachfolgenden Ausführungen
zeigen.

So wird etwa bei der Movierung maskuliner Berufsbezeichnungen
den ungarischen Transferaten meist das entsprechende Feminin-Bil-
dungs-Suffix des deutschen Grunddialekts -*e* angefügt, was in etwa
dem standarddeutschen -*in* entspricht. Solche hybriden Formen sind
z.B. d *Főnök:e* ('Chefin' < ungar. *főnök* 'Chef'), d *Színésze* ('Schauspielerin' < ungar. *színész* 'Schauspieler'):

(169) *Iahra Muat:r ischt a színésze.* (SD: Ihre Mutter ist eine Schauspielerin.).

Diese Suffigierung kann auch bei bereits hybriden Bildungen erfolgen,
so entsteht z.B. d *Fölvidékre* ('Oberländerin') aus *Fölvidékr* (der ungar.
Landschaftsname *Fölvidék* + das dt. Derivationssuffix -*er*) < ungar.
fölvidéki ('Oberländer').

Manche Belege zeigen den umgekehrten Fall, indem deutsche Lexeme mit ungarischen Wortbildungsaffixen versehen werden. Mitunter
werden an einen deutschen Stamm sogar mehrere Suffixe des Ungarischen angehängt, z.B. *Ni:nike* ('Opi'). *Ni:ne* bedeutet 'Opa', die unga-

risch beeinflusste Koseform lautet *Ni:ni*.[238] Hinzu tritt das ungarische Kosenamenbildungssuffix *-ka*. In analoger Weise: *Na:nika* ('Omi') aus *Na:na* ('Omi') über die Zwischenstufe *Na:ni*. Das hat freilich mit dem hypokoristischen Gebrauch solcher Lexeme zu tun.

Es stehen also für die Wortbildungs-Hybridität beide „Richtungen" offen. Deutsche Suffixe werden ungarischen Transferaten nicht nur zur Bildung grammatischer Formen und Relationen angehängt, sondern auch zwecks Bildung neuer Wörter. Eine gleichsam spektakuläre Wortbildung geht im untersuchten ungarndeutschen Dialekt etwa aufgrund des derben ungarischen[239] Lexems *picsa* ('Fotze', 'Arsch') vor sich: Das entstandene Substantiv *d Bitschka* findet in der Bedeutung 'schlechte Frau' Verwendung, aus dem dann – mit einer leichten semantischen Verschiebung – das Adjektiv *pitschkesch*, z.B. *pitschkischi Hosa* 'anzüglich anstößige Hose(n)' gebildet werden kann.

In der kommunikativen Praxis tritt nicht nur das Phänomen auf, dass Elemente ungarischer Provenienz unter Zuhilfenahme von deutschen Affixen und nach den Regeln des deutschen Dialekts an Wortbildungsmechanismen beteiligt sind. Es gibt auch Erscheinungen, dass aus deutschen Spracheinheiten nach den Mustern der ungarischen Wortbildung bestimmte Wortbildungsprodukte entstehen. Es hat sich nämlich gezeigt, dass auch ungarische Wortbildungsmodelle in den ungarndeutschen Dialekt übernommen werden können. Dadurch ergeben sich des Öfteren Formen, die aus binnendeutscher Perspektive vielleicht als befremdlich oder unverständlich erscheinen, wie die Verbalisierung von Substantiven. Vgl. *ka:ta*[240] („karteln") (= 'Karten spielen') < wohl nach dem Muster des gleichartigen ungarischen adnominalen Verbs *kártyázik* ['ka:rtja:zik]:

(170) *En dr Kànklstuba ha: ma oft ka:ted.* (SD: In der Spinnstube haben wir oft gekartelt [= Karten gespielt].).

---

[238] Das ungarische Kosenamenbildungssuffix *-i* hat die ungewöhnliche Eigenschaft, dass es in der Regel „nicht an das Wort, sondern an dessen in irgendeiner Weise verstümmelte Variante tritt" (vgl. KIEFER 1999: 226).

[239] Eigentlich ist es – dem „Etymologischen Wörterbuch des Ungarischen" zufolge – ein „süd- oder westslawisches Lehnwort" (BENKŐ 1993: 1154).

[240] Dieses „Hajoscher" Verb ist auch im Transkript von KÜNZIG/WERNER (1969: 16) belegt.

Oder: *te:a* ('Tee trinken'< ungar. *teázik*), *kafe:a* ('Kaffee trinken'< ungar. *kávézik*), im Perfekt: *h. kafe:*|*ed.* Hin und wieder entstehen sogar Homonyme zu Verben der standarddeutschen Varietät, z.B. *kriaga* ('Krieg führen'< ungar. *háborúzik*) vs. *kriegen* ('bekommen'). Solche adnominalen Verben werden auch aus dem Ungarischen transferiert und mit dem Verbsuffix des deutschen Dialekts versehen, wodurch das Ausdruckspotenzial erheblich bereichert wird, zumal die deutsche Standardvarietät solche Verben nicht kennt. Vgl.:

(171) *Am liabschta ga:ud sie halt he:it die diszkózna.* (SD: Am liebsten gehen sie halt heute zu „diskotheken" [aus dem Substantiv *diszkó* 'Disco' gebildetes Verb (< ungar. *diszkózik*), d.h. sich in der Diskothek amüsieren].);

(172) *Vagy tuar i: strick:a vagy häkla odr tévézna.* (SD: Entweder tue ich stricken oder häkeln oder „TV-en" [< ungar. *tévézik*, d.h. Fernseh gucken].).

Belege gibt es auch im Hinblick auf andere Wortarten, z.B. bei Adjektiven: *muat:resch* ('Mutterkind, das Kind hängt sehr an der Mutter' < ungar. *anyás*).

Recht oft ist das der Fall bei „Fremdwörtern", z.B. *Tscheslowa:kien* 'Tschechoslowakei' (< nach ungar. *Csehszlovákia*).

Man kann unschwer erkennen, dass die untersuchte Kontaktvarietät auch wortbildungsmäßig manche innovative und kreative Phänomene aufweist (zum Kreativitätsbegriff siehe BINNIG 1997). Als modernes Beispiel ist auch das Lexempaar *Ni:ni-Sit:er* bzw. *Na:na-Sit:er* anzusehen. Nach dem Vorbild des (eigentlich englischen) Kompositums *Babysitter*, das in Hajosch als ungarisches Wort wahrgenommen wird, nennt man neuerdings Personen, die ältere kranke oder behinderte Männer betreuen *Ni:ni-Sit:er* (*Ni:ni* = 'Opa'), während die Pfleger älterer Frauen heute *Na:na-Sit:er* heißen (*Na:na* = 'Oma').

3.1.4 Phraseologische Transferenzen

Die aus struktureller, semantischer, pragmatischer u.a. Sicht anschaulichsten Beispiele für unterschiedlichste Aspekte zwischensprachlicher und transkultureller Kontakt-, Interaktions- bzw. Konvergenzvorgänge kann man mit großer Sicherheit dem Datentyp 'Phraseologismen' entnehmen (Stichwort 'Ethnophraseologie'; im Sinne von WIRRER 2004). Bedauerlicherweise sind die Phraseologieforschung und die Kontaktlinguistik – diese beiden ziemlich jungen Disziplinen, die sich in den letzten zwei, drei Jahrzehnten rapide entwickelt haben – kaum Verbindungen miteinander eingegangen (vgl. bereits FÖLDES 1998). Zu einem Schnittpunkt kommt es höchstens in der diachronen Phraseologie, die sich auch mit einem kontaktlinguistisch relevanten Phänomen – den sog. phraseologischen Entlehnungen – auseinander setzt. Mit Blick auf den Bereich der Russistik hat SEMENOVA (1975: 111) bemängelt, dass die Beschreibung der „Kontaktkonvergenz" innerhalb der Phraseologie lediglich ansatzweise präsent ist; doch auch ihre Untersuchung wendet sich nur einem einzigen Teilaspekt, nämlich den phraseologischen Lehnübersetzungen (in meiner Terminologie: den Transferenzübersetzungen) zu. Die phraseologische „Abstinenz" der Sprachkontaktforschung offenbart sich auch darin, dass sich unter den nicht weniger als 6.698 Stichwörtern des Registers zu den voluminösen HSK-Bänden (GOEBL/NELDE/STARÝ/WÖLCK 1996–1997) kein einziger Verweis auf Phraseologie, Idiomatik o.dgl. findet!

3.1.4.1 Es ist mithin so, dass die Forschung den phraseologischen Sprachenkontakten bislang kaum Aufmerksamkeit geschenkt hat, denn die über Einzelwörter hinausgehenden komplexeren Einheiten stellten bisher keine Kategorie für die Kontaktlinguistik dar. Folglich ist die bis dato zur Verfügung stehende Terminologie noch diffus:

– Manche Forscher verstehen nämlich unter 'Lehnwendung', 'Lehnphrasem' bzw. 'entlehnten Phraseologismen'– analog zu den Lehnwörtern – den lautlichen Transfer der ausgangssprachlichen Formen. So z.B. SCHELER (1973: 24), der als Illustrationsbeispiel den Ausdruck *par excellence* (aus dem Französischen) nennt oder BOTTESCH (1999: 161), die für die deutsche Varietät der Siebenbürger „Landler" phraseologische Vorkommensbelege rumänischer Provenienz anführt.

– Andere definieren 'Lehnwendung'[241] als einen (aus anderssprachiger Vorlage) übersetzten Phraseologismus, vgl. etwa MAGENAU (1964: 34), WACKER (1964: 49) und OLESCH (1987: 175).

---

[241] Manche Sprachwissenschaftler, wie PENZL (1984: 75), operieren mit Termini wie „Fremdidiome".

– Meiner Ansicht nach ist das Phänomenfeld komplexer: Der Terminus 'Lehnwendung' (phraseologische Transferenz) müsste sich darüber hinaus auch auf solche Phraseologismen beziehen, die anderssprachigen Vorlagen nur nachgebildet werden.

Insofern orientiert sich der vorliegende Aufsatz an den beiden Hauptaspekten 'übersetzt' und 'nachgebildet'.

Verwirrend wird die Terminologie weiter dadurch, dass sogar innerhalb des Phänomentyps 'Nachbildungen' unterschiedliche Begrifflichkeiten konkurrieren. Beispielsweise verwendet HADROVICS (1985: 83) 'Lehnprägung' (nach meiner unter 3.1.4.3.1 vorgestellten Auffassung ein Hyponym bei den Transferenzbildungen) im Sinne von 'Lehnwendung' (nach meiner Auffassung also als Hyperonym), obwohl er auch andere Erscheinungen unter diesem Terminus subsumiert.[242] Anders verfährt PETROVIĆ (1994: 29), der mit der undefinierten Bezeichnung 'Entlehnung' praktisch nur die Lehnübersetzung (Transferenzübersetzung) meint. ECKERT/GÜNTHER (1992: 154) verfahren wiederum anders und bezeichnen „die als Äquivalent dienende wörtliche Übersetzung" eines Phraseologismus in der anderen Sprache als „Literaläquivalent". Auf Fälle, in denen die Übersetzung, die Transferenz nicht wörtlich erfolgt, gehen sie jedoch nicht ein. Die Zahl der Beispiele für solche terminologischen Uneinheitlichkeiten ließe sich problemlos vermehren.

3.1.4.2 Die fehlende Intensität und unzureichende Tiefe der linguistischen Reflexion von phraseologischen Transferenzphänomenen ist also offenkundig. Findet sich jedoch da oder dort ein marginaler Hinweis auf die Phraseologie, trifft man oft dreierlei eher simplifizierende Vorgehensweisen:

---

[242] Zum Beispiel ist in seinem „serbokroatischen" Beleg *kvar valuvati* ('Schaden erleiden') < ungar. *kárt vall* (HADROVICS 1985: 83) die unikale Verbkomponente *valuvati* eigentlich ein mit serbischem bzw. kroatischem Suffix versehener direkter Transfer des ungarischen Verbs *vall* ('aussagen, sagen, erleiden'), während die anderen seiner Beispiele meist als Nachbildungen (vom Typ Transferenzübersetzung bzw. Transferenzschöpfung) gelten, z.B. *račun dati* (*s/od* + Gen.) = 'Rechenschaft ablegen' < ungar. *számot ad*. So liegt hier im Gegensatz zum Titel seines Buches „Ungarische Elemente im Serbokroatischen" kein „ungarisches Element", sondern lediglich ein ungarisches Muster oder Modell vor, das dem „serbokroatischen" Phraseologismus als Matrix diente.

(a) Vielfach werden lediglich größere oder kleinere unkommentierte Idiom-Listen vorgelegt, so im populären Büchlein von HILGERT (2000) oder im sonst nicht uninteressanten Aufsatz von HUFEISEN (1995: 248).

(b) Viele Verfasser formulieren undifferenziert, dass die von ihnen jeweils erörterte Sprachvarietät Phraseologismen aus den Kontaktsprachen „übernimmt". Einige Linguisten meinen mit „übernehmen" in der Tat den materiellen Transfer wie z.B. KIRSCHNER (1987: 87), der konstatiert, dass die zweisprachigen russlanddeutschen Mundartträger „fremdsprachliche Ausdrücke" wie „eine Art Zitat" verwenden. Bei anderen Linguisten ist der Standpunkt unklar; erwecken sie doch mit solchen Formulierungen – meist ungewollt und im Widerspruch zur jeweiligen Beleglage – den Eindruck, als wären das immer materielle Transfers, bei denen der Phraseologismus samt seiner originalsprachlichen Form und Bedeutung in die andere Sprache gelangt. In diesem Sinne charakterisiert z.B. GEHL (1997: 101) die deutschen Stadtsprachen in „Provinzstädten Südosteuropas": „Es wurden zahlreiche phraseologische Fügungen aus den Kontaktsprachen übernommen".[243] Ähnlich undifferenziert formulieren in dieser Hinsicht auch BERRUTO/BURGER (1987: 374), HANSÁGI (1993: 91), PÜTZ (1993: 185) und HUFEISEN (1995: 249). REITERs (1960: 9) Aussage geht ebenfalls in diese Richtung, obzwar seine Belege dem widersprechen und verschiedene phraseologische Lehnbildungen (Transferenzbildungen) enthalten (z.B. REITER 1960: 66).[244] SJÖLIN (1976: 262) erfasst das Phänomen um einen Grad genauer, indem er ausführt: „Transferiert wird hier primär eine präterminale Kette, die nur in S_2 vorhanden ist. Dieser Kette können dann entweder S_2- oder S_1-Morpheme zugeordnet werden. Im letzteren Fall entsteht also eine Morphem-für-Morphem-Übersetzung der S_2-Redewendung." Dabei übersieht er allerdings, dass es sich – wie unter Punkt (c) zu sehen sein wird – nicht immer um morphemgetreue „Übersetzungen" handelt.

---

[243] In einer späteren Publikation schreibt er indes, dass „phraseologische Fügungen [...] häufig [...] auch ins Ungarische, Rumänische, Serbokroatische u.a. [...] übersetzt bzw. auch aus diesen Sprachen ins Deutsche übernommen werden" (GEHL 2002: 161). Dabei ist unklar, was mit „übernommen" gemeint ist.

[244] Hinsichtlich von Sprichwörtern findet man in der Forschungsliteratur oft Analoges, wie etwa bei PROTZE (1996: 102), nämlich dass die Siebenbürger Sachsen auch einige ungarische Sprichwörter gebrauchen.

Etwas tiefer dringt JANSEN (2002: 44) in die Problematik ein, indem sie die These aufstellt, dass z.b. Metaphern der Modellsprache „aufgrund ihrer besonderen kognitiven, mnemotechnischen und ästhetischen Vorzüge" in der Replikasprache „grundsätzlich durch Lehnübersetzung" auftreten; „nur dann, wenn eine Übersetzung aus semantischen oder formalen Gründen nicht möglich ist", kommt es zu direkten Übernahmen. Meine Befunde bestätigen diese Annahme jedoch nicht ganz.

(c) In anderen Veröffentlichungen begnügen sich die Autoren im Hinblick auf unterschiedlichste Sprachenkonstellationen mit lapidaren Bemerkungen wie etwa, dass es sich bei der Transferenz von Phraseologismen lediglich um wörtliche „Übersetzungen" (der „inneren Form"), um „Entlehnungen" aus der einen Sprache in die andere handle. Vgl. WACKER (1964: 49 f.), RIEDMANN (1972: 78), SEMENOVA (1975: 111 f.), GROSJEAN (1982: 304), CHMIEL (1987: 212), FRANK (1992: 163), WAAS (1994: 317) und PETROVIČ (1995: 105). BREU (1997: 35) erwähnt immerhin, dass hierbei „in formaler Hinsicht zwischen partieller (d.h. Lehnformen einschließender) und vollständiger Übersetzung der Modellkonstruktion zu unterscheiden" ist. Der Beitrag von HÜNERT-HOFMANN (1975) weist gewisse „Interferenzerscheinungen" in der Redeweise deutsch-englisch bilingualer Personen aus: Da die Zahl der Informanten recht gering war – es handelte sich lediglich um 10 Bewohner eines kirchlichen Altersheims in Texas – und weil der Charakter sowie die Tiefe der linguistischen Reflexion kaum relevante Erkenntnisse ermöglichten, ist der Forschungsertrag dieser Arbeit heute minimal.

3.1.4.3 An dem von mir erschlossenen und bearbeiteten Sprachstoff lässt sich eine deutlich größere Spannbreite des Ineinandergreifens und der Konvergenz von Sprach(varietät)en erkennen, ein ansehnlicher Komplex von kontaktbedingten Vorgängen, etwa von phraseologischen Transferenzbildungen. Dabei kommen direkte Übernahmen seltener, meist lediglich bei Flüchen u.Ä. vor (vgl. 3.1.2.6.5).

Eine wirklich umfassende Beschreibung und Evaluierung gerade phraseologischer Sprachenkontakterscheinungen sollte sich eigentlich nicht auf die Anwendung mikrolinguistischer Verfahren beschränken, sondern auch die soziokulturelle Positionierung der Sprecher, die psycho-, sozio- und pragmalinguistische Dimension der betreffenden Kontaktvorgänge, die semantischen und pragmatischen Aspekte des Sprechhandlungsaktes wie auch die emotionalen und sozialen Konnotationen der jeweiligen Sprach- bzw. Kulturzeichen[245] berücksichtigen, zumal Konnotationen eine Transferenz und Kode-Umschaltung auslösende Wirkung ausüben können. An dieser Stelle konzentriere ich mich jedoch auf die Erfassung, Explizierung und Typisierung einzelner Transferenzphänomene.

Verschiedene Ausprägungen von Transferenzen treten sowohl im Falle von nicht-idiomatischen und teilidiomatischen als auch von vollidiomatischen Phraseologismen auf (zu dieser Begrifflichkeit vgl. FLEISCHER 1997: 30 ff. und BURGER 2003: 31 f.). Beleg Nr. (173) stellt einen terminologischen Phraseologismus mit einem geringen Grad von Idiomatizität vor, der das Benennungsschema des Ungarischen widerspiegelt:

(173) *An of:ana Tag ischt an dr Schual gse:i. D Kendr ha:ud's e:izà:eigid die Eltra, wa:s das: sie ken:ed, abr dean:i ha:ud gschàid a:priaft.* (SD: Ein „offener Tag" ist in der Schule gewesen. [Die] Kinder haben eingezeigt (= gezeigt) die (= den) Eltern, was dass sie können, aber diese haben ganz schön abgeprüft [= haben schlecht abgeschnitten]).

Der Ausdruck *offener Tag* wurde wohl einem ungarischen Muster nachgebildet: ***nyílt nap*** („offener Tag"); im binnendeutschen Standard lautet die übliche Bezeichnung: *Tag der offenen Tür.*

Im Weiteren sollen Phraseologismen mit einem höheren Idiomatizitätsgrad erörtert werden, zumal sie den Kernbereich (das Zentrum)[246] der Phraseologie bilden.

3.1.4.3.1 Im empirischen Datenmaterial lässt sich im Hinblick auf Transferenzerscheinungen, analog zum Bereich der Lexik (vgl. 3.1.2.2), eine Bandbreite phraseologischer Transferenzbildungen erkennen. Bei diesem Transferenztyp werden im Wesentlichen Konzepte der Bezugssprache Ungarisch weitgehend mit Redemitteln der Minderheiten-

---

[245] Zur Bestimmung und zum Inhalt des Terminus 'Kultur-Zeichen' siehe HESS-LÜTTICH (1984: 271 ff.).

[246] Vgl. die Ausführungen von FLEISCHER (1997: 68 f.), der sich unter Rekurs auf die Konzeption von 'Zentrum' und 'Peripherie' zur Bestimmung des Kernbereichs des phraseologischen Bestandes äußert.

sprache Deutsch realisiert. Diese bilinguale Praktik erscheint zweisprachigen Personen als relativ effizient und ökonomisch, da sie ein
bereits vorhandenes Bezeichnungsmuster der einen Sprache auf die
andere übertragen (vgl. JANSEN 2002: 47). Die als Folge von Transferenzen aufgekommenen metaphorischen Wendungen unterscheiden
sich in ihrer Qualität, zumindest synchron gesehen, nicht von den
indigenen (nativen) Phraseologismen der jeweiligen Sprache. Allerdings glaubt SEEWALD (1998: 376) einen Unterschied zwischen indigenen Metaphern und solchen, die durch Transferenzbildungen entstanden
sind, feststellen zu können. Ihrer Meinung nach wäre bei letzteren ein
Vorgang der „Rückerschließung" anzunehmen, denn nach der kontaktbedingten Übernahme der metaphorischen Wendung haben die Sprecher nachträglich eine metaphorische Verbindung herzustellen. Mit
JANSEN (2002: 58) ist jedoch dagegen einzuwenden, dass eine „Rückerschließung" bei sämtlichen, so auch bei den indigenen Metaphern
stattfindet, „denn nur derjenige Sprecher, der eine innovative Metapher
prägt, wird selbst kreativ – wenn andere Sprecher diese aufnehmen
und weiterverwenden, so müssen auch sie zunächst die zugrunde liegende Similaritätsrelation rekonstruieren".

Bei der Transferenzbildung metaphorischer Phraseologismen handelt es sich um einen Vergleich (für den Sprecher) neuer und unbekann-
ter Sachverhalte mit bekannten und nahe liegenden Konzepten, wobei
die Versprachlichung von Konzepten in der Replikasprache stattfindet.
Da (a) die als Bildspender[247] dienenden Konzepte der modellsprachli-
chen (ungarischen) Diskursgemeinschaft auch in der replikasprachlichen
(ungarndeutschen) Diskursgemeinschaft existieren oder zumindest
nachvollziehbar erscheinen und (b) die bestehenden Metapherntradi-
tionen in den beiden Diskursgemeinschaften kompatibel sind, können
phraseologische Transferenzvorgänge im untersuchten Kontext ohne
Weiteres – und sogar in großem Umfang sowie in breiter Vielfalt – erfolgen. Haben sich doch die Lebenswelten der beiden Diskursgemeinschaften als Folge Jahrhunderte langer Koexistenz in hohem Maße an-
geglichen.

Meine Terminologie konstituiere ich – unter Rückgriff auf einige Aspekte von SCHELER (1973: 23) – aufgrund der von mir bereits im Falle
der Lexik vorgenommenen Klassifizierung.

---

[247] Zur Terminologie vgl. WEINRICH (1976: 284) und Fußnote 359.

(a) Phraseologische Transferenzübersetzungen aus der Referenzsprache Ungarisch, z.B.

(174) *Ear hàt scha wiedr drui Gläsla vabroch:a. Ear hàt a schle:achts Holz ufs Fui:r tau.* (SD: Er hat schon wieder drei Gläslein (= Gläser) verbrochen (= zerbrochen). Er hat ein schlechtes Holz aufs Feuer getan (d.h. etwas Schlechtes angestellt); nach dem Vorbild des Ungarischen: *rossz fát tesz a tűzre* ('schlechtes Holz auf das Feuer tun');

oder:

(175) *Dr Hans hàt d Fra:una:ma gean:, dea wà:eißt scha, vàn wa:s das: d Fluig vareckt.* (SD: Der Hans hat die Frauen gern, der weiß schon, von was dass die Fliege verreckt; in Anlehnung an das Muster des Ungarischen: *tudja, mitől döglik a légy* ('mit allen Wassern gewaschen sein, alle Schliche kennen').

(b) Phraseologische Transferenzübertragungen aus der Referenzsprache Ungarisch, z.B.

(176) *Dr virágboltos Mich:l hàt gse:it zu i:s, ma ken:t ga:u die arbada en **Fólia** ne:i, ear hàt He:i ànd Stroh vasproch:a, i: wà:eiß it:, wa:s i: tua sol:.* (SD: Der „virág-boltos" ["Blumenladen"-] Michl hat gesagt zu uns, man könnte gehen arbeiten an „Fólia" [in das Folienzelt] hinein, er hat Heu und Stroh versprochen, ich weiß nicht, was dass ich tun soll. Vermutlich auf der Grundlage des ungarischen Phraseologismus *fűt-fát ígér vkinek*, wörtlich (zumindest synchronisch): „jmdm. Gras und Baum versprechen", d.h. 'jmdm. goldene Berge versprechen'.);

oder:

(177) *He:it bi:n i: so galant, das: ma an Spatz: ken:t mit miar fang:a la:u, wel en dr **Nyugdíj** han i: Zuabes:reng kriagt.* (SD: Heute bin ich so gut gelaunt, dass man einen Spatz könnte mit mir fangen lassen, wenn [= weil] an der „nyugdíj" [= Rente] habe ich [eine] Zubesserung [= Erhöhung] gekriegt; nach dem Modell des Ungarischen: *madarat lehet fogatni vkivel* [wörtlich: „man kann mit jmdm. einen Vogel fangen lassen", d.h. 'jmd. ist außerordentlich froh']).

(c) Phraseologische Transferenzschöpfungen[248] nach dem Vorbild der Referenzsprache Ungarisch, z.B.

(178) *Di:a ischt so neugiarig, das: iahra Sàita no: a Loch kriagt; jetz: mecht sie scha wiedr wis:a, vàn wa: das: miar zwu:a gredt ha:ud.* (SD: Die ist so neugierig, dass ihre Seite noch ein Loch kriegt; jetzt möchte sie schon wieder wissen, von was dass [wovon] wir zwei geredet haben. Wahrscheinlich stimuliert durch den ungarischen Phraseologismus *furdalja az oldalát a kíváncsiság,* wörtlich: „die Neugier bohrt an jmds. Seite", d.h. 'überaus neugierig sein');

oder:

(179) *Aisan Ni:ni kan: so eap:is saga, das: d Steanna a:u no: ra:kam:id vàm Hem:l* (SD: Unser Opa kann so was sagen, dass [die] Sterne auch noch runterkommen vom Himmel; motiviert durch die ungarische Wendung: *a csillagokat is lehazudja az égről* [wörtlich: „sogar die Sterne vom Himmel herunterlügen", d.h. 'unverschämt lügen']).

(d) Phraseologische Transferenzbedeutungen aus der Referenzsprache Ungarisch, z.B.

(180) *– Diar nà: mu:eischt hàt ihm s Mittagmàhl gschmeckt? / – I: han's gsiah, das: ear äl: zeah Feng:r a:gschlotz:id hàt:.* (SD: – Dir danach meinst, hat ihm [das] Mittagsmahl geschmeckt? / – Ich habe gesehen, dass er alle zehn Finger abgeschleckt hat.) Vermutlich nach dem Modell des Ungarischen, wo die entsprechende Wendung *megnyalja mind a tíz ujját (vmi után)* bedeutet: 'etw. schmeckt einmalig gut').

Die binnendeutsche Version *sich die Finger/alle zehn Finger nach etw. lecken* bedeutet heute (aufgrund von Wörterbuchangaben, vgl. DUDEN 1999: 1239, DUDEN 2002: 228):[249] 'auf etw. begierig sein'.

Oder:

---

[248] SCHELER (1973: 24) meint, dass „die Existenz von Lehnschöpfungen im phraseologischen Bereich kaum denkbar" sei. In der von mir untersuchten spezifischen Konstellation konnten solche Belege dennoch – wie hier zu sehen – erschlossen werden.

[249] Zu etymologischen, diachron-semantischen, varietätentheoretischen und kontrastiven Hintergründen des Phraseologismus vgl. FÖLDES (1996a: 187 f.).

(181) *Dean:r tuascht u:netig vazähla, sie vastàhat's jà doch it:, wel sie hàt en schwera Kopf.* (SD: Der tust [du] unnötig verzählen (= erzählen), sie versteht [es] ja doch nicht, wenn (= weil) sie hat einen schweren Kopf; in Anlehnung an das Muster des Ungarischen: *nehézfejű/nehéz feje van* [„einen schweren Kopf haben", d.h. 'schwer von Begriff sein']).

Im binnendeutschen Standard bedeutet der Ausdruck *einen schweren Kopf haben* bzw. *jmds. Kopf ist schwer* eher 'übernächtigt' oder 'angespannt'. Die im obigen Hajoscher Beleg vorkommende Bedeutung dürfte aus dem Ungarischen stammen.

3.1.4.3.2 Bekanntlich verfügen Phraseologismen – neben ihrer kommunikativen Funktion – auch über eine kumulative Funktion, die sich in der Widerspiegelung und Fixierung von Erfahrungen und Ergebnissen der sozialen Praxis in der Sprache manifestieren (vgl. FÖLDES 1996a: 86 ff.; zur Kulturspezifik in der Phraseologie im Allgemeinen z.B. DOBROVOĽSKIJ/PIIRAINEN 2002). Phraseologismen können als prototypische Verkörperung des „kulturellen Gedächtnisses"[250] einer Diskurs- und somit Kodegemeinschaft angesehen werden. Dementsprechend greifen manche Phraseologismen kulturspezifische Begebenheiten auf, die durch das mehrsprachige und transkulturelle Milieu der Minderheit geprägt wurden. Da die 'Bildspender' in der Regel den direkten sozialen Praxis-, Wahrnehmungs- und Erfahrungsbereichen der jeweiligen Diskursgemeinschaft entstammen, wird für die (metaphorische) Phraseologiebildung spezielles kulturell geprägtes Wissen aktiviert. Außerdem sind Phraseologismen wohl verbale Manifestationen von Kuluremen (vgl. OKSAAR 1988a: 27 ff., 1991: 171 ff., 2003: 38 ff.; siehe ausführlicher weiter unter 6.2), d.h. sie gelten als Ausdrucksmittel, durch die abstrakte Kultureme konkret realisiert werden. Bei dieser Gruppe der kontaktsprachlich beeinflussten Phraseologismen sind also die Beziehungen zwischen Phraseologie, Weltbild und Interkulturalität/Transkulturalität offenbar besonders vielschichtig und aufschlussreich.

Im Hinblick auf die Sprache z.B. der Russlanddeutschen unterstreicht ISSABEKOW (1991: 95), dass der „größte Prozentsatz der national-kulturell markierten Sprachbildungen" auf die Phraseologie fällt. Nach seiner blumigen Interpretation widerspiegeln Phraseologismen

---

[250] Zur Konzeptualisierung des Konstrukts 'kulturelles Gedächtnis' vgl. HALBWACHS (1991) und ASSMANN (2002).

„mit großer Anschaulichkeit die nationale Eigenständigkeit und Einmaligkeit des sowjetdeutschen Volkes" (ISSABEKOW 1991: 95). Insgesamt können kulturspezifisch relevante semantische Elemente auf drei verschiedenen Verallgemeinerungsstufen des Inhaltsplans von phraseologischen Sprach- und Kulturzeichen auftreten (FÖLDES 1996a: 89 f.).

(a) In der Bedeutung einzelner lexikalischer Komponenten des Phraseologismus, vgl.:

(182) – *Muat:r, ga ma de:s Jàhr uf Deutschland? / – De:s we:ara ma schau no: siah! Solang la:uft no: vil: Was:r an dr Du:na,* d.h. – Mutter, gehen wir dieses Jahr auf (= nach) Deutschland? / – Das werden wir schon noch sehen! Solang läuft noch viel Wasser an der Donau. Hier liegt anscheinend ein ungarisches Modell vor: *addig még sok víz lefolyik a Dunán* („bis dahin fließt noch viel Wasser die Donau hinunter", also: 'fließt noch viel Wasser den Rhein hinunter').

Bemerkenswert ist, dass hier der Flussname *Donau* selbst in einem deutsch-dialektalen Satz auf Ungarisch (jedoch mit gewissen artikulatorischen Besonderheiten) auftaucht.

(b) In der wörtlichen Bedeutung des ganzen Phraseologismus, in welcher die – der bildlichen Umdeutung des Phraseologismus zugrunde liegende – kulturspezifische Situation reflektiert wird, vgl.:

(183) *Geschtrd bi:n i: schabald vastickt, so scharpf han i: geas:a, das: miar dr Brock:a en d Zige:inrgas: na: ischt gang:a,* d.h. Gestern bin ich schon bald versticken (= erstickt), so scharf habe ich gegessen, dass mir der Brocken in die Zigeunergasse hinein ist gegangen. Wahrscheinlich nach dem Modell des Ungarischen: *cigányútra megy a falat* („der Brocken geht in [= auf] den Zigeunerweg", also: 'jmd. hat sich verschluckt').

Aufgrund der gegebenen ethnischen Spezifik in Ungarn und unter dem Kontakteinfluss der Umgebungssprache Ungarisch gibt es bei den Ungarndeutschen eine Reihe von Phraseologismen mit der Konstituente *Zigeuner*, z.B.:

(184) *And weh: Zige:inrkendr ra:fal:ed, nàch gang: i: am San:teg a:u no: en **Meccs***, d.h. Auch wenn Zigeunerkinder runterfallen, danach gehe ich am Sonntag auch noch an „meccs" (= Fußballspiel).

Auch hier ist eine ungarische Modellvorlage anzunehmen: *még, ha cigánygyerekek potyognak is az égből* ('selbst, wenn Zigeunerkinder aus dem Himmel fallen', also: selbst, wenn es Schusterjungen regnet).

(c) In der phraseologischen Gesamtbedeutung der Wendung, vgl.:

(185) *He:it ha:ma da ganza Tag fa:ar Ko:rea garbed,* d.h. Heute haben wir den ganzen Tag für Korea gearbeitet, also: ergebnislos, umsonst, vergeblich.

Möglicherweise spielt diese Wendung auf die in der real-sozialistischen Epoche recht häufigen Subbotniks an. An diesen „freiwillig" übernommenen unbezahlten Arbeitstagen am Samstag haben die „Werktätigen" ihren Verdienst für wohltätige Zwecke (früher oft für die Unterstützung der Volksrepublik Korea) angeboten. Übrigens wird der Ortsname *Korea* mit ungarischer Aussprache verwendet: ['ko:reà].

Bei einigen kultur- bzw. lokalspezifischen Phraseologismen lässt sich synchronisch schwer feststellen, ob man es vielleicht mit einer durch das ungarische Umfeld motivierten volkstümlichen Redewendung (also mit einem Kontaktphänomen) oder eben mit einem inner-einzelsprachlich entstandenen deutsch-dialektalen Ausdruck zu tun hat, z.B.:

(186) *He:it seam:a fe:tig wa:ara mit Hack:a. De:s hät: bes:r it: ken:a ausla:ufa, de:s ischt ausglof:a wia em Luck:as:a Joschi se:i A:ug.* (D.h. Heute sind wir fertig geworden mit [dem] Hacken. Das hätte besser nicht (= nicht besser) können auslaufen (= verlaufen können), das ist ausgelaufen wie dem Josef Lukas sein Auge, also: 'ist gerade optimal, rechtzeitig beendet worden'.).

Hinsichtlich der onymischen Komponente dieser Wendung sind weiterhin verschiedene Versionen geläufig, wie etwa: *Polti Jani* (= Hans Polti) und *Kiebler Traud* (= Traude Kiebler).

3.1.4.3.3 Bei den Transferenzen im Bereich der Phraseologie ist nicht nur die Ebene der Bildlichkeit interessant, sondern auch die sprachliche Form, da auch diesbezüglich relevante Kontaktmanifestationen nach dem Muster der Bezugssprache Ungarisch nachzuweisen sind, z.B. in der Morphosyntax (vgl. Beleg Nr. 187).

(187) *Aisan arma Imre, de:a mus: se:in Kopf vabreach:a, ear gàht äl:awàil en d **Ver-***
***seny**, ear gwen:t a:u oft, abr ischt e:scht en Zwe:itklas:r.* (D.h. wörtlich: Unser
armer Imre (= Emmerich), der muss [sich] seinen Kopf verbrechen (=
zerbrechen), er geht immer in die „verseny" (= Wettkampf), er gewinnt
auch oft, aber [er] ist erst ein Zweitklässler.).

Im obigen ungarndeutschen Beleg steht das Verb *verbrechen* (= zerbrechen) ohne Reflexivpronomen, womöglich, weil die entsprechende
ungarische Konstruktion (***töri a fejét**, wörtlich: „seinen Kopf brechen")
nicht reflexiv ist.

Hingegen fällt beim Phraseologismus im Beleg Nr. (188) die Satz-
struktur auf:

(188) *Kendr, wen:'s bricht odr ràißt, abr màarga mes:a ma àisri Ku:krutz:a a:ràiba.*
(D.h. wörtlich: Kinder, wenn es bricht oder reißt, morgen müssen wir
unseren Kukuruz (= Mais) abreiben.).

Die Wendung geht wohl auf ungar. ***ha törik, ha szakad*** zurück („wenn
es bricht oder reißt"), der binnendeutsche Standard bedient sich hingegen einer konzessiven Konstruktion mit dem modalen Hilfsverb
mögen: *es mag biegen oder brechen* (bzw. *ob wir wollen oder nicht*).

Ferner:

(189) *– Vat:r, ka:ufa ma doch en nuia Waga! / – Vàn wa:, tätisch miar. it: saga? So
lang streckscht de, so lang die Deck:i lang:ed?*, d.h. wörtlich: – Vater, kaufen
wir doch einen neuen Wagen! / – Von was (= wovon), tätest [du es] mir
nicht sagen? Solange strecke dich, solange deine Decke langt.

Bei diesem Phraseologismus würde man im binnendeutschen Standard
sich einer anderen syntaktischen Konstruktion bedienen: *sich nach der
Decke strecken*.

Im Beleg Nr. (190) lehnt sich die syntaktische Struktur ebenfalls an
die der ungarischen Modellvorlage an:

(190) *Huir gàit's sovil: Ge:aschta ànd Ku:krutz:e wia am Hem:l Stean:a*, d.h.: Heuer
gibt's so viel Gerste und Kukuruz (= Mais) wie am Himmel Sterne; wohl
nach ungar. ***mint égen a csillag**, dabei bedeutet *ég* 'Himmel' und *csillag*
'Stern'.

Dies hieße im Binnendeutschen: ... *wie Sterne am Himmel* oder *wie Sand am Meer*.

Manche Transferenzbildungen weisen zugleich mehrere Kontakt-phänomene auf:

(191) *Dean:i Nàchpr seand so stark guat gse:i mitanand, älts ha:ud sie mitanand tau, sogar vàn u:einr Schis:l raus Kri:asa geas:a. So gar guat braucht ma it: se:i mitanand, wel jetz: seand sie wild s U:ei ufs Andr. Vàn deam: guck:id niks Guats raus*, d.h.: Diese Nachbarn sind so stark (= sehr) gut gewesen miteinander, alles haben sie miteinander getan (= gemacht), sogar von einer Schüssel raus Kirschen gegessen. So ganz gut braucht man nicht sein miteinander, weil jetzt sind sie wild das Eine aufs Andere. Von dem guckt (= schaut) nichts Gutes heraus.

Beim obigen Beleg Nr. (191) hat das ungarische Vorbild (*egy tálból cseresznyézik vkivel*, wörtlich: „mit jmdm. aus einer Schüssel Kirschen essen") sowohl die Formseite als auch Verwendungsweise des Phraseologismus geprägt.

Aus der Beleganalyse geht deutlich hervor: Im Falle polymorphe-matischer und polylexikalischer Modelle ist im Hinblick auf die ver-schiedenen Konstituenten der Vorlage ein gleichzeitiger Einsatz unter-schiedlicher bilingualer Verfahren möglich. Beispielsweise können einige Elemente aus der Bezugssprache direkt (materiell) übernommen, während andere lediglich nachgebildet werden. Dementsprechend treten im Bestand vieler in Hajosch ermittelter phraseologischer Wen-dungen in expliziter Weise Strukturkomponenten ungarischer Prove-nienz auf. Meist werden die nominalen, besonders die substantivischen Komponenten – als Ausgangspunkt für die Bildlichkeit – transferiert. Vgl.:

(192) *Hät: ma de:s it: schi:anr ken:a saga, mus: ma da so fluacha wie **Csikósok?**,* d.h.: Hätte man das nicht schöner sagen können, muss man da so fluchen wie Kutscher?

Hier bedeutet die Komponente **Csikós** 'Pferdehirt' oder 'Kutscher'.

Oder:

(193) *Aisa Mädli hàt miar a Nuireng wel:a vazähla ànd nàch han i: gse:it: 'De:s han i: scha lang ghert, de:s isch scha a alta **Not:a***, d.h.: Unser Mädchen hat mir

eine Neuigkeit wollen verzählen (= erzählen) und dann habe ich gesagt: 'Das habe ich schon lange gehört, das ist schon eine alte „Nóta" (= Lied)'.

In vielen Fällen sind es spezielle phraseologische Bestandteile:

(194) *Dr Hans ischt schau dr Re:acht, seal:a hàt vil: an se:in **Rovás**, dr **Rendőr** hàt:a schau pa:r Màl fut:,* d.h.: Der Hans ist schon der Richtige, dieser hat schon viel an seinem „Rovás", der „Rendőr" (= Polizist) hatte [ihn] schon [ein] paar Mal fort (= abgeholt).

Der phraseologische Bestandteil *Rovás* entspricht etwa dem deutschen *Kerbholz*, so ergibt sich die Gesamtbedeutung: 'viel auf dem Kerbholz haben'.

Wie der obige Beleg zeigt, handelt es sich bei vielen Konstituenten ungarischer Provenienz um sog. unikale bzw. phraseologisch gebundene Komponenten (vgl. zum Begriff BURGER 2003: 12, 23 f., 143 f.). Hier wird also nicht nur die Bildlichkeit aus der Modellsprache Ungarisch übernommen, sondern auch ein oder mehrere Elemente, für die der deutsche Grunddialekt entweder kein Äquivalent bietet oder das mögliche Äquivalent kaum gängig ist, z.B.:

(195) *Em Fràitig bi:n i: am Woch:amarkt gse:i ànd han wel:a a Be:glàisi ka:ufa. Nàch ha ma's ne:ignam:a en Kultur gi ausprobiara, nàch isch gar it: warm wà:ara, nàch han i:'s zruckgnàm:a ànd gse:it: 'De:s ischt it: amàl en **Fabatka** we:at!',* d.h.: Am Freitag bin ich im Wochenmarkt gewesen und habe wollen ein Bügeleisen kaufen. Dann haben wir es hineingenommen in „Kultur" (= Kulturhaus) zu ausprobieren, dann ist [es] gar nicht warm geworden, dann habe ich es zurückgenommen (= zurückgebracht) und gesagt: Das ist nicht einmal eine „Fabatka" (sinngemäß: 'einen Pfifferling') wert.

Es sind aber durchaus nicht nur unikale Komponenten. Bei den Konstituenten ungarischer Herkunft handelt es sich teilweise um solche Elemente, die im ungarndeutschen Dialekt von Hajosch auch wendungsextern als freie Lexeme im Sinne einer lexikalischen Transferenz gebräuchlich sind:

(196) *D Juli mu:eit, wen: nu: iahri Nägel ànd s Maul rot ischt ànd **Nagysága** spiela ka:n, abr d Arbid stenkt ihnr.* (SD: Die Juli[anne] meint, wenn nur ihre Nägl und das Maul [= der Mund] rot ist und gnädige Frau spielen kann, aber die Arbeit stinkt ihr.).

Bei anderen Phraseologismen geht es um Komponenten, die in dieser transferierten Form lediglich wendungsintern üblich sind (ansonsten wird auf das urtümliche dialektale Substantiv *Gàis* zurückgegriffen), sodass hier eine phraseologische Besonderheit im engeren Sinne vorliegt:

(197)   *die àlte Ketschkà* [eigentlich: *kecske* 'Ziege']; (d.h. 'alte Schachtel').

Einige dieser nur im Bestand von Phraseologismen vorkommenden Elemente ungarischen Ursprungs reflektieren spezifische Personen, Gegenstände, Sachverhalte oder Zusammenhänge, die den ungarndeutschen Sprechern aus der dialektalen Rede nicht geläufig sind, die sie nur aus dem Ungarischen kennen:

(198)   *Dr Petr Vet:r hàt so lang:i Jàhra garbid en dr **Gazdaság** ànd jetz: hàt:'r mit äls aufghert ànd hàt dr **Stafétabot** die Jàng:i i:brgi:a. Di:a Zàit gàht'r nu: ne:i gi **látogatni**.* (SD: Der Peter Vetter [= Onkel Peter] hat so lange Jahre gearbeitet in der Genossenschaft und jetzt hat er mit allem aufgehört und hat die Stafette den Jungen übergeben. Die Zeit [= nunmehr] geht [er] nur hinein zu besuchen [= zum Besuch].).

Oder:

(199)   *Jetz: han i: scha dr **Kaszás**[251] gsiah.* (SD: Jetzt habe ich schon den Sensenmann gesehen.).

In einer Reihe von Wendungen können sowohl die deutschen als auch die entsprechenden ungarischen Versionen stehen, z.B. *ischt so zäh so wie a Katz* bzw. *ischt so zäh so wie a **Macska*** ('sehr zäh'):

(200)   *D Nikla:sa Bäs ka:n äl:awàil arbada, hob's reang:id odr schnàicht odr dreck:id ischt ànd wen: äl:igi ju:mred 'He:it ka:ma it: arbada', sie se:it's it: amàl u:eimal, sie ischt zäh wia **Macska**, sie kan: äl:igs aushalta ànd doch ischt sie die Ältischt en dr **Csapat**.* (SD: Die Tante Niklas kann immer arbeiten, ob es regnet oder schneit oder dreckig ist und wenn alle jammern 'Heute kann man nicht arbeiten' sie sagt es nicht einmal einmal, sie ist zäh wie eine „Macska" (= Katze), sie kann alles aushalten und doch ist sie die Älteste in der „Csapat" (= Mannschaft, Truppe)).

[251]   Dieses Element ist eigentlich slawischen Ursprungs: Dem „Etymologischen Wörterbuchs des Ungarischen" zufolge (BENKŐ 1993: 707) stammt das Substantiv *kasza* ('Sense') aus einer slawischen Sprache, wahrscheinlich aus dem Slowakischen.

Ähnlich auch:

(201) *Pickt wia Lu:eim* bzw. *Pickt wia Csiriz* ('klebt wie Pech').

Ein großes Variantenspektrum manifestiert sich auch darin, dass z.B. bei den sog. komparativen Phraseologismen mal das tertium comparationis (im Beleg Nr. 202: das Element *szemtelen* 'frech'), mal das comparatum (im Beleg Nr. 203: das Element **Kefekötő** 'Bürstenbinder') ungarischer Provenienz sind, vgl.

(202) *Wen: ma em Tagweark seand, nàch brengt dr Hear: äl: Täg en Kafe: naus ànd die u:ei ischt so gwalttäteg, das: sie äl:awàil zwà:eimal na:stàht en Rà:eiha. Grad so wia d Madafluiga. Hu:eiwä:ats vàn dr Arbid kriaga ma en **Fagylalt** ànd dot: stàht sie a:u davàn:a da. Wia ma kan: so se:i? Sie ischt so szemtelen wia d Fluiga.* (D.h.: Wenn wir im Tagwerk sind, dann bringt der Herr alle Tage einen Kaffee hinaus und die eine ist so gewalttätig (= aufdringlich), dass sie [sich] immer zweimal hineinstellt in die Reihe. Gerade so wie die Madenfliege. Heimwärts von der Arbeit kriegen wir ein „Fagylalt" (= Eis) und dort steht sie auch dort vorne da. Wie kann [man] so sein? Sie ist so „szemtelen" (= frech) wie die Fliegen.);

bzw.:

(203) *Miar ha:ud en Gäs:lar, de:a sauft ihn so a:, das:'r krà ist em hu:eiwä:ats, so sauft'r ihn a: wia **Kefekötő**.* (D.h.: Wir haben einen „Gässlar" (= Nachbarn aus unserer Gasse), der säuft sich so an, dass er kriecht im heimwärts, so säuft er sich an wie ein „Kefekötő" (= Bürstenbinder)).

In etlichen Fällen liegt eigentlich kein ausgesprochen ungarisches Element, sondern z.B. ein hybrides Kompositum vor, z.B.:

(204) *Ear ischt gscheack:id wia a **Puikrà:ei**,* d.h. Er ist scheckig wie ein Putenei ('stark sommersprossig').

Das Kompositum **Puikrà:ei** geht einerseits auf ungar. *pulyka* ('Pute'), andererseits auf dial.-deutsch *à:ei* ('Ei') zurück.

Von einem nicht unspektakulären Fall zwischensprachlicher Kontaktbeziehungen zeugen Belege wie Nr. (205):

(205) *De:s ischt en u:schuldage Flótás*, d.h. Das ist ein unschuldiger „Flótás" (= Flötenspieler), also 'unschuldiger Pechvogel'.

Denn die Komponente *Flótás* ist zwar in synchroner Sicht dem Ungarischen zuzuordnen, diachron betrachtet hat man es aber bei *Flóta* eigentlich mit dem deutschen Wort *Flöte* zu tun (BENKŐ 1967: I/932 und 1993: 399 f.), das ins Ungarische übernommen wurde und von den Sprechern heute als ungarisch empfunden wird. Somit gilt dieser Beleg als eine interessante Mehrfach-Transferenz, die gleichermaßen wegen der in ihrem Hintergrund ablaufenden komplexen kognitiven Prozesse Beachtung verdient.

In ähnlicher Weise vielschichtig kann die Explikation der wahrlich transkulturellen Belege Nr. (206) und Nr. (207) ausfallen.

(206) *– Ischt dr Józsi bácsi scha fut:grà:eist? /* – *Ear ischt scha ibr sieba Hot:r nàm: gren:t*, d.h. – Ist der „Józsi bácsi" (= Onkel Josef) schon fortgereist? / – Er ist schon über sieben Hotter hinüber gerannt, sinngemäß: 'über alle Berge', nach dem Modell von ungar. *hetedhét határon túl*;

oder:

(207) *En frenda Bua ischt uf Ha:josch: kàm:a, niamrd hàt gwis:t, vàn mo, nàch ha:ud äl:igi gse:it, de:a kàm:t vàn siebata Hot:r hear. Drwàil isch nu: en Sakmar: gse:i*, d.h. Ein fremder Bube ist auf (= nach) Hajosch gekommen, niemand hat gewusst, von wo, dann haben alle gesagt, der kommt vom siebenten Hotter her. Derweil ist es nur ein Sakmarer gewesen. *Vom siebenten Hotter her* bedeutet 'von sehr weit her' und rekurriert auf ein Muster: *hetedhét határból*.

Das Element *Hot:r* kann von seinem Status her als dialektal-deutsch (ostösterreichisch, aber in zahlreichen ungarndeutschen Mundarten enthalten)[252] eingestuft werden, es ist in mehreren deutschsprachigen Wörterbüchern verzeichnet (z.B. EBNER 1998: 154, DUDEN 1999: 187, ÖSTERREICHISCHES WÖRTERBUCH 2001: 4286). Etymologisch geht es aber nach ERDŐDI (1973: 159) auf das ähnlich klingende ungarische Wort *határ* ('Grenze, Gemeindeflur') zurück.

Beleg Nr. (208) führt einem eindrücklich vor Augen, dass der kontaktbedingte Phraseologismengebrauch unter transkulturellen Bedin-

---

[252] Vgl. die von ERDŐDI (1973: 159) referierten Befunde der Fachliteratur.

gungen von Mehrsprachigkeit über die Satzgrenze hinausgehende spezifische bilinguale Mikrokotexte erzeugt, vgl.:

(208)   *De:a hàt geschtr Abid scha wiedr en großa* **Bimbó** *hu:eitre:it,* d.h. Der hat gestern Abend schon wieder eine große „Bimbó" (= Knospe)[253] heimgetragen, also etwa: 'er war sternhagelvoll'.

Daraufhin lautet die reguläre Reaktion auf Ungarisch: **Ez már nem bimbó, hanem kinyílt rózsa volt** („Das war keine Knospe mehr, sondern eine erblühte Rose").

3.1.4.3.4 Neben grundlegenden Aspekten zur Bildlichkeit, Struktur und Semantik lassen sich auch im Hinblick auf die diversen Verwendungsmodalitäten der von ungarndeutschen Sprechern gebrauchten Phraseologismen zahlreiche subtile Eigenheiten bzw. Präferenzen eruieren. Vgl.:

(209)   *De:a ischt so dàm: wia Ga:ns, ear tuat it: studiara, hob ma de:s laut saga deaf:, ear schna:drid nu: so dàm: ràm:,* d.h. wörtlich: Der ist so dumm wie eine Gans, er tut nicht studieren (= überlegen), ob man das laut sagen darf, er schwatzt nur so dumm herum.

Im binnendeutschen Standard bezieht sich die Wendung *dumme Gans* auf weibliche Personen, während im obigen ungarndeutschen Beleg ein maskulines Demonstrativpronomen die Subjektposition bekleidet.

Zusammenfassend kann man hierzu feststellen: Das Studium meines Korpus hat für die Phraseologie neben strukturellen Auffälligkeiten vor allen aufschlussreiche kontaktbedingte Besonderheiten (und Uneinheitlichkeiten) in stilistisch-pragmatischer Hinsicht und/oder in der Satzkonstruktion bzw. der Diskursstruktur aufgedeckt, die es nun gilt, von interkulturell arbeitenden Diskursforschern und Stilisten auszuwerten. Andererseits ist nicht zu übersehen, dass die deutsche Sprache ihrerseits die Phraseologismenverwendung der bilingualen ungarndeutschen Sprecher im Ungarischen gleichfalls erheblich prägt. So findet man häufig Belege wie *a slág troffázta* (d.h. 'der Schlag hat ihn getroffen').

---

[253] Vielleicht spielt bei diesem Bild auch 'Weinblume' eine Rolle.

3.1.4.3.5 Der sprachkommunikative Umgang mit dem Kulturphänomen 'Sprichwort'[254] zeigt ebenfalls zahlreiche kontaktgeprägte Eigenheiten. Beispielsweise gibt es in Hajosch Sprichwörter, die sowohl in ihrer standarddeutschen als auch in ihrer mundartlichen Version üblich sind, z.B. *Äl:r A:fang gàht schwer* oder *Aller Anfang ist schwer* bzw. *Màa:rgastànd hàt Gold em Mànd* oder *Morgenstund hat Gold im Mund*.

Ähnlich wie bei den nicht-satzwertigen Phraseologismen gibt es auch eine nicht unerhebliche Teilmenge ortsspezifischer Sprichwörter, die den lokalen soziokulturellen Kontext widerspiegeln. Zum Beispiel treten ungarische Ortsnamen oft als Komponenten von Sprichwörtern auf:

(210) *Am die Dàm:i braucht ma it: uf Mischka fahra (ma fendt en Ha:josch: e:ine)*, d.h. wörtlich: Um die Dumme(n) braucht man nicht auf Miske (= nach Miske, in einen Nachbarort) [zu] fahren (man findet in Hajosch auch einige).

Bei Sprichwörtern ist auch das gesamte Spektrum von interlingualen Transferenzbeziehungen zu beobachten, die in Bezug auf die Lexik festgestellt werden konnten (vgl. 3.1.2.2.1-4). An dieser Stelle nenne ich lediglich je zwei Beispiele für Transferenzübersetzungen (Nr. 211 und 212) bzw. Transferenzübertragungen (Nr. 213 und 214), vgl.

(211) *Geat:, jetz: kàm:scht zu miar, i: sol: diar healfa, wen: ku:ei Ros: ischt, nàch ischt dr Esl a:u guat*, d.h. wörtlich: Gell, jetzt kommst [du] zu mir, ich soll dir helfen, wenn kein Ross [da] ist, dann ist der Esel auch gut < ungar. **Ha ló nincs, szamár is jó**; entspricht inhaltlich etwa dem binnendeutschen Sprichwort: *In der Not frisst der Teufel Fliegen* oder dem *Spatz in der Hand, der besser ist als die Taube auf dem Dach*;

(212) *De:ar, wa:s s Kle:i it: ehrt, (se̯al:) ischt s Groß it: we:at*, d.h. wörtlich: Der, was das Kleine nicht ehrt, (jener) ist das Große nicht wert (< ungar. **Ki a kicsit nem becsüli, (az) a nagyot nem érdemli**); im binnendeutschen Standard hieße es: *Wer den Pfennig nicht ehrt, ist des Talers nicht wert*;

---

[254] Auch mit Blick auf die Parömiologie ist der einschlägige sprachwissenschaftliche Kenntnisstand erst recht spärlich. Im Bereich der linguistischen Erforschung von Sprichwörtern deutscher Minderheiten in Ostmittel-, Ost- und Südosteuropa ist lediglich die Projektskizze von BAUR/CHLOSTA/SALKOVA (1995) über die Wolgadeutschen zu erwähnen, die jedoch nicht kontaktlinguistisch orientiert ist.

bzw.:

(213) *Dr ni:adr Zige:inr lobt se:i War*, d.h. wörtlich: Jeder Zigeuner lobt seine Ware (< ungar. *Minden cigány a maga lovát dícséri* [Jeder Zigeuner lobt sein Pferd]), im binnendeutschen Standard würde man sagen: *Jeder Krämer lobt seine Ware*;

(214) *Em ni:atwedra Haus ischt en andra Brauch*, d.h. wörtlich: In jedem Haus ist ein anderer Brauch (< ungar. *Ahány ház, annyi szokás* [So viele Häuser, so viele Bräuche]), im binnendeutschen Standard korrespondiert mit diesem Sprichwort etwa: *Andere Länder, andere Sitten*.

3.1.4.3.6 Anhand der vorgestellten phraseologischen Befunde wird eine Dialektik zwischen usualisierter, konventionalisierter Sprache, zwischen „sprachlichen Versatzstücken" einerseits und kreativer, dynamischer und individueller (bilingualer) Kommunikationspraxis andererseits deutlich, die für künftige Forschungen einen spannenden Fragehorizont eröffnet.

Die Expressivität von Phraseologismen (einschließlich der Sprichwörter) geht bekanntlich vorrangig auf gesellschaftliche Wertvorstellungen zurück. Daher dürften kontaktbedingte Komponenten-, Struktur- und Bedeutungsveränderungen bei Phraseologismen als Indikatoren für „Kulturwandel" angesehen werden (vgl. HIRSCHBERG 1988: 269; zu den Interkulturalitätsaspekten FÖLDES 2003a: 43 f.).

In diesem Zusammenhang geht aus der durchgeführten Untersuchung u.a. hervor, dass in der im Blickpunkt stehenden transkulturellen Sprachenkontaktsituation die Bedeutungsspektren nicht nur einzelner Lexeme, sondern auch die Spektren von Phraseologismen des Deutschen mit denen des Ungarischen konvergieren. Der Metaphernschatz der beiden Diskursgemeinschaften bringt diese innere Angleichung deutlich zum Ausdruck. WEINRICH (1976: 287) hat die durch regen Kulturaustausch hervorgerufene zwischensprachliche Parallelität bildlicher Ausdrücke so begründet: „Es gibt eine Harmonie der Bildfelder zwischen den einzelnen abendländischen Sprachen. Das Abendland ist eine Bildfeldgemeinschaft". Im Falle der analysierten ungarndeutschen Kontakt-Konstellation greift der Gedanke einer „Bildfeldgemeinschaft" nachweisbar, denn beispielsweise entstehen durch Transferenzbildungen symmetrische Bezeichnungsmuster in beiden Sprachvarietäten, die das psychische Speichersystem 'Gedächtnis' bei den bilingualen

Sprechern entlasten. Generell dürfte ein hohes Maß an zwischensprachlich kongruierender oder gar gemeinsamer 'Sinn-' bzw. 'Bedeutungskonstitution' (vgl. EBERLE 1984 bzw. DEPPERMANN 2002) kennzeichnend sein. Die expansive Rolle des Ungarischen als Kontakt- bzw. Modellsprache wird also auch in diesem Zusammenhang überdeutlich. Dank der Zugehörigkeit zum gleichen Kultur- bzw. Kommunikationsraum verfügen die ungarndeutschen Sprecher und die Ungarischsprachigen der Region vielfach über kongruierende konzeptuelle Deutungsmuster von 'Welt', sie strukturieren und ordnen die sprachkommunikativ vermittelten Informationen mithilfe ähnlicher konzeptueller Deutungsmuster (Stichwort 'Interkonzeptualität', vgl. 3.1.5). Zu ihrer Beschreibung könnte die Forschung in Zukunft gezielt etwa auf die Skript- bzw. die Frame-Theorie (vgl. UNGERER/SCHMID 2003: 213 ff.) zurückgreifen. Insofern dürfte für weiterführende Untersuchungen u.a. eine wichtige Forschungsfrage sein, inwieweit die in Kontaktstellung befindlichen Varietäten parallele, ähnliche bzw. differente onomasiologische bzw. konzeptuelle Strukturen aufweisen.

Das komplexe Thema 'Phraseologismen im Sprachen- und Kulturenkontakt' erfordert künftig noch weitere Detailuntersuchungen über Ausmaß, Natur und Folgen phraseologischer Kontaktmechanismen. Wenn nämlich z.B. ganze Metaphernfelder transferiert werden, so hat man es sogar mit einer Übernahme komplexer kognitiver Muster von einer Diskurs- bzw. Kodegemeinschaft in die andere zu tun, mit denen gleichzeitig die Übertragung bestimmter Sichtweisen und Erklärungsmodelle einhergeht (vgl. JANSEN 2002: 59).

3.1.4.3.7 Im Rahmen der Herausarbeitung von nationalen Varietäten (und deren Varianten) hat AMMON (1995b: 1 ff.) in einer seiner Arbeiten seine Argumentation nicht zuletzt gerade durch das Beispiel eines Phraseologismus untermauert (und die Publikation sogar plakativ mit dieser Wendung betitelt): Er stellte nämlich fest, dass mit dem binnendeutschen Phraseologismus *einen Kloß im Hals haben* im österreichischen Deutsch *einen Knödel im Hals haben* und im Schweizerhochdeutsch *einen Klumpen im Hals haben* korreliert. Aufgrund meiner Untersuchung kann ich nun diese Aufzählung ergänzen: In der ungarndeutschen Varietät von Hajosch heißt es *ein Gombóc im Hals haben*:

(215) *Wen: àisa **Unoka** gi **vizsgázni** gàht, nàch han i: da ganza Tag so en **Gombóc** em Hals da, das: i: gar it: eas:a kan:, và:ar sie it: a:ruaft, das: 's grata hàt:, d.h.*

wörtlich: Wenn unsere „Unoka" (= Enkelin) geht zu „vizsgázni" (= eine Prüfung ablegen), dann habe ich den ganzen Tag so ein „Gombóc" (= Knödel) im Hals da, dass ich gar nicht essen kann, vor (= bevor) sie nicht anruft, dass es geraten (= geklappt) hat.

3.1.5 Transferenzen auf der Text- bzw. Diskursebene: 'Interkonzeptualität'

Sprachenkontaktvorgänge treten natürlich nicht nur an der sprachlichen Oberfläche auf der sprachsystematischen Ebene zutage, sondern zudem in relevantem Maße in mehreren weiteren Zusammenhängen. So etwa als Stilebenenverschiebungen oder als musterhafte Auffälligkeiten bei der Distribution „kommunikativer Gattungen",[255] in der vom Binnendeutschen wie auch vom Ungarischen abweichenden Diskursorganisation, bei den anders strukturierten Kontextualisierungssystemen usw.[256] Folglich beinhaltet mein Korpusmaterial diverse Beispiele für Transferenzen auf der Text- genauer: auf der Diskursebene. Für die begrifflich-terminologische Unterscheidung von 'Diskurs' und 'Text' wartet die moderne Forschung mit zahlreichen methodischen Ansätzen und Perspektivierungen auf.[257] Für die Belange meiner Arbeit dürfte der Ansatz von BECKER-MROTZEK/MEIER (2002: 20) am besten operationalisierbar sein: „Diskurse bezeichnen Folgen von Sprechhandlungen mehrerer Beteiligter in einer unmittelbaren, gemeinsamen Sprechsituation, die entweder in direkter Interaktion, d.h. face-to-face, oder medial vermittelt hergestellt ist. Demgegenüber zielt [...] der Textbegriff auf die Überlieferung kommunikativer Äußerungen".

Man kann davon ausgehen, dass die die Ungarndeutschen umgebenden „narrativen Welten" durch das Ungarische geprägt sind (vgl. KNIPF-KOMLÓSI 2003b: 279). In diesem Sinne erfolgt der zwischensprachliche Austausch recht umfassend und komplex, gehören doch zu

---

[255] Zum Terminus vgl. LUCKMANN (1988), AUER (1999) und GÜNTHNER (2001).

[256] So kann man eine reiche Fülle interlingual-interkulturell relevanter Spezifika registrieren (zum Hintergrund z.B. AUER 1986), etwa im Hinblick auf die (a) Signalisierung von Aufmerksamkeit durch Rezipientenverhalten, (b) Kontextualisierung der Sprecher- und Adressatenrollen, (c) Signalisierung des Kommunikationsmodus (Ernst, Scherz, Spiel usw.), (d) Diskursorganisation (z.B. Direktheit/Indirektheit), (e) soziale Rollen, Höflichkeit, Wahrung von Distanz etc.

[257] Vgl. FRAAS (1997: 221 f.), TITSCHER/WODAK/MEYER/VETTER (1998: 37 ff.), JACOBS (1999: 13 f.), GANSEL/JÜRGENS (2002: 15 f.), HEINEMANN/HEINEMANN (2002: 61 ff.), ADAMZIK (2004: 253 ff.).

den Bestandteilen der Narrativen, in die die untersuchte Diskursgemeinschaft eingebettet ist, auch „jene Klischees, Idiome, Kollokationen, alle semiproduktiven Elemente, auch die gängigen Fachjargonismen, die im Alltagsgespräch vorkommen, die alle in ungarischer Sprache gespeichert und auch in dieser abrufbar sind" (vgl. KNIPF-KOMLÓSI 2003b: 279). In diesem Zusammenhang fungiert das Ungarische in vielfacher Hinsicht bereits als die Referenzsprache für die Ungarndeutschen selbst bei ihren – mehr oder minder – deutschsprachigen sprachkommunikativen Handlungsformen.

Bei der diskursiven Produktion wird oft die kognitive Struktur der Referenz- bzw. Modellsprache Ungarisch übernommen. Die Konstruktionen der nächsten Belegsätze spiegeln eine „typisch ungarische" Sichtweise wider, man könnte das u.U. schon konzeptuelle Transferenz oder ʼInterkonzeptualitätʼ nennen (vgl. auch Fußnote 370):

(216) *I: musː an d Óvoda gaːu àm àisa Anett.* (SD: Ich muss in den Kindergarten gehen um unsere Anett.).

Ein binnendeutscher Sprecher würde eher sagen: *Ich muss unsere Anett aus dem Kindergarten abholen.*

Es konnten aber auch noch komplexere Phänomenbereiche ermittelt werden. Angesichts der exklusiven Einwirkung ungarischer Kommunikationsschemata und Interaktionsrituale lassen sich Umfang, Intensität und Tiefe der Sprachenkontakt-, Interaktions- bzw. Konvergenzphänomene im Rahmen einer Arbeit wohl kaum auch nur annähernd vollständig beschreiben. Denn zwischensprachliche Kontakt-, Interaktions- bzw. Konvergenzphänomene erstrecken sich auf sämtliche Systemebenen (wobei neben den genannten auch z.B. suprasegmentale Phänomene sichtbar werden), sie erstrecken sich sogar auf die makro- und mikropragmatische Ebene des Kommunikations- und Interaktionsverhaltens bis hin zur soziokulturellen Transferenz, einschließlich der nonverbalen, extralingualen und parasprachlichen Aspekte in der jeweiligen Kulturspezifik der Sprachverwendungsbeziehungen.[258] Mit OKSAAR (1991: 174) ist darauf hinzuweisen, dass sich auch der Einfluss von „Behavioremen" der kontaktierenden, besonders der dominanten Gruppe bemerkbar macht (vgl. ausführlicher unter 6.2). So etwa kann

---

[258] OKSAAR (1991: 174, 2003: 133 ff.) verwendet für letztere Erscheinung einen anderen Terminus, sie spricht von „situationalen Interferenzen".

man exemplarisch auf die Erfahrung in Zwei- bzw. Mehrsprachigkeits-situationen hinweisen, dass interethnische (kulturelle und sprachliche) Annäherungen und Berührungen oft mit der Übernahme der Umgangs- und Höflichkeitsmodelle, -strategien, -stile und -formeln einsetzen (vgl. WALKER 1976, BAŞOĞLU/POGARELL 1983, KREFELD 2004: 43). Das sind oft die kleinen Rituale des Alltags, wie etwa Grüßen und Anreden, d.h. die kulturellen Selbstverständlichkeiten, die der Regelung des Zusammenlebens einer Gemeinschaft zugrunde liegen. Anhand meines Datenkorpus lassen sich außerdem etwa solche Beispiele anführen, dass Ungarndeutsche unter dem kulturellen Einfluss ihrer ungarisch geprägten Umwelt – verglichen mit binnendeutschen Sprechern – in der Regel „indirekter" kommunizieren, sich in ihrem verbal-kulturellen Handeln an ungarischen Usancen orientieren (z.b. Komplimente nicht dankend annehmen, sondern sie meist ablehnen) und bei der thematischen Gestaltung von Konversationen ungarischen Gesprächsmustern folgen (es kann z.B. über Geld, Gehälter u.Ä. ohne Weiteres gesprochen werden) etc.

In der kulturspezifischen Kommunikation spielen neben Höflichkeit auch Kategorien wie Freundlichkeit und Distanz eine große Rolle. Ferner sieht STIEHLER (2000: 2) einen typischen Fall pragmatischer „Interferenzen" etwa „in der sprachbegleitenden Gestik bei sozialer Kontaktnahme".

Wichtig erscheint mir dabei, dass nicht nur einzelne Sprachelemente und -muster beeinflusst worden sind, sondern – auf der Makroebene – auch die Diskurstraditionen[259] und die sprachlichen bzw. kulturellen Ausdrucksweisen des Verhaltens. Global gesehen, können bei der Unterschiedlichkeit der Kommunikationskulturen vor allem folgende Spezifizierungen eine Rolle spielen (zur Begrifflichkeit vgl. ANTOS/ SCHUBERT 1997: 310):

(a) Sprachgebrauchsunterschiede als Frequenzunterschiede,
(b) unterschiedliche Diskurstraditionen,
(c) unterschiedliche Kommunikationshaltungen und
(d) unterschiedliche Diskursmuster.

---

[259] In Anlehnung an STEHL (1994: 139) verstehe ich darunter „die unterschiedlichen Sprech-, Text- und Schreibtraditionen".
SPILLNER (1992: 180) spricht im Falle von Kontaktphänomenen auf der Text- bzw. Diskursebene – wohl in einem etwas engeren Sinne – von „kommunikative[n] Interferenzen auf Textebene".

Sprachen sind bekanntlich Produkte des Miteinander-Lebens von Menschen (vgl. APELTAUER 1993: 16), in der von mir untersuchten Kontaktzone sogar von Menschen mit unterschiedlicher ethnischer Herkunft, Kultur und mit unterschiedlicher Erstsprache. Daher ändern sich mit den Veränderungen der Gesellschaft und im Zusammenleben der Sprachgemeinschaften auch Medium und Konventionen der Kommunikation. Sprache und Kommunikation sind ja nichts Statisches, was bei natürlicher Mehrsprachigkeit und intensiven Sprachenkontakten besonders deutlich wird, wenngleich der Wandel kommunikativen Verhaltens weniger sichtbar vor sich geht als der von materiellen Sprachelementen. Aufgrund meiner Belege ist zu bescheinigen, dass die diskursive Organisation der Rede kontaktgeprägte Besonderheiten aufweist. Ungarndeutsche Sprecher orientieren sich zum einen an anderen sprachlichen Handlungsmustern als etwa Sprecher binnendeutscher Varietäten, zum anderen liegt eine unterschiedliche Distribution der Handlungsmuster vor. Insgesamt kann man wohl davon ausgehen, dass die oralen Kommunikationsstile[260] und Diskurstraditionen der Ungarndeutschen – mit den entsprechenden Kulturmustern – heute eine Zwischenstellung (Fugen-Position) zwischen denen der (weitgehend unilingual und unikulturell) binnendeutschen und der ungarischen Diskursgemeinschaft einnehmen. Den ungarndeutschen Sprechern sind damit kommunikationskulturelle Traditionen und Kommunikationsstrategien eigen, die weder ganz mit den binnendeutschen noch völlig mit den ungarischen Konventionen kongruieren, deshalb unter Umständen von beiden Seiten als befremdlich empfunden werden. Die Orientierung tendiert dabei zum Ungarischen. Diese Dimension dürfte auch im Hinblick auf die Theorie der sog. interkulturellen (in diesem Fall wohl eher transkulturellen) Kommunikation nicht ohne Bedeutung sein, sowohl für die informationsorientierten als auch für die kulturorientierten und die interaktionsorientierten Ansätze der Untersuchung von inter- bzw. transkulturellen Kommunikationssituationen. Zu ihrer genauen Erforschung sind jedoch noch gründliche Vorarbeiten sowohl psycho-, neuro-, sozio- und pragmalinguistischer als auch ethnologisch-kulturanthropologischer Art erforderlich.[261]

---

[260] Terminus im Sinne von TIITTULA (2001: 1372): „verschiedene Konventionen zur Lösung der kommunikativen Aufgaben".

[261] Den Fragen der Sprachenkontakte im Geflecht der kulturellen Systeme ist Abschnitt 6 gewidmet.

3.2 Kode-Umschaltungen: Beschreibung der Phänomen-klasse

3.2.1 Forschungen zur Kode-Umschaltungsproblematik

Obwohl erste Vorstöße bereits Anfang der 50er Jahre des 20. Jahrhunderts auftauchten (z.b. JAKOBSON/FANT/HALLE 1952: 603f., VOGT 1954: 368), hat sich das sprachwissenschaftliche Interesse verstärkt in den 60er und 70er Jahren in den Vereinigten Staaten auf die Kode-Umschaltung – als operationales Mittel insbesondere in der mündlichen Kommunikation zwei- bzw. mehrsprachiger Personen – gerichtet und versucht, dieses Phänomen systematisch zu beschreiben.[262] Bei genauerem Hinsehen erkennt man, dass die Kode-Umschaltung eine überaus komplexe Phänomenklasse darstellt und sich in Untertypen auffächern lässt, die sich strukturell und/oder funktional-pragmatisch unterscheiden. WINFORD (2003: 165) stellte kürzlich zu Recht fest, dass es die Analyse der flexiblen und variablen Natur der Kode-Umschaltung erschwert, wenn man dieses Phänomen mit „absoluten Termini" charakterisiert.

Es gibt von der Technik her zwei grundsätzliche Muster: (a) die Alternierung von Strukturen zweier Sprachen und (b) die Einfügung von Elementen einer Sprache in den morphosyntaktischen Rahmen einer anderen Sprache. Linguistische Modelle, die sich auf die Analyse der Alternierung richten, gehen von einer Grammatik aus, die eine Kombination der Grammatik der beteiligten Sprachen darstellt, z.B. die Kode-Umschaltungs-Grammatik von SANKOFF/POPLACK (1981). Der bekannteste Ansatz zur Analyse der Einfügungs-Kode-Umschaltung ist das von MYERS-SCOTTON (1997: 46 ff., 2002: 10 ff.) stammende „Matrix Language-Frame Model", auf das weiter unten noch eingegangen wird.

Dementsprechend wurde im Rahmen unterschiedlicher linguistischer Disziplinen mittlerweile eine Vielzahl von Modellen und Paradigmen zu ihrer Erfassung und Explizierung in die Diskussion eingebracht. Diese

---

[262] Seitens der Psycho- und der Soziolinguistik gestaltete sich die internationale Forschung erst in den 80er und 90er Jahren des 20. Jahrhunderts intensiver (vgl. z.B. POPLACK 1980, 1981, POPLACK/WHEELER/WESTWOOD 1987, CLYNE 1994, MYERS-SCOTTON 1995, 1997).

Erklärungsmodelle lassen sich nach verschiedenen Kriterien gliedern,[263] wobei die Ordnungssysteme nicht unumstritten sind und daher zu unterschiedlichen Einreihungen ein und derselben Beobachtung führen können. So widmet sich etwa die Syntax schwerpunktmäßig der Frage, auf welche Weise Elemente aus einem Kode in einen anderen integriert werden können (vgl. HEYSE 2000: 130f.). Die Konversationsanalyse ist hingegen eher darauf ausgerichtet, die Funktionalität von Kode-Umschaltung aus der Konversation heraus zu definieren; unter dem Stichwort: 'Kontextualisierungshinweis' (z.B. AUER 1988). Die Soziolinguistik konzentriert sich ihrerseits auf die Erfassung von Faktoren, die Kode-Umschaltungen auslösen (vgl. MYERS-SCOTTON 1995, 2002), also auch auf die diskursiven und kommunikativen Funktionen, die bestimmten Kodes in einer bi- bzw. multilingualen Diskursgemeinschaft zugeordnet werden können. Kurzum: Die Funktionen von Kode-Umschaltungen werden mit der sozialen Außenwelt als wechselseitig verfasst in Beziehung gesetzt (z.B. GUMPERZ 1982b). Auch die Psycholinguistik befasst sich mit der (satzinternen) Kode-Umschaltung (vgl. GARDNER-CHLOROS 2003: 331 f.): Im Fokus ihrer Forschungen steht die Frage, wie die gemischten Konstituenten im Gedächtnis von bilingualen Personen produziert werden.

Das Problemfeld ist also recht vielschichtig. Unter 2.6.2 habe ich Kode-Umschaltung in Anlehnung an die Forschungsliteratur als einen Wechsel zwischen zwei Sprach(varietät)en innerhalb eines Diskurses, eines Satzes oder einer Konstituente definiert, weil das eine gängige Praxis unter zwei- bzw. mehrsprachigen Personen in Situationen ist, wo ein bilingualer Diskurs- bzw. Interaktionsmodus angemessen erscheint. Dabei handelt es sich eigentlich, wie ebenfalls bereits erwähnt, um den Wechsel der Matrixsprache. Bei solchen Definitionen wird allerdings die soziale Situation, in der die Kode-Umschaltung stattfindet, nicht explizit berücksichtigt. Diese kann aber insbesondere bei der Erforschung von Motiven, die einen bilingualen Sprecher dazu veranlassen, den Kode zu wechseln, von großer Relevanz sein. Daher nutzt z.B. PÜTZ (1994: 137) für seine Begriffsbestimmung sowohl den linguistischen als auch den sozialen Aspekt: „Der Begriff 'Sprachwechsel' (Code-switching) verweist generell auf den alternierenden, funktio-

---

[263] Auf die ersten distributionalistisch-variationistischen Ansätze (vgl. POPLACK/SANKOFF 1988) folgten bald psycholinguistisch abgestützte Analysen, die diese teilweise widerlegten (vgl. MYERS-SCOTTON 1995 und ROMAINE 2000: 110 ff.).

nalen Gebrauch zweier oder mehrerer Sprachen in sozialen Situationen bzw. in der diese konstituierenden interaktionalen Kommunikation (Konversation). Sprachwechsel-Erscheinungen lassen sich in ihrer sozialen, pragmatischen und linguistischen/formalen Manifestierung auf der Diskursebene, Satzebene, Phrasenebene oder Wortebene identifizieren."

Bereits im Hinblick auf die Lokalität der Kode-Umschaltung ist die kommunikative Praxis ausgesprochen variationsreich: Wenn die Umschaltung in einem Gespräch zwischen den Sätzen, also satzextern, auftritt, so wird sie von POPLACK (1980: 602) als „extra-sentential switching" und von APPEL/MUYSKEN (1997: 118) als „inter-sentential switching" bezeichnet. Kommt es innerhalb eines Satzes zu einer Kode-Umschaltung, so wird sie von POPLACK (1980: 602) „intra-sentential switching", von mir hingegen meist schlicht „satzintern" genannt. Nach POPLACK (1980: 596) ist hier als dritte Möglichkeit das „emblematic switching" anzuführen, bei dem der Sprecher in eine andere Sprache wechselt, um eine Interjektion, ein Füllwort oder eine phraseologische Wendung einzufügen. Schließlich tritt als vierte Version der „wortinterne Wechsel" (PÜTZ 1994: 222) hinzu. Dazu rechnet PÜTZ (1994: 222) anhand seines deutsch-australischen Materials „morphologisch integrierte Wortstämme in Infinitiv- und Partizipialkonstruktionen" wie „geoffert". Analoge Fälle betrachte ich aber normalerweise nicht als Kode-Umschaltung, sondern als morphosyntaktische Transferenzen (vgl. 3.1.3), wie z.B. Nr. (101) und Nr. (102).

Im Bereich der Syntaxforschung hat in erster Linie die angelsächsische Fachliteratur verschiedene Modelle zur Beschreibung der Gesetzmäßigkeiten von Kode-Umschaltungsphänomenen erarbeitet.[264] Es wird nämlich seit Jahrzehnten darüber diskutiert, inwieweit bei den zweisprachigen Personen die Interaktion zwischen zwei sprachlichen Kenntnissystemen grammatisch geregelt ist. Zunächst wurde an der Annahme eines geordneten Sprachsystemwechsels festgehalten, um die Hypothese über die – universal gültige – Regelhaftigkeit natürlicher Sprachen nicht zu gefährden (vgl. JEßNER/HERDINA 1996: 220 f.). Das zeigte sich bereits bei WEINREICH (1968: 73), der vom „idealen Bingualen" behauptete, dass dieser nie in einer konstanten Redesituation und schon gar nicht mitten im Satz den Kode wechsele. Diese These wurde

---

[264] Dabei beschränkt sie sich schwerpunktmäßig auf die satzinternen Kode-Umschaltungen, weil gerade bei der Umschaltung innerhalb eines Satzes beide Sprachsysteme beteiligt sind.

später unter dem herrschenden Paradigma der „Universalgrammatik" weitergeführt (vgl. PANDIT 1990: 32).

Im Sinne dieses Postulats, dass Kode-Umschaltungen auf außersyntaktische Bereiche beschränkt bleiben, wurde und wird etwa diskutiert, ob es Restriktionen gibt (analog den für die Universalgrammatik angenommenen Prinzipien), die den Wechsel an bestimmten Konstituentengrenzen verhindern. Außerdem stand bzw. steht zur Debatte, ob bilinguale Sprecher/Hörer nicht nur über zwei einzelsprachliche Grammatiken verfügen, sondern auch noch über eine dritte Grammatik für gemischtsprachige Äußerungen. Später wurden innersyntaktische Beschränkungen vorgeschlagen. Diese vor allem deskriptiv-systemlinguistischen Forschungen im Hinblick auf die Identifizierung muster- und regelgeleiteter Kode-Umschaltungsvorgänge haben mithin im Rahmen verschiedener grammatischer Studien zur Entwicklung mehrerer theoretisch-syntaktischer Modelle geführt. Diese Modelle sind also auf die Analyse und Interpretation von Kode-Umschaltungen und die Erarbeitung syntaktischer Konstituenten bzw. von sog. constraints (Restriktionen, Wohlgeformtheitsbedingungen) ausgerichtet, die eine Kode-Umschaltung vorhersagbar machen oder ausschließen (z.B. PFAFF 1979, BERK-SELIGSON 1986, CLYNE 1987, MEISEL 1994).

Da die Begrifflichkeit dieser Forschungen – nicht zuletzt mit Blick auf die strukturelle Unterscheidung von 'Transferenzen' und 'Kode-Umschaltungen' – ziemlich heterogen ist (vgl. 2.6.2) und sich mit meinem Begriffsapparat nicht immer deckt,[265] soll (und kann) in der folgenden kurzen Auseinandersetzung mit einigen dieser Theorien nicht zwischen den einzelnen Klassen bzw. Typen der Sprachenkontakt-, Interaktions- bzw. Konvergenzphänomene differenziert werden. Mit anderen Worten: Ich werde hier zweckbedingt auch manche Belege diskutieren, die nach meinem Konzept eigentlich nicht zur 'Kode-Umschaltung' gehören, die aber in den referierten Theorien als solche etikettiert werden.

Nach einer der „Restriktionen" soll Kode-Umschaltung zwischen Subjekts- oder Objektspronomen und finitem Verb (wie auch zwischen Hilfsverb und Hauptverb) nicht denkbar sein (vgl. TIMM 1975: 477 f.).

---

[265] Infolge der bereits in Abschnitt 2.6 vorgestellten terminologischen Diskrepanzen werden in der internationalen Forschungsliteratur unter dem Terminus 'Kode-Umschaltung' öfter auch Phänomene behandelt, die nach meinem Begriffsapparat als 'Transferenzen' zu handhaben sind.

Ein beredtes Gegenbeispiel für Letzteres ist aber mein Beleg Nr. 217, sofern er als 'Kode-Umschaltung' und nicht als 'Transferenz' eingestuft wird), bei dem der Hajoscher Mundart entsprechend das deutsche Hilfsverb *tun* und ein ungarisches Vollverb die verbale Klammer bilden.

(217)   I: *tu:ar màarga d Stuba* **porszívózni**.[266] (SD: Ich tue morgen die Stube staubsaugen.).

KRIER (1990: 215) hat festgestellt, allerdings auf das ihrer Recherche zugrunde liegende Sprachenpaar Frankoprovenzalisch-Französisch beschränkt, dass in den „mischsprachigen Äusserungen [sic!] das verbale Prädikat stets auf Frankoprovenzalisch erscheint". Mein Material bestätigt das nicht: Wie zahlreiche Belege meiner Abhandlung verdeutlichen, kann in den Redeprodukten von Ungarndeutschen das verbale Prädikat durchaus auch aus der Umweltsprache Ungarisch stammen.

Im Hinblick auf kantonesisches Chinesisch und Englisch hat GIBBONS (1987: 61 f.) festgestellt, dass es unter den Sprachenmischungen (wie er schreibt: „MIX") keine allein stehenden Strukturwörter des Englischen gibt, sondern ausschließlich Vertreter der offenen Wortklassen. Um seine These zu stützen, beruft er sich auch auf Forschungsergebnisse anderer bekannter Wissenschaftler wie TIMM (1975), KACHRU (1978) und PFAFF (1979). In meinem Material kamen jedoch solche Fälle ohne Weiteres vor, z.B. Konjunktionen wie *hogy* ('dass'), *hanem* ('sondern') usw. in den Belegen Nr. (145), (149), (150) und (151). GIBBONS postuliert überdies, dass englische Determinanten nur englische (und nie chinesische) Nomina qualifizieren können, wie das seiner Ansicht nach auch in anderen Sprachenmischungskonstellationen generell der Fall sei (GIBBONS 1987: 58 f.). Auch dafür finden sich in meinem Korpus mehrere Gegenbeispiele, z.B. gleich Beleg Nr. (218).

Einen über konkrete Einzelbeobachtungen hinausgehenden Thesenkomplex haben DI SCIULLO/MUYSKEN/SINGH (1986: 4 ff.) erarbeitet. Ihr Konzept stützt sich im Wesentlichen auf die „Government and Binding"-Theorie von CHOMSKY (1981, 1986, vgl. auch NISHIMURA 1997: 26 f.) und geht bei der Interpretation der Kode-Umschaltung von den Dependenzrelationen der Elemente innerhalb eines Satzes aus. Demzufolge sei

---

[266]   Als Variante ist auch die' Form *porszívózna* geläufig. In diesem Fall hätte ich den Beleg Nr. (217) zu den 'Transferenzen' gerechnet.

Kode-Umschaltung nicht möglich zwischen zueinander in einer Rektionsbeziehung stehenden Elementen, z.B.:

(a) zwischen der Präposition und dem abhängigen Nomen;
(b) zwischen dem Verb und dem regierten Objekt.

Auch dafür bietet jedoch mein Material reichlich Gegenbeispiele.

Zu (a):

(218)   *E:ar arbid an dr **Községháza**²⁶⁷ den:a.* (SD: Er arbeitet im Gemeindehaus [drin].).

Zu (b):

(219)   *Zu die nui Häusr mach:id sie jetz: **Melléképület**.* (SD: Zu den neuen Häusern machen sie [= macht man] jetzt Nebengebäude.).

Die Theorie der auf POPLACK (1980) zurückgehenden sog. 'Restriktion des freien Morphems' erscheint mir gleichfalls problematisch zu sein, sofern folgende Belege überhaupt als 'Kode-Umschaltungen' aufgefasst werden können:

(220)   *I: ha:n scha ausgmosned.* (SD: Ich habe schon ausgewaschen.).

Statt des ungarischen Verbs *mos* (= waschen) verwendet man sonst die deutsch-dialektale Entsprechung. Das hat mich veranlasst, diesen Beleg als 'Kode-Umschaltung' zu interpretieren.

(221)   *Miar ha:ud bài dr **SZTK**²⁶⁸ weagas me:im Gealt **gfellebbeznid**.*²⁶⁹ (SD: Wir haben bei der Sozialversicherung wegen meinem Geld appelliert/Berufung eingelegt.).

---

²⁶⁷ *Községháza* (= Gemeindehaus) heißt im ungarndeutschen Ortsdialekt von Hajosch normalerweise *Warischhaus* (hybrides Kompositum aus ungar. *város* 'Stadt' + dt. *Haus*), deswegen habe ich diesen Beleg als 'Kode-Umschaltung' und nicht als 'Transferenz' eingestuft.
²⁶⁸ Die ungarische Sozialversicherung.
²⁶⁹ Die Form *gfellebbeznid* ist ebenfalls gängig.

Das im Beleg Nr. (221) auftretende Partizip Perfekt (ungarischer Infinitiv als Stamm) dürfte in dieser Form ein Hajoscher Spezifikum sein. Denn in vielen anderen ungarndeutschen Mundarten wird der hybriden Bildung die Form *fellebbez* (ohne das Infinitivsuffix *-ni*) zugrunde gelegt. Die Hajoscher Formen sind – verglichen mit Belegen aus anderen ungarndeutschen Orten – seitens der Sprecher ziemlich „unanalysiert". In der Budapester Gegend wäre z.B. – nach meinen Beobachtungen – eher ein Satz wie *Ich bin zum Adóhivatal* ('Finanzamt') *gegangen und hab dr Adóbevallás* ('Steuererklärung') *gebenyújtott* ('eingereicht') üblich. In Hajosch hieße das Partizip Perfekt *benyújtanid*. Die Version *gebenyújtott* ist also seitens der Sprecher offenbar „analysierter" als die Hajoscher Form. WILD (1990: 109) bringt aus einer „fuldischen" Mundart in Südungarn ebenfalls Beispiele, die von dem angeführten Hajoscher Usus abweichen, etwa *kigekölšönöst* („kigekölcsönözt": 'ausgeliehen'), was im Hajoscher Dialektdiskurs *kikölcsönöznid* hieße. Lediglich aus sathmarschwäbischen Mundarten sind mit der Hajoscher Partizip-Perfekt-Bildung vergleichbare, jedoch nicht identische Formen bekannt. Belege dafür finden sich bei GEHL (2001: 15) und KNECHT (1999: 367, 2001: 101). Vor diesem Hintergrund verdienen die erschlossenen Hajoscher Partizip-Perfekt-Formen unter phonetisch-phonologischem Gesichtspunkt besondere Beachtung. Anhand seiner sathmarschwäbischen Belege stellt KNECHT (1999: 367 und 2001: 101) fest, dass die sog. 'Vokalharmonie' des Ungarischen auch im Schwäbischen zur Geltung komme. Die von mir behandelte Hajoscher schwäbische Datenbasis ist in diesem Punkt viel komplizierter. Wortformen wie *elválned* (vgl. Nr. 45) und *gvizsgázned* (vgl. Nr. 46) würden zum ungarischen Typ 'Vokalharmonie nach der Richtung palatal zu velar' gehören. Bei diesem Typ steht im Grundwort zunächst ein palataler Vokal, gefolgt von einer Silbe mit einem velaren Vokal. Bei diesem Typ gilt für die Endungen als Regel: Auf eine Schluss-Silbe mit velarem Vokal folgt eine Erweiterungssilbe mit velarem Vokal (vgl. PAPP 1966: 125). Die genannten Belege stehen im Widerspruch zu dieser 'Vokalharmonie'. Die Belege *gfellebbezned* vs. *gfellebbeznid* (Nr. 221) und *kafe:|ed* genügen der ungarischen 'Vokalharmonie' aufgrund der Entsprechung 'palatal-palatal', allerdings mit einer Schließung des Vokals bei der Version *gfellebbeznid*. Denn das [i] wird mit höherer Zungenhebung gebildet als das [e]. Das Wort *benyújtanid* müsste im Prinzip dem Harmonietyp 'palatal-velar' unterliegen. Da sich aber in den beiden vorletzten Silben velare Vokale befinden, müsste auch in der letzten Silbe ein velarer Vokal – etwa ein [o] – stehen, denn schließlich entspricht das ungarndeutsche Beispiel nicht dem Gesetz der 'Vokalharmonie'.

Ich glaube, hier muss man mit einem anderen Phänomen rechnen. In allen analysierten Belegen steht nämlich jeweils ein [n] vor dem letzten – problematisierten – Vokal und der abschließende Konsonant ist ein [d] bzw. ein [d] mit reduziertem Stimmklang oder ein [t]. Das [n] und das [d] – bzw. das [d] oder das [t] – haben die gleiche Artikulationsstelle. So kann es sich phonetisch und die Sprechökonomie betreffend um eine „Zwangsartikulation", d.h. um eine Assimilationserscheinung aufgrund der Artikulationsstelle handeln: Zwischen den beiden Konsonanten mit gleicher Artikulationsstelle wird also aus „artikulationsökonomischen" Gründen ein [e] oder ein [i] – und nicht etwa ein [o] oder ein [u] artikuliert.

In einem anderen Zusammenhang widersprechen die Beispiele Nr. (101), (102), (220) und (221) augenscheinlich auch dieser Restriktion des freien Morphems. POPLACK (1981: 175), aber auch GROSJEAN (1982: 325 f.), sind nämlich – im Sinne ihrer „Variation Theory" (mit anderem Namen: „Context-Free Grammar") – der Auffassung, dass Kode-Umschaltungen nur zwischen freien Morphemen möglich seien. Das bedeutet, dass zwischen einem grammatischen und einem lexikalischen Morphem nicht geschaltet werden kann, wenn letztere nicht phonologisch in die Sprache des Morphems integriert sind. Phraseologismen werden wie gebundene Morpheme behandelt, so könne innerhalb einer phraseologischen Redewendung eine Umschaltung ebenfalls nicht auftreten. Diese Theorie der Morphemrestriktion mag auf typologisch gleichartige Sprachen (wie bei POPLACK auf Spanisch und Englisch) vielleicht zutreffen, bei Sprachenpaaren mit grundsätzlich unterschiedlicher Morphosyntax (wie im vorliegenden Falle: Deutsch und Ungarisch) ist sie jedoch kaum verifizierbar. Doch zeigen die in Nr. (101), (102) und (220) vorgestellten Phänomene eine eigenartige interlinguale grammatische Mischung. In den Sätzen Nr. (101) bis (110) wird das jeweilige ungarische Verb vom Sprecher nach dem deutschen Konjugationsschema behandelt. Es ist besonders interessant, dass in den Belegen Nr. (102) und (220) das sowohl im Ungarischen als auch im Deutschen trennbare Verbalpräfix (*ki*- bzw. *aus*-) sich auch hier als trennbar erweist und nach dem Muster der korrespondierenden deutschen Verben die Form Partizip Perfekt bildet. Im Beleg Nr. (221) ist das ungarische

Verb nicht trennbar – entgegen dem Sprachgebrauch eines sehr großen Teils der einsprachig ungarischen Sprecher, die hier fälschlicherweise das Verbalpräfix *fel-* vermuten, obwohl es sich eigentlich um eine Graduierung des Lokaladverbs (auf die Frage *wohin?*) *fel* ('nach oben') handelt < *fellebb/feljebb*. Es verhält sich auch dementsprechend in der ungarndeutschen Konstruktion: Das Präfix *ge-* und die Endung *-t* des Partizips Perfekt umrahmen als Zirkumfix den ungarischen Verbalstamm und, was noch auffälliger ist, sogar die ungarische Infinitivendung. Daher liegt die Frage auf der Hand, ob sich der bilinguale Sprecher vielleicht in irgendeinem Maße dessen – nämlich dass er es hier nicht mit einem trennbaren Verbsuffix zu tun hat – bewusst ist. Mehrere Publikationen haben doch schon in anderen Zusammenhängen nahe gelegt, dass bi- bzw. multilinguale Sprecher eine bessere kognitive Kontrolle über ihre sprachlich-linguistischen Prozesse aufweisen als monolinguale Personen (vgl. JEßNER/HERDINA 1996, BIALYSTOK 2000 etc.). Interessant ist auch die Frage, wie die Transferenzen kontrolliert werden (können); vgl. MÜLLER/CANTONE/KUPISCH/SCHMITZ (2002) und STUDNITZ/GREEN (2002).

Man kann sagen, dass hier eine regelrechte Kodemischung vorliegt (vgl. zum Terminus 2.6.2), allerdings ohne dass die Kommunikation darunter leidet. Aufgrund des zur Verfügung stehenden empirischen Sprachstoffes kann angenommen werden, dass es bei phraseologischen Wendungen zur Kode-Umschaltung vorrangig bei unikalen Komponenten kommt, aber nicht nur.

(222) *Jetz: trenka ma en Altama:sch.*[270] (SD: Jetzt trinken wir einen Kauftrunk [= Auf den Kauf trinken wir einen].).

POPLACK (1981: 175) vertritt im Rahmen der sog. Äquivalenz-Restriktion den Standpunkt, dass die syntaktische Struktur von keiner der beiden Sprachen verletzt werden darf, d.h. dass Kode-Umschaltung nur an

---

[270] In Bonnhard/Bonyhád (Komitat Tolnau/Tolna) ist *áldomás* nach Angaben von MÁRVÁNY (1967: 58) in der Form *altəmarsch* üblich, die eine volksetymologische Umdeutung erkennen lässt: dt. *alt* + *Marsch*. Das dürfte m.E. ein Indiz dafür sein, dass die Sprecher das Wort mittlerweile als deutsch (oder zumindest als auch deutsch deutbar) empfinden. Im Hajoscher Dialekt zeigt eine Reihe hybrider Komposita die Vitalität dieses Elements, z.B. *Maschinraltama:sch* ('Umtrunk von Männern, die mit der Dreschmaschine arbeiten'), *Le:asraltama:sch* ('Umtrunk nach der Weinlese'), *Schnit:raltama:sch* ('Umtrunk nach der Ernte'), *Keal:raltama:sch* ('Umtrunk beim Bau eines Weinkellers') usw.

Stellen auftreten kann, wo die Wortfolge in beiden Sprachen übereinstimmt. Nach dem obigen ungarndeutschen Sprachexempel und wegen der Tatsache, dass in unserem Falle die beteiligten Sprachen eine grundsätzlich unterschiedliche Oberflächenstruktur besitzen, bedarf wohl auch das Äquivalenzmodell einer weiteren Revision. Gilt doch das Deutsche unter dem Gesichtspunkt der Wortfolgetypologie (vgl. INEICHEN 1979: 130 ff.) aufgrund seiner Grundwortstellung eher als eine SVO-, das Ungarische hingegen eher als eine (bei unmarkierter Satzstellung) SOV-Sprache.[271]

Neben den obigen Konzepten zur Erforschung von Strukturen und Mustern der Kode-Umschaltungen sind besonders das auf die sozialen Motivationen und Funktionen der Kode-Umschaltung fokussierende „Matrix Language-Frame Model" (vgl. MYERS-SCOTTON 1997: 46 ff., 2002: 10 ff. und NISHIMURA 1997: 27 ff.) und das damit in Verbindung gebrachte „Markedness Model" zu nennen (vgl. NISHIMURA 1997: 9 ff.), aber auch das strukturale Matrixmodell und das generative Phrasenstrukturmodell. Eine ausführliche Zusammenschau der Forschungen zur Kode-Umschaltungsproblematik bieten etwa HAUST (1993: 97 ff.), PÜTZ (1994: 164 ff.), NISHIMURA (1997: 3 ff.), AUER (1998), BLANKENHORN (2003: 52 ff.) und GARDNER-CHLOROS (2003). Hinsichtlich all dieser Theorien erscheint mir eine Bemerkung von HAUST (1993: 126) sehr wichtig, nämlich: „Sofern eine Untersuchung von vornherein auf der Grundlage eines bereits entwickelten Modells durchgeführt werden soll, besteht immer Gefahr, dass nur den Instanzen von Codeswitching Bedeutung zugemessen wird, die in das verwendete Modell passen. Statt dessen sollten die zugrunde liegenden Sprachdaten unvoreingenommen analysiert und die Ergebnisse dann mit den Aussagen verschiedener Modelle verglichen werden."

Da Kode-Umschaltung wohl weniger von grammatischen als von kommunikativen und pragmatischen Parametern determiniert wird (vgl. auch PANDHARIPADNE 1990: 15 ff. und AUER 1995: 1 ff.), eignet sich meiner Meinung nach zur Charakterisierung der von mir untersuchten Sprachenkontaktsituation ein primär pragma-, sozio- und psycholingu-

---

271. Genauer gesagt, ist für das Ungarische eine freie, pragmatisch orientierte Wortstellung charakteristisch, wobei die fokussierte Konstituente eine markierte Position vor dem finiten Verb einnimmt. Somit erfüllt die Wortfolge im Ungarischen eine eher fokussierende, im Deutschen jedoch eine eher grammatische Funktion (vgl. MOLNÁR 1991: 3 ff., É. KISS 1999: 17 ff.).

istischer Konzeptrahmen besser als eine rein deskriptiv-linguistische Beschreibung von Kode-Umschaltungssequenzen und eine Postulierung von Regelhaftigkeiten bzw. Restriktionen für Kode-Umschaltungselemente. Denn ich gehe davon aus, dass die Kode-Umschaltung in zwei- bzw. mehrsprachigen Kommunikationssituationen vor allem ein Indikator ist für die sprachkommunikativen Beziehungen. Wird doch Kode-Umschaltung oft durch die sozialen Variablen der Kode-Wahl (Sprachenwahl) und/oder durch die symbolische Funktion im Diskurs motiviert. Bei dieser Konzeption kann man besonders auf zahlreiche Vorschläge von CLYNE (1975: 30, 1981: 36, 1987: 744 ff. und 1992: 198), aber auch von OKSAAR (1991: 172 f.) zurückgreifen.

Ein mögliches konzepttheoretisches Problem des Kode-Umschaltungsansatzes kann für eine adäquate linguistische Beschreibung darin lokalisiert werden, dass diese Phänomenklasse – wie auch GARDNER-CHLOROS (2003: 331) bemerkt – eine Alternierung zwischen zwei diskreten (wohlunterscheidbaren) Sprachvarietäten impliziert. Für den von mir thematisierten Varietätentyp ist hingegen, wie unter 2.4 bereits ausgeführt, im Kontext einer ausgeprägten Repertoiredynamik der Sprecher ein spezifisches Kontinuum mehrerer ineinander übergehender Sprachformen charakteristisch. Trotzdem denke ich, dass die Kode-Umschaltung als durch und durch verbreitete bilinguale kommunikative Praktik in idealtypischer Weise auch für meine Untersuchung operationalisierbar ist.

3.2.2 Reflexionsgrundlagen und Interpretationsrahmen

Bei dem angeführten Konzept wird als Ordnungs- und Erklärungsansatz zwischen

(a) e x t e r n – soziolinguistisch[272] – und
(b) i n t e r n – psycholinguistisch – bedingter Kode-Umschaltung unterschieden,[273] wobei auch

---

[272] Die sprachexternen Gründe für Kode-Umschaltungen können – wie die nachfolgenden Belege zeigen werden – situativer (anthropologischer) und pragmatischer (soziokultureller) Art sein.

[273] Gewisse Parallelen zeigt das Konzept von BLOM/GUMPERZ (1989: 424 f.). Dieses fasst die Zuordnung eines bestimmten Sprachsystems zu einer bestimmten sozialen Situation als situationale Kode-Umschaltung auf (vgl. auch NISHIMURA 1997: 3 ff., GARDNER-CHLOROS 2003: 332, HAKUTA 2003: 224), welche vorrangig durch die Teilnehmerkon-

(c) die Überlappung der beiden, d.h. eine e x t e r n - i n t e r n e Kode-Umschaltung möglich ist.

Fall (a) greift auf äußere – nicht-sprachliche – Faktoren zurück, wenn sich also eine oder mehrere Diskurskonstituenten wie Partner, Thema, Situation verändern. Die mit (b) bezeichnete Sprachenkontaktrealisierung, für die das sprachkommunikative Repertoire bzw. die Kompetenz des Sprechers verantwortlich sind, nennt CLYNE „Triggering" (1967: 84 ff., 1987: 744, 1997: 313). Meist handelt es sich darum, dass im bilingualen Diskurs bestimmte Elemente – sog. Auslösewörter – eine Kode-Umschaltung auslösen können.[274] Vor allem bei typologisch gleichartigen Sprachen sind manche Wörter in beiden Systemen gleich oder zumindest sehr ähnlich, solche Elemente werden von CLYNE 'homophone Diamorphe' (1980: 26 f., 1992: 199) oder 'bilinguale Homophone' (2002: 333) genannt. APPEL/MUYSKEN (1997: 126) deuten das als eine bei einer Kode-Umschaltung eingesetzte zwischensprachliche Dopplung (vgl. auch 3.3). Andere Auslöser können vornehmlich Transferenzen, Eigennamen oder phonetische Kompromissformen sein, also in der Regel allesamt Wörter, die dem Lexikon beider kontaktierenden Sprachsysteme angehören oder mit Elementen beider Systeme syntaktisch verbunden werden (CLYNE 1975: 28, 1980: 26, 1981: 36, 1987: 744, 1992: 199 und 2002: 333). Dabei wird das ganze System, dem das Lexem etc. als Teil angehört, aktiviert. Mit CLYNE (1981: 36, 1992: 199) und CLYNE/MOCNAY (1999: 167) lässt sich dieses Phänomen unter einer psycholinguistischen Perspektive so begründen, dass der bilinguale Sprecher bei den Auslöseelementen (weil diese ja eine Art Überlappungszone zwischen zwei oder mehr Sprachen darstellen bzw. beiden Sprachsystemen zuzuordnen sind) sein sprachliches Orientierungsvermögen vorläufig verliert und somit seine Äußerung in der Sprache des Auslösewortes fortsetzt. Als Folge dieser kurzfristigen Orientierungs-

---

stellation und das Thema charakterisiert ist. Metaphorische Kode-Umschaltungen erfolgen hingegen innerhalb eines Sprechereignisses und sind somit situationsunabhängig, werden vom Sprecher als bilinguale Strategie stilistisch eingesetzt (siehe auch NISHIMURA 1997: 6 f.). In anderen Publikationen verwendete GUMPERZ (1982b: 59) statt der metaphorischen Kode-Umschaltung die Bezeichnung „conversational Codeswitching".

[274] In meinem Datenmaterial gibt es auch Fälle, in denen die potenziellen „Auslösewörter" keine Kode-Umschaltung veranlasst haben. Vgl. Belegsatz Nr. (12).

losigkeit ergibt sich oft eine Pause bei der Redeproduktion, die durch (transferierte) Diskursmarkierungen gefüllt werden kann.

Nach CLYNEs Forschungen (1967: 97 ff., 1975: 29, 1980: 27) zur deutsch-(australisch-)englischen Zweisprachigkeitskombination können dieselben Auslösewörter den Sprecher in die vor der Umschaltung gesprochene Sprache zurückleiten. In meinem Korpus kam dieses Phänomen zwar ebenfalls vor, es war aber nicht charakteristisch.

Dieser Beschreibungs- und Explikationsrahmen erscheint mir ausgesprochen gewinnbringend hinsichtlich der Kode-Umschaltungen als kulturelles Handeln in typologisch grundsätzlich verschiedenen Sprachen. Zum Beispiel hat DOBOVSEK-SETHNA (1998) in ihrem Dissertationsprojekt anhand japanisch-englischer Kode-Umschaltungssequenzen die These aufgestellt, dass sich bei Kode-Umschaltungen ein den beiden Diasystemen gemeinsames Element als die urtümlichste Art der Verknüpfung von typologisch verschiedenen Grammatiken erweist. Andererseits ist einzuräumen, dass dieses Konzept trotz seiner grundsätzlichen Disparität auch mit den systemlinguistisch-syntaktisch ausgerichteten Untersuchungsansätzen gewisse Parallelen zeigt, sodass ich im Weiteren gegebenenfalls auf derartige terminologische, begriffliche u.ä. Querverbindungen hinweise.

3.2.3 Externe vs. interne Kode-Umschaltungen

Das von mir untersuchte Material bietet eine Reihe von Beispielen für beide – oben mit (a) und (b) bezeichneten – Arten der Kode-Umschaltung.

3.2.3.1 Zu (a): Insgesamt lässt sich festhalten, dass weitaus die meisten Fälle zu den externen, d.h. außersprachlich bedingten Kode-Umschaltungen gehören, für die verschiedene funktional-soziale Gründe verantwortlich sind. Sie werden z.B. von der Situation oder von bestimmten Intentionen des Sprechers etc. beeinflusst. Auf diesen individuellen Intentionen der Sprachwahl bzw. der Kode-Umschaltung basiert auch das bereits erwähnte – und in der internationalen Fachdiskussion intensiv rezipierte – 'Modell der Markiertheit' („Markedness Model") von MYERS-SCOTTON (1995, 2002: 45).[275] Dieses – ziemlich mikroorientierte Konzept – bemüht sich, die sozio-psychologischen Motivationen

---

[275] Vgl. die heftige Kritik dazu von MEEUWIS/BLOMMAERT (1994).

zu erschließen, die zur Kode-Umschaltung führen und basiert auf folgender Prämisse: In jeder Diskursgemeinschaft gibt es festgelegte Schemata für die Rollenverhältnisse der Gesprächspartner wie auch Normen der Gesellschaft für sozial angemessenes Verhalten. Dabei werden die Interaktionstypen durch gemeinsame kommunikative Erfahrungen konventionalisiert, sodass sich für jede Interaktion ein Schema für die erwarteten Rechte und Pflichten der Kommunikationspartner ergibt. Diese Schemata werden von MYERS-SCOTTON (1995) als die unmarkierten „rights and obligation sets" (RO sets) bezeichnet. Nach MYERS-SCOTTON (1995: 79) verfügt jeder Sprecher über eine angeborene, verinnerlichte Metrik (= „markedness metric"), durch welche er die „unmarkierten" bzw. „markierten" Sprachen wiedererkennen kann. Unmarkiert bedeutet eine Sprachwahl in einem bestimmten Kontext, die gemäß den Regeln und Normen der Gemeinschaft „erwartet" wird. Vor allem situative Faktoren wie Gesprächsteilnehmer, Ort und Thema sind dem Sprecher behilflich, die unmarkierte Sprache zu identifizieren. Am anderen Ende des Kontinuums lässt sich nach MYERS-SCOTTON (1995: 79) die markierte Sprachwahl situieren. Diese wird – statt des erwarteten Kodes – dann gewählt, wenn sich ein Sprecher mit der vorherigen Situation nicht mehr identifizieren kann. Die Sprachwahl ist somit stets motiviert durch den Rahmen der Markiertheit und durch die Kalkulation der Konsequenzen dieser Sprachwahl, was nach MYERS-SCOTTON (1995) einen Bestandteil der kommunikativen Kompetenz eines jeden Sprechers ausmacht.

Der Hajoscher Beleg Nr. (223) führt beispielsweise einen interessanten Fall der Adressatenspezifizierung klar vor Augen, indem die Sprecherin (eine Großmutter) beim Dialog mit ihrer Enkelin im Beisein ihres Mannes (des Großvaters) mitten im Satz von Ungarisch auf Deutsch wechselt, als sie ihn mit ins Gespräch einbezieht. Hieran wird deutlich, dass die Beziehung der Großmutter zur Enkelin ungarisch, die zum Ehemann aber deutsch-dialektal geprägt ist. In solchen Fällen sprechen APPEL/MUYSKEN (1997: 119) von einer „direktiven", NISHIMURA (1997: 18 ff.) von einer „instrumentalen" Funktion der Kode-Umschaltung. Es geht dabei also darum, entweder einen Sprecher in die Konversation mit einzubeziehen oder darum, ihn gezielt auszuschließen. Nach BLOM/GUMPERZ (1989: 408 f.) gehört das zur sog. 'situativen Kode-Umschaltung'. Die Umschaltung wird besonders durch die Änderung der situationsbestimmenden Faktoren (Thema, Gesprächsteilnehmer,

Ort etc.) hervorgerufen. Durch die Änderung der sozialen Situation werden auch die sozialen Rollen (die Rechte und Pflichten der Kommunikationsteilnehmer) neu definiert. Diesem Konzept ähnelt die Maxime 1 von MYERS-SCOTTON (1995: 115), bei der die unmarkierten „RO sets" entsprechend der gesellschaftlichen Norm neu definiert werden.[276] Vgl.

(223) *Gyere, megnézzük a húst, ànd Papa, du tuascht jetz: dr Tisch aufru:ma. Kàm:, Orsika!* (SD: Komm, wir schauen uns das Fleisch an, und Papa du tust jetzt den Tisch aufräumen. Komm, Orsika [= Kosename für die Enkelin Ursula]!).

Als sprachexterner Grund kann die Person bzw. die Persönlichkeit des Interaktionspartners in mannigfacher Weise eine Rolle spielen. Im folgenden Segment korrigiert sich die Sprecherin nach dem ungarischen Adverb *nagyon* ('sehr')[277] und kehrt zum Deutschen zurück, vermutlich, weil sie weiß, dass ihr Gegenüber, eine einheimische Deutschlehrerin, die ungarischsprachigen Erläuterungen im sonst deutschsprachigen Diskurssegment ausdrücklich nicht mag. Der Rückwechsel geschah relativ unproblematisch, weil bei der Sprachprozessierung der Zugang zum deutschen Dialekt noch unmittelbar vorhanden war:

(224) *Dr Kalotschamr Markt isch gse:i, nagyon, hàt ... stark, stark ha:eiß isch gse:i.* (SD: Der Kalocsaer [= Kalocsa ist die Kreisstadt] Markt ist gewesen, sehr, ... also stark, stark [= sehr] heiß ist gewesen.).

Von der Geformtheit her kann Beleg Nr. (225) im Sinne des variationslinguistischen Ansatzes als 'bruchlose Kode-Umschaltung' („smooth code-switching", POPLACK 1980: 589; vgl. auch 3.2.5) eingestuft werden. Sie ist gekennzeichnet durch die reibungslose Alternation der beteiligten Varietäten, sowohl an Satzgrenzen als auch innerhalb von Sätzen und Konstituenten. Das setzt ein hohes Maß bilingualer Kompetenz und Gewandtheit voraus und entspricht in etwa der Kode-Umschaltung als 'unmarkierte Wahl' („code-switching as an unmarked choice") nach dem „Markedness Model" von MYERS-SCOTTON (1991: 60, 2002: 45):

---

[276] Ein wesentlicher Unterschied zwischen den beiden Annäherungen besteht darin, dass MYERS-SCOTTON (1995) den Begriff „situativ" in diesem Zusammenhang verwirft. Denn ihrer Meinung nach leitet nicht die Situation, sondern die Motivation des Sprechers die Umschaltung ein.

[277] Die relativ lange Sprechpause signalisiert einen Wortsuchprozess.

(225) *Miar isch a:u so re:acht guat de:s, egy egész tejföl van rajta.* (SD: Mir ist es auch so recht gut das, eine ganze saure Sahne ist darauf.).

Oft findet eine Umschaltung – mit instrumentaler Funktion (im Sinne von NISHIMURA 1997: 18 ff. und BAKER 2002a: 70) – beim zitierenden oder imitierenden Sprechen statt, wenn z.b. der Sprecher eine Aussage in der Sprache wiedergibt, in der er sie gehört hat, vgl.:

(226) *Ear hàt gse:it, hogy írjanak Ausztriába, hogy onnan küldjenek neki meg-*
hívót, scha lang:a Zàit redt: 'r äl:awàil vàn Öster:àich, das: 'r dot: arbada wil:.
(SD: Er hat gesagt, dass sie nach Österreich schreiben sollten, damit man ihnen von dort eine Einladung schickt, schon lange Zeit redet er allweil von Österreich, dass er dort arbeiten will.).

Der Grund für eine Umschaltung kann auch in der unterschiedlichen kognitiven Verfügbarkeit von Einheiten der beiden Sprachen liegen (vgl. HEREDIA/ALTARRIBA 2001). Dann fällt dem Sprecher das zu einer speziellen Redeabsicht passende Redemittel in der gerade verwendeten Sprache momentan nicht ein oder ein solches existiert in dieser Sprache gar nicht. Im Hinblick auf dieses Verhalten spricht man von der 'referenziellen Funktion' der Kode-Umschaltung. GROSJEAN (1982: 125) verwendet für diese kommunikative Praktik (wenn also die Sprecher, anstatt länger zu überlegen, auf das am schnellsten verfügbare Wort zurückgreifen) das Phänomen des „most available word". So können nach APPEL/MUYSKEN (1997) die themenbezogenen Wechsel eine referenzielle Funktion ausüben. Dazu folgender Beleg:

(227) *Se:in Schwäahr hàt: 's kriat pedagógusföldnek, most odaadta neki, beadta*
a pályázatot, hogy a pénzt visszakapja. (SD: Sein Schwiegervater hat [es] gekriegt als Pädagogenfeld [= Dorflehrern zur Ergänzung ihres Gehalts zur Verfügung gestelltes landwirtschaftlich genutztes Feld], jetzt hat er es ihm gegeben, er hat den Antrag gestellt, das Geld zurückzubekommen.).

Die spezielle, an die ungarische Realität gebundene Begrifflichkeit ist hier der betagten ungarndeutschen Sprecherin offenkundig nur auf Ungarisch geläufig („Pädagogenfeld", Antragstellung etc.) und sie weicht wohl deshalb auf das Ungarische aus.

Infolge des mitunter bereits fluktuierenden Sprachgebrauchs, der zunehmenden Labilität von Kommunikations- bzw. Sprachstrukturen und der großen Bandbreite an Variablen sind die Motive für das konkrete Kommunikations- und Sprachverhalten in manchen Fällen für den auswärtigen Betrachter nicht sehr einfach nachvollziehbar. Bei bi- bzw. multilingualen Sprechern fungiert nämlich Kode-Umschaltung als integriertes Medium der Kommunikation, d.h. sie wechseln permanent die Sprachen, um damit ihre mehrfache, transkulturelle Identität auszudrücken. APPEL/MUYSKEN (1997: 119) nennen dies die expressive Funktion der Kode-Umschaltung. Isomorph dazu ist Maxime 2 von MYERS-SCOTTON (1995: 117).[278] Vgl. meinen Beleg Nr. (228):

(228) I: *han gse:it zu dr Erzsike, i: wil: nu: a Rezept, d Erzsike ischt so stark kedves, nem olyun, mint u Reyinu.* (SD. Ich habe gesagt zu der Erzsike [= Koseform für Elisabeth], ich will nur ein Rezept, Erzsike ist so stark [= sehr] nett, nicht so wie die Regina.).

Nicht selten treten Kode-Umschaltungen gehäuft auf, d.h. es wird innerhalb einer Äußerung, eines turns oder einer Redesequenz mehrmals in beiden Richtungen umgeschaltet, z.B.

(229) *Én nem mennék Mélykút felé, a Jutka is egyszer... mo ischi na:, olyan Abend isch gse:in, nàch hàt:'r gse:it: Judit, fahr it: so gschwend, akkor már jött is a szarvas, most jó lesz vigyázni, még csúszik is.* (SD: Ich würde nicht gegen Mélykút fahren, auch die Jutka [= ungarische Koseform für Judit][279] hat/ist einmal... wo ist sie hin, so gegen Abend ist gewesen, dann hat er gesagt: Judit fahr nicht so geschwind, da kam auch schon der Hirsch, jetzt muss man vorsichtig sein, es rutscht sogar.).

Die Gründe für solche scheinbar ungeordneten oder zufälligen Kode-Umschaltungen im Konversationsaustausch sind mithin wohl in der die soziale Bedeutung der Interaktionsmechanismen bestimmenden kommunikativen Funktionen oder in den pragmatisch bedingten Merkmalen des Diskurses zu suchen.

---

[278] Nach der Meinung von MYERS-SCOTTON (1995: 117) ist diese Art von Kode-Umschaltung die einzige, die nicht universell ist, sondern sich nur auf wenige Diskursgemeinschaften beschränkt.

[279] Es sei dahingestellt, ob es von Belang ist, dass im ungarischen Diskurssegment die ungarische Koseform *Jutka* vorkam, während im deutschsprachigen Diskursteil das sowohl als deutsch wie auch als ungarisch geltende *Judit* verwendet wurde.

In einer Reihe von Fällen wird im Zusammenhang mit der Strukturierung der Interaktionsorganisation oder mit einem Hinweis auf bestimmte soziale Kategorien in die andere Sprache gewechselt, um z.B. in gewisser Weise den Ton des Gesprächs zu ändern bzw. um einen bestimmten Teil der Konversation hervorzuheben. Dann liegt eine phatische Funktion der Kode-Umschaltung vor (vgl. APPEL/MUYSKEN 1997). Dieses Phänomen wird von GUMPERZ (1982a: 60 f.) und BLOM/ GUMPERZ (1989: 408 f.) als 'metaphorische Kode-Umschaltung' bezeichnet. Durch den Wechsel von der einen Sprache in die andere beabsichtigt der Sprecher, beim Rezipienten eine bestimmte Einstellung bzw. Haltung zu dem Gesagten (Vertraulichkeit, Solidarität etc.) hervorzurufen:

(230) *Miar ischt it: z'vil:, **csak jó legyen!*** (SD: Mir ist es nicht zu viel, nur gut soll es sein!).

Manche Kode-Umschaltungen nehmen eine sog. metalinguistische (eigentlich: metasprachliche oder metakommunikative) Funktion (APPEL/ MUYSKEN 1997: 120) ein, d.h. die Sprecher äußern sich durch den Wechsel der Sprache direkt oder indirekt über die Sprache.

(231) *Wenn mein Vat:r mit Deutschi redt, **akkor nem ilyen hajósiasan beszél.*** (SD: Wenn mein Vater mit Deutschen redet, dann spricht er nicht so hajoscherisch.).

Auch Beleg Nr. (13) lässt sich hierher zählen.

In speziellen Fällen kann eine sog. 'poetische Funktion' vorliegen (APPEL/MUYSKEN 1997: 120), wenn die Sprecher eines klangästhetischen Effekts wegen die Sprache wechseln, um etwa Witze, Wortspiele u.dgl. in der anderen Sprache auszudrücken. Vgl.:

(232) *O Got:, **mi lóg ott?!*** (SD: O Gott, was hängt dort [im Originalwortlaut gereimt] – zum Ausdruck jedweder Überraschung).

Aus diesen Funktionen geht hervor, dass Kode-Umschaltungen eine nuancenreiche bilinguale kommunikative Praktik darstellen, die vielfältig eingesetzt werden. Zum einen kann aufgrund der Disponibilität einer Sprache oder eines Wortes eine Kode-Umschaltung eingeleitet werden (vgl. Beleg Nr. 227), weil ja den bilingualen Akteuren je nach Kontext Redemittel der einen oder der anderen Sprache disponibler sind. Zum anderen können durch Kode-Umschaltungen individuelle kommunikativ-pragmatische Intentionen verwirklicht werden, was bei den Gesprächsteilnehmern einen bestimmten Effekt bewirkt.

3.2.3.2 Zu (b): Die Belege für sprachintern bedingte Kode-Umschaltungen gehen auf verschiedene sog. 'Auslösewörter' zurück. Ähnlich wie bei CLYNEs Beobachtungen (1975: 29, 1987: 745, 754 f., 1992: 199 und 2002: 333), sind die Auslösewörter ziemlich oft Eigennamen:

(233)   *S akkor itt volt a S z ö r é n y i, mo ischt 'r nàch na:kà m:a, uf Róma?*[280]
(SD: Dann war hier der Szörényi [= Name eines bekannten Musikers], wo ist er dann hingekommen, auf [= nach] Rom?).

Sie können auch „homophone Diamorphe" sein, was aber in meinem Korpus wegen der markanten Unterschiedlichkeit der beiden Sprachen eher selten der Fall ist:

(234)   *Kabát*[281] *àmhäng:a ànd hu:eiwä:ats a:u dr S c h a l föltenni, nem szeretném, ha beteg lennél.* (SD: Den Mantel umhängen und heimwärts auch den Schal umbinden, ich möchte nicht, dass du krank wirst.).

Schal heißt im Ungarischen *sál* und wird – in Abhängigkeit von Lautumgebung und Suprasegmentalia – etwa als [ʃa:l], im Wesentlichen wie im Deutschen, realisiert.

Hierzu wäre auch Beleg Nr. 235 zu zählen: Zwischen dt. *Rezept* [re'ʦɛpt] und ungar. *recept* ['rɛʦɛpt] zeigt sich eine hohe Aussprecheähnlichkeit (auf weitere phonetische Erscheinungen wie z.B. die Aspiration soll hier nicht eingegangen werden).

(235)   *I: han a so guats R e z e p t, az újságban találtam.* (SD: Ich habe ein so gutes Rezept, ich habe es in der Zeitung gefunden.).

Recht oft können auch Zitate und Transferenzen, die einfache lexikalisch-semantische Transferenzen oder auch morphosyntaktisch an das

---

[280]   Das deutsche Toponym *Rom* dürfte der Sprecherin nicht bekannt gewesen sein.

[281]   Ich stufe das Substantiv *Kabát* (= Mantel) als Entlehnung (etablierte lexikalische Transferenz) aus dem Ungarischen ein – und nicht etwa als Kode-Umschaltung –, zumal es in der analysierten ungarndeutschen Mundart als reguläre Bezeichnung für das entsprechende Kleidungsstück gilt. Dieses Lexem ist in manchen ungarndeutschen Dialektwörterbüchern bereits kodifiziert, z.B. in SCHWALM (1979: 131).

Paradigma des Deutschen angepasste Formen sind, als Auslösewörter fungieren. In einigen Fällen wird danach bald zum Deutschen zurückgewechselt, z.B.

(236) *Nàch hàt: 'r 's k i m e n t e n i d ,*[282] *szóval elég jó film volt, abr miar ha:ud eap:is andrs gwa:ted.* (SD: Dann hat er es herausgeholt [= gerettet], es war also ein ganz guter Film, aber wir haben etwas anderes gewartet [= erwartet]).[283]

Vielleicht geschieht das, weil hier das ungarische Element *film* (als homophoner Diamorph) wieder die Funktion eines Auslösewortes einnimmt. In anderen Fällen bleibt der Sprecher für den Rest seines Redebeitrags beim Ungarischen, z.B.

(237) *Miar brauchid halt en f ű n y í r ó , a papa már nem tud kaszálni.* (SD: Wir brauchen halt einen Rasenmäher, der Opa kann nicht mehr sensen.).

In diesem Zusammenhang können auch hybride Komposita[284] als Auslösewörter fungieren:

(238) *Dà seand K a k a ó s l e : t s c h l a , tessék enni!* (SD: Da sind „Kakaoletschla"[285] [= mit Kakao gebackene Kuchen], bitte, greifen Sie zu!).

Transferierte Diskursmarkierungen[286] können ebenfalls eine Auslösefunktion haben, so in der folgenden Dialogsequenz:

---

[282] Solche Erscheinungen, dass ungarische Verben nach dem deutschen Konjugationsmuster behandelt werden, zeigten z.B. schon die Belege (45) und (102).

[283] Die Verwendung des Verbs *warten* im Sinne von *erwarten* dürfte ebenfalls als Kontaktphänomen des Ungarischen zu bewerten sein. Der ungarischen Valenzstruktur des Verbs *vár (valakit/valamit)* entspräche im Deutschen eigentlich die (dort normwidrige) Rektion *jmdn./etw. warten* in der Bedeutung: *auf jmdn./etw. warten.*

[284] Zu den hybriden Komposita (oder „Lehnverbindungen") vgl. Abschnitt 3.1.2.1 und die Belege (14) und (15).

[285] Es ist möglich, dass der Stamm in *Letschle*, diachron betrachtet, aus ungar. *kalács* stammt (vgl. zu dieser Herleitung KIEFER 1967: 94). Selbst wenn dem so sein sollte, wird das Wort von allen Sprachträgern eindeutig als „schwäbisch" empfunden, deshalb qualifiziere ich es für meine synchronische Darstellung auch als „deutsch". Eine hybride Bildung liegt aber so oder so vor, denn zumindest das schwäbische Diminutivsuffix *-le* ist ja zweifellos deutsch.

[286] Vgl. dazu auch 3.1.2.5 und die Belege (58) und (59).

(239) – „*Hol van itt egy öreg rongy?*"/ – „*H u h , de:a ischt abr gfrora.*"/ – „*Nem baj, dà ischt en andra.*" (SD: „Wo ist hier ein alter Lappen?" / – „Huh, der ist aber gefroren." / – „Macht nichts, da ist ein anderer.").

Hier dürfte die Interjektion *Huh* die Kode-Umschaltung verursacht haben.

Zwischensprachliche Kompromissformen im Sinne von CLYNE (1975: 29, 1980: 26) konnten in meinem Material unter den Auslösewörtern nicht ermittelt werden. Wahrscheinlich deshalb, weil solche Formen zwischen Deutsch und Ungarisch wohl weniger typisch sein dürften als bei zwei typologisch ähnlichen Sprachen (bei CLYNE: Deutsch und Englisch).

3.2.3 Wenn sich die beiden Typen überlappen, liegt eine extern-interne Kode-Umschaltung vor (siehe auch OKSAAR 1991: 172):

(240) *Iahra Mädli lean:id ja en Debrecen, nem hallotta még, Apa?* (SD: Ihr Mädchen (= ihre Tochter) lernt (= studiert) ja in Debrecen, haben Sie das nicht gehört, Vati?).

Extern, weil bei der Umschaltung z.T. der Wechsel im äußeren Kontext, in der Interaktionskonstellation bzw. Interaktionsmodalität eine Rolle gespielt haben kann (im präsentierten Fall: die Hinwendung zu einem anderen Kommunikationspartner, dem Vater). Intern, weil z.T. auch der Ortsname *Debrecen* als Auslösewort zur Umschaltung beigetragen haben kann.

3.2.4 Gehäuftes Auftreten von Kode-Umschaltungen: Motivationen und Anlässe

Als Gesamteindruck lässt sich festhalten, dass es in meinem Material besonders häufig dann zu Kode-Umschaltungen kommt, wenn dem Sprecher das betreffende Element der gegebenen Sprache nicht bekannt oder im Augenblick nicht gegenwärtig war. Parallel zur vielseitigen Erstarkung des Ungarischen im kommunikativen Haushalt der Ungarndeutschen zeigen sich immer deutlicher bestimmte Anzeichen ihrer zunehmenden Unsicherheit bezüglich der Elemente (seltener der Strukturen) des Basisdialekts. In diese Richtung weist auch die aktuelle Sprachtendenz. So im folgenden Beleg:

(241) I: *han lautr h o z z á v a l ó k , mint tojás és hús. Hẹar màl dr Lef:l! So isch schau gụat.* (SD: Ich habe lauter [= alle] Zutaten wie Eier und Fleisch. Gib [mir] mal den Löffel! So ist es schon gut.).

Es ist anzunehmen, dass der Sprecherin das Lexem *Zutaten* bzw. sein mundartliches Pendant nicht einfiel und sie deshalb auf das ungarische Wort rekurrierte, was eine Kode-Umschaltung auslöste.

Die Sprecher fühlen sich zumeist in beiden Sprach(varietät)en etwas unsicher.[287] Ein Indikator dafür sind die Belege, in denen die Sprecher selbst ihr Sprachprodukt kritisch reflektieren. Umschaltungen erfolgen oft im Zusammenhang mit Formulierungsarbeit wie Korrekturen und Reformulierungen, Abbrüchen und Neuanfängen (die in beiden Richtungen verlaufen können). Im folgenden Beispiel wird das auf Ungarisch begonnene Redesegment nach einem kurzen Wortsuchprozess ins Deutsche hinübergeführt und von der Sprecherin metakommunikativ interpretiert: Diese Strategie, wenn das Umschalten auf Diskursebene durch bestimmte Diskurssignale (Pausen, metakommunikative Äußerungen, Wiederholungen o.ä.) markiert wird, kann – im Gegensatz zur bruchlosen Kode-Umschaltung (vgl. Beleg Nr. 225) – 'angekündigte Kode-Umschaltung' bzw. mit POPLACK/SANKOFF (1988: 1176) „flagged code-switching" genannt werden:

(242) *Ott van neki egy kis S c h i p f l e ... Wịa sol: i: den: saga, olyan fészerféle, és abban voltak a patkányok.* (SD: Da hat sie ein kleines Schipfle [= einen kleinen Schuppen]... Wie soll ich denn sagen, so eine Art Schuppen, und darin waren die Ratten.).

Im Beleg Nr. (243) zweifelt die Sprecherin an ihrer Ungarischkompetenz ganz deutlich und gesteht ihr sprachliches Missgeschick mit einer metakommunikativen Äußerung ein.[288] Aus diesem Beleg geht überdies hervor, dass oft schon das Ungarische die Sprache metakommunikativer Äußerungen und/oder ihrer Bezugsäußerungen ist – selbst in sonst deutschsprachigen bzw. dialektal-deutschen Redesegmenten. Was meine Annahme bestätigt, dass hier der Sprachwahl keine rational-pragmatisch erklärbare Funktion zukommt, sondern vielmehr die

---

[287] Das metakommunikative Bewusstsein von bi- bzw. multilingualen Sprechern ist oft nicht sehr zuverlässig. Dafür finden sich auch in meinem Material viele Beispiele, vgl. z.B. (7), (12) und (242).

[288] Ähnlich wie bei Belegen (7) und (246).

Sprachattitüden und sonstige vor allem psycholinguistische Aspekte hineinspielen. Im bilingualen Repertoire der Sprecher kommt die metakommunikative Funktion (auch z.B. bei Rückfragen, Rückversicherungssignalen u.ä.) bereits dem Ungarischen zu oder die Metakommunikation geschieht zweisprachig.

(243)   *Dr Attila ischt mit am Auto die v i z s g á l n i, odr wi̦a se:it ma? – én ezt nem tudom így megmondani.* (SD: Der Attila ist mit dem Auto zu „vizsgálni" [= prüfen, zum TÜV], oder wie sagt man [das]? – ich kann es nicht so mitteilen [= ausdrücken]).

Das Aparte an diesem Beispiel ist, dass es nicht nur den von der Sprecherin erkannten Ausrutscher enthält, sondern dass auch ihr einräumend-rechtfertigender Kommentar nicht frei ist von unüblichen Formulierungen. Einsprachig-normativ wäre nämlich gewesen: *Én ezt nem tudom így mondani* oder *Én ezt nem tudom helyesen magyarul kifejezni.* Dieses Redesegment Nr. 243 belegt zudem meine Beobachtung, dass Kode-Umschaltungen sehr oft den narrativen Passagen (als Kern der Aussage) folgen und im kommunikativen Nachfeld als abschließende Evaluierungen oder Resümees eingesetzt werden (zu dieser Terminologie vgl. FRANKE 1990: 110).

Von einer dynamischen und variablen Verfasstheit sowohl der bilingualen Handlungskompetenz der Sprecher als auch der mentalen Repräsentation der beiden Kodes zeugen z.B. Belege wie Nr. (244), in denen die Kode-Umschaltung zunächst nur auf der Formebene stattfindet, weil das der Formulierung zugrunde liegende Konzept innerhalb der Matrixsprache bzw. -kultur Deutsch bleibt:

(244)   *Aisri Nàchpr iahran Bua, de:a ischt letért a rendes vágányról, nem jár iskolába ànd ear ischt greulig agresszív.* (SD: Unseren Nachbarn ihr Bube, der ist aus dem Gleis geraten, er geht nicht in die Schule und er ist gräulich aggressiv.).

Eine Umschaltung fand anhand des Phraseologismus *aus dem Gleis kommen/geraten* ('die gewohnte Ordnung und Regelmäßigkeit verlieren') statt. Die usuelle ungarische Version dieser deutschen Wendung heißt *letér a helyes útról* (wörtlich: „vom richtigen Weg abkommen"). Diese war der Sprecherin momentan offenbar nicht präsent und sie hat daher die Bildlichkeit der deutschen Wendung mit ungarischen Vokabeln ausgedrückt. Das Konzept betreffend, blieb also ihre Äußerung deutsch, das sprachliche Gewand wurde aber schon ungarisch. Das ungarische Sprachmaterial hat schließlich – bei *nem jár iskolába* ('er geht nicht in die Schule') – auch im konzeptuellen Bereich zu einer Kode-Umschaltung geführt. Man könnte sagen, dass eine „duale" Kode-Umschaltung in zwei Schritten erfolgt ist: zunächst nur auf der Form-seite, dann auch auf der Inhaltsseite.

Für Kode-Umschaltungen sind dennoch bei weitem nicht immer sprach- bzw. kommunikationsdefizitäre Momente seitens der bilingu-alen Sprecher verantwortlich. Wie manche der obigen Belege gezeigt haben, wechselt man von einer Sprache in die andere in verschiedenen sozio- und pragmalinguistischen Funktionen: Beispielsweise kann das Wechseln zwischen Sprachen die Einstellung des Kommunikators ver-deutlichen. In solchen Fällen wird eine Kode-Umschaltung etwa zur Un-terscheidung zwischen formeller und informeller Rede bzw. zwischen unilingualem und bilingualem Diskursmodus genutzt. Das wiederum ist eine Funktion, die unter Bedingungen der Einsprachigkeit stilistische Varianten innerhalb eines Sprachsystems erfüllen würden. So kann die Auseinandersetzung mit dem Datenmaterial die These von HARDING/ RILEY (1986: 57) im Ganzen verifizieren, dass Kode-Umschaltung „stets"[289] ein bedeutungsvoller („meaningful") Kode ist, durch den sich allein bi- bzw. multilinguale Sprecher auszudrücken vermögen.

Zu Kode-Umschaltungen kommt es in meinem Korpus häufig auch, wenn der Sprecher etwas besonders deutlich erläutern will bzw. wenn er in eine Erklärungsnotlage gerät. Im folgenden Dialog bemüht sich die Sprecherin, klar zu verdeutlichen, wen genau sie meint, weil ja der Vor- bzw. Kosename *Juszti* in Hajosch sehr verbreitet ist:

(245) „– I: *mus: zwà:ei A:wäschwàịbr su:acha zu dr Hochzàịt."* / „– Ken:ad 'r so *ẹine?"* / „– Di:a J u s z t i , ... *a Bockshofban laknak. Én nem tudom ... elváltak vagy meghalt az ura. Ez szokott járni mosogatni. ... Ũ* [sic!] *ment mindig."* (SD: „– Ich muss zwei Abwaschweiber suchen zu der [= für die] Hochzeit." /„ – Kennt ihr so eine?" / „– Die Juszti, ... sie wohnen im Bockshof [= mundartlicher Name einer Straße in Hajosch]. Ich weiß nicht ... sie haben sich scheiden lassen oder ihr Mann ist gestorben. Die pflegte zum Abwaschen zu gehen. ... Sie ist immer gegangen.").

---

[289] Anstelle von „stets" („always") würde ich relativierend eher „in der Regel" sagen.

Im nächsten Beispiel kommt diese Sprecherintention recht anschaulich zum Ausdruck. Die Sprecherin bemüht sich, ihrer jüngeren Gesprächspartnerin, die ebenfalls der schwäbischen Ortsmundart mächtig ist, etwas zu erklären, wobei sie ständig – fast verkrampft – den Zugriff auf das Ungarische sucht. Das zustande kommende „Stakkato" zeigt aber offenkundig, dass das nicht funktional bedingt ist, weil sie das Ungarische nicht sehr gut beherrscht, darin sogar Verbalisierungsdefizite hat. Daher entsteht ein kaum verständliches sprachliches Konglomerat aus verzweifelter ungarischer Wortsuche und urtümlichem schwäbischem Dialekt. Analog zu den Pausen ist der „Verzögerungsmarker" *hogy* (= ungarische subordinierende Konjunktion, entspricht dem deutschen *dass*) ein Indikator dafür, auf welche Weise seitens der Sprecherin Planungs- bzw. Sprachproduktionsprozesse ablaufen, indem das jeweils folgende Element bereits auf Ungarisch erscheint:

(246) *Zigl ischt sovil:, hogy ... wi:a sol: i:'s di̯ar jetz: uf Angrisch saga ... hooo ... hogy ... hogy ... hogy sok gyereket nevelnek, tudod ... hogy sok gyerek van, tudod, és ahun [sic!] sok gyerek van, wi:a sagid sie uf se̯al:i Angresch, hogy ezek olyanok, mint a disznók, annyira* [von der Gesprächspartnerin zur Hilfe vorgegeben: *szaporák*] *szaporák, so ka:n de:s se:i, ... s ... s ... s Zigldorf, de:s ischt szapora-Dorf, ka:sch a:u saga.* (SD: Zigl ['Nachzucht', Nachwuchs'] [290] ist so viel, dass ... wie soll ich es dir jetzt auf Ungarisch sagen ... da ... dass ... dass ... dass sie viele Kinder erziehen, weißt ... dass es viele Kinder gibt, und wo viele Kinder sind, wie sagen sie [= sagt man] auf solche [= das] ungarisch, dass diese so sind wie die Schweine, sie vermehren sich so, so kann das sein, [da]s ... [da]s ... [da]s Zigldorf, das ist ein „szapora"- ['fortpflanzungsfreudiges'] Dorf, kannst [du] auch sagen.). [291]

Aus dem Beispielmaterial wird deutlich, dass Kode-Umschaltungen als kulturelles Handeln vielfältige Leistungen haben können; sie dienen in den Redeprodukten von bilingualen Ungarndeutschen insbesondere

---

[290] Diese Bedeutung (Nachzucht, Nachwuchs, ein Junges von Tieren; scherzhaft-spöttisch vom Menschen) ist auch im „Schwäbischen Handwörterbuch" von FISCHER/TAIGEL (1991: 443) belegt.

[291] Anmerkung: In der Bedeutung 'Dorf' ist in Hajosch normalerweise *Aat* (= Ort) gebräuchlich. Die Bezeichnung *Zigldorf* haben früher die Bewohner des in der Nähe gelegenen ungarndeutschen Ortes Waschkut/Vaskút als Spottnamen für Hajosch verwendet.

der Sachverhaltsdarstellung (Konturierung, Präzisierung etc.), der Adressatenberücksichtigung (Betonung, Anschaulichkeit etc.), der Handlungsstrukturierung (Pointierung, Kontrastierung etc.) und der Modalitätsanzeige (Bewertung, Emotionalisierung etc.).

Die Belege (233) bis (242) waren sämtlich Beispiele – in der Terminologie von CLYNE (1967: 84 ff., 1975: 29 und 1987: 755 f.) – für 'konsequenzielle' oder 'nachfolgende' („consequential") Hervorrufung der Kode-Umschaltung. Antizipierendes/antizipatorisches („anticipational") Auslösen liegt hingegen vor, wenn die Kode-Umschaltung bereits vor der Artikulation des Auslösewortes – in dessen Erwartung – erfolgt. In meinem Material kommt es meist am Beginn einer Phrase vor. Es wird im Rahmen der Satzplanung realisiert. D.h. in dem Augenblick, in dem die Sprecherin das Wort *sebhely* ('Narbe') plant, erfolgt die Umschaltung in die andere Sprache, sodass auch schon vor dem gesuchten Wort die Konjunktion *hogy* ('dass') in der gleichen Sprache wie dieses Lexem auftritt:

(247) *E:ar mu:eit, hogy s e b h e l y fog látszódni, abr de:s ka: ma it: da la:u.* (SD: Er meint, dass eine Narbe zu sehen sein wird, aber das kann man nicht da lassen.).

Im Falle des Lexems *sebhely* dürfte die Kode-Umschaltung ins Ungarische auch dadurch motiviert sein, dass sich die beiden Wörter in ihrer inneren Form deutlich unterscheiden: Ungar. *sebhely* heißt wörtlich: „Wundenplatz". Es kann angenommen werden, dass die bilinguale Sprecherin das deutsche Wort *Narbe* entweder gar nicht kennt oder zumindest momentan (wegen der Divergenz der inneren Form) nicht auf das deutsche Lexem kommt. Wenn man schon in einem Gespräch von einer Wunde spricht, dürfte sich das ungarische Wort auch insofern aufdrängen, als man von *Wunde* schneller auf das transparente Kompositum *sebhely* („Wundenplatz") kommt als auf die mit *Wunde* in keinem einleuchtenden Motivationsverhältnis stehende *Narbe*.

Zur Frequenz von Kode-Umschaltungen gilt: Je häufiger die Sprecher intra- und/oder intersentenziell zwischen den beteiligten Sprachen wechseln, desto mehr verliert diese bilinguale kommunikative Praktik ihre Qualität als Kontextualisierungshinweis (vgl. AUER 1986, KALLMEYER/KEIM/ASLAN/ CINDARK 2002).

3.2.5 Bewertung von Phänomenen der Kode-Umschaltung

Die obigen Beispiele zeigen, dass WEINREICHs Vorstellung (1968: 73) vom „idealen Zweisprachigen" (wie bereits oben erwähnt; vgl. 3.2.1), der nur dann von einer Sprache in die andere wechselt, wenn dies durch eine Änderung der Redesituation erfordert wird (aber nie innerhalb eines Satzes), durch die aktuelle Sprach- und Kommunikationsrealität widerlegt wird. Man kann dieses Phänomen nicht einfach – wie WEINREICH (1968: 73) – auf einen unvollständigen Spracherwerb in beiden Sprachen zurückführen, weil ja gerade manche intrasentenzielle Kode-Umschaltungen eine ziemlich hohe bilinguale sprachkommunikative Handlungskompetenz voraussetzen. (Vgl. dazu Beleg Nr. 248 und meine Anmerkung unter 3.1.3.7, dass bei Kode-Umschaltungen kaum syntaktische Konflikte zwischen den konkurrierenden grammatischen Systemen auftreten.) In diesem Sinne werden an den Schaltstellen die syntaktischen Regulierungen beider Sprachen weitgehend eingehalten, selbst dann, wenn zu verschiedenen Grammatiken gehörende Satz- bzw. Konstituentenbaupläne zusammengefügt werden. Bei manchen Umschaltungen erfordert der kognitive Aufwand ein hohes Maß an Kompetenzbeständen auf zwei Ebenen: (a) Kompetenz in den beiden Sprachen und (b) Kompetenz der harmonischen Alternierung mitten innerhalb einer Phrase oder Konstituente.

(248) *Äl:igi seand scha Pàpà, nu e:ar it:, jetz: ha:ud sie a Biabli kriat, **akkor sírt örö-mében.*** (SD: Alle sind schon Papa [Väter], nur er nicht, jetzt haben sie ein Bübchen gekriegt, dann hat er geweint vor Freude.).

Der Schlussteil der folgenden oralen Satzsequenz demonstriert dieses harmonische Aneinanderpassen beider Grammatiken überzeugend. Darin folgt auf die ungarische kausale Konjunktion *mer* (eigentlich *mert* ['weil']) die binnendeutsch-standardsprachlich normative Satzgliedstellung, die in diesem Fall auch den Usancen des Ungarischen nicht widerspricht:

(249) ***Máma túlvoltam a Dóránál**, he:it han i: iahra Mädili hu:eimgsuacht. So groß ischt sie scha:u, **már gagyog**. Sechs Kil:o: hàt:se. And d **Dóra** hàt sovil: Mil:, bis jetz: hàt sie äl:awàil ken:a a Mil: vaka:ufa. Jetz: hàt sie gse:it, jetz: gà:i t sie ku:eina meh hear, **hadd nőjön ez a kislány**. Nàcht ha: ma lang vazàhlt, iahran Ma: ischt en Deutschland gi arbada, sie ha:ud scha a nuis Haus, abr sie ken:id it: ne:iziah, wel sie ha:ud ku:ei Geald. Jetz: ischt iahran Ma: uf*

Deutschland gang:a, azon a pénzen bútort akartak venni, mer a Kuch:i braucht ma a:u, ànd en dr Kuch:i den:a hàt: sie no: gar niks. (SD: Heute war ich drüben bei der Dora, heute habe ich ihr Mädel [= ihr Töchterchen] heimbesucht [= besucht zu Hause]. So groß ist sie schon, sie lallt schon. Sechs Kilo hat sie. Und die Dora hat so viel Milch, bis jetzt hat sie immer können eine Milch verkaufen. Jetzt hat sie gesagt, jetzt gibt sie keine mehr her, damit dieses Mädchen richtig wachsen soll. Danach haben wir lange erzählt, ihr Mann ist in Deutschland arbeiten, sie haben schon ein neues Haus, aber sie können nicht einziehen, weil sie haben kein Geld. Jetzt ist ihr Mann nach Deutschland gegangen, von dem Geld wollten sie Möbel kaufen, weil eine Küche braucht man auch, und in der Küche drin hat sie noch gar nichts.]).

Dies ist besonders bei der von POPLACK (1980: 589) „intimate typ" genannten kommunikativen Praktik der Fall. POPLACK (1980: 589) und POPLACK/SANKOFF (1988) unterscheiden in diesem Zusammenhang nämlich zwischen dem

(1) flüssigen – „intimate" – und
(2) dem emblematischen – „emblematic" – Typ der Kode-Umschaltung.

Für ersteren (1) ist ein häufiges und „nahtloses" Umschalten innerhalb von Sätzen charakteristisch, wobei von der sog. Strategie des „Smooth Code-switching at Equivalence-Sites" Gebrauch gemacht wird. Das heißt, innerhalb des Satzes wird nur an syntagmatischen Grenzen umgeschaltet, die beiden Sprachen eigen sind. So wird der Redefluss (die lineare Ordnung) nicht gestört. Der Übergang von einer Sprache zur anderen erfolgt „fließend":

(250) *I: han so gstudiart Nächt, wa: sol: i: koch:a de̜am: Mädle, gse:it hàt sie 's it:, akkor eszembe jutott a rakott krumpli. Na, a papának is ízlik, odanézz, andrsmal mach:a ma a:u soe:is.* (SD: Ich habe so studiert [= überlegt, nachgedacht] in der Nacht, was soll ich kochen dem Mädchen, gesagt hat sie es nicht, da fiel mir die „rakott krumpli" ['Schichtkartoffeln' – ungar. *krumpli* ist seinerseits ein etabliertes Lehnwort und geht auf Deutsch *Grundbirne* zurück] ein. Na, auch dem Papa schmeckt es, schau mal, ein anderes Mal machen wir auch so eins.).

Beim letzteren (2) werden überwiegend Floskeln, Redewendungen etc. eingefügt, dabei vollzieht sich die Alternierung im Wesentlichen als satzexterne, metaphorische Kode-Umschaltung, als „tag-switching".[292] Vgl.

(251) De:s han i: wiedr it: guat tau... *a fene egye meg*,... wa:s sol: i: jetz: mach:a? (SD: Das habe ich wieder nicht gut getan, verdammt noch mal, was soll ich jetzt machen?);

(252) Wen: i: de:s valeab, *az Isten áldja meg*, dà mus: i: doch mit dean:r Zige:inrlà icht ga:u. (SD: Wenn ich das verlebe [= erlebe], Oh Gott, da muss ich doch zu diesem Zigeunerbegräbnis gehen.).

Wie die Belege auch gezeigt haben, überwiegen in dem von mir untersuchten ungarndeutschen Material deutlich die „intimate" (flüssigen) Kode-Umschaltungen, zu deren Realisierung hochgradige grammatische Kompetenz in beiden Sprachen erforderlich ist. Andererseits ist nicht zu übersehen, dass die zunehmende Frequenz und der kaum zu beschreibende Facettenreichtum der Kode-Umschaltungen in meinem Datenkorpus – infolge des immer instabiler werdenden Bilinguismus – nicht länger stets als Indikator für ein bewusst gestaltetes und pragmatisch bzw. stilistisch o.ä. begründetes Sprach- und Kommunikationsverhalten auftritt. Die immer häufigere und umfassendere Heranziehung der ungarischen Sprache kann u.U. auch als Konsequenz der Lockerung einer einst relativ stabilen bilingual-diglossischen Sprachenkonstellation interpretiert werden. Als Folge dieses Prozesses zeigen sich bei vielen ungarndeutschen Sprechern immer größere sprachliche Unsicherheiten, insbesondere im Vokabular des deutschen Basisdialekts sowie im Bereich der Diskurs- (bzw. Textproduktions-)kompetenz.

Jedoch ist zu betonen, dass bei den ermittelten Kode-Umschaltungssequenzen – wie oben nachgewiesen wurde – im Grunde ein einheitliches (kohärentes) interaktionales Ganzes vorliegt und dabei den morphosyntaktischen Regulierungen beider Sprach(varietät)en trotz der eklatanten sprachtypologischen Divergenzen zwischen Deutsch und Ungarisch im Wesentlichen entsprochen wird.

---

[292] Im Zusammenhang mit der „Constituent Insertion" wird ein ganzer Satzteil aus der anderen Sprache eingefügt, hier ist man nicht in dem Maße an die Regulierungen der Wortfolge gebunden.

Kode-Umschaltungsphänomene können als eine besondere Art der 'face-to-face-Kommunikation' in inter- bzw. transkulturellen Situationen künftig die Forschung vielseitig befruchten. Wie viele Transkriptbeispiele zeigen, könnten sowohl sequenziell-lineare Diskursstrukturen (z.B. Redewechsel, Reparatur, Pause und Schweigeverhalten, Gesprächseröffnung und -beendigung), welche vor allem innerhalb der ethnomethodologischen Konversationsanalyse erforscht worden sind, als auch nicht-lineare, handlungsorientierte Diskursstrukturen (z.B. Sprechhandlungsmuster und Strategien der Verständnissicherung) dem Forschungsanliegen einer transkulturellen Text- und Gesprächslinguistik (vgl. FÖLDES 2003a: 39 f.) qualitativ neue empirische Impulse verleihen.

3.3 Sonstige kommunikative Praktiken bei Zwei- und Mehrsprachigkeit

Für den zweisprachigen Diskursmodus sind auch andere Ausprägungen bilingualer Handlungssysteme charakteristisch. Zu denken ist an die zwischensprachliche Dopplung, die Bevorzugungsstrategie, die Umgehens- bzw. Vermeidungsstrategie, den Übergebrauch und die 'Überblendung' (Terminus nach KALLMEYER/KEIM/ASLAN/CINDARK 2002: 1) bestimmter Elemente, Strukturen und Modelle, diverse Vereinfachungsstrategien, den bilingualen Semidialog,[293] die Sprachkreuzung[294] etc. In diesem Kontext sollen an dieser Stelle unter (a) und (b) zwei Phänomenklassen näher vorgestellt werden.

Ad (a): Die Belege (253) und (254) dokumentieren die von ZIEGLER (1996: 70) als „zwischensprachliche Dopplung" und von BECHERT/ WILDGEN (1991: 3) sowie von APPEL/MUYSKEN (1997: 129 ff.) als „Neutralitätsstrategie" zusammengefassten Manifestationen von Kommunikations- und Interaktionsverhalten. Dabei wird die Mitteilung oder ein Teil von ihr nacheinander – etwa zur Verständnissicherung – in der anderen Sprache wiederholt; eigentlich könnte sie typologisch auch als eine Art der Kode-Umschaltung angesehen werden. Terminologisch passt „zwischensprachliche Dopplung" – oder wohl noch besser: 'bilin-

---

[293] Vgl. folgenden Dialog aus meinem Datenkorpus zwischen einer Frau und ihrer Mutter: – *Ide a gázra kerül még valami?* / – *Ha:, s Kràut han i: weack:.* / – *Akkor elzárjam? / Ja. Mu:eischt, ischt it: hà:eiß? / – Talán nem.* (SD: – Kommt hierher auf das Gas noch etwas? / – Nein, das Kraut habe ich weg. / – Soll ich es denn abdrehen? / – Ja. Meinst [du], ist es nicht heiß?)

[294] Mit dem Originalterminus „language crossing", vgl. RAMPON (1997).

guale Dopplung' – zum Anliegen der durchgeführten Untersuchung besser, weil dabei der Sprach-Aspekt im Vordergrund steht, während der Terminus „Neutralitätsstrategie" eher das Sprecherverhalten akzentuiert. Es handelt sich bei diesen bilingual-erweiterten lexikalischen Ausgestaltungen letzten Endes sprecherseits um einen größeren Nachdruck oder um eine stärkere Explikation, wobei sich der Sprecher bemüht, seine Äußerung auf diese Weise unterstützend abzusichern.

(253) *I: bi:n halt hitz:ig gse:i à nd hitz:ig gse:i és lázas voltam, i:br vi:azk Gra:d Hitz:a han i: ghät:*] (SD: Ich bin halt hitzig[295] gewesen und hitzig gewesen und war hitzig, über 40 Grad Hitzen[296] habe ich gehabt.);

(254) *I: han gar, gar niks eas:a ken:a, äl:awàil nu: trenka ànd trenka, csak ittam és csak ittam ànd a:gnàm:a ànd a:gnàm·a* (SD: Ich habe gar, gar nichts essen können, immer nur trinken und trinken, ich trank nur und trank nur und abgenommen und abgenommen.).

Oft wird das letzte Element des Satzes in der jeweils anderen Sprache wiederholt:

(255) *Nàm: ibr da En:s-Flus:. Wa: isch:'n de:s fà:ar a Städtli gse:i? Kle:ina alta Stadt: abr scha:u. De:s fàl:t miar it: e:i. Mindegy. Älts u:eins.* (SD: Hinum über den Enns-Fluss. Was ist denn das für ein Städtchen gewesen? Kleine alte Stadt, aber schön. Das fällt mir nicht ein. Alles eins. Alles eins.);

(256) *Jetz: em a Màargis màl gfruahstuck:id ghät:, hát, ha:ud sie ausgmealdt, 40 Ma: brà uchid sie uf Sopron en Schnit:. Aratásra.* (SD: Jetzt an einem Morgen mal gefrühstückt gehabt, da haben sie vermeldet, 40 Mann brauchen sie in Sopron [Ödenburg] hinein in Schnitt. In Schnitt [bei der Ernte].).

Dieses Phänomen ist gleichfalls bei der Wortbildung präsent. Beispielsweise nennt ein im Rahmen des Projekts auf seinen Sprachgebrauch hin beobachtetes Kind seinen Großvater *Ni:nipàpà* (aus schwäbisch *Ni:ni* = Großvater + ungar. *papa* = Opa), wohl weil es zuerst das in diesem Fall zum Ungarischen zu zählende *papa (Papa, Opa)* gelernt, dann von den Eltern und anderen Erwachsenen zunehmend das schwäbische *Ni:ni* gehört hatte. Folglich erfand das Kind für sich diese bilinguale Kombination.

---

[295] Im Sinne von 'fiebrig', d.h. 'Fieber haben'.

[296] *Hitz:a* ist der Plural von 'Hitze'.

Ad (b): Es ist außerdem hervorzuheben, dass als Folge von Sprachenkontakten und Kulturenbegegnungen nicht lediglich mit den von 3.1 bis 3.3 diskutierten Hybriditätsklassen bzw. -typen von Sprache und Kommunikation zu rechnen ist, sondern auch mit z.T. recht subtilen Umgehens- bzw. Vermeidungsstrategien, Übergeneralisierungen usw. Das heißt: Es ist nicht nur das kontaktlinguistisch relevant, w a s der zwei- bzw. mehrsprachige Sprecher sagt und w i e er dieses sprachlich formuliert. Sondern es ist ebenfalls wichtig, was und warum er etwas n i c h t sagt, warum er sich bestimmter Zeichen(kombinationen) der einen Sprache gar nicht oder nur spärlich bedient. So kann sich eine Sprache auch auf die Bevorzugung oder Vermeidung von Elementen, Strukturen und Modellen der anderen Sprache auswirken. Das wiederum ist überaus schwierig zu erfassen, u.U. etwa durch aufwändige Frequenzuntersuchungen.

3.4 Evaluierung und Einordnung von hybriden Redebeispielen

Bezüglich der Auswertung und Einordnung der obigen Befunde halte ich einen weiteren Aspekt für überlegenswert. NELDE (1986: 262) hat aufgrund „eine[r] mehrmonatige[n] Analyse der einzigen deutschbelgischen Tageszeitung" eine Reihe von informativen Eigenheiten erschlossen und in einer systematischen Darstellung präsentiert. Er fasst seine Ergebnisse u.a. so zusammen: „Diese Übersicht zeigt zur Genüge, dass eine Fehleranalyse in einem deutschen Minderheitssprachgebiet ähnliche Verstöße ans Licht brächte, wie sie von Ausländern, die Deutsch als Fremdsprache lernen, verübt werden" (NELDE 1986: 263). Im Sinne meines in Abschnitt 2.6 vorgestellten Konzepts über bilinguale Sprach- und Kommunikationskompetenzen stufe ich die von mir (im Gegensatz zu NELDE allerdings anhand von gesprochenem Sprachmaterial) festgestellten kontaktbedingten Eigentümlichkeiten im Deutschen nicht als Verstöße oder Fehler ein. Mein Ziel war folglich auch keine „Fehleranalyse", sondern ein Problemaufriss über spezifische diskursive Manifestationen von Bi- bzw. Multilinguismus sowie von Sprachenkontakten und Kulturenbegegnungen. Folglich strebe ich auch keinen Vergleich mit den Phänomenen bei Lernenden des Deutschen als Fremdsprache an. Gleichwohl fällt auf, dass eine gewisse Quantität der durch die bilinguale sprachkommunikative Handlungskompetenz erzeugten

Sprechbesonderheiten ungarndeutscher Sprecher den Sprachprodukten von Deutsch Lernenden mit der Muttersprache Ungarisch typologisch nicht gänzlich unähnlich ist. Die im Gehirn ablaufenden kognitiven Mechanismen sind zwar – auf einer Metaebene betrachtet – in beiden Fällen nicht ganz verschieden, die Hintergründe (d.h. die konkreten psycholinguistischen Aspekte wie auch der soziolinguistische Rahmen) unterscheiden sich aber jeweils voneinander. Daher vermeide ich solche Vergleiche.

4 Stabilisierung und Etablierung von Sprachenkontaktphänomenen

4.1 Dimensionen ihrer Integration in System und Verwendung

Der Status von Transferenzen ist anfänglich noch häufig variabel und vage. Wie lange der Habitualisierungsprozess vom erstmaligen Gebrauch in einer individuellen Äußerung bis zur weitgehenden Integration ins System der Empfängersprache dauert und ob er überhaupt je stattfindet, hängt von einer Reihe linguistischer und kultureller Variablen ab (vgl. GROSJEAN 1982: 334, BLANKENHORN 2003: 42). Für künftige Forschungen wäre es daher prinzipiell lehrreich, bei den von mir erörterten Sprachexempeln die Aspekte ihrer Integration – d.h. 'Stabilisierung' und 'Etablierung' – im System und in der Verwendung ausgiebiger zu untersuchen. CLYNE nennt aufgrund der einschlägigen Forschungsliteratur Methoden wie Wortschatzzulänglichkeitstests, Akzeptabilitätstests und Übersetzbarkeitstests (1975: 40).

Bei der Stabilisierung und der nachfolgenden Etablierung geht es meiner Meinung nach im Wesentlichen um drei verschiedene Dimensionen, nämlich:

(1) inwieweit sie im Sprachsystem phonologisch, morphologisch, syntaktisch und semantisch integriert sind;

(2) inwieweit sie in ihrem Gebrauch gefestigt sind, d.h. ob sie lediglich Ad-hoc-Charakter haben und nur im gegebenen Diskurs vorkommende Hapaxlegomena darstellen oder eben zur kommunikativen Norm des Individuums oder gar der Gemeinschaft gehören; damit noch in Verbindung:

(3) die soziolinguistische Attitüdenstruktur der Sprecher zum betreffenden Element[297] (vgl. auch Abschnitt 2.8).

---

[297] Aus einer kleinen Untersuchung von GLONING (1994: 25 ff.) über den „donauschwäbischen Siedlungsraum" – allerdings mit schwerpunktmäßiger Berücksichtigung des Rumäniendeutschen – geht z.B. hervor, dass die Einstellungen der „Donauschwaben" den „Interferenzen" gegenüber sehr divergieren. Hier liegt m.E. noch ein besonders interessantes Forschungsfeld brach.

Inwiefern die Integration von transferierten Formen, Strukturen und Modellen in Kontaktvarietäten (wie in den obigen Belegen) einerseits und in Standardsprachen (etwa im Hinblick auf die „Anglizismen" in der binnendeutschen Standardvarietät) andererseits durch identische, ähnliche oder unterschiedliche Züge gekennzeichnet ist, scheint mir eine erkenntnisleitende Forschungsfrage für die Zukunft zu sein.

4.2 Standpunkte und Desiderata der Forschung

In der Praxis handelt es sich um recht vielschichtige Fragen, die sich nicht ohne Weiteres beantworten lassen. Problematisch ist einerseits, dass die beiden Dimensionen 'System' (vgl. oben 1) und 'Verwendung' (vgl. 2 und 3) unter den gegebenen Umständen miteinander nicht immer einen Zusammenhang aufweisen. Denn die grammatische Integrationsstufe etwa von Tranferenzen und deren soziale Akzeptanz in der Diskursgemeinschaft müssen nicht zwingend miteinander korrelieren. Andererseits sind die beiden Dimensionen in gewisser Hinsicht nicht immer voneinander zu trennen. Und selbst dort, wo sie sich im Prinzip trennen ließen, werden sie in der Fachliteratur des Öfteren vermengt behandelt. Beispielsweise überschneiden sich bei KLASSEN (1969: 590 f. und 1994: 71) die beiden Blickwinkel 'System' und 'Verwendung', indem er den „Einfluß des Russischen auf die deutschen Dialekte im Bereich des Wortschatzes" in zwei Gruppen einteilt, nämlich in:

(a) „Entlehnungen, die sich voll und ganz den lautlichen und grammatischen Gesetzen des niederdeutschen Dialekts fügen, allgemein verständlich und gebräuchlich sind"

und in:

(b) „russische Wörter, die okkasionell verwendet werden, die in der Rede der Bilingualen (Zweisprachigen) vorkommen, die deutsche Entsprechungen haben, aber nicht assimiliert sind" (1969: 590).

Die erste Gruppe nennt er innerhalb des gleichen Aufsatzes einmal „endgültig entlehnte" (1969: 592), zum anderen „feste" (1969: 591), „assimilierte" (1969: 591) oder „fest assimilierte" (1969: 591) Entlehnungen.

Die zweite Gruppe bezeichnet er als „okkasionelle Entlehnungen". Das eigentliche Problem sehe ich darin, dass dieser Definitionsansatz mit heterogenen Ebenen operiert; und zwar handelt es sich um die Kriterien: (1) phonologische, morphosyntaktische und semantische Integration der Entlehnungen (= systemlinguistisches Kriterium), (2) Verständlichkeit (= psycholinguistisches Kriterium), Geläufigkeit (= soziolinguistisches Kriterium), Vorhandensein von Äquivalenten in der anderen Sprache (= kontrastiv-linguistisches Kriterium). Die Klassifizierung ist aber insbesondere deswegen nicht konsistent, weil nicht alle Kriterien den beiden Gruppen gleichermaßen zugrunde gelegt wurden. Ganz zu schweigen davon, dass KLASSEN (1969: 591) sich selbst widerspricht, wenn er seinen Typ (b) so umschreibt: „V i e l e [Hervorhebung von mir – C. F.] okkasionelle Entlehnungen existieren parallel mit Mundartwörtern [...]" und einige Zeilen später aussagt: „unter den okkasionellen Entlehnungen haben a l l e [Hervorhebung von mir – C. F.] ihre Entsprechungen im Dialekt (die parallele Existenz gilt als eines der Kriterien für okkasionelle Entlehnungen)".

BÁTORI (1980: 111) setzt sich mit der Integration aus der Sicht des Systems auseinander und unterscheidet drei „Penetrationsstufen der sprachlichen Interferenz" (nach meiner Terminologie: 'Transferenz'). Die erste Eindringungsstufe stelle „die Prädisposition zur Interferenz" dar, die zweite die „aktuelle Interferenz", die „aus der Sicht der Sprachnorm als eine Fehlleistung betrachtet und gegebenenfalls bekämpft" wird. Die dritte Stufe, die „zur grammatischen Norm gewordene Interferenz", sei hingegen „bereits gefestigt und kann nicht mehr als Entgleisung verworfen werden, auch wenn ihre fremde Herkunft offenkundig ist" (1980: 111). Auch dieses Modell bietet für die angestrebten Erkenntnisse keine eigentlich zufriedenstellende Lösung, weil

(1) es die einsprachige Norm als Beurteilungsmaßstab ansetzt

und

(2) sich eine Grenzziehung zwischen den einzelnen Stufen wohl kaum adäquat ausführen lässt.

In seinem Artikel über die bidirektionalen deutsch-polnischen bzw. polnisch-deutschen Sprachenkontakte in Oberschlesien beurteilt OLESCH

(1986: 166 f.) den Standort der „Entlehnungen" ausschließlich in formal-struktureller Hinsicht. Er trennt das „nicht assimilierte Fremdwort" vom „assimilierte[n] Fremdwort", wobei er die Assimilierung als Parole-, die Integration als Langue-Erscheinung fasst. Über die Selektionskriterien, nach denen ein Wort als assimiliert und ein anderes als nicht assimiliert bewertet wird, erfährt der Leser nichts, da die „morphologische Adaptation" der Lexeme im Mittelpunkt der Analyse steht (1986: 169 ff.). Aufgrund formaler Merkmale wird sodann behauptet, dass es Lexeme gebe, „die zwar schon der Parole-Ebene angehören, die aber noch nicht in die Langue integriert sind" (1986: 173). Ich denke aber, dass u.U. auch formal wenig oder kaum adaptierte Elemente – z.B. *Tàn:jà* (< ungar. *tanya* 'Einzelgehöft') – aufgrund ihrer Häufigkeit und Geläufigkeit in einer gegebenen zweisprachigen Diskursgemeinschaft durchaus schon zur Gebrauchsnorm (zur „Langue") gezählt werden können. Nicht zuletzt deswegen erscheinen mir die Saussure'sche Dichotomie 'langue' vs. 'parole' wie auch die Chomsky'sche Zweiteilung 'Kompetenz' und 'Performanz' auf kontaktlinguistische Konstellationen schwerlich anwendbar.[298]

Andere – erweiterte – Theoriemodelle operieren mit drei Komponenten, etwa COSERIU (1988: 259 ff, 1992: 293 ff.), der eine Dreiteilung vorschlägt: 'System', 'Norm' und 'Rede'. KIRSCHNERs Konzept über den „stadialen Charakter des Lehnprozesses" richtet sich vorrangig auf die Verwendung sowie auf die Funktionalität und kommt damit dem Wesen der Sache teilweise schon etwas näher (1987: 86 ff.). Er gibt die herkömmliche Dichotomie „Rede vs. Sprache" auf und konstruiert eine Trichotomie „Rede → koexistierendes System → Sprache". Auf diese Weise unterscheidet er bei Berücksichtigung der Parameter „Allgemeingebräuchlichkeit" und „Assimilation" drei Stufen der Absorption slawischer Lexeme durch das System des von ihm besprochenen russlanddeutschen Dialekts: „(1) die Stufe der Rede (okkasionell gebrauchtes fremdsprachliches Wortgut), (2) die Stufe des koexistierenden Systems (Entlehnungen) und (3) die Stufe der Sprache (systemhafte Entlehnungen, [dann auf S. 90 jedoch] ureigene Entlehnungen)" (KIRSCHNER 1987: 86). Bei diesen „Entlehnungen dritter Stufe" tritt neben die „Allgemeingebräuchlichkeit" auch das Kriterium „Fehlen fremdsprachlicher Merkmale", d.h. ein sprachsystembezogenes Merkmal hinzu (KIRSCHNER

---

[298] CLYNE (1975: 48) hat bereits vor Jahrzehnten ähnlich argumentiert.

1987: 89). Als Nachteile sind dabei zu werten, dass die Abgrenzung der einzelnen Stufen problematisch ist und dass dieses Modell höchstens für das Vokabular etwaige Gültigkeit besitzen könnte, während es alle anderen Bereiche und Aspekte der Sprache ausblendet.

4.3 Sprachenkontakt im Spannungsfeld eines oszillie-renden bzw. fluktuierenden Sprachgebrauchs

Nach all dem stellt sich die Frage, inwieweit nun die kontaktbedingten Besonderheiten in dem von mir untersuchten ungarndeutschen Material stabilisiert und etabliert sind.

Offensichtlich ist das ein recht kompliziertes Problemfeld,[299] zumal die Sprachgebrauchsstrukturen und somit auch die Sprachenmischungsformen, infolge der gegenwärtigen Sprach- und Sprachensituation unter dem Dominanzdruck des exogenen Standards stehen und sowohl in ihrer soziolektalen als auch in ihrer idiolektalen Distribution zunehmend Labilität aufweisen, somit Fluktuationen unterliegen. Von stabilen oder gar statischen Konfigurationen kann daher kaum die Rede sein. Fragen nach der Stabilität bzw. Repräsentativität der vorgestellten Sprachäußerungen sind nicht zuletzt deswegen unproduktiv, weil ja – wie z.B. MELIKA (2000: 21) verdeutlicht hat – „jeglicher Sprachkontakt obligatorisch im 'Innern' des Menschen verläuft" und „die Existenz von interlingualen Kontakten außerhalb des menschlichen Gehirns [...] nicht möglich ist: Der Sprachkontakt ist eine psycholinguale Erscheinung und ist immer intern". Daraus lässt sich ableiten, dass es sich bei Berührungen von Sprachen praktisch um eine Vielzahl von Idiolekten – als Vertreter dieser Sprach(varietät)en – handelt. Da schließlich alle lingualen Kontakte nur über Idiolekte realisiert werden, bedeutet Sprachenkontakt letztendlich den Kontakt von Idiolekten der entsprechenden Sprachen. Global betrachtet, kann man sagen, dass Transferenz, Kode-Umschaltung und die anderen bilingualen kommunikativen Praktiken *als Prozess* stets in der Sprechrealität (mit anderer Terminologie: in der „Parole") vonstatten gehen. Wenn jedoch Transferenz als in Wörterbü-

---

299 Für Hajosch liegt bislang leider noch kein Dialektwörterbuch vor; so wie etwa die Dokumentation von SCHWALM (1979) über den deutschen Wortschatz in Waschkut/ Vaskút, einem anderen ungarndeutschen Ort der Batschka. Ein solches Lexikon würde dem Explorator bei vielen Einzelfall-Entscheidungen praktische Hilfe leisten.

chern, Grammatiken etc. fixiertes *Resultat* der Sprachenkontakte betrachtet wird, so handelt es sich bereits um Verschiebungen im Sprachsystem (mit anderer Terminologie: in der „Langue"). Dieser Aspekt gehört aber eigentlich schon zur Diachronie, während mein Blickwinkel primär synchron ausgerichtet ist.[300]

Außerdem sind Heterogenität, Varianz, Okkasionalität, selbst Labilität und Fluktuation – im Bereich von sprachlichen Konventionen, Regulierungen, Formen und Manifestationen – „natürliche" Reflexe grundlegender sprachkommunikativer und sozialer Faktoren. Im vorliegenden Fall handelt es sich vor allem um eine Folge der zunehmenden Auflockerung bzw. Umverteilung der früher geltenden Mehrsprachigkeitskonstellationen und des Rückzugs von sozialen Verwendungsmöglichkeiten der deutschen Sprache auf ganz bestimmte Domänen, Personen(kreise) und Interaktionsarten. BECHERT/WILDGEN (1991: 2) sehen in der Umverteilung der sozialen Domänen eine längerfristige Wirkung des „Sprachkontakts". Ich denke jedoch, dass sie unter den gegebenen Umständen eher als eine Ursache denn als eine Folge von Sprachenkontaktprozessen explizieren lässt. Für Verschiebungen der Domänenkonfigurationen sind meiner Ansicht nach vielmehr soziale (z.B. sprachenpolitische) Gründe und Kulturenkontakte verantwortlich. Die Umverteilung der Domänen betrachte ich demzufolge als einen Ausgangspunkt von Sprachenkontaktmechanismen.

Bezüglich der phonologischen und morphosyntaktischen Adaption der kontakt-induzierten Entitäten könnte man also allenfalls gewisse Tendenzen ausmachen. Ein genaues und verlässliches Datenmaterial ließe sich aber wohl kaum erschließen. Man kann nämlich vielfach beobachten, dass selbst phonologische, morphosyntaktische und semantische Integrationen nicht stabil und vor allem nicht einheitlich sind. Sie können jeweils von Sprecher zu Sprecher, ja sogar von Sprechsituation zu Sprechsituation usw. variieren. Im Falle vieler Elemente steht dem bilingualen Sprachbenutzer ein großer Selektionsumfang zur Verfügung (mit zahlreichen Zwischen- bzw. Übergangsstufen), von der unilingual ungarischen Form einerseits bis zu einer relativ fortgeschrittenen Integration (in das System des ungarndeutschen Dialekts) andererseits. Nicht selten gibt es in der kommunikativen Praxis fest etablierte Doppelformen, die unterschiedliche Adaptionsgrade aufweisen, vgl. z.B. Beleg Nr. (217) mit *porszívózni* vs. *porszívózna* oder Beleg Nr. (221)

---

[300] Vgl. in diesem Zusammenhang zur Synchronie und Diachronie COSERIU (1992: 273 ff.).

mit *gfellebbeznid* vs. *gfellebbezned*. Eine Quantifizierung der durch Sprachenkontakte hervorgerufenen Sprachformen dürfte daher nicht wirklich informativ sein. Die Versuche gelegentlicher Zählungen, die sich nicht auf ein bestimmtes, geschlossenes Korpus beziehen, sondern sich im Allgemein verlieren, kommen mir angesichts der Mehrdimensionalität der heutigen Sprach- und Kommunikationsrealität (sowie der Dynamik und des nicht-linearen und nicht-unikausalen Charakters von Mehrsprachigkeits- und Sprachenkontaktphänomenen) wie ein geradezu hoffnungsloses bzw. wenig sinnvolles Unterfangen vor. Dennoch kennt die Fachliteratur immer wieder derartige Bestrebungen, wie etwa die von REITER (1960: 9 f.) hinsichtlich der Oberschlesier oder die von KLASSEN (1969: 591), KIRSCHNER (1987: 90) und SMIRNICKAJA/BAROTOV (1998: 154 ff.) die Russlanddeutschen betreffend.[301]

---

[301] REITER (1960: 9 f.) meint, „das aus dem Polnischen in die deutsche Umgangssprache des oberschlesischen Industriebezirks eingedrungene Sprachgut" mit „etwa 250 Ausdrücke[n]" beziffern zu können. KIRSCHNER (1987: 90) nimmt an, dass bei den Deutschen in „KokCetaw" [sic!] in Kasachstan „die systemhaften lexikalischen Einheiten" aus dem Russischen sich genau auf 781 belaufen. KLASSEN (1969: 591) hat bei den Niederdeutsch sprechenden Russlanddeutschen im Ural aufgrund seiner „Tonbandaufnahmen [...] insgesamt [...] 403 Wörter fixiert, die aus dem Russischen stammen, darunter 299 okkasionelle Entlehnungen [...] und 104 fest assimilierte Lehnwörter". Man erfährt aber nicht eindeutig, ob hier 'tokens' oder 'types' gemeint sind, wobei auch schon diese Zuordnung zu okkasionellen und festen Entlehnungen wegen der in Abschnitt 4.2 erörterten Unebenheiten ebenfalls als nicht unproblematisch gelten dürfte. Indes findet man in KLASSENs Veröffentlichungen selbst über die Proportion der Transferenzen recht unterschiedliche Angaben. An einer Stelle führt er aus: „Beim heutigen Stand der Dinge ist die niederdeutsche Mundart im Ural unter starkem Einfluß der russischen Sprache, die deutsche Hochsprache dagegen hat ihren Einfluß so gut wie verloren" (KLASSEN 1969: 589). Andernorts will er dagegen „eine Neubelebung der niederdeutschen Mundart [...], eine Art 'Reinigung' der Mundart" erkannt haben, denn „[m]an verwendet wieder die [...] deutschen Wörter, die russischen Lehnwörter sind geringer geworden" (KLASSEN 1981: 185), im Folgenden wird noch einmal auf „eine Art Neubelebung und ‚Reinigung' der Mundart hingewiesen. Die Übernahme von russischen Wörtern hat sich verringert, wogegen der Einfluß der Hochsprache wieder bemerkbar wurde" (1981: 187). Und schließlich kehrt 1994 wieder der Befund aus dem Aufsatz vom Jahre 1969 mit demselben Wortlaut zurück: „Beim heutigen Stand der Dinge steht dieser Dialekt unter starkem Einfluss der russischen Sprache, die deutsche Hochsprache dagegen hat ihren Einfluss so gut wie verloren" (KLASSEN 1994: 70). Im letztgenannten Artikel fehlt leider jegliche Information über das Untersuchungsdesign (vielleicht weil sich der Autor noch einmal auf die alten Daten stützt?). Falls es sich dennoch zeitlich um verschiedene Recherchen handelt, so ließen sich die mehrmalig einander entgegengesetzten Veränderungen prinzipiell als eine Art von inneren Entwicklungstrends der heimischen Sprachvarietät deuten.

Zählungen können also wohl kaum fundiert und differenziert vorgenommen werden,

(a) weil die begriffliche Unterscheidung der einzelnen Typen von Transferenzen beim gegenwärtigen Forschungsstand noch in mancher Hinsicht diffizil ist,

(b) weil man selbst bei einer auch noch so akribisch durchgeführten Feldforschung natürlich niemals wirklich alle zum gegebenen Zeitpunkt vorhandenen Elemente restlos inventarisieren kann und

(c) weil die Sprach- bzw. Kommunikationsrealität sich ununterbrochen verändert und daher mit einer statischen Erhebung nicht adäquat erfassbar ist.

Klar dürfte bei meinem ungarndeutschen Material allerdings sein, dass die Zahl der spontanen und gelegentlichen Transferenzerscheinungen höher anzusetzen ist als die der in Form und Verwendung stabilisierten und etablierten Transferenzen. Es wäre lohnenswert, mit weiteren Forschungen an einem mehrere verschiedene Regionen umfassenden ungarndeutschen Sprachkorpus der Frage nachzugehen, inwieweit meine Beobachtungen generalisierbar sind, dass die individuellen – und darunter die spontanen und nicht rekurrenten – lexikalischen und grammatischen Transferenzen zumeist formal weniger an das System der Empfängersprache adaptiert sind als die kollektiven und rekurrenten Transfers.

Zum anderen kann festgestellt werden, dass manche ungarische Transferenzen in ungarndeutschen Dialektdiskursen selbst in phonetisch-phonologisch unassimilierter Form zu häufig gebrauchten „Lehnwörtern" werden und in diesem Sinne als „etabliert" anzusehen sind. Zum Beispiel *Tanya* ['tɔnjɔ] (mit ungarischer Aussprache) = 'Einzelgehöft' – bereits seit dem 19. Jahrhundert. Auch vom Sprachpsychologischen her ist die Frage der Stabilisierung (und Etablierung) von Transferenzen in vielfacher Hinsicht komplex. Manchmal kann der Sprecher spontan nicht zwischen den deutschen und den ungarischen Anteilen seiner Mundart unterscheiden. Es passiert z.B., dass ein Spre-

---

Sollte aber das Material aus ein und derselben Erhebung stammen, dann läge ein eindeutiger Widerspruch vor.

cher in seiner ungarischsprachigen Äußerung das eigentlich ungarische Wort *telepes* (= 'Ansiedler', vgl. Beleg Nr. 114) im Redemoment als deutsch empfindet und in seiner Verunsicherung eine artikulatorische „Magyarisierung" versucht.

5 Kontaktdeutsch: Zwischen 'lexikalischen bzw. morphosyntaktischen Verirrungen' und 'Kontaktkreativität'

Wie aus den vorgestellten Belegklassen bzw. -typen hervorgeht, zeigt das gewonnene und ausgewertete deutsche Dialektmaterial unter dem mitunter exzessiven Kontaktdruck der Umgebungssprache Ungarisch eine Art „Radikalisierung" von Sprache bzw. Kommunikation, wobei ihre Beurteilung als „Kontaktmutation" oder aber als „Kontaktkreativität" zahlreiche und mehrdimensionale Fragen aufwirft, z.b. die Frage der Beschreibbarkeit von Sprachnormen. Noch zugespitzter formuliert: Brauchen wir überhaupt noch einen Normbegriff?

Darüber, wie die Kommunikation unter einsprachigen Menschen abläuft, weiß man heute recht viel, moderne elaborierte Forschungen decken subtile Zusammenhänge etwa zwischen der Anwendung phonologischer, kommunikativer und logischer Regeln auf (vgl. HUNYADI 1998). Indessen liegen bei Zweisprachigkeit grundsätzlich andere Usancen vor. So wurde bereits unter 2.6 demonstriert, dass zum bi- bzw. multilingualen Diskursmodus bestimmte bi- bzw. multilinguale kommunikative Handlungspraktiken gehören, d.h. dass im zwei- bzw. mehrsprachigen und transkulturellen Bezugsrahmen die verschiedenen Sprachvarietäten in einem komplexen Interaktionssystem eingesetzt werden. Dabei ist das gesprochensprachliche bi- bzw. multilinguale Kommunikationsverhalten, wie die erörterten Beispiele zeigen, vor allem dadurch gekennzeichnet, dass die Sprecher verschiedene bi- bzw. multilinguale kommunikative Praktiken einsetzen. Sie übernehmen zum Beispiel in ihre Rede oft Elemente, Strukturen und Muster aus der jeweils anderen Sprachvarietät (= Transferenz) und wechseln nicht selten den Kode (= Kode-Umschaltung).[302] Diese kommunikativen

---

[302] BARTHA (1999: 116) meint, dass es „nicht einmal im Falle von Personen, die beide Sprachen auf vergleichsweise hohem Niveau beherrschen, möglich ist, im bilingualen Repertoire die einzelnen Kodes als völlig reine, autonome Einheiten zu behandeln". Generell mag sie Recht haben, relativierend muss jedoch angefügt werden: Es gibt bilinguale Individuen, die ihre Sprachen praktisch nie vermischen und weitgehend jeweils nach den Usancen der „einsprachigen" Norm kommunizieren und in ihrer Rede keine expliziten Spuren der jeweils anderen Sprache erkennen lassen. Solche Personen beschreibt auch BAETENS BEARDSMORE (1982: 7) unter dem Terminus „ambilingualism".

Praktiken – und als deren Folge die Manifestationen von Sprachenmischung – erscheinen den meisten zweisprachigen Personen wie auch den sachkundigen Bilinguismus-Forschern weder als „Bastarde" noch als „Mirakel", sondern als etwas völlig Selbstverständliches. Dagegen lassen sie sich für einsprachige „Nicht-Eingeweihte" in der alltagstheoretischen Tradition schwer nachvollziehen, auch nicht erklären oder einordnen. Diese Auffälligkeiten könnten aus ihrer unilingualen Sicht als "Fehler" oder „Normabweichungen" anmuten, die sich nach „Ungrammatischem", „Unverträglichem", „Unpassendem", „Überflüssigem", „Ungenauem" und „Unverständlichem" klassifizieren ließen (z.b. Satzbruch, Kollokationsbruch, Registerwechsel etc.). Deswegen empfinden einsprachige Menschen diesen spezifischen bilingualen Diskursmodus und die damit korrelierenden kommunikativen Praktiken meist als befremdlich, u.U. sogar als unzivilisiert, quasi als ein Rückfall in „barbarische Unsitten". Selbst namhafte germanistische Linguisten konstatieren etwas undifferenziert, durch Sprachenkontakte werde „gegen die Normen einer Sprache verstoßen" (JUHÁSZ 1986: 199) oder urteilen wie BRAUNMÜLLER (1995: 147) über das Südschleswig-Dänische (als eine deutsch-dänische Transferenzvarietät): „Objektiv gesehen kann man diese Art von Sprachgebrauch nur als äußerst nachlässig oder sogar schlicht als undänisch bezeichnen". SØNDERGAARD (1984) vertritt in gleicher Weise eine negative Einstellung dem hybridisierten Südschleswig-Dänischen gegenüber.

Sprachenmischungsvorgänge und deren Ergebnisse scheinen also auf den ersten Blick wenig „Sexappeal" zu haben und werden sowohl aus einer Außensicht (Heterostereotyp) als auch aus einer Innensicht (Autostereotyp) traditionell negativ beurteilt:[303] Spätestens Ende des 19. Jahrhunderts, als sozialdarwinistische Positionen (siehe VOGT 1997) in

---

[303] Gewissermaßen als eine neue Gegentendenz kann man allerdings auf die derzeitige mediale Stilisierung und Aufwertung des „ethnolektalen Deutsch" in Deutschland („Kanak-Sprak", „Türkendeutsch", „Türkenslang", „Balkandeutsch"; vgl. ANDROUTSOPOULOS 2001, FREIDANK 2001) bzw. auf das „Gemischt sprechen" von Migrantenjugendlichen als Ausdruck ihrer Identität (vgl. HINNENKAMP 2000, KALLMEYER/KEIM/ASLAN/CINDARK 2002, AUER 2003, DÜRSCHEID 2003: 335 ff.) hinweisen. Diese Fälle zeigen, dass Manifestationen von Interkulturalität als ein Zeichen von Identität dienen können. Ferner fällt anhand der das Objekt des Aufsatzes von KALLMEYER/KEIM/ASLAN/CINDARK (2002) bildenden sog. Powergirls (selbstbewusste junge Türkinnen in Deutschland) auf, dass diese transkulturell ausgerichtete türkisch-deutsche soziale Gruppe weder türkisch noch deutsch noch mit einem deutsch-türkischen Hybridausdruck, sondern auf Englisch bezeichnet wird.

weiten Kreisen rezipiert wurden, erhielt jede Mischung bzw. Hybridisierung schnell einen unguten Beigeschmack (vgl. KREMNITZ 1994: 21, ROMAINE 2001: 526). Seitdem hält sich die Vorstellung vom utopischen Ideal der „Reinheit" sowohl in der alltagsweltlichen wie auch in der sprachwissenschaftlichen Tradition ziemlich beharrlich. Dieses Denkschema wird auch gestützt durch „Ideologien" über den Sprachpurismus und die strukturelle Autonomie (vgl. MILROY/GORDON 2004: 211). Dementsprechend abschätzig fiel und fällt die Bewertung von Sprachenkontakt-, Interaktions- und Konvergenzphänomenen aus. Vielleicht geht diese Ablehnung seitens von Sprechern und Forschern sozialpsychologisch auch darauf zurück, dass (gesellschaftliche) Mehrsprachigkeit seit dem biblischen Turmbau von Babel als eine Strafe Gottes aufgefasst wurde.

Die wissenschaftlichen Fragestellungen sind äußerst komplex. Schon im Vorfeld jeglicher Wertungs- und Einstellungszusammenhänge beginnen die Schwierigkeiten mit der adäquaten Bestimmung, Beschreibung und Verortung der Verfasstheit von „bilingualer Handlungskompetenz". Man fragt etwa: Wie hängen Art und Häufigkeit von Sprachenmischungsphänomenen und eine funktionale Zwei- bzw. Mehrsprachigkeit zusammen? Da hierzu noch viele grundlegende Detailuntersuchungen ausstehen, variieren die Stellungnahmen der Forschung nicht unwesentlich. Aus Hinweisen von SKUTNABB-KANGAS (1981: 213) geht hervor, dass manche Linguisten z.B. im Ausmaß von Transferenzen (bei SKUTNABB-KANGAS: „Interferenzen") einen Indikator für den Grad der Zweisprachigkeit erblicken, nach den Formeln: (a) Je mehr Transferenzen, desto weniger Bilinguismus; (b) das Fehlen von Transferenzen konstituiert den Bilinguismus. Auf ähnliche Weise meint JUHÁSZ (1986: 203): „Für die Existenz der Mehrsprachigkeit spricht das Fehlen von Interferenzen". Das Gros der Transferenzphänomene ist m.E. jedoch nicht unbedingt als Problemfall anzusehen, weil die grammatischen Regeln meist nicht verletzt werden: Eine weitgehende Integration der lexikalischen Elemente findet vielmehr durch eine phonetische, morphosyntaktische und semantische Anpassung an die Matrixsprache statt. Solche Belege zeugen also nicht von einem sprachkommunikativen Kompetenzmangel, sondern sie signalisieren gerade umgekehrt, dass der Sprecher in beiden Sprachen über eine Kompetenz verfügt, die es ihm ermöglicht, grammatisch und semantisch weitgehend „korrekte" Sätze zu bilden; dabei ist es irrelevant, aus welcher Sprache die

Redemittel zur Äußerung genommen werden (vgl. z.B. Beleg Nr. 249). Bedenklich ist deswegen, dass selbst Bilinguismus-Forscher in wissenschaftsterminologischer Hinsicht Bezeichnungen kreieren, die – wohl ungewollt – an sich nicht wertfrei sind. So bedient sich etwa der Psycholinguist GROSJEAN (1982: 300) für interlinguale Beeinflussungen (Transferenzen/Interferenzen) der Bezeichnung „interlinguale Devianzen", die den Eindruck vermittelt, als lägen irgendwelche Abnormitäten vor.

Meiner Meinung nach dürfen die zwischensprachlichen Kontakt-, Interaktions- bzw. Konvergenzerscheinungen nicht auf normativ-puristischer Grundlage angegangen werden, zumal selbst in der binnendeutschen Normdiskussion (schon mit Blick auf die Einsprachigkeit) immer mehr einer „toleranten Norm" das Wort geredet wird.[304] Normativität ist ohnehin eher ein fehlerlinguistisches Beschreibungsprinzip, während die Kontaktlinguistik prinzipiell mit der Kategorie „Deskriptivität" arbeitet. Außerdem können Sprechleistungen zwei- bzw. mehrsprachiger Akteure nur vor dem Hintergrund ihres gesamten bi- bzw. multilingualen sprachkommunikativen Repertoires vernünftig beschrieben und beurteilt werden.[305] Ein sprachliches „Reinheitsgebot" zu fordern, erschiene mir für bi- bzw. multilinguale Kontexte alles andere als angemessen. Im Sinne der Soziolinguistik gibt es ohnehin keine „korrekte" und „inkorrekte" Sprachverwendung. COOK (1995: 51 ff.) betont zu Recht, die „Multikompetenz" von Zweisprachigen kann nicht mit der Kompetenz von Einsprachigen verglichen werden. Daher dürfen nicht alle Sprachenmischungsvorkommen pauschal als ein Zeichen von Semilinguismus[306] (wie z.B. in der sog. Ausländerpädagogik gemeinhin angenommen) oder als Pidginisierung, d.h. als eine Art Verfall von Minderheitensprachen betrachtet werden, wie dies sogar noch heute in vielen linguistischen Fachpublikationen der Fall ist. Man lese

---

[304] Vgl. den eigentlich auf A. Martinet zurückgehenden Terminus bei HOVE (2001: 96). WIESINGER (2001: 46) konstatiert sogar, dass sich „in den deutschsprachigen Ländern zunehmend eine Lockerung des sprachlichen Normbewußtseins" und eine „Destabilisierung hochsprachlicher Normen" bemerkbar machen.

[305] Das unter 2.4 vorgestellte „komplementäre Prinzip" hilft dabei, die wirkliche Konfiguration des bi- bzw. multilingualen sprachkommunikativen Repertoires samt ihrer Dynamik (und Labilität) zu verstehen.

[306] Zur Begrifflichkeit '(doppelter) Semilinguismus' bzw. '(doppelseitige) Halbsprachigkeit' vgl. GERÇEKER (1996) und BAKER/JONES (1998: 14 f.), zur kritischen Reflexion des Konzepts LESZNYÁK (1996: 219) und BAKER (2002a: 65, 2002b: 6 f.).

etwa, was BOCK (1994: 59) über das Deutsch der Russlanddeutschen oder was ANDRIĆ (1995: 236 und 243) über das Ungarische der Ungarn in Serbien zu sagen hat.

Solche und ähnliche Negativ-Kritiken finden sich sowohl in den populären Veröffentlichungen wie auch in der Forschungsliteratur über zahlreiche Sprachvarietäten in verschiedenen geographischen Regionen. Zum Beispiel charakterisiert die FAZ (03.01.2002, S. 7) die Sprache der Ungarndeutschen in der Branau/Baranya (Südungarn) als „ungelenkes Deutsch". Im linguistischen Schrifttum räsonieren HVOZDYAK/MELIKA (2002: 218), dass die Deutschen im heute ukrainischen Transkarpatien „Ungenauigkeiten zulassen, die durch die langjährige Wechselwirkung mit anderen Sprachen verursacht sind". CHMIEL beklagt (1988) rigoros „fehlerhafte Strukturen der deutschen Sprache in Oberschlesien, die aus dem störenden Einfluß des Polnischen resultieren" (1988: 117 f.) sowie den „negativen Transfer aus dem Polnischen" (1988: 121) – auch wenn er diesen Prozess als ein „typisches Phänomen in den Grenzregionen" (1988: 118) beurteilt. REITERs Verdikt lautet sogar für die Zeit vor 1945: „Wie miserabel das Deutsch des Oberschlesiers im Grunde war" (1960: 55). JOÓ (1986: 83 f.) bezeichnet die Diglossie schlichtweg als „verzerrte Zweisprachigkeit" und sieht in Mischungsphänomenen zwischen Minderheitensprache und Mehrheitssprache – wie die Romantiker im 18. Jahrhundert – pauschal einen „Sprachverfall".[307] PETROVIĆ (1995) wertet die „essekerische" [sic!] deutsche Mundart (im heutigen Kroatien) als „exotische Mischsprache" (1995: 97) mit „Sprachentartung" (1995: 98).[308] Aber auch ausgewiesene Linguisten des hier behandelten Forschungsbereichs, wie der bereits erwähnte JUHÁSZ (1986: 204), meinen kritisch: „Zweifellos ist der switching code kein Zeichen hoher Sprachkultiviertheit". In ähnlicher Weise bewertet BEREND (1998: 2) den „deutsche[n] Regionaldialekt" der Russlanddeut-

---

[307] Mein Kommentar: Sprache als solche kann ohnehin nicht „verfallen", allenfalls sprachliche und/oder kommunikative Fähigkeiten bzw. Fertigkeiten.

[308] Fast noch radikaler fällt übrigens die sprachkritische Einschätzung der Deutsch schreibenden Essegger Schriftstellerin Wilma von VUKELICH über diese Mundart aus, nämlich dass sie „überhaupt keine Sprache [war], sondern ein Sprachgemisch, das sich kaum wiedergeben läßt und nur von den dort Geborenen und Aufgewachsenen von einer Maut bis zur anderen gesprochen und verstanden wurde. Es ist ein Idiom mit verschluckten Endsilben, Konsonanten und Vokalen, kein reiner Ton, sondern alles wie in einem Nebel. Kein Satz, in dem sich nicht ein paar fremdartige Elemente mischen, keine Spur von Syntax, Grammatik oder Orthographie" (1992: 95).

schen als „von verschiedenen russischen Einflüssen 'infiziert'",[309] während ihnen FRANK (1992: 163) sogar „sprachliche Mißgriffe" vorwirft. ISSABEKOW (1991: 96) geht noch weiter und will „sich darüber Gedanken machen", warum in der Rede der Russlanddeutschen „so viele russische Wörter und Russizismen vorkommen" und gelangt letztlich zu dem Schluss, dass die Gründe dafür in der „mangelhaften geistigen Entwicklung" [sic!] (1991: 96) zu suchen seien. Um seinen Standpunkt ganz eindringlich zu verdeutlichen, verweist er auf der nächsten Seite seines Artikels wiederholt auf ihren „nationalen Nihilismus, de[n] auffallenden Rückgang in der geistigen Entwicklung" sowie auf den „geistig-kulturellen Verfall eines ganzen Volkes" (ISSABEKOW 1991: 97).[310]

Selbst Angehörige der Minderheiten beurteilen in ihren Publikationen die für ihre Sprache und Kommunikation charakteristischen Kontaktphänomene – auch wenn sie diese von der Redeweise her eigentlich als selbstverständlich erachten – durchweg recht negativ. Denn zweisprachige Personen sind mit ihrer Sprachkompetenz nur selten zufrieden. GERESCHER (2004: 300) stellte z.B. über die deutsche Minderheit in der Batschka mit ausdrücklichem Bedauern fest: „Leider Gottes kam es aber auch vor, dass unsere Menschen nicht nur fremde schwäbische Mundarten in ihre Sprache mischen mussten, sondern auch Sprachbrocken von anderen Nationen". WALTER (1988: 144 f.) problematisierte für seine ungarndeutsche Ortschaft Perwall/Perbál: „Die Mischsprachigkeit führte leicht zu einer sprachlichen Verarmung und Abnahme des Wortschatzes in beiden Sprachen. [...] So fühlte sich mancher [...] zwischen zwei Sprachen hin- und hergerissen und resignierte." Im Falle von Sawed/Závod wird von MAYER (1990: 198) beklagt: „[J]ene eingeschlichenen Bezeichnungen arteten in Orten mit gemischtsprachiger Bevölkerung derart aus, dass die Leute, mehr schlecht als recht, ein Kauderwelsch aus Deutsch und Ungarisch in wirrer Art als Allgemeinsprache benutzten. Solche Personen nannte man bei uns ‚öszvér' (Maulesel), weil sie zu Sprachmischlingen degeneriert waren." TRESZL prangert die Kontaktphänomene bei den Ungarndeutschen einmal als „Sprachmischerei", ein anderes Mal als „Sprachenmischmasch", jedoch

---

[309] Durch die Anführungsstriche beim Gebrauch des Wortes *infiziert* wird die Pejoration allerdings etwas relativiert.

[310] ISSABEKOWs extreme Diagnose kann man m.E. allenfalls nur sprachenpolitisch interpretieren.

am häufigsten als „Sprachmengerei" (1975: 49 ff.) an. In seinem pro-
grammatisch-sprachpuristischen Artikel ist zu lesen: „[D]a ein Sprachenmischmasch nur von einer kleinen Gruppe von Menschen verstanden wird, kommt es zur 'Lockerung der geistigen Gemeinschaft mit
den Einsprachigen'. Was wiederum zu Spannungen zwischen den
Volksgruppen führen kann. Sprachenstreitigkeiten, ja sogar Kriege und
Vertreibung anderssprachiger Minderheiten sind die Folgen" (1975: 50).
Damit kommt er m.E. schon der obigen Extremposition von ISSABEKOW
nahe. Denn ganz abgesehen von der ohnehin recht militanten und
wenig sachkundigen Diktion der These, bleibt auch inhaltlich unklar,
wieso der sprachliche „Mischmasch" der Ungarndeutschen zu „Kriegen"
und zu ihrer eigenen (!) „Vertreibung" (nach dem Zweiten Weltkrieg)
geführt haben soll. Für die kontaktgefärbte Sprache der Russlanddeutschen in Sibirien attestiert BLANKENHORN (2003: 26) gleichfalls eine
negative Eigenbewertung. Die kulturelle Selbstanklage von Minderheitenangehörigen („am Rand") auf der Folie des zusammenhängenden
deutschen Sprachraums („das Zentrum") bringt der rumäniendeutsche
Schriftsteller Richard WAGNER (2004: 83) auf die Formel: „Das Zentrum
ist für den Rand eine Metapher für das Gültige." Das dürfte auch für
sprachliche Aspekte gelten, sogar nachdrücklich.

Die ablehnende Bewertung gemischtsprachiger Redeprodukte und
Kommunikationsweisen ist offenkundig ein universell verbreitetes
Phänomen. So wurde und wird den Vorgängen und Ergebnissen der
Sprachenmischung auch außerhalb Europas sowohl in der Selbstref-
lexion ihrer Sprecher als auch im wissenschaftlichen Schrifttum seit je
ein überaus ablehnendes Urteil entgegengebracht: Zum Beispiel fiel
VOČADLO (1938: 169) „der chaotische und ephemere Jargon der europäischen Immigranten in Amerika" auf. STIELAU (1980) hat dem Nataler
Deutsch „Unsauberkeiten" (1980: 241) bescheinigt und meinte, bei den
Deutschsprachigen in Südafrika „erschrickt man oft über die Nachläs-
sigkeit und Unwissenheit, die die Mehrzahl – nicht nur die Eltern,
vielfach auch die Lehrer – in Bezug auf die Sprache an den Tag legt"
(1980: 5). Für diese kritischen Sichtweisen kann man meiner Ansicht
nach – bei einer etwas vergröbernden Sicht der Dinge – zwei Gründe
benennen: Zum einen spielte und spielt der Dialekt (die Dialektalität)
als Phänomen in den jeweiligen Umgebungssprachen oft eine andere
soziolinguistische Rolle.[311] Zum anderen waren und sind die Kontakt-

---

[311] Vgl. die Ausführungen zur „soziolinguistischen Interferenz" in Abschnitt 2.8.

varietäten in ihrer oralen Prägung nicht (bzw. nur eingeschränkt) literaturfähig.

Jenseits jeder (meist pädagogisch motivierten) Verteufelung von Sprachenmischung sollten also synchrone diskursive Manifestationen von Sprachenkontakten ganz anders beurteilt werden. Handelt es sich doch weder um Sprachproduktions- noch um kognitive Defizite:[312] Wie bereits weiter oben angedeutet, sind die durch Sprachenkontakte und Kulturenbegegnungen bedingten Innovationen im mehrsprachigen und multi- bzw. transkulturellen Kontext etwas Selbstverständliches, sobald die fremde Aura der kontaktsprachlichen Elemente, Strukturen und Muster nicht mehr vorhanden ist. Bilinguale Gemeinschaften sind durch andere Normalitätserwartungen geprägt, ihnen steht in der In-group-Kommunikation jede „sprachsystematische Fremdenfeindlich-keit" fern. Sie lassen sich folglich von anderen lexikalischen, morpho-syntaktischen, stilistischen etc. Filterkategorien leiten. Man kann nach-weisen, dass dabei hybride Sprachproduktion dieselbe kognitive wie strukturelle Komplexität, denselben inhaltlichen Nuancenreichtum und dieselbe stilistisch-pragmatische Ausdruckskraft besitzen kann, wie Redeprodukte im Rahmen eines „streng" (konsequent) einsprachigen Diskursmodus (vgl. etwa die *ak:a:r*- und *ugyan*-Beispiele Nr. 139 und 143). Auch KNIPF-KOMLÓSI (2003b: 277) betont, dass etwa durch die Kode-Umschaltungen – wenn also im Rahmen einer Interaktion durch-gehend zwei Sprachen verwendet werden – die systemlinguistische Kohärenz der Äußerungen zwar verletzt wird, zugleich aber (in der Perzeption der Akteure) die kommunikative Kohärenz der Äußerung eine Stärkung erfährt. Wird doch diese kommunikative Kohärenz von einer kognitiven Kohärenz unterstützt. Diese letztere beruht auf dem Wissen der Kommunikatoren, nämlich dass die Gesprächspartner die Elemente, Strukturen und Modelle ungarischer Provenienz mitsamt ihren Konnotationen kennen und sie folglich angemessen zu verstehen und situationsadäquat zu deuten vermögen. Ist doch Sprachverarbei-tung nicht nur Kognition, sondern auch Kommunikation (vgl. RICKHEIT 1995: 16). Das heißt, Sprachverarbeitung (also Verstehen neben Behal-ten und Erinnern) gilt als ein Prozess, in dem – außer Faktoren wie Wissen, Einstellungen und Emotionen – auch die pragmatischen (in

---

[312] Dem „elaborierten" Kode sollte hier m.E. nicht – wie in der sprachsoziologischen Kode-Theorie üblich (vgl. BERNSTEIN 1987) – ein „restringierter", sondern ein „Um-gangskode" gegenübergestellt werden.

erster Linie die situativen und kulturellen) Rahmenbedingungen eine Rolle spielen. Da Angehörige einer Diskursgemeinschaft bei der reflexiven Auseinandersetzung mit ihrer kommunikativen Wirklichkeit praktisch über gemeinsame Wissensbestände verfügen, entwickeln sie jeweils ihre kulturüblichen Gestaltungsformen der Kommunikation (vgl. das kognitiv-interaktive Modell von Wissenskomponenten nach FEILKE/AUGST 1989: 301 ff.). Folglich weisen Mehrsprachigkeitskulturen ihre spezifischen Eigenheiten auf.

Die gemischtsprachigen Redeprodukte sind folglich nicht schlicht als pervertierter „Fusionskreol", nicht als eine Art „Semilinguismus" abzuqualifizieren. Denn alles hängt schließlich davon ab, welche Art von sprachkommunikativer Kompetenz das Individuum in den für das Individuum relevanten gesellschaftlichen Kontexten benötigt. Man hat es m.E. erst dann mit einem Semilinguismus zu tun, wenn der Sprecher nicht im Stande ist, im Rahmen der Alltagskommunikation seine kommunikativen Absichten funktional zum Ausdruck zu bringen. D.h., wenn er kommunikativ nicht mehr handlungsfähig ist. (Selbstverständlich kann das auch bei einsprachigen Sprechern der Fall sein!) Der lebensweltliche kommunikative Handlungs- und Interaktionsraum erfordert von bilingualen Personen ein Gleichgewicht zwischen den einzelnen Sprachen und den Diskursmodi. Somit sollte nicht ein „Entweder–Oder", sondern ein „Sowohl–Als auch" gelten. Insgesamt kommt es darauf an, in welchem Ausmaß, in welcher Intensität und mit welcher Frequenz Sprachenmischungsvorgänge stattfinden und auch darauf – wie bereits erwähnt –, ob sie wirklich den Gesetzmäßigkeiten und Entwicklungstendenzen der Empfänger- bzw. Replikasprache angepasst werden (können). Hybride Sprach- und Redeprodukte sind naturgemäß nur im weitgehend bi- bzw. multilingualen Diskursmodus als funktional und dadurch als zulässig anzusehen. Letztlich geben die jeweiligen Settings und die Diskurstypen den Ausschlag. Entscheidend sind seitens des Sprechers Augenmaß und Situationsangemessenheit dafür, wann auf welchen Diskursmodus – mit all den korrespondierenden bilingualen kommunikativen Praktiken – zurückgegriffen wird.

Kontakteinflüsse bzw. Hybridisierungen sind also keine bösen „Bazillen". Unter diesem Aspekt sollte man für bi- bzw. multilinguale Sprach- und Kulturräume Mittel und Wege zu einer positiven Valorisierung und zu einer Funktionalisierung des Wirklichkeitsbereichs

'Sprachenmischung' suchen.[313] Unter anderen als den hier hinterfragten soziokulturellen Bedingungen gibt es bereits Beispiele dafür, dass gemischtsprachige Diskurse bzw. Texte eindeutig positive Assoziationen wie Esprit, Modernität und Dynamik auslösen (sollen), etwa in bundesdeutschen Produktnamen, Überschriften und Werbetexten (vgl. dazu DITTGEN 1989 und JANICH 2003: 146 ff.). So heißt ein Morgenmagazin in „Sat1" anglodeutsch *Weck up* und so fungieren z.b. bei McDonald's „denglische"[314] Sprüche wie *Have you schon gefrühstückt?* oder *A good Frühstück ist verrückt wichtig for a good Tag* als regelmäßiger Bestandteil einer offenbar erfolgreichen Werbestrategie und -taktik. In vergleichbarer Weise operiert ferner die derzeitige hybride[315] Werbung der Schweizer Post mit dem Slogan *Gelbes Konto auf and you can make you on the socks*. Trotz des differenten soziokulturellen und soziopragmatischen Hintergrundes[316] könnte in diesem Sinne bei der dargestellten ungarndeutschen Varietät die ausgeprägte Neigung zu Sprachenmischung u.U. (aber natürlich nicht bei jeder Manifestationsform von Hybridität in Sprache und Kommunikation) als Ergebnis hochgradiger – ich nenne sie – **'Kontaktkreativität'** charakterisiert werden, wie auch als Ausdruck einer eigenständigen sozial-kulturellen Identität. Insofern sind die sprachlich-kommunikativen Kontaktausprägungen als kulturelle Artefakte und als kulturelle Instrumente zugleich zu betrachten, d.h. als Hervorbringungen einer Hybriditäts-Kultur und als Mittel zu deren Aufrechterhaltung. Etwas plakativ ausgedrückt heißt das: Sprachenmischung als „Gemütszustand" und „Weltanschauung". Der

---

[313] Eine Verankerung der bi- bzw. multilingualen kommunikativen Praktiken in gesellschaftlichen Wissenssystemen wäre ebenfalls angebracht.

[314] Zuweilen trifft man bei McDonald's „pseudo-bilinguale" Persiflagen auch in Bezug auf andere Sprachen wie z.B. die *Los Wochos* genannten mexikanischen Wochen an.

[315] Hybridität liegt allerdings lediglich auf der Formebene vor, denn die quasi „englischsprachige" Wendung ist nichts anderes als eine wörtliche Übersetzung des deutschen Phraseologismus *sich auf die Socken machen*. Idiomatisch englisch hieße das: *you can get going.*

[316] Die Situation der untersuchten ungarndeutschen Sprecher und die der Werbetexter (Sprach-Profis) etwa von McDonald's sind miteinander nicht direkt vergleichbar. Aber rein sprachsystematisch gesehen, handelt es sich in beiden Fällen um in vielerlei Hinsicht ähnliche Phänomene.

charmante Beleg *dr Ma:muned* aus Abschnitt 3.1.2.1 kann dazu als illustrierendes Beispiel dienen.[317]

Manche Forscher, wie z.B. BAILEY (1980: 42), betrachten „Entlehnungen" und ähnliche Kontakterscheinungen als „unnatürliche Entwicklungen". Auch LENGYEL (1996: 182) sieht zwischen „natürliche Erscheinung" und „Folge von Zweisprachigkeit" einen Gegensatz, indem er seinem „Zweifel" Ausdruck verleiht, „ob eine sprachliche Merkwürdigkeit aus dem Munde von Kindern als Folge von Zweisprachigkeit (welchen Grades auch immer) oder eine natürliche Erscheinung ist". Die von mir durchgeführte Untersuchung konnte jedoch meine Überzeugung bestätigen, dass diese „Merkwürdigkeiten" durchaus im Rahmen der „natürlichen", normalen Entwicklung einer Sprache unter multilingualen Sprachproduktions- und -rezeptionsbedingungen zu sehen sind. Denn wenn eine Sprache/Sprachvarietät in der Lage ist, Einheiten, Strukturen und Modelle aus anderen Sprach(varietät)en aufzunehmen und sie ihrem eigenen Sprachsystem, dessen Gesetzmäßigkeiten und Entwicklungstendenzen entsprechend zu adaptieren und zu integrieren, ist das ein beredtes Zeugnis der Lebenskraft der betreffenden Sprache/Sprachvarietät sowie der 'ethnolinguistischen Vitalität' (Terminus nach GILES/BOURHIS/TAYLOR 1977: 308, MYERS-SCOTTON 2002: 50 f.) der Diskursgemeinschaft. Sprachenkontakteinflüsse – besonders lexikalische Transferenzen – waren schließlich der Preis für die funktionale Erhaltung der behandelten (aber auch anderer) ungarndeutschen Varietät(en), wenngleich in einem strukturell etwas veränderten Zustand. Es sollte ohnehin nicht um einen „Erhalt" im traditionellen Sinne einer Konservierung, sondern um eine „Modernisierung" der gegebenen Varietät gehen. Denn Variabilität ist ein inhärentes Merkmal natürlicher Sprachen (vgl. COSERIU 1992: 284); eine „funktionelle" Sprache (vgl. 2.2) lebt ja letztendlich von den verschiedenen Arten der Variation.

Obgleich es mithin nicht darum geht, dass sich hier eine Sprachvarietät von einer „höheren Stufe" (im Sinne einer Dekadenztheorie; vgl. BRAUN 1998: 92 ff.) zu einer „niederen Stufe" entwickle[318] und dass

---

[317] BAKER/JONES (1998: 66 f.) bescheinigen bilingualen Personen sogar ein spezifisches „kreatives Denken", denn die Zweisprachigkeit führe oft zu „Flüssigkeit, Flexibilität, Originalität und Elaboriertheit im Denken" (1998: 67).

[318] Man darf eine Sprachvarietät nicht einfach unter dem Aspekt des „Verlustes" an Merkmalen und Qualitäten beurteilen. Denn wenn z.B. ein Element oder eine Form

dadurch bereits eine degenerierte „Schuttsprache"[319] vorliegt, so sind dennoch zunehmende Destabilisierungsmomente, insbesondere im lexikalischen Bereich der urtümlichen ungarndeutschen Varietäten und nicht selten auch im Hinblick auf die Diskurs- (bzw. Textproduktions-) kompetenz, d.h. die „kommunikative Fitness" der Sprecher (Terminus nach SAGER 2001: 198) nicht zu übersehen. Destabilisierungserscheinungen markieren einen facettenreichen, lang andauernden und keineswegs linearen Prozess.[320] Spezifische Kommunikationsanforderungen und Kommunikationsformen einer multilingualen und multibzw. transkulturellen Diskursgemeinschaft führen beim Individuum in der Regel zur Herausbildung eines hochkomplexen, offenen und flexiblen Polysystems und einer Konstellation von Sprachen/Varietäten und Kulturen, die sich je nach der Art und Weise der Sozialisation, der Intensität der Kontakte, des schulischen und beruflichen Werdegangs, der Einstellungen zum ungarndeutschen Ortsdialekt, zum Standarddeutsch und zur Landessprache Ungarisch stabilisieren. Dabei handelt es sich um Reflexe sozialer Faktoren bei einem Individuum. Es handelt sich somit um einen Vorgang mit multidimensionalen Ausprägungen und multifaktoralen Beeinflussungen. Diesbezüglich ist ein in Dynamik befindliches Spannungsfeld zwischen Evolution und Erosion von Sprache zu beobachten. Nicht zuletzt deshalb würden eine systematische Sprachstandsdiagnostik wie auch weitere kommunikativ-interaktionistische Forschungen im Hinblick auf das Deutsche als Minderheitensprache sicher wertvolle Aufschlüsse liefern. Dazu können Ansätze wie etwa die Ethnomethodologie (z.B. STREECK 1987), die ethnomethodologische Konversationsanalyse (z.B. BERGMANN 1994), das Kontextuali-

---

des gegebenen Grunddialekts nicht mehr vital ist, können andere – neue – Elemente bzw. Formen (oft aus der Kontaktsprache) deren Funktionen übernehmen.

[319] Gern hätte ich den metaphorischen Ausdruck „Trümmersprache" verwendet, er ist aber im germanistischen Schrifttum (auch) in einer anderen Lesart gebräuchlich, nämlich als Terminus für tote „Klein-Corpus-Sprachen", für die die Quellen so spärlich sind, dass man sie als „Trümmer" bezeichnen muss (vgl. UNTERMANN 1989: 15 f.).

[320] ZIEGLER (1996: 47) stellt über die Sprache der „Deutschbrasilianer" die leider nicht näher begründete und mir daher nicht ganz einleuchtende These auf, wonach „die deutsche Sprache in Brasilien nicht allmählich verschwindet, d.h. nicht erst 10%, dann 20%, dann 30% usf. der deutschen Sprachkompetenz verlorengehen, sondern ein abrupter Bruch stattfindet". Selbst wenn man seinen Aussagen Richtigkeit unterstellt, hat sie im Falle der Ungarndeutschen nach meinen Einsichten wohl keine Gültigkeit.

sierungskonzept (z.B. GUMPERZ 1992) oder die handlungstheoretische Diskursanalyse (z.B. EHLICH/REHBEIN 1986) relevante ausbaufähige Analyse- und Interpretationsmethoden bereitstellen.

Eine Randbemerkung erscheint mir noch sehr wichtig: Bevor man sich anschickt, ein kritisches Urteil über die sprachliche und kommunikative Kompetenz von zwei- bzw. mehrsprachigen Sprechern zu fällen[321], möge man GROSJEANS (1992) Feststellung bedenken, dass man auch ziemlich überraschende Ergebnisse erhielte, würde man die sprachkommunikative Kompetenz unilingualer Personen ähnlichen sprachlichen Messungen und Tests unterwerfen, wie das bei bilingualen üblich ist. Außerdem: Sprachenmischung gehört zum Wesen natürlicher Sprachen (und Kulturen). Auch unter Bedingungen der (relativen) Einsprachigkeit bzw. in Kontexten mit nah verwandten Sprach(varietät)en findet in der verbalen Kommunikation fortwährend Sprachenmischung statt. So konnte STELLMACHER (1981: 13) über die sprachlichen Verhältnisse in Niedersachsen feststellen: „Sprache wird aktualisiert als eine spezifische Vermischung von mehr oder weniger idealen sprachlichen Ausgangsformen, der Standardsprache, den Dialekten und Sondersprachen." Konzeptuell dasselbe geschieht auch bei bilingualen Personen, nur dass sie bei der „Vermischung" auf zwei verschiedene Sprachsysteme rekurrieren.

Alles in allem lässt sich resümieren, dass bi- bzw. multilinguale Ungarndeutsche bei dem für sie hochgradig charakteristischen bilingualen Diskursmodus (mit entsprechenden kommunikativen Praktiken) eine variable bzw. dynamische Kompetenz aufweisen und einen spezifischen, ausgesprochen kontextgebundenen **bilingual-oszillierenden Sprech-** bzw. **Gesprächsstil**[322] praktizieren, der je nach Setting variiert wird und der sogar für die Symbolisierung sozialer Identität (und Alterität) eine Rolle spielt. Mit diesem kommunikativen Habitus ('Habitus' im Sinne von BOURDIEU 1976: 165) liegt eine Inszenierung von Zwei- bzw. Mehrsprachigkeit vor, was in hohem Maße dem Selbstbild der Sprecher/Hörer entspricht. Dieser Stilbegriff lässt sich gut in das Konzept einer „kommunikativen sozialen Stilistik" (vgl. KALLMEYER 1995: 1 ff.

---

[321] Es ist erstaunlich, dass Bilinguismus selbst in der zeitgenössischen Forschung mitunter noch als Behinderung und Nachteil angesehen wird. So behauptet z.B. RUDAITIENE (1993: 212): „Es ist zu bemerken, daß eine frühzeitige Zweisprachigkeit eine negative Wirkung auf das Individuum ausübt."

[322] Zum Begriff „Sprech- und Gesprächsstil" vgl. die Einleitung von SANDIG/SELTING (1997, bes. S. 5).

und 2001: 402 ff.) einordnen. Soziale Stile sind ja Ausdrucksformen zumeist intentionalen sprachkommunikativen wie nichtsprachlichen Handelns und zugleich Mittel für die soziale Positionierung von Sprechern und für die Präsentation von Lebensstilen (vgl. NEULAND 2003: 56). Soziolinguistisch-ethnographische Forschungen unterscheiden zwischen einem strategischen und einem habituellen Stil (vgl. DITTMAR 1997: 222–228). Inwiefern, wann und wo der Sprechstil bi- bzw. multilingualer Ungarndeutscher strategische[323] bzw. habituelle[324] Züge aufweist, sollte eine Untersuchung klären. Künftige Forschungen sollten überdies genauer eruieren, welchen Einfluss die konstitutiven Hintergründe auf das von mir erfasste sprachkommunikative Handeln in einem Geflecht von (ursprünglich) zwei Sprachen und Kulturen haben.

Schließlich lassen sich m.E. auch Elemente der Theorie von OKSAAR (1988b: 20 und 1991: 173) auf die deutsch-ungarischen Beziehungen transformieren und daraus ableiten, dass (a) etwa die verschiedenen Transferenztypen (z.B. inwieweit integrierte morphosyntaktische Transferenzen auftreten) von den Kommunikationspartnern abhängen und dass (b) bei den bi- bzw. multilingualen Sprechern zwei kommunikative Verhaltensweisen – auch im Sinne von „Kulturstandard" (zu diesem Begriff vgl. THOMAS 2003: 24 ff.) – zu unterscheiden sind:

(1) Das n o r m a t i v e Leitkonzept, das vor allem um formale Korrektheit bemüht ist und das unter dem Aspekt sprachlicher Richtigkeit mit einer raschen und mehrschichtigen Analyse- und Synthesearbeit die falschen Möglichkeiten auszuschließen sucht.

(2) Das r a t i o n e l l e[325] Leitkonzept, das sich eher an der inhaltlichen Exaktheit[326] und Effektivität orientiert.

---

[323] Beispielsweise zur verbalen Konstruktion von „Nähe" (vgl. Abschnitt 2.6).

[324] Weil sich bi- bzw. multilinguale Ungarndeutsche mitunter sogar in Aktivitäts- und Situationstypen mit einsprachigen Personen ihrer sozialen Gruppe (z.B. Kleinkindern, etwa: bilinguale Oma mit unilingualer Enkelin) des bilingualen Diskursmodus bedienen und Hybriditäten in Sprache˙ und Kommunikation verwenden, lässt sich vermuten, dass dieses sprachkommunikative Verhalten bereits habitualisiert ist.

[325] Anders als ich, bedient sich OKSAAR durchweg des Adjektivs *rational* (1988b: 20 und 1991: 173).

[326] Im Sinne einer semantisch-kommunikativen Exaktheit, die des Öfteren mit emotionalen und sozialen Konnotationen einhergeht.

Bi- bzw. multilinguale Personen erblicken ja die Kriterien der „Richtig-keit" nicht in irgendwelchen inhärenten Gesetzmäßigkeiten des Sprach-systems, für die Kommunikation zwischen ihnen ist vielmehr eher ein rationelles Leitkonzept (mit jeweils unterschiedlichen „Gruppen-Nor-men") Ausschlag gebend.[327] Man kann hier auch von einer Art (b i - bzw. m u l t i l i n g u a l e r) E f f i z i e n z - oder O p t i m i e r u n g s - s t r a t e g i e [328] sprechen, da ja im Sinne der Pragmatik jedes sprachliche Handeln (als eine Art sozialen Handelns) nach einem „sinnhaften" Handlungsbegriff[329] auf Wirkungen abzielt. Und das intendierte Wir-kungspotenzial kann im bi- bzw. multilingualen Milieu mithilfe (ora-ler) bilingualer verbaler Strategien zweifellos effizient[330] werden. Die (scheinbare) Konfusion der Sprachen führt also nicht zu einer kommu-nikativen Konfusion. Mit anderen Worten: Es kommt nicht in jedem Kontext auf die (in unilingualer Hinsicht) „lupenreine" Verwendung von Lexik und Grammatik an, sondern oft auf das flexible und ge-wandte Kombinieren wie auch auf das strategisch-taktische akroba-tische „Jonglieren" mit den Sprach(varietät)en. Folglich könnte 'na-türlicher Sprachgebrauch' im Falle von „Kontaktdeutsch" unter dem Blickwinkel der Relevanztheorie (vgl. SPERBER/WILSON 1996, bes. S. 122) als eine Sprachverwendung definiert werden, bei der ein Maximum an kontextuellen Effekten bei einem Minimum an Verarbeitungsauf-wand erreicht wird (auch im Sinne einer Komplexitätsreduktion oder einer Textverdichtung). Demnach vollzieht sich in diesem Stadium (noch) kein substanzieller Dialektabbau (im Sinne einer Dialektaufgabe), sondern vielmehr ein Dialektumbau bzw. – globaler gesehen – eine Umstrukturierung in der Architektur des gegebenen ungarndeutschen

---

[327] Besonders im Falle einer gesprochenen Nicht-Standardvarietät. Infolge des Fehlens von gesetzten Regeln oder Normen weisen Dialekte stets einen breiten Labilitäts-bzw. Varianzbereich auf. Rigorose Normativität ist selbst bei einsprachigen Personen ohnehin eher den geschriebenen Standardvarietäten eigen. Genauer gesagt, bedarf es hier einer medialen Unterscheidung: Schriftliche Kommunikation richtet sich grund-sätzlich nach der überregionalen standardsprachlichen Norm, während für die mündliche Kommunikation neben überregionalen Standards auch regionale Stan-dards oder gar Substandards als Orientierungspunkte dienen können.

[328] Dabei gibt es kein „absolutes Optimum", sondern lediglich ein „relatives Optimum"; zur Terminologie vgl. ausführlicher RONNEBERGER-SIBOLD (1980: 227 ff.) und POLENZ (2000: 29).

[329] Dieser „sinnhafte" Handlungsbegriff geht eigentlich noch auf den berühmten deut-schen Soziologen WEBER (1972: 1) zurück.

[330] Zur allgemeinen Problematik der 'kommunikativen Effizienz' vgl. ROELCKE (2002a).

Dialekts sowie in der Kommunikationskultur der ungarndeutschen Sprecher. Kurzum: Man hat es hier weder mit einem radikalen „Sprachverfall" oder einer einfallslosen strukturellen Simplifizierung noch mit einem archaischen „Sprachmuseum" (oder gar mit einem sprachlichen „Kuriositäten-Kabinett") zu tun, wo die gegebene Varietät simpel zeitversetzt ältere Zustände der eigenen Mundart repräsentiert. Vielmehr muss man von einem lebendigen mehrsprachigen und in einem Umbruch befindlichen Polysystem sprechen.

Gleichwohl dürften die Interaktionsstrategien uni- und bilingualer Sprecher, jeweils auf einer abstrakteren Ebene betrachtet, nicht grundsätzlich divergieren. Bemühen sich doch die Interaktanten, die ihnen zur Verfügung stehenden sprachkommunikativen Mittel für ihre kommunikativen Ziele möglichst optimal einzusetzen. In diesem Verständnis könnte duales bzw. hybrides sprachkommunikatives Verhalten gleichsam wie ein „Kontrastmittel" Verhaltensweisen und Sprecherstrategien verdeutlichen, die bei unilingualen Interaktionen durch andere, weniger „auffällige" Mittel zum Ausdruck kommen (vgl. BLANKENHORN 2003: 233). Dadurch könnten sich Erkenntnisse der Kontakt- bzw. Hybriditätsforschung – zumindest mittelbar – instruktiv und sensibilisierend auch auf die Untersuchung einsprachiger (und vergleichsweise monokultureller) Diskurse auswirken und somit zu einer dezidierteren Aufdeckung der menschlichen Kulturtechnik 'Kommunikation' in relevanter Weise beitragen.

6 Sprachenkontakte im Geflecht kultureller Systeme

6.1 Kulturalität mit Blick auf das Deutsche als Minderheitensprache

Angesichts des Facettenreichtums der zu beschreibenden kulturellen und sprachlichen Situation ist es nicht leicht, einen geeigneten Kulturalitätsbegriff zu erarbeiten (über Definitionen und Konzepte informiert ausführlich FÖLDES 2003a). Der Begriff von Kultur – geschweige denn der von Interkulturalität[331] – wird nämlich nicht einmal in interkulturellen Studien ausdrücklich definiert und thematisch geklärt. Beispielsweise erklärt EHLICH (1996: 922) hinsichtlich der Bestimmung von „Kultur" für das Feld der interkulturellen Kommunikation: „'Kultur' dient so eher einer Vorverständigung, als daß das Konzept in sich schon die Beantwortung der theoretischen Probleme böte, die für das Verständnis von Interkulturalität zentral sind." Ferner ist nicht zu übersehen, dass es recht schwierig ist, inter-, multi- und transkulturelle Konfigurationen in den Fachwissenschaften gegenstandsadäquat zu erfassen. Denn es mangelt aus folgenden Gründen an entsprechenden Vorarbeiten: (a) die meisten Untersuchungen figurieren mit anderen Paradigmen – mit solchen, die für Bedingungen der (relativen) Einsprachigkeit und Einkulturigkeit bestimmt sind – und (b) für kulturwissenschaftlich

---

[331] Selbst in allerjüngsten Veröffentlichungen wird räsoniert, dass die Interkulturalität „ein [...] oft ungenau verwendeter Terminus" sei (BECKL 2002: 134). Die zur Klärung präsentierten Explikationen sind aber oftmals keine Spur hilfreicher als die von deren Autoren kritisierten Texte. Beispielsweise führt BECKL (2002: 134) als vermeintlich erhellende Begriffsbestimmung aus: „Zuerst ist es wichtig streng zwischen Multikulturalität und Interkulturalität zu unterscheiden. Die Multikulturalität ist immer mehr eine Realität in der modernen – besonders der städtischen – Gesellschaft. Unter Multikulturalität verstehe ich nämlich ganz einfach die Tatsache, daß in ein und derselben Gesellschaft Individuen verschiedener Kultur anwesend sind. Die Multikulturalität ist also eine Frage von Fakten, die außer Diskussion stehen (sollten). Ignorieren kann man sie freilich, dies geschieht auch oft genug, doch diese Vogelstraußpolitik hat Konsequenzen [...]. Die Interkulturalität hingegen kann, soll, ja muß der Gegenstand von Diskussionen sein. Die Interkulturalität meint nämlich die (teils) steuerbaren Prozesse und Wechselwirkungen in der multikulturellen Gesellschaft." Ich glaube, man braucht nicht näher zu begründen, warum solche Ansätze und Formulierungen den Forschungsprozess nicht voranbringen können.

orientierte Projekte (z.B. im Falle von Kulturraum-Studien) steht eine umfassend fundierte kulturtheoretische Grundlage noch nicht für alle Forschungsaspekte zur Verfügung.

Hinzu kommt, dass die traditionelle Auffassung des Konstrukts Kultur, die 'Kultur' als Einzelkultur von sprachlich, national oder politisch abgegrenzter Art auffasst, in keiner Weise für meine Untersuchungen geeignet ist. Denn viele moderne Kulturen – so auch die den Objektbereich dieser Arbeit bildende – umfassen intern „mehrere Kulturen" und sind extern hochgradig verflochten. Diesem „Durchdringungscharakter" der kulturellen Systeme vermögen auch die gegenwärtig viel diskutierten Konzeptionen der Inter- und der Multikulturalität nicht gerecht zu werden.[332] Sie geht zwar auf die tatsächliche heutige Situation in vielen Gesellschaften ein und erkennt, dass die Kulturen durch Migration, Kommunikationssysteme und ökonomische Interdependenzen miteinander vernetzt sind, dass verschiedene Wertorientierungen und Lebensformen dabei nicht an den Staatsgrenzen enden. Aber eine adäquate Unterscheidung zwischen „Eigenem" und „Fremdem" ist oft nicht mehr möglich (vgl. auch 2.5). Anstelle der separierten Einzelkulturen von einst ist oft eine interdependente Globalkultur entstanden, die „Nationalkulturen" verbindet und bis in Einzelheiten hinein durchdringt. Genau das liegt auch bei den deutschen Minderheiten vor. Es handelt sich um mehr als um ein „Gemisch aus verschiedenen kulturellen Zutaten". Vielmehr findet ein ständiger und subtiler Austausch (Übernahmen, Verflechtungen, Verschmelzungen etc.) statt, was zu Veränderungen in den Kulturstandards und – im Endstadium – zu einem weitgehenden Kulturmusterwechsel (vgl. BLUME 1997: 33) führen kann. Auf dieses Integrative und diese Vernetztheit kann das Stichwort „Transkulturalität" treffend verweisen. Denn durch das Konzept der „Transkulturalität" gibt es für eine Kultur keine trennenden Grenzen zwischen „innen" und „außen" mehr.

Für die Kulturphilosophie bleiben aber weiterhin noch viele Fragen offen. Wie hat denn zum Beispiel ein philosophisch und gegenwartsdiagnostisch zureichendes Konzept der Transkulturalität im Detail auszusehen? Und wie ließe es sich für empirisch orientierte linguistische Forschungen operationalisieren?

---

[332] Hier dürfte sich die Begrifflichkeit der 'Transkulturalität' besser eignen. Dabei übernehme ich für meine Ausführungen den Ansatz von WELSCH (1995: 39 ff. und 2000: 332 ff.). Näheres dazu unter 7.2.

6.2 Soziokulturelle Kontexte der Sprachenkontakte

Unter den kulturellen Eigenschaften des Menschen ist die Sprache eine der eigentümlichsten. Sprachen – folglich auch Sprachenkontakte – sind eigentlich nur im Rahmen ihrer soziokulturellen Eingebundenheit sinnvoll explizierbar. Will man Zwei- und Mehrsprachigkeit aus ethnoantropologischer Sicht betrachten, dann sind diese Phänomene zunächst als Produkte des Kulturkontaktes zwischen Gruppen und Individuen zu begreifen. Sie stellen also Erscheinungen dar, die durch eine enge Verbindung mit Prozessen der transkulturellen Kommunikation charakterisiert sind. Dabei ist ein wichtiger Aspekt, dass von Diskursgemeinschaft zu Diskursgemeinschaft spezifische Formen einer Sprach- bzw. Gesprächskultur existieren, die mit jeweils eigenen Wissensstrukturen, Konventionen, kommunikativen Handlungsmustern, Ziel- und Normvorstellungen, auch Bewertungsmaßstäben verbunden sind, die man mit dem Konzept der „kulturellen Skripte" im Sinne von SCHANK/CHILDERS (1984) und GODDARD/WIERZBICKA (2003: 154 ff.) erfassen kann (vgl. auch meine Ausführungen in Abschnitt 3.1). Kommunikatives Handeln ist also insofern kulturell geprägt, als es auf spezifische Konventionen der Zeichenverwendung und -interpretation aufbaut.

Die Erarbeitung des Zusammenhangs von Sprache und Kultur kann in unterschiedlicher Annäherung geschehen, etwa mit dem Konzept der operativen Semantik (vgl. TURK 1994: 239 ff.) oder der Methodik systemtheoretischer Leitdifferenzen (vgl. LUHMANN 2000).[333] Der Korrektheit halber muss eingeräumt werden, dass diese Konjunktion *und* zwischen 'Sprache' und 'Kultur' seit dem Postulat von HOCKETT (1950: 113) bei näherem Hinsehen unangemessen ist. Denn auch die Sprache gehört zur Kultur; sie gilt als ein integraler Bestandteil der Kultur, ist andererseits die Grundlage und Voraussetzung jeder Kultur. Treten doch in der Realität die kommunikativ relevanten Faktoren von Kulturen und Sprachen nicht getrennt, sondern immer im Verbund auf, in einer Komplexion also.[334]

---

[333] Eine ausführliche Auseinandersetzung mit Fragestellungen, Forschungsansätzen und Methoden kulturbezogener linguistischer Untersuchungen findet sich bei FÖLDES (2003a: 9 ff.).

[334] Siehe dazu auch: GRUCZA (2000: 22) und KRAMSCH (2003: 3 ff.).

Zur Modellierung der kulturembedingten sprachlich-kommunikativen Verhaltensweise kann man z.B. wertvolle Denkkonzepte den Arbeiten von OKSAAR (1988a: 27 ff., 1991: 171 ff., 2003: 38 ff.) entnehmen: Es liegt auf der Hand, dass die sprachkommunikative Kompetenz (vgl. unter 2.4) der zwei- bzw. mehrsprachigen Personen spezifischen kulturbedingten Konventionen unterliegt. Das Wissen um diese abstrakten Einheiten von kulturellen Regulierungen, „Kulturem" genannt, wird in den verschiedenen kommunikativen Akten durch „Behavioreme" realisiert, d.h. durch Verhaltensweisen, die verbaler, parasprachlicher und/oder nonverbaler und/oder extraverbaler Art sein können. Schematisch lässt sich dieses Modell wie folgt verdeutlichen:[335]

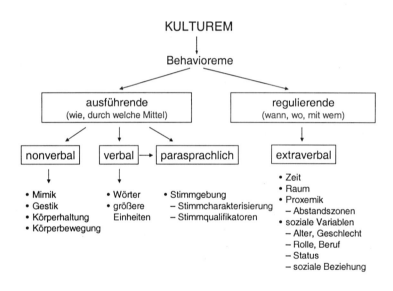

Grafik 4

Geht man von dieser (sozio)kulturellen Einbettung der Sprache aus, versprechen Recherchen zur (inter- bzw. trans)kulturellen Dimension[336]

---

[335] Mit freundlicher Genehmigung des Verlages Kohlhammer aus OKSAAR (2003: 39) abgedruckt.

[336] In diesem Sinne müsste der Forscher multi- bzw. interdisziplinäre Qualitäten haben und nicht nur Dialektologe, Varietäten- und Kontaktlinguist sein, sondern zugleich auch Kulturwissenschaftler, Soziologe, Ethnologe, Psychologe usw.

der in den vorangegangenen Kapiteln beschriebenen lebensweltlichen Zwei- bzw. Mehrsprachigkeit relevante Einsichten. Es gehört aber nicht zum Anliegen dieser Monographie, die kulturellen Parameter der zur Disposition stehenden sprachlichen Konstellationen detailliert zu erschließen. Hier sollen lediglich einige bedeutsame Aspekte exponiert werden, um zumindest Umfang und Komplexität dieses Problemfeldes anzudeuten.

Es ist eine verbreitete Ansicht (selbst im Kreise renommierter Linguisten; etwa SZABÓ 1987: 524), dass „eine Volksgruppe solange lebt, wie sie ihre Sprache bewahren kann, sobald sie sie jedoch aufgibt, verlässt, hört ihre eigenständige ethnische Existenz auf und [die Volksgruppe] kann folglich auf der Bühne der Geschichte keine Rolle mehr spielen". Mein Ausgangspunkt soll hingegen die These sein, dass Sprache zwar ein wichtiges (wenn nicht gar das wichtigste) Element der Kultur ist, dass aber unter den Bedingungen der Mehrsprachigkeit (und der Teilhabe an mehreren Kultursystemen)[337] nicht zwingend eine Parallelität dieser beiden Kategorien vorliegt. Das kann man

(a) sowohl aus der Sicht der Sprache bzw. der Sprachverwendung als auch

(b) aus der Sicht der Diskursgemeinschaft(en) nachweisen.

Ad (a): Bekanntlich finden Traditionen, Sitten und Bräuche, geschichtliche Fakten, Erscheinungen des gesellschaftlichen und politischen Lebens sowie sozioökonomische Verhältnisse und kulturelle Werte oder Deutungssysteme ihren vielfältigen Niederschlag in der Sprache. All diese Gegebenheiten sehen aber im soziokulturellen Referenzrahmen des „Kontaktdeutschen" unter multilingualen Sprachproduktions- und Sprachrezeptionsbedingungen zum Teil erheblich anders aus, als beim Deutschen unter den Bedingungen der (relativen) Einsprachigkeit im zusammenhängenden deutschen Sprach- und Kulturraum. Es ist der unterschiedliche Erfahrungsschatz der Sprecher, der hier wie dort Auswirkungen auf die jeweilige Varietät hat. Der kognitive Inhalt einer Mitteilung hat eine soziolinguale – bzw. eine für die Makrogruppe der Sprachträger gemeinsame – Urquelle und ist damit für die Mehrheit des Sprecherkollektivs ziemlich identisch. Hingegen geht der konnota-

---

[337] Das wird immer öfter „Mehrkulturigkeit" genannt.

tive Inhalt der Mitteilung größtenteils auf eine psycholinguale – bzw. nur einer Mikrogruppe der Sprachträger eigene – Basis zurück, die innerhalb des Sprecherkollektivs erheblich variieren kann. So unterscheidet sich Deutsch als Minderheitensprache kulturbedingt besonders im konnotativen Bereich nicht unerheblich von der deutschen Sprache im zusammenhängenden deutschen Sprach- und Kulturraum, was ein adäquates Verstehen und eine korrekte Interpretation der Redeprodukte für beide Seiten erschweren kann. Denn das Sach- bzw. Weltwissen als soziokulturelles Hintergrundwissen[338] – und damit als 'Bedeutungsbesitz' der Kommunikatoren – muss die Voraussetzungen schaffen, um Sprach- und Kulturzeichen in einen soziokulturellen Frame[339] einzubetten.

In Abschnitt 3.1.5 wurden bereits die für bilinguale Ungarndeutsche und für unilinguale Bundesdeutsche spezifischen Differenzialaspekte ihrer Diskurstraditionen und Kommunikationskulturen angeführt. Daher lässt sich postulieren, dass sich die Hajoscher Ungarndeutschen – wie wohl auch die Ungarndeutschen im Allgemeinen – wegen abweichender kommunikationskultureller Traditionen und kommunikativer Strategien (einschließlich der zugrunde liegenden Kulturmuster) von anderen Kommunikationsweisen und Diskursnormen bestimmen lassen, als die Bundesdeutschen einerseits und die Ungarn andererseits. Diese (wahrlich inter- bzw. transkulturelle) kommunikative Zwischenstellung – ich möchte sie „Fugen-Position" nennen – fällt u.U. beiden (weitgehend unilingualen und monokulturellen) Gemeinschaften beim sprachlich-kulturellen Handeln auf und löst bisweilen eine leichte Verunsicherung, ein Befremden, auch Negativattributionen oder gar kommunikative Fehlleistungen aus.

Ad (b): Mit dem Sprachtransfer erfolgt immer auch Kulturtransfer.[340] Dennoch zeigen empirische Erfahrungen, dass kulturelle Traditionsmuster – mit ihren sozial- und individualpsychologischen Implikationen – oft fester und dauerhafter verankert sind als die zugehörige Sprachlichkeit. Viele Angehörige von Minderheiten sind nämlich als Folge einer bereits im großen Stil erfolgten Sprachumstellung (mit dem geläufigen englischen Terminus: 'language shift') der „ethnischen Mutter-

---

[338] Zu diesem Terminus vgl. POHL (1992: 176 f.).

[339] Zur 'Frame'-Theorie vgl. KUIPERS (1986: 151 ff.).

[340] In der untersuchten Konstellation ist es auch zur Übernahme zahlreicher kultureller Elemente aus sozialen Schlüsselbereichen gekommen.

sprache" nicht mehr oder nur noch rudimentär mächtig, sie fühlen sich aber dennoch kulturell dezidiert mit ihrer ethnischen Gruppe verbunden. Das ist oftmals gerade bei Ungarndeutschen der Fall (und auch bei Russlanddeutschen etc.), weil bei ihnen, ungeachtet der nunmehr z.t. verschütteten Deutschkompetenz, noch immer eine (mitunter sogar starke) ethnisch-kulturelle „deutsche" Identität vorhanden ist. Das Problem besteht aber darin, dass nach HABERMAS (1974: 27 f.) „die Merkmale der Selbstidentifikation intersubjektiv anerkannt sein" müssen. Das heißt, die Identität kann sich nur auf Merkmale stützen, die von der Umgebung als solche anerkannt werden. Dabei sehen und anerkennen Außenstehende meist in der Sprache den wichtigsten Identitätsmarker. Da aber die (Kommunikations-)Sprache der Minderheitenangehörigen nicht mehr (bzw. nicht mehr primär) das Deutsche ist, wird ihre „deutsche Identität" von der Außenwelt oft bezweifelt. Etwas vereinfacht gesagt, handelt es sich in solchen Fällen um Personen bzw. Diskursgemeinschaften mit bereits primär ungarischer (bzw. russischer usw.) Sprache, aber mit – noch – dominanter deutscher Kultur.[341] Ich glaube, dass hier zur besseren Markierung der Situation eine Unterscheidung zwischen „Kommunikationssprache" (die Sprache, in der man meistens kommuniziert) und „Identifikationssprache" (die Sprache – samt der zu ihr gehörenden Kultur –, mit der man sich am liebsten identifiziert) erforderlich wäre (zur Terminologie vgl. auch HÜLLEN 1992: 306). Die „Kommunikationssprache" wird naturgemäß vom tatsächlich stattfindenden Kommunikationsprozess bestimmt, während die „Identifikationssprache" (im Sinne eines Identifikations- und Abgrenzungsvehikels) kulturell gesteuert wird und mit der Ich-Identität des Sprechers korreliert. Erst, wenn die „Umgebungssprache" auch zur „Identifikationssprache" wird, hat man es neben der Sprachumstellung auch mit einem „Kulturwechsel" (zum Terminus vgl. STIEHLER

---

[341] So kann man etwa die Pennsylvaniadeutschen heute immer weniger als eine „Sprach-", allenfalls noch als eine „Kulturinsel" bezeichnen. Neben Sprache und Kultur ist die Identität eine andere (dritte) Kategorie, die mit den ersten beiden nicht immer korrespondiert. Ein ultimatives Beispiel stellen die sog. Magyaraben dar, d.h. jene Mitglieder eines schwarzen Stammes in Ägypten und in der Nubischen Wüste des Sudan, die sich angeblich für Ungarn halten. Quelle: Bericht in der Wochenzeitung *Veszprémi 7 nap*, 47/2000, S. 12 und der Reportagenband des mit dem Pulitzer-Gedenkpreis ausgezeichneten Journalisten VUJITY (2001: 224–239).

2000: 10)[342] zu tun oder (für mich terminologisch einleuchtender) mit einer kulturellen Umstellung.

In diesem Kontext sollte – wie die Beurteilung bilingualer Sprachproduktion – auch die Bewertung kultureller Faktoren recht differenziert erfolgen. Denn für die soziokulturelle Wirklichkeit in interethnischen Kontakträumen sind mehrfache und vertrackte Überschichtungen von Sprache, Kultur und Identität typisch. Im Gegensatz zum Ansatz von MARUZSNÉ SEBÓ (2002: 73), der die inter- bzw. transkulturelle Hybridität von Kulturen in einem mehrsprachigen und kultursensiblen Raum Südostungarns radikal als eine „Bastard-Kultur" abstempelt, sehe ich darin ein lebendiges, vielfältiges und kreatives Polysystem, von dem mannigfache Potenzen ausgehen und das als Bereicherung aufzufassen ist.

6.3 Wechselverhältnis von Sprache, Kultur und Literatur in transkulturellen Zusammenhängen

Die oben geschilderten komplizierten sprachlich-kulturellen Verflechtungen hinterlassen natürlich auch in der schöngeistigen Literatur ihre Spuren. An dieser Stelle kann und soll natürlich nicht auf die ganze Komplexität der „Literatur zwischen zwei Sprachen und Kulturen", die unter anderen Produktions-, Distributions- und Rezeptionsverhältnissen existiert, eingegangen werden. Es seien lediglich am gegebenen Material und mit Blick auf den Objektbereich der Monographie einige allgemeine Aspekte angeschnitten, die das Wechselverhältnis von Sprache, Kultur und Literatur im untersuchten Kontext explizit betreffen.

Einerseits gilt, dass die Literatur im Kräftefeld zwischen mehreren Sprachen und Kulturen[343] in den letzten Jahren international zunehmend ins Blickfeld geriet, wohl nicht zuletzt wegen der aktuellen Wandlungsprozesse in Europa und der durch die massiven Migrationsbewegungen

---

342 HUTTERER (1991d: 332, 338, 1991e: 420) spricht in einem ähnlichen Sinne gar von einer fortschreitenden „Umvolkung" der Ungarndeutschen.

343 Herkömmlicherweise werden hierzu terminologisch heterogene Phänomenfelder gerechnet, etwa die „Migrantenliteratur", die „Ausländerliteratur", die „Literatur der Fremde", die „Siedlungsliteratur" usw. Deshalb schlägt z.B. die Laibacher/Ljubljanaer Literaturwissenschaftlerin ŠLIBAR die umfassende Bezeichnung „Literatur bi- und multikultureller Polyphonie" (1999: 346) vor, die vor allem das Neuartige und Kreative betonen soll.

herbeigeführten neuen Formen von „Mischkulturen". Andererseits ist es m.E. unbefriedigend, dass die Beschäftigung mit dieser Problematik europaweit (und somit auch auf deutschem und auf ungarischem Sprachgebiet) meist tendenziell politisch geprägt ist. In diesem Zusammenhang berichtet z.b. Paul Schuster, rumäniendeutscher Prosaautor und langjähriger Redakteur der Bukarester deutschsprachigen Zeitschrift „Neue Literatur": „Besucher aus beiden deutschen Staaten haben oft gefragt, warum wir denn nicht rumänisch schrieben, ja haben uns sogar gelegentlich eine verschleppte oder verdrängte chauvinistische, reaktionäre Grundhaltung unterstellt – so wie wir ihnen Naivität oder Dummheit; das Thema führte bei fast allen Begegnungen zu Gereiztheit und zu Mißverständnissen" (zitiert nach SIENERTH 1999: 113).

Dabei wird der spezifischen Ästhetik und dem besonderen kulturellen Mehrwert solcher Literaturen kaum Rechnung getragen. Dieser Punkt ist aber ein ganz entscheidender, denn die Autoren demonstrieren wegen der multiplen Persönlichkeitsprägung, die sie erfahren, eine erhöhte Sprachsensibilität , wozu eine unübersehbare Tendenz zur Aufgeschlossenheit und zur neugierigen sowie toleranten Auseinandersetzung mit verschiedenen kulturellen Systemen kommen. Man kann allgemein festhalten, dass diese literarische Szenerie eine erstaunliche Vielfalt aufweist und bereits wegen der disparaten Erscheinungsformen von Zwei- bzw. Mehrsprachigkeit und von Zwei- bzw. Mehrkulturigkeit (OKSAAR 2003: 24, 31 f., 36, 155 nennt das „Mehrkulturheit") wissenschaftlich nur als uneinheitlicher Komplex zu begreifen und zu deuten ist. Denn die multiethnischen und multi- bzw. transkulturellen Realitäten des östlichen Mitteleuropa präsentieren sich im Bedingungsgefüge von stetiger Annäherung und Abstandnahme, von Korrelation und Konflikt als eine wissenschaftliche Herausforderung.

Nach Meinung des in Österreich lehrenden bundesdeutschen Literaturwissenschaftlers STIEHLER (2000: 8) ergeben sich in diesem Umfeld für die Schriftsteller hinsichtlich der Haltungen zur Sprache folgende Alternativen:

(a) Ein – meist nicht nur – sprachlicher Bruch mit der ethnischen Herkunftsgruppe im anderssprachlich dominierten Staat (= Selbsthass) oder – meine Ergänzung – derselbe Prozess in umgekehrter Richtung. D.h., man wendet sich von der Mehrheitssprache ab und flüchtet in seine ethnische Muttersprache;

(b) eine verstärkte Bindung an die ethnische Sprache (= Loyalität);
(c) eine sog. Apathie, d.h. die Autosuggestion einer Gleichberechtigung der koexistierenden Sprachen hinsichtlich ihrer textkommunikativen Funktion.

Bei manchen Literaten hat also im Sinne von (a) ein Wechsel der Literatursprache als Ausdrucks- und Publikationsmedium stattgefunden, wie etwa im Falle des Banater[344] Franz Liebhard (eigentlich: Robert Reiter), der sich zunächst als ungarischer Dichter hervortat und nach einem langen Schweigen mit deutschsprachigen Werken an die Öffentlichkeit trat, sodass er in der Literatur Ostmitteleuropas wohl eher als rumäniendeutscher Schriftsteller gilt (vgl. ausführlicher bei BALOGH 1999: 241 ff.). Bei anderen Autoren liegt im Sinne von (c) eine „parallele literarische Zweisprachigkeit"[345] (Terminus nach BALOGH 1999: 246) vor, wenn also zur gleichen Zeit in beiden (bzw. in mehreren) Sprachen vergleichbare literarische Werke verfasst werden. Das war etwa bei der ungarndeutschen Dichterin Valeria Koch der Fall, die sich als „Brücke" zwischen Ungarn und dem deutschen Sprach- und Kulturraum verstand. Die komplizierte bi- bzw. transkulturelle Situation kann bisweilen – auch im Falle der Situation (b) – zu Identitätsproblemen, selbst zu extremen Lebenskrisen führen. So verglich sich der berühmteste „donauschwäbische" Lyriker, Nikolaus Lenau mit dem biblischen „ewigen Juden", sodass MÁDL (1999: 16) überzeugend nachweisen konnte, wie sich die Metapher des Wanderns und des Unterwegsseins wie ein roter Faden durch Lenaus gesamtes Oeuvre zieht.

Sicher wäre es wenig sinnvoll, diese Literatur – in sprachlicher, inhaltlicher oder ästhetischer Hinsicht – mit dem Instrumentarium und den Bewertungsmaßstäben der herkömmlichen Literatur unter den Bedingungen der (relativen) Einsprachigkeit anzugehen. Denn die mehrsprachige und bi- bzw. transkulturelle Ausgangslage schafft ein anderes Verständnis vom Umgang mit der Sprache und ihren Oralisierungsnormen, weil in multilingualer Kombinatorik das Medium Sprache kritisch, phantasievoll und spielerisch hinterfragt oder gar aufgebrochen wird. Dabei spielen diverse teils intendiert eingesetzte, teils akzidentell vorkommende Transkulturaliäts- und Sprachenkon-

---

[344] Das Banat – bzw. sein größter Teil – gehört seit 1920 zu Rumänien.
[345] Der Genauigkeit halber würde ich auch hier von „Zwei- bzw. Mehrsprachigkeit" sprechen.

taktphänomene eine ausschlaggebende Rolle. Das ist angesichts des Faktums, dass die Bewältigung der ungarischen, rumänischen etc. sozialen Realität durch deutsche Sprachmittel vorgenommen wird, ganz selbstverständlich. Solche Beeinflussungen offenbaren sich in vielgestaltigen „Auffälligkeiten", wie etwa in ungewohnten und daher suggestiven Ausdrücken und Wortverknüpfungen, in besonderen Satz- und Textmustern, durch Schwankungen im Stilgefühl usw. Es kommt vor, dass die Ausdrucksfähigkeit in der Minderheitensprache (z.B. in- folge mangelnder Schulausbildung in dieser Sprache) hinter der schrift- stellerischen Phantasie zurückbleibt. Der Schreibende kommt dann nicht umhin, Assoziationen am zur Verfügung stehenden Paradigmen- inventar der einen Sprache zu überprüfen und in der anderen unter Umständen zu zensurieren (vgl. STIEHLER 2000: 25). Dieses Bewusstsein führt zur Bevorzugung meist lyrischer Kleinformen, deren elliptische Ausdrucksweise „Schweigen" vermittelt.

MANHERZ et al. (1998: 56) stellten kürzlich fest: „Trotz der wunder- baren literarischen Entwicklung blieb jedoch das Hauptthema und Dilemma dieser kleinen [d.h. der ungarndeutschen] Literatur weiterhin die Sprache." Ich füge hinzu: Die Autoren sind sich ihrer sprachkom- munikativen Handicaps bzw. ihrer Andersartigkeit meistens bewusst. So etwa wählte Valeria Koch für eines ihrer bekanntesten Gedichte die Überschrift „Stiefkind der Sprache"; und ihrem letzten Willen gemäß wurde auch ihr posthum erschienener letzter Band mit dieser Metapher betitelt (KOCH 1999). Nach RUDOLF (2003: 338) richtet sich ein zentrales Bemühen ungarndeutscher Literaten darauf, „Sprachruinenhaftes zu beleben, um so auffällige Verluste an Sprachlichem wettzumachen". Die gegenwärtige Sprachkompetenz der Schriftsteller und Dichter umschreibt er poetisch mit „Lücken im Netz muttersprachlicher Sicher- heit" (RUDOLF 2003: 340 f.). Der rumäniendeutsche Schriftsteller Richard WAGNER (2004: 83) bezeichnet die „Sprachsituation" im Hinblick auf die Minderheitenliteraten schonungslos als „ein Desaster. Höflich um- schrieben wird das von der Wissenschaft mit dem Begriff Sprachkon- taktphänomene."

Ferner ist für die Minderheitenliteraturen eine zweifache Orientie- rung charakteristisch, eine Spagathaltung zwischen der eigenen Region bzw. Gruppe und dem „Mutterland" der Sprache, in der geschrieben wird. Da dieses Schrifttum fernab von den überregionalen meinungs- sowie kanonbildenden und kulturellen Zentren der (globalen) Kommunikation und des (richtunggebenden) Ideenaustausches existiert, ist es auch einleuchtend, dass hier Belange, Wünsche und Nöte der eigenen Gruppe den Vorrang haben. Daher konnte Iso Camartin, der rätoromanische Literaturwissenschaftler, formulieren: Dichtenden Repräsentanten kleiner Volksgruppen erscheint die Botschaft an ihr „Völklein" oft wichtiger „als das Bedürfnis, die Welt ästhetisch zu verrätseln" (zitiert nach SIENERTH 1999: 117).[346] Selbst die kulturelle Einordnung dieser Art von Literatur ist nicht immer einfach oder u.U. überhaupt unmöglich,[347] weil die Texte z.B. oft kaum oder gar keine intertextuellen Bezüge zu Literaturwerken gleicher Sprache haben.

Betrachtet man die zeitgenössische literaturwissenschaftliche Forschung[348] in diesem Bereich, so kann man m.E. konzeptuell vor allem zwei Stoßrichtungen erkennen:

Einige Forscher fassen Kultur als „Bildung", d.h. als Integrationsprozess, im Laufe dessen sich das Individuum in die historische und ethische Gemeinschaft einfügt. Dieser Auffassung liegt ein Geschichtsverständnis zugrunde, nach dem Geschichte eine von historischen Texten unabhängige und kohärente Wirklichkeit, ein einheitliches Sinngefüge, d.h. eine durch die erkennenden Leistungen des Subjekts zu erschließende Totalität darstellt. Der prämoderne Kulturbegriff geht dabei mit einer prämodern-kontextuellen Annäherung des Untersuchungskorpus einher. Diese Literaturwissenschaftler praktizieren also eine erkenntnishafte Komparatistik.

Andere Forscher deuten Kultur als Textuniversum. Sie machen den Ansatz der postmodernen Detotalisierung von Geschichte und Gesellschaft geltend. Das bedeutet, dass das Selbstverständnis einer Gesell-

---

[346] Auch deswegen wird die hier diskutierte Minderheitenliteratur in ihrer Gesamtheit nicht selten einer regionalliterarischen Daseinsenge zugeordnet.

[347] Einen authentischen „mitteleuropäischen" Beleg für mehrfache und vertrackte Überschichtungen von Sprache, Kultur und Identität erkennt man am Beispiel des „russisch-deutschen" Schriftstellers jüdischer Abstammung Wladimir Kaminer, der in einem Interview räsonierte: „Privat bin ich Russe, beruflich ein deutscher Schriftsteller. [..] Das Goethe-Institut schickt mich als deutschen Kulturbotschafter um die Welt, die Russen wollen, dass ich PR für russische Kultur mache, und die jüdischen Organisationen wollen von mir als jüdischem Schriftsteller Statements." (Lufthansa Magazin, 10/2002, S. 28).

[348] Vgl. etwa den Tagungsband von MÁDL/MOTZAN (1999) sowie die Rezension von René KEGELMANN in: *Südostdeutsche Vierteljahresblätter* 49 (2000), S. 253–256 und die von Patrice NEAU bzw. von Eszter PROPSZT in der *Studia Germanica Universitatis Vesprimiensis* 5 (2001), S. 97–103 bzw. 105–106.

schaft nicht außerhalb der Texte existiert und keine Folie bildet, vor deren Hintergrund diese Texte interpretiert werden können. Vielmehr wird das Selbstverständnis einer Gesellschaft erst durch die Texte selbst hervorgebracht, die den gesellschaftlichen Diskurs nach ihren Bedingungen gestalten und sich gegenseitig beeinflussen. Diese Literaturwissenschaftler üben also eine die komparatistische Basis aktiv und daseinshaft etablierende Tätigkeit aus.

Angesichts der Herausforderungen der Globalisierung an die Neuphilologie sind wohl beide Ansätze unentbehrlich. Insgesamt bin ich der Meinung, dass sich ein kommunikationstheoretisch fundierter Ansatz für die Erforschung dieses literarischen Komplexes zwischen peripherer „Provinzliteratur" und europäischer „Multinationalität" besser eignet als die Methode einer rein textimmanenten Interpretation. Ferner erscheint es mir für die weitere Forschung wichtig, ein praktikables Modell bi- bzw. multilingualer Ästhetik zu erstellen (vgl. die Ansätze von SEBESTYÉN in ŠLIBAR 1999: 337 ff.).

7 Auf der Suche nach einem adäquaten Paradigma: Von der 'Sprachinselforschung' zu einer 'transkulturellen Linguistik'

7.1 Forschungsansatz 'Sprachinsel'

Anhand der obigen phänomenorientierten und problembezogenen kontaktlinguistischen Analyse ergibt sich die grundlagentheoretische Frage: Wie kann man sich denn diesen bilingualen kommunikativen Praktiken bzw. dieser bilingualen Kontaktvarietät wissenschaftlich – paradigmatisch und forschungsmethodologisch – annähern? Wie lässt sich diese sprachkommunikative Vielfalt, Flexibilität und Dynamik mit all den daraus resultierenden Fragestellungen in sachgerechter Weise erfassen, thematisieren, modellieren und interpretieren?

Zur wissenschaftlichen Untersuchung der Sprache und des Sprachgebrauchs von Ungarndeutschen wird herkömmlicherweise – und oft unreflektiert – das Konzept der „Sprachinsel" herangezogen. Aufgrund der in meiner Arbeit behandelten Belegklassen und -typen ist aber zu hinterfragen, ob das „Sprachinsel"-Modell beim gegenwärtigen Erkenntnisstand wirklich geeignet ist, das Problem 'Realitätsbereich Deutsch als Minderheitensprache' sachgemäß zu erkennen, zu erfassen, zu thematisieren, zu beschreiben, zu interpretieren und zu bewerten oder ob ein anderes Modell bzw. ein anderes Paradigma wünschenswert ist. Denn die Bearbeitung der entsprechenden Fragestellungen erfordert einen relevanten Betrachtungsrahmen und eine angepasste Methodologie, die sowohl dem komplexen Gegenstand als auch den Erkenntnisinteressen der Praxis gerecht werden. Müssen doch die Linguisten mit der vielschichtigen sprachkommunikativen Realität mindestens (a) systemorientiert, (b) soziologisch und (c) „technologisch" umgehen und sie entsprechend reflektieren können. Außerdem kann eine aufgaben- und inhaltsorientierte linguistische Forschung – wie jede Geisteswissenschaft – nur in ihrer wissenschaftsphilosophischen und wissenschaftssoziologischen Einbettung angemessen betrieben werden.

Im Gegensatz zu den Grundsätzen neopositivistischer Wissenschaftstheorien wie die des 'logischen Empirismus' („Wiener Kreis", vgl. KRAFT

1997) und des 'kritischen Rationalismus' (POPPER 2004) wird Wissenschaft in theoretischer wie methodologischer Hinsicht eigentlich durch ein soziales und damit auch historisches Konstrukt zur Wissenschaft: Als „Paradigmen" (im Sinne von Thomas S. KUHN 1996)[349] bzw. als „Denkstile" (im Sinne von FLECK 2002) weisen solche Konstrukte oft eine erstaunliche Beharrlichkeit auf und können über längere Zeiträume hinweg gültig sein. So kann auch der Forschungsansatz „Sprachinsel" auf eine relativ lange Tradition zurückblicken. In älteren Publikationen vor 1850, von Walter KUHN (1934: 14 und 84 f.) als die „vorwissenschaftliche Periode" der Sprachinselforschung apostrophiert, war noch nicht von „Sprachinseln", sondern in der Regel von „Kolonien", „Enklaven", „Eilanden", „Sporaden", „Volkssporaden", „Sprengseln deutschen Volkstums", „deutschen Ansiedlungen", „Außensiedlungen", „Volkstumsinseln", „deutschen Schollen", „Auslandsdeutschen" etc. die Rede (vgl. GEYER 1999: 153).[350] Laut Walter KUHN (1934: 14), der sich in der Sprachinselforschung – ungeachtet seines ideologisch belasteten Ansatzes – verdient gemacht hat, findet der Terminus „Sprachinsel" erst um die Mitte des 19. Jahrhunderts Eingang in das einschlägige Schrifttum.[351] Er wurde 1847 zuerst für eine slawische „Sprachinsel" um Königsberg verwendet und in der Germanistik bezog er sich damals – wie Walter KUHN (1934: 14) feststellt – ausschließlich auf die deutschen „Sprachinseln" am Südrand der Alpen. In der Folgezeit machte der Terminus eine beachtliche Karriere, obgleich bereits in den 30er Jahren des 20. Jahrhunderts Stimmen laut wurden, dass diese Bezeichnung nicht sonderlich zutreffend sei (vgl. GEYER 1999: 155). Außerhalb der Germanistik tauchten übrigens andere verwandte metaphorische Begrifflichkeiten auf, wie etwa „Sprachoase" in der romanistischen Forschung (z.B. NEQUIRITO 1999: 182). Demgegenüber ist der

---

[349] In späteren Publikationen präzisierte er seinen Paradigmenbegriff und spricht nun von „disziplinärer Matrix" (KUHN 1977: 392 f.).

[350] Später wurde auch von „deutschen Sprachkeilen", von „vorgeschobenen Posten der deutschen Sprache", von „deutschen Einschiebseln", von „deutschsprachigen Volkssplittern", vom heutigen deutschen Restgebiet" (vgl. WURZER 1969: 11, 13, 36 und Umschlagstext) sowie von „Dialekt-Sprachinseln" (vgl. DOMASCHNEW 1994: 166) bzw. von „Dialektinseln" (vgl. SZABÓ 2004: 439 ff.) gesprochen.

[351] Daher befindet sich SZILÁGYI (2004: 276) im Irrtum, wenn sie behauptet: „[D]er Terminus technicus 'Sprachinsel' stammt von Walter Kuhn aus dem Jahre 1934". Bei dieser Aussage beruft sie sich auf BEREND/MATTHEIER (1994), die dies aber an der von SZILÁGYI genannten Stelle nicht zum Ausdruck bringen.

Terminus 'Sprachinsel' in vielen anderen Sprach- bzw. Wissenschafts-
kulturen überhaupt nicht bzw. kaum geläufig: Dies wird z.b. auch an
dem Beispiel des von KEEL/MATTHEIER (2003) herausgegebenen bilingualen Dokumentationsbandes einer 2001 am Max Kade Center der
University of Kansas veranstalteten Tagung deutlich, der auf Deutsch
mit „Deutsche Sprachinseln weltweit: interne und externe Perspektiven" betitelt wurde, während als englischsprachige Version „Language
Varieties Worldwide: Internal and External Perspectives" (und nicht
etwa 'language enclaves' oder 'speech islands') steht.

Was bedeutet nun „Sprachinsel" in der germanistischen Forschung?
Walter KUHN (1934: 13) hat seinerzeit unter „echten Sprachinseln" solche „Siedlungen" verstanden, „die durch geschlossene Kolonisation
eines Volkes auf Neuland inmitten fremden Volksgebiets entstanden
sind". Er unterschied „junge", „alte", „mittelreife" und „vollreife Sprachinseln" und nannte folgende Forschungsinhalte: „Die deutsche Sprachinselforschung hat zum Gegenstand die gesamtheitliche Erforschung
und Darstellung der deutschen Sprachinseln als geschlossener, wohl-
abgegrenzter Lebenseinheiten und als Teile des deutschen Volskör-
pers mit besonderer Eigenart" (1934: 13). Im Wesentlichen dominieren
auch in späteren Begriffsbestimmungen solche Definitionen. Beispielsweise formulierte WIESINGER (1983: 901): „Unter Sprachinseln versteht
man punktuell oder areal auftretende, relativ kleine geschlossene
Sprach- und Siedlungsgemeinschaften in einem anderssprachigen, relativ größeren Gebiet."[352] Andere Autoren verfahren analog, wenn sie
darlegen: „Sprachinseln sind räumlich abgrenzbare und intern strukturierte Siedlungsräume einer sprachlichen Minderheit inmitten einer
anderssprachigen Mehrheit" (HUTTERER 1991b: 100),[353] „marginales
Verbreitungsgebiet einer Sprache, das von seinem Kerngebiet durch
eine politische Grenze getrennt ist und inmitten einer anderssprachigen
Mehrheit liegt" (DOMASCHNEW 1994: 165) oder „Sprachgemeinschaften
mit eigener Sprache bzw. einem Dialekt dieser Sprache inmitten einer
anderssprachigen Gemeinschaft" (ABRAHAM 1988: 781). Selbst in kürzlich erschienenen Publikationen wird mit einer solchen Begriffsbestimmung operiert, so etwa GLÜCK (2000: 661): „Sprachinsel (auch: Enklave,
Insel) Teil des Sprachgebiets einer Sprache A., das ganz vom Sprachgebiet einer oder mehrerer Sprachen umgeben ist und folglich keinen

---

[352] Bereits 1980 äußerte er sich ähnlich: WIESINGER (1980: 491).
[353] Beinahe genauso auch z.B. bei LASATOWICZ (2001: 339).

geographischen Zusammenhang zum Hauptteil des Sprachgebiets der Sprache A aufweist" bzw. „Sprachinsel: Kleine geschlossene Sprach- und Siedlungsgemeinschaft in einem anderssprachigen größeren Gebiet" (ULRICH 2002: 271). Ferner gibt es eher volkskundlich orientierte Annäherungen an die Thematik „Sprachinseln", vgl. z.b. VOIGT (2000–2001: 211): „Die Deutung des Begriffs geschieht über die im engeren Sinne aufgefasste Sprachgeschichte hinaus im Rahmen der Siedlungs- geschichte und der Volkswanderungen (Migration); im allgemeinen wird er verstanden als kulturelle Erscheinung im Rahmen der Lebens- geschichte der Kulturen (Kulturdynamik)".

Viele Linguisten stellen mehrere Typen von Sprachinseln fest, wie z.B. WIESINGER (1983: 901), der „unter linguistischem Aspekt" je nach der Umgebungssprache „Außensprachinseln im fremdsprachigen und Binnensprachinseln im abweichend-dialektalen einsprachigen Gebiet" unterscheidet. Darüber hinaus kann man laut WIESINGER (1983: 901) nach chronologischen Gesichtspunkten „mittelalterliche Sprachinseln" (12. bis 14. Jahrhundert) und „neuzeitliche Sprachinseln" (seit dem 16., insbesondere dem 18. Jahrhundert) unterscheiden.[354] MATTHEIER (1994: 334) kritisierte, dass sich die meisten Begriffsbestimmungen auf einen dialektgeographischen Blickwinkel beschränken, und integrierte in seine Definition die Aspekte Sprachkultur, Überdachung und Assimi- lation einer Minderheit, indem er Mitte der 90er Jahre des 20. Jahrhun- derts eine prononciert soziolinguistisch orientierte Sprachinsel-Konzep- tion in die Diskussion einbrachte: „Eine Sprachinsel ist eine durch verhinderte oder verzögerte sprachkulturelle Assimilation entstandene Sprachgemeinschaft, die – als Sprachminderheit von ihrem Hauptge- biet getrennt – durch eine sprachlich/ethnisch differente Mehrheits- gesellschaft umschlossen und/oder überdacht wird, und die sich von der Kontaktgesellschaft durch eine die Sonderheit motivierende so- ziopsychische Disposition abgrenzt bzw. von ihr ausgegrenzt wird." Analog verfährt auch EICHINGER (2003: 83 ff.) in seinem Konzept. Es ist

---

[354] Manche Linguisten gehen davon aus, dass im Falle von „Sprachinseln" die Angehö- rigen einer deutschen Siedlungsgemeinschaft sowohl der Standardsprache als auch des Dialekts mächtig sein müssen. Steht der Minderheitengruppe als authentisches Kommunikationsmittel im Wesentlichen nur ihre eigene Mundart zur Verfügung, die dann allein in den Kontakt mit der umgebenden Mehrheitssprache tritt, so kann von einer „Dialektinsel" oder „Dialekt-Sprachinsel" gesprochen werden (vgl. LÖFFLER 1985: 73). KRANZMAYER (1963) bezeichnete diese Diskursgemeinschaften als „Bauern- sprachinseln".

anzumerken: Über den sprachlichen Aspekt hinaus wird in der Forschungsliteratur unter Verwendung einer parallelen Bildlichkeit auch von „Volksinseln", „Kulturinseln", „religiösen Inseln" etc. gesprochen (vgl. VOIGT 2000–2001: 213, 215).

Trotz gewisser inhaltlicher Differenzen, die im Rahmen unterschiedlicher Konzepte in Erscheinung treten, dominiert bei Auseinandersetzungen mit dem Deutschen als Minderheitensprache das 'Sprachinsel'-Modell noch immer: Sowohl die Sprachgermanistik im deutschen Sprachraum als auch die sog. Auslandsgermanistik greift bei der Beschreibung der Sprache und des Sprachgebrauchs deutscher Minderheiten nach wie vor gleichsam unisono auf den wie auch immer definierten 'Sprachinsel'-Begriff zurück. Ich verweise auf: MATTHEIER (1997: 357 bzw. 2002: 135), EICHINGER (1997: 155, 2003: 83 ff.), MIRK (1997: 105 ff.), LASATOWICZ (1998: 101, 2001: 338 ff.), REIN (2000: 285), KNIPF-KOMLÓSI (2001: 99), MANHERZ (2001: 539), ERB (2002: 27), GERNER (2003: 11), SZILÁGYI (2004: 274 ff.) usw. Dementsprechend wird die Varietät deutscher Minderheiten oft als „Inselsprache" (z.B. FELESZKO 1987: 43, DOMASCHNEW 1994: 165, 172, VOIGT 2000–2001: 211), als „Inselmundart" (z.B. PROTZE 1969b: 595, DOMASCHNEW 1994: 165, 173) bzw. als „Sprachinseldialekt" (z.B. BLANKENHORN 2003: 31, 44, TYROLLER 2003: 1) bezeichnet. Dennoch scheint mir die Metapher der 'Sprachinsel' heute nicht (mehr) geeignet zu sein, einen sachangemessenen Ordnungs- und Erklärungsansatz zur Auseinandersetzung mit aktuellen sprachlichen und kommunikativen Phänomenen des Deutschen außerhalb des zusammenhängenden deutschen Sprachraums bereitzustellen. Denn die Bildlichkeit einer Insel impliziert etwas „Geschlossenes", „Isoliertes" oder – wie LIPOLD (1985: 1977) meinte – etwas, was den Eindruck des Relikthaften, Erstarrten sowie nach außen völlig Abgeschlossenen und (füge ich hinzu) nicht selten sogar den des Kuriosen hervorruft.[355] Das kommt in vielen Arbeiten auch zum Ausdruck, z.B. bei LÖFFLER (1987: 387) oder bei REIN (2000: 285), die ausdrücklich die Isoliertheit der betreffenden Diskursgemeinschaften betonen. Eine gewisse Introvertiertheit der Blickrichtung findet sich auch in modern-

---

[355] Außerdem wecken Formulierungen wie im Aufsatz von SZILÁGYI (2004: 278), der „die ungarnländische [sic!] deutsche Sprachgemeinschaft" als „die Sprachinselgemeinschaft" (im Singular) apostrophiert, den Anschein, als ob im Falle der Ungarndeutschen eine homogene und einheitliche sprachkommunikative Gemeinschaft vorläge.

sten Definitionen von „Sprachinselforschung", z.B. bei GERNER (2003: 11): „Die primäre Aufgabe der Sprachinselforschung ist eine nach innen gerichtete, die sich in der allseitigen Beschreibung des Sprachzustandes und in der Aufdeckung und Erklärung der Dynamik der Sprachinsel erfüllt."

Die Beschreibung von PROTZE (1969a: 291, 1969b: 595) geht sogar von einer zweifachen Abgeschlossenheit bzw. Absonderung und Abkapselung dieser Diskursgemeinschaften aus: „Sprachinseln sind vom eigenen zusammenhängenden Sprachverband durch fremde Sprachen und Kulturen getrennte Reste. Sie führen in sprachlicher und oft auch in kultureller Hinsicht ein interessantes Eigenleben, das meist nur geringe Beziehungen zum 'Mutterland' einerseits wie zum umgebenden Staatsverband andererseits aufweist". Obendrein heben diese Definitionen stets die ethnischen und sprachlichen Differenzen zwischen der Minderheitengruppe und der Mehrheitsgesellschaft hervor.

Nicht ganz klar ist die Konzeption von LASATOWICZ (2001: 338 f.), in der es zunächst heißt: „Will man die komplizierte Situation der deutschen Sprache in Oberschlesien wissenschaftlich erfassen, so muss man auf die Kontaktsprachenforschung[356] und deren Ergebnisse zurückgreifen, die das methodische Handwerkszeug zur Beschreibung solcher Phänomene bereitstellt." In ihrer Fortsetzung aber lautet es: „Eine wichtige Rolle bei der Darstellung der sprachlichen Erscheinungen in Kontaktsituationen fällt der Sprachinselforschung zu, die sich als eine wissenschaftliche Untersuchungsrichtung zwischen der Sprachwissenschaft und der Volkskunde, zwischen der Sprachgeschichte und der Dialektologie einordnen lässt." Aus dieser Darlegung geht für mich hervor, dass LASATOWICZ die Sprachinselforschung im Rahmen der Kontaktlinguistik ansiedelt. Wenn aber letztere zur wissenschaftlichen Beschreibung von Kontaktsprachen das „methodische Handwerkszeug" bereitstellen soll, wieso kann dabei einer zugegebenermaßen nicht nur sprachwissenschaftlichen, sondern viel umfasenderen interdisziplinären „Untersuchungsrichtung", d.h. der Sprachinselforschung, eine bestimmende Rolle zukommen?

Meiner Ansicht nach mag sich der Sprachinsel-Begriff hinsichtlich des Deutschen als Minderheitensprache allenfalls in Kontexten zur Charakterisierung historischer Sprachzustände als zutreffend erweisen,

---

[356] Gemeint ist die Sprachkontaktforschung bzw. die Kontaktlinguistik.

weil er die damalige Sprachrealität reflektierte, etwa in der Aussage von AMMON (2001: 1368): „Die im späten Mittelalter, seit dem 12. Jh. eintretende Emigration muttersprachlich deutschsprachiger Bevölkerungsteile nach Osteuropa führte dort zur Bildung zahlreicher 'Sprachinseln'".[357] Zudem besteht ein wichtiger wissenschaftsgeschichtlicher Ertrag dieser Terminologie darin, dass nicht mehr das „Volkstum", sondern die Sprechweise dieser Siedlungsgemeinschaften Gegenstand der Forschung ist: „[N]icht das ethnische, 'deutsch völkische', sondern das sprachliche Element ist nun signifikantes Merkmal dieser Beschreibungen" (GEYER 1999: 158).

Die Sprachinselforschung operiert primär im Rahmen der Sprachgeographie und setzt sich mit dem Dialekt im Grunde nur deswegen auseinander, um ihn im zusammenhängenden deutschen Sprachraum topographisch zu orten und traditionell richtet sie ihr Hauptaugenmerk deswegen auf Archaismen, altdeutsche Sprachrelikte, Herkunftsfragen u. dgl. BAUR/CHLOSTA/SAŁKOVA (1995: 1) heben ebenfalls hervor, dass sich die Sprachinselforschung „hauptsächlich über den territorialen Aspekt" definiert. Allerdings gibt es (potenziell) auch andere Schwerpunktsetzungen. MATTHEIER (2002: 137 ff.) z.B. arbeitet nicht weniger als zwölf Forschungsansätze heraus, die in der Forschungsgeschichte und der gegenwärtigen Erschließung von Sprachinseln eine Rolle spielen. Er nähert sich dem „sprachsoziologischen Phänomen 'Sprachinsel'" (vgl. unter 7.1) in einem breiteren Rahmen und unterscheidet zwei Gegenstandsbereiche: „die Varietätenlinguistik und die Kontaktlinguistik, je nachdem, ob die autochthonen Sprachverhältnisse innerhalb einer Sprachinselgemeinschaft untersucht werden sollen, oder ob die Wechselwirkung zwischen der autochthonen Sprache und der Sprachwirklichkeit der allochthonen Umgebungs- bzw. Überdachungsgesellschaft thematisiert werden soll" (2002: 137).

Heute ist für den Wirklichkeitsbereich 'Deutsch als Minderheitensprache' in Ungarn nicht (mehr) eine inselmäßige Segregation charakteristisch, dementsprechend kann man die Diskursgemeinschaften auch nicht (mehr) schlicht als „transplantierte Sprachgemeinschaften" (wie z.B. bei DOMASCHNEW 1994: 169) betrachten. Vielmehr bestimmen exzessive Zwei- und Mehrsprachigkeit (bzw. sogar Gemischtsprachigkeit) und durchgreifende Sprachen- und Kulturenkontakte das der-

---

[357] In Abschnitt 2.7 habe ich Hajosch nach der Ansiedlungszeit von Deutschen im 18. Jahrhundert auch mit der Bezeichnung „primäre Spachinsel" umschrieben.

zeitige Kommunikationsprofil der Minderheitengemeinschaft und das aktuelle Gesicht dieser Sprachvarietät.

7.2 Forschungsansatz 'interkulturelle/transkulturelle Linguistik'

Eine wissenschaftstheoretische und -historische Evaluierung des „Sprachinsel"-Paradigmas kann sowohl auf unbestreitbare Vorzüge als auch auf aktuelle Defizite bzw. Nachteile verweisen. Eine gezielte und systematische wissenschaftstheoretische und -methodologische Reflexion wäre vorausweisend. Einige dieser Aspekte sollen im Folgenden angesprochen werden.

Ungeachtet seiner von mir angedeuteten Brisanz brachte der Forschungsansatz „Sprachinsel" für die Wissenschaftsgeschichte in mehrfacher Hinsicht Gewinn, besonders deswegen, weil er – als methodisches Entwicklungsmodell und Überprüfungskorrektiv – das sprachwissenschaftliche Instrumentarium wesentlich bereichern konnte. Denn die Forschungsmethoden werden durch die besonderen Verhältnisse und Probleme des „insularen" Dialektraums geprägt und sie entwickeln unter diesen Bedingungen oft spezifische Varianten gegenüber der allgemeinen Methodik.

Beispielsweise erhielt die historisch-vergleichende Methode durch die Anforderungen, die sich bei den Erschließungsproblemen der Siedlerherkunft und den Rekonstruktionsversuchen der sprachlichen Ausgleichsprozesse ergaben, eine wesentliche Verfeinerung ihrer Vorgehens- und Argumentationsweise.

Ferner musste die geographisch-vergleichende Methode den besonderen Konditionen des Siedlungsdialektes und den korrelativen Verhältnissen zwischen den verschiedenen Dialekträumen selbst mehrerer Sprachgemeinschaften gerecht werden.

Die kulturmorphologisch-genetische Methode schließlich fand in der „Sprachinsel" mit ihrer weitgehend rekonstruierbaren Geschichte ein besonders geeignetes Forschungsobjekt und konnte auf dieser laborähnlichen Grundlage innovative Einsichten und Erklärungsmöglichkeiten für sprachliche Entwicklungsabläufe gewinnen.

Die Übertragung strukturlinguistischer Methoden auf „sprachinsel"-dialektale Objektbereiche gab ebenso Impulse.

Die Ausführungen in Abschnitt 3, wie auch die dort erörterten variations- bzw. kontaktlinguistischen Befunde, haben deutlich werden lassen, dass für das Deutsche als Minderheitensprache in der Gegenwart – angesichts der überaus intensiven und integrativen soziokulturellen bzw. sprachlichen Kontaktprozesse mit der anderssprachigen Umwelt – nicht (mehr) ein abgeschlossenes „Insel-Dasein" charakteristisch ist. Folglich bietet heute die „Insel"-Metapher keinen optimalen analytischen Zugriff für eine wissenschaftlich sachadäquate Auseinandersetzung mit der Kulturrealität 'Deutsch als Minderheitensprache'. Gerade dies fällt aber bei der Bestimmung eines geeigneten Forschungsansatzes schwer ins Gewicht. Denn die Manifestationen wissenschaftlicher Theorien sind bekanntlich in nicht geringem Maße metaphorischer Struktur, sodass Metaphern für die wissenschaftliche Begriffsbildung, bei der Konstituierung von wissenschaftlichen Theorien sowie für die Formulierung wissenschaftlicher Hypothesen und Erklärungen eine determinierende Rolle spielen (vgl. HESSE 1970, KIEFER 2000, KERTÉSZ 2001b und 2004, DREWER 2003). Die Psychologen haben sich lange Zeit von der These des Aristoteles bestimmen lassen, dass alles, was sich andenken lässt, selbst dann, wenn es sich um abstrakte Inhalte handelt, nur in wahrnehmbarer Form vorstellbar ist. Das heißt, alles ist gedanklich lediglich mit Hilfe von imaginären Bildern zu erfassen (siehe HORVÁTH 1984: 54 ff.). Auch wenn z.B. die Vertreter der Würzburger psychologischen Schule Anfang des 20. Jahrhunderts als Gegenkonzept behauptet haben, dass es auch ein Denken ohne Bilder gäbe (vgl. HORVÁTH 1984: 55), haben die einflussreichen Gedankengänge HADAMARDs (1954) die Bedeutung des „visuellen Denkens" wieder in den Vordergrund gerückt.

In der Linguistik ist bereits seit den kognitionspsychologischen und erkenntnistheoretischen Betrachtungen von LAKOFF/JOHNSON (1980: 3 ff.) bekannt, dass Metaphern keineswegs nur rhetorische Erscheinungen bzw. Stilfiguren darstellen, die sich auf die poetische Sprache beschränken (vgl. die Aristoteles-Rezeption von ZHU 2003: 273f.), sondern dass sie konstitutive Elemente sowohl der Alltagssprache als auch der abstrakten Domänen der menschlichen Erkenntnis sind, d.h. sie beteiligen sich aktiv an der Verarbeitung von Erfahrungen wie auch an der Aneignung von Wissen. LAKOFF/JOHNSON (1980: 6) zeigen durch Metaphern, dass das konzeptuelle System des Menschen allgemein metaphorisch strukturiert ist. Dabei handelt es sich bei konzeptuellen Metaphern nicht um metaphorische Äußerungen auf der sprachlichen Ebene, vielmehr sind sie auf der abstrakten Begriffsebene anzusiedeln. Ihre kognitive Wirkung manifestiert sich an metaphorisch verwendeten Lexemen,[358] die bestimmten konzeptuell-semantischen Bereichen entstammen, systematisch aufeinander bezogen sind und so „Metaphernnetze" bzw. „Bildfelder" konstituieren. Mithin gelten sprachliche Metaphern sowohl als Folge wie auch als Indikatoren metaphorisch-analogisch strukturierter Wissensbestände. Die Art und Weise der Konzeptualisierung der Wirklichkeit ist grundsätzlich also metaphorisch. Und in diesem Zusammenhang wächst den Metaphern innerhalb des menschlichen Erkenntnisvermögens eine bestimmende Funktion zu. Dabei sind metaphorische Ausdrücke keine isolierten Einzelphänomene, sondern sie gelten als sprachliche Realisierungen von begrifflichen Metaphern. Die begrifflichen Metaphern verbinden zwei konzeptuelle Domänen: die „Quelldomäne" und die „Zieldomäne".[359] Die Metaphern bilden die komplexen kognitiven Modelle der einzelnen Domänen der Wirklichkeit. Die Quelldomäne beruht auf sinnlicher Wahrnehmung und ist konkret, während die Zieldomäne abstrakt ist. Die begrifflichen Metaphern führen zur Neustrukturierung der begriff-lichen Domänen und können dadurch kreativ zur Schaffung abstrakter theoretischer Konstrukte beitragen. Zugleich beschreiben die begrifflichen Metaphern die Zieldomäne nur teilweise, da sie bestimmte Aspekte hervorheben, andere hingegen außer Acht lassen.

Im Zusammenhang mit der metawissenschaftlichen Anwendung der kognitiven Metapherntheorie konnte KERTÉSZ (2001b: 144 ff., 2004: 54) überzeugend nachweisen, dass sowohl die wissenschaftliche als auch die quasi-wissenschaftliche Alltagskommunikation durch die-selben begrifflichen Schemata determiniert werden.[360] Besteht doch eine grundlegende These der kognitiven Metapherntheorie darin, dass abstrakte begriffliche Domänen von konkreten Wahrnehmungen aus-gehend metaphorisch konzeptualisiert werden. Als ein wichtiges Fazit

---

[358] Der Kern dieser Theorie besteht darin, dass man bei der Metaphorisierung stets ein Konzept als ein anderes Konzept ansieht (vgl. ausführlicher: LIEBERT 1992: 12 ff.).

[359] Diese Terminologie des kognitiven Ansatzes von LAKOFF/JOHNSON (1980) korres-pondiert eigentlich mit der des textlinguistischen Ansatzes von WEINRICH (1976), der zum einen von einem Bildspender (bildspendenden Feld) und zum anderen von einem Bildempfänger (bildempfangenden Feld) spricht.

[360] Seinen Überlegungen lag als Ausgangspunkt das Projekt von LIEBERT (1996a und 1996b) zur Analyse des Wortschatzes der Aids-Forschung zugrunde.

der einschlägigen Forschungen ist also zu betonen, dass die Metaphern bei der wissenschaftlichen Erkenntnis eine wesentliche Rolle spielen; es ist sogar anzunehmen, dass das Zustandekommen wissenschaftlicher Erkenntnisse, die Konstituierung wissenschaftlicher Begriffe und die Formulierung wissenschaftlicher Hypothesen auf den bewussten Einsatz von Metaphern zurückgreift (vgl. KERTÉSZ 2001b: 148, 2004: 56). LIEBERT (1996b: 104) meint: Wenn man den Forschern ihre eigene Vorstellungswelt zugänglich und die von ihnen verwendeten Metaphern bewusst machen würde, wäre das für sie ein Anhaltspunkt, über ihre Metaphernmodelle innerhalb und außerhalb ihres Metaphernsystems nachzudenken und auf diese Weise fruchtbare Möglichkeiten für neue wissenschaftliche Ideen zu eröffnen. Darauf basierend, hat LIEBERT (1996a: 789 ff.) die mit dem Instrumentarium der kognitiven Metapherntheorie erschlossenen Metaphern Aids-Forschern vorgelegt, die daraufhin in der Folgezeit nicht nur größere Quantitäten, sondern auch mit größerer Effektivität neue Metaphern schufen, die sie bei ihrer wissenschaftlichen Problemlösung erfolgreich einsetzen konnten.[361] KERTÉSZ (2001b: 145 ff., 2004: 56) macht auf die metatheoretischen Konsequenzen dieses Befunds aufmerksam, nämlich auf die „konstruktive" Rolle einer metawissenschaftlich orientierten kognitiven Metapherntheorie bei der objektwissenschaftlichen Erkenntnis. Denn diese trägt zur bewussten Schaffung von neuen Metaphern bei, die sich bei der Lösung von Alltagsproblemen einsetzen lassen und nachweislich die Entstehung neuer objektwissenschaftlicher Begriffe und Hypothesen beeinflussen.

Die Rolle der Metapher, die der terminologischen Nomination zugrunde liegt, ist somit enorm. Außerdem gibt es naturgemäß eine Vielzahl von Aspekten, die für die Auswahl bzw. die Konstituierung eines Paradigmas mit entsprechender Reflexions- und Argumentationsdynamik von Belang sind. Für ein geeignetes Instrumentarium scheint mir die allgemein-wissenschaftstheoretische Forderung der 'Spezifität'[362] am ehesten den Ausschlag zu geben. Im Besonderen zur

---

[361] DREWER (2003: 34 ff.) wies in einer kognitiv-linguistischen Metaphernanalyse von Fachtexten der Astrophysik nach, dass metaphorisches Denken und Sprechen auch in „harten" Naturwissenschaften alle Phasen des wissenschaftlichen Erkenntnisprozesses durchzieht: von der Gewinnung neuer Erkenntnisse und ihrer kognitiven Verarbeitung bis hin zu ihrer sprachlichen Darstellung und Vermittlung.

[362] Unter 'Spezifität' verstehe ich die Fähigkeit einer Methode, zwischen dem zu analysierenden Stoff und anderen Stoffen zu unterscheiden.

korrekten Erfassung und sachgerechten Auswertung der jeweils zur Disposition stehenden sprachlichen Beleggrundlage hat bereits CHOMSKY (1964) ein hierarchisch geordnetes Kategorienschema mit drei „Adäquatheitsebenen" entworfen.[363] Er unterscheidet dabei:

(a) die „Beobachtungsangemessenheit", die sich auf eine möglichst vollständige und genaue Wiedergabe aller relevanten Elemente eines Diskurs- bzw. Textkorpus sowie die Kennzeichnung ihrer Relationen und Verknüpfungen bezieht,

(b) die „Beschreibungsangemessenheit", die eine Orientierung durch Einordnung und Klassifizierung erfordert, bei der schon Zielsetzungen und Erklärungsmodelle wirksam werden, denn man beschreibt ja mehr als man beobachtet. Wichtig sind dabei Kohärenz und Konsistenz der Beschreibung bzw. der Beschreibungssprache,

(c) die „Erklärungsangemessenheit", die dann vorliegt, wenn Strukturen oder Prozesse einer Sprache mithilfe einer Theorie gedeutet werden, deren Prinzipien und Kategorien ausreichen, um alle Erscheinungen zu erfassen und in ihren Zusammenhängen sowie in ihren äußeren Bedingungs- und Wirkungskomplexen zu interpretieren.

Da es in der Wissenschaft grundsätzlich um die Operationalisierbarkeit/Operationalisierung der hinter den Termini steckenden Begriffe geht, müssten – angesichts der obigen Ausführungen – die Defizite der 'Insel'-Metapher einleuchten. Insgesamt bleibt also festzuhalten, dass sie heute keinen ausreichenden forschungsmethodischen Ausgangspunkt mehr für eine adäquate Beschreibung und Interpretation des Deutschen als Minderheitensprache versinnbildlicht.[364]

Es ist gewiss nicht einfach, ein in der Sprachwissenschaft bereits vorliegendes Paradigma zu finden bzw. ein neues zu erarbeiten, das im

---

[363] Vgl. auch z.B. WOLFF (2004: 15 ff.), der dies auf die Sprachgeschichtsschreibung anwendet.

[364] BORN (1995) bemerkt, dass die meisten Untersuchungen – und so auch die ihnen zugrunde liegenden Sprachinsel-Definitionen – durch ein eurozentrisches Verständnis geprägt sind und folglich davon ausgehen, dass es sich bei Minderheiten um allochthone Gemeinschaften, d.h. um zugewanderte Bevölkerungsgruppen handelt. Dabei werden die autochthonen Gemeinschaften, etwa die Ureinwohner Amerikas und Afrikas, nicht beachtet bzw. allenfalls peripher als exotische Bevölkerungsgruppen untersucht.

Hinblick auf Deutsch als Minderheitensprache den obigen Forderungen möglichst weitgehend entspricht und zugleich Raum bietet, epistemisches Wissen im gegebenen Problemfeld zu erlangen. Denn das sprachliche und kulturelle Problemfeld ist – wie dies insbesondere aus Abschnitt 3 hervorgeht – herausfordernd kompliziert. Man kann daher Walter KUHN (1934: 395) nicht zustimmen, wenn er meint: „die meisten Sprachinseln [...] zeigen ein wesentlich einfacheres soziales und kulturelles Gefüge und stellen so die Kulturforschung vor leichtere Aufgaben als das Mutterland". Vielmehr sind ein komplexes Geflecht von massiv interagierenden Sprachvarietäten und eine intensive Überlagerung bzw. ein vielschichtiges Ineinandergreifen von kulturellen Systemen kennzeichnend. Daher wäre ein Ansatz wünschenswert, welcher der besonderen Dynamik der mehrsprachigen bzw. mehrkulturigen Konfigurationen und den sprachlichen bzw. kulturellen Austauschprozessen explizit Rechnung trägt. Das wäre m.E. im Diskursrahmen einer i n t e r k u l t u r e l l e n [365] (oder noch besser: t r a n s k u l t u r e l - l e n) L i n g u i s t i k aufgrund ihrer Konstitution und ihres Dispositivs möglich (zum Dispositivbegriff vgl. FOUCAULT 1978). Innerhalb dieses Denkrahmens wäre also auch die diskursive Spezialplattform Kontaktlinguistik anzusiedeln.

Der terminologische Hintergrund dieses Konzeptfeldes lässt sich wie folgt zusammenfassen: Die zeitgenössischen Kulturen haben anscheinend eine andere Verfassung angenommen, als die „traditionellen" Kulturbegriffe noch immer behaupten oder suggerieren (vgl. WELSCH 2000: 327 ff.). Folglich ist eine neue Konzeptualisierung von „Kultur" zu erarbeiten, und zwar unter dem Terminus „Transkulturalität". In diesem Zusammenhang argumentiert der Philosoph WELSCH plausibel, dass die drei „Bestimmungsstücke", durch die der traditionelle Kulturbegriff seiner Grundstruktur nach gekennzeichnet ist (soziale Homogenisierung, ethnische Fundierung und interkulturelle Abgrenzung), heute unhaltbar geworden sind. Nicht zuletzt deswegen wird in den letzten Jahrzehnten zunehmend mit Termini wie „multikulturell" und „interkulturell" operiert. Dabei erkennt WELSCH (2000: 332 f.), dass der Terminus 'Multikulturalität' – wohl auch dank des Präfixes *multi-*, welches 'viel, vielfach' bedeutet – die Probleme des Zusammenlebens verschiedener Kulturen innerhalb einer Gesellschaft bezeichnet. 'Multikulturalität' geht von der Existenz sich klar unter-

---

[365] 'Kultur' ist eigentlich auch eine Metapher, siehe dazu KONERSMANN (1998).

scheidender, in sich homogener Kulturen aus. Das „Multikulturalitäts-
konzept" sucht dann nach Chancen der Toleranz, der Verständigung,
der Akzeptanz und der Konfliktvermeidung oder der Konflikttherapie.
Mit 'Interkulturalität' wird durch *inter* ('zwischen') der Eindruck
vermittelt, Kulturen könnten sich nach der Logik ihrer Konzeptualität
voneinander absetzen, sich gegenseitig verkennen, ignorieren, diffa-
mieren oder bekämpfen, nicht hingegen verständigen oder einen Austausch pflegen. Das Konzept der „Interkulturalität" sucht mithin nach
Wegen, wie die Kulturen harmonieren, wie sie miteinander kommunizieren können. Der Terminus 'Transkulturalität' (*trans* = 'quer, durch,
hindurch, hinüber, jenseits') geht hingegen auf die tatsächlichen
heutigen Realitäten in vielen Gesellschaftsformen ein. Denn heutige
Kulturen sind – in unterschiedlichem Maße – durch Migration, sozioökonomische Interdependenzen u.Ä. miteinander vernetzt, die Unterscheidung zwischen 'Eigenem' und 'Fremdem' ist oft nicht oder kaum
mehr möglich. 'Transkulturalität' steht also für eine Kultur der Integration (vgl. WELSCH 2000: 336 ff.).

Bei der 'Transkulturalität' handelt es sich eigentlich um ein Phänomen, das auch mit dem Leitbegriff 'Horizontverschmelzung' in Verbindung gebracht werden kann, den GADAMER (1990) in seinem epochalen
Werk „Wahrheit und Methode" (Erstveröffentlichung: 1960) unter dem
Blickwinkel der philosophischen Hermeneutik geprägt hat. GADAMER
spricht in seinen Ausführungen zum „Hermeneutischen Dreieck" aus
philosophischer Sicht davon, dass Gestalter/Produzent und Rezipient
unterschiedliche Horizonte[366] aufweisen, welche jeweils die Grundlage
für ihre Interpretation bilden. Über die Auseinandersetzung mit einem
Produkt treten Gestalter und Rezipient in einen wechselseitigen Austausch, wobei es zu einer gegenseitigen Erweiterung des Horizonts im
Sinne einer „Horizontverschmelzung" kommen kann. Dabei lernen beide voneinander.[367] In der „Horizontverschmelzung" findet eine Aneig-

---

[366] Dabei ließe sich 'Horizont' als eine Gesamtheit lebensweltlicher Erfahrungen bestimmen, über die ein Individuum kognitiv und emotional verfügt.

[367] Nach GADAMER (1990) ist Interpretationsleistung generell erst möglich, wenn ein
gewisses „Vorverständnis" (d.h. Kenntnis, Bewusstsein etc. über den zu interpretie-
renden Gegenstand) vorhanden ist. Im Hinblick auf den Deutungshorizont und den
Bedeutungshorizont des Textes findet eine „Verschmelzung" statt; jedes Verstehen ist
dann davon abhängig. Allgemeiner formuliert: Jedes Verstehen ist in erster Linie aus
einer historischen, kulturellen und sozialen Welterfahrung ableitbar, in der „die Teil-

nung des 'Fremden' statt, die das 'Fremde' in ein 'Eigenes' verwandelt: „Im Fremden das Eigene zu erkennen, in ihm heimisch zu werden, ist die Grundbewegung des Geistes, dessen Sein nur Rückkehr zu sich selbst aus dem Anderssein ist". Ein solches Verstehen des 'Fremden' bedeutet aber nicht, dass die 'Fremdheit' des 'Fremden' gerade darin besteht, aus diesem 'Horizont' ausgeschlossen zu sein. Ein Verstehen, das die 'Fremdheit' des 'Fremden' nicht auflöst, sondern bestehen lässt, hätte einen anderen Weg als den der Aneignung zu gehen. Ein solches Verstehen muss sich auf die Begegnung mit dem 'Fremden' (und zwar in der konkreten Situation) einlassen und einen Weg finden, mit dem 'Fremden' umzugehen, ohne seine 'Fremdheit' auflösen zu wollen.

Dieses Konzeptfeld vermag – verallgemeinert – auch Wesen, Vorgänge und Ergebnisse einer 'Transkulturalität' zu erfassen und zu explizieren.

Vor diesem Hintergrund ergibt sich die Frage, was nun eine 'interkulturelle' bzw. eine 'transkulturelle' Linguistik ist. Nach der kürzlich erschienenen Monographie von RASTER (2002: 1 ff.) gelten für die „interkulturelle Linguistik" zwei Lesarten:

(1) eine Forschungsrichtung, die sich auf die Interkulturalität der Sprachen bezieht,
(2) eine Forschungsrichtung, die auf die Interkulturalität der Sprachwissenschaft bezogen ist.

In ihrer ersten Funktion untersucht „interkulturelle Linguistik" die kulturbedingte Verschiedenheit der Erscheinungs- und Gebrauchsweisen von Sprachen. In ihrer zweiten Funktion sieht sie sich dem Phänomen gegenüber, dass die Sprachwissenschaft selbst in verschiedenen Kulturen auf verschiedene Weise existiert. Für die hier thematisierten Belange ist die erste Lesart relevant. Aus den oben explizierten Gründen gebe ich jedoch – im Hinblick auf die Erforschung meines Objektbereichs – der konzeptuell-terminologischen Variante 'transkulturelle Linguistik' den Vorzug. RASTER (2002: 4) definiert „interkulturelle Linguistik" als „Addition der klassischen systemlinguistischen Behandlung des Kulturkontrasts und der modernen Behandlung dieses Phäno-

---

habe am gemeinsamen Sinn" durch die „Horizontverschmelzung" ermöglicht werden muss.

mens aus pragmalinguistischer und sprachsoziologischer Sicht unter Berücksichtigung der wechselseitigen Abhängigkeit beider Komponenten". Trotz meiner grundsätzlichen Zustimmung würde ich aber – neben der von RASTER prononcierten kulturkontrastiven Perspektive – auch die Fokussierung auf die Wechselbeziehungen zwischen den Sprachen ins Zentrum der Definition stellen.[368] Günstig wäre also auch eine Ausrichtung auf die evidenten und latenten Kontaktkonfigurationen und -manifestationen zwischen den Sprach(varietät)en sowie die Beschreibung kultureller Überschneidungssituationen, etwa bei zahlreichen bi- bzw. multilingualen Minderheiten.[369] Nur so könnte man höchstwahrscheinlich einer heute oft anzutreffenden Situation wissenschaftlich zielkonform beikommen, in der sich Kulturen und Sprachen in zunehmendem Maße und in vielfältiger Weise begegnen – bisweilen geradezu durchdringen – und das auf allen Ebenen und Abstraktionsstufen – von der phonetisch-phonologischen Ebene bis hin zur 'Interkonzeptualität'.[370] Dementsprechend formuliere ich meine Arbeitsdefinition folgendermaßen:

Interkulturelle Linguistik ist eine von Linguisten verschiedener Disziplinen gegenüber dem Phänomen des Sprach- und Kulturkontrastes sowie den Phänomenen des sozialen Kontakts und der kulturenbedingten Interaktion zweier oder mehrerer natürlicher Einzelsprachen praktizierte Forschungsorientierung samt den daraus resultierenden theoretischen und praktischen Verfahren, wobei auch die lebensweltlichen Konstellationen der Überlappung dieser Sprachen zu berücksichtigen sind. Dabei handelt es sich einerseits um eine Kombination der systemlinguistischen, andererseits der primär psycho-, sozio-, pragma- und kontaktlinguistischen

---

[368] So betrachte ich Kontaktlinguistik als Teilbereich einer interkulturellen/transkulturellen Linguistik.

[369] Präsentiert sich hier doch ein interkulturell-linguistisches Gegenstandsfeld par excellence.

[370] Unter 'Interkonzeptualität' verstehe ich (an Termini wie 'Intertextualität' anknüpfend) unterschiedliche Aspekte wechselseitiger Beziehungen zwischen kognitiven Konzepten (etwa im Falle bilingualer Sprecher), wenn bei der diskursiven Produktion die kognitive Struktur der Modell- bzw. Kontaktsprache übernommen wird. Da die kognitive Dimension – sowohl im kognitivlinguistischen als auch im kognitiv-psychologischen Bereich – bei interkulturell-linguistischen Themen eine beachtliche Rolle spielt, ist die Erfassung und das Studium dieser Interkonzeptualität von großer Bedeutung.

sowie der sprachenpolitischen Untersuchung von Sprach- und Kulturkontrast bzw. -kontakt, auch der kulturenübergreifenden Kommunikation im weitesten Sinne sowie des sprachkommunikativen Umgangs mit Fremdheit/Alterität.

Damit kann außerdem den Faktoren der 'Identität'/'Ethnizität' eine entscheidende Funktion zugewiesen werden, z.B. bei der Analyse mancher historischer Ortsnamen, die aus einer identitätsstiftenden sprachlichen Selbstreflexion entsprungen sind: Exemplarische Wechselbeziehungen von Identitäts-, Volksnamen- und Ortsnamenveränderungen wurden z.B. in Arbeiten von KRANZMAYER (1956: 53), KRISTÓ (1978: 640 f.), KRONSTEINER (1980: 339 ff.) und LÉNÁRD (2002: 62 ff.) dokumentiert.

KERTÉSZ (2001c) weist darauf hin, dass sich in der Linguistik die Theorien zwischen den Gegenstand der Untersuchung und den diesen Gegenstand erfassen wollenden Forscher schieben. Folglich kann der Linguist nur durch die Vermittlung der von ihm geschaffenen Theorien einen Zugang zu dem finden, was er zu verstehen, zu beschreiben und zu erklären sucht. Theorien sind allerdings sehr „unvollkommene" Instrumente. Ihre Unvollkommenheit rührt daher, dass sie die Merkmale und Relationen der zu untersuchenden Gegenstände nur gleichsam verzerrt zu sehen ermöglichen. Die Theorien können folglich – metaphorisch ausgedrückt – als P r i s m e n betrachtet werden, die das Licht brechen: Das, was man zu sehen wünscht, wird durch das Prisma anders gezeigt, als es in Wirklichkeit ist; das Prisma stellt einige – tatsächliche oder vermeintliche – Eigenschaften in den Vordergrund, entzieht dafür andere dem Blick. Infolgedessen muss man sich, wenn man nicht entstellte oder falsche Informationen darüber erhalten will, was man 'Sprachsystem', 'Sprachgebrauch', 'Sprachwandel' etc. nennt, darum bemühen, die verzerrenden Wirkungen unserer Theorien zu meiden. Insofern fällt den Theorien in der Sprachwissenschaft eine determinierende Rolle zu. Schließlich kommt es darauf an, ein einigermaßen akzeptables Prisma zu finden bzw. zu entwickeln. Eine – in ihren Details noch ausführlicher und tiefer zu begründende – 'transkulturelle Linguistik' könnte sich m.E. als ein solches erweisen. Es sind jedoch weitere Forschungen vor allem zur Empirie und deren Methodologie notwendig.

Die Bedingungen, Merkmale und Untersuchungsmethoden der 'Transkulturalität' scheinen selbst der Minderheitenforschung in Ungarn vorerst wenig bekannt zu sein. Man geht nach wie vor meist unhinterfragt von der Einsprachigkeit und der Einkulturigkeit als Normalfall aus. Beispielsweise betitelt HUSZÁR (2000) ihre Abhandlung über die Ungarndeutschen im Wesprimer/Veszprémer Raum als „Am Scheideweg von Sprachen und Kulturen", was den Eindruck vermittelt, Angehörige bilingualer und transkultureller Minderheiten stünden vor einer zwingenden Wahl zwischen zwei separaten und jeweils isolierten (isolierbaren) Kulturen. Noch krasser kommt mir die Formulierung von T. MOLNÁR (1997: 106) in ihrer Monographie über die Ungarndeutschen in Hajosch/Hajós vor: „Obwohl sie ihre Muttersprache und Sitten bewahrt haben, lebten sie bis zur Jahrhundertwende ohne ernsthafte Konflikte in unserem Land". Die Konzessivität der subordinierenden Konjunktion *obwohl* suggeriert, dass Zweisprachigkeit und Bi- bzw. Transkulturalität notwendigerweise zu Konflikten führen müssten. Ich glaube dagegen: Kontakträume und interethnische Beziehungen enthalten zwar ein gewisses Spannungspotenzial, das jedoch nicht unweigerlich zu Konflikten führen muss, sondern auch Möglichkeiten zum Austausch als Voraussetzung für Transferprozesse bieten kann. Hier müssen und können das Konzept der 'Transkulturalität' und der generelle Verstehensrahmen – bzw. der 'Blickwinkel' (im Sinne von WIEDENMANN/WIERLACHER 2003) – einer 'transkulturellen Linguistik' (mit ihrem Teilschwerpunkt 'Kontaktlinguistik') ansetzen und für die weiterführende Forschung einen leistungsfähigeren Diskurs- bzw. Theorierahmen sowie ein progressiveres methodologisches Instrumentarium bereitstellen als etwa das Paradigma „Sprachinselforschung".

8 Zusammenfassung und Folgerungen

Die Untersuchung hat einen besonderen Varietätentyp innerhalb einer spezifischen 'Kultur der Mehrsprachigkeit' erarbeitet und dabei die ermittelten sprachkommunikativen Handlungsstrukturen bilingualer Sprecher im Spannungsfeld zwischen ein- und zweisprachigem Diskursmodus modelliert (vgl. 2.6). Meine phänomenorientierte heuristische Analyse hat deutliche lexikalische, morphosyntaktische u.a. Durchlässigkeiten, dazu einen hohen Grad bilingualer Verknüpfungsintensität des untersuchten ungarndeutschen Dialekts (wie wohl auch anderer rezenter ungarndeutscher Mundarten) ergeben, was für eine ausgeprägte Affinität zu bilingualen Kontakt- bzw. Interaktionsprozessen spricht. Es stellte sich heraus, dass dieser Dialekt heute eine bilinguale Kontaktvarietät – das 'Kontaktdeutsch' par excellence – darstellt, auf die das Ungarische (im Sinne einer omnipräsenten Modell-, Bezugs- und Überdachungssprache) als ordnender Faktor einwirkt. In diesem lebensweltlichen „Spagat" zwischen (zwei) Sprachen und Kulturen bilden folglich sprachlich-kommunikative Mischungs- und Konvergenzprozesse aus Elementen, Strukturen und Mustern der am arealen Kontaktgeschehen beteiligten Sprachvarietäten das auffallendste Merkmal der Ingroup-Kommunikation ungarndeutscher Sprecher. Dementsprechend ließ sich ein bilingual-oszillierender Sprech- bzw. Gesprächsstil ausmachen (vgl. Abschnitt 5). Aus der erschlossenen Datenfülle über Kontaktphänomene auf verschiedenen Ebenen geht hervor, dass die Sprecher mithin eine variable Vielfalt von hybriden Formen und Mustern ausgebildet haben, die sie sehr flüssig und ausgesprochen routiniert hervorbringen. Dabei gehen diese (durch lebensweltliche Transkulturalität hervorgerufenen) Hybriditätsformen weit über die Eigenschaften der jeweils beteiligten Sprachelemente, -strukturen und -muster hinaus und verkörpern praktisch eine neue, dritte Größe (vgl. 2.6.1).

Die analysierte Kontaktvarietät ist also unter systemlinguistischem Aspekt keine ganz stabile oder gar statische Größe: Sie variiert von Sprecher zu Sprecher, von Situation zu Situation und die Art bzw. der Grad der Hybridisierung von Äußerung zu Äußerung. Die durchgeführte Untersuchung konnte im Zusammenhang mit der hybriden Sprachverwendung offen legen, dass sie in erster Linie kommunikativ-funktional motiviert ist. Entsprechend war ich bemüht, im Rahmen

funktional motiviert ist. Entsprechend war ich bemüht, im Rahmen eines spezifischen dualen bzw. hybriden sprachkommunikativ-kulturellen Systems die faszinierende transkulturelle Sprachverflechtung zwischen typologischer Tradition und Innovation (im Sinne von 'Kontaktkreativität') wie auch zwischen Variabilität und Systematizität an dem erschlossenen Korpus möglichst umfassend zu veranschaulichen. Als Verallgemeinerungen ergeben sich aus den in dieser Monographie diskutierten evidenten und latenten Kontaktphänomenen u.a. folgende Schlussfolgerungen:

8.1 Voraussage und Generalisierung von Sprachenkontakt- und Interaktionserscheinungen

Wie eben die Vorkommenstypen von Zwei- bzw. Mehrsprachigkeit weltweit sehr unterschiedlich sind (man könnte geradezu von einer „Artenvielfalt" der Zwei- bzw. Mehrsprachigkeit sprechen),[371] so wiesen auch die bilingualen kommunikativen Handlungsformen bzw. ihre sprachsystematischen Realisierungsweisen eine außerordentlich große und differenzierte, empirisch fassbare Variationsbreite auf. Lediglich die Fakten des Kontaktes und der Variation können als Konstante betrachtet werden, während sämtliche Rahmenbedingungen als Variablen fungieren. Sprachenkontakte scheinen weitgehend unvergleichbar zu sein; 'Sprachenkontakt' ist ein „generischer Begriff" (vgl. HAARMANN 1999: 124), der sich in einer Vielfalt von unterschiedlichen Einzelsituationen realisiert. So lassen sich hinsichtlich der Mechanismen der Sprachenmischung meiner Überzeugung nach allenfalls bestimmte allgemeine Tendenzen, aber keine universalen, von einzelnen Sprachenpaaren und soziokulturellen sowie soziopragmatischen Rahmenbedingungen unabhängigen Gesetzmäßigkeiten feststellen.[372] Ohnehin ist jedwede sprachliche Modellierung nur als Idealisierung zu verste-

---

[371] Den Prototyp eines bilingualen Menschen gibt es nicht, weil die Umstände des Spracherwerbs, die sprachliche Umgebung, die persönlichen Attitüdenstrukturen für beide Sprachen sowie der Grad und der Typ der Sprachbeherrschung von Person zu Person erheblich differieren.

[372] Allenfalls sind die allgemeinen kognitiven Mechanismen im Gehirn identisch. Die konkreten Resultate müssen immer anders ausfallen, weil die am Kontaktgeschehen beteiligten Sprachsysteme (von der Sprachstruktur her) und die Sprachverwendungsstrukturen unterschiedlich sind.

hen, denn die sprachlichen und kommunikativen Verhältnisse sind immer heterogen. Folglich kann man die bei einem Sprachenpaar in einem soziokulturellen Referenzrahmen erschlossenen Phänomene und Schlüsse nicht automatisch auf ein anderes Sprachenpaar übertragen.[373] Dies bestätigen die vielfach auftretenden Diskrepanzen zwischen dem von mir bearbeiteten und interpretierten Material und den herangezogenen Belegen aus der Fachliteratur (z.b. unter 3.2.1). Zu analogen allgemeinen Schlussfolgerungen kann man beispielsweise auch anhand des Aufsatzes von NORTIER (1995: 87 ff.) gelangen. Darin wies NORTIER nach, dass zwischen dem marokkanischen Arabisch und dem Niederländischen einerseits sowie zwischen dem marokkanischen Arabisch und dem Französischen andererseits – trotz vergleichbarer geographischer, historischer, sozialer und chronologischer Parameter – z.b. unterschiedliche Kode-Umschaltungsvorgänge zu beobachten sind. Demzufolge darf man den Hypothesen der sog. Universalien des Sprachenkontaktes nicht bedingungslos vertrauen.[374] Zur Problematik der Kontakt-Universalien hat NELDE (1981: 117 ff.) bezüglich der natürlichen deutsch-französischen Sprachenkontakte und SPILLNER (1986: 151 ff.) hinsichtlich der künstlichen Sprachenkontakte (konkret: des gesteuerten Zweitspracherwerbs) im germanistischen Schrifttum erste und konstruktive Überlegungen angestellt.

Die vorliegende Arbeit hat am Material einer „transkulturellen Zweisamkeit" von Sprachen gezeigt: Für das Konstrukt 'Kontaktlinguistik' können genetisch nicht verwandte[375] und typologisch unähnliche Sprachenkonstellationen – wie die in dieser Studie thematisierten deutsch-ungarischen Relationen – ausgesprochen wertvolle Impulse geben. SCHAPPELLE (1917: 25 und 40 f.) hatte ja bereits die genetische Nähe bzw. Distanz von miteinander in Berührung stehenden Sprachen angesprochen. Er betonte, dass seiner Ansicht nach das Deutsch der deutschstämmigen Siedler in Brasilien (auch) deswegen „schwerer zu verstehen ist als die deutschen Dialekte in Nordamerika", weil letztere „unter dem Einfluß einer verwandten Sprache" stünden, während die

---

373 Das soll allerdings keinesfalls bedeuten, dass vergleichende Analysen von unterschiedlichen Sprachenkontaktsituationen und bilingualen Redeprodukten wert- oder sinnlos wären.

374 Man sollte zunächst eine (dynamische) Typologie erarbeiten; vgl. THOMASON (1997).

375 Nebenbei bemerkt: Der von mir in den vorangegangenen Abschnitten mehrmals zitierte REITER (1960: 3) hält auch die von ihm behandelten Kontaktsprachen Deutsch und Polnisch für „nichtverwandte Sprachen".

sprachliche Beeinflussung in Brasilien von einer ganz fremden Sprache ausgegangen sei. In dem Zusammenhang ist jedoch festzustellen, dass auch zwischen den Kontaktsprachen 'Deutsch' und '(brasilianisches) Portugiesisch' wegen ihrer Zugehörigkeit zur indogermanischen Sprachfamilie genetische Beziehungen bestehen. Der Aspekt der genetischen Beziehungen zwischen den Sprachen wird darüber hinaus auch im neueren Schrifttum behandelt. So erklärt z.B. TÅNGEBERG (1978: 7 bzw. 11) die „Einmaligkeit" der „Häufigkeit" von „starke[r] Interferenzwirkung" in Nordfriesland damit, dass die beteiligten Sprachvarietäten alle „zu derselben europäischen Sprach-Obergruppe, der germanischen" gehören. Wie unter 3.1.3 bereits angedeutet, schränkt IVANOV (1990: 237) die Möglichkeit der Transferenz von Wörtern mit grammatischen Funktionen und von formbildenden Affixen nur auf verwandte Sprachen ein. Im Hinblick auf den deutsch-dänischen Grenzbereich führt FREDSTED (2002: 72) aus, dass die „Beeinflussung [...] besonders einfach geht, wenn die Nachbarsprachen eng verwandt sind".[376] Aufgrund meiner Befunde denke ich aber, dass bei den Sprachenkontakten (neben soziokulturellen Faktoren) eher die typologischen Gemeinsamkeiten, Ähnlichkeiten oder Unterschiede als die genetischen dominieren.

Auf Fragen der Sprachtypologie gehen einige zeitgenössische Werke ebenfalls ein (z.B. MCMAHON 1999: 209 f.) und nehmen auffällig oft an, dass strukturelle Transferenzen lediglich zwischen sehr ähnlichen Systemen möglich seien. THOMASON/KAUFMAN (1991: 17) vertreten jedoch einen „großzügigeren" Standpunkt, nämlich dass Sprachen nur dann strukturelle Transferenzen akzeptieren, wenn diese mit ihren eigenen Entwicklungstendenzen korrespondieren. Meine Forschungen an ungarndeutschem Material haben vielfältigere Befunde ergeben. Wie von mir unter 2.2 und 2.6.2 dargelegt, eignet sich daher gerade das Sprachenpaar Deutsch-Ungarisch dazu, dass man es als Untersuchungsgegenstand zur Gewinnung besonderer und auch für die Theoriebildung entscheidender Erkenntnisse nutzen kann. Zugleich bildet es einen ergiebigen Ausgangspunkt, um Hypothesen aufzustellen.

---

[376] Generalisierend meint BRAUNMÜLLER (2001: 121), dass „bei fremdsprachigem Kontakt zwischen genetisch verwandten Sprachen ähnliche oder gar dieselben Phänomene zutage treten, wie dies bei regionalen Sprachmischungen zwischen Dialekt und Hochsprache der Fall ist".

Die von mir durchgeführte explorativ-interpretative Analyse hat mehrere sprachtypologisch ausdrücklich relevante Eigenheiten gezeitigt, vgl. Belege Nr. (130), (131) etc. Auch diejenigen Beispiele lieferten weit reichende Aufschlüsse, die demonstrierten, dass zwischensprachliche Kontakt- und Interaktionsmanifestationen meist harmonisch, nach den Regularitäten beider Sprachsysteme gestaltet sind, z.B. Nr. (221) und (248); mit einem bildhaften Vergleich ausgedrückt: wie ein Sprach-Konzert, bei dem die verschiedenen Klänge aufeinander abgestimmt werden.

8.2 Sprachenkontakt zwischen system- und verwendungslinguistischer Betrachtung

Die obigen Ausführungen haben verdeutlicht, dass jede Sprachenkontaktsituation nicht einzig und allein durch die spezifischen Wechselwirkungen der beteiligten sprachlichen Systeme (z.B. deren typologische oder genealogische Distanz) gekennzeichnet ist, sondern auch durch die besondere Konstellation der jeweils relevanten außersprachlichen Variablen. Das führt u.U. zu divergierenden sprachkommunikativen Beobachtungen auf der Objektebene und zu unterschiedlichen Positionen auf der kontaktlinguistischen Metaebene. Zur Herausbildung von sich sogar widersprechenden Meinungen trägt überdies bei, dass sich in der Sprachkontaktforschung, wie in der Sprachwissenschaft generell, in Bezug auf den Untersuchungsgegenstand verschiedene Forschungsperspektiven und Beschreibungsmethoden entfaltet haben (vgl. MEEUWIS/ÖSTMANN 1995: 177 ff. und BLANKENHORN 2003: 39 f.). Meine Untersuchungsergebnisse haben mithin verdeutlicht, dass zahlreiche Thesen der vorwiegend anglo-amerikanisch dominierten Bilinguismus-Forschung für die von mir analysierte deutsch-ungarische Kontaktsituation oft gar nicht oder nur bedingt zutreffen.[377] Es könnte sein, dass der Grund dafür in der sprachtypologischen Divergenz der analysierten Sprachenkontaktkonstellation oder im völlig unterschiedlichen diachronen und synchronen gesellschaftlichen Um-

---

[377] Dass insbesondere die in Abschnitt 3.2.1 thematisierten Restriktionen in Bezug auf Kode-Umschaltungen nicht allgemein gültig sind, geht auch aus anderen Studien hervor; vgl. beispielsweise PANDHARIPANDE (1990: 18 ff.), NORTIER (1995: 84) und BADER/MAHADIN (1996: 36 und 51).

feld der untersuchten Populationen liegt. Die Resultate meiner Arbeit legen also die Dringlichkeit einer Validisierung und Differenzierung des bisherigen varietäten-, sozio- und kontaktlinguistischen Erkenntnishorizonts nahe, wobei typologisch und genetisch divergenten Sprachenkonstellationen eine besondere Rolle zu bescheinigen ist. Die Analyseergebnisse haben ferner, so hoffe ich, Implikationen für die Sprachtypologie und andere Disziplinen der Sprachwissenschaft. Des Weiteren ergab sich die Überlegung, dass die Beschreibung und Interpretation von Kontakt-, Interaktions-, Überblendungs- bzw. Konvergenzphänomenen nicht auf die systemlinguistische Forschungsausrichtung beschränkt bleiben darf.[378] Vielmehr ist auch – und besonders – eine kommunikations-, sozio- und pragmalinguistische Perspektive (im weitesten Sinne) möglich und sinnvoll. Dabei wären gleichfalls u.a. sowohl makrosoziolinguistische Aspekte (sprachökologische Variablen) als auch mikrosoziolinguistische Erscheinungsformen (die konkrete Sprachverwendung) zu berücksichtigen. Obwohl besonders bei den Transferenzrealisierungen – wie unter 3.1.3 angeführt – die strukturellen Eigenschaften der kontaktierenden Sprachen und zugleich der soziokulturelle Rahmen den Ausschlag geben, spielen bei den Kode-Umschaltungen eindeutig die psycho-, neuro- sowie die sozio- bzw. pragmalinguistischen Umstände die maßgebende Rolle. Bei aller Wichtigkeit sprachenpolitischer Rahmenbedingungen müssten derartige Untersuchungen m.E. prononciert von linguistischen und nicht von politisch-ideologischen Auffassungen bzw. Wertesystemen bestimmt werden. Eine Überpolitisierung von ohnehin brisanten Zwei- und Mehrsprachigkeitsfragen wie das etwa bei JOÓ (1986: 83 f.) oder MAHL-STEDT (1996: 223) z.T. geschieht, ist wissenschaftlichen Forschungsinteressen nicht gerade dienlich.

Bei Betrachtung des „Intimlebens" von bilingualen Kontaktvarietäten stößt man immer wieder auf Zwitterhaftes, d.h. auf eine Spannbreite hybridisierter Formen, Strukturen und Mustern, die sich einer trivialen Dichotomisierung entziehen. Die Untersuchung hat nachgewiesen, dass die Sprecher die partizipierenden Sprachvarietäten sys-

---

[378] Die Postulierung morphosyntaktischer Regulierungen (z.B. für Kode-Umschaltungen) dürfte auch deswegen problematisch sein, weil Kode-Umschaltung vor allem in der gesprochenen Sprache (zudem nur im spontan-individuellen Sprachgebrauch) auftritt, in der die Regelsysteme, die anhand der geschriebenen Sprache erarbeitet wurden, weniger bindend sind.

tematisch intrasentenziell, sogar intramorphemisch, auf allen (und ineinander verschachtelten) sprachlichen Ebenen mischen. Als Folge entstehen zuweilen auch virtuose hybride Sprachspiele. So haben sich die Beschreibungen im Spannungsfeld von Systematizität und Variabilität als recht schwierig erwiesen. Denn die Sprachenkontakte tangierten/tangieren mit vielfältigen Variationen den gesamten Bereich der Sprache. Mein Untersuchungsschwerpunkt lag daher vorrangig auf Wortschatz, Phraseologie, Grammatik, aber z.t. auch auf sprachlichen Handlungstypen sowie auf bestimmten Diskurs- und Stilphänomenen. Wenn auch keine grenzenlose sprachkommunikativ-strukturelle „Promiskuität" zu verifizieren war, so ließ sich doch eine sehr hochgradige Potenzialität von Sprache und Kommunikation eruieren. Aufgrund meiner Analysen lässt sich annehmen, dass es bei der vorliegenden, recht fortgeschrittenen Sprachumstellungsphase – zumal in der Flüchtigkeit der mündlichen Rede – wenig gibt, was sich unter entsprechenden Bedingungen (Stichwort: 'Kontextgebundenheit des Sprechens') nicht variieren bzw. ändern ließe (vgl. Abschnitt 3). Ist doch Hybridität – unter der sozialpsychologischen Voraussetzung der Vertrautheit – ein konstitutives Merkmal der bilingualen sprachlichen und kommunikativen Alltagswirklichkeit. So ist z.B. im bilingualen Diskursmodus praktisch jedes ungarische Lexem als Augenblickslösung im ansonsten deutschsprachigen Kotext verwendbar. Die Sprachvarietäten werden intrasentenziell, manchmal intramorphemisch, auf allen linguistischen Ebenen gemischt. Allerdings gehen diese Prozesse (wie ich gezeigt habe) linguistisch wie sozial-kulturell nicht ohne jede Systematik vor sich. Insofern muss dem rigiden Standpunkt von STIEHLER (2000: 4 f.) über das Deutsche in Ostmittel- und Südosteuropa eindeutig widersprochen werden, dass „Ortsmundarten als Folge gewollter oder ungewollter Isolation sprachlichem Wandel gegenüber am verschlossensten bleiben". Bei aller kontaktbedingten Durchlässigkeit und Wandlungsfreudigkeit des untersuchten deutschen Dialekts muss betont werden, dass durch den ungarischen Kontakteinfluss vor allem solche Innovationen ausgelöst bzw. verstärkt werden, die zu den Tendenzen im Deutschen selbst analog verlaufen oder diesen Tendenzen zumindest nicht ganz widersprechen, sodass „eine Synthese auf höherer Ebene" (im Sinne von HUTTERER 1989: 253) zu beobachten ist.

Volumen, Reichweite und Charakter der Kontaktprozesse zeigen sich nicht zuletzt darin, dass z.B. Transferenzvorgänge nicht nur auf einzelne Wörter, Einzelmetaphern etc. beschränkt bleiben, d.h. dass nicht nur eine zwischensprachliche Angleichung des Bedeutungsspektrums einzelner Lexeme etc. erfolgt, sondern oft eine intensive Übernahme sogar ganzer Bildspender von einer Sprachvarietät in die andere. Die Konsequenzen dieses Konvergenzmechanismus gehen weit über den rein sprachlichen Bereich hinaus, denn dank der Bildlichkeit von Wendungen werden über die sprachlich-kommunikativen Isomorphismen auch kognitive Isomorphismen von einer Sprachvarietät in die andere übertragen. Somit werden in beiden Diskursgemeinschaften komplexe Sachverhalte oftmals mithilfe der gleichen mentalen Modelle konzeptualisiert, verstanden und behalten (vgl. 3.1.4).

Gesellschaft, Sprachensituation und damit auch Sprache selbst sowie der individuelle wie gruppentypische Sprachgebrauch sind natürlich auch im behandelten Bedingungsgefüge nichts Statisches. Vielmehr zeichnen sie sich – als Folge sprachexterner wie auch sprachinterner Faktoren – durch einen permanenten Innovationsprozess aus.[379] Wenn LABOV (1971: 134) z.b. erkennt, dass der Wandel des soziokulturellen Kontextes (und des Redegegenstandes) eine Veränderung einiger sprachlicher Variablen nach sich zieht (Stilwechsel), so wären zu dieser – für die Einsprachigkeit festgestellten – Erscheinung unter mehrsprachigen Sprachproduktions- und -rezeptionsbedingungen die verschiedenen Sprachenkontakt-, Interaktions- bzw. Konvergenzphänomene in ihrer Komplexität hinzuzurechnen. Es handelt sich also um Innovationsvorgänge im Sprachsystem wie auch im Sprachgebrauch im weitesten Sinne, die vor allem durch Sprachen- und Kulturenkontakte und die besondere sprachliche Bewältigung der ungarischen Umwelt induziert werden. Hinsichtlich der einzelnen Klassen bzw. Typen von Sprachenmischung und der durch sie hervorgerufenen systemverändernden Sprachinnovationen kann man eine interessante Prozesshaftigkeit nachweisen. WINFORD (2003: 99 f.) meint verallgemeinernd, dass unter Bedingungen von stabiler Zweisprachigkeit fast nur lexikalische Transferenzen für strukturelle Neuerungen sorgen, während bei instabilerer Zweisprachigkeit mit mehr kontaktbedingten strukturellen Innovationen zu rechnen sei. In Extremsituationen trete ein

---

[379] Vgl. z.B. die offensichtlichen Diskrepanzen zwischen KIEFERs These aus den 60er Jahren (in Abschnitt 3.1.1) und meinen Beobachtungen, die wahrscheinlich z.T. mit den in der Zwischenzeit verlaufenen massiven sprachlich-kommunikativen Veränderungen erklärbar sind.

hohes Maß an struktureller Konvergenz zwischen den kontaktierenden Sprachen ein, die zu weitgehend isomorphen Strukturen führe, wobei die lexikalischen Differenzen erhalten blieben.[380] Mein Denkansatz sieht anders aus: Nach meiner Meinung stellen Kode-Umschaltungen nur eine spontane, kurzfristige Form der Sprachalternation bei der Interaktion dar und sind daher auf der Ebene der Sprachvariation einzuordnen. Sie können aber längerfristig zu Transferenzen (und dann u.U. zu etablierten Lehnwörtern, Lehnwendungen etc.) führen, die bereits zu einem tatsächlichen, entscheidenden Sprachinnovationsprozess essenziell beitragen. Man kann aber keineswegs von einem linear verlaufenden und homogenen Vorgang sprechen, sondern von einem Prozess, der u.U. auch durch Variation und Diskontinuierlichkeit gekennzeichnet ist. Dementsprechend ließen sich die einzelnen Manifestationsklassen und -typen des Sprachenkontakts als ein Kontinuum begreifen und als solches darstellen.

Dabei ist hervorzuheben, dass nicht alle Innovationen in der untersuchten Kontaktvarietät schlicht und einfach dem Einfluss der Referenzsprache Ungarisch zuzuschreiben sind, nicht einmal jene, die eine prägnante Parallelität aufweisen. Denn die zwischensprachlichen Kontakt-, Interaktions-, Überblendungs- bzw. Konvergenzmechanismen sind weitaus subtiler: Die Konvergenzdynamik der kontaktierenden Sprachen kann z.B. innovationsfördernd oder auch -hemmend wirken. Dementsprechend hat also die Forschung auch zu eruieren, inwieweit die Einflussnahme der einen Kontaktsprache auf eine andere bestimmte Entwicklungen gebremst und bestehende Techniken gefestigt hat (vgl. auch HAARMANN 1999: 119).

Meine Untersuchungen deckten zudem auf, dass das besprochene „Kontaktdeutsch" den „sprachkommunikativen Fingerabdruck" des Ungarischen als dominante Kontakt- und Prestigesprache besitzt und mit seinen phänotypischen Merkmalen und Relationen in vielfacher Hinsicht einen Mikrokosmos für sich darstellt, der einer holistischen Betrachtung bedarf. In diesem Kontext wurde deutlich, dass der individuelle Sprachgebrauch bei zwei- bzw. mehrsprachigen Personen infolge seines dynamischen Facettenreichtums vor allem im mikro-

---

[380] An unterschiedlichen Sprachenpaaren und unter unterschiedlichen soziokulturellen Bedingungen haben auch andere Wissenschaftler in dieser Denkrichtung Hypothesen aufgestellt, vgl. etwa HEATH (1989) in arabisch-französischer Relation in Marokko und MÜLLER (2000: 31) in spanisch-deutscher Beziehung in Südchile.

strukturellen Feinbereich des Sprach- und Kommunikationsverhaltens kaum prognostizierbar ist, ein jeder entwickelt ja seine eigene „Diskurssensibilität" und folglich entstehen divergierende 'Mischstile'. Während sich die bisherige soziolinguistische Literatur vorrangig auf die makrostrukturellen Zusammenhänge in der Diskursgemeinschaft konzentriert hat und dafür prägnante soziologisch definierte Sprachgebrauchsmuster herausgearbeitet hat, würde m.e. künftig – im Kontext subjektwissenschaftlich orientierter Forschungen – eine Hinwendung zu Aspekten des sprachkommunikativen Handelns des I n d i v i d u u m s richtungsweisende Perspektiven eröffnen, die ihrerseits dezidiert psycholinguistischer[381] Reflexionsansätze bedürfen. Aus meinen Beobachtungen kann man nämlich darauf schließen, dass unterschiedliche Sprecher unterschiedliche strukturelle und funktionale Variationsmuster ausbilden. Für die zunehmend instabiler werdende bilinguale Dialekt-Standard-Diglossie bei der überwiegenden Mehrheit der Ungarndeutschen dürfte eine solche Blickrichtung – einschließlich der kognitiven Dimension (z.B. der mentalen Repräsentation)! – von entscheidender Relevanz sein. Eine sozio-, psycho- und pragmalinguistisch orientierte Kontaktlinguistik könnte und sollte in diesem Zusammenhang auch manch fruchtbare Ansätze der Ethnomethodologie (z.b. STREECK 1987) aufgreifen. Dabei muss man stets beachten: Qualität und Funktion von sprachkommunikativen Hybriditätsstrukturen werden nur im gegebenen situativen Kontext, unter Berücksichtigung der sprechenden Individuen (ihrer kommunikativen Intentionen und Bedürfnisse), des Gesprächsverlaufs und der kommunikativen Umgebung nachvollziehbar. Deswegen lassen sie sich am sinnvollsten auf der diskursiven Ebene mit diskurslinguistisch-gesprächsanalytischen Instrumentarien beschreiben (vgl. BLANKENHORN 2003: 63). Folglich kann eine Verknüpfung von sozio-, psycho- und pragmatischer Perspektive und Erkenntnissen der Kontaktlinguistik mit Beschreibungsmethoden der Gesprächsanalyse eine vielperspektivische Erschließung von Kontaktmechanismen ermöglichen. So wäre es eine nicht unwichtige Aufgabe, für Untersuchungen wie die vorliegende, einen Beitrag zur Konstruktion von

---

[381] Dennoch ist festzustellen, dass das neue HSK-Opus zur Psycholinguistik (RICKHEIT/HERRMANN/DEUTSCH 2003) Aspekte von Zwei- und Mehrsprachigkeit wie auch von Sprachenkontakten praktisch gar nicht behandelt bzw. die Mehrsprachigkeit lediglich indirekt, anhand des gesteuerten Fremdsprachenerwebs (im Artikel von WOLFF 2003: 835), andeutet.

Schnittstellen zu leisten, um – darauf aufbauend – zu einer umfassenderen, systematischen und kohärenten Beschreibung des Deutschen in Sprachenkontaktsituationen zu gelangen.[382]

8.3 Kausalitäten und Parameter des Vorkommens von Kontaktphänomenen

Zahlreiche Autoren haben selbst in jüngeren Veröffentlichungen nachdrücklich betont, dass Kontaktphänomene nur (so LASATOWICZ 1992: 83)[383] bzw. bevorzugt (so ANDERS 1993: 50 und 77, CLYNE 1994: 110, STIEHLER 2000: 2) dann auftreten, wenn in der Sprache, die der bilinguale Sprachträger gerade benutzt, an der betreffenden Stelle ein lexikalisches o.a. Defizit besteht; dieses werde dann mit Transferenzen aus der anderen Sprache oder mit Kode-Umschaltung überbrückt. Ähnliches postuliert KLASSEN anhand seiner Recherchen bei Russlanddeutschen: „Es existiert ein 'Regelungskern', der das Durchdringen der Entlehnungen lediglich in bestimmten Fällen zulässt; u.zw. wenn es gilt, neue Gegenstände, Erscheinungen, Begriffe, spezielle Ausdrücke mit spezifischer Bedeutung zu bezeichnen" (KLASSEN 1969: 590 und 1994: 71 – an beiden Stellen mit identischem Wortlaut, aber in der späteren Publikation ohne Hinweis auf die frühere). In meiner Belegsammlung dominieren jedoch die Fälle, in denen Transferenzen zur Abdeckung neuer Begriffsfelder dienen, nicht. Die meisten, als Folge einer Transferenz entstandenen Formationen dürften wohl als lexikalische, semantische u.ä. Varianz angesehen werden. So lässt sich annehmen, dass diese Erscheinungen meist andere, nicht primär sprachsystemimmanente, sondern eher psycho-, neuro-, sozio- oder pragmalinguistische Ursachen haben. Für „simultan" bilinguale Kommunikatoren sind in deutschsprachigen Sprechhandlungen etwa lexikalisch-semantische Transferenzen ungarischer Provenienz keinesfalls störend, erfüllen sie doch

---

[382] Dass hierbei nicht immer absolut rigide, eindeutige Zuordnungen, Kategorisierungen und Schlüsse sowie strenge, elaborierte Modelle vorliegen, mag bedauerlich erscheinen; dies liegt jedoch in der Natur einer Linguistik begründet, deren Ziel die Beschreibung von Variationen menschlichen sprachkommunikativen Handelns ist.

[383] MÁRVÁNY (1967: 55) beansprucht sogar: „Da die Ansiedler von Deutschland weit entfernt lebten [...], konnten sie die Benennungen der frisch aufgetauchten Begriffe nicht immer zur rechten Zeit aus der Urheimat übernehmen. So kamen die ungarischen Fremd- und Lehnwörter – meistens zwangsweise – in ihren Wortschatz hinein".

Satzgliedfunktionen auf eine funktionale Weise, so ähnlich, wie die Fremd- bzw. Lehnwörter im unilingualen Diskurs einsprachiger Diskursgemeinschaften. Bei den von mir analysierten bilingualen Sprechern befinden sich die zur Disposition stehenden Redemittel wohl in einem gemeinsamen Speicher. Und da diese Mittel beim Spracherwerb semantisch eingeprägt wurden, sind sie nicht an die einzelnen partizipierenden Sprachen gebunden, sondern sind im Gedächtnis ebenso verknüpft und weisen die gleichen Feld- und Assoziationszusammenhänge auf, wie die Elemente ein und derselben Sprache. Im Falle dieses „zusammengesetzten" Bilinguismus[384] erfolgt kaum eine Kode-Differenzierung:[385] Die beiden Systeme funktionieren gleichsam wie ein einheitlicher Kode. Es handelt sich darum, dass die Elemente der zwei Sprachen gemeinsame Felder bilden und dass der sog. 'Priming-Effekt' (vgl. STROHNER 1990: 148, 191 ff.) auch in einem zweisprachigen Kontext funktioniert. Das heißt, ein Element der einen Sprache vermag bei der Sprachproduktion ein Element der anderen Sprache aus dem Langzeitgedächtnis zu aktivieren, denn sie gehören zu ein und demselben semantischen Netz. Dabei ist anzumerken, dass die äquivalenten Elemente der beiden Sprachen ungeachtet ihrer weitgehenden semantischen und stilistischen Übereinstimmung oft pragmatisch-emotionale Unterschiede zeigen.

Im Anschluss an OKSAAR (1976: 238 f.) können insgesamt mehrere Gründe dafür verantwortlich sein, dass bilinguale Sprecher bestimmte

---

[384] Die Erfahrung zeigt, dass diese Sprecher auch dann mit einer gemeinsamen mentalen Repräsentation operieren, wenn die eine Sprachvarietät (das Ungarische) eher an die Makrogesellschaft und die andere (der deutsche Ortsdialekt) dagegen an die Mikrogruppe geknüpft ist. In ihrem mentalen Lexikon sind die Elemente der beiden Sprachvarietäten in einer abwechslungsreichen Weise miteinander verbunden und bilden verschiedene paradigmatische und syntagmatische Felder. (Zu den im mentalen Lexikon gespeicherten Informationen und deren Relationen vgl. NAVRACSICS 2001: 53 f. und SINGLETON 1999.) Die gemischten Assoziationsfelder führen dann beim Reden zu lexikalischen Transferenzen. Der „zusammengesetzt" binguale Sprecher greift also auf ein lexikalisch-semantisches System zurück, unter dessen variablen Elementen er relativ frei auswählen kann, denn sie sind miteinander sowohl semantisch als auch grammatisch kongruent bzw. kompatibel (zur „Spinnweben-Theorie" vgl. GÓSY 1999).

[385] Zur Hypothese des einheitlichen sprachlichen Systems („one system hypothesis") und ihrer Kritik sowie zur Hypothese differenzierter sprachlicher Systeme („separated system hypothesis") vgl. NAVRACSICS (1999: 87 ff.) mit zahlreichen weiteren Literaturhinweisen.

Elemente, Strukturen und Muster aus der jeweils anderen Sprache übernehmen oder die Sprache wechseln.

(1) Dazu gehört die eben thematisierte kulturelle „Entlehnungs-not", wenn mit einer Sache auch deren Bezeichnung über-nommen wird.

(2) 'Sprachökonomie'[386] als auslösender Faktor für (statische wie auch dynamische) Transferenz oder Kode-Umschaltung be-deutet, dass die bilingualen Personen aus der anderen Spra-che vorrangig die kurzen, einfachen Formen und Modelle einsetzen.

(3) Auch die größere semantisch-kommunikative Exaktheit oder Expressivität und die speziellen Konnotationen lösen Trans-ferenzen bzw. Umschaltungen aus.

(4) Als weiterer Faktor tritt – als Kollektiv der Motivationen – die 'Gruppendynamik' in Erscheinung.[387]

Im Zusammenhang mit dieser Gruppendynamik sollte nicht übersehen werden, dass duale bzw. hybride Redeprodukte von den Sprechern oftmals gezielt, z.b. zur Erzeugung von Humor eingesetzt werden. Insofern verhilft den Sprechern ihr metakommunikatives Bewusstsein – als sprachbezogene Kognitivierung – zu bilingual-scherzhaften For-mulierungen im Interesse einer nuancierten und stimmungsvollen Kommunikation. Man vgl. den bereits erörterten Beleg Nr. (232):

Dank des hybriden Ressourcenreichtums der Sprecher finden mit-unter in der kommunikativen Praxis gezielt scherzhaft eingesetzte bilinguale Umdeutungen statt; anders als z.B. der Beleg *dr Ma:munded* unter 3.1.2.1, der im Sprachgebrauch nicht unbedingt als intendierte Ironie auftritt. So wird aus dem Namen des ungarischen Gerichts *hajdúkáposzta* ('Eisbein mit saurer Sahne – in Sauerkraut gedünstet') im ungarndeutschen Dialektdiskurs mal *Heidikraut*, begleitet durch den Spruch:

---

[386] Zum Begriff der Sprachökonomie vgl. Fußnote 212.

[387] GUTTMANN (1995: 795) meint, dass Ungarn in Slowenien slowenische Vokabeln „höchstens aus Loyalität gegenüber den Slowenischmuttersprachlern verwenden". Diese Begründung erscheint mir wenig einleuchtend und dürfte für mein Daten-korpus kaum relevant sein.

(257) *Flà:eisch hear, Kraut he:idi!* (SD: Fleisch her, Kraut heidi!, d.h. das Fleisch soll kommen, das Kraut möchte ich aber nicht).

Ein älteres Beispiel: Ende der 30er, Anfang der 40er Jahre des 20. Jahrhunderts gab es in Hajosch zur „reichsdeutschen" Grußformel *Heil Hitler!* die ironisch-vorausschauende Meinung:

(258) *De:s kann: abr no: fáj Hitler gi:a.* (SD: Das kann aber noch „fáj" Hitler geben – *fáj* [als Reim auf *Heil*] bedeutet 'es schmerzt, tut weh').

OKSAAR betont vielerorts (z.B. 1972: 129, 1976: 242 und 1988b: 11 f.), dass die Interaktionskompetenz und dadurch die sprachlichen Verhaltensmuster zweisprachiger Personen festgelegten Regelmäßigkeiten folgen, von denen die Linguistin auch mehrere behandelt. Das trifft zweifellos zu, aber – wie mir scheint – eher unter den Bedingungen einer relativ stabilen Zweisprachigkeit. In der sprachlichen und kommunikativen Kompetenz der Ungarndeutschen ist hingegen (wie bereits erwähnt) während der letzten Jahrzehnte eine gewisse 'Spracherosion'[388] eingetreten – PROTASSOVA (2002: 260 f.) benutzt dafür die Metapher 'Sprachkorrosion' – sodass ihr sprachkommunikatives Handeln in vielerlei Hinsicht maßgeblichen Veränderungen unterliegt. Folglich muss man als fünften Faktor – in Ergänzung zu den obigen vier – unbedingt den abnehmenden deutschsprachigen Anteil und die angeschlagene Sprachgewandtheit im kommunikativen Repertoire der ungarndeutschen Kommunikatoren anführen. Denn aus Mangel an entsprechenden Kommunikationsgelegenheiten, an sprachlichen Vorbildern und an sozialer Kontrolle beim Sprechvorgang wird das Deutsche von seiner Funktion her immer mehr zu einer Alters- und Erinnerungssprache[389] und weist von der Struktur her zunehmend Simplifizierungen auf, z.B. einen vereinfachten Kasusgebrauch, eine Aufhebung der verbalen Klammer, Verbalparaphrasen mit 'tun'.[390] Es ist dieser Rückgang der deutschen Sprache in Performanz und Kompetenz, der

---

[388] Zum Terminus vgl. Fußnote 62.
[389] Im Hinblick auf Oberschlesien spricht LASATOWICZ bezüglich dieses „Funktionswandels" von einer „Retrolingualität" (1998: 109). Nach dem bereits diskutierten Modell von MELIKA (1994: 298 ff.) verweist das bereits auf die „V. Phase" der Sprachumstellung; vgl. Fußnote 72.
[390] Ein Teil dieser Phänomene ist für Mündlichkeit und Dialektalität schlechthin charakteristisch.

sich ganz gewiss bei einem beträchtlichen Teil der untersuchten Fälle im Hintergrund der Sprachenmischungsphänomene verbirgt. Allerdings handelt es sich dabei um eine länger andauernde und „bewährte" Variation, die nicht unbedingt mit dem derzeit beklagten „Dialektschwund" zusammenhängt.

Auch diese von mir formulierten Erkenntnisse unterscheiden sich z.t. von einigen Thesen in der Fachliteratur. Zum Beispiel versucht POPLACK (1980: 589 f.) bei der Betrachtung bilingualer kommunikativer Praktiken so zu argumentieren, dass eine intrasentenzielle Kode-Umschaltung gründliche Kenntnisse beider Sprachen voraussetze; in ihren Untersuchungen kam nämlich diese Art der Sprachenmischung vor allem bei Personen mit derartiger Kompetenz vor. Demgegenüber bestätigen die von mir erfassten sprachkommunikativen Erfahrungsdaten (wie ich bereits erwähnt habe), dass kontakt-induzierte Besonderheiten verschiedener Art meist

(a) aus der sich in einer Umgestaltung befindlichen deutschen sprachkommunikativen Handlungskompetenz als eine Art K o m p e n s a t i o n s m e c h a n i s m u s resultieren oder
(b) in bestimmten psycho- bzw. soziolinguistischen Kontexten oft s t r a t e g i s c h (allerdings nicht unbedingt bewusst) eingesetzt werden.

Es existieren Indizien, dass Sprachenmischungen nicht nur im Sinne von (b) als bewusster, funktionaler und kreativer Gebrauch der Sprache(n) erfolgen. Beobachtungen zeigen vielmehr, dass bilinguale erwachsene (ältere) Ungarndeutsche sogar im Umgang mit unilingualen Kleinkindern nicht selten gemischtsprachige Äußerungen verwenden. Das ist ein Indiz dafür, dass vielen Sprecher(inne)n bereits ein gewisses Monitoring bzw. eine mentale und pragmatische Kontrolle über ihre Sprechproduktion abhanden gekommen sind. Es ist bemerkenswert, dass sich die kontakt-induzierten Systeme und Konstruktionen des ungarndeutschen Dialektes als funktionstüchtig erwiesen haben und in der syntaktischen Architektur der Sätze kaum Turbulenzen auftauchen. Daraus folgt, dass hinsichtlich der mentalen Repräsentation – neben einem zusammengesetzten Lexikon – eine getrennte Syntax vorliegt. Zur allgegenwärtigen Umgebungs- bzw. Referenzsprache Ungarisch bestehen immer mehr strukturelle Affinitäten. Sie liefert den strukturbildenden Hintergrund, das ständig präsente Modell, das das intuitive grammatische Verständnis beim Dialektsprecher steuert. Vielfach laufen Sprachproduktion und kommunikatives Verhalten über Transferstrategien ab. Die morphosyntaktischen Neuerungen (vgl. die *ugyan*-Komposita; siehe Belege 140, 141 etc.) gehen auf die modellbildende Wirkung des Ungarischen zurück, Einbußen an grammatischer Funktionalität sind dabei keine notwendige Folge.[391] Das wird nicht zuletzt daran deutlich, dass nicht ausschließlich rezipierende Transferenzen etc. vorliegen, sondern dass der behandelte ungarndeutsche Dialekt eine nicht zu unterschätzende Eigendynamik und Kreativität entfaltet, z.B. bei den mit *ak:a:r-* gebildeten hybriden Pronominaladverbien; siehe Belege (130), (131) etc. Gewisse Defizite betreffen eher das Lexikon, wie bereits z.b. in Abschnitt 3.2.4 angedeutet. Der Wortschatz der im Blickpunkt der Untersuchung stehenden Ungarndeutschen hat sich kaum erneuert, es fehlen selbst die lexikalischen Mittel zur Bewältigung alltäglicher Situationen. Eine Stärke der „donauschwäbischen" Dialekte besteht – genauer: bestand – im Reichtum an Lexemen in den Sachbereichen Landwirtschaft (siehe das Wörterbuch von GEHL 2003) bzw. Handwerk (siehe die Sprachlexika von GEHL 1997b und 2000), freilich in einem nunmehr überholten sozioökonomischen und –kulturellen dörflichen Milieu. Eine Schwäche zeigte sich dagegen in einem Mangel an Bezeichnungen für Vieles, was in der zweiten Hälfte des 20. Jahrhunderts oder gar am Anfang des 21. Jahrhunderts an kommunikativen Aktualitäten hinzukam. Erneuern konnte sich der ungarndeutsche Wortschatz kaum, weil ihm die Möglichkeit entzogen wurde, sich aus dem binnendeutschen Sprachraum zu regenerieren. Jüngere Sprecher beherrschen weder – da ihnen die damit bezeichnete Sachwelt nicht mehr vertraut ist – das traditionelle mundartliche Fachvokabular in angemessener Weise noch ist ihnen ein den modernen Begebenheiten entsprechender aktueller Wortschatz geläufig, weil ihnen dieser über den Ortsdialekt nicht vermittelt wird. Als Ersatz drängt sich die in jeder Hinsicht omnipräsente Kontakt- bzw. Referenzsprache Ungarisch auf. Der Dialektgebrauch jüngerer Sprecher ist mithin von einer lexikalischen Auszehrung betroffen, was seine Erhaltung und Pflege behindert. Die von mir untersuchte ungarndeutsche Sprachsituation hat freilich mit den defizitären Strukturen des „Gastarbeiterdeutsch" oder des

---

[391] Zu analogen Folgerungen gelangt auch ZÜRRER (1999: 377 ff.) bezüglich der walserdeutschen Dialekte im Aostatal (Italien).

„Pidgins" nichts zu tun; denn diese entstehen in sozialen Kontexten, die mit den ungarndeutschen Verhältnissen keine Gemeinsamkeiten aufweisen.[392] Die sprachkommunikative Lebenswelt der Ungarndeutschen stellt eben keine Pidgin-Situation dar. Hier handelt es sich um eine mehrsprachige Gemeinschaft, in der alle Mitglieder mit der dominierenden Staats-, Schul- und Verwaltungssprache Ungarisch vertraut sind, sodass zum umfassenden Gebrauch des ungarndeutschen Dialekts immer weniger kommunikative Notwendigkeit besteht.

Das behandelte „Kontaktdeutsch" betreffend, wäre es weiter untersuchenswert, inwieweit, auf welchen Ebenen, in welcher Reihenfolge und u.U. auch mit welchen Wechselwirkungen die spezifischen und im Wandel begriffenen individuellen wie gruppentypischen Sprachgebrauchsgewohnheiten, Kommunikationsstrategien und sprachlichen Funktionen möglicherweise irreversible Strukturveränderungen (a) im Medium und (b) im Ritual der Kommunikation bewirken.

Zweifellos besteht ein Zusammenhang zwischen einer solchen Transformation der sprachlichen Fähigkeiten und Fertigkeiten (die eine Umwandlung der ursprünglich deutsch-ungarischen – additiven – Zweisprachigkeit in einen zunehmend asymmetrisch und subtraktiv werdenden ungarisch-deutschen Bilinguismus zur Folge haben) und den vielfältigen Kontakt-, Interaktions-, Überblendungs- bzw. Konvergenzphänomenen, die wiederum systemverändernde Sprachinnovationen auslösen können. Dieser gesamte Komplex verdient es, künftig ausführlicher erforscht zu werden.

Der Untersuchungsort Hajosch ist „nur" zweisprachig. Es ist aber bemerkenswert, dass nach meinen Beobachtungen selbst bei den Ungarndeutschen, die in vielsprachiger Umgebung leben (z.B. in den dreisprachigen ungarisch-deutsch-kroatischen Dörfern der Batschka), eine deutlich überwiegende Mehrheit der interlingualen Transferenzen wie auch Kode-Umschaltungen auf das Ungarische zurückgeht, das in einem immer stärkeren Maße als Innovations- und Überdachungssprache fungiert. Dabei muss berücksichtigt werden, dass die interagierende Varietät zwar faktisch in den meisten Fällen (wenn auch nicht automatisch) die gegenwärtige Standardsprache ist, manchmal allerdings auch eine ältere Sprachform oder u.U. eine regionale Varietät des Ungarischen.

---

[392] Zur allgemeinen Problematik vgl. auch STÖLTING-RICHERT (1988: 1569), ZÜRRER (1999: 383) und HINNENKAMP (2000).

Bisweilen färben also auch ungarische regionale Varietäten auf die Kontaktphänomene ab. Beim Belegsatz Nr. (259) ist allerdings das Element *fölköszönt* trotz der Präfixvariante *föl-* (statt *fel-*) nicht zwingend als nur an die gegebene Region gebundene Variante des standardungarischen Verbs *felköszönt* zu betrachten. Man vergleiche:

(259) *Hàt sie di: scha fölköszöntenid?* (SD: Hat sie dich schon beglückwünscht?).

Im Beleg Nr. (260) ist aber das Wörtchen ungarischer Provenienz *köll* (eigentlich: *kell* = müssen) schon eindeutig als mundartlich und die Konjunktion *mer* (eigentlich: *mert* = weil) als volkstümlich zu qualifizieren:

(260) –*„Guck:id dean:i Le:tschla a:, koschtid's màl!"* – *„Wiavl Fil:eng:a seand dà?"* – *„Nu zwu:a, hát egy sárga meg kettő rózsaszín. And de:s seand so so csokis, abr i: han a Rezept it: gfànda. Meg köll kóstolnod! Abr piskóta han i: ku:eina gmacht, mer én azt nem szeretem.* (SD: – Guckt [euch] diese Kuchen an, kostet es mal! – Wie viel Füllungen[393] sind da? – Nur zwei, also eine gelbe und zwei rosarote. Und das sind noch so Schokokuchen, aber ich habe das Rezept nicht gefunden. Du musst ihn kosten! Aber Biskotten habe ich keine gemacht, weil ich sie nicht mag.).

Zum einen kann man also feststellen, dass die Kontakteinwirkung ungarischer Dialekte auf die untersuchte ungarndeutsche mundartliche Varietät verhältnismäßig marginal ist.[394] Zum anderen ist bemerkenswert, dass sich der Einfluss anderer Minderheitensprachen als Umgebungssprachen (von denen in Abschnitt 2.4 die Rede war) nur sehr sporadisch in Form vereinzelter lexikalischer Übernahmen und Transferenzen im Sinne einer phraseologischen Lehnübersetzung dokumentieren lässt.

Schon ANDERS (1993: 7) fiel auf, dass die Sprache der von ihr analysierten ehemals sowjetuniondeutschen Population der asiatischen Gebiete kontinuierlichen Kontakten mit verschiedenen Turksprachen (Kirgisisch, Kasachisch, Ujgurisch, Tschuwaschisch usw.) ausgesetzt war, sich deren Einwirkung aber in ihrem Belegkorpus nicht nachweisen ließ. BOCK (1994: 59) konnte zwar einige lexikalische Transferenzen aus anderen koexistierenden Sprachen (etwa dem Kasachischen) in

---

393 Gemeint war wohl: *Wie viele Arten von Füllungen.*
394 Zur Dialektalität im Ungarischen vgl. Fußnote 158.

Mundartgesprächen mit Russlanddeutschen identifizieren, es handelte sich aber ausschließlich um kommunikativ aktuelle Wörter (z.b. Realienbezeichnungen), die es im Russischen nicht gab. Daher stellt sich die Frage: Könnte oder sollte man bei dieser eklatanten Disproportion bezüglich der Geber- bzw. Modellsprachen nicht nach allgemeineren Ursachen suchen? Falls ja, dann wohl vor allem unter einer soziolinguistischen Perspektive. Sicher spielt hier der Aspekt, welche Varietät im gegebenen Umfeld als Prestigesprache gilt, eine wichtige Rolle.

8.4 Sprachen- und Kulturenkontakte im Karpatenbecken

Wie in Abschnitt 2.2 als ein Zielhorizont dieser Untersuchung angekündigt, wäre es wünschenswert und somit vordringlich, die sprachlich-kulturelle Kontakt- und Konfliktproblematik in größere empirische Zusammenhänge zu stellen, nicht zuletzt, um die Anzahl möglicher linguistischer Zugriffspunkte kontaktologischer und variationistischer Analysen zu erweitern. Das könnte in mehreren Dimensionen geschehen:

(1) Da für Deutsch als Minderheitensprache in Ungarn nicht in jeder Ortschaft Ungarisch die (primäre) Kontaktsprache ist, sondern eine andere Minderheitensprache, wäre die Aufdeckung von sprachlichen und kulturellen Berührungen und deren Auswirkungen auf das Deutsche und auf die jeweilige kontaktierende Minderheitensprache – z.B. Slowakisch – recht aufschlussreich (also z.B. Deutsch-Slowakisch bilingual). GYIVICSÁN (1993b: 133) erwähnt beispielsweise, dass sich in manchen Gemeinden Ungarns, wie etwa in Pilisszentkereszt, die deutsche Minderheit „slowakisiert" hat, was sich u.a. in der Form der Familiennamen niederschlug. In einem anderen Beitrag beschreibt GYIVICSÁN (2001) das „Aufeinandertreffen der deutschen und der slowakischen traditionellen Kultur in den ungarländischen slowakischen Sprachinseln".[395]

(2) Auf breiter Basis, im Interaktionsraum von drei oder u.U. sogar von vier Sprachen und Kulturen, könnte sich eine Erschließung von

---

[395] Die Wechselbeziehungen anderer Minderheitenvarietäten untereinander und mit dem Ungarischen können ebenfalls aufschlussreich sein (vgl. KIRÁLY 2001).

komplexen Kontaktphänomenen des Deutschen in mehrfach multiethnischen und multi- bzw. transkulturellen Ortschaften Ungarns
als weiterführendes multilaterales (statt bilaterales) Gegenstandsfeld anbieten.[396] In meinem Erfahrungsbereich lassen sich sogar
dreisprachige – etwa deutsch-slowakisch-ungarische – Mischungs-
phänomene feststellen: So setzen sich folgende, in der multiethnischen Ortschaft Iklad bei Budapest erhobene, hybride Belege aus
Elementen dreier Sprachsysteme zusammen: *Ear tuat schlecht kor-
mányzUVAT'* (SD: Er tut schlecht regieren) oder *I geh sétálOVAT'*
(SD: Ich gehe spazieren). Hier steht jeweils in einem sonst dialektal-
deutschsprachigen Syntagma ein slowakisch flektiertes Verb ungarischer Provenienz als Infinitiv: ungar. *kormányoz* ('regieren') +
slowak. Infinitivsuffix *-UVAT'* oder ungar. *sétál* ('spazieren') +
slowak. Infinitivsuffix *-OVAT'*. Noch spektakulärer verhält es sich
mit der hybriden Infinitivform *obrajzolUVAT'*, weil hier dem unga-
risch-slowakischen Lexem *rajzolOVAT'* das dialektal-deutsche
Verbalpräfix *ob-* (SD: ab-)[397] vorangestellt wurde. Dieses *ob-* ist
vermutlich in Anlehnung an das ungarische Präfix *le-* aus *lerajzol*
(wörtlich: 'abzeichnen') hinzugekommen, weil das entsprechende
Lexem des Ungarischen mit diesem Präfix operiert. Als Modell-
bzw. Referenzsprache hat hier wohl das Ungarische gedient.

Das Schillern der mehrfachen Überschichtung von Ethnien, Sprachen, Kulturen und Identitäten im Kultur- und Traditionsraum Ungarn erkennt man exzellent auch an der augenfälligen Überschrift
eines Beitrags von MOLNÁR (1997): „Te tót (német) vagy! – mondta
anyám magyarul". Deutsch heißt das: „Du bist eine slowakische
(Deutsche), sagte meine Mutter auf Ungarisch".

---

[396] Manche Detailstudien haben Teilaspekte derartiger multilingualer Konstellationen
aufgedeckt, z.B. im Hinblick auf die Widerspiegelung der interethnischen Wechselwirkungen in der Karpaten-Ukraine in der Lexik am Beispiel der deutschen, ruthenischen (ukrainischen) und ungarischen Sprache (MELIKA 1999) oder am Material der
ungarischen, ruthenischen, ukrainischen, russischen und slowakischen Transferenzen bei den sog. Ethno- und Regiorealien in der Kochkunst der Karpaten-Deutschen
(MELIKA 2003); ich denke allerdings, es wäre hier terminologisch korrekter, etwa von
Bezeichnungsexotismen im Hinblick auf Ethno- und Regiorealien zu sprechen, ist
doch „Ethnorealie" etc. ein Realitätsobjekt (ein Denotat), das in der Sprache durch
einen Exotismus (quasi „Ethno-Exotismus") wiedergegeben wird.

[397] Andererseits ist auch nicht auszuschließen, dass es sich um ein Präfix slowakischer
Herkunft handelt.

(3) Es wäre ebenfalls interessant, aufzudecken, inwieweit die von mir ermittelten deutsch-ungarischen Realisierungen von Sprachen- und Kulturenkontakten sich mit Kontaktphänomenen zwischen anderen Minderheitensprachen und dem Ungarischen (z.B. Slowakisch-Ungarisch, Kroatisch-Ungarisch) vergleichen lassen, d.h. Übereinstimmungen, Ähnlichkeiten und Unterschiede existieren.

(4) Eine relevante Erweiterung des Blickwinkels könnte ein Vergleich der hier herausgearbeiteten Kontakt-, Interaktions-, Überblendungs- bzw. Konvergenzphänomene erbringen, die anhand des Deutschen als Minderheitensprache und des Ungarischen als Mehrheitssprache in Ungarn (also Deutsch-Ungarisch in Ungarn) festgestellt worden sind, wenn man diesen Phänomenen entsprechendes Material aus dem Deutschen als Minderheitensprache und aus anderen Mehrheitssprachen im Karpatenbecken (z.B. Deutsch-Rumänisch in Rumänien) gegenüberstellt.[398]

(5) Es wäre ferner aufschlussreich, kontrastiv-komparatistische Untersuchungen über die wechselseitigen sprachlichen und kulturellen Beeinflussungen durchzuführen, denen auf der einen Seite das Ungarische als Mehrheitssprache und die verschiedenen ungarländischen Minderheitensprachen (z.B. Ungarisch-Deutsch in Ungarn) unterliegen und das Ungarische andererseits als Minderheitensprache mit der jeweiligen Mehrheitssprache im gesamten Karpatenbecken (z.B. Deutsch-Ungarisch im Burgenland/Österreich). Man könnte dabei gewiss hochinteressante nicht nur bilaterale, sondern sogar multilaterale Konvergenzen aufdecken. Ansätze dazu finden sich bei HUTTERER (1989), ROT (1991a, 1991b) und bei PUSZTAY (2003).

(6) Ein spannender Aspekt dabei wäre, wie sich im Kontakt- und Konvergenzraum des Karpatenbeckens auch besondere Sprachvarietäten „nicht nationaler" Minderheiten wie die der Zigeuner

---

[398] Der Vorstoß von BRADEAN-EBINGER (1997a: 133 ff. und 1997b: 101 ff.), der in eine z.T. ähnliche Richtung zielte, hat leider kaum Substanzielles gebracht. Und solche pauschalen Beobachtungen wie die von HOCKL (1984: 309 f.), dass entgegen der angeblich „auffallenden Abschirmung" der ungarischen Sprachgemeinschaft etwa die Serben und Kroaten in sprachkultureller Hinsicht kontaktfreudiger seien („Aber auch in der Mentalität ist der Südslawe fremden Einflüssen gegenüber offener als der Madjare"), bedürfen natürlich einer wissenschaftlich-empirischen Überprüfung.

(Sinti und Roma) oder das Jiddische verhalten. Man vergleiche z.b. die Überlegungen von HUTTERER (1989) über entsprechende Konvergenzphänomene im Burgenland.

Einen brauchbaren Kontrapunkt zu meinen Untersuchungen könnten Analysen geben, die sich mit dem sprachkommunikativen Verhalten der nach dem Zweiten Weltkrieg aus Ungarn nach Deutschland – meist nach Süddeutschland – ausgesiedelten (vertriebenen) Ungarndeutschen auseinander setzen und dabei vor allem sprachliche Integrations- bzw. Assimilationserscheinungen in der neuen Heimat thematisieren. Man vgl. dazu eine der ersten Vorarbeiten z.b. von MOSER (1953) und ENGEL (1957), den Ansatz von GEHL (1998: 160 ff., 1999: 458 ff) über ihren „Sprachausgleich" und den von BRADEAN-EBINGER (1997a: 97 ff, 1997b: 75 ff.) über die „Zweisprachigkeit und Diglossie bei den Donauschwaben in Deutschland".[399]

Generell gehe ich (etwa im Anschluss an BLANKENHORN 2003: 37), davon aus, dass Aspekte der von mir modellierten sprachkommunikativen Kontakt- bzw. Interaktionsprozesse und der beschriebenen Kontaktresultate – über diesen sprachlichen und regionalen Kontext hinaus – cum grano salis Allgemeingültigkeit besitzen sowie instruktive Ansätze für die Untersuchung anderer transkultureller Konstellationen bereitstellen.

Die kohärente und integrative Erschließung von sprachenpaarübergreifenden Gemeinsamkeiten wie auch von sprachenpaarspezifischen Besonderheiten der Gebrauchsvielfalt und Entwicklungsdynamik von

---

[399] Im Prinzip könnte man sich auch weitere Vergleichs- und Einbettungsdimensionen vorstellen: Neuerdings wird z.b. die „gemischte Sprache" von Migranten, besonders von Migrantenjugendlichen in Deutschland, zum Untersuchungsgegenstand der Sozio- und der Variationslinguistik (vgl. z.B. HINNENKAMP 2000). Obzwar es zwischen diesem Kommunikationsstil und den von mir thematisierten bilingualen kommunikativen Praktiken unübersehbare Ähnlichkeiten gibt, will ich auf keinen Vergleich eingehen, zumal die soziokulturellen und kommunikationstheoretischen Kontexte jeweils völlig unterschiedlich sind. Vergleiche mit Kreolvarietäten halte ich ebenfalls für unangebracht, da Kreolsprachen – wie BICKERTON (1997: 171) nachweist – universell einheitlicher und besonders in grammatischer Hinsicht offenbar weniger abhängig von den konstituierenden Kontaktsprachen sind als das bei unserem „Kontaktdeutsch" der Fall ist. Das seit kurzem aufkommende sog. Europanto (vgl. GRÉCIANO 2002) als scherzhaft verwendete künstliche europäische Kompositionsvarietät bietet gleichfalls keine sinnvolle Vergleichsgrundlage für den Wirklichkeitsbereich Deutsch als Minderheitensprache.

sprachkommunikativer Dualität und Hybridität stellt m.E. eine wissenschaftliche Herausforderung ersten Ranges dar. Dazu wollte die vorliegende Arbeit – wie bereits als Ziel Nr. 8 in Abschnitt 2.2 erwähnt – ein kontaktlinguistisches Terminologie-, Theorie- bzw. Beschreibungsmodell zur Diskussion präsentieren sowie empirische Belege aus der bilingualen Sprachproduktion von Ungarndeutschen darstellen und explizieren. Diese Stoßrichtung dürfte auch schon deswegen von nicht unerheblichem Belang sein, weil z.b. APPEL/MUYSKEN (1997: 7)[400] vor einigen Jahren noch deklarierten, dass Zweisprachigkeitsforschung oder Kontaktlinguistik für sich keine Wissenschaftsdisziplin sei. Der weitere wissenschaftliche Handlungsbedarf und die Perspektiven sind also offensichtlich.

---

[400] Die Erstausgabe des Buches ist im Jahre 1987 erschienen.

9 Ausblick

Der gegenwärtige Wissensstand über die Kulturrealitäten 'bilinguale Handlungskompetenzen' und 'bilinguale sprachkommunikative Normen' erfordert einen Paradigmenwechsel dergestalt, dass auf der Makroebene nicht mehr die – meist vorrangig durch eine (einheitliche) „Nationalsprache" definierte – „Nation" (im Sinne einer „Einsprachigkeitsideologie", vgl. OPPENRIEDER/THURMAIR 2003: 48) und bezogen auf die Mikroebene nicht mehr das einsprachige Individuum als der Etalon der Linguistik akzeptiert werden dürfen. Besonders, wenn man beachtet, dass nach kompetenten Schätzungen die Mehrheit oder gar mehr als 70 Prozent der Weltbevölkerung zwei- bzw. mehrsprachig ist (vgl. OKSAAR 1991: 170, CLYNE 1997: 301, BAKER 2002a: 64 und HAKUTA 2003: 223).[401]

Methodisch könnte und sollte man auf einen nach dynamischen Parametern ausgerichteten pragmatischen Normenbegriff zurückgreifen, der im Stande wäre, die systematisch auf zwei- bzw. mehrsprachigen kommunikativen Praktiken und Prozeduren beruhende Sprechtätigkeit bi- bzw. multilingualer Sprecher zu erfassen. Ihre Sprechweise gilt zudem als Komponente einer Inszenierungsstrategie von ethnisch-kultureller Identität (vgl. 2.6). Das Zusammenspiel von Sprachinnovation und den Attitüdenstrukturen der Benutzer zu den Sprach(varietät)en in bi- oder multilingualen Diskurs- bzw. Kodegemeinschaften ist noch ziemlich wenig erforscht. Deshalb sollte künftig die Rolle der sozialen und gesellschaftsspezifischen Perzeption von Sprachen und Kulturen im Hinblick auf die Selbst- und Fremdbilder der Sprachbenutzer eine stärkere Beachtung finden. Dabei ließe sich zudem ein Konstitutionsprozess von „Kulturhaftigkeit"[402] beobachten. Schließlich wäre ein gründliches Ausloten des „magischen Dreiecks" Sprache – Kommunikation – Kognition in ihren komplexen Wechselwirkungen unter den Bedingungen von Zwei- bzw. Mehrsprachigkeit wünschenswert. Die Rolle kultureller Faktoren kann daher nicht hoch genug ver-

---

[401] Wer allerdings als zwei- bzw. mehrsprachig gilt, ist nicht zuletzt eine Frage der Definition (vgl. Abschnitt 1.1). Aber selbst bei strengen Kriterien kann man der Aussage von KÁLMÁN (1980: 36) wohl kaum zustimmen, dass „die Anzahl von Bilingualen nur in Zehntausenden zu messen ist".

[402] „Kulturhaftigkeit" wird in dem von WILLEMS/JURGA (1998) herausgegebenen Sammelband als Gesamtheit der im sozialen Zusammenhang hergestellten Anzeige- und Interpretationsverfahren begriffen.

wert. Die Rolle kultureller Faktoren kann daher nicht hoch genug veranschlagt werden. Können doch kontaktlinguistische Untersuchungen ihren Thesen und Erkenntnissen eine einigermaßen übergreifende Aussagekraft eigentlich erst im Rahmen einer kulturellen Tradition, eines kulturellen Gedächtnisses und eines Kulturraums mit den triadischen Komponenten 'soziale Gruppe' – 'soziale Zeit' – 'sozialer Raum' verleihen (vgl. BURKHART 1999: 979 ff.). Entsprechend dürfen kontaktbezogene Untersuchungen nicht auf eine rein formale Auseinandersetzung mit Transferenz-, Kode-Umschaltungs- und sonstigen Phänomenbereichen im systemischen Gefüge von Sprachen beschränkt bleiben, sondern sie müssen die verbalen Handlungsstrategien bilingualer Kommunikatoren ebenso wie die Baupläne einer sprachlichen Konstruktion des kulturellen Milieus in inter- bzw. transdisziplinärer Weise berücksichtigen (vgl. auch HAARMANN 1999: 124).

Aufgrund meiner Forschungsergebnisse bin ich der Auffassung, dass die kontakt-induzierten Phänomene in Zukunft, wie bereits angedeutet, dezidierter aus der Sicht des Individuums zu analysieren sind sowie vor allem auch aus der Sicht des in der Forschung bislang praktisch vernachlässigten Rezipienten: Individuumzentrierte Ansätze können neue Perspektiven auf den prozessualen Charakter der Sprachenkontaktphänomene mit stärkerem Einbezug kommunikativer und soziokultureller Gesichtspunkte eröffnen (vgl. auch OKSAAR 2003: 110 ff.). Man muss dazu den interaktiven (also von Sprecher u n d Hörer gesteuerten) Charakter der erfassten Strukturen bzw. der diskursiven Produktion in die Untersuchung einbeziehen. Dabei ist weniger mit einer systemlinguistischen Ausrichtung zu arbeiten als vielmehr mit psycho-, neuro-, sozio- und pragmalinguistischen Perspektiven, auch unter Berücksichtigung des kognitiven Bereichs, und zwar sowohl des kognitivpsychologischen als auch des kognitivlinguistischen. Man muss z.B. die psycholinguistischen Modelle des komplexen sprachlich-kommunikativen Variationsverhaltens von bi- bzw. multilingualen Sprechern etablieren. Übrigens ist vom linguistischen und auch vom soziolinguistischen Standpunkt aus die Untersuchung des gemischtsprachigen Funktionierens schon weiter fortgeschritten (vgl. auch NAVRACSICS 1999: 78). Derartige psycholinguistische Modelle sollten also im Weiteren die sprachliche Perzeption und Produktion (d.h. die eingesetzten kommunikativen Praktiken) in den verschiedenen Kommunikationsmodi zwei- bzw. mehrsprachiger Individuen erfassen, nämlich im unilingualen Modus, wenn sie nur mit einsprachigen Partnern kommunizieren und im bilingualen Modus, wenn alle Beteiligten über dasselbe bi- bzw. multilinguale Repertoire verfügen (vgl. GROSJEAN/SOARES 1986). Solche Modelle sollten adäquat beschreiben können, wodurch sich die im unilingualen Modus befindlichen zweisprachigen Sprecher hinsichtlich der Perzeptions- und Produktionsmechanismen von den einsprachigen Sprechern unterscheiden. Und sie müssen die tatsächliche Interaktion von zwei (oder mehr) Sprachen im Laufe des bi- bzw. multilingualen Funktionierens hinlänglich erklären.

Demzufolge bestehen noch zahlreiche Desiderate: Man weiß zum Beispiel kaum etwas darüber, wie die sprachlichen Verhaltensmuster und die Interaktionsstrategien bi- bzw. multilingualer Personen in Abhängigkeit von verschiedenen sozialen und kulturellen Faktoren variieren. Dass sich Sprachgebrauch und Sprachbewusstsein unter Rückgriff auf sozialwissenschaftliche Kategorien beschreiben und erklären lassen, ist ja nicht nur in der modernen soziodialektologischen Forschung (vgl. NIEBAUM/MACHA 1999: 159) eine zentrale theoretische Prämisse; unter den transkulturellen Bedingungen von Zwei- bzw. Mehrsprachigkeit gilt sie anscheinend sogar in noch größerem Maße. Ohne den Gesamtkomplex erfassen zu wollen, seien an dieser Stelle lediglich – nach der oben vorgeschlagenen paradigmatischen Umkehrung der Perspektive zum Subjekt hin – einige individuelle Steuerungsfaktoren genannt, die natürlich nicht einzeln, isoliert, sondern parallel bzw. in verschiedenen Konfigurationen und Interdependenzen auftreten,[403] z.B.

(a) Alter : Dieser Parameter spielt für die an der Einsprachigkeit orientierte dialektologische Forschung – sogar im Hinblick auf das Schwäbische (siehe BERROTH 2001) – eine nicht zu vernachlässigende Rolle; für die Bedingungen der Zwei- bzw. Mehrsprachigkeit sind hingegen entsprechende Befunde sehr rar. Hinsichtlich der Ungarndeutschen wäre der grundsätzlichen, doch

---

[403] Es gibt viele weitere relevante, hier jedoch nicht näher zu thematisierende Einflussfaktoren wie die Familienzusammensetzung (sprachlich, ethnisch gemischt oder homogen; vgl. BLANKENHORN 2003: 31), die ethnische Zusammensetzung des Wohngebiets, der Siedlungstyp (Stadt oder Land; vgl. BLANKENHORN 2003: 33), der Stand der Zwei- bzw. Mehrsprachigkeit und ihre Verbreitung (vgl. MELIKA 1999: 440) usw. usf. Für die verschiedenen Variablen, die sich auf das bilinguale Sprechverhalten auswirken, kennt die Forschungsliteratur bereits mehrere Ordnungs- bzw. Gruppierungsvorschläge (z.B. CLYNE 1975: 30, GROSJEAN 1982: 136).

weiter zu präzisierenden Bilanz von NELDE/VANDERMEEREN/ WÖLCK (1991: 119), MIRK (1997: 225), MANHERZ et al. (1998: 49) und GERNER (2003: 115 f.) zunächst einmal zuzustimmen, dass die Mundart als Kommunikationsmittel vor allem von den vor 1945 geborenen Generationen verwendet wird. KNIPF-KOMLÓSI (2003b: 275 f.) hat in diesem Zusammenhang vier „Sprachgenerationen" ermittelt, womit eine gute Grundlage für weitere Forschungen zur Verfügung steht. Im internationalen Kontext von „Kontaktdeutsch" kann man auf Untersuchungsergebnisse wie etwa auf die von KIRSCHNER (1987: 87 f.) hinweisen, der meint, dass die Häufigkeit des Gebrauchs von „Russismen" bei Russlanddeutschen vom Alter der Sprecher abhängt: „Die Vertreter der älteren Generation setzen in ihrer Rede weniger fremdsprachliche Wörter und Ausdrücke ein als die Jugendlichen und die Vertreter der mittleren Altersstufe." KLASSEN (1981: 189) ist ähnlicher Auffassung: „Die Alten, die Träger der Mundart, lassen sich nicht 'provozieren'. Sie bleiben bei der Mundart." HANSEN-JAAX (1995: 70 ff. und 178) konnte ebenfalls bei den jüngeren Generationen niederdeutscher Sprecher mehr kontaktsprachliche (hochdeutsche) Elemente nachweisen. Zu einem analogen Fazit gelangte auch ZÜRRER (1999: 379 ff.) bei der Untersuchung der Sprechsprache walserdeutscher Siedlungen im italienischen Aostatal. CLYNE (1981: 39) hat seine diesbezüglichen Beobachtungen über die deutschsprachigen Einwanderer in Australien so zusammengefasst: „Bei vielen alternden Bilingualen besteht eine zunehmende Tendenz, vom Deutschen ins Englische zu transferieren und vom Englischen ins Deutsche umzuschalten, auch bei Fällen, wo in den jüngeren Jahren das entgegengesetzte sprachliche Verfahren zu erkennen war." MCCLURE (1977) weist eine Lebensalter-Abhängigkeit der Kode-Umschaltung nach und kommt zu dem Schluss, dass etwa ein bestimmtes Alter und ein bestimmter Sprachstand Voraussetzungen einer intersyntagmatischen Kode-Umschaltung sind. VIHMAN (1985: 297 ff.) sieht in ihren estnisch-englischen Zweisprachigkeitsrecherchen (wie auch z.B. MEISEL 1994: 413 ff. und KÖPPE/MEISEL 1999: 276 ff., wenn auch jeweils mit anderen Begründungen) jeweils unterschiedlich geartete qualitative Differenzen zwischen den Kode-Umschaltungsprozessen im Kindes- und im Erwachsenenalter. Konträr argumentieren jedoch LANZA (1997) und NAVRACSICS (1999: 155), für die es zwischen der Kode-Umschaltung von Kindern und Erwachsenen keinen qualitativen Unterschied gibt.

Auf jeden Fall könnte künftig ein Vergleich des sprachkommunikativen Verhaltens verschiedener Altersgruppen Aufschluss über derzeitige Tendenzen des bilingualen Sprachgebrauchs und über aktuelle Sprachenkontaktmechanismen geben (im Sinne einer „apparent time analysis"; vgl. BAILEY 2002, TURELL 2003).

(b) Geschlecht: Über den geschlechtsspezifischen Sprachgebrauch bei den Ungarndeutschen haben z.b. NELDE/VANDER-MEEREN/WÖLCK (1991: 120) erste (und deswegen noch wenig aussagekräftige) Beobachtungs- bzw. Erhebungswerte vorgelegt. MIRK (1997: 225 f.) konnte im Gebrauch des ungarndeutschen Ortsdialekts zwischen Männern und Frauen einen leichten Frequenzunterschied zugunsten der Frauen feststellen; dieser könne mit der größeren Beharrlichkeit von Frauen erklärt werden. MANHERZ et al. (1998: 49) resümieren den gegenwärtigen ungarndeutschen Forschungsstand so: „Die Frauen sind dialektfester als die Männer". GERNER (2003: 115) konnte aufgrund ihrer empirischen, punktuellen Studie in Bezug auf den Ort Nadasch/ Mecseknádasd den Frauen im Deutschen einen konservativeren Sprachgebrauch bescheinigen als den Männern. Ansonsten hat sie Unilingualität im Deutschen nur bei Frauen, Unilingualität im Ungarischen eher bei Männern festgestellt. KNIPF-KOMLÓSI (2003a: 31) hat eine eklatantere Geschlechtsspefizik im Hinblick auf die kommunikativen Verhaltensweisen registriert. Im internationalen Kontext ist WEISS (1959: 156 ff.) in seinem estnischdeutschen Projekt davon ausgegangen, dass „die Geschlechter aufs Ganze gesehen bei der Auseinandersetzung mit der Zweisprachigkeit" gleiches Verhalten an den Tag legen. Er gelangt zu dem Schluss, Männer seien als „sprachschöpferisch", Frauen dagegen als „sprachkonservativ" zu bezeichnen, d.h. Frauen „bewahren [...] alte Sprachformen länger und gelten daher mit Recht als Überlieferer und Erhalter der sprachlichen Tradition". Bei Niederdeutsch Sprechenden konnte HANSEN-JAAX (1995: 178) in Deutschland einen leichten Einfluss des Faktors Geschlecht auf den bilingualen Modus nachweisen: Demnach scheinen Jungen im Durchschnitt mehr zu einem ausgeprägteren hochdeutschen Transferverhalten zu neigen als Mädchen. Bei den Russlanddeutschen glaubt zum Beispiel KLASSEN (1969: 591) feststellen zu können, dass die russlanddeutschen Frauen im Allgemeinen weniger Transferenzen aus dem Russischen verwenden als die Männer, „weil sie weniger Umgang mit Russen hatten, ausschließlich deutsche Zeitungen lesen und besser die deutsche Hochsprache beherrschen". Auch BLANKENHORNs (2003: 32) Befund legt nahe, dass die deutsche Dialektkompetenz russlanddeutscher Frauen meist fester, während ihre Russischkompetenz labiler ist als die von Männern, was mit ihrer geringeren (beruflichen) Mobilität zusammenhängen mag. Ebenfalls über Russlanddeutsche (allerdings als Aussiedler) konstatiert INGENHORST (1997: 179): „Die Frauen sind durchweg mit ihren Sprachkenntnissen und ihrem Sprachvermögen zufriedener als die Männer. Sie reden zu Hause, wie schon in der Sowjetunion, mehr Deutsch als die Männer, die hier häufiger Russisch sprechen." HOLMES (1996: 720 ff.) hat zahlreiche punktuelle Recherchen der internationalen Forschung ausgewertet und konnte zur Geschlechtsspezifik in Situationen des Sprachenkontakts lediglich recht global und unspezifisch resümieren, dass Männer und Frauen in ihren Sprachhandlungen bestimmte Unterschiede aufweisen, die sich aus den differenten sozialen Rollen, sozialen Netzwerken, dem differenten sozialen Status, den jeweils unterschiedlichen Machtverhältnissen und den unterschiedlichen sozialen Aspirationen sowie aus den sozialen und politischen Kontexten ergeben, in denen sich Männer bzw. Frauen befinden.

Das Gros meiner Belege stammt von weiblichen Sprechern, sodass ich mir nicht zutrauen kann, fundierte geschlechtsspezifische Hypothesen aufzustellen. Die Sache scheint aber etwas vielschichtiger zu sein, als dies der referierte Befund z.B. von KLASSEN vermuten lässt.

(c) B i l d u n g : Hinsichtlich dieses Parameters ist der Wissensstand der Forschung noch recht mangelhaft. Das einschlägige Fazit von MANHERZ et al. lautet: „Die Schicht der Intellektuellen der Deutschen in Ungarn meidet den Dialekt" (1998: 49). MIRK (1997: 226) hat in ihrer Studie in Sanktiwan bei Ofen/Pilisszentiván festgestellt, dass unter Intellektuellen die Tendenz besteht, die ungarndeutsche Ortsmundart zu erhalten und zu gebrauchen (soweit es ihre Sprachkompetenz noch erlaubt). Für eine Sprachenkontaktsituation bei deutschsprachigen Immigranten in Kanada ist HUFEISEN (1995a: 250) allerdings zu folgender Beobachtung gekommen: „Interessanterweise hat der Bildungsgrad keinen erkennbaren Einfluß auf die Menge der produzierten Interferenzen, eher scheint das Gegenteil der Fall zu sein."

(d) B e r u f : Bei der laut- und wortgeographischen Beschreibung und der Bestimmung der soziologischen Stratifikation deutscher Mundarten Westungarns hat z.b. MANHERZ (1977: 122 ff.) – anhand lautlicher Erscheinungen und des Wortschatzes – berufsbedingte vertikale Schichten festgestellt; er unterschied eine „Bauernsprache", „Fach- und Berufssprachen", „Stadtmundarten" und „die Sprache der Intelligenz". Es wäre gewiss eine aufschlussreiche Forschungsaufgabe, im Hinblick auf die gegenwärtige sprachkommunikative Situation den Faktor 'Beruf' mit Parametern des Sprachgebrauchs in Beziehung zu setzen. Die Studie von MIRK (1997: 226) hat ergeben, dass die Dialektverwendung durch „körperliche Berufstätigkeit" gefördert wird, denn 80% der Dialektkundigen üben einen körperlichen Beruf aus. GERNERs Projekt (2003: 116) über Nadasch hat sich diesbezüglich auf die Einsicht beschränkt, dass dort die „wachsende Mobilität" [...] „mit der zunehmenden Bilingualität bzw. mit der zunehmenden Kompetenz in der Landessprache Ungarisch" einhergeht.[404]

(e) K o m m u n i k a t i o n : Faktoren sind z.b. Partner, Sprachhandlungsgegenstand und Typ der kommunikativen Situation, d.h. ob es sich um eine mündliche oder schriftliche Äußerung, um sprachlichen Standard, Substandard oder Non-Standard, um institutionelle, nichtinstitutionelle, öffentliche, halböffentliche bzw. private Kommunikation handelt. In diesem Zusammenhang hat MIRK (1997: 227 f.) für ihren Untersuchungsort Sanktiwan eruiert: Je öffentlicher die Situation des Sprachgebrauchs ist (etwa im Gemeindehaus, auf der Post), desto weniger wird der ungarndeutsche Ortsdialekt verwendet; die stärkste Domäne des Dialekts ist das Zuhause, dann folgen Straße, Kirche, Laden und Arbeitsplatz. Um im Hinblick auf die Ungarndeutschen nur

---

[404] Analog fällt der einschlägige Befund von MIRK (1997: 227) aus: „Pendlertum" fördert die Aufgabe des ungarndeutschen Ortsdialekts.

einen verallgemeinernden Befund hervorzuheben, nenne ich die Diagnose von MANHERZ et al. (1998: 49): „In der Öffentlichkeit wird der Dialekt [...] zurückgedrängt". Ergo: Das System des soziosituativen Gebrauchs der einzelnen Sprach(varietät)en könnte ein aktuelles Forschungsgebiet eröffnen.

Die angeführten Gesichtspunkte (a) bis (e) zeigen erneut, wie viele offene Fragen es noch gibt. Daher wäre es für die weitere Forschung selbstverständlich ein Idealfall, wenn es einmal gelänge, den sprachhistorischen, den sprachstrukturellen, den sprachideologischen, den sprachdidaktischen und den sprachsoziologischen Diskurs miteinander zu vernetzen.

Anhand meiner Untersuchung wurden auch manche weiterführende Forschungsfragen sichtbar, die hier nur stichpunktartig reflektiert werden. So ist noch immer umstritten, ob für die verschiedenen Sprachen eines multilingualen Individuums identische, ähnliche oder unterschiedliche neuro- und psycholinguale Prozesse charakteristisch sind. Ein weiteres, gewiss vielversprechendes Thema wäre eine Untersuchung der Beeinflussungsproblematik – neben der Sprache – ebenso in anderen semiotischen Medien. Denn die Kontaktthematik berührt auch über die verbalisierte Sprache hinausgehende Aspekte, also den Kontakt und die Vermittlung unterschiedlicher bzw. unterschiedlich zu interpretierender Zeichen: von kinetischen, proxemischen etc. Mustern bis hin zu dekorativen Ausdrucksformen. Den Vorgang und die Ergebnisse des Kontaktes dieser semiotischen Muster und Formen, ihre bewusste wie unbewusste Wahrnehmung, Um- und Neuinterpretation, Integration oder Teilübernahme in den eigenen Sprach- und Interaktionskodex bezeichnete HINNENKAMP (2002: 123 f.) als „semiotische Pidginisierung, als Mixosemiotik", ich nenne sie 'semiotische Hybridität'.

Diese Aspekte zeigen wiederum, dass zu einer angemessenen Erfassung, Beschreibung und Erklärung dieser komplexen Gegebenheiten rein linguistische Fragestellungen, Erkenntnisinteressen, Theoriekonzepte und Forschungsmethoden nicht ausreichen: Es bietet sich ein wahrlich transdisziplinäres wissenschaftliches Terrain an.

Wie bereits in Abschnitt 2.7 angedeutet, hat man die deutschen Mundarten (wie allgemein Deutsch als Minderheitensprache) in den Staaten Ostmittel-, Ost- und Südosteuropas – und speziell in Ungarn – schon in zahlreichen Voraussagen, ja sogar in prominenten linguistischen und volkskundlichen Lageberichten zu Grabe getragen. STEGER

(1985: 38) bescheinigte der Lage des Deutschen als Minderheitensprache in dem zur Debatte stehenden Raum, sie sei „perspektivlos". BAU-
SINGER (1986: 10) stellte in seinem berühmten Buch „Deutsch für Deutsche" fest: „Besonders drastisch hat sich die Bevölkerungsbewegung
ausgewirkt, die eine Folge des Zweiten Weltkriegs war: sie hat [...] den
früheren östlichen Dialekten ([z.b. den] donauschwäbischen) die Möglichkeit des Fortbestehens genommen [...]". Auf der Karte über „das
Sprachgebiet des heutigen Deutsch" hat KELLER (1995: 469) alle von
Ungarndeutschen bewohnten Siedlungsgebiete als „infolge des Zweiten
Weltkrieges verlorenes Gebiet" erklärt und dementsprechend als nicht
mehr aktuell betrachtet, dabei aber heute außerhalb Ungarns liegende
Regionen wie die Sathmar-Gegend, das Banat, Siebenbürgen und sogar
die Bukowina zu den „weiterbestehenden Enklaven" gezählt. Und
selbst in der (auch was das folgende Zitat betrifft) kürzlich neu bearbeiteten Fassung einer zeitgenössischen Gebrauchsgrammatik der deutschen Gegenwartssprache findet man die Meinung: „Die [...] 'Donauschwaben' in Ungarn [...] treten als Sprachminderheiten nicht mehr
öffentlich in Erscheinung" (GÖTZE/HESS-LÜTTICH 2002: 588). Die von
mir erfassten variationsreichen ungarndeutschen Sprechproben und
ihre Erläuterungen dürften allerdings das Gegenteil bewiesen haben. Es
wäre zu hoffen, dass das Kulturphänomen 'Deutsch als Minderheitensprache' im Denk- und Argumentationsrahmen einer inter- bzw. transkulturellen Linguistik (vgl. 7.2) noch lange Zeit als spannendes und
ertragreiches Terrain für experimentier- bzw. entdeckungsfreudige Linguisten bestehen bleibt.

Was die Situation der linguistischen Erforschung deutscher Minderheiten in Mittel- und Osteuropa anbelangt, fiel die Einschätzung von
GEYER (1999: 160) pessimistisch aus.[405] Doch im Gegensatz zu ihrer
Prognose bin ich mir sicher, dass von der Erforschung der Sprache und
der Kommunikation deutscher Minderheiten – und dadurch der
sprachkommunikativen Hybridität überhaupt – in den bzw. aus den
mittel- und osteuropäischen Staaten kreative und stimulierende wissenschaftliche Impulse ausgehen können und sollten, wenn auch u.U.
im Rahmen unterschiedlicher Szenarien.

---

[405] „Vor Ort gab und gibt es nur beschränkte Forschungsmöglichkeiten, nur mit Hilfe
und Unterstützung aus dem ehemaligen Mutterland sind gezielte Studien möglich."

10 Literatur

Primärliteratur, Wörterbücher etc.

BÁRCZI, Géza/ORSZÁGH, László [et al.] (szerk.) (1984): A magyar nyelv értelmező szótára. I. kötet. 4. kiadás. Budapest: Akadémiai.

BÁRCZI, Géza/ORSZÁGH, László [et al.] (szerk.) (1979): A magyar nyelv értelmező szótára. II. kötet. 3. kiadás. Budapest: Akadémiai.

BÁRCZI, Géza/ORSZÁGH, László [et al.] (szerk.) (1979): A magyar nyelv értelmező szótára. III. kötet. 3. kiadás. Budapest: Akadémiai.

BÁRCZI, Géza/ORSZÁGH, László [et al.] (szerk.) (1979): A magyar nyelv értelmező szótára. IV. kötet. 3. kiadás. Budapest: Akadémiai.

BÁRCZI, Géza/ORSZÁGH, László [et al.] (szerk.) (1980): A magyar nyelv értelmező szótára. V. kötet. 3. kiadás. Budapest: Akadémiai.

BÁRCZI, Géza/ORSZÁGH, László [et al.] (szerk.) (1980): A magyar nyelv értelmező szótára. VI. kötet. 3. kiadás. Budapest: Akadémiai.

BÁRCZI, Géza/ORSZÁGH, László [et al.] (szerk.) (1980): A magyar nyelv értelmező szótára. VII. kötet. 3. kiadás. Budapest: Akadémiai.

BENKŐ, Loránd (főszerk.) (1967): A magyar nyelv történeti-etimológiai szótára. 1. kötet. Budapest: Akadémiai.

BENKŐ, Loránd (főszerk.) (1970): A magyar nyelv történeti-etimológiai szótára. 2. kötet. Budapest: Akadémiai.

BENKŐ, Loránd (főszerk.) (1976): A magyar nyelv történeti-etimológiai szótára. 3. kötet. Budapest: Akadémiai.

BENKŐ, Loránd (Hrsg.) (1993): Etymologisches Wörterbuch des Ungarischen. Budapest: Akadémiai.

BROCKHAUS (2001): Die Enzyklopädie in vierundzwanzig Bänden. Studienausgabe. Zwanzigste, überarb. Aufl. Leipzig/Mannheim: Brockhaus.

DUDEN (1999): Das große Wörterbuch der deutschen Sprache. In zehn Bänden. 3., völlig neu bearb. u. erw. Aufl. Hrsg. vom Wissenschaftlichen Rat der Dudenredaktion. Mannheim/Leipzig/Wien/Zürich: Dudenverl.

DUDEN (2002): Das große Buch der Zitate und Redewendungen. Hrsg. von der Dudenredaktion. Mannheim/Leipzig/Wien/Zürich: Dudenverl.

EBNER, Jakob (1998): Wie sagt man in Österreich? Wörterbuch des österreichischen Deutsch. 3., vollst. überarb. Aufl. Mannheim/Leipzig/Wien/Zürich: Dudenverl. (Duden-Taschenbücher; 8).

FISCHER, Hermann/TAIGEL, Hermann (Bearb.) (1991): Schwäbisches Handwörterbuch. Auf der Grundlage des „Schwäbischen Wörterbuchs" von Hermann FISCHER und Wilhelm PFLEIDERER bearb. 2., verb. Aufl. Tübingen: Laupp/Mohr.

GRIMM, Jacob und Wilhelm (1860): Deutsches Wörterbuch. Band 2. Leipzig: Hirzel.

HALÁSZ, Ignác (1898): Legszebb magyar mesék. IV. Az ifjuságnak [sic!] és a népnek irta [sic!] Móka bácsi. Budapest: Lampel Róbert.

JUHÁSZ, József/SZŐKE, István/O. NAGY, Gábor/KOVALOVSZKY, Miklós (szerk.) (2003): Magyar értelmező kéziszótár. Budapest: Akadémiai.

KOCH, Valeria (1999): Stiefkind der Sprache. Ausgewählte Werke. Budapest: VUdAK. (VUdAK-Bücher: Reihe Literatur; 6).

MÜLLER, Herta (1999): Der Fremde Blick oder Das Leben ist ein Furz in der Laterne. Göttingen: Wallstein. (Göttinger Sudelblätter).

ÖSTERREICHISCHES WÖRTERBUCH (2001): Hrsg. im Auftrag des Bundesministeriums für Bildung, Wissenschaft und Kultur. Red. Herbert FUSSY. 39. Aufl., Neubearb. Wien: ÖBV, Pädag. Verl.

VUJITY, Tvrtko (2001): Újabb pokoli történetek. Pécs: Alexandra.

VUKELICH, Wilma von (1992): Spuren der Vergangenheit. Erinnerungen aus einer k.u.k. Provinz. Osijek um die Jahrhundertwende. Herausgegeben von Vlado OBAD. München: Verl. Südostdeutsches Kulturwerk. (Veröffentlichungen des Südostdeutschen Kulturwerks, Reihe C, Bd. 12).

Forschungsliteratur

ABRAHAM, Werner (1988): Terminologie zur neueren Linguistik. 2., völlig neu bearb. u. erw. Aufl. Tübingen: Niemeyer. (Germanistische Arbeitsberichte: Ergänzungsreihe; 1).

ACKERMANN, Andreas (2004): Das Eigene und das Fremde: Hybridität, Vielfalt und Kulturtransfers. In: JAEGER, Friedrich/RÜSEN, Jörn (Hrsg.): Handbuch der Kulturwissenschaften. Band 3: Themen und Tendenzen. Stuttgart/Weimar: Metzler. S. 139–154.

ADAMZIK, Kirsten (2004): Sprache: Wege zum Verstehen. 2., überarb. Aufl. Tübingen/Basel: Francke. (UTB; 2172).

ADORNO, Theodor W. (1998): Wörter aus der Fremde. In: Adorno, Theodor W.: Notizen zur Literatur II. Hrsg. von Rolf TIEDERMANN. 7. Aufl. Frankfurt a.M.: Suhrkamp. (Suhrkamp-Taschenbuch Wissenschaft; 355). S. 110–130.

AFSHAR, Karin (1998): Zweisprachigkeit oder Zweitsprachigkeit? Zur Entwicklung einer schwachen Sprache in der deutsch-persischen Familienkommunikation. Münster/New York/München/Berlin: Waxmann. (Mehrsprachigkeit; 4).

ÁGEL, Vilmos (1997): Ist der Gegenstand der Sprachwissenschaft die Sprache? In: KERTÉSZ, András (Hrsg.): Metalinguistik im Wandel. Die 'kognitive Wende' in Wissenschaftstheorie und Linguistik. Frankfurt a.M./Berlin/Bern/Bruxelles/New York/Oxford/Wien: Lang. (Metalinguistica; 4). S. 57–97.

AGER, Dennis (2001): Motivation in Language Planning and Language Policy. Clevedon: Multilingual Matters. (Multilingual Matters; 119).

AITCHINSON, Jean (1995): Tadpoles, cuckoos, and multiple births: Language contact and models of change. In: FISIAK, Jacek (Ed.): Linguistic Change under Contact Conditions. Berlin/New York: Mouton de Gruyter. (Trends in Linguistics: Studies and Monographs; 81). S. 1–13.

ALBRECHT, Corinna (2003): Fremdheit. In: WIERLACHER, Alois/BOGNER, Andrea (Hrsg.): Handbuch interkulturelle Germanistik. Stuttgart/Weimar: Metzler. S. 232–238.

ALLARDT, Erik/STARCK, Christian (1981): Språkgränser och samhällsstruktur: Finlandssvenskarna i ett jämförande perspektiv. Stockholm: Almqvist & Wiksell.

AMMON, Ulrich (1995a): Die deutsche Sprache in Deutschland, Österreich und in der Schweiz. Das Problem der nationalen Varietäten. Berlin/New York: de Gruyter.

AMMON, Ulrich (1995b): Kloß, Knödel oder Klumpen im Hals? Über Teutonismen und die nationale Einseitigkeit der Dudenbände. In: Sprachreport. IDS Mannheim 4/1995. S. 1–4.

AMMON, Ulrich (1998): Plurinationalität oder Pluriarealität? Begriffliche und terminologische Präzisierungsvorschläge zur Plurizentrizität des Deutschen – mit einem Ausblick auf ein Wörterbuchprojekt. In: ERNST, Peter/PATOCKA, Franz (Hrsg.): Deutsche Sprache in Raum und Zeit. Festschrift für Peter Wiesinger zum 60. Geburtstag. Wien: Ed. Praesens. S. 313–322.

AMMON, Ulrich (2000a): Sprachenpolitik. In: GLÜCK, Helmut (Hrsg.): Metzler-Lexikon Sprache. 2., überarb. u. erw. Aufl. Stuttgart/Weimar: Metzler. S. 654.

AMMON, Ulrich (2000b): Sprachpolitik. In: GLÜCK, Helmut (Hrsg.): Metzler-Lexikon Sprache. 2., überarb. u. erw. Aufl. Stuttgart/Weimar: Metzler. S. 668.

AMMON , Ulrich (2001): Die Verbreitung des Deutschen in der Welt. In: HELBIG, Gerhard/GÖTZE, Lutz/HENRICI, Gert/KRUMM, Hans-Jürgen (Hrsg.): Deutsch als Fremdsprache. Ein internationales Handbuch. 2. Halbband. Berlin/New York: de Gruyter. (Handbücher zur Sprach- und Kommunikationswissenschaft; 19.2). S. 1368–1381.

ANDERS, Kerstin (1993): Einflüsse der russischen Sprache bei deutschsprachigen Aussiedlern. Untersuchungen zum Sprachkontakt Deutsch-Russisch. Mit Transkriptionen aus fünf Gesprächen. Hamburg: Univ. (Arbeiten zur Mehrsprachigkeit; 44).

ANDERSEN, Henning (1989): Understanding Linguistic Innovations. In: BREIVIK, Leiv Egil/JAHR, Ernst Håkon (Eds.): Language Change. Contributions to the

Study of Its Causes. Berlin/New York: Mouton de Gruyter. (Trends in Linguistics, Studies and Monographs; 43). S. 5–27.

ANDRÁSFALVY, Bertalan (1992): A másik anyanyelv. In: GYŐRI-NAGY, Sándor/ KELEMEN, Janka (szerk.): Kétnyelvűség a Kárpát-medencében. II. Budapest: Pszicholingva Nyelviskola + Széchenyi Társaság. S. 5–10.

ANDRIČ, Edit (1995): A szerb nyelvnek a vajdasági magyar nyelvre gyakorolt hatása. In: KASSAI, Ilona (szerk.): Kétnyelvűség és magyar nyelvhasználat. Budapest: MTA Nyelvtud. Int. (A 6. Élőnyelvi Konferencia előadásai). S. 235–243.

ANDROUTSOPOULOS, Jannis (2001): Ultra korregd Alder! Zur medialen Stilisierung und Aneignung von „Türkendeutsch". In: Deutsche Sprache 29. 4. S. 431–339.

ANTOS, Gerd/SCHUBERT, Thomas (1997): Unterschiede in kommunikativen Mustern zwischen Ost und West. In: Zeitschrift für germanistische Linguistik 25. 3. S. 308–330.

APELTAUER, Ernst (1993): Mehrsprachigkeit in einer Gesellschaft der Zukunft. Flensburg: PH. (Flensburger Papiere zur Mehrsprachigkeit und Kulturenvielfalt im Unterricht; 1).

APELTAUER, Ernst (2001): Bilingualismus – Mehrsprachigkeit. In: HELBIG, Gerhard/GÖTZE, Lutz/HENRICI, Gert/KRUMM, Hans-Jürgen (Hrsg.): Deutsch als Fremdsprache. Ein internationales Handbuch. 1. Halbband. Berlin/New York: de Gruyter. (Handbücher zur Sprach- und Kommunikationswissenschaft; 19.1). S. 628–638.

APPEL, René/MUYSKEN, Pieter (1997): Language Contact and Bilingualism. 8. impr. London/New York/Melbourne/Auckland: Arnold.

ARGENTE, Joan A. (1998): Sprachkontakteinflüsse und ihre Folgen – Contactos entre lenguas y sus consecuensias. In: HOLTHUS, Günter/METZELTIN, Michael/SCHMITT, Christian (Hrsg.): Kontakt, Migration und Kunstsprachen. Kontrastivität, Klassifikation und Typologie. Tübingen: Niemeyer. (Lexikon der romanistischen Linguistik; 7). S. 1–14.

ÁRKOSSY, Katalin (1997): Sprache und Gesellschaft eines ungarndeutschen Bergmannsdorfes im Spiegel seines Liedergutes. In: MANHERZ, Karl (Hrsg.): Ungarndeutsches Archiv 1. Budapest: ELTE Germ. Institut S. 11–96.

ARTER-LAMPRECHT, Lotti (1992): Deutsch-englischer Sprachkontakt. Die Mehrsprachigkeit einer Old Order Amish Gemeinde in Ohio aus soziolinguistischer und interferenzlinguistischer Sicht. Tübingen/Basel: Francke. (Schweizer anglistische Arbeiten; 117).

ARUTJUNOV, S[ergej] A./NEŠČIMENKO, G[alina] P. (otv. red.) (1994): Jazyk, kul'tura, etnos. Moskva: Nauka. (Rossijskaja Akademija Nauk, Naučnyj Sovet po Istorii Mirovoj Kul'tury).

ASFANDIAROVA, Dania (2002): Sprachmischung in einer deutschen Sprachinsel in Baschkirien (Russland). In: WEYDT, Harald (éd.): Langue – Communauté – Signification. Approches en Linguistique Fonctionelle. Actes de XXVème

Colloque International de Linguistique Fonctionelle. Frankfurt a.M./Berlin/
Bern/Bruxelles/New York/Oxford/Wien: Lang. S. 342–349.

ASSMANN, Jan (2002): Das kulturelle Gedächtnis. Schrift, Erinnerung und politische Identität in frühen Hochkulturen. 4. Aufl. München: Beck. (Beck'sche
Reihe; 1307).

AUER, Peter (1986): Kontextualisierung. In: Studium Linguistik 19. S. 22–47.

AUER, Peter (1988): A Conversation Analytic Approach to Codeswitching and
Transfer. In: HELLER, Monica (Ed.): Codeswitching. Anthropological and
Sociolinguistic Perspectives. Berlin/New York/Amsterdam: Mouton de
Gruyter. (Contributions to the Sociology of Language; 48). S. 187–213.

AUER, Peter (1995): The Pragmatics of Code-Switching. In: MILROY, Lesley/
MUYSKEN, Pieter (Eds.): One Speaker. Two Languages. Cross-Disciplinary
Perspectives on Code-Switching Cambridge [etc.]: Cambridge Univ. Press.
S. 1–24.

AUER, Peter (Ed.) (1998): Code-Switching in Conversation. Language, Interaction and Identity. London: Routledge.

AUER, Peter (1999): Kommunikative Gattungen. In: AUER, Peter: Sprachliche
Interaktion. Eine Einführung anhand von 22 Klassikern. Tübingen: Niemeyer. (Konzepte der Sprach- und Literaturwissenschaft; 60). S. 175–186.

AUER, Peter (2003): 'Türkenslang': Ein jugendsprachlicher Ethnolekt des Deutschen und seine Transformationen. In: HÄCKI BUHOFER, Annelies (Hrsg):
Spracherwerb und Lebensalter. Tübingen/Basel: Francke. (Basler Studien
zur deutschen Sprache und Literatur; 83). S. 255–264.

AUGER, Pierre (1965): Les modèles dans la science. In: Diogène 52. S. 3–15.

AYAD, Aleya E. (1980): Sprachschichtung und Sprachmischung in der deutschen
Literatur und das Problem ihrer Übersetzung. Freiburg (Breisgau): Diss.

BACH, Adolf (1985): Geschichte der deutschen Sprache. 9., durchges. Aufl. Wiesbaden: VMA-Verl.

BACHTIN, Michail M. (1979): Zur Ästhetik des Wortes. Frankfurt a.M.: Suhrkamp.
(Edition Suhrkamp; 967).

BÄCKER, Iris/CIV'JAN, Tat'jana Vladimirovna (1999): Das Verhältnis zur eigenen
und fremden Sprache im russischen Weltmodell. In: BÄCKER, Iris (Hrsg.):
Das Wort. Germanistisches Jahrbuch 1999. Bonn: DAAD. S. 289–303.

BADER, Yousef/MAHADIN, Radwan (1996): Arabic Borrowings and Code-
Switches in the Speech of English Native Speakers Living in Jordan. In:
Multilingua 15. 1. S. 35–53.

BAETENS BEARDSMORE, Hugo (1982): Bilingualism: Basic Principles. Clevedon/
Avon: Tieto. (Multilingual Matters).

BAILEY, Charles-James N. (1980): Yroëthian Linguistics and the Marvelous
Mirage of Minilectal Methodology. In: URELAND, P. Sture (Hrsg.): Sprachvariation und Sprachwandel. Probleme der Inter- und Intralinguistik. Akten
des 3. Symposions über Sprachkontakt in Europa, Mannheim 1979. Tübingen:
Niemeyer. (Linguistische Arbeiten; 92). S. 39–50.

BAILEY, Guy (2002): Real and Apparent Time. In: CHAMBERS, Jack K./TRUDGILL, Peter/SCHILLING-ESTES, Natalie (Eds.): Handbook of Language Variation and Change. Malden, Mass.: Blackwell. (Blackwell Handbooks in Linguistics). S. 312–332.

BAKER, Colin (2002a): Bilingualism and Multilingualism. In: MALMKJAER, Kirsten (Ed.): The Linguistic Encyclopedia. Second Edition. London/New York: Routledge. S. 64–75.

BAKER, Colin [in assoc. with Anne SIENKEWICZ] (2002b): The Care and Education of Young Bilinguals. An Introduction for Professionals. Repr. Clevedon/ Philadelphia/Toronto/Artmon/Johannesburg: Multilingual Matters.

BAKER, Colin/JONES, Sylvia Prys (1998): Encyclopedia of Bilingualism and Bilingual Education. Clevedon/Philadelphia/Toronto/Artamon/Johannesburg: Multilingual Matters.

BAKOS, Ferenc (1982): A magyar szókészlet román elemeinek története. Budapest: Akadémiai.

BALOGH, András (1999): Die literarische Zweisprachigkeit des Franz Liebhard (1899–1989). In: MÁDL, Antal/MOTZAN, Peter (Hrsg.): Schriftsteller zwischen zwei Sprachen und Kulturen. Internationales Symposion, Veszprém und Budapest, 6.–8. November 1995. München: Verl. Südostdeutsches Kulturwerk. (Veröffentlichungen des Südostdeutschen Kulturwerks: Reihe B, Wiss. Arb.; 74). S. 241–251.

BALVANY, J. B. (1998): Ungarn. Hoffnung für Ungarndeutsche? In: Der neue Eckartsbote 11/1998. S. 10.

BALVANY, J. B. (1999): Bessere Zeiten für Ungarn-Deutsche? In: Der neue Eckartsbote 47/1999. S. 13.

BAŃCZEROWSKI, Janusz (1999): A világ nyelvi képe mint a szemantikai kutatások tárgya. In: Magyar Nyelv 95. 2. S. 188–195.

BARBA, Katharina (1982): Deutsche Dialekte in Rumänien. Die südfränkischen Mundarten der Banater deutschen Sprachinsel. Wiesbaden: Steiner. (ZDL, Beihefte; 35).

BARBOUR, Stephen/STEVENSON, Patrick (1998): Variation im Deutschen. Soziolinguistische Perspektiven. Berlin/New York: de Gruyter. (De-Gruyter-Studienbuch).

BARICS, Ernő (2002): Kisebbség – kétnyelvűség a társadalmi változások tükrében: különös tekintettel a magyarországi horvát kisebbségre. In: GADÁNYI, Károly/PUSZTAY, János (szerk.): Közép-Európa: egység és sokszínűség. A Nyelvek Európai Éve 2001 zárókonferenciájának előadásai. Szombathely: BDF. S. 123–143.

BARTHA, Csilla (1999): A kétnyelvűség alapkérdései. Beszélők és közösségek. Budapest: Nemzeti Tankönyvkiadó.

BARTHA, Csilla/BORBÉLY, Anna (1995): The Influence of Age and Gender on Code-switching among Romanians in Hungary. In: Summer School Code-Switching and Language Contact. Ljouwert/Leeuwarden, 14–17 September

1994. Ljouwert/Leeuwarden: Fryske Akademy. (Network on Code-Switching and Language Contact). S. 284–289.

BARZ, Irmhild (2000): Zum heutigen Erkenntnisinteresse germanistischer Wortbildungsforschung. Ein exemplarischer Bericht. In: BARZ, Irmhild/SCHRÖDER, Marianne/FIX, Ulla (Hrsg.): Praxis- und Integrationsfelder der Wortbildungsforschung. Heidelberg: Winter. (Sprache – Literatur und Geschichte; 18). S. 299–316.

BAŞOČLU, Sylvia/POGARELL, Reiner (1983): Interferenzen im Bereich der Anrede. In: JONGEN, René/DE KNOP, Sabine/NELDE, Peter H./QUIX, Marie-Paule (Hrsg.): Mehrsprachigkeit und Gesellschaft. Akten des 17. Linguistischen Kolloquiums, Brüssel 1982. Bd. 2. Tübingen: Niemeyer. (Linguistische Arbeitsberichte; 134). S. 3–17.

BASSOLA, Péter (1995): Deutsch in Ungarn – in Geschichte und Gegenwart. Heidelberg: Groos. (Sammlung Groos; 56).

BÁTORI, István (1980): Russen und Finnougrier. Kontakt der Völker und Kontakt der Sprachen. Wiesbaden: Harrassowitz. (Veröffentlichungen der Societas Uralo-Altaica; 13).

BAUR, Rupprecht S./CHLOSTA, Christoph/SAĽKOVA, Vera (1995): 'Uff deitsch geht's krächtig, po russke nie allmächtig'. Zu einem Forschungsprojekt 'Phraseologie und Parömiologie der Wolgadeutschen' In: BAUR, Rupprecht S./CHLOSTA, Christoph (Hrsg.): Von der Einwortmetapher zur Satzmetapher. Akten des Westfälischen Arbeitskreises Phraseologie/Parömiologie; 94/95. Bochum: Brockmeyer. (Studien zur Phraseologie und Parömiologie; 6). S. 1–37.

BAUSINGER, Hermann (1986): Deutsch für Deutsche. Dialekte, Sprachbarrieren, Sondersprachen. Überarb. Neuausg. Frankfurt a.M.: Fischer. (Fischer Taschenbuch; 6491).

BAYER, Josef (2001): Mehrfache Identität in einer globalen Welt – deutsche Identität in Ungarn. In: HEINEK, Otto (Hrsg.): Deutscher Kalender 2001. Jahrbuch der Ungarndeutschen. Budapest: Landesselbstverwaltung der Ungarndeutschen. S. 33–39.

BECHERT, Johannes/WILDGEN, Wolfgang [Unter Mitarbeit von Christoph SCHROEDER] (1991): Einführung in die Sprachkontaktforschung. Darmstadt: Wiss. Buchgesellschaft. (Die Sprachwissenschaft).

BECKER-MROTZEK, Michael/MEIER, Christoph (2002): Arbeitsweisen und Standardverfahren der Angewandten Diskursforschung. In: BRÜNNER, Gisela/FIEHLER, Reinhard/KINDT, Walther (Hrsg.): Angewandte Diskursforschung. Band 1: Grundlagen und Beispielanalysen. Radolfzell: Verl. für Gesprächsforschung. S. 18–45.

BECKL, János Miklós (2002): Unterrichten von Fachsprache – Wer? Was? Wie? In: FREIBERG, Björn/GARAI, Anna (Hrsg.): Unternehmenskommunikation auf Deutsch in Ungarn. Interdisziplinäre Beiträge zur interkulturellen Kommunikation. Győr: SZIE. (Tudományos füzetek; 3). S. 133–139.

BEKE, Katalin (1989): Sprachsoziologische Bemerkungen zu den deutsch-un-garischen Sprachbeziehungen im 16. Jahrhundert. In: Német Filológiai Tanulmányok/Arbeiten zur deutschen Philologie. Debrecen 18. S. 17–30.

BEREND, Nina (1998): Sprachliche Anpassung. Eine soziolinguistisch-dialekto-logische Untersuchung zum Rußlanddeutschen. Tübingen: Narr. (Studien zur deutschen Sprache; 14).

BEREND, Nina/JEDIG, Hugo (1991): Deutsche Mundarten in der Sowjetunion. Geschichte der Forschung und Bibliographie. Marburg: Elwert. (Schriften-reihe der Kommission für Ostdeutsche Volkskunde in der Deutschen Ge-sellschaft für Volkskunde; 53).

BEREND, Nina/MATTHEIER, Klaus J. (1994) (Hrsg.): Sprachinselforschung. Eine Gedenkschrift für Hugo Jedig. Frankfurt a.M./Berlin/Bern/New York/Paris/Wien: Lang.

BERGER, Peter/LUCKMANN, Thomas (2003): Die gesellschaftliche Konstruktion der Wirklichkeit. Eine Theorie der Wissenssoziologie. 19. Aufl. Frankfurt a.M.: Fischer-Taschenbuch-Verl. (Fischer; 6623).

BERGMANN, Jörg (1994): Ethnomethodologische Konversationsanalyse. In: FRITZ, Gerd/HUNDSNURSCHER, Franz (Hrsg.): Handbuch der Dialoganalyse. Tü-bingen: Niemeyer. S. 3–16.

BERK-SELIGSON, Susan (1986): Linguistic Constraints on Intrasentential Code-Switching: A Study of Spanish/Hebrew Bilingualism. In: Language in Society 15. 3. S. 313–348.

BERNJAK, Elizabeta (1999): Beszédhelyzetek és beszédszokások a Rábavidéken. In: BALASKÓ, Mária/KOHN, János (szerk.): A nyelv mint szellemi és gazdasá-gi tőke. A VIII. Magyar Alkalmazott Nyelvészeti Konferencia előadásainak gyűjteményes kiadása. 1998. április 16–18. Szombathely: BDTF. S. 105–110.

BERNSTEIN, Basil (1987): Social Class, Codes and Communication. In: AMMON, Ulrich/DITTMAR, Norbert/MATTHEIER, Klaus J. (Hrsg.): Sociolinguistics. Soziolinguistik. Erster Halbband. Berlin/New York: de Gruyter. (Handbü-cher zur Sprach- und Kommunikationswissenschaft; 3.1). S. 563–578.

BERROTH, Daniela (2001): Altersbedingter Mundartgebrauch. Wandel und Kontinuität in einem mittelschwäbischen Dialekt. Stuttgart: Steiner. (ZDL, Beihefte; 116).

BERRUTO, Gaetano/BURGER, Harald (1987): Aspekte des Sprachkontaktes Itali-enisch-Deutsch im Tessin. In: Linguistische Berichte Nr. 111. S. 367–379.

BETZ, Werner (1974): Lehnwörter und Lehnprägungen im Vor- und Frühneu-hochdeutschen. In: MAURER, Friedrich/RUPP, Heinz (Hrsg.): Deutsche Wort-geschichte. Dritte, neubearb. Aufl. Bd. 1. Berlin/New York: de Gruyter. (Grundriß der germanischen Philologie; 17/I). S. 135–163.

BHABHA, Homi T. (2000) Die Verortung der Kultur. Tübingen: Stauffenburg. (Stauffenburg discussion; 5).

BHATIA, Tej K./RITCHIE, William C. (Eds.) (2004): The Handbook of Bilingualism. Oxford: Blackwell. (Blackwell Handbooks in Linguistics; 15).

BIALYSTOK, Ellen (2000): Metalinguistic Dimensions of Bilingual Language Proficiency. In: BIALYSTOK, Ellen (Ed.): Language Processing in Bilingual Children. First publ., repr. Cambridge [etc.]: Cambridge Univ. Press. S. 113–140.

BICKERTON, Derek (1997): Language & Species. Repr. Chicago/London: The Univ. of Chicago Press.

BIEGEL, Thomas (1996): Sprachwahlverhalten bei deutsch-französischer Mehrsprachigkeit. Soziolinguistische Untersuchungen mündlicher Kommunikation in der lothringischen Gemeinde Walscheid. Frankfurt a.m./Berlin/Bern/New York/Paris/Wien: Lang. (Studien zur allgemeinen und romanischen Sprachwissenschaft; Bd. 4).

BINDORFFER, Györgyi (1997): Double Identity: Being German and Hungarian at the Same Time. In: New Community 23. 3. S. 399–411.

BINNIG, Gerd (1997): Aus dem Nichts. Über die Kreativität von Natur und Mensch. 2. Aufl. München: Piper. (Serie Piper; 1486).

BIZZELL, Patricia 1994): Discourse Community. In: PURVES, Alan C. (Ed.): Encyclopedia of English Studies and Language Arts. A Project of The National Council of Teachers of English. Vol. 1. New York: Scholastic. S. 395–397.

BLANKENHORN, Renate (2000): Zum russisch-deutschen Sprachkontakt. Kontaktbedingter Wandel und Sprachmischung in russlanddeutschen Dialekten in Sibirien. In: BÖTTGER, Katharina/GIGER, Markus/WIEMER, Björn (Hrsg.): Beiträge der Europäischen Slavistischen Linguistik (POLYSLAV). 3. München: Sagner. (Die Welt der Slawen: Sammelbände; 8). S. 17–28.

BLANKENHORN, Renate (2003): Pragmatische Spezifika der Kommunikation von Russlanddeutschen in Sibirien. Entlehnung von Diskursmarkern und Modifikatoren sowie Code-switching. Frankfurt a.m./Berlin/Bern/Bruxelles/New York/Oxford/Wien: Lang. (Berliner Slawistische Arbeiten; 20).

BLOCHER, Eduard (1982): Zweisprachigkeit: Vorteile und Nachteile. In: SWIFT, James (Hrsg.): Bilinguale und multikulturelle Erziehung. Würzburg: Königshausen + Neumann. (Internationale Pädagogik; 5). S. 17–25.

BLOM, Jan-Petter/GUMPERZ, John J. (1989): Social Meaning in Linguistic Structure: Code-Switching in Norway. In: GUMPERZ, John J./HYMES, Dell (Eds.): Directions in Sociolinguistics. The Ethnography of Communication. Edition with corrections and additions. Oxford/New York: Blackwell. S. 407–434.

BLOOMFIELD, Leonard (1933): Language. New York/Chicago/San Francisco/Toronto: Holt, Rinehart and Winston. (Copyright renewed 1961).

BLOOMFIELD, Leonard (2001): Die Sprache. Deutsche Erstausgabe. Übersetzt, kommentiert und herausgegeben von ERNST, Peter/LUSCHÜTZKY, Hans Christian [unter Mitwirkung von Thomas HEROK]. Wien: Ed. Praesens.

BLUME, Herbert (1997): English well known – le français oublié. Kulturmusterwechsel als Ursache von Sprachwandelprozessen im Gegenwartsdeutsch. In: ANDERSSON, Bo/MÜLLER, Gernot (Hrsg.): Kleine Beiträge zur Germanistik. Festschrift für John Evert Härd. Uppsala: Univ. (Acta Universitatis Upsaliensis, Studia Germanistica Upsaliensia; 37). S. 33–49.

BOCK, Alwine (1994): Sprachmangelersatz im Kommunikationsverkehr der Rußlanddeutschen. In: WILD, Katharina (Hrsg.): Begegnung in Pécs/Fünfkirchen. Die Sprache der deutschsprachigen Minderheiten in Europa. Pécs: Univ. (Studien zur Germanistik; 2). S. 53–61.

BÓDISS, Jusztin (1895): Vándormagyarok. In: Magyar Nyelvőr 24. 12. S. 579–581.

BOKOR, József (1995): A nyelvi tudat és a nyelvhasználat néhány összefüggése a szlovéniai Szentlászlón (Motvarjevci). In: GADÁNYI, Károly (szerk.): Nemzetközi Szlavisztikai Napok. V. (II. kötet). Szombathely: BDTF. S. 789–793.

BONOMI, Eugen (1965): Der deutsche Bauer und seine Haustiere im Ofner Bergland/Ungarn. In: PERLIK, Alfons (Hrsg.): Jahrbuch für ostdeutsche Volkskunde. Bd. 9. Marburg: Elwert. S. 21–69.

BONOMI, Eugen (1966/67): Deutsche Fluchformeln aus dem Ofener Bergland. In: PERLIK, Alfons (Hrsg.): Jahrbuch für ostdeutsche Volkskunde. Bd. 10. Marburg: Elwert. S. 143–151.

BORBÉLY, Anna (2001a): Nyelvcsere. Szociolingvisztikai kutatások a magyarországi románok közösségében. Budapest: MTA Nyelvtud. Int.

BORBÉLY, Anna (2001b): A nyelven belüli és a nyelvek közötti kódváltások gyakorisága. Kutatások a magyarországi románok nyelvmegőrzéséről és nyelvcseréjéről. In: Modern Filológiai Közlemények 3. S. 72–77.

BORN, Joachim (1995): Minderheiten, Sprachkontakt und Spracherhalt in Brasilien. In: KATTENBUSCH, Dieter (Hrsg.): Minderheiten in der Romania. Wilhelmsfeld: Egert. (Pro lingua; 22). S. 129–158.

BORN, Joachim/DICKGIEßER, Sylvia (1989): Deutschsprachige Minderheiten. Ein Überblick über den Stand der Forschung für 27 Länder. Mannheim: Institut für deutsche Sprache.

BOT, Kees de [et al.] (1995): Lexical Processing in Bilinguals. In: Second Language Research 11. 1. S. 1–19.

BOTTESCH, Johanna (1999): Veränderungen im Wortschatz des Großpolder Landlerischen. In: Germanistische Beiträge 10. Lucian-Blaga-Universität Sibiu/Hermannstadt. S. 151–167.

BOURDIEU, Pierre (1976): Entwurf einer Theorie der Praxis auf der ethnologischen Grundlage der kabylischen Gesellschaft. Frankfurt a.M.: Suhrkamp.

BOUTERWEK, Friedrich (1990): Sprachkontakt und Dialektkontakt – zwei ungleiche Brüder? In: Verein d. Freunde d. im Mittelalter von Österreich aus besiedelten Sprachinseln/Komm. für Mundartkunde u. Namenforschung d. Österr. Akad. d. Wiss. (Hrsg.): Mundart und Name im Sprachkontakt. Festschrift für Maria Hornung zum 70. Geburtstag. Wien: VWGO. (Beiträge zur Sprachinselforschung; 8). S. 17–34.

BRADEAN-EBINGER, Nelu (1991): Sprachkontakte und Zweisprachigkeit in Fennoskandinavien. Soziolinguistische Aspekte der Zweisprachigkeit im nördlichen Areal. Budapest: Akadémiai. (Studies in Modern Philology; 8).

BRADEAN-EBINGER, Nelu (1997a): Deutsch in Kontakt: als Minderheits- und als Mehrheitssprache in Mitteleuropa. Eine soziolinguistische Untersuchung zum Sprachgebrauch bei den Ungarndeutschen, Donauschwaben und Kärntner Slowenen. Budapest: Univ. für Wirtschaftswiss. (Lingua 803; Deutsch 10).

BRADEAN-EBINGER, Nelu (1997b): Deutsch im Kontakt als Minderheits- und als Mehrheitssprache in Mitteleuropa. Eine soziolinguistische Untersuchung zum Sprachgebrauch bei den Ungarndeutschen, Donauschwaben und Kärntner Slowenen. Wien: Ed. Praesens.

BRAUN, Maximilian (1937): Beobachtungen zur Frage der Mehrsprachigkeit. In: Göttingische Gelehrte Anzeigen 199. 4. S. 115–130.

BRAUN, Peter (1998): Tendenzen in der deutschen Gegenwartssprache. Sprachvarietäten. Vierte Auflage. Stuttgart/Berlin/Köln: Kohlhammer. (Urban-Taschenbücher; 297).

BRAUNMÜLLER, Kurt (1995): Südschleswigdänisch – eine Mischsprache? In: BRAUNMÜLLER, Kurt (Hrsg.): Beiträge zur skandinavistischen Linguistik. Oslo: Novus. (Studia Nordica; 1). S. 144–153.

BRAUNMÜLLER, Kurt (2001): Verdeckte Mehrsprachigkeit. In: PETERS, Robert/PÜTZ, Horst P./WEBER, Ulrich (Hrsg.): Vulpis Adolatio. Festschrift für Hubertus Menke zum 60. Geburtstag. Heidelberg: Winter. S. 117–128.

BRENNER, Koloman (1998): Vergleichende Analyse der Plosive einer ungarndeutschen ostdonaubairischen Mundart und der normierten deutschen Hochlautung. In: Studia Germanica Universitatis Vesprimiensis 2. S. 23–65.

BRENNER, Koloman (2002): Die Verwendungsbereiche von instrumentalphonetischen Methoden in der Sprachinselforschung. In: GERNER, Zsuzsanna/GLAUNINGER, Manfred Michael/WILD, Katharina (Hrsg.): Gesprochene und geschriebene deutsche Stadtsprachen in Südosteuropa und ihr Einfluss auf die regionalen deutschen Dialekte. Internationale Tagung in Pécs, 30.3.–2.4.2000. Wien: Ed. Praesens. (Schriften zur diachronen Sprachwissenschaft; 11). S. 11–20.

BRENTANO, Franz (1955): Psychologie vom empirischen Standpunkt. Nachdruck. Hamburg: Meiner. (Philosophische Bibliothek; 207).

BREU, Walter (1997): Das Projekt eines moliseslavischen Interferenzlexikons. In: KOSTA, Peter/MANN, Elke (Hrsg.): Slavistische Linguistik 1996. Referate des XXII. Konstanzer Slavistischen Arbeitstreffens, Potsdam, 17.–20.9.1996. München: Sagner. (Slavistische Beiträge; 354). S. 31–43.

BRINKER, Klaus/SAGER, Sven F. (1996): Linguistische Gesprächsanalyse. Eine Einführung. 2., durchges. u. erg. Aufl. Berlin: Schmidt. (Grundlagen der Germanistik; 30).

BRONFEN, Elisabeth/MARIUS, Benjamin/STEFFEN, Therese (Hrsg.) (1997): Hybride Kulturen. Beiträge zur anglo-amerikanischen Multikulturalismusdebatte. Tübingen: Stauffenburg. (Stauffenburg discussion; 4).

BROWN, James Dean (1999): Understanding Research in Second Language Learning. A Teacher's Guide to Statistics and Research Design. 8. Print. Cambridge: Cambridge Univ. Press. (New Directions in Language Teaching).

BRÜHL, Carlrichard (1995): Deutschland – Frankreich. Die Geburt zweier Völker (9.–11. Jahrhundert). 2., verb. Aufl. Köln/Weimar: Böhlau.

BRUNN, Gerhard (1972): Die Bedeutung von Einwanderung und Kolonisation im brasilianischen Kaiserreich (1818–1889). In: KONETZKE, Richard/KELLENBENZ, Hermann [unter Mitarbeit von Günter KAHLE und Hans POHL] (Hrsg.): Jahrbuch für Geschichte von Staat, Wirtschaft und Gesellschaft Lateinamerikas, Bd. 9. Köln/Wien: Böhlau. S. 287–317.

BURGER, Harald (2003): Phraseologie. Eine Einführung am Beispiel des Deutschen. 2., überarb. Aufl. Berlin: Schmidt. (Grundlagen der Germanistik; 36).

BURKHART, Dagmar (1999): Ethnologie in Südosteuropa. In: HINRICHS, Uwe [unter Mitarbeit von Uwe BÜTTNER] (Hrsg): Handbuch Südosteuropa-Linguistik. Wiesbaden: Harrassowitz. (Slavistische Studienbücher, Neue Folge; 10). S. 979–1007.

CANEVACCI, Massimo (1992): Image Accumulation and Cultural Syncretism. In: Theory, Culture & Society 9. 3. 12–15.

CELCE-MURCIA, Marianne/DÖRNYEI, Zoltán/THURRELL, Sarah (1995): Communicative Competence: A Pedagogically Motivated Model with Content Specifications. In: Issues in Applied Linguistics 6. 2. S. 5–35.

CHAMBERS, Jack K. (2001): Sociolinguistic Theory: Linguistic Variation and Its Social Significance. Repr. Oxford/Cambridge: Blackwell. (Language in Society; 22).

CHAO, Yuen Ren (1969): Models in Linguistics and Models in General. In: NAGEL, Ernest/SUPPES, Patrick/TURSKI, Alfred (Eds.): Logic, Methodology and Philosophy of Science. Proceedings of the 1960 International Congress. Repr. Stanford: Stanford Univ. Press. (International Congress for Logic, Methodology and Philosophy of Science; 1, Stanford, Calif.: 1960.08.24–09.02). S. 558–566.

CHMIEL, Peter (1987): Deutsche Lehnstrukturen im sog. Wasserpolnischen. In: ABMEIER, Hans-Ludwig/CHMIEL, Peter/GUSSONE, Nikolaus/ZYLLA, Waldemar (Hrsg.): Oberschlesisches Jahrbuch. Bd. 3. Dülmen: Laumann. S. 201–214.

CHMIEL, Peter (1988): Zum Problem der sprachlichen Integration deutscher Aussiedler aus Oberschlesien. In: ABMEIER, Hans-Ludwig/CHMIEL, Peter/GUSSONE, Nikolaus/ZYLLA, Waldemar (Hrsg.): Oberschlesisches Jahrbuch. Bd. 4. Dülmen: Laumann. S. 117–128.

CHOMSKY, Noam (1964): Current Issues in Linguistic Theory. The Hague: Mouton.

CHOMSKY, Noam (1981): Lectures on Government and Binding. Dordrecht: Foris Publ. (Studies in Generative Grammar; 9).

CHOMSKY, Noam (1986): Barriers. Cambridge, Mass. u.a.: MIT Pr. (Linguistic Inquiry/Monographs; 13).

CLYNE, Michael (1967): Transference and Triggering. Observations on the Language Assimilation of Postwar German-Speaking Migrants in Australia. With a Foreword by Hugo MOSER. The Hague: Nijhoff.

CLYNE, Michael (1975): Forschungsbericht Sprachkontakt. Untersuchungsergebnisse und praktische Probleme. Kronberg/Ts.: Scriptor. (Monographien Linguistik und Kommunikationswissenschaft; 18).

CLYNE, Michael (1980): Zur Regelmäßigkeit von Sprachkontakt-Erscheinungen bei Bilingualen. In: Zeitschrift für germanistische Linguistik 8. 1. S. 23–33.

CLYNE, Michael (1981): Deutsch als Muttersprache in Australien. Zur Ökologie einer Einwanderersprache. Wiesbaden: Steiner. (Deutsche Sprache in Europa und Übersee; 8).

CLYNE, Michael (1987): Constraints on Code Switching: How Universal are They? In: Linguistics 25. 4. S. 739–764.

CLYNE, Michael (1992): Zur Gegenwart und Zukunft der deutschen Sprache in Australien. In: Muttersprache 102. 3. S. 193–203.

CLYNE, Michael (1994): What Can We Learn From Sprachinseln? Some Observations on ‚Australian German'. In: BEREND, Nina/MATTHEIER, Klaus J. (Hrsg.): Sprachinselforschung. Eine Gedenkschrift für Hugo Jedig. Frankfurt a.M./ Berlin/Bern/New York/Paris/Wien: Lang. S. 105–122.

CLYNE, Michael (1997): Multilingualism. In: COULMAS, Florian (Ed.): The Handbook of Sociolinguistics. Oxford/Cambridge, Mass.: Blackwell. (Blackwell Handbooks in Linguistics; 4). S. 301–314.

CLYNE, Michael (2002): Die Rolle des Deutschen bei interkulturellen Erscheinungen unter Dreisprachigen. In: HAß-ZUMKEHR, Ulrike/KALLMEYER, Werner/ZIFONUN, Gisela (Hrsg.): Ansichten der deutschen Sprache. Festschrift für Gerhard Stickel zum 65. Geburtstag. Tübingen: Narr. (Studien zur deutschen Sprache/Forschungen des Instituts für Deutsche Sprache; 25). S. 325–346.

CLYNE, Michael (2003): Dynamics of Language Contact. English and Immigrant Languages. Cambridge: Cambridge Univ. Press. (Cambridge Approaches to Language Contact).

CLYNE, Michael/MOCNAY, Eugenia (1999): Zur ungarisch-deutsch-englischen Dreisprachigkeit in Australien. In: BÜHRIG, Kristin /MATRAS, Yaron (Hrsg.): Sprachtheorie und sprachliches Handeln. Festschrift für Jochen Rehbein zum 60. Geburtstag. Tübingen: Stauffenburg. (Stauffenburg-Festschriften). S. 159–169.

COETSEM, Frans van (2002): Convergentie in taal. Noord-Gallië als convergentiegebied, Nederlands/Duits-Franse convergentiearealen. In: Leuvense Bijdragen 91. 1-2. S. 3-54.

COOK, Vivian (1995): Multi-Competence and Effects of Age. In: SINGLETON, David/LENGYEL, Zsolt (Eds.): The Age Factor in Second Language Acquisition. A Critical Look at the Critical Period Hypothesis. Clevedon/Philadelphia/Adelaide: Multilingual Matters. S. 51–66.

COSERIU, Eugenio (1988): Sprachkompetenz. Grundzüge der Theorie des Sprechens. Bearb. und hrsg. von Heinrich WEBER. Tübingen: Francke. (UTB; 1481).

COSERIU, Eugenio (1992): Einführung in die allgemeine Sprachwissenschaft. 2. Aufl. Tübingen: Francke. (UTB; 1372).

CRYSTAL, David (1993): Die Cambridge-Enzyklopädie der Sprache. Übers. und Bearb. der dt. Ausg. Stefan RÖHRICH u.a. Frankfurt a.m./New York: Campus.

CSERNICSKÓ, István (1998): A magyar nyelv Ukrajnában (Kárpátalján). Budapest: Osiris és MTA Kisebbségkutató Műhely.

CURCIO, Marina Lucia (1997): Entlehnungen im Deutschen und ihre Rezeption im DaF-Unterricht. In: TUMMERS, Will (Hrsg.): Deutsch in Europa und in der Welt. Chancen und Initiativen. Thesen der Sektionsbeiträge. XI. Internationale Deutschlehrertagung, Amsterdam, 4.–9. August 1997. Amsterdam: Der Internationale Deutschlehrerverband. S. 36.

CZOCHRALSKI, Jan A. (1971): Zur sprachlichen Interferenz. In: Lingustics 67. S. 5–25.

DAHL, Östen (2001): Complexification, Erosion, and Baroqueness. In: Linguistic Typology 5. 2–3. S. 374–377.

DÁVID, Ágnes (2002): Codeswitching, Entlehnung und sprachliche Integration. Englisch im Kontakt mit dem heutigen Deutsch. In: BAROTA, Mária/SZATMÁRI, Petra/TÓTH, József/ZSIGMOND, Anikó (Hrsg.): Sprache(n) und Literatur(en) im Kontakt. Konferenz, 25.–26. Oktober 2001. Szombathely: Hochschule „Berzsenyi Dániel". (Acta Germanistica Savariensia; 7). S. 145–152.

DĘBSKI, Antoni (2004): Interlinguale Interferenz in psycholinguistischer Sicht. In: ENGEL, Ulrich (Hrsg.): Sprachwissen in der Hochschulgermanistik. Interkulturelle Kommunikation. Referate von den Konferenzen in Karpacz 2001, in Słubice 2002. Bonn: DAAD. S. 44–57.

DÉCSY, Gyula (1965): Einführung in die finnisch-ugrische Sprachwissenschaft. Wiesbaden: Harrassowitz.

DEMETER ZAYZON, Mária (szerk.) (1999): Kisebbségek Magyarországon 1999. Budapest: Nemzeti és Etnikai Kisebbségi Hivatal.

DEMINGER, Szilvia (2000): Spracheinstellungen in einer Sprachinselsituation: Die deutsche Minderheit in Ungarn. In: DEMINGER, Szilvia/FÖGEN, Thorsten/ SCHARLOTH, Joachim/ZWICKL, Simone (Hrsg.): Einstellungsforschung in der Soziolinguistik und Nachbardisziplinen. Frankfurt a.M./Berlin/Bern/New York/Paris/Wien: Lang. (Variolingua; 10). S. 109–121.

DENIG, Friedrich/UNWERTH, Heinz-Jürgen von (1986): Das mentale bilinguale Lexikon. Probleme und Perspektiven der Sprachlehrforschung. Frankfurt a.M.: Scriptor. (Bochumer Beiträge zum Fremdsprachenunterricht in Forschung und Lehre). S. 225–255.

DENISON, Norman (2000): Language Change in Progress. Variation as it Happens. In: COULMAS, Florian (Ed.): The Handbook of Sociolinguistics. Repr. Oxford [u.a.]: Blackwell. (Blackwell Handbooks in Linguistics; 4). S. 65–80.

DENNETT, Daniel C. (1998): Az intencionalitás filozófiája. Budapest: Osiris. (Horror metaphysicae).

DEPPERMANN, Arnulf (2001): Gespräche analysieren. Eine Einführung. 2., durchges. Aufl. Opladen: Leske + Budrich. (Qualitative Sozialforschung; 3).

DEPPERMANN, Arnulf (2002): Von der Kognition zur verbalen Interaktion: Bedeutungskonstitution im Kontext aus Sicht der Kognitionswissenschaften und der Gesprächsforschung. In: DEPPERMANN, Arnulf/SPRANZ-FOGASY, Thomas (Hrsg.): Be-deuten. Wie Bedeutung im Gespräch entsteht. Tübingen: Stauffenburg. (Stauffenburg-Linguistik; 27). S. 11–33.

DEPPERMANN, Arnulf/SPRANZ-FOGASY, Thomas (2001): Aspekte und Merkmale der Gesprächssituation. In: BRINKER, Klaus/ANTOS, Gerd/HEINEMANN, Wolfgang/SAGER, Sven F. (Hrsg.): Text- und Gesprächslinguistik. Ein internationales Handbuch zeitgenössischer Forschung. 2. Halbband. Berlin/New York: de Gruyter. (Handbücher zur Sprach- und Kommunikationswissenschaft; 16.2). S. 1148–1161

DEUSINGER, Ingrid M. (1998): Die Frankfurter Selbstkonzeptskalen (FKKS). Handanweisung; mit Bericht über vielfältige Validierungsstudien. Göttingen/Bern/Toronto/Seattle: Hogrefe.

DEWAELE, Jean-Marc/PAVLENKO, Aneta (2004): Introduction. In: Bilingualism and Emotion. Special Issue of 'Estudios de Sociolingüística' 5. 1. S. I–V.

DEWULF, Jeroen (2002): Hugo Loetscher, eine Einführung. In: ArtERIA, 29. September 2002, unter www.arteria.ru/eng_de_2002/de_29_09_2002_1.htm (gesehen am 21.01.2004).

DIEBOLD, Richard A. (1961): Incipent Bilingualism. In: Language 37. 1. S. 97–112.

DIEWALD, Gabriele (1997): Grammatikalisierung. Eine Einführung in Sein und Werden grammatischer Formen. Tübingen: Niemeyer. (Germanistische Arbeitshefte; 36).

DIRVEN, René/PÜTZ, Martin (1996): Sprachkonflikt. In: GOEBL, Hans/NELDE, Peter H./STARÝ, Zdeněk/WÖLCK, Wolfgang (Hrsg.): Kontaktlinguistik. Ein internationales Handbuch zeitgenössischer Forschung. Berlin/New York: de Gruyter. (Handbücher zur Sprach- und Kommunikationswissenschaft; 12.1). S. 684–691.

DI SCIULLO, Anne-Marie/MUYSKEN, Pieter/SINGH, Rajendra (1986): Government and Code-Mixing. In: Journal of Linguistics 22. 1. S. 1–24.

DITTGEN, Andrea Maria (1989): Regeln für Abweichungen. Funktionale sprachspielerische Abweichungen in Zeitungsüberschriften, Werbeschlagzeilen, Werbeslogans, Wandsprüchen und Titeln. Frankfurt a.M./Bern/New York/Paris: Lang. (Europäische Hochschulschriften: Reihe 1, Deutsche Sprache und Literatur; 1160).

DITTMAR, Norbert (1997): Grundlagen der Soziolinguistik. Ein Arbeitsbuch mit Aufgaben. Tübingen: Niemeyer. (Konzepte der Sprach- und Literaturwissenschaft; 57).

DITTMAR, Norbert (2004): Transkription. Ein Leitfaden mit Aufgaben für Studenten, Forscher und Laien. 2. Aufl. Wiesbaden: VS Verlag für Sozialwissenschaften. (Qualitative Sozialforschung; 10).

DOBOVSEK-SETHNA, J. (1998): Japanese-English Codeswitching: A Study of Bilingual Teenagers in International Schools in Japan. In: Dissertation Abstract, University of Surrey. Gesehen am 12.12.1998 im Internet unter http://www.surrey.ac.uk/ELI/sethnaj.html.

DOBROVOĽSKIJ, Dmitrij/PIIRAINEN, Elisabeth (2002): Symbole in Sprache und Kultur: Studien zur Phraseologie aus kultursemiotischer Perspektive. Unveränd. Neuaufl. Bochum: Brockmeyer. (Studien zur Phraseologie und Parömiologie; 8).

DOMASCHNEW, Anatoli (1994): Einige Bemerkungen zum Begriff 'Sprachinsel' und zur Erforschung der rußlanddeutschen Mundarten. In: BEREND, Nina/MATTHEIER, Klaus J. (Hrsg.): Sprachinselforschung. Eine Gedenkschrift für Hugo Jedig. Frankfurt a.M./Berlin/Bern/New York/Paris/Wien: Lang. S. 165–177.

DONALIES, Elke (2002): Die Wortbildung des Deutschen. Ein Überblick. Tübingen: Narr. (Studien zur Deutschen Sprache; 27).

DREWER, Petra (2003): Die kognitive Metapher als Werkzeug des Denkens. Zur Rolle der Analogie bei der Gewinnung und Vermittlung wissenschaftlicher Erkenntnisse. Tübingen: Narr. (Forum für Fachsprachen-Forschung; 62).

DUCKWORTH, David (1977): Zur terminologischen und systematischen Grundlage der Forschung auf dem Gebiet der englisch-deutschen Interferenz. Kritische Übersicht und neuer Vorschlag. In: KOLB, Herbert/LAUFFER, Hartmut [in Verb. mit anderen] (Hrsg.): Sprachliche Interferenz. Festschrift für Werner Betz zum 65. Geburtstag. Tübingen: Niemeyer. S. 36–56.

DURRELL, Martin (1995): Sprachliche Variation als Kommunikationsbarriere. In: POPP, Heidrun (Hrsg.): Deutsch als Fremdsprache. An den Quellen eines Faches. Festschrift für Gerhard Helbig zum 65. Geburtstag. München: Iudicium. S. 417–428.

DÜRSCHEID, Christa (2002): Einführung in die Schriftlinguistik. Wiesbaden: Westdeutscher Verl. (Studienbücher Linguistik; 8).

DÜRSCHEID, Christa (2003): Syntaktische Tendenzen im heutigen Deutsch. In: Zeitschrift für germanistische Linguistik 31. 3. S. 327–342.

EBERL, Immo (Bearb.) (1989): Die Donauschwaben. Deutsche Siedlung in Südosteuropa. 2., überarb. u. erw. Aufl. Sigmaringen: Thorbecke.

EBERLE, Thomas Samuel (1984): Sinnkonstitution in Alltag und Wissenschaft. Der Beitrag der Phänomenologie an die Methodologie der Sozialwissenschaften. Bern/Stuttgart: Haupt. (Hochschule Sankt Gallen für Wirtschafts- und Sozialwissenschaften/Schriftenreihe Kulturwiss.; 5).

ECKERT, Rainer/GÜNTHER, Kurt (1992): Die Phraseologie der russischen Sprache. Leipzig/Berlin/München/Wien/Zürich/New York: Langenscheidt.

EDWARDS, Jane/LAMPERT, Martin D. (1993) (Eds.): Talking Data: Transcription and Coding in Discourse Research. Hillsday: Erlbaum.

EDWARDS, John (1994): Multilingualism. London/New York: Routledge.

EGGERS, Eckhard (1998): Sprachwandel und Sprachmischung im Jiddischen. Frankfurt a.M./Berlin/Bern/New York/Paris/Wien: Lang.

EHLICH, Konrad (1996): Interkulturelle Kommunikation. In: GOEBL, Hans/NELDE, Peter H./STARÝ, Zdeněk/WÖLCK, Wolfgang (Hrsg.): Kontaktlinguistik. Ein internationales Handbuch zeitgenössischer Forschung. Berlin/New York: de Gruyter. (Handbücher zur Sprach- und Kommunikationswissenschaft; 12.1). S. 920–931.

EHLICH, Konrad/REHBEIN, Jochen (1976): Halbinterpretative Arbeitstranskriptionen (HIAT). In: Linguistische Berichte 45. S. 21–41.

EHLICH, Konrad/REHBEIN, Jochen (1986): Muster und Institution. Untersuchungen zur schulischen Kommunikation. Tübingen: Narr. (Kommunikation und Institution; 15).

EHLICH, Konrad/SCHWITALLA, Bernd (1976): Transkriptionssysteme. Eine exemplarische Übersicht. In: Studium Linguistik 2. S. 78–105.

EICHINGER, Ludwig M. (1997): Deutsch in weiter Ferne. Die Verbreitung der deutschen Sprache außerhalb des zusammenhängenden deutschen Sprachgebiets: Deutsche Minderheiten. In: STICKEL, Gerhard (Hrsg.): Varietäten des Deutschen. Regional- und Umgangssprachen. Berlin/New York: de Gruyter. (Institut für deutsche Sprache; Jahrbuch 1996). S. 155–181.

EICHINGER, Ludwig M. (2000a): Deutsche Wortbildung. Eine Einführung. Tübingen: Narr. (Narr Studienbücher).

EICHINGER, Ludwig M. (2000b): Überlegungen zu den Folgen alter Mehrsprachigkeit. Das Deutsche in Mittel- und Osteuropa. In: ANTOS, Gerd (Hrsg.): Sprachbewusstheit. Abstracts der 31. Jahrestagung. Gesellschaft für Angewandte Linguistik. Universität Bremen, 28.–30. September 2000. Halle: MLU. S. 44.

EICHINGER, Ludwig M. (2003): Island Hopping: vom Nutzen und Vergnügen beim Vergleichen von Sprachinseln. In: ANDROUTSOPOULOS, Jannis K./ZIEGLER, Evelyn (Hrsg.): „Standardfragen". Soziolinguistische Perspektiven auf Sprachgeschichte, Sprachkontakt und Sprachvariation. Frankfurt a.M./Berlin/Bern/Bruxelles/New York/Oxford/Wien: Lang. (Variolingua: Nonstandard – Standard – Substandard; 18). S. 83–107.

É. KISS, Katalin: Mondattan. In: É. KISS, Katalin/KIEFER, Ferenc/SIPTÁR, Péter: Új magyar nyelvtan. 2. kiad. Budapest: Osiris. (Osiris tankönyvek). S. 17–184.

ELWERT, W. Theodor (1959): Das zweisprachige Individuum. Ein Selbstzeugnis. Wiesbaden: Steiner in Komm. (Akademie der Wissenschaften und der Literatur. Abhandlungen der Geistes- und Sozialwissenschaftlichen Klasse; 6/1959).

ENGEL, Ulrich (1957): Die Sprache der Heimatvertriebenen in Württemberg. In: PERLIK Alfons (Hrsg.): Jahrbuch für Volkskunde der Heimatvertriebenen. Bd. 3. S. 229–251.

ENGELKAMP, Johannes/RUMMER, Ralf (1999): Die Architektur des mentalen Lexikons. In: FRIEDERICI, Angela D. (Hrsg.): Sprachrezeption. Göttingen/ Bern/Toronto/Seattle: Hogrefe. (Enzyklopädie; Sprache; 2). S. 155–201.

ERB, Mária (1997): Ungarische Lehnwörter in den neueren deutschen Sprachinseln Ungarns bis 1945. Strukturlinguistische und soziopragmatische Untersuchungen. Budapest. (Diss.)

ERB, Maria (2002): Zugewinn oder Abbau? – Ungarische Lehnwörter in den neueren deutschen Sprachinselmundarten Ungarns bis 1945. In: ERB, Maria/KNIPF, Elisabeth/OROSZ, Magdolna/TARNÓI, László (Hrsg.): „und Thut ein Gnügen Seinem Ambt". Festschrift für Karl Manherz zum 60. Geburtstag. Budapest: ELTE. (Budapester Beiträge zur Germanistik; 39). S. 27–42.

ERBEN, Johannes (1980): Deutsche Grammatik. Ein Abriß. 11., völlig neubearb. Aufl. München: Hueber.

ERDŐDI, József (1973): Az osztrák-magyar nyelvi kapcsolatok történetéhez. In: Magyar Nyelvőr 102. S. 157–166.

ERDŐDY, Orsolya (2002): Winterlamm/Téli bárány. Der Roman von Márton Kalász zwischen zwei Sprachen. In: BIECHELE, Werner/BALOGH, András F. (Hrsg.): Wer mag wohl die junge, schwarzäugige Dame seyn? Zuordnungsfragen, Darstellungsprinzipien, Bewertungskriterien der deutsch(sprachig)en Literatur in Ostmittel- und Südosteuropa. Budapest: Argumentum/ELTE. (Budapester Beiträge zur Germanistik; 41). S. 184–191.

ERFURT, Jürgen (2003): „Multisprech": Migration und Hybridisierung und ihre Folgen für die Sprachwissenschaft. In: Osnabrücker Beiträge zur Sprachtheorie 65. S. 5–33.

FEILKE, Helmuth/AUGST, Gerhard (1989): Zur Ontogenese der Schreibkompetenz. In: ANTOS, Gerd/KRINGS, Hans P. (Hrsg.): Textproduktion. Ein interdisziplinärer Forschungsüberblick. Tübingen: Niemeyer. (Konzepte der Sprach- und Literaturwissenschaft; 48). S. 297–327.

FÉL, Edit (1935): Harta néprajza. Karcag: Kertész József Ny. (Néprajzi füzetek; 2).

FELESZKO, Kazimierz (1987): Zum Kontakt des Polnischen und des Deutschen als Inselsprachen. (Am Beispiel der Bukowina bis 1939). In: POHL, Alek/ VINCENZ, André de (Hrsg.): Deutsch-polnische Sprachkontakte. Beiträge zur gleichnamigen Tagung, 10.–13. April 1984 in Göttingen. Köln/Wien: Böhlau. (Slavistische Forschungen; 52). S. 43–56.

FERGUSON, Charles (1959): Diglossia. In: Word 15. S. 325–340.

FIEHLER, Reinhard (2000a): Über zwei Probleme bei der Untersuchung gesprochener Sprache. In: Sprache und Literatur 31. S. 23–42.

FIEHLER, Reinhard (2000b): Gesprochene Sprache – gibt's die? In: ÁGEL, Vilmos/HERZOG, Andreas (Hrsg.): Jahrbuch der ungarischen Germanistik 2000. Budapest: GUG/Bonn: DAAD. S. 93–104.

FIELD, Fredric W. (2002): Linguistic Borrowing in Bilingual Contexts. Amsterdam/Philadelphia: Benjamins. (Studies in Language Campanion Series).

FILIPOVIĆ, Rudolf (1986): Teorija jezika u kontaktu. Zagreb: Jugoslavenska Akademija Znanosti i Umjetnosti; 59, 1: Razred za Filološke Znanosti).

FISHMAN, Joshua A. (1971): Sociolinguistics. A Brief Introduction. Rowley, Mass.: Newbury House Publ.

FLACH, Paul (1953): Goldene Batschka: Ein Heimatbuch der Deutschen aus der Batschka. München: Selbstverl.

FLACH, Paul/PAUL, Josef (1976): Siedlungsgeschichte von Hajós, einer schwäbischen Gemeinde an der nördlichen Grenze der Batschka. München: Landsmannschaft der Deutschen aus Ungarn. (Die Deutschen aus Ungarn; 11).

FLECK, Ludwik (2002): Entstehung und Entwicklung einer wissenschaftlichen Tatsache. Einführung in die Lehre vom Denkstil und Denkkollektiv. 5. Aufl. Frankfurt a.M.: Suhrkamp. (Suhrkamp-Taschenbuch Wissenschaft; 312: Wissenschaftsforschung).

FLEISCHER, Wolfgang (1997): Phraseologie der deutschen Gegenwartssprache. 2., durchges. u. erg. Aufl. Tübingen: Niemeyer. (Studienbuch).

FLEISCHER, Wolfgang/BARZ, Irmhild [Unter Mitarbeit von Marianne SCHRÖDER] (1995): Wortbildung der deutschen Gegenwartssprache. 2., durchges. u. erg. Aufl. Tübingen: Niemeyer. (Studienbuch).

FÖLDES, Csaba (1992): Überlegungen zur Problematik der Identität bei den Ungarndeutschen. In: Germanistische Mitteilungen 35. S. 93–106.

FÖLDES, Csaba (1993): Deutsch als Verkehrssprache in Ostmitteleuropa – am Beispiel Ungarns. In: BORN, Joachim/STICKEL, Gerhard (Hrsg.): Deutsch als Verkehrssprache in Europa. Berlin/New York: de Gruyter. (Jahrbuch 1992 des Instituts für deutsche Sprache Mannheim). S. 217–235.

FÖLDES, Csaba (1995): Chancen der dialektophonen Methode in der Spracherziehung zwischen Deutsch als Mutter- und Zweitsprache. In: Zielsprache Deutsch 26. 3. S. 156–164.

FÖLDES, Csaba (1996a): Deutsche Phraseologie kontrastiv: intra- und interlinguale Zugänge. Heidelberg: Groos. (Deutsch im Kontrast; 15).

FÖLDES, Csaba (1996b): Mehrsprachigkeit, Sprachenkontakt und Sprachenmischung. Flensburg: Univ. (Flensburger Papiere zur Mehrsprachigkeit und Kulturvielfalt im Unterricht; 14/15).

FÖLDES, Csaba (1998): Sprachkontakte in der Phraseologie. (Am Beispiel des Deutschen als Minderheitensprache). In: EISMANN, Wolfgang (Hrsg.): EUROPHRAS '95. Europäische Phraseologie im Vergleich: Gemeinsames Erbe und kulturelle Vielfalt. Graz, 13.–19. September 1995. Bochum: Brockmeyer. (Studien zur Parömiologie und Phraseologie; 15). S. 219–236.

FÖLDES, Csaba (2002): Deutsch als Sprache mit mehrfacher Regionalität: Die diatopische Variationsbreite. In: Muttersprache 112. 3. S. 225–239.

FÖLDES, Csaba (2003a): Interkulturelle Linguistik: Vorüberlegungen zu Konzepten, Problemen und Desiderata. Veszprém: Universitätsverl./Wien: Ed. Praesens. (Studia Germanica Universitatis Vesprimiensis; Suppl.; 1).

FÖLDES, Csaba (2003b): Sprachkontaktforschung Deutsch-Ungarisch. Erkenntnispotenzial, Forschungsgeschichte und Gegenwartsaspekte. In: MANHERZ, Karl (Hrsg.): Gedenktagung zu Ehren von Claus Jürgen Hutterer und Karl Mollay am 24. November 2000. Budapest: ELTE Germanistisches Institut (Budapester Beiträge; 38). S. 49–67.

FORGÁCS, Erzsébet (2002): Kodewechsel beim natürlichen Zweitspracherwerb und bilingualem Erstspracherwerb. In: FÖLDES, Csaba/PONGÓ, Stefan [in Zusammenarbeit mit EROMS, Hans-Werner und BORSUKOVÁ, Hana] (Hrsg.): Sprachgermanistik in Ostmitteleuropa. Beiträge der Internationalen germanistischen Konferenz „Kontaktsprache Deutsch IV" in Nitra, 19.–20. Oktober 2001. Wien: Ed. Praesens. S. 131–152.

FOUCAULT, Michel (1978): Dispositive der Macht. Über Sexualität, Wissen und Wahrheit. Berlin: Merve.

FRAAS, Claudia (1997): Bedeutungskonstitution im Diskurs – Intertextualität über variierende Wiederaufnahme diskursiv zentraler Konzepte. Eine exemplarische Analyse. In: KLEIN, Josef/FIX, Ulla (Hrsg.): Textbeziehungen. Linguistische und literaturwissenschaftliche Beiträge zur Intertextualität. Tübingen: Stauffenburg. (Stauffenburg-Linguistik). S. 219–234.

FRANK, Helene (1992): Zur sprachlichen Entwicklung der deutschen Minderheit in Rußland und der Sowjetunion. Frankfurt a.M./Berlin/Bern/New York/ Paris/Wien: Lang. (Europäische Hochschulschriften: Reihe 1; 1323).

FRANKE, Wilhelm (1990): Elementare Dialogstrukturen. Darstellung, Analyse, Diskussion. Tübingen: Niemeyer. (Reihe Germanistische Linguistik; 101).

FREDSTED, Elin (2002): Periphere Phoneme und periphere Sprachen. In: Zeitschrift für Kultur- und Bildungswissenschaften 13. S. 71–83.

FREGE, Gottlob (1994): Funktion, Begriff, Bedeutung: Fünf logische Studien. Hrsg. und eingel. von Günther Patzig. 7., bibliogr. erg. Aufl. Göttingen: Vandenhoeck & Ruprecht. (Kleine Vandenhoeck-Reihe; 1144).

FREIDANK, Michael (2001): Grund- und Aufbauwortschatz Kanakisch. Frankfurt a.M.: Eichborn.

GABLER, Siegfried (1996): Repräsentativität von Stichproben. In: GOEBL, Hans/ NELDE, Peter H./STARÝ, Zdeněk/WÖLCK, Wolfgang (Hrsg.): Kontaktlinguistik. Ein internationales Handbuch zeitgenössischer Forschung. Berlin/New York: de Gruyter. (Handbücher zur Sprach- und Kommunikationswissenschaft; 12.1). S. 733–737.

GADAMER, Hans-Georg (1990): Hermeneutik I: Wahrheit und Methode. Grundzüge einer philosophischen Hermeneutik. 6., durchges. Aufl. Tübingen: Mohr.

GADÁNYI, Károly (1999): A Vas megyei szlovének nyelvéről és kultúrájáról. In: BIBOK, Károly/FERINCZ, István/H. TÓTH, Imre (szerk.): Ötvenéves a szegedi szlavisztika = Pat'desat let segedskoj slavistike: (Konferencia: Szeged, 1997. november 14-15.) Szeged: JATE Szláv Int. S. 5–9.

GÁLDI, László (1947): A Dunatáj nyelvi alkata. A Dunatáj irodalmi fejlődése. Budapest: Gergely R. Rt. (Documenta Danubiana; 4).

GANSEL, Christina/JÜRGENS, Frank (2002): Textlinguistik und Textgrammatik. Eine Einführung. Wiesbaden: Westdeutscher Verl. (Studienbücher zur Linguistik; 6).

GARDNER-CHLOROS, Penelope (2003): Code-switching. In: FRAWLEY, William J. (Ed.): International Encyclopedia of Linguistics. Second Edition. Vol 1. Oxford/New York: Oxford Univ. Press. S. 331–333.

GEHL, Hans (1997a): Deutsche Stadtsprachen in Provinzstädten Südosteuropas. Stuttgart: Steiner. (ZDL, Beihefte; 95).

GEHL, Hans (1997b): Wörterbuch der donauschwäbischen Bekleidungsgewerbe. Sigmaringen: Thorbecke. (Donauschwäbische Fachwortschätze; Teil 1: Schriftenreihe des Instituts für donauschwäbische Geschichte und Landeskunde; 6).

GEHL, Hans (1998): Die aktuelle sprachliche Eingliederung der Donauschwaben. In: GEHL, Hans (Hrsg.): Sprachgebrauch – Sprachanpassung. Eine Untersuchung zum heutigen Gebrauch der deutschen Sprache in Westrumänien und zur sprachlichen Anpassung der Donauschwaben. Tübingen: Institut für donauschwäb. Geschichte und Landeskunde. (Materialien; 11). S. 143–184.

GEHL, Hans (1999): Bestand und Perspektiven der sathmarschwäbischen Dialekte und ihrer Sprachträger. In: GEHL, Hans/CIUBOTĂ, Viorel (Hrsg.): Interethnische Beziehungen im rumänisch-ungarisch-ukrainischen Kontaktraum vom 18. Jahrhundert bis zur Gegenwart. Satu Mare: Ed. Muzeului Sătmărean/Tübingen: Institut für donauschwäb. Geschichte und Landeskunde. S. 446–468.

GEHL, Hans (2000): Wörterbuch der donauschwäbischen Baugewerbe. Stuttgart: Thorbecke. (Donauschwäbische Fachwortschätze; Teil 2: Schriftenreihe des Instituts für donauschwäbische Geschichte und Landeskunde; 7).

GEHL, Hans (2001): Die sathmarschwäbischen Dialekte und ihre Sprachträger. In: GEHL, Hans (Hrsg.): Dialekt – Lehnwörter – Namen. Sprachliche Studien über die Sathmarer Schwaben. Tübingen: Institut für donauschwäb. Geschichte und Landeskunde. (Materialien 12). S. 9–52.

GEHL, Hans (2002): Die Temeswarer deutsche Stadtsprache und ihr Einfluss auf die Banater Dialekte. In: GERNER, Zsuzsanna/GLAUNINGER, Manfred Michael/WILD, Katharina (Hrsg.): Gesprochene und geschriebene deutsche Stadtsprachen in Südosteuropa und ihr Einfluss auf die regionalen deutschen Dialekte. Internationale Tagung in Pécs, 30.3.–2.4.2000. Wien: Ed. Praesens. (Schriften zur diachronen Sprachwissenschaft; 11). S. 151–169.

GEHL, Hans (2003): Wörterbuch der donauschwäbischen Landwirtschaft. Stuttgart: Steiner. (Donauschwäbische Fachwortschätze; Teil 3: Schriftenreihe des Instituts für donauschwäbische Geschichte und Landeskunde; 12).

GEHL, Hans (2004): Perspektiven der deutschen Sprache in den donauschwäbischen Siedlungsgebieten. In: BRADEAN-EBINGER, Nelu (Hrsg.): Wirtschaftsdeutsch – Deutsch als Minderheitensprache in Ostmitteleuropa. Budapest: BKÁE. (Lingua 803; Deutsch 16). S. 93–108.

GENZMER, Herbert (1998): Sprache in Bewegung. Eine deutsche Grammatik. Frankfurt a.M.: Suhrkamp. (Suhrkamp Taschenbuch; 2826).

GERÇEKER, Beste Güneş (1996): Der Begriff „doppelte Halbsprachigkeit" oder „Semilingualismus". In: Moderne Sprachen 40. 2. S. 145–156.

GERESCHER, Konrad (o.J., wahrscheinlich 1993): Mundart-Sprüche aus Bereg/ Bački Breg. Szeged: AK Mundart/Brauchtum, Deutsch-Ungarischer Freundeskreis.

GERESCHER, Konrad (2004): Batschkaer Ahnenspiegel. Vermögensform, Arbeitsweise, Lebensart. Szeged: Verlag für Hochschulausbildung „Gyula Juhász".

GERNER, Zsuzsanna (2003): Sprache und Identität in Nadasch/Mecseknádasd. Eine empirische Untersuchung zur Sprachkontaktsituation und Identitätsbildung in der ungarndeutschen Gemeinde Nadasch. Budapest: ELTE. (Ungarndeutsches Archiv; 7).

GERSTNER, Károly (1979): A magyar–német nyelvi kölcsönhatás néhány grammatikai esete. In: Magyar Nyelv 75. S. 199–205.

GERSTNER, Károly (1983): Magyarországi német–magyar kétnyelvűség. In: Nyelvpedagógiai Írások 4. MKKE Nyelvi Intézet, Budapest. S. 14–21.

GERSTNER, Károly (1998): A német vonatkozású elemek újabb etimológiai szótárainkban. Budapest: Akadémiai. (Nyelvtudományi értekezések; 145).

GEYER, Ingeborg (1999): Sprachinseln. Anmerkungen zu Definition und Forschungstradition. In: WIESINGER, Peter/BAUER, Werner/ERNST, Peter (Hrsg.): Probleme der oberdeutschen Dialektologie und Namenkunde. Vorträge des Symposions zum 100. Geburtstag von Eberhard Kranzmayer. Wien, 20.–22. Mai 1997. Wien: Ed. Praesens. S. 152–170.

GIACALONE RAMAT, Anna/HOPPER, Paul J. (Eds.) (1998): The Limits of Grammaticalization. Amsterdam: Benjamins. (Typological Studies in Language; 37/Annual Meeting of the Societas Linguistica Europaea; 28).

GIBBONS, John (1987): Code-Mixing and Code Choice. A Hong Kong Case Study. Clevedon/Philadelphia: Multilingual Matters. (Multilingual Matters; 27).

GILES, H./BOURHIS, R. Y./TAYLOR, D. M. (1977): Towards a Theory of Language in Ethnic Group Relations. In: GILES, Howard (Ed.): Language, Ethnicity and Intergroup Relations. London: Academic Press. (European Monographs in Social Psychology; 13). S. 307–348.

GIPPER, Jost (2000): Sprachmischung. In: GLÜCK, Helmut (Hrsg.): Metzler-Lexikon Sprache. 2., überarb. u. erw. Aufl. Stuttgart/Weimar: Metzler. S. 664.

GIRNTH, Heiko (2000): Untersuchungen zur Theorie der Grammatikalisierung am Beispiel des Westmitteldeutschen. Tübingen: Niemeyer. (Reihe Germanistische Linguistik; 223).

GLAHN, Richard (2000): Der Einfluß des Englischen auf gesprochene deutsche Gegenwartssprache. Eine Analyse öffentlich gesprochener Sprache am Beispiel von „Fernsehdeutsch". Frankfurt a.M./Berlin/Bern/Bruxelles/ New York/Oxford/Wien: Lang. (Angewandte Sprachwissenschaft; 4).

GLONING, Heike (1994): Sprachliche Interferenzen im donauschwäbischen Siedlungsraum und ihre Bewertung durch die Sprecher. In: GEHL, Hans/PURDELA SUTARU, Maria (Hrsg.): Interferenzen in den Sprachen und Dialekten Südosteuropas. Tübingen: Institut für donauschwäb. Geschichte und Landeskunde. (Materialien; 4/1994). S. 17–30.

GLÜCK, Helmut (2000): Sprachinsel. In: GLÜCK, Helmut (Hrsg.): Metzler-Lexikon Sprache. Zweite, überarb. u. erw. Aufl. Stuttgart/Weimar: Metzler. S. 661.

GODDARD, Cliff/WIERZBICKA, Anna (2003): Sprache, Kultur und Bedeutung: Kulturvergleichende Semantik. In: PÖRINGS, Ralf/SCHMITZ, Ulrich (Hrsg.): Sprache und Sprachwissenschaft. Eine kognitiv orientierte Einführung. 2., überarb. u. akt. Aufl. Tübingen: Narr. (Narr Studienbücher). S. 139–162.

GOEBL, Hans (1997): Die Kontaktlinguistik als wissenschaftliche Disziplin. In: MÄDER, Werner [in Zusammenarbeit mit Hans GOEBL und Anne MELIS]: Peter H. Nelde, der Europäer (l'Européen, the European, de Europeaan). Eine Festgabe donum natalicium Peter H. Nelde. Bonn: Dümmler. (Bausteine Europas; Sonderband I). S. 51–57.

GOEBL, Hans/NELDE, Peter H./STARÝ, Zdeněk/WÖLCK, Wolfgang (Hrsg.) (1996): Kontaktlinguistik. Ein internationales Handbuch zeitgenössischer Forschung. Berlin/New York: de Gruyter. (Handbücher zur Sprach- und Kommunikationswissenschaft; 12.1).

GÖNCZ, Lajos (1999): A magyar nyelv Jugoszláviában (Vajdaságban). Budapest/ Újvidék: Osiris/Forum/MTA Kisebbségkutató Műhely. (A magyar nyelv a Kárpát-medencében a XX. század végén; 2).

GOOSSENS, Jan (1977): Deutsche Dialektologie. Berlin/New York: de Gruyter. (Sammlung Göschen; 2205).

GÓSY, Mária (1999): Pszicholingvisztika. Budapest: Corvina.

GÖTZE, Lutz/HESS-LÜTTICH, Ernest W. B. (2002): Grammatik der deutschen Sprache. Sprachsystem und Sprachgebrauch. 3., vollst. neu bearb. u. akt. Aufl. Gütersloh/München: Bertelsmann (Wahrig).

GRÉCIANO, Gertrud (2002): Europanto: Sprachwandel für Europa? In: HÄCKI BUHOFER, Annelies [unter Mitarbeit von Lorenz HOFER, Hansjakob SCHNEIDER, Teresa TSCHUI und Eva Lia WYSS] (Hrsg.): Spracherwerb und Lebensalter. Tübingen/Basel: Francke. (Basler Studien zur deutschen Sprache und Literatur; 83). S. 169–176.

GRIMM, Wilhelm (1986): Bericht über das Deutsche Wörterbuch (1846). In: Jacob und Wilhelm GRIMM über das Deutsche. Schriften zur Zeit-, Rechts-, Sprach- und Literaturgeschichte. Leipzig: Reclam. (Reclams Universal-Bibliothek; Bd. 1108). S. 209–220.

GROSJEAN, François (1982): Life with Two Languages. An Introduction to Bilingualism. Cambridge, Mass./London: Harvard Univ. Press.

GROSJEAN, François (1992): Another View of Bilingualism. In: HARRIS, Richard Jackson (Ed.): Cognitive Processing in Bilinguals. Amsterdam/London: North-Holland. (Advances in Psychology; 83). S. 51–62.

GROSJEAN, François (2002): Interjú a kétnyelvűségről. Készítette NAVRACSICS, Judit. In: Alkalmazott Nyelvtudomány 2. S. 103–114.

GROSJEAN, François/SOARES, Carlos (1986): Processing Mixed Languages: Some Preliminary Findings. In: VAID, Jyotsna (Ed.): Language Processing in Bilinguals: Psycholinguistic and Neuropsychological Perspectives. Hillsdale, NJ: Erlbaum. (Neuropsychology and Neurolinguistics). S. 145–179.

GRUCZA, Franciszek (2000): Kultur aus der Sicht der Angewandten Linguistik. In: SCHLOSSER, Horst Dieter (Hrsg.): Sprache und Kultur. Frankfurt a.M./ Berlin/Bern/Bruxelles/New York/Oxford/Wien: Lang. (Forum angewandte Linguistik; 38). S. 17–29.

GUMPERZ, John J. (1982a): Discourse Strategies. Cambridge/London/New York/New Rochelle/Melbourne/Sydney: Univ. Press. (Studies in Interactional Sociolinguistics; 1).

GUMPERZ, John J. (1982b): Conversational Code Switching. In: GUMPERZ, John J.: Discourse Strategies. Cambridge/London/New York/New Rochelle/Melbourne/Sidney: Univ. Press. (Studies in Interactional Sociolinguistics; 1). S. 59–99.

GUMPERZ, John J. (1984): Types of Linguistic Communities. In: GUMPERZ, John J.: Language in Social Groups. Essays. Selected and Introduced by Anwar S. DIL. Stanford, Calif.: Stanford Univ. Press. (Language Science and National Development; 3). S. 114–128.

GUMPERZ, John J. (1986): Wie können wir das Verhalten von bilingualen Gruppen beschreiben und messen? In: RAITH, Joachim/SCHULZE, Rainer/WANDT, Karl-Heinz (Hrsg. u. übers.): Grundlagen der Mehrsprachigkeitsforschung. Forschungsrahmen, Konzepte, Beschreibungsprobleme, Fallstudien. Stuttgart: Steiner. (ZDL, Beihefte; 52). S. 105–114.

GUMPERZ, John J. (1990): Theory and Method in Pluriglossia. The Interpretive Analysis of Language Use. In: SPINOZZI MONAI, Liliana (Ed.): Aspetti metodologici e teorici nello studio del plurilinguismo nei territori dell' Alpe Adria. Atti del Convegno Internazionale, Udine, 12–14 ottobre 1989. Tricesimo: Aviani. (Consorzio Universitario Udine: Pubblicazioni/Sezione miscellanea; 11).

GUMPERZ, John J. (1992): Contextualization Revisted. In: AUER, Peter/DI LUZIO, Aldo (Eds.): The Contextualization of Language. Amsterdam [u.a.]: Benjamins. (Pragmatics and Beyond/New Series; 22). S. 39–53.

GUMPERZ, John. J./HYMES, Dell (Eds.) (1964): The Ethnography of Communication. (American Anthropologist 66. 6. 2.)

GÜNTHNER, Susanne (2001): Kulturelle Unterschiede in der Aktualisierung kommunikativer Gattungen. In: Informationen Deutsch als Fremdsprache 28. 1. S. 15–32.

GUTTMANN, Miklós (1995): Szlovén-magyar együttélés a nyelv aspektusából. In: GADÁNYI, Károly (szerk.): Nemzetközi Szlavisztikai Napok. V. (II. kötet). Szombathely: BDTF. S. 794–797.

GYIMESI, László (1999): Németből vett szavaink. Deutsche Wörter im Ungarischen. Budapest: Goethe-Institut.

GYIVICSÁN, Anna (1993a): Anyanyelv, kultúra, közösség. A magyarországi szlovákok. Budapest: Teleki László Alapítvány.

GYIVICSÁN, Anna (1993b): Néhány gondolat a magyarországi szlovákok családneveiről. In: Névtani Értesítő Nr. 15. S. 131-134.

GYIVICSÁN, Anna (2001): A német és a szlovák tradicionális kultúra találkozása a magyarországi szlovák nyelvszigeteken. In: Barátság 8. 3. S. 3192–3194.

GYÖRGYPÁL-ECKERT, Irma (1941): Die deutsche Volkserzählung in Hajós, einer schwäbischen Sprachinsel in Ungarn. Hamburg: Gilden. (Volksdeutsche Studien; 1).

GYŐRI-NAGY, Sándor (1983): Ungarndeutsch. In: Neue Zeitung, Jg. 27, Nr. 31. S. 7.

GYŐRI-NAGY, Sándor (1990): Die psycholinguistische Muttersprachvariante zweisprachiger Ungarndeutscher. In: NELDE, Peter (Hrsg.): Deutsch als Muttersprache in Ungarn. Forschungsberichte zur Gegenwartslage. Stuttgart: Steiner. (Deutsche Sprache in Europa und Übersee; 13). S. 197–208.

GYŐRI-NAGY, Sándor/KELEMEN, Janka (szerk.) (1991): Kétnyelvűség a Kárpátmedencében. I. Budapest: Pszicholingva Nyelviskola + Széchenyi Társaság.

GYŐRI-NAGY, Sándor/KELEMEN, Janka (szerk.) (1992): Kétnyelvűség a Kárpátmedencében. II. Budapest: Pszicholingva Nyelviskola + Széchenyi Társaság.

HAARMANN, Harald (1979): Quantitative Aspekte des Multilingualismus. Studien zur Gruppenmehrsprachigkeit ethnischer Minderheiten in der Sowjetunion. Hamburg: Buske.

HAARMANN, Harald (1980): Multilingualismus. 1. Probleme der Systematik und Typologie. Tübingen: Narr. (Tübinger Beiträge zur Linguistik; 116).

HAARMANN, Harald (1983): Die Rolle von Eigennamen und Familiennamen im Sprachkontakt. In: Beiträge zur Namenforschung, N.F. 18. S. 154–170.

HAARMANN, Harald (1988): Sprachen- und Sprachpolitik. In: AMMON, Ulrich/ DITTMAR, Norbert/MATTHEIER, Klaus J. (Hrsg.): Sociolinguistics. Soziolinguistik. Zweiter Halbband. Berlin/New York: de Gruyter. (Handbücher zur Sprach- und Kommunikationswissenschaft; 3.2). S. 1660–1678.

HAARMANN, Harald (1993): Die Sprachenwelt Europas. Geschichte und Zukunft der Sprachnationen zwischen Atlantik und Ural. Frankfurt a.M./New York: Campus.

HAARMANN, Harald (1999): Zur Theorie des Sprachkontaktes. In: HINRICHS, Uwe [unter Mitarbeit von Uwe BÜTTNER] (Hrsg): Handbuch Südosteuropa-

Linguistik. Wiesbaden: Harrassowitz. (Slavistische Studienbücher, Neue Folge; 10). S. 117–141.

HABERMAS, Jürgen (1974): Können komplexe Gesellschaften eine vernünftige Identität ausbilden? Rede aus Anlaß der Verleihung des Hegel-Preises. In: HABERMAS, Jürgen/HENRICH, Dieter: Zwei Reden aus Anlaß der Verleihung des Hegel-Preises der Stadt Stuttgart an Jürgen Habermas am 19. Januar 1974. Frankfurt a.M.: Suhrkamp. (Suhrkamp-Taschenbuch; 202). S. 25–84.

HABERMAS, Jürgen (1981): Theorie des kommunikativen Handelns. Band 1: Handlungsrationalität und gesellschaftliche Rationalisierung. Frankfurt a.M.: Suhrkamp.

HADAMARD, Jacques (1954): An Essay on the Psychology of Invention in the Mathematical Field. Repr. New York: Dover Publ. (Dover Books on Science).

HADROVICS, László (1985): Ungarische Elemente im Serbokroatischen. Budapest: Akadémiai.

HAKUTA, Kenji (2003): Bilingualism and Multilingualism. In: FRAWLEY, William J. (Ed.): International Encyclopedia of Linguistics. Second Edition. Vol 1. Oxford/New York: Oxford Univ. Press. S. 222–226.

HALBWACHS, Maurice (1991): Das kollektive Gedächtnis. Frankfurt a.M.: Fischer. (Fischer-Taschenbücher; 7359: Wissenschaft).

HALLIDAY, Michael A. K. (1999): The Notion of „Context" in Language Education. In: GHADESSY, Mohsen (Ed.): Text and Context in Functional Linguistics. Amsterdam: Benjamins. (Amsterdam Studies in the Theory and History of Linguistic Science /4]; 169). S. 1–24.

HANNERZ, Ulf (1996): Transnational Connections. Culture, People, Places. London: Routledge. (Comedia).

HANSÁGI, Ágnes (1993): Észrevételek a magyarországi németség kétnyelvűségéről. In: KISS, Jenő (szerk.): Egyetemi szociolingvisztikai dolgozatgyűjtemény. Budapest: ELTE. (Egyetemi szociolingvisztikai dolgozatok; 1). S. 91–96.

HANSEN-JAAX, Dörte (1995): Transfer bei Diglossie. Synchrone Sprachkontaktphänomene im Niederdeutschen. Hamburg: Dr. Kovač.

HARDING, Edith/RILEY, Philip (1986): The Bilingual Family. A Handbook for Parents. Repr. Cambridge [etc.]: Cambridge Univ. Press.

HARTMANN, Dietrich (1995): Orality in Spoken German Standard and Substandard. In: QUASTHOFF, Uta M. (Ed.): Aspects of Oral Communication. Berlin/New York: de Gruyter. (Research in Text Theory; 21). S. 138–168.

HARTWEG, Frédéric (1986): Dialektliteratur und lexikalische Entwicklungstendenzen: zwei Untersuchungen zur Elsässischen [sic!]. In: GENDRON, J.-D./NELDE, P[eter] H[ans] (Eds.): Plurilinguisme en Europe et au Canada. Perspectives de Recherche. Mehrsprachigkeit in Europa und Kanada. Perspektiven der Forschung. Bonn: Dümmler. (Plurilingua; 6). S. 47–53.

HASSELMO, Nils (1972): Code-Switching as Ordered Selection. In: FIRCHOW SCHERABON, Evelyn/GRIMSTAD, Kaaren/HASSELMO, Nils/O'NEIL, Wayne A.

(Eds): Studies for Einar Haugen. Presented by Friends and Colleagues. The Hague/Paris: Mouton. (Janua Linguarum; Series Maior; 59). S. 261–280.

HAUGEN, Einar (1950): The Analysis of Linguistic Borrowing. In: Language 26. 2. S. 210–231.

HAUGEN, Einar (1953): The Norwegian Language in America. A Study in Bilingual Behavior. Vol. 1. Philadelphia: Univ. of Pennsylvania Press.

HAUGEN, Einar (1956): Bilingualism in the Americas: A Bibliography and Research Guide. Alabama: Univ. of Alabama Press. (Publication of the American Dialect Society; 26).

HAUGEN, Einar (1972): The Ecology of Language. Essays. Stanford, Calif.: Stanford Univ. Press California. (Language Science and National Development).

HAUGEN, Einar (1978): Language Norms in Bilingual Communities. In: DRESSLER, Wolfgang U./MEID, Wolfgang (Eds.): Proceedings of the Twelfth International Congress of Linguists. Vienna, August 28–September 2, 1977. Innsbruck: Institut für Sprachwissenschaft (Innsbrucker Beiträge zur Sprachwissenschaft; Sonderband). S. 283–286.

HAUST, Delia (1993): Formen und Funktionen des Codeswitching. In: Linguistische Berichte Nr. 144. S. 93–129.

HEATH, Jeffrey (1989): From Code-Switching to Borrowing: Foreign and Diglossic Mixing im Moroccan Arabic. London/New York: Kegan Paul International. (Monograph; 9).

HECKENBERGER, Peter (1996): Herkunft der Deutschen in Hajosch. In: Neue Zeitung. Budapest 12/1996. S. 11.

HEINEMANN, Margot/HEINEMANN, Wolfgang (2002): Grundlagen der Textlinguistik. Interaktion – Text – Diskurs. Tübingen: Niemeyer. (Reihe Germanistische Linguistik; 230: Kollegbuch).

HELLER, Monica (Ed.) (1988): Codeswitching. Anthropological and Sociolinguistic Perpectives. Berlin/New York/Amsterdam: Mouton/de Gruyter. (Contributions to the Sociology of Language; 48).

HENKEY, Gyula (1981): A hajósi népesség etnikai embertani vizsgálata. In: Anthropológógiai Közlemények 25. 1–2. S. 39–60.

HENNIG, Mathilde (2000): Können gesprochene und geschriebene Sprache überhaupt verglichen werden? In: ÁGEL, Vilmos/HERZOG, Andreas (Hrsg.): Jahrbuch der ungarischen Germanistik 2000. Budapest: GUG/Bonn: DAAD. S. 105–125.

HEREDIA, Roberto R./ALTARRIBA, Jeanette (2001): Bilingual Language Mixing: Why do Bilinguals Code-Switch? In: Current Directions in Psychological Science 10. S. 164–168.

HERMANN, Aegid (1932): Unsere liebe Frau und die Schwaben von Hajós. In: Deutsch-Ungarische Heimatsblätter 4. S. 50–58 und 223–232.

HESSE, Mary B. (1970): Models and Analogies in Science. 2. print. Notre Dame, Ind.: Univ. of Notre Dame Press.

HESSKY, Regina (1997): Ungarisch-Deutsch. In: GOEBL, Hans/NELDE, Peter H./ STARÝ, Zdeněk/WÖLCK, Wolfgang (Hrsg.): Kontaktlinguistik. Ein internationales Handbuch zeitgenössischer Forschung. Berlin/New York: de Gruyter. (Handbücher zur Sprach- und Kommunikationswissenschaft; 12.2). S. 1723–1731.

HESS-LÜTTICH, Ernest W. B. (1984): Kommunikation als ästhetisches Problem. Vorlesungen zur angewandten Textwissenschaft. Tübingen: Narr. (Kodikas/ Supplement; 10).

HESS-LÜTTICH, Ernest W. B./POSNER, Roland (Hrsg.) (1990): Code-Wechsel. Texte im Medienvergleich. Opladen: Westdeutscher Verl.

HEYSE, Ingo (2000): Inszenierung von Mehrsprachigkeit. Zur Funktionalität von Code-Switching. In: JAUHOLA, Päiri/JÄRVI, Outi/WILSKE, Detlef (Hrsg.): Erikoiskielet ja käänösteoria/Fackspråk och översättningsteori/Fachsprachen und Übersetzungstheorie. VAKKI-Symposium XX. Vaasa, 11.–13.02.2000. Vaasa: Univ. S. 130 138.

HILGERT, Wilfried (2000): Wuleewu Kardoffelsupp. Französische Ausdrücke und Redewendungen in der rheinhessischen Mundart. 11. Aufl. Horrweiler: Hilgert.

HINNENKAMP, Volker (1998): Mehrsprachigkeit in Deutschland und deutsche Mehrsprachigkeit. Szenarien einer migrationsbedingten Nischenkultur der Mehrsprachigkeit. In: KÄMPER, Heidrun/SCHMIDT, Hartmut (Hrsg.): Das 20. Jahrhundert. Sprachgeschichte – Zeitgeschichte. Berlin/New York: de Gruyter. (Institut für deutsche Sprache, Jahrbuch 1997). S. 137–162.

HINNENKAMP, Volker (2000): „Gemischt sprechen" von Migrantenjugendlichen als Ausdruck ihrer Identität. In: Der Deutschunterricht 52. S. 96–107.

HINNENKAMP, Volker (2002): Deutsch-türkisches Code-Mixing und Fragen der Hybridität. In: HARTUNG, Wolfdietrich/SHETHAR, Alissa (Hrsg.): Kulturen und ihre Sprachen. Die Wahrnehmung anders Sprechender und ihr Selbstverständnis. Berlin: Trafo-Verl. Weist. (Abhandlungen der Leibniz-Sozietät; 7). S. 123–143.

HIRSCHBERG, Walter (Hrsg.) (1988): Neues Wörterbuch der Völkerkunde. Berlin: Reimer. (Ethnologische Paperbacks).

HOCHSTRASSER, Gerhardt (1999): Es muß heißen: Batscher Gespannschaft/Bezirk/Distrikt oder Batscher Land, Batscherland, Batschland, nicht Batschka. In: Donauschwäbische Forschungs- und Lehrerblätter 45. 4. S. 73–75.

HOCKETT, Charles F. (1950): Language „and" Culture: A Protest. American Anthropologist 52. S. 113.

HOCKL, Helmfried (1984): Deutsche Lehnwörter in drei Sprachen Südosteuropas. In: Südostdeutsche Vierteljahresblätter 33. 4. S. 306–310.

HOFFMANN, Charlotte (1997): An Introduction to Bilingualism. 5. impr. London/New York: Longman. (Longman Linguistics Library).

HÖFLER, Manfred (1981): Für eine Ausgliederung der Kategorie „Lehnschöpfung" aus dem Bereich sprachlicher Entlehnung. In: PÖCKL, Wolfgang (Hrsg.):

Europäische Mehrsprachigkeit. Festschrift zum 70. Geburtstag von Mario Wandruszka. Tübingen: Niemeyer. S. 149–153.

HOLMES, Janet (1996): Sex and Language. In: GOEBL, Hans/NELDE, Peter H./ STARÝ, Zdeněk/WÖLCK, Wolfgang (Hrsg.): Kontaktlinguistik. Ein internationales Handbuch zeitgenössischer Forschung. Berlin/New York: de Gruyter. (Handbücher zur Sprach- und Kommunikationswissenschaft; 12.1). S. 720–725.

HOLOVČAK, Natalia/MELIKA, Georg (1996): Die Deutschen im Turjatal der Waldkarpaten. In: MÜNS, Heike/KOHLMANN, Theodor (Hrsg.): Jahrbuch für deutsche und osteuropäische Volkskunde. Bd. 39. Marburg: N. G. Elwert. S. 247–255.

HOPPER, Paul J./TRAUGOTT, Elizabeth Closs (2000): Grammaticalization. Repr. Cambridge: Cambride Univ. Press. (Cambridge Textbooks in Linguistics).

HORN, Dieter (1990): Aspekte bilingualer Erziehung in den USA und Kanada. Unter Berücksichtigung des Unterrichts für Minderheitenkinder in der Bundesrepublik Deutschland. Baltmannsweiler: Schneider. (Interkulturelle Erziehung in Praxis und Theorie; 11).

HORVÁTH, György (1984): A tartalmas gondolkodás. Budapest: Tankönyvkiadó.

HORVÁTH, Mária (1978): Német elemek a 17. század magyar nyelvében. Budapest: Akadémiai.

HOVE, Ingrid (2001): Wie sollen die Deutschschweizer/Deutschschweizerinnen Hochdeutsch sprechen? In: Sprachspiegel 57. 3. S. 90–100.

HUFEISEN, Britta (1995a): Englisch bei deutschsprachigen Immigranten in Kanada. In: Muttersprache 105. 3. S. 243–251.

HUFEISEN, Britta (1995b): Sprachen, Sprachgruppen und Geschlechterrollen in einem klassischen Einwanderungsland. Deutsch als Einwanderungs- und Minderheitensprache im Westen Kanadas. In: LINKE, Angelika/OOMEN-WELKE, Ingelore (Hrsg.): Herkunft, Geschlecht und Deutschunterricht. Oben – unten/von hier – von anderswo/männlich – weiblich. Freiburg i.Br.: Fillibach. S. 23–28.

HÜLLEN, Werner (1992): Identifikationssprachen und Kommunikationssprachen. Über Probleme der Mehrsprachigkeit. In: Zeitschrift für germanistische Linguistik 20. S. 298–317.

HÜNERT-HOFMANN, Else (1975): Interferenzerscheinungen in der Idiomatik einer zweisprachigen Gruppe. In: Neuere Forschungen in Linguistik und Philologie. Aus dem Kreise seiner Schüler Ludwig Erich Schmitt zum 65. Geburtstag gewidmet. Wiesbaden: Steiner. (ZDL, Beihefte, N.F; 13). S. 106–113.

HUNYADI, László (1998): Fonológiai szabályok, kommunikatív szabályok, logikai szabályok. In: GÓSY, Mária (szerk.): Beszédkutatás '98. A Beszédkutatás '98 tudományos ülésszakon elhangzott előadások válogatott és átdolgozott tanulmányai. Budapest: MTA Nyelvtud. Int. S. 68–88.

HUSZÁR, Ágnes (2000): Nyelvek és kultúrák válaszútján. Pápa: Jókai Kör.

HUTTERER, Claus Jürgen (1960): Geschichte der ungarndeutschen Mundartforschung. Berlin: Akademie-Verl. (Sächsische Akad. d. Wiss. Leipzig, Phil.-Hist. Klasse, Berichte über die Verhandlungen; 106, 1).

HUTTERER, Claus Jürgen (1963): Das Ungarische Mittelgebirge als Sprachraum. Historische Lautgeographie der deutschen Mundarten in Mittelungarn. Halle (Saale): Niemeyer. (Mitteldeutsche Studien; 24).

HUTTERER, Claus Jürgen (1989): Kontaktbedingte Konvergenz im mehrsprachigen Raum (Burgenland/Westungarn). In: PUTSCHKE, Wolfgang/VEITH, Werner/WIESINGER, Peter (Hrsg.): Dialektgeographie und Dialektologie. Günter Bellmann zum 60. Geburtstag von seinen Schülern und Freunden. Marburg: Elwert. S. 236–255.

HUTTERER, Claus Jürgen (1991a): Aufsätze zur deutschen Dialektologie. Hrsg. von Karl Manherz. Budapest: Tankönyvkiadó. (Ungarndeutsche Studien; 6).

HUTTERER, Claus Jürgen (1991b): Sprachinselforschung als Prüfstand für dialektologische Arbeitsprinzipien. In: HUTTERER, Claus Jürgen: Aufsätze zur deutschen Dialektologie. Hrsg. von Karl Manherz. Budapest: Tankönyvkiadó. (Ungarndeutsche Studien; 6). S. 100–120.

HUTTERER, Claus Jürgen (1991c): Die deutsche Volksgruppe in Ungarn. In: HUTTERER, Claus Jürgen: Aufsätze zur deutschen Dialektologie. Hrsg. von Karl Manherz. Budapest: Tankönyvkiadó. (Ungarndeutsche Studien; 6). S. 253–280.

HUTTERER, Claus Jürgen (1991d): Hochsprache und Mundart bei den Deutschen in Ungarn. In: HUTTERER, Claus Jürgen: Aufsätze zur deutschen Dialektologie. Hrsg. von Karl Manherz. Budapest: Tankönyvkiadó. (Ungarndeutsche Studien; 6). S. 313–344.

HUTTERER, Claus Jürgen (1991e): Deutsch-ungarischer Lehnwortaustausch. In: HUTTERER, Claus Jürgen: Aufsätze zur deutschen Dialektologie. Hrsg. von Karl Manherz. Budapest: Tankönyvkiadó. (Ungarndeutsche Studien; 6). S. 409–425.

HUTTERER, Claus Jürgen (1993): Konvergenzen in der Volkskultur der Deutschen im Karpatenbecken. (Am Beispiel der Sprachentwicklung). In: BASSOLA, Péter/HESSKY, Regina/TARNÓI, László (Hrsg.): Im Zeichen der ungeteilten Philologie. Festschrift für Professor Dr. sc. Karl Mollay zum 80. Geburtstag. Budapest: ELTE. (Budapester Beiträge zur Germanistik; 24). S. 147–170.

HUTTERER, Claus Jürgen (1994): Sprachinseldialektologie. In: MATTHEIER, Klaus/WIESINGER, Peter (Hrsg.): Dialektologie des Deutschen. Forschungstand und Entwicklungstendenzen. Tübingen: Niemeyer. (Reihe Germanistische Linguistik; 147). S. 93–101.

HVOZDYAK, Olha/MELIKA, Georg (2002): Der hochdeutsche Sprachgebrauch bei der deutschen Bevölkerung von Mukačevo (Transkarpatien/Ukraine). In: GERNER, Zsuzsanna/GLAUNINGER, Manfred Michael/WILD, Katharina (Hrsg.): Gesprochene und geschriebene deutsche Stadtsprachen in Südosteuropa und ihr Einfluss auf die regionalen deutschen Dialekte. Internationale Tagung in Pécs, 30.3.–2.4.2000. Wien: Ed. Praesens. (Schriften zur diachronen Sprachwissenschaft; 11). S. 211–222.

HYMES, Dell (1977): Foundations in Sociolinguistics. An Ethnographic Approach. London: Tavistock Publications.

INEICHEN, Gustav (1979): Allgemeine Sprachtypologie. Ansätze und Methoden. Darmstadt: Wiss. Buchgesellschaft. (Erträge der Forschung; 118).

INGENHORST, Heinz (1997): Die Rußlanddeutschen. Aussiedler zwischen Tradition und Moderne. Frankfurt a.M./New York: Campus. (Campus Forschung; 747).

ISSABEKOW, I. [sic!] (1991): Systembezogene und funktionale Besonderheiten der Sprache der Sowjetdeutschen in Kasachstan. In: Die Deutschen in der Bruderfamilie der Sowjetvölker. Materialien der wissenschaftlich-praktischen Republikkonferenz, die am 16.–17. Juni 1989 in Alma-Ata stattfand. Alma-Ata: Kasachstan. S. 93–97.

IVANOV, V. V. (1990): Kontakty jazykovye. In: JARCEVA, V.N. (Glavn. red.): Lingvističeskij enciklopedičeskij slovar'. Moskva: Sovetskaja enciklopedija. S. 237–238.

IVÁNYI, Zsuzsanna (2001): Bemerkungen zur Möglichkeit von Warum-Fragen in der Gesprächsanalyse. In: IVÁNYI, Zsuzsanna/KERTÉSZ, András (Hrsg.): Gesprächsforschung. Tendenzen und Perspektiven. Frankfurt a.M./Berlin/Bern/Bruxelles/New York/Oxford/Wien: Lang. (Metalinguistica; 10). S. 121–129.

JACOBS, Eva-Maria (1999): Textvernetzung in den Wissenschaften. Zitat und Verweis als Ergebnis rezeptiven, reproduktiven und produktivem Handelns. Tübingen: Niemeyer. (Reihe Germanistische Linguistik; 210).

JACOBSON, Rodolfo (1978): Codeswitching in Historical Perspective. The Justification of Alternations in Certain Bicultural Settings. In: DRESSLER, Wolfgang U./MEID, Wolfgang (Eds.): Proceedings of the Twelfth International Congress of Linguists. Vienna, August 28–September 2, 1977. Innsbruck: Institut für Sprachwissenschaft (Innsbrucker Beiträge zur Sprachwissenschaft; Sonderband). S. 302–305.

JAKOBSON, Roman/FANT, C. Gunnar M./HALLE, Morris (1952): Preliminaries to Speech Analysis. The Distinctive Features and their Correlates. Cambridge, Ma.: MIT Press.

JANICH, Nina (2003): Werbesprache. Ein Arbeitsbuch. 3. Aufl. Tübingen: Narr. (Narr Studienbücher).

JANSEN, Silke (2002): Metaphern im Sprachkontakt – anhand von Beispielen aus dem französischen und spanischen Internetwortschatz. In: metaphorik.de 03/2002. S. 44–74. Gesehen im Internet unter metaphorik.de am 11.12.2003).

JEFFERSON, Gail (1994): Transcript Notation. In: ATKINSON, J. Maxwell/HERITAGE, John (Eds.): Structures of Social Action. Studies in Conversational Analysis. Repr. Cambridge [u.a.]: Cambridge Univ. Press. (Studies in Emotion and Social Interaction). S. IX–XVI.

JEßNER, Ulrike/HERDINA, Philip (1996): Interaktionsphänomene im multilingualen Menschen: Erklärungsmöglichkeiten durch einen systemtheoretischen Ansatz. In: FILL, Alwin (Hrsg.): Sprachökologie und Ökolinguistik. Referate des Symposions 'Sprachökologie und Ökolinguistik' an der Universität Klagenfurt, 27.–28. Oktober 1995. Red. Mitarbeit: Hermine PENZ. Tübingen: Stauffenburg. (Stauffenburg-Linguistik). S. 217–229.

JODLBAUER, Ralph (1993): Methoden der Feldforschung. In: EICHINGER, Ludwig M./RAITH, Joachim (Hrsg.): Sprachkontakte. Konstanten und Variablen. Bochum: Brockmeyer. (Bochum-Essener Beiträge zur Sprachwandelforschung; 20). S. 32–44.

JOÓ, Rudolf (1986): A nyugat-európai kisebbségi nyelvek helyzete. Nyelvpolitika Nyugat-Európában. In: Modern Nyelvoktatás 21. S. 81–90.

JUHÁSZ, János (1970): Probleme der Interferenz. Budapest: Akadémiai.

JUHÁSZ, János (1985): Die sprachliche Norm. Budapest: ELTE. (Budapester Beiträge zur Germanistik; 14).

JUHÁSZ, János (1986): Probleme der Norm beim Sprachkontakt. In: NARR, Brigitte/WITTJE, Hartwig (Hrsg.): Spracherwerb und Mehrsprachigkeit. Festschrift für Els Oksaar zum 60. Geburtstag. Tübingen: Narr. (Tübinger Beiträge zur Linguistik; 295). S. 199–212.

KACHRU, Braj B. (1978). Towards Structuring Code-Mixing: An Indian Perspective. In: International Journal of the Sociology of Language 16. S. 27–46.

KALLMEYER, Werner (1995): Zur Darstellung von kommunikativem sozialem Stil in soziolinguistischen Gruppenporträts. In: KEIM, Inken: Kommunikation in der Stadt. Teil 3: Kommunikative Stilistik einer sozialen Welt „kleiner Leute" in der Mannheimer Innenstadt. Berlin/New York: de Gruyter. (Schriften des Instituts für Deutsche Sprache; 4,3). S. 1–25.

KALLMEYER, Werner (2001): Perspektivenumkehrung als Element des emanzipatorischen Stils in Migrantengruppen. In: JAKOBS, Eva-Maria/ROTHKEGEL, Annely (Hrsg.): Perspektiven auf Stil. Tübingen: Niemeyer. (Reihe Germanistische Linguistik; 226). S. 401–422.

KALLMEYER, Werner/KEIM, Inken/ASLAN, Sema/CINDARK, Ibrahim (2002): Variationsprofile. Zur Analyse der Variationspraxis bei den „Powergirls". Gesehen im Internet unter: http://www.ids-mannheim.de/prag/ sprachvariation/fgvaria/Variationsprofile.pdf am 23.12.2003.

KÁLMÁN, Béla (1980): Anyanyelv, idegen nyelv, kétnyelvűség. In: Magyar Nyelvőr 109. S. 33–39.

KAPPEL, Péter/NÉMETH, Attila (2002): Sprachkontakterscheinungen ungarndeutscher Mundarten in Transdanubien. In: FORGÁCS, Erzsébet (Hrsg.): Die deutsche Sprache im vielsprachigen Europa des 21. Jahrhunderts. Vorträge der Internationalen Germanistischen Konferenz in Szeged, 3.–5. September 2001. Szeged: Univ./Grimm. S. 87–100.

KASSAI, Ilona (szerk.) (1995): Kétnyelvűség és magyar nyelvhasználat. A 6. Élőnyelvi Konferencia előadásai. Budapest: MTA Nyelvtud. Int.

KAYAMBAZINTHU, Edrinnie (1994): Codeswitching and Codemixing among Bilingual Malawians. In: Working Papers in Linguistics (University of Melbourne) 14. S. 1. Gesehen im Internet am 12.12.1998 unter http:// www.arts.unimelb.edu.au/Dept/LALX/postgrad/wpling14.html.

KEEL, William D./MATTHEIER, Klaus J. (Eds./Hrsg.) (2003): German Language Varieties Worldwide. Internal and External Perspectives. = Deutsche Sprachinseln weltweit. Interne und externe Perspektiven. Frankfurt a.M/Berlin/ Bern/Wien: Lang.

KELLER, Randolf E. (1995): Die deutsche Sprache und ihre historische Entwicklung. Bearb. u. übers. aus dem Engl. mit einem Begleitwort sowie einem Glossar vers. von Karl-Heinz MULAGK. 2. Aufl. Hamburg: Buske.

KELLER, Rudi (1990): Sprachwandel. Von der unsichtbaren Hand in der Sprache. Tübingen: Francke. (UTB; 1567).

KELLERMANN, Eric/SHARWOOD SMITH, Michael (Eds.) (1986): Crosslinguistic Influence in Second Language Acquisition. New York/Oxford/Toronto/ Sydney/Frankfurt/Kronberg: Pergamon Press. (Language Teaching Methodology Series.)

KENESEI, István/VAGO, Robert M./FENYVESI, Anna (1998): Hungarian. London/ New York: Routledge. (Descriptive Grammars).

KERESZTES, László (1999): Praktische ungarische Grammatik. 3., verbess. Aufl. Debrecen: Debreceni Nyári Egyetem. (Hungarolingua).

KERN, Rudolf (Hrsg.) (1995): Ungarndeutsche Identität in europäischer Dimension. Ergebnisse einer Symposionreihe. Stuttgart: Donauschwäbische Kulturstiftung.

KERTÉSZ, András (2001a): Über die Autonomie der germanistischen Linguistik. In: NAGY, Márta/JÓNÁCSIK, László [in Zusammenarbeit mit Edit MADAS und Gábor SARBAK] (Hrsg.): „swer sînen vriunt behaltet, daz ist loeblîch". Festschrift für András Vizkelety zum 70. Geburtstag. Piliscsaba/Budapest: PPKE. (Abrogans; 1/Budapester Beiträge zur Germanistik; 37). S. 505–511.

KERTÉSZ, András (2001b): Metascience and the Metaphorical Structure of Scientific Discourse. In: KERTÉSZ, András (Ed.): Approaches to the Pragmatics of Scientific Discourse. Frankfurt a.M./Berlin/Bern/Bruxelles/New York/ Oxford/Wien: Lang. (Metalinguistica; 9). S. 135–158.

KERTÉSZ, András (2001c): A nyelvészet metaforái. Akadémiai székfoglaló előadás. Magyar Tudományos Akadémia, Budapest, 2001. december 12.

KERTÉSZ, András (2004): Die kognitive Metapherntheorie als metalinguistisches Unterfangen. In: Sprachtheorie und germanistische Linguistik 14. 1. S. 39–60.

KESZLER, Borbála (1996): Mi a partikula? In: BERECZKI, András/KLIMA, László (szerk.): Ünnepi könyv Domokos Péter tiszteletére. Budapest: ELTE. (Uralisztikai Tanulmányok; 7). S. 137–138.

KIEFER, Ferenc (1967): Zur synchronischen Beschreibung einer schwäbischen Mundart in Ungarn. (Die Mundart von Hajosch). In: Acta Linguistica Academiae Scientiarum Hungaricae 17. 1–2. S. 89–120.

KIEFER, Ferenc (1999): Alaktan. In: É. KISS, Katalin/KIEFER, Ferenc/SIPTÁR, Péter: Új magyar nyelvtan. 2. kiadás. Budapest: Osiris. S. 185–289.

KIEFER, Ferenc (2000): Jelentéselmélet. Budapest: Corvina. (Egyetemi Könyvtár).

KIENER, Franz (1983): Das Wort als Waffe. Zur Psychologie der verbalen Aggression. Göttingen: Vandenhoeck & Ruprecht. (Sammlung Vandenhoeck).

KIPARSKY, [Valentin] (1938): [Ohne Titel]. In: BARR, K[aj]/BRÖNDALM, Viggo/ HAMMERICH, L.L./HJELMSLEV, Louis (Réd.): Actes de Quatrième Congrès International de Linguistes. Tenu à Copenhague du 27 août au 1er septembre 1936. Copenhague: Munksgaard. S. 176.

KIRÁLY, Péter (2001): A nyelvkeveredés. A magyarországi szláv nyelvjárások tanulságai. Nyíregyháza: NYF Ukrán és Ruszin Filológiai Tanszék. (Studia Ukrainica et Rusinica Nyíregyháziensia; 7).

KIRK, Jerome/MILLER, Marc L. (1996): Reliability and Validity in Qualitative Research. 14. Pr. Newbury Parks, Calif.: Sage Publ. (Qualitative Research Methods; 1/Sage University Paper).

KIRSCHNER, Woldemar Th. (1987): Der stadiale Charakter des Lehnprozesses. In: Das Wort. Germanistisches Jahrbuch DDR-UdSSR 1986. Moskau. S. 86–91.

KISS, Jenő (1994): Dialektveränderung – aus der Perspektive der kommunikativen Dialektologie. In: VIERECK, Wolfgang (Hrsg.): Verhandlungen des internationalen Dialektologenkongresses, Bamberg 29.7.–4.8. 1990. Stuttgart: Steiner. (ZDL, Beihefte; 74). S. 82–91.

KISS, Jenő (szerk.) (2001): Magyar dialektológia. Budapest: Osiris. (Osiris Tankönyvek).

KLASSEN, Heinrich (1969): Russische Einflüsse auf die deutschen Mundarten im Ural (Sowjetunion). In: Wissenschaftliche Zeitschrift der Universität Rostock. Gesellschafts- und sprachwissenschaftliche Reihe 18. 6/7. S. 589–594.

KLASSEN, Heinrich (1981): Niederdeutsch im Gebiet Orenburg (Russische Föderation). Zur sprachlichen Kommunikation. In: Linguistische Studien, Reihe A/75/II. (Das Niederdeutsche in Geschichte und Gegenwart). Berlin: ZIfSW. S. 180–190.

KLASSEN, Heinrich (1994): Zur Sprachsituation in Siedlungsgebieten mit vorwiegend deutscher Bevölkerung in Rußland. In: WILD, Katharina (Hrsg.): Begegnung in Pécs/Fünfkirchen. Die Sprache der deutschsprachigen Minderheiten in Europa. Pécs: Univ. (Studien zur Germanistik; 2). S. 63–74.

KLEIBER, Wolfgang (Hrsg.) (1990): Wortatlas der kontinentalgermanischen Winzerterminologie (WKW). Einleitung. Bearb. von BINGENHEIMER, Sigrid/HALFER, Manfred/HECK, Werner/KLEIBER, Wolfgang/PETERS-LEDROIT, Maria /PIER, Petra/REUSCHENBACHER-SCHULZ, Ursula/STEFFENS, Rudolf/VENEMA, Johannes u.a. Tübingen: Niemeyer.

KLOSS, Heinz (1976): Über „Diglossie". In: Deutsche Sprache 4. S. 313–323.

KLOSS, Heinz (1985): Die sprachdeutsche Einwanderung in Nachbarstaaten: Westeuropa. In: BESCH, Werner/REICHMANN, Oskar/SONDEREGGER, Stefan (Hrsg.): Sprachgeschichte. Ein Handbuch zur Geschichte der deutschen

Sprache und ihrer Erforschung. Berlin/New York: de Gruyter. (Handbücher zur Sprach- und Kommunikationswissenschaft; 2.2). S. 1707–1716.

KNAB, Elisabeth (1997): Wie die Nadwarer reda (Wie die Nadwarer reden). Mundart der Nadwarer. In: RICHTER, Georg: Geliebtes Nadwar. Erinnerungen an die verlorene Heimat H-6345 Nemesnádudvar. Horb am Neckar: Geiger-Verl. S. 189–194.

KNECHT, Tamás (1999): Lexikalische Interferenzen aus dem Rumänischen und Ungarischen in den schwäbischen Dialekten von Beschened und Petrifeld. In: GEHL, Hans/CIUBOTĂ, Viorel (Hrsg.): Interethnische Beziehungen im rumänisch-ungarisch-ukrainischen Kontaktraum vom 18. Jahrhundert bis zur Gegenwart. Satu Mare: Ed. Muzeului Sătmărean/Tübingen: Institut für donauschwäb. Geschichte und Landeskunde. S. 345–374.

KNECHT, Tamás (2001): Lexikalische Interferenzen in den sathmarschwäbischen Dialekten der Gemeinden Bescheneed, Petrifeld und Terem. In: GEHL, Hans (Hrsg.): Dialekt – Lehnwörter – Namen. Sprachliche Studien über die Sathmarer Schwaben. Tübingen: Institut für donauschwäb. Geschichte und Landeskunde. (Materialien 12). S. 53–114.

KNIPF-KOMLÓSI, Elisabeth (1994): Soziolinguistische Aspekte der Einstellung der Ungarndeutschen zu ihrer Muttersprache. In: WILD, Katharina (Hrsg.): Begegnung in Pécs/Fünfkirchen. Die Sprache der deutschsprachigen Minderheiten in Europa. Pécs: Univ. (Studien zur Germanistik; 2). S. 103–110.

KNIPF-KOMLÓSI, Elisabeth (2001): Dialekt „out" – Standardsprache „in". Zur Varietätenwahl im Sprachgebrauch der deutschen Minderheit in Ungarn. In: EGGER, Kurt/LANTHALER, Franz [im Auftrag des Südtiroler Kulturinstituts] (Hrsg.): Die deutsche Sprache in Südtirol. Einheitssprache und regionale Vielfalt. Wien/Bozen: Folio. S. 99–114.

KNIPF-KOMLÓSI, Elisabeth (2002): Zur Rolle der Varietätenlinguistik in der Stadt- und Ortssprachenforschung. In: GERNER, Zuzsanna/GLAUNINGER, Manfred Michael/WILD, Katharina (Hrsg.): Gesprochene und geschriebene deutsche Stadtsprachen in Südosteuropa und ihr Einfluss auf die regionalen deutschen Dialekte. Internationale Tagung in Pécs, 30.3.–2.4.2000. Wien: Ed. Praesens. (Schriften zur diachronen Sprachwissenschaft; 11). S. 39–52.

KNIPF-KOMLÓSI, Elisabeth (2003a): Die Substantivbildung in der Mundart. Ein Beitrag zur Substantivderivation am Beispiel einer ungarndeutschen Mundart. Budapest: ELTE. (Budapester Beiträge zur Germanistik; 42).

KNIPF-KOMLÓSI, Elisabeth (2003b): Sprachwahl und kommunikative Handlungsformen der deutschen Minderheit in Ungarn. In: KEEL, William D./MATTHEIER, Klaus J. (Hrsg.): German Language Varieties Worldwide: Internal and external Perspectives. Frankfurt a.M./Berlin/Bern/Bruxelles/New York/Oxford/Wien: Lang. S. 269–281.

KOCH, Peter/OESTERREICHER, Wulf (1985): Sprache der Nähe – Sprache der Distanz: Mündlichkeit und Schriftlichkeit im Spannungsfeld von Sprachtheorie und Sprachgeschichte. In: Romanistisches Jahrbuch 36. S. 15–43.

KOEKKOEK, Byron J. (1955): Zur Phonologie der Wiener Mundart. Gießen: Schmitz. (Beiträge zur deutschen Philologie; 6).

KOLDE, Gottfried (1981): Sprachkontakt in gemischtsprachigen Städten. Vergleichende Untersuchungen über Voraussetzungen und Formen sprachlicher Interaktion verschiedensprachiger Jugendlicher in den Schweizer Städten Biel/Bienne und Fribourg/Freiburg i.Ue. Wiesbaden: Steiner. (ZDL, Beihefte; 37).

KOLLER, Werner (2001): Einführung in die Übersetzungswissenschaft. 6., durchges. und veränd. Aufl. Wiesbaden: Quelle und Meyer. (UTB für Wissenschaft; 819).

KONERSMANN, Ralf (1998): Kultur als Metapher. In: KONERSMANN, Ralf (Hrsg.): Kulturphilosophie. 2. Aufl. Leipzig: Reclam-Verl. (Reclam-Bibliothek; 1554). S. 327–354.

KÖNIG, Ekkehard/EISENBERG, Peter (1984): Zur Pragmatik von Konzessivsätzen. In: STICKEL, Gerhard (Hrsg.): Pragmatik in der Grammatik. Jahrbuch 1983 des Instituts für deutsche Sprache. Düsseldorf: Päd. Verl. Schwann-Bagel. (Sprache der Gegenwart; 60). S. 313–332.

KÖNIG, Werner (1982): Probleme der Repräsentativität in der Dialektologie. In: BESCH, Werner/KNOOP, Ulrich/PUTSCHKE, Wolfgang/WIEGAND, Herbert Ernst (Hrsg.): Dialektologie. Ein Handbuch zur deutschen und allgemeinen Dialektforschung. Berlin/New York: de Gruyter. (Handbücher zur Sprach- und Kommunikationswissenschaft; 1.1). S. 463–485

KONTRA, Miklós (1981): A nyelvek közötti kölcsönzés néhány kérdéséről, különös tekintettel „elangolosodó" orvosi nyelvünkre. Budapest: Akadémiai. (Nyelvtudományi értekezések; 109).

KONTRA, Miklós (szerk.) (1991): Tanulmányok a határainkon túli kétnyelvűségről. Budapest: Magyarságkutató Int.

KONTRA, Miklós/SALY, Noémi (szerk.) (1998): Nyelvmentés vagy nyelvárulás? Vita a határon túli magyar nyelvhasználatról. Budapest: Osiris.

KONTZI, Reinhold (Hrsg.) (1982): Substrate und Superstrate in den romanischen Sprachen. Darmstadt: Wiss. Buchgesellschaft. (Wege der Forschung; 475).

KOOLE, Tom/TEN THIJE, Jan (1994): The Construction of Intercultural Discourse. Team Discussions of Educational Advisers. Amsterdam/Atlanta: Rodopi. (Utrecht Studies in Language and Communication; 2).

KÖPPE, Regina/MEISEL, Jürgen (1999): Code-Switching in Bilingual First Language Acquisition. In: MILROY, Lesley/MUYSKEN, Peter (Eds.): One Speaker, Two Languages: Cross-Disciplinary Perspectives on Code-Switching. Digital reprint. Cambridge: Cambridge Univ. Press. S. 276–301.

KŐRÖSI, Csilla (2001): Heimat-Konzepte in der ungarndeutschen Literatur in Ungarn und in der Bundesrepublik Deutschland. In: FASSEL, Horst/BALOGH, András/SZABÓ, Dezső (Hrsg.): Zwischen Utopie und Realität. Deutschungarische Literaturbeziehungen im Wandel. Die Beiträge des Budapester

Symposions vom 21.–23. Juni 2000. Budapest: ELTE. (Budapester Beiträge zur Germanistik; 36). S. 185–206.

KOVÁCS-ZÁGONI SZABÓ, Csilla (1999): Hajoscher Interviews, Erinnerungen. In: KOPASZ, Filoméla/HÁLA, Otto (Red.): Sprache: Tradition und Geschichte. Wissenschaftliche Tagung, veranstaltet von der Selbstverwaltung der Ungarndeutschen in Szeged. Szeged: Selbstverw. d. Ungarndt. S. 20–25.

KOWAL, Sabine/O'CONNELL, Daniel C. (2003): Die Transkription mündlicher Äußerungen. In: HERRMANN, Theo/GRABOWSKI, Joachim (Hrsg.): Sprachproduktion. Göttingen/Bern/Toronto/Seattle: Hogrefe Verl. für Psychologie. (Enzyklopädie der Psychologie; Themenbereich C, Serie III; 1). S. 101–120.

KOZMOVÁ, Ružena/PONGÓ, Štefan (2004): Quo vadis, slowakische Germanistik? In: Zeitschrift für germanistische Sprach- und Literaturwissenschaft in der Slowakei. S. 6–14.

KRAFT, Victor (1997): Der Wiener Kreis. Der Ursprung des Neopositivismus. 3. Aufl. Wien/New York: Springer. (Texte zur wissenschaftlichen Weltauffassung; 1).

KRAMER, Johannes (1990): Sprachilloyalität. In: NELDE, P. H. (Ed.): Language Conflict and Minorities. Sprachkonflikte und Minderheiten. Bonn: Dümmler. (Plurilingua; 10). S. 15–22.

KRAMSCH, Claire (2003): Language and Culture. 4. impr. Oxford: Oxford Univ. Press. (Oxford Introductions to Language Study).

KRANZMAYER, Eberhard (1956): Ortsnamenbuch von Kärnten. I. Teil. Klagenfurt: Verlag des Geschichtsvereines für Kärnten.

KRANZMAYER, Eberhard (1963): Monogenetische Lautentfaltung und ihre Störungen in den bairischen Bauernsprachinseln und in deren Heimatmundarten. In: Beiträge zur Geschichte der deutschen Sprache und Literatur 85. S. 154–205.

KREFELD, Thomas (2004): Einführung in die Migrationslinguistik. Von der *Germania italiana* in die *Romania multipla*. Tübingen: Narr. (Narr Studienbücher).

KREMNITZ, Georg (1994): Gesellschaftliche Mehrsprachigkeit. Institutionelle, gesellschaftliche und individuelle Aspekte. Ein einführender Überblick. 2., korr. Aufl. Wien: Braumüller.

KRIER, Fernande (1990): Empirische Daten zu einer Typologie der Kodeumschaltungsphänomene. In: NELDE, P[eter] H[ans] (Ed.): Language Conflict and Minorities. Sprachkonflikte und Minderheiten. Bonn: Dümmler. (Plurilingua; 10). S. 213–222.

KRISTÓ, Gyula (1978): Rómaiak és vlachok Nyesztornál és Anonymusnál. In: Századok 112. 4. S. 623–658.

KROHN, Wolfgang/KÜPPERS, Günter (Hrsg.) (1992): Emergenz: Die Entstehung von Ordnung, Organisation und Bedeutung. 2. Aufl. Frankfurt a.M.: Suhrkamp. (Suhrkamp-Taschenbuch Wissenschaft; 984).

KRONSTEINER, Otto (1980): Sind die slověne „die Redenden" und die němьci „die Stummen"? Zwei neue Etymologien zum Namen der Slawen und der

Deutschen. In: WIESINGER, Peter (Hrsg.): Sprache und Name in Österreich. Festschrift für Walter Steinhauser zum 95. Geburtstag. Wien: Braumüller. (Schriften zur deutschen Sprache in Österreich; 6). S. 339–361.

KUHN, Thomas S. (1977): Die Entstehung des Neuen. Studien zur Struktur der Wissenschaftsgeschichte. Hrsg. Von Lorenz KRÜGER. Frankfurt a.M.: Suhrkamp.

KUHN, Thomas S. (1996): Structure of Scientific Revolutions. 3. ed. Chicago [etc.]: The Univ. of Chicago Press.

KUHN, Walter (1934): Deutsche Sprachinsel-Forschung. Geschichte, Aufgaben, Verfahren. Plauen i. Vogtl.: Wolff. (Ostdeutsche Forschungen; 2).

KÜHNEL, Horst (Hrsg.) (1988): Die Donauschwaben. Deutsche Geschichte und Kultur in Südosteuropa. Sechs Vorträge. München: Haus des Deutschen Ostens.

KÜHNL, Rudolf/TURSKI, Peter (1989): Zu einigen Fragen des sog. Code-Switching. In: HARNISCH, Hanna/MICHEL, Georg/WILSKE, Ludwig (Hrsg.): Funktion der Sprache und der sprachlichen Kommunikation. Teil I. Beiträge anläßlich des 75. Geburtstages von NPT Prof. Dr. phil. habil. Wilhelm Schmidt. Potsdam: PH. (Potsdamer Forschungen: Reihe A; 101). S. 121–135.

KUIPERS, Benjamin J. (1986): A Frame for Frames: Representing Knowledge for Recognition. In: BOBROW, Daniel G./COLLINS, Allad (Eds.): Representation and Understanding. Studies in Cognitive Science. 7. print. New York/San Francisco/London: Acad. Pr. (Language, Thought, and Culture: Advances in the Study of Cognition). S. 151–184.

KÜNZIG, Johannes (1969): Einleitung. In: KÜNZIG, Johannes/WERNER, Waltraut: Die Rosibäs aus Hajós. Authentische Tonaufnahmen 1967 in Hajós. Freiburg i. Br.: Rombach. (Quellen deutscher Volkskunde; 2/Ungarndeutsche Märchenerzähler; 1). S. 7–9.

KÜNZIG, Johannes/WERNER, Waltraut (1969): Die Rosibäs aus Hajós. Authentische Tonaufnahmen 1967 in Hajós. Freiburg i. Br.: Rombach. (Quellen deutscher Volkskunde; 2/Ungarndeutsche Märchenerzähler; 1).

LABOV, William (1971): Das Studium der Sprache im sozialen Kontext. In: KLEIN, Wolfgang/WUNDERLICH, Dieter [unter Mitarbeit von Norbert DITTMAR] (Hrsg.): Aspekte der Soziolinguistik. Frankfurt a.M.: Athenäum. (Schwerpunkte Linguistik und Kommunikationswissenschaft; 1). S. 111–194.

LAKOFF, George/JOHNSON, Mark (1980): Metaphors we Live by. Chicago/London: The Univ. of Chicago Press.

LANSTYÁK, István (2000): A magyar nyelv Szlovákiában. Budapest: Osiris/MTA Kisebbségkut. Műhely/Pozsony: Kalligram.

LANZA, Elizabeth (1997): Language Mixing in Infant Bilingualism. A Sociolinguistic Perspective. Oxford: Clarendon Press. (Oxford Studies in Language Contact).

LASATOWICZ, Maria Katarzyna (1992): Die deutsche Mundart von Wilamowice zwischen 1920 und 1987. Opole: Wyższa Szkoła Pedagogiczna. (Studia i monografie; 196).

LASATOWICZ, Maria Katarzyna (1996): Die neueren Entwicklungstendenzen in der Sprachinselforschung. In: Zeszyty Naukowe Uniwersytetu Opolskiego: Filologia Germańska 2. S. 7–14.

LASATOWICZ, Maria Katarzyna (1998): Die deutsche Sprache in der Sprachinsellage. Zum Funktionswandel der Sprachkompetenz. In: LASATOWICZ, Maria Katarzyna/JOACHIMSTHALER, Jürgen (Hrsg.): Nationale Identität aus germanistischer Perspektive. Opole: Uniwersytet Opolski. S. 101–109.

LASATOWICZ, Maria Katarzyna (2001): Wilamowice und die deutschen Sprachinseln in Oberschlesien. In: GRUCZA, Franciszek (Hrsg.): Tausend Jahre polnisch-deutsche Beziehungen. Sprache – Literatur – Kultur – Politik. Materialien des Millennium-Kongresses, 5.–8. April 2000, Warszawa. Warszawa: Graf-Punkt. (Publikationen des Verbands Polnischer Germanisten). S. 338–347.

LASCH, Miguel (1996): Zweisprachigkeit unter Deutschsprachigen in Chile. Hamburg: Univ. (Arbeiten zur Mehrsprachigkeit; 56).

LEHMANN, Christian (1982): Directions for Interlinear Morphemic Translation. In: Folia Linguistica 16. S. 199–224.

LÉNÁRD, Tibor (2002): Der ostgermanische Aspekt in der Frühgeschichte des Volksnamens *deutsch*. Wien: Ed. Praesens.

LENGYEL, Zsolt (1996): Kétnyelvűség: szakmai és politikai vetületek. In: TERTS, István (szerk.): Nyelv, nyelvész, társadalom. Emlékkönyv Szépe György 65. születésnapjára barátaitól, kollégáitól, tanítványaitól. Első kötet. Pécs: JPTE. S. 178–182.

LEOPOLD, Werner F. (1957): Ein Kind lernt zwei Sprachen. In: Sprachforum 2. 3–4. S. 248–252.

LESZNYÁK, Márta (1996): Kétnyelvűség és kéttannyelvű oktatás. In: Magyar Pedagógia 96. 3. S. 217–230.

LEUSCHNER, Torsten (2000): „..., wo immer es mir begegnet, ... – wo es auch sei". Zur Distribution von 'Irrelevanzpartikeln' in Nebensätzen mit w-auch/immer. In: Deutsche Sprache 28. S. 342–356.

LIEBERT, Wolf-Andreas (1992): Metaphernbereiche der deutschen Alltagssprache. Kognitive Linguistik und die Perspektiven einer Kognitiven Lexikographie. Frankfurt a.M./Berlin/Bern/New York/Paris/Wien: Lang. (Europäische Hochschulschriften, Reihe I; 1355).

LIEBERT, Wolf-Andreas (1996a): Die transdiskursive Vorstellungswelt zum AIDS-Virus. In: KALVERKÄMPER, Hartwig/BAUMANN, Klaus-Dieter (Hrsg.): Fachliche Textsorten: Komponenten – Relationen – Strategien. Tübingen: Niemeyer. (Forum für Fachsprachen-Forschung; 25). S. 789–811.

LIEBERT, Wolf-Andreas (1996b): Hypertextdesign in der kognitiven Lexikographie. Das Hypermedia-Metaphernlexikon „Lascaux". In: WIEGAND, Herbert Ernst (Hrsg.): Wörterbücher in der Diskussion II. Vorträge aus dem Heidelberger Lexikographischen Kolloquium. Tübingen: Niemeyer. (Lexicogra-phica/Series maior; 70). S. 103–139.

LIPOLD, Günter (1985): Entwicklungen des Deutschen außerhalb des geschlosse-nen Sprachgebiets I: Ost- und Südosteuropa. In: BESCH, Werner/REICHMANN, Oskar/SONDEREGGER, Stefan (Hrsg.): Sprachgeschichte. Ein Handbuch zur Geschichte der deutschen Sprache und ihrer Erforschung. Berlin/New York: de Gruyter. (Handbücher zur Sprach- und Kommunikationswissen-schaft; 2.2). S. 1977–1990.

L. MURAI, Teréz (2000): A kódváltás divatjáról a mai magyar nyelvben. In: III. Pszicholingvisztikai Nyári Egyetem. 3rd Summer School in Psycholinguistics. Balatonalmádi, 2000. május 28.–június 2. Programfüzet és absztraktok. Veszprém: Veszprémi Egyetem. S. 18.

LÖFFLER, Heinrich (1985): Germanistische Soziolinguistik. Berlin: Schmidt. (Grundlagen der Germanistik; 28).

LÖFFLER, Heinrich (1987): Sprache und Gesellschaft in der Geschichte der vor-strukturalistischen Sprachwissenschaft. In: AMMON, Ulrich/DITTMAR, Nor-bert/MATTHEIER, Klaus J. (Hrsg.): Soziolinguistik. Ein internationales Hand-buch zur Wissenschaft von Sprache und Gesellschaft. Berlin/New York: de Gruyter. (Handbücher zur Sprach- und Kommunikationsforschung; 3.1). S. 379–389.

LÖFFLER, Heinrich (1996): Fremdheit – sprachwissenschaftlich gesehen. In: HESS-LÜTTICH, Ernest W.B./SIEGRIST, Christoph/WÜRFFEL, Stefan Bodo (Hrsg.): Fremdverstehen in Sprache, Literatur und Medien. Frankfurt a.M./Berlin/ Bern/New York/Paris/Wien: Lang. (Cross-Cultural Communication; 4). S. 17–33.

LÖFFLER, Heinrich (2005): Germanistische Soziolinguistik. 3., überarb. Aufl. Ber-lin: Schmidt. (Grundlagen der Germanistik; 28).

LOSONCZY, Gyula (1987): „Lexikalische Zitate." Bemerkungen im Zusammen-hang mit einigen rumänischen Lehnwörtern ungarischen Ursprungs. In: Annales Universitatis Scientiarum Budapestiensis de Rolando Eötvös nomi-natae. Sectio Linguistica. Tomus XVIII. Budapest. S. 353–355.

LUCKMANN, Thomas (1988): Kommunikative Gattungen im kommunikativen „Haushalt" einer Gesellschaft. In: SMOLKA-KOERDT, Gisela/SPANGENBERG, Peter M./TILLMANN-BARTYLLA, Dagmar (Hrsg.): Der Ursprung von Litera-tur: Medien, Rollen, Kommunikationssituationen zwischen 1450 und 1650. München: Fink. (Materialität der Zeichen: Reihe A; 1). S. 279–288.

LÜDI, Georges (Ed.) (1987): Devenir bilingue – parler bilingue. Actes du 2e Colloque sur le Bilinguisme. Univ. de Neuchâtel, 20–22 septembre 1984. Tübingen: Niemeyer. (Linguistische Arbeiten; 169).

LÜDI, Georges (1996): Mehrsprachigkeit. In: GOEBL, Hans/NELDE, Peter H./STARÝ, Zdeněk/WÖLCK, Wolfgang (Hrsg.): Kontaktlinguistik. Ein internationales Handbuch zeitgenössischer Forschung. Berlin/New York: de Gruyter. (Hand-bücher zur Sprach- und Kommunikationswissenschaft; 12.1). S. 233–245.

LÜDI, Georges/PY, Bernard (1984): Zweisprachig durch Migration. Einführung in die Erforschung der Mehrsprachigkeit am Beispiel zweier Zuwanderergruppen in Neuenburg (Schweiz). Tübingen: Niemeyer. (Romanistische Arbeitshefte; 24).

LUHMANN, Niklas (2000): Soziale Systeme. Grundriß einer allgemeinen Theorie. Nachdr. Frankfurt a.M.: Suhrkamp. (Suhrkamp-Taschenbuch, Wiss.; 666).

LUKÁCSY, István (1937): A hajósi csodatevő Mária-szobor és kegyhely története. Kalocsa: Árpád Részvénytársaság könyvnyomdája.

LUTZEIER, Peter Rolf (1985): Linguistische Semantik. Stuttgart: Metzler. (Sammlung Metzler; M 219: Abt. C, Sprachwissenschaft).

LYONS, John (1992): Die Sprache. 4., durchges. Aufl. München: Beck. (C. H. Beck Studium).

MAČEK, Dora (1991): Between Language Contact and Language Development. In: IVIR, Vladimir/KALOGJERA, Damir (Eds.): Languages in Contact and Contrast. Essays in Contact Linguistics. Berlin/New York: Mouton de Gruyter. (Trends in Linguistics, Studies and Monographs; 54). S. 281–287.

MÁDL, Antal (1999): Sprache, Heimat und Frage der Identität bei Nikolaus Lenau. In: MÁDL, Antal/MOTZAN, Peter (Hrsg.): Schriftsteller zwischen zwei Sprachen und Kulturen. Internationales Symposion, Veszprém und Budapest, 6.–8. November 1995. München: Verl. Südostdeutsches Kulturwerk. (Veröffentlichungen des Südostdeutschen Kulturwerks: Reihe B, Wiss. Arb.; 74). S. 11–22.

MAGENAU, Doris (1964): Die Besonderheiten der deutschen Schriftsprache in Luxemburg und in den deutschsprachigen Teilen Belgiens. Mannheim/Wien/Zürich: Bibl. Institut. (Duden-Beiträge; 15).

MAHLSTEDT, Susanne (1996): Zweisprachigkeitserziehung in gemischtsprachigen Familien. Eine Analyse der erfolgsbedingenden Merkmale. Frankfurt a.M./Berlin/Bern/New York/Paris/Wien: Lang.

MAITZ, Péter (1998): Die Sprachinsel als Forschungsgegenstand. Ein geschichtlich-thematischer Überblick am Beispiel der ungarndeutschen Sprachinselforschung. In: Sprachtheorie und germanistische Linguistik 8. S. 205–219.

MAITZ, Péter (2003): Die Geschichte des Deutschen in Ungarn. Überlegungen zu Stand und Desideraten der Forschung. In: Sprachtheorie und germanistische Linguistik 13. S. 51–77.

MALMKJAER, Kirsten (1991): Bilingualism and Multilingualism. In: MALMKJAER, Kirsten (Ed.): The Linguistics Encyclopedia. London/New York: Routledge. (Routledge Language Reference). S. 57–65.

MÁLNÁSI, Ödön (1933): Gróf Csáky Imre bíbornok élete és kora. 1672–1732. Kalocsa: Csáky család.

MANHERZ, Károly (1977): Sprachgeographie und Sprachsoziologie der deutschen Mundarten in Westungarn. Budapest: Akadémiai.

MANHERZ, Karl (Zgst. u. Hrsg.) (1998): Die Ungarndeutschen. Budapest: Útmutató. (Welt im Umbruch; 1).

MANHERZ, Károly (2001): Identität und Sprachgebrauch bei den Ungarndeutschen. In: NAGY, Márta/JÓNÁCSIK, László [in Zusammenarbeit mit MADAS, Edit und SARBAK, Gábor] (Hrsg.): „swer sînen vriunt behaltet, daz ist lobelîch". Festschrift für András Vizkelety zum 70. Geburtstag. Piliscsaba/Budapest: PPKE. (Abrogans; 1/Budapester Beiträge zur Germanistik; 37). S. 539–548.

MÁRKUS, Éva (2003): Deutsche Mundarten im Ofner Bergland. Budapest: ELTE. (Ungarndeutsches Archiv; 4).

MARTINET, André (1963): Grundzüge der allgemeinen Sprachwissenschaft. Stuttgart: Kohlhammer. (Urban-Taschenbücher; 69).

MARTINS, Eva (1970): Studien zur Frage der linguistischen Interferenz. Lehnprägungen in der Sprache von Franz von Kazinczy (1759–1831). Stockholm: Almquist & Wiksell. (Acta Universitatis Stockholmiensis; Studia Hungarica Stockholmiensia; 2).

MÁRTON, Gyula (1969): A moldvai csángó nyelvjárás román kölcsönszavai. Budapest: Akadémiai. (Nyelvtudományi értekezések; 66).

MARUZSNÉ SEBÓ, Katalin (2002): A „csabaiság" kulturális kódjai. In: TÓTH, Szergej (szerk.): Nyelvek és kultúrák találkozása. Összefoglalók kötete. XII. Magyar Alkalmazott Nyelvészeti Kongresszus, 2002. március 27–29. Szeged: SZTE. (A XII. Magyar Alkalmazott Nyelvészeti Kongresszus kiadványai; II). S. 73.

MÁRVÁNY, Johann (1967): Verdunkelte ungarische Lehnwörter im Bonyháder deutschen Dialekt. In: Acta Germanica et Romanica. Tomus II. Szeged. (Acta Universitatis Szegediensis de Attila József nominatae). S. 55–64.

MATTHEIER, Klaus J. (1980): Pragmatik und Soziologie der Dialekte. Einführung in die kommunikative Dialektologie des Deutschen. Heidelberg: Quelle & Meyer. (UTB; 994).

MATTHEIER, Klaus J. (1994): Theorie der Sprachinsel. Voraussetzungen und Strukturierungen. In: MATTHEIER, Klaus J./BEREND, Nina (Hrsg.): Sprachinselforschung. Eine Gedenkschrift für Hugo Jedig. Frankfurt a.M./Berlin/Bern/New York/Paris/Wien: Lang. S. 333–348.

MATTHEIER, Klaus J. (1997): Kommunikationsgesellschaft 'Sprachinsel'. In: MOELLEKEN, Wolfgang W./WEBER, Peter J. (Hrsg.): Neue Forschungsarbeiten zur Kontaktlinguistik. Bonn: Dümmler. (Purilingua; 19). S. 357–364.

MATTHEIER, Klaus J. (1998): Allgemeine Aspekte einer Theorie des Sprachwandels. In: BESCH, Werner/BETTEN, Anne/REICHMANN, Oskar/SONDEREGGER Stefan (Hrsg.): Sprachgeschichte. Ein Handbuch zur Geschichte der deutschen Sprache und ihrer Erforschung. 2., vollst. neu bearb. u. erw. Auflage. 1. Teilband. Berlin/New York: de Gruyter. (Handbücher zur Sprach- und Kommunikationsforschung; 2.1). S. 824–836.

MATTHEIER, Klaus J. (2002): Sprachinseln als Arbeitsfelder. Zu den zentralen Forschungsdimensionen der Erforschung deutscher Sprachinseln. In: ERB, Maria/KNIPF, Elisabeth/OROSZ, Magdolna/TARNÓI, László (Hrsg.): „und Thut ein Gnügen Seinem Ambt". Festschrift für Karl Manherz zum 60.

Geburtstag. Budapest: ELTE. (Budapester Beiträge zur Germanistik; 39). S. 135–144.

MATTHEWS, Peter H. (2002): Morphology. 2. ed. repr. Cambridge: Cambridge Univ. Press. (Cambridge Textbooks in Linguistics).

MAYER, Anton (1990): Über unsere Muttersprache. In: MAYER, Anton (Hrsg.): Závod in der Tolnau. Heimatbuch zur Geschichte des Dorfes Závod und dessen Bewohnern [sic!]. Ettlingen: GELKA-Druck und Verlags GmbH. S. 198–199.

MCCLURE, Erica (1977): Aspects of Code-Switching in the Discourse of Bilingual Mexican-American Children. In: SAVILLE-TROIKE, Muriel (Ed.): Linguistics and Anthropology. Washington, DC: Georgetown Univ. Pr. (Round Table on Languages and Linguistics: Georgetown University Round Table on Languages and Linguistics; 1977). S. 93–116.

MCMAHON, April M. S. (1999): Understanding Language Change. Repr. Cambridge/New York/Melbourne: Cambridge Univ. Press.

MEEUWIS, Michael/BLOMMAERT, Jan (1994): The 'Markedness Model' and the Absence of Society: Remarks on Codeswitching. Review Article of Carol Myers-Scotton: Social Motivations for Codeswitching. Evidence from Africa. Oxford: Clarendon Press 1993. In: Multilingua 13. 4. S. 387–423.

MEEUWIS, Michael/BLOMMAERT, Jan (1998): A Monolectal View of Code-switching: Layered Code-switching among Zairians in Belgium. In: AUER, Peter (Ed.): Code-switching in Conversation. Language, Interaction and Identity. London/New York: Routledge. S. 76–100.

MEEUWIS, Michael/ÖSTMANN, Jan-Ola (1995): Contact Linguistics. In: VERSCHUEREN, Jef/ÖSTMANN, Jan-Ola/BLOMMAERT, Jan (Eds.): Handbook of Pragmatics. Manual. Amsterdam/Philadelphia: John Benjamins. S. 177–182.

MEINERS, Uwe (1990): Zur gegenwärtigen und historischen Sprachsituation in ungarndeutschen Dörfern. In: NELDE, Peter (Hrsg.): Deutsch als Muttersprache in Ungarn. Forschungsberichte zur Gegenwartslage. Stuttgart: Steiner. (Deutsche Sprache in Europa und Übersee; 13). S. 253–270.

MEISEL, Jürgen (1994): Code-Switching in Young Bilingual Children: The Acquisition of Grammatical Constraints. In: Studies in Second Language Acquisition 16. S. 413–439.

MELCSUK, Igor (2001): Egy értelem-szöveg nyelvészet felé. In: PAPP, Ferenc (szerk.): A moszkvai szemantikai iskola. Budapest: Corvina. (Általános nyelvészet). S. 139–187. Das Original: MELCUK, Igor: Vers une linguistique sens-texte. Leçon inaugurale faite le Vendredi 10 janvier 1997. Collège de France, Chaire Internationale. Paris: Collège de France 1997, S. 1–78.

MELIKA, Georg (1991): Die sprachliche Verkehrsaktivität der deutschen Minderheit in Mukačevo (UkSSR). In: TOLKSDORF, Ulrich (Hrsg.): Jahrbuch für ostdeutsche Volkskunde; 34. Marburg: Elwert. S. 71–102.

MELIKA, Georg (1993): Entwicklung des mundartlichen Wortschatzes der deutschen Minderheit im intersprachlichen Raum von Transkarpatien. In: FÖLDES,

Csaba (Hrsg.): Germanistik und Deutschlehrerausbildung. Festschrift zum hundertsten Jahrestag der Gründung des Lehrstuhls für deutsche Sprache und Literatur an der Pädagogischen Hochschule Szeged. Szeged: PH/Wien: Ed. Praesens. S. 231–246.

MELIKA, Georg (1994): Spracherhaltung und Sprachwechsel bei der deutschen Minderheit von Transkarpatien. In: BEREND, Nina/MATTHEIER, Klaus J. (Hrsg.): Sprachinselforschung. Eine Gedenkschrift für Hugo Jedig. Frankfurt a.M./Berlin/Bern/New York/Paris/Wien: Lang. S. 289–301.

MELIKA, Georg (1999): Widerspiegelung der interethnischen Wechselwirkung im Lehngut der deutschen Mundarten der Karpaten-Ukraine. In: GEHL, Hans/CIUBOTĂ, Viorel (Hrsg.): Interethnische Beziehungen im rumänisch-ungarisch-ukrainischen Kontaktraum vom 18. Jahrhundert bis zur Gegenwart. Satu Mare: Ed. Muzeului Sătmărean/Tübingen: Institut für donauschwäb. Geschichte und Landeskunde. S. 423–445.

MELIKA, Georg (2000): Theoretische Grundlagen der verbalen Kommunikation. Heft 1. Užhorod: Univ.

MELIKA, Georg (2003): Fremdes Wortgut in der Kochkunst der Karpatendeutschen. In: GEHL, Hans/CIUBOTĂ, Viorel (Hrsg.): Materielle und geistige Volkskultur des Oberen Theißbeckens. Einfluss der deutschen Bevölkerung auf die anderen Ethnien der Region. Satu Mare/Tübingen: Verl. des Kreismuseums Sathmar. S. 257–271.

MILROY, Lesley/GORDON, Matthew (2004): Sociolinguistics. Method and Interpretation. Repr. Malden/Oxford/Carlton: Blackwell. (Language in Society; 34).

MIRK, Maria (1997): Sprachgebrauch in Pilisszentiván/Sanktiwan bei Ofen. In: MANHERZ, Karl (Hrsg.): Ungarndeutsches Archiv 1. Budapest: ELTE. S. 99–238.

MITTELSTRAß, Jürgen (Hrsg.) (2004): Enzyklopädie Philosophie und Wissenschaftstheorie. Sonderausgabe. Stuttgart/Weimar: Metzler/Poeschel.

MOLLAY, Károly (1982): Német-magyar nyelvi érintkezések a XVI. század végéig. Budapest: Akadémiai. (Nyelvészeti tanulmányok; 23).

MOLLAY, Károly (1986): Das Wörterbuch des Frühneuhochdeutschen in Ungarn. In: ÁGEL, Vilmos/PAUL, Rainer/SZALAY, Lajos (Hrsg.): Beiträge zur historischen Lexikographie. Vorträge und Aufsätze zur mhd. und frnhd. Lexikographie. Budapest: ELTE. (Budapester Beiträge zur Germanistik; 15). S. 111–127.

MOLNÁR, Éva (1997): Te tót (német) vagy! – mondta anyám magyarul. In: CSEPELI, György/ÖRKÉNY, Antal/SZÉKELYI, Mária (szerk.): Kisebbségszociológia. Szöveggyűjtemény egyetemi és főiskolai hallgatók számára. Budapest: ELTE Kisebbségszociológiai Tanszék. S. 257–266.

MOLNÁR, Valéria (1991): Das TOPIK im Deutschen und im Ungarischen. Stockholm: Almqvist & Wiksell. (Lunder germanistische Forschungen; 58).

MOSER, Hugo (1953): Umsiedlung und Sprachwandel. In: ARNOLD, Franz (Hrsg): Bildungsfragen der Gegenwart. Theodor Bäuerle zu seinem 70. Geburtstag am 16. Juni 1952. Stuttgart: Klotz. S. 119–139.

MOSER, Hugo (1969): Deutsche Sprachgeschichte. Mit einer Einführung in die Fragen der Sprachbetrachtung. Sechste, überarb. Aufl. Tübingen: Niemeyer.

MOSER, Hugo (1974): Neuere und neueste Zeit. Von den 80er Jahren des 19. Jahrhunderts zur Gegenwart. In: MAURER, Friedrich/RUPP, Heinz (Hrsg.): Deutsche Wortgeschichte. Dritte, neubearb. Aufl. Band 2. Berlin/New York: de Gruyter. (Grundriß der germanistischen Philologie; 17/II). S. 529–645.

MÜLLER, Eva Katrin (2000): Sprachwahl im spanisch-deutschen Sprachkontakt in Südchile. Ergebnisse einer sprachsoziologischen Untersuchung unter Nachfahren deutscher Einwanderer. Frankfurt a.M./Berlin/Bern/Bruxelles/New York/Oxford/Wien: Lang. (FASK; 26).

MÜLLER, Max (1965): Lectures on the Science of Language. Delivered at the Royal Institution of Great Britain in April, May & June, 1861. Fifth Reprint. Delhi: Munshi Ram Manohar Lal.

MÜLLER, Natascha/CANTONE, Katja/KUPISCH, Tanja/SCHMITZ, Katrin (2002): Zum Spracheinfluss im bilingualen Erstspracherwerb: Italienisch-Deutsch. In: Linguistische Berichte 190. S. 157–206.

MUYSKEN, Pieter (2000): Bilingual Speech. A Typology of Code-Mixing. Cambridge: Cambridge Univ. Press.

MUYSKEN, Pieter (2004): Two Linguistic Systems in Contact: Grammar, Phonology and Lexicon. In: BHATIA, Tej K./RITCHIE, William C. (Eds.): The Handbook of Bilingualism. Oxford: Blackwell. (Blackwell Handbooks in Linguistics; 15). S. 147–168.

MYERS-SCOTTON, Carol (1991): Intersections between Social Motivations and Structural Processing in Codeswitching. In: Papers for the Workshop on Constraints, Conditions and Models. Network on Code-Switching and Language Contact. London, 27–29 September 1990. S. 57–81.

MYERS-SCOTTON, Carol (1992): Codeswitching as a Mechanism of Deep Borrowing, Language Shift, and Language Death. In: BRENZINGER, Matthias (Ed.): Language Death. Factual and Theoretical Explorations with Special Reference to East Africa. Berlin/New York: Mouton de Gruyter. (Contributions to the Sociology of Language; 64). S. 31–58.

MYERS-SCOTTON, Carol (1995): Social Motivations for Codeswitching. Evidence from Africa. 1. issued in paperback. Oxford [etc.]: Clarendon Press. (Oxford Studies in Language Contact).

MYERS-SCOTTON, Carol (1997): Duelling Languages. Grammatical Structure in Codeswitching. 1. issued in paperback. Oxford [etc.]: Clarendon Press.

MYERS-SCOTTON, Carol (2002): Contact Linguistics. Bilingual Encounters and Grammatical Outcomes. Oxford: Oxford Univ. Press. (Oxford Linguistics).

MYERS-SCOTTON, Carol/URY, William (1977): Bilingual Strategies: The Social Functions of Code-Switching. In: Linguistics 193. S. 5–20.

NAIDITSCH, Larissa (1994): Wortentlehnung – Kodemischung – Kodewechsel. Sprachinterferenzen in den Mundarten der deutschen Kolonisten bei Petersburg-Leningrad. In: BEREND, Nina/MATTHEIER, Klaus J. (Hrsg.): Sprachinselforschung. Eine Gedenkschrift für Hugo Jedig. Frankfurt a.m./Berlin/Bern/ New York/Paris/Wien: Lang. S. 31–45.

NAJDIČ, Larissa (1997): Deutsche Bauern bei St. Petersburg-Leningrad. Dialekte – Brauchtum – Folklore. Stuttgart: Steiner. (ZDL, Beihefte; 94).

NAUMANN, Bernd (2000): Einführung in die Wortbildungslehre des Deutschen. 3., neu bearb. Aufl. Tübingen: Niemeyer. (Germanistische Arbeitshefte; 4).

NAVRACSICS, Judit (1999): A kétnyelvű gyermek. Budapest: Corvina. (Egyetemi Könyvtár: Alkalmazott Nyelvészet).

NAVRACSICS, Judit (2000): Kétnyelvűség, kódváltás. In: LENGYEL, Zsolt/NAVRACSICS, Judit/SZABARI, Krisztina/SZÉPE, György: Szociolingvisztika δ -π. Budapest/ Pécs/Veszprém: L. Zs. S. 69–86.

NAVRACSICS, Judit (2001): Kétnyelvűek mentális lexikonának jellegzetességei. In: Alkalmazott nyelvtudomány 1. 1. S. 51–59.

NEDERVEEN PIETERSE, Jan (1994): Globalization as Hybridization. In: International Sociology 9. S. 161–184.

NEKULA, Marek (1997): Germanismen in der tschechischen Presse und Werbung. Die Einstellung gegenüber dem Deutschen. In: HÖHNE, Steffen/NEKULA, Marek (Hrsg.): Sprache, Wirtschaft, Kultur. Deutsche und Tschechen in Interaktion. München: Iudicium. S. 147–159.

NELDE, P[eter] H[ans] (1981): Language 'Contact Universals' along the German-Romanic Linguistic Border. In: Journal of Multilingual and Multicultural Development 2. 2. S. 117–126.

NELDE, Peter Hans (1984): Sprachkontakt als Kulturkonflikt. In: KÜHLWEIN, Wolfgang (Hrsg.): Sprache, Kultur und Gesellschaft. Kongreßberichte der 14. Jahrestagung der Gesellschaft für Angewandte Linguistik, GAL e.V. Tübingen: Narr. (Forum Angewandte Linguistik; 6). S. 31–40.

NELDE, Peter Hans (1986): Deutsch als Minderheitssprache – Vergleichbarkeit von Sprachkontakten. In: HINDERLING, Robert (Hrsg.): Europäische Sprachminderheiten im Vergleich. Deutsch und andere Sprachen. Vorträge auf der Tagung „Mehrsprachige Gemeinschaften im Vergleich", Bayreuth, 14.–16. Juli 1983. Stuttgart: Steiner. (Deutsche Sprache in Europa und Übersee; 11). S. 251–273.

NELDE, Peter (1987): Language Contact Means Language Conflict. In: Journal of Multilingual and Multicultural Development 8. 1.–2. S. 33–42.

NELDE, Peter (Hrsg.) (1990a): Deutsch als Muttersprache in Ungarn. Forschungsberichte zur Gegenwartslage. Stuttgart: Steiner. (Deutsche Sprache in Europa und Übersee; 13).

NELDE, Peter Hans (1990b): Randbemerkungen zur Zweisprachigkeit in Ungarn. In: NELDE, Peter (Hrsg.): Deutsch als Muttersprache in Ungarn. Forschungsberichte zur Gegenwartslage. Stuttgart: Steiner. (Deutsche Sprache in Europa und Übersee; 13). S. 271–281.

NELDE, Peter Hans (1992): Mehrsprachigkeit und Kontaktlinguistik. In: ROGGAUSCH, Werner (Red.): Germanistentreffen Belgien–Niederlande–Luxemburg–Deutschland: 29.9.–3.10.1992. Dokumentation der Tagungsbeiträge. Bonn: DAAD. (DAAD – Dokumentationen & Materialien; 21). S. 231–247.

NELDE, Peter Hans (2001): Mehrsprachigkeit in Europa – Überlegungen zu einer neuen Sprachenpolitik. In: Deutschunterricht für Ungarn 16. 1–2. S. 23–41.

NELDE, P[eter] H[ans]/VANDERMEEREN, S[onja]/WÖLCK, W[olfgang] (1991): Interkulturelle Mehrsprachigkeit. Eine kontaktlinguistische Umfrage in Fünfkirchen. Zweite, verbess. Aufl. Bonn: Dümmler. (Plurilingua; 11).

NEQUIRITO, Mauro (1999): Dar nome a un volgo. L'identità culturale del Trentino nella letteratura delle tradizionipopolari (1796–1939). San Michele all'Adige: Museo degli Usi e Costumi della Gente Trentina. (Monografie etnografiche trentine; Nuova Serie).

NEULAND, Eva (2003): Sprachvarietäten – Fachsprachen – Sprachnormen. In: BREDEL, Ursula/GÜNTHER, Hartmut/KLOTZ, Peter/OSSNER, Jakob/SIEBERT-OTT, Gesa (Hrsg.): Didaktik der deutschen Sprache. Ein Handbuch. Paderborn/München/Wien/Zürich: Schöningh. (UTB; 8235). S. 52–68.

NEWEKLOWSKY, Gerhard (1973): Über die Klassifizierung von Auswandererdialekten. In: Wiener Slavistisches Jahrbuch 18. S. 177–189.

NIEBAUM, Hermann/MACHA, Jürgen (1999): Einführung in die Dialektologie des Deutschen. Tübingen: Niemeyer. (Germanistische Arbeitshefte; 37).

NISHIMURA, Miwa (1997): Japanese/English Code-Switching. Syntax and Pragmatics. New York/Washington/Baltimore/Bern/Frankfurt a.M./Berlin/Vienna/Paris: Lang. (Berkeley Insights in Linguistics and Semiotics; 24).

NORTIER, Jacomine M. (1995): Code Switching in Moroccan Arabic/Dutch vs. Moroccan Arabic/French Language Contact. In: International Journal of the Sociology of Language 112. S. 81–95.

NOWOTNY, Helga (1997): Transdisziplinäre Wissensproduktion – Eine Antwort auf die Wissensexplosion? In: STADLER, Friedrich (Hrsg.): Wissenschaft als Kultur: Österreichs Beitrag zur Moderne. Wien/New York: Springer. (Veröffentlichungen des Instituts Wiener Kreis; 6). S. 177–195.

NSAKALA, Lengo (1994): Code-Mixing as a Communication Strategy in the Speech of Zaïrean Students of English. In: ITL Review of Applied Linguistics 103–104. S. 113–134.

NÜBLING, Damaris/VOGEL, Marianne (2004): Fluchen und Schimpfen kontrastiv. Zur sexuellen, krankheitsbasieren, skatologischen und religiösen Fluch- und Schimpfwortprototypik im Niederländischen, Deutschen und Schwedischen. In: Germanistische Mitteilungen 59. S. 19–33.

NYOMÁRKAY, István (1996): Sprachhistorisches Wörterbuch des Burgenland-kroatischen. Mit einem rückläufigen Verzeichnis der Titelwörter. Budapest: Akadémiai.

NYOMÁRKAY, István (2000): Kultúra és identitás. In: GYÖRKE, Zoltán (szerk.): Nyelv, aspektus, irodalom. Köszöntő könyv Krékits József 70. születésnap-jára. Szeged: SZTE JGYTFK. S. 257–261.

OBAD, Vlado (1997): Das triviale Leseglück im alten Essek. In: HOFMEISTER, Wernfried/STEINBAUER, Bernd (Hrsg.): Durch abenteuer muess man wagen vil. Festschrift für Anton Schwob zum 60. Geburtstag. Innsbruck: Institut für Germanistik. (Innsbrucker Beiträge zur Kulturwiss.: Germ. Reihe; 57). S. 337–350.

OHRT, Claus (1998): Mehrsprachigkeit – Utopie oder Lebensnotwendigkeit? In: Deutschunterricht für Ungarn III. S. 5–13.

OKSAAR, Els (1969): Session 3/Commentaries. In: KELLY, L[ouis] G. (Ed.): Description and Measurement of Bilingualism. An international seminar, University of Moncton, June 6–14, 1967. Toronto: Univ. of Toronto Press. S. 147–152.

OKSAAR, Els (1972): Sprachliche Interferenzen und die kommunikative Kompetenz. In: Indo-Celtica. Gedächtnisschrift für Alf Sommerfeldt. Hrsg. im Auftrag der Societas Linguistica Europaea von PILCH, Herbert und THUROW, Joachim. München: Hueber. (Commentationes Societatis Linguisticae Europaeae, II). S. 126–142.

OKSAAR, Els (1976): Sprachkontakte als sozio- und psycholinguistisches Problem. In: DEBUS, Friedhelm/HARTIG, Joachim (Hrsg.): Festschrift für Gerhard Cordes zum 65. Geburtstag. Band II: Sprachwissenschaft. Neumünster: Wachholtz. S. 231–242.

OKSAAR, Els (1988a): Kulturemtheorie. Ein Beitrag zur Sprachverwendungsforschung. Göttingen: Vandenhoeck & Ruprecht. (Berichte aus den Sitzungen der Joachim-Jungius-Gesellschaft der Wissenschaften e.V. Hamburg; 6,3).

OKSAAR, Els (1988b): Zweisprachigkeit. Anmerkungen aus psychologischer Sicht. In: LESLE, Ulf-Thomas (Red.): Niederdeutsch und Zweisprachigkeit. Befunde – Vergleiche – Ausblicke. Beiträge zum Symposion des Instituts für niederdeutsche Sprache an der Universität Bremen, 29.–31.10.1986. Leer: Schuster. (Schriften des Instituts für Niederdeutsche Sprache; Reihe Dokumentation; Nr. 15). S. 9–24.

OKSAAR, Els (1991): Mehrsprachigkeit im Spiegel der kommunikativen und interaktionalen Kompetenz. Theoretische und methodologische Überlegungen zur Sprachkontaktforschung. In: IWASAKI, Eijiro (Hrsg.): Begegnung mit dem „Fremden": Grenzen – Traditionen – Vergleiche; Akten des VIII. Internationalen Germanisten-Kongresses, Tokyo 1990. Bd. 3. München: Iudicium. S. 170–176.

OKSAAR, Els (1992): Mehrsprachigkeit. In: Sprachreport. IDS Mannheim 2–3/1992. S. 23–26.

OKSAAR, Els (2001): Mehrsprachigkeit, Multikulturalismus, Identität und Integration. In: NELDE, Peter/RINDLER SCHJERVE, Rosita (Hrsg.): Minorities and Language Policy, Minderheiten und Sprachpolitik. Minorités et l'aménagement linguistique. St. Augustin: Asgard. (Plurilingua; 22). S. 21–35.

OKSAAR, Els (2003): Zweitspracherwerb. Wege zur Mehrsprachigkeit und zur interkulturellen Verständigung. Stuttgart: Kohlhammer.

OLESCH, Reinhold (1987): Interferenz und Integration im deutsch-polnischen Kontaktraum Oberschlesien. In: POHL, Alek/VINCENZ, André de (Hrsg.): Deutsch-polnische Sprachkontakte. Beiträge zur gleichnamigen Tagung, 10.–13. April 1984 in Göttingen. Köln/Wien: Böhlau. (Slavistische Forschungen; 52). S. 165–177.

OOMEN-WELKE, Ingelore (2003): Entwicklung sprachlichen Wissens und Bewusstseins im mehrsprachigen Kontext. In: BREDEL, Ursula/GÜNTHER, Hartmut/ KLOTZ, Peter/OSSNER, Jakob/SIEBERT-OTT, Gesa (Hrsg.): Didaktik der deutschen Sprache. Ein Handbuch. Paderborn/München/Wien/Zürich: Schöningh. (UTB; 8235). S. 452–463.

OPPENRIEDER, WILHELM/THURMAIR, Maria (2003): Sprachidentität im Kontext von Mehrsprachigkeit. In: JANICH, Nina/THIM-MABREY, Christiane (Hrsg.): Sprachidentität – Identität durch Sprache. Tübingen: Narr. (Tübinger Beiträge zur Linguistik; 465). S. 39–60.

OVERBEKE, Maurice van (1972): Introduction au problème du bilinguisme. Bruxelles: Labor/Paris: Nathan. (Langues et culture; 7).

PANDHARIPANDE, Rajeshwari (1990): Formal and Funktional Constraints on Code-Mixing. In: JACOBSON, Rodolfo (Ed.): Codeswitching as a Worldwide Phenomenon. New York/Bern/Frankfurt a.M./Paris: Lang. (American University Studies, Series XIII; 11). S. 15–31.

PANDIT, Ira (1990): Grammaticality in Codeswitching. In: JACOBSON, Rodolfo (Ed.): Codeswitching as a Worldwide Phenomenon. New York/Bern/Frankfurt a.M./Paris: Lang. (American university studies/13; 11). S. 33–69.

PAPP, István (1966): Leíró magyar hangtan. Budapest: Tankönyvkiadó.

PATOCKA, Franz (1997): Satzgliedstellung in den bairischen Dialekten Österreichs. Frankfurt a.M./Berlin/Bern/New York/Paris/Wien: Lang. (Schriften zur deutschen Sprache in Österreich; 20).

PAULSTON, Christina Bratt (Ed.) (1988): International Handbook of Bilingualism and Bilingual Education. New York [etc.]: Greenwood Press.

PÉNTEK, János (1997): Kontaktusjelenségek és folyamatok a magyar nyelv kisebbségi változataiban. In: Nyelv- és Irodalomtudományi Közlemények 41. 1. S. 37–50.

PENZL, Herbert (1984): Sprachgermanisten und die Rechtschreibreform. In: Jahrbuch für Internationale Germanistik 14. 2. S. 74–83.

PETROVIČ [richtig: PETROVIĆ], Velimir (1994): Die essekerische Mundart. In: WILD, Katharina (Hrsg.): Begegnung in Pécs/Fünfkirchen. Die Sprache der deutschsprachigen Minderheiten in Europa. Pécs: Univ. (Studien zur Germanistik; 2). S. 19–32.

PETROVIĆ, Velimir (1995): Kroatische Einflüsse im Essekerischen. In: Zagreber Germanistische Beiträge 4. S. 97–114.

PFAFF, Carol W. (1979): Constraints on Language-Mixing: Intrasentential Code-Switching and Borrowing in Spanish/English. In: Language 55. 2. S. 291–318.

PFLUGMACHER, Torsten (2000): Deutsche Sprachgeschichte. In: DAHEIM, Cornelia/ FELD, Susanne/HEISING, Alexandra/PFLUGMACHER, Torsten: Alles, was Sie schon immer über Sprache wissen wollten, aber nie zu fragen wagten: Skript zu Grundkurs Linguistik. 2., korr. Aufl. Essen: Univ. (LAUD, Series A, Nr. 488). S. 85–105.

PLESSNER, Helmuth (1983): Mit anderen Augen. In: PLESSNER, Helmuth: Gesammelte Schriften. Hrsg. von Günter DUX, Udo MARQUARD et al. Bd. 8: Conditio humana. Frankfurt a.M.: Suhrkamp. S. 88–104.

POIIL, Heinz Dieter (1999): Sprachkontakt. In: ERNGT, Peter (Hrsg.): Einführung in die synchrone Sprachwissenschaft. 2., verb. u. vermehrte Aufl. Wien: Ed. Praesens. S. 19-1-19-25.

POHL, Inge (1992): Soziokulturelles Hintergrundwissen – eine Voraussetzung für die Rezeption literarischer Texte. In: SPILLNER, Bernd (Hrsg.): Wirtschaft und Sprache. Kongressberichte zur 22. Jahrestagung der Gesellschaft für Angewandte Linguistik (GAL) e.V. Frankfurt a.M./Berlin/Bern/New York/ Paris: Lang. (Forum Angewandte Linguistik; 23). S. 176–177.

POHL, Jacques (1965): Bilinguismes. In: Revue Roumaine de Linguistique 10. S. 343–349.

POKORNY, Julius (1968): Substrattheorie und Urheimat der Indogermanen. In: SCHERER, Anton (Hrsg.): Die Urheimat der Indogermanen. Darmstadt: Wiss. Buchgesellschaft. (Wege der Forschung; 166). S. 176–213.

POLENZ, Peter von (1978): Geschichte der deutschen Sprache. Neunte, überarb. Aufl. Berlin/New York: de Gruyter. (Sammlung Göschen; 2206).

POLENZ, Peter von (2000): Deutsche Sprachgeschichte vom Spätmittelalter bis zur Gegenwart. I: Einführung, Grundbegriffe, 14. bis 16. Jahrhundert. 2., überarb. u. erg. Aufl. Berlin/New York: de Gruyter. (De-Gruyter-Studienbuch).

POPLACK, Shana (1980): Sometimes I'll Start a Sentence in Spanish Y TERMINO EN ESPAÑOL: toward a typology of code-switching. In: Linguistics 18. 7/8. S. 581–618.

POPLACK, Shana (1981): Syntactic Structure and Social Function of Codeswitching. In: DURÁN, Richard P. (Ed.): Latino Language and Communicative Behavior. Norwood, New Jersey: Ablex. (Advances in Discourse Processes; Vol. 6). S. 169–184.

POPLACK, Shana/SANKOFF, David (1988): Code-Switching. In: AMMON, Ulrich/ DITTMAR, Norbert/MATTHEIER, Klaus J. (Eds.): Sociolinguistics. Soziolinguistik. An International Handbook of the Science of Language and Society.

Berlin/New York: de Gruyter. (Handbücher zur Sprach- und Kommunikationswissenschaft; 3.2). S. 1174–1180.

POPLACK, Shana/WHEELER, Susan/WESTWOOD, Anneli (1987): Distinguishing Language Contact Phenomena: Evidence from Finnish-English Bilingualism. In: LILIUS, Pirkko/SAARI, Mirja (Eds.): The Nordic Languages and Modern Linguistics 6. Proceedings of the Sixth International Conference of Nordic and General Linguistics in Helsinki, August 18–22, 1986. Helsinki: Univ. S. 33–56.

POPPER, Karl (2004): Logik der Forschung. Hrsg. Von Herbert KEUTH. 2., durchges. Aufl. Berlin: Akademie-Verl. (Klassiker auslegen; 12).

PRAXENTHALER, Martin (2002): Die Sprachverbreitungspolitik der DDR. Die deutsche Sprache als Mittel sozialistischer auswärtiger Kulturpolitik. Frankfurt a.M./Berlin/Bern/Bruxelles/New York/Oxford/Wien: Lang. (Duisburger Arbeiten zur Sprach- und Kulturwissenschaft; Bd. 47).

PROTASSOVA, Ekaterina (2002): Sprachkorrosion: Veränderungen des Russischen bei russischsprachigen Erwachsenen und Kindern in Deutschland. In: MENG, Katharina/REHBEIN, Jochen (Hrsg.): Kinderkommunikation – einsprachig und mehrsprachig. Münster: Waxmann. [Fotokopie aus der Druckvorlage]. S. 259–292.

PROTZE, Helmut (1969a): Zur Entwicklung des Deutschen in den Sprachinseln. In: AGRICOLA, Erhard/FLEISCHER, Wolfgang/PROTZE, Helmut [unter Mitwirkung von Wolfgang EBERT] (Hrsg.): Kleine Enzyklopädie – Die deutsche Sprache. Erster Band. Leipzig: Bibl. Institut. S. 291–311.

PROTZE, Helmut (1969b): Die Bedeutung von Mundart, Umgangssprache und Hochsprache in deutschen Sprachinseln unter Berücksichtigung sprachlicher Interferenz. In: Wissenschaftliche Zeitschrift der Universität Rostock, Gesellschafts- und sprachwissenschaftliche Reihe 18. 6/7. S. 595–600.

PROTZE, Helmut (1996): Das Sprachinselwörterbuch. Seine Gestaltung und Bedeutung für Sprachwissenschaft, Volkskunde und Geschichte. In: SCHWOB, Anton/FASSEL, Horst (Hrsg.): Deutsche Sprache und Literatur in Südosteuropa – Archivierung und Dokumentation. Beiträge der Tübinger Fachtagung vom 25.–27. Juni 1992. München: Verl. d. Südostdt. Kulturwerks. (Veröff. des Südostdt. Kulturwerks: Reihe B, Wiss. Arb.; 66). S. 99–118.

PUSZTAY, János (2003): Közép-Európa: nyelvi konvergenciatáj. Fejezetek a nyelvi egységesülés vizsgálatához. Szombathely: Savaria Univ. Press. (Dissertationes Savarienses; 30).

PÜTZ, Martin (1993): Bilinguale Sprecherstrategien: Code-switching, Integration und ad-hoc-Entlehnungen. In: EICHINGER, Ludwig M./RAITH, Joachim (Hrsg.): Sprachkontakte. Konstanten und Variablen. Bochum: Brockmeyer. (Bochum-Essener Beiträge zur Sprachwandelforschung; 20). S. 181–195.

PÜTZ, Martin (1994): Sprachökologie und Sprachwechsel. Die deutsch-australische Sprechergemeinschaft in Canberra. Frankfurt a.M./Berlin/Bern/New

York/Paris/Wien: Lang. (Duisburger Arbeiten zur Sprach- und Kulturwissenschaft; 19).

QUASTHOFF, Uta M. (2003): Beobachtungsmethoden. In: HERRMANN, Theo/GRABOWSKI, Joachim (Hrsg.): Sprachproduktion. Göttingen/Bern/Toronto/ Seattle: Hogrefe Verl. für Psychologie. (Enzyklopädie der Psychologie; Themenbereich C, Serie III; 1). S. 71–100.

RÁCZ, Csilla B[eatrix] (1999): Zweisprachigkeit und Sprachwandel bei den Sathmarer Schwaben am Beispiel von Petrifeld. In: GEHL, Hans/CIUBOTĂ, Viorel (Hrsg.): Interethnische Beziehungen im rumänisch-ungarisch-ukrainischen Kontaktraum vom 18. Jahrhundert bis zur Gegenwart. Satu Mare: Editura Muzeului Sătmărean/Tübingen: Institut für donauschwäb. Geschichte und Landeskunde. S. 375–391.

RÁCZ, Csilla Beatrix (2001): Ursachen des Sprachwandels bei den Sathmarer Schwaben. In: GEHL, Hans (Hrsg.): Dialekt – Lehnwörter – Namen. Sprachliche Studien über die Sathmarer Schwaben. Tübingen: Institut für donauschwäb. Geschichte und Landeskunde. (Materialien; 12). S. 155–159.

RAMPON, Ben (1997): Language Crossing and the Redefinition of Reality: Implications for Research on Code-Switching Community. London: King's College. (Working Papers in Urban Language & Literacies; 5).

RASTER, Peter (2002): Perspektiven einer interkulturellen Linguistik. Von der Verschiedenheit der Sprachen zur Verschiedenheit der Sprachwissenschaften. Frankfurt a.M./Berlin/Bern/Bruxelles/New York/Oxford/Wien: Lang.

RATZENBERGER, Ferenc (1896): Magyar szók a gölnicvölgyi németeknél. In: Magyar Nyelvőr 25. 7. S. 299–300.

REHDER, Peter (Hrsg.) (1993): Das neue Osteuropa von A bis Z. Staaten, Völker, Minderheiten, Religionen, Kulturen, Sprachen, Literaturen, Geschichte, Politik, Wirtschaft; neueste Entwicklungen in Ost- und Südosteuropa. 2., verb. Aufl. München: Knaur.

REICH, Hans H./REID, Euan (1992): Education for Bilingualism. In: REID, Euan/ REICH, Hans H. (Eds.): Breaking the Boundaries. Migrant Workers' Children in the EC. Clevedon/Philadelphia/Adelaide: Multilingual Matters. S. 134–178.

REICHMANN, Oskar (2000): Nationalsprache als Konzept der Sprachwissenschaft. In: GARDT, Andreas (Hrsg.): Nation und Sprache. Die Diskussion ihres Verhältnisses in Geschichte und Gegenwart. Berlin/New York: de Gruyter. S. 419–469.

REICHMANN, Oskar [zus. mit Dieter CHERUBIM, Johannes ERBEN, Joachim SCHILDT, Hugo STEGER, Erich STRASSNER] (1995): Podiumsdiskussion: Was soll der Gegenstand der Sprachgeschichtsforschung sein? In: GARDT, Andreas/ MATTHEIER, Klaus/REICHMANN, Oskar (Hrsg.): Sprachgeschichte des Neuhochdeutschen: Gegenstände, Methoden, Theorien Tübingen: Niemeyer. (Reihe Germanistische Linguistik; 156). S. 455–459.

REIN, Kurt (2000): Dringend anstehende Aufgaben der internationalen germanistischen Dialektologie. In: STELLMACHER, Dieter (Hrsg.): Dialektologie zwischen Tradition und Neuansätzen. Beiträge der Internationalen Dialektologentagung, Göttingen, 19.–21. Oktober 1998. Stuttgart: Steiner. (ZDL, Beihefte; 109). S. 285–287.

REISIGL, Martin (1999): Sekundäre Interjektionen. Eine diskursanalytische Annäherung. Frankfurt a.M./Berlin/Bern/Bruxelles/New York/Wien: Lang. (Arbeiten zur Sprachanalyse; 33).

REITER, Norbert (1960): Die polnisch-deutschen Sprachbeziehungen in Oberschlesien. Wiesbaden: Harrassowitz. (Veröffentlichungen der Abteilung für Slawische Sprachen und Literaturen des Osteuropa-Instituts an der Freien Universität Berlin; 23).

RICKHEIT, Gert (1995): Verstehen und Verständlichkeit von Sprache. In: SPILLNER, Bernd (Hrsg.): Sprache: Verstehen und Verständlichkeit. Kongreßbeiträge zur 25. Jahrestagung der Gesellschaft für Angewandte Linguistik GAL e.V. Frankfurt a.M./Berlin/Bern/New York/Paris/Wien: Lang. (Forum Angewandte Linguistik; 28). S. 15–30.

RICKHEIT, Gert/HERRMANN, Theo/DEUTSCH, Werner (Hrsg.) (2003): Psycholinguistik. Ein internationales Handbuch. Berlin/New York: de Gruyter. (Handbücher zur Sprach- und Kommunikationsforschung; 24).

RICKHEIT, Gert/SICHELSCHMIDT, Lorenz/STROHNER, Hans (2002): Psycholinguistik. Tübingen: Stauffenburg. (Stauffenburg Einführungen).

RIEDMANN, Gerhard (1972): Die Besonderheiten der deutschen Schriftsprache in Südtirol. Mannheim/Wien/Zürich: Bibl. Institut. (Duden-Beiträge; 39).

ROELCKE, Thorsten (2002a): Kommunikative Effizienz. Eine Modellskizze. Heidelberg: Winter. (Sprache – Literatur und Geschichte; 23).

ROELCKE, Thorsten (2002b): Sprachtypologische Tendenzen der deutschen Gegenwartssprache. In: Leuvense Bijdragen 91. 3-4. S. 259–285.

ROMAINE, Suzanne (2000): Bilingualism. 2. ed. Repr. Oxford: Blackwell. (Language in Society; 13).

ROMAINE, Suzanne (2001): Multilingualism. In: ARONOFF, Mark/REES-MILLER, Janie (Eds.): The Handbook of Linguistics. Malden, Mass./Oxford: Blackwell. S. 512–532.

RÓNA-TAS, András (1978): A nyelvrokonság. Kalandozások a történeti nyelvtudományban. Budapest: Gondolat.

RÓNA-TAS, András (1995): Az eredetkérdés és a társadalmi tudat. In: RÓNA-TAS, András: A magyarság korai története. Tanulmányok. Szeged: JATE. (Magyar Őstörténeti Könyvtár; 9). S. 103–106.

RÓNAI, Béla (1968): Einige Fragen der Diglossie und des deutsch-ungarischen Bilinguismus im Spiegel eines regionalen Sprachatlasses des Zselic-Gebirges (Transdanubien). In: SCHMITT, Ludwig Erich (Hrsg.): Verhandlungen des zweiten Internationalen Dialektologenkongresses: Marburg, Lahn, 5.–10.

September 1965. Wiesbaden: Steiner. (Zeitschrift für Mundartforschung: Beih.; 5). S. 708–720.

RONNEBERGER-SIBOLD, Elke (1980): Sprachverwendung – Sprachsystem: Ökonomie und Wandel. Tübingen: Niemeyer. (Linguistische Arbeiten; 87).

ROSS, Werner (1970): Das Deutsche in der Konkurrenz der Weltsprachen. In: Probleme der kontrastiven Grammatik. Jahrbuch 1969. Düsseldorf: Schwann. (Sprache der Gegenwart. Schriften des Instituts für deutsche Sprache Mannheim; VIII). S. 178–190.

ROT, Sándor (1991a): Language Contact. Frankfurt a.M./Berlin/Bern/New York/Paris/Wien: Lang. (Bamberger Beiträge zur englischen Sprachwissenschaft; 29).

ROT, Sándor (1991b): A magyar nyelv hatása a kárpáti nyelvi areában működő nyelvekre és nyelvjárásokra és a plurilingvizmus kérdései. In: Magyar Nyelv 87. 1. S. 50–59.

ROZENCVEJG, V. Ju. (1963): O jazykovych kontaktach. In: Voprosy jazykoznanija 12. S. 57–66.

ROZENTAĽ, D. E./TELENKOVÁ, M. A. (1976): Slovar'-spravočnik lingvističeskich terminov. Izd. 2-e, ispravlennoe i dopolnenoe. Moskva: Prosveščenie.

RUDAITIENE, Vida (1993): Nation, Sprache und Kultur in den Wirbeln der litauischen Geschichte. (Probleme der Zweisprachigkeit). In: ERTELT-VIETH, Astrid (Hrsg.): Sprache, Kultur, Identität. Selbst- und Fremdwahrnehmungen in Ost- und Westeuropa. Frankfurt a.M./Berlin/Bern/New York/Paris/Wien: Lang. (Europäische Hochschulschriften; Reihe 21; 123). S. 206–215.

RUDOLF, Helmut (2003): Wagnis und Wandel. Drei Jahrzehnte ungarndeutsche Literatur. In: Südostdeutsche Vierteljahresblätter 52. 4. S. 338–341.

RUOFF, Arno (1973): Grundlagen und Methoden der Untersuchung gesprochener Sprache. Einführung in die Reihe „Idiomatica" mit einem Katalog der ausgewerteten Tonbandaufnahmen. Tübingen: Niemeyer. (Idiomatica; 1).

RUOFF, Arno (1994): Systemwechsel und Systemwandel in Minderheitensprachen und Methoden ihrer Untersuchung. In: WILD, Katharina (Hrsg.): Begegnung in Pécs/Fünfkirchen. Die Sprache der deutschsprachigen Minderheiten in Europa. Pécs: Univ. (Studien zur Germanistik; 2). S. 33–52.

RUSHDIE, Salman (1992): Heimatländer der Phantasie. Essays und Kritiken: 1981–1991. München: Kindler.

SAARI, Mirja (2003): Anfang einer gemischten Sprache? Beobachtungen über den Sprachgebrauch der schwedischsprachigen Jugendlichen in Helsinki. In: NEULAND, Eva (Hrsg.): Jugendsprachen – Spiegel der Zeit. Internationale Fachkonferenz 2001 an der Bergischen Universität Wuppertal. Frankfurt a.M./Berlin/Bern/Bruxelles/New York/Oxford/Wien: Lang. (Sprache – Komunikation – Kultur. Soziolinguistische Beiträge; 2). S. 135–147.

SAGER, Sven (2001): Zu einer Gesprächsethologie. In: IVÁNYI, Zsuzsanna/KERTÉSZ, András (Hrsg.): Gesprächsforschung. Tendenzen und Perspektiven.

Frankfurt a.M./Berlin/Bern/Bruxelles/New York/Oxford/Wien: Lang. (Metalinguistica; 10). S 185–219.

SANDIG, Barbara/SELTING, Margret (1997): Einleitung. In: SELTING, Margret/ SANDIG, Barbara (Hrsg.): Sprech- und Gesprächsstile. Berlin/New York: de Gruyter. S. 1–8.

SANKOFF, Gillian (2002): Outcomes of Language Contact. In: MALMKJAER, Kirsten (Ed.): The Linguistic Encyclopedia. Second Edition. London/New York: Routledge. S. 638–668.

SANKOFF, David/POPLACK, Shana (1981): A Formal Grammar for Code Switching. In: Papers in Linguistics 14. S. 3–46.

SAPIR, Edward (1921): Language. An Introduction to the Study of Speech. New York: Harcourt, Brace & World. (A Harvest Book; HB7).

ŠČERBA, L. V. (1958 [1925]): Izbrannye raboty po jazykoznaniju i fonetike. I. Leningrad.

SCHANK, Gerd/SCHWITALLA, Johannes (1980): Gesprochene Sprache und Gesprächsanalyse. In: ALTHAUS, Hans Peter/HENNE, Helmut/WIEGAND, Herbert Ernst (Hrsg.): Lexikon der Germanistischen Linguistik. 2., vollst. neu bearb. u. erw. Aufl. Tübingen: Niemeyer. S. 313–322.

SCHANK, Roger C./CHILDERS, Peter G. (1984): The Cognitive Computer on Language Learning, and Artifical Intelligence. Reading. Mass.: Addison-Wesley.

SCHAPPELLE, Benjamin Franklin (1917): The German Element in Brasil. Colonies and Dialect. Philadelphia: Americana Germanica Press. (Americana Germanica; 26).

SCHELER, Manfred (1973): Zur Struktur und Terminologie des sprachlichen Lehnguts. In: Die Neueren Sprachen 72. S. 19–26.

SCHELLACK, Fritz (Hrsg.) (1996): Hajós – Ein ungarndeutsches Dorf im Umbruch. Beiträge zum Alltagsleben nach der politischen Wende von 1989. Mainz: Gesellschaft für Volkskunde in Rheinland-Pfalz e.V. (Studien zur Volkskultur in Rheinland-Pfalz; 20).

SCHELLBACH-KOPRA, Ingrid (1994): Fluchwörter und Fluchformeln im Finnischen – von der Männersprache zum Jargon der Jugend. In: SANDIG, Barbara (Hrsg.): EUROPHRAS 92. Tendenzen der Phraseologieforschung. Bochum: Brockmeyer. (Studien zur Phraseologie und Parömiologie; 1). S. 599–616.

SCHEURINGER, Hermann (1997): Sprachvarietäten in Österreich. In: STICKEL, Gerhard (Hrsg.): Varietäten des Deutschen. Regional- und Umgangssprachen. Berlin/New York: de Gruyter. (Jahrbuch/Institut für Deutsche Sprache; 1996). S. 332–345.

SCHICK, Hermann (1954): Die schwäbischen Mundarten in den deutschen Dörfern Südosteuropas. Tübingen. Diss.

SCHILLER, Christiane (2000): Bilinguismus. Zur Darstellung eines soziolinguistischen Phänomens in der Literatur. Dargestellt an Beispielen der regionalen Literatur Preußisch-Litauens: Hermann Sudermann „Litauische Geschichten", Ieva Simonaitytė „Vilius Karalius". Frankfurt a.M./Berlin/Bern/ Bruxelles/New York/Wien: Lang. (Hallesche Sprach- und Textforschung; 7).

SCHILLING, Rogér (1933): Dunakömlőd és Németkér nyelvtörténete. Hangtan, alaktan, dialektographia. Budapest: Pfeifer.

SCHIRMUNSKI, Viktor (1930): Sprachgeschichte und Siedlungsmundarten. I.–II. In: Germanisch-Romanische Monatsschrift 18. S. 113–122 und 171–188.

SCHLIEBEN-LANGE, Brigitte (1991): Soziolinguistik. Eine Einführung. Dritte, überarb. u. erw. Aufl. Stuttgart/Berlin/Köln: Kohlhammer. (Urban-Taschenbücher; 176).

SCHLOBINSKI, Peter (1996): Empirische Sprachwissenschaft. Opladen: Westdeutscher Verl. (WV-Studium; 174: Linguistik).

SCHMIDT, Heinrich (1928): Die deutschen Mundarten Rumpfungarns. In: BLEYER, Jakob [unter Mitwirkung von Heinrich SCHMIDT u.a.] (Hrsg.): Das Deutschtum in Rumpfungarn. Mit ethnographischen und siedlungsgeschichtlichen Karten. Budapest: Verl. des Sonntagsblattes. (Sonntagsblatt, Volksbücherei; 2). S. 5–39.

SCHMIDT, Karl Horst (1998): Versuch einer geschichtlichen Sprachtypologie des Deutschen. In: BESCH, Werner/BETTEN, Anne/REICHMANN, Oskar/SONDEREGGER, Stefan (Hrsg.): Sprachgeschichte. Ein Handbuch zur Geschichte der deutschen Sprache und ihrer Erforschung. 2., vollst. neu bearb. u. erw. Aufl. Berlin/New York: de Gruyter. (Handbücher zur Sprach- und Kommunikationswissenschaft; 2.1). S. 993–1000.

SCHNEIDER, Thomas (1995): Beobachtungen in Hajos [sic!]: Medienimport, Kommunikation, Sprache. In: Volkskunde in Rheinland-Pfalz 10. 1. S. 8–15.

SCHNEIDER, Thomas (1999): Ambivalenzen – Ungarndeutsche und die Kollektivierung. Die Anfänge der sozialistischen Landwirtschaft in Hajós. In: FRIEß-REIMANN, Hildegard/NIEM, Christina/SCHNEIDER, Thomas (Hrsg.): Skizzen aus der Mainzer Volkskunde. Festgabe für Herbert Schwedt. Mainz: Gesellschaft für Volkskunde in Rheinland-Pfalz e.V. (Studien zur Volkskultur in Rheinland-Pfalz; 25). S. 293–305.

SCHNEIDER, Thomas (2000): Landwirtschaft in Hajós. Agrarhistorie und sozialer Wandel in einem ungarndeutschen Dorf. Mainz: Gesellschaft für Volkskunde in Rheinland-Pfalz e.V. (Studien zur Volkskultur; 27).

SCHNIEDERS, Guido (1999): Zum Einsatz von Transkriptionen authentischer Diskurse im DaF-Unterricht. In: BASSOLA, Peter/OBERWAGNER, Christian/ SCHNIEDERS, Guido (Hrsg.): Schnittstelle Deutsch. Linguistische Studien aus Szeged. Festschrift für Pavica Mrazović. Szeged: Grimm. (Acta Germanica; 8). S. 189–203.

SCHÖN, Mária (Zus.gest.) (2003a): Aisa liaba Hajoschr Muattrgottes. Legendák a hajósi Istenanyáról. [Ohne Ortsangabe].

SCHÖN, Maria '(2003b): A nap folklórja a a hajósi svábság körében. In: BÁRTH, János (szerk.): Bács-Bodrogtól Bács-Kiskunig. Az V. Duna-Tisza közi nemzetközi néprajzi nemzetiség-kutató konferencia (Baja, 2002. július 18–19.) előadásai. Baja/Kecskemét: Múzeum. S. 109–119.

SCHÖN, Maria (2004): Immergrüne Bauerngeschichten aus Hajosch. In: HEINEK, Otto (Hrsg.): Deutscher Kalender 2004. Jahrbuch der Ungarndeutschen. Budapest: LdU. S. 291–296.

SCHÖN, Maria (2005): Hajósi sváb elbeszélések. Schwäbisches Erzählgut aus Hajosch. Kecskemét: Cumania Alapítvány. (Cumania könyvek; 4).

SCHÖN, Maria/HARMATH, Kornelia (1998): Bäumelein, Träumelein. Reime, Lieder und Spiele aus Hajós. Budapest: LdU. (Veröffentlichungen der Landesselbstverwaltung der Ungarndeutschen).

SCHÖNFELDER, Karl-Heinz (1957): Deutsches Lehngut im amerikanischen Englisch. Ein Beitrag zum Problem der Völker- und Sprachmischung. Halle (Saale): Niemeyer.

SCHOTTMANN, Hans (1977): Die Beschreibung der Interferenz. In: KOLB, Herbert/LAUFFER, Hertmut [in Verb. mit anderen] (Hrsg.): Sprachliche Interferenz. Festschrift für Werner Betz zum 65. Geburtstag. Tübingen: Niemeyer. S. 13–35.

SCHRADER-KNIFFKI, Martina (2003): Methodologie in der Feldforschung. In: STOLZ, Thomas/KOLBE, Katja (Hrsg.): Methodologie in der Linguistik. Frankfurt a.M./Berlin/Bern/Bruxelles/New York/Oxford/Wien: Lang. S. 131–152.

SCHREIBER, Miachael (1995): Gibt es Sätze in gesprochener Sprache? Zu Theorie und Methode der syntaktischen Analyse von Sprechsprachen. In: Papiere zur Linguistik 52. S. 75–93.

SCHRÖDER, Peter (1975): Die Untersuchung gesprochener Sprache im Projekt 'Grundstrukturen der deutschen Sprache'. Planungen, Probleme, Durchführung. In: FORSCHUNGSSTELLE FÜR GESPROCHENE SPRACHE FREIBURG (BREISGAU) (Hrsg.): Gesprochene Sprache. Bericht der Forschungsstelle Freiburg. 2., um einen Nachtrag erw. Aufl. Tübingen: Narr. (Institut für deutsche Sprache Mannheim: Forschungsberichte; 7). S. 5–46.

SCHUCHARDT, Hugo (1884): Slawo-Deutsches und Slawo-Italienisches. Dem Herrn Franz von Miklosich zum 20. November 1883. Graz: Leuschner/Lubensky.

SCHUMANN, K. (1965): Zur Typologie und Gliederung der Lehnprägungen. In: Zeitschrift für slavische Philologie 32. S. 61–90.

SCHWALM, Paul (1979): Wörterbuch des Dialekts der Deutschen in Vaskút/Südungarn. A vaskúti németek tájszólásának szótára. Herausgegeben von FLACH, Paul. Neuenstein: Heim-Verl.

SCHWANZER, Viliam (1969): Die Notwendigkeit einer einheitlichen deutschen Standardsprache. In: ENGEL, Ulrich/GREBE, Paul/RUPP, Heinz (Hrsg.): Festschrift für Hugo Moser zum 60. Geburtstag am 19. Juni 1969. Düsseldorf: Schwann. S. 182–192.

SCHWEDT, Herbert (1996): Das alte Hajos [sic!] – eine Skizze. In: SCHELLACK, Fritz (Hrsg.): Hajós – Ein ungarndeutsches Dorf im Umbruch. Beiträge zum

Alltagsleben nach der politischen Wende von 1989. Mainz: Gesellschaft für Volkskunde in Rheinland-Pfalz e.V. (Studien zur Volkskultur in Rheinland-Pfalz; 20). S. 37–45.

SCHWEDT, Herbert und Elke (1995): „Eine verfluchte Zeit" – Aufzeichnungen von Maria L. Aus dem schwäbischen Dorf Hajós in Ungarn. In: Jahrbuch für deutsche und osteuropäische Volkskunde. Hrsg. im Auftr. der Kommission für Deutsche und Osteuropäische Volkskunde in der Deutschen Gesellschaft für Volkskunde. Bd. 38. Marburg: Elwert. S. 24–41.

SCHWENK, Helga (1988): Das Sprachvermögen zweisprachiger türkischer Schüler. Tübingen: Narr. (Gießener Beiträge zur Fremdsprachendidaktik).

SCHWERDT, Judith (2000): Die 2. Lautverschiebung. Wege zu ihrer Erforschung. Heidelberg: Winter. (Jenaer germanistische Forschungen; N. F.; 8).

SCHWING, Josef (1993): Grammatik der deutschen Mundart von Palotabozsok (Ungarn). Frankfurt a.M.: Hector. (Forum Phoneticum; 55).

SCHWITALLA, Johannes (1997): Gesprochenes Deutsch. Eine Einführung. Berlin: Schmidt. (Grundlagen der Germanistik; 33).

SCHWOB, Anton (1971): Wege und Formen des Sprachausgleichs in neuzeitlichen ost- und südostdeutschen Sprachinseln. München: Oldenbourg. (Buchreihe der Südostdeutschen Historischen Kommission; 25).

SCHWOB, Anton (1998): Deutsch im Siedlungsgebiet der Donauschwaben. Überblick und Aspekte der Forschung. In: Geschichte, Gegenwart und Kultur der Donauschwaben. Texte aus dem Jahresprogramm 1997 der Landsmannschaft der Donauschwaben/Bundesverband. Heft 8, 1997. Red. und Gestaltung: Stefan TEPPERT. Sindelfingen: Landsmannschaft der Donauschwaben/Bundesverband. S. 119–125.

SEBBA, Mark (1997): Contact Languages: Pidgins and Creoles. Basingstoke/London: Macmillan. (Modern Linguistics Series).

SEEWALD, Uta (1998): Gebrauch der Metaphorik in der Sprache des Internet. Untersuchungen am Beispiel des Französischen, Italienischen und Spanischen. In: GIL, Alberto/SCHMITT, Christian (Hrsg.): Kognitive und kommunikative Dimensionen der Metaphorik in den romanischen Sprachen. Akten der gleichnamigen Sektion des XXV. Deutschen Romanistentages, Jena (28.9.–2.10.1997). Bonn: Romanistischer Verl. (Romanistische Kongressberichte; 5). S. 360–378.

SELTING, Margret/AUER, Peter/BARDEN, Birgit/BERGMANN, Jörg/COUPER-KUHLEN, Elizabeth/GÜNTHNER, Susanne/MEIER, Christoph/QUASTHOFF, Uta/SCHLOBINSKI, Peter/UHMANN, Susanne (1998): Gesprächsanalytisches Transkriptionssystem (GAT). In: Linguistische Berichte 34. S. 91–122.

SEMENOVA, L. N. (1975): K voprosu o kontaktnoj frazeologii. (Frazeologičeskoe kaľkirovanie). In: ARCHANGEĽSKIJ, V. L. [et al.] (Red.): Problemy russkoj frazeologii. Respublikanskij sbornik. Tula: Tuľskij Gosudarstvennyj Pedagogičeskij Institut imeni L. N. Tolstogo. S. 109–118.

SENFT, Gunter (2002): Linguistische Feldforschung. In: MÜLLER, Horst M. (Hrsg.): Arbeitsbuch Linguistik. Paderborn/München/Wien/Zürich: Schöningh. (UTB; 2169). S. 353–363.

SIEBERT, Susann (1999): Wortbildung und Grammatik. Syntaktische Restriktionen in der Struktur komplexer Wörter. Tübingen: Niemeyer. (Linguistische Arbeiten; 408).

SIENERTH, Stefan (1999): Zweisprachigkeit als Randphänomen. Siebenbürgischdeutsche Autoren im Umgang mit dem Rumänischen. In: MÁDL, Antal/ MOTZAN, Peter (Hrsg.): Schriftsteller zwischen zwei Sprachen und Kulturen. Internationales Symposion, Veszprém und Budapest, 6.–8. November 1995. München: Verl. Südostdeutsches Kulturwerk. (Veröffentlichungen des Südostdeutschen Kulturwerks: Reihe B, Wiss. Arb.; 74). S. 113–133.

SINGLETON, David (1999): Exploring the Second Language Mental Lexicon. Cambridge [u.a.]: Cambridge Univ. Press. (Cambridge Applied Linguistics).

SIPOS, István (1967): A nyelvi együttélés fejlődési szakaszai és tanulságai. Budapest. (Akadémiai doktori értekezés).

SJÖLIN, B[o] (1976): Kodewechsel und Transferenz bei diglossischem Bilinguismus. Eine Typik der Voraussetzungen ihrer Entstehung. In: Studia Neophilologica 48. 2. S. 245–268.

SKUTNABB-KANGAS, Tove (1981): Bilingualism or not. The Education of Minorities. Clevedon: Multilingual Matters. (Multilingual Matters; 7).

ŠLIBAR, Neva (1999): György Sebestyén „ein österreich-ungarischer Kentaur". Von der Sprachverwendung eines bilingualen Schriftstellers und seiner Stellung in einem tentativen Modell bi/multilingualer Ästhetik. In: MÁDL, Antal/MOTZAN, Peter (Hrsg.): Schriftsteller zwischen zwei Sprachen und Kulturen. Internationales Symposion, Veszprém und Budapest, 6.–8. November 1995. München: Verl. Südostdeutsches Kulturwerk. (Veröffentlichungen des Südostdeutschen Kulturwerks: Reihe B, Wiss. Arb.; 74). S. 337–350.

SLOMAN, Aaron (1977a): Construct. In: BULLOCK, Alan/STALLYBRASS, Oliver (Eds.): The Fontana Dictionary of Modern Thought. London: Fontana. S. 133.

SLOMAN, Aaron (1977b): Methodology. In: BULLOCK, Alan/STALLYBRASS, Oliver (Eds.): The Fontana Dictionary of Modern Thought. London: Fontana. S. 387–388.

SMIRNICKAJA, S. V./BAROTOV, M. A. (1998): Vlijanie russkogo jazyka na nemeckie govory severnogo Tadžikistana. In: KUZ'MENKO, Ju. K. (Red.): Etnolingvističeskie issledovanija: Vzaimodejstvie jazykov i dialektov. S. Peterburg. S. 152–161.

SØNDERGAARD, Bent (1980): Vom Sprachenkampf zur sprachlichen Koexistenz im deutsch-dänischen Grenzraum. In: NELDE, Peter Hans (Ed.): Sprachkontakt und Sprachkonflikt. Wiesbaden: Steiner. (ZDL; Beihefte, N.F.; 32). S. 297–305.

SØNDERGAARD, Bent (1984): Language Contact in the German-Danish Border Region. In: URELAND, P. Sture/CLARKSON, Iain (Eds.): Scandinavian Language Contacts. Cambridge: Cambridge Univ. Press. S. 221–229.

SPERBER, Dan/WILSON, Deirdre (1996): Relevance. Communication and Cognition. Second Edition. Reprinted (twice). Oxford/Cambridge: Blackwell.

SPILLNER, Bernd (1986): Universalien des Sprachkontaktes? Untersuchungen auf der Grundlage sprachlicher Interferenz. In: GENDRON, J.-D./NELDE, P[eter] H[ans] (Eds.): Plurilinguisme en Europe et au Canada. Perspectives de Recherche. Mehrsprachigkeit in Europa und Kanada. Perspektiven der Forschung. Bonn: Dümmler. (Plurilingua; 6). S. 151–169.

SPILLNER, Bernd (1992): Deutsch-italienische Interferenzen bei Sprachkontakt und Mehrsprachigkeit. In: NELDE, P[eter] H[ans] (Ed.): It's easy to mingle when you are bilingual. Bilingualism and Contact Linguistics. Bonn: Dümmler. (Plurilingua; 13). S. 173–186.

SPITZER, Leo (1923): Sprachmischung als Stilmittel und als Ausdruck der Klangphantasie. In: Germanisch-Romanische Monatsschrift 11. S. 193–217.

SPOLSKY, Bernard (2001): Sociolinguistics. 3. impr. Oxford: Oxford Univ. Press. (Oxford Introductions to Language Study).

ŠRÁMEK, Rudolf (2003): Spezifika des tschechisch-deutschen Sprachkontakts in der Gegenwart. In: GREULE, Albrecht/NEKULA, Marek (Hrsg.): Deutsche und tschechische Dialekte im Kontakt. Wien: Praesens. S. 9–19.

STANFORTH, Anthony W. (2002): Effects of Language Contact on the Vocabulary. In: CRUSE, D. Alan/HUNDSNURSCHER, Franz/JOB, Michael/LUTZEIER, Peter Rolf (Hrsg.): Lexikologie. Ein internationales Handbuch zur Natur und Struktur von Wörtern und Wortschätzen. Berlin/New York: de Gryter. (Handbücher zur Sprach- und Kommunikationsforschung; 21.1). S. 805–813.

STEGER, Hugo (1979): Gesprochene Sprache. Zu Ihrer Typik und Terminologie. In: BRAUN, Peter (Hrsg.): Deutsche Gegenwartssprache. Entwicklungen, Entwürfe, Diskussionen. München: Fink. (Kritische Information; 79). S. 172–205.

STEGER, Hugo (1985): Über das Ganze und die Teile. Zur Situation der deutschen Sprache am Ende des 20. Jahrhunderts. Für Johannes Erben zum 60. Geburtstag. In: RITTER, Peter (Red.): Kolloquium zur Sprache und Sprachpflege der deutschen Bevölkerungsgruppen im Ausland. 4. Konferenz deutscher Volksgruppen in Europa in der Akademie Sankelmark. Flensburg: Institut für Regionale Forschung und Information im Deutschen Grenzverein e.V. S. 19–47.

STEHL, Thomas (1994): Français régional, italiano regionale, neue Dialekte des Standards: Minderheiten und ihre Identität im Zeitenwandel und Sprachenwechsel. In: HELFRICH, Uta/RIEHL, Claudia Maria (Hrsg.): Mehrsprachigkeit in Europa – Hindernis oder Chance? Wilhelmsfeld: Egert. (Pro lingua; 24). S. 127–147.

STEIGERWALD, Jacob (1992): Banat-Topola's Schwaben: 1791–1945. Winona, Minn.: Univ.

STELLMACHER, Dieter (1981): Sprache und Sprachen in Niedersachsen. Göttingen: Vandenhoeck & Ruprecht. (Vortragsreihe der Niedersächsischen Landesregierung zur Förderung der wissenschaftlichen Forschung in Niedersachsen; 61).

STENSON, Nancy (1991): Code-switching vs. Borrowing in Modern Irish. In: URELAND, P. Sture/BRODERICK, George (Eds): Language Contact in the British Isles. Proceedings of the Eighth International Symposium on Language Contact in Europe, Douglas, Isle of Man 1988. Tübingen: Niemeyer. (Linguistische Arbeiten; 238). S. 559–579.

STEPANOVA, N. N. (1983): K voprosu o sopostavitel'nom analize valentnych svojstv glagolov verchnenemeckich govorov Altaja. In: EDIG, G. G. (otv. red.): Voprosy dialektologii nemeckogo jazyka. Respublikanskij sbornik naucnych trudov. Omsk: Ped. Institut S. 192–199.

STEPHAN, Achim (1999): Emergenz. Von der Unvorhersagbarkeit zur Selbstorganisation. Dresden/München: Dresden Univ. Press. (Theorie & Analyse; 2).

STIEHLER, Heinrich (2000): Interkulturalität und literarische Mehrsprachigkeit in Südosteuropa. Das Beispiel Rumäniens im 20. Jahrhundert. Wien: Ed. Praesens. (Beihefte zu Quo vadis Romania? 8).

STIELAU, Hildegard Irma (1980): Nataler Deutsch. Eine Dokumentation unter besonderer Berücksichtigung des englischen und afrikaansen Einflusses auf die deutsche Sprache in Natal. Wiesbaden: Steiner. (Deutsche Sprache in Europa und Übersee; 7).

STOLT, Birgit (1964): Die Sprachmischung in Luthers Tischreden. Studien zum Problem der Zweisprachigkeit. Uppsala: Almqvist & Wiksells. (Stockholms Universitet: [Acta Universitatis Stockholmiensis/Stockholmer germanistische Forschungen]; 4).

STÖLTING-RICHERT, Wilfried (1988): Migration und Sprache. In: AMMON, Ulrich/DITTMAR, Norbert/MATTHEIER, Klaus J. (Hrsg.): Sociolinguistics. Soziolinguistik. Erster Halbband. Berlin/New York: de Gruyter. (Handbücher zur Sprach- und Kommunikationswissenschaft; 3.2). S. 1564–1574.

STOWELL, Timothy A. (1981): Origins of Phrase Structure. Cambridge, Mass.: MIT.

STRAUB, Jürgen (2004): Identität. In: JAEGER, Friedrich/LIEBSCH, Burkhard (Hrsg.): Handbuch der Kulturwissenschaften. Band 1: Grundlagen und Schlüsselbegriffe. Stuttgart/Weimar: Metzler. S. 277–303.

STRAUSS, Claudia/QUINN, Naomi (1999): A Cognitive Theory of Cultural Meaning. Repr. Cambridge [etc.]: Cambridge Univ. Press. (Publications of the Society for Psychological Anthropology; 9).

STREECK, Jürgen (1987): Ethnomethodologie. In: AMMON, Ulrich/DITTMAR, Norbert/MATTHEIER, Klaus J. (Hrsg.): Sociolinguistics. Soziolinguistik. Erster Halbband. Berlin/New York: de Gruyter. (Handbücher zur Sprach- und Kommunikationswissenschaft; 3.1). S. 672–679.

STROH, Cornelia (1993): Sprachkontakt und Sprachbewußtsein. Eine soziolinguistische Studie am Beispiel Ost-Lothringens. Tübingen: Narr. (Tübinger Beiträge zur Linguistik; 383).

STROH, Friedrich (1952): Handbuch der germanischen Philologie. Berlin: de Gruyter.

STROHNER, Hans (1990): Textverstehen. Kognitive und kommunikative Grundlagen der Sprachverarbeitung. Opladen: Westdeutscher Verl. (Psycholinguistische Studien).

STROß, Annette M. (1991): Ich-Identität. Zwischen Fiktion und Konstruktion. Berlin: Reimer. (Reihe historische Anthropologie; 17).

STUDNITZ, Roswitha E. von/GREEN, David W. (2002): Interlingual Homograph Interference in German-English Bilinguals: Its Modulation and Locus of Control. In: Bilingualism: Language and Cognition 5. S. 1–23.

SULÁN, Béla (1963): A kétnyelvűség néhány kérdéséhez. (A magyar–szláv szókincsbeli kölcsönhatások tanulságai alapján). In: Magyar Nyelv 59. 3. S. 253–265.

SZABÓ, József (1987): A belső nyelvjárásszigetek vizsgálatának lehetőségei, módszerei. In: Magyar Nyelv 83. S. 524–531.

SZABÓ, József (1996): Tanulmányúton Németországban. In: Magyar Nyelvjárások 33. S. 153–160.

SZABÓ, József (2000a): Deutsch-ungarische Interferenz am Beispiel der Winzerterminologie und des Atlasses der rumäniendeutschen Dialekte. In: FUNK, Edith/KÖNIG, Werner/RENN, Manfred (Hrsg.): Bausteine zur Sprachgeschichte. Referate der 13. Arbeitstagung zur alemannischen Dialektologie in Augsburg (29.9.–3.10.1999). Heidelberg: Winter. (Sprache – Literatur und Geschichte; 19). S. 321–329.

SZABÓ, József (2000b): A német–magyar nyelvi kölcsönhatás vizsgálata három Nagykároly környéki községben. In: Magyar Nyelv 96. S. 363–368.

SZABÓ, József (2004): Einige Lehren der Untersuchung ungarischer Dialektinseln in Jugoslawien. In: GLASER, Elvira/OTT, Peter/SCHWARZENBACH, Rudolf (Hrsg.): Alemannisch im Sprachvergleich. Beiträge zur 14. Arbeitstagung für alemannische Dialektologie in Männedorf (Zürich) vom 16.–18.9.2002. Stuttgart: Steiner. (ZDL, Beiheft; 129). S. 439–444.

SZENDE, Tamás (1976): A beszédfolyamat alaptényezői. Budapest: Akadémiai.

SZENDE, Tamás (1997): Alapalak és lazítási folyamatok. Budapest: Az MTA Nyelvtud. Intézete. (Linguistica, Series A, Studia et Dissertationes; 22).

SZILÁGYI, Anikó (2004): Die Ungarndeutschen als Sprachinselgemeinschaft. In: NAVRACSICS, Judit/TÓTH, Szergej (szerk.): Nyelvészet és interdiszciplinaritás. Köszöntőkönyv Lengyel Zsolt 60. születésnapjára. Szeged: Generalia/Veszprém: VE. S. 274–283.

SZITA, László (1996): A lutheránus németség bevándorlása és településtörténete Tolna megyében a XVIII. században. In: DOBOS, Gyula (szerk.): Tanulmányok, telepítés-, település-, családtörténet, megtorlás '57-ben, egészségügy, források.

Szekszárd: Tolna megyei Önkormányzat Levéltára. (Tolna megyei levéltári füzetek; 5). S. 5–165.

TAFFERNER, Anton (1998): Rezension zu Mathias Weifert (Hrsg.): Donauschwäbisches Unterrichtswerk. Fächerübergreifendes Lehrbuch für Jugendliche. München: Verl. der Donauschwäbischen Kulturstiftung 1997 (Donauschwäbisches Archiv: Reihe 1, Schriften der ADL; 16). In: Donauschwäbische Forschungs- und Lehrerblätter. Folge 173. 44. 1. S. 18–20.

TAMÁSI, Ivett/LADÁNYI LINGL, József (2000): A zirci régió németsége. Das Deutschtum der Sirtzer Region. Zirc: A Zirci Német Hagyomány [sic!] és Származáskutató Egyesület Kiadványa.

TÅNGEBERG, Olov H. (1978): Mehrsprachigkeit und Schulunterricht. Über die nordfriesländische Mehrsprachigkeit und ihren Einfluß auf den Schulunterricht. Bräist/Bredstedt: Nordfriisk Instituut. (Studien und Materialien, veröff. im Nordfriisk Instituut; 11).

TECHTMEYER, Bärbel (2001): Form und Funktion von Metakommunikation im Gespräch. In: BRINKER, Klaus/ANTOS, Gerd/HEINEMANN, Wolfgang/SAGER, Sven F. (Hrsg.): Text- und Gesprächslinguistik. Ein internationales Handbuch zeitgenössischer Forschung. 1. Halbband. Berlin/New York: de Gruyter. (Handbücher zur Sprach- und Kommunikationswissenschaft; 16.1). S. 1449–1463.

TEKINAY, Alev (1982): Deutsche Einflüsse im Türkischen von Arbeitsmigranten. In: Deutsch lernen 7. 3. S. 72–79.

TEKINAY, Alev (1983/84): Wie eine „Mischsprache" entsteht. Bemerkungen zum Sprachverhalten türkischer Arbeitnehmern in der Bundesrepublik Deutschland. In: Muttersprache 94. 4. S. 396–403.

TEKINAY, Alev (1987): Deutsche Einflüsse im Türkischen von Arbeitsmigranten. In: TEKINAY, Alev: Sprachvergleich Deutsch-Türkisch. Möglichkeiten und Grenzen einer kontrastiven Analyse. Wiesbaden: Reichert. S. 96–103.

TESCH, Gerd (1978): Linguale Interferenz. Theoretische, terminologische und methodische Grundfragen zu ihrer Erforschung. Tübingen: Narr. (Tübinger Beiträge zur Linguistik; 105).

TESCH, Gerd (1992): Deutsch im Sprachkontakt. Ein Thema des Sprachunterrichts. In: Der Deutschunterricht 44. 6. S. 84–98.

THOMAS, Alexander (2003): Kultur und Kulturstandards. In: THOMAS, Alexander/KINAST, Eva-Ulrike/SCHROLL-MACHL, Sylvia (Hrsg.): Handbuch Interkulturelle Kommunikation und Kooperation. Band 1: Grundlagen und Praxisfelder. Göttingen: Vandenhoeck & Ruprecht. S. 19–31.

THOMASON, Sarah G. (1997): A Typology of Contact Languages. In: SPEARS, Arthur K./WINFORD, Donald (Eds.): The Structure and Status of Pidgins and Creoles. Including Selected Papers from the Meetings of the Society for Pidgin and Creole Linguistics. Amsterdam/Philadelphia: Benjamins. (Creole Language Library; 19). S. 71–88.

THOMASON, Sarah G./KAUFMAN, Terrence (1991): Language Contact, Creolization and Genetic Linguistics. 1. paperback print. Berkeley: Univ. of California Press.

TIITTULA, Liisa (2001): Formen der Gesprächssteuerung. In: BRINKER, Klaus/ANTOS, Gerd/HEINEMANN, Wolfgang/SAGER, Sven F. (Hrsg.): Text- und Gesprächslinguistik. Ein internationales Handbuch zeitgenössischer Forschung. 1. Halbband. Berlin/New York: de Gruyter. (Handbücher zur Sprach- und Kommunikationswissenschaft; 16.2). S. 1361–1374.

TIMM, L. A. (1975): Spanish-English Code-Switching: El Porqué y How-Not-To. In: Romance Philology 28. 4. S. 473–482.

TITSCHER, Stefan/WODAK, Ruth/MEYER, Michael/VETTER, Eva (1998): Methoden der Textanalyse. Leitfaden und Überblick. Opladen/Wiesbaden: Westdeutscher Verl.

T. KISS, Tamás (szerk.) (1986): Hajósi mozaikok. Szeged: JGYTF.

T. KISS, Tamás/TIBORI, Tímea (1988): Hajósország. Budapest: Művelődéskutató Intézet.

T. MOLNÁR, Gizella (1997): A kő marad. (Be- és kitelepítések Hajóson). Der Grundstein bleibt. (Ein- und Aussiedlungen in Hajos). Hajos [sic!]: KIK.

TOLCSVAI NAGY, Gábor (1998a): A nyelvi norma. Budapest: Akadémiai. (Nyelvtudományi értekezések; 144))

TOLCSVAI NAGY, Gábor (szerk.) (1998b): Nyelvi tervezés. Tanulmánygyűjtemény. Budapest: Universitas.

TOLCSVAI NAGY, Gábor (2003): A nyelvi norma. In: KIEFER, Ferenc (szerk.): A magyar nyelv kézikönyve. Budapest: Akadémiai. S. 411–421.

TOMPA, József (1972): Kleine ungarische Grammatik. Leipzig: Verl. Enzyklopädie.

TRACY, Rosemarie/GAWLITZEK-MAIWALD, Ira (2000): Bilingualismus in der frühen Kindheit. In: GRIMM, Hannelore (Hrsg.): Sprachentwicklung. Göttingen/Bern/Toronto/Seattle: Hogrefe. (Enzyklopädie der Psychologie; 3). S. 495–535.

TREFFERS-DALLER, Jeanine (1991): Towards a Uniform Approach to Code-Switching and Borrowing. In: Papers for the Workshop on Constraints, Conditions and Models. London, 27–29 September 1990. Network on Code-Switching and Language Contact. January 1991. S. 259–279.

TREFFERS-DALLER, Jeanine (1994): Mixing Two Languages. French-Dutch Contact in a Comparative Perspective. Berlin/New York: Mouton de Gruyter. (Topics in Sociolinguistics; 9).

TRESZL, Toni (1974): Besonderheiten der mittelbayrischen [sic!] Mundart in Nordost-Transdanubien. In: Unser Hauskalender. Jahrbuch der Ungarndeutschen. Stuttgart. S. 71–74.

TRESZL, Toni (1975): Nachteile der Mischsprachigkeit. In: Unser Hauskalender. Jahrbuch der Ungarndeutschen. Stuttgart. S. 49–52.

TRUBETZKOY, N[ikolaj] S[ergejevič] (1939): Gedanken über das Indogermanenproblem. In: Acta Linguistica 1. S. 81–89.

TRUDGILL, Peter (1986): Dialects in Contact. Oxford/New York: Blackwell. (Language in society; 10).

TURELL, Maria Teresa (2003): Apparent and Real Time Studies of Linguistic Change and Variation. In: Noves SL. Revista de Sociolingüística, Autumn 2003 (http://cultura.gencat.net/llengcat/noves/hm03tardor/a_turell1_4.htm; gesehen am 19.12.2003).

TURK, Horst (1994): Operative Semantiken. Zum Problem kultureller Identität im Anschluß an Ernst Cassirer. In: Internationale Zeitschrift für Philosophie 4. 2. S. 239–254.

TYROLLER, Hans (1990): Wortfelder und lexikalische Interferenzen in der Sprachinselmundart von Lusern (Trentino). Stuttgart: Steiner. (ZDL, Beihefte; 66).

TYROLLER, Hans (2003): Grammatische Beschreibung des Zimbrischen in Lusern. Stuttgart: Steiner. (ZDL, Beihefte; 111).

UDVARI, István (1991): A magyarsággal érintkező ruszin (kárpátukrán) csoportok nyelvi folyamatairól. In: GYŐRI-NAGY, Sándor/KELEMEN, Janka (szerk.): Kétnyelvűség a Kárpát-medencében. I. Budapest: Széchenyi Társaság + Pszicholingva Nyelviskola. S. 72–87.

UESSELER, Manfred (1982): Soziolinguistik. Berlin: Deutscher Verl. d. Wissenschaften.

ULRICH, Winfried (2002): Wörterbuch. Linguistische Grundbegriffe. 5., völlig neu bearb. Aufl. Berlin/Stuttgart: Borntraeger. (Hirts Stichwortbücher).

UNGERER, Friedrich/SCHMID, Hans-Jörg (2003): An Introduction to Cognitive Linguistics. 8. impr. London/New York: Longman. (Learning about Language).

UNTERMANN, Jürgen (1989): Zu den Begriffen „Restsprache" und „Trümmersprache". In: BECK, Heinrich (Hrsg.): Germanische Rest- und Trümmersprachen. Berlin/New York: de Gruyter. (Ergänzungsbände zum Reallexikon der germanischen Altertumskunde; 3). S. 15–19.

VANDEKERCKHOVE, Reinhild (1998): Code-switching between Dialect and Standard Language as a Graduator of Dialect Loss and Dialect Vitality. In: Zeitschrift für Dialektologie und Linguistik 65. 3. S. 280–292.

VARGA, Anna (1937): Siedlungsgeschichte in ihrer verschiedenartigen Wirkung auf Lautlehre und Wortschatz eines Hessendorfes in Ungarn (Kistormás). In: Zeitschrift für Mundartforschung 13. S. 193–213.

VARGA, Anna (1940): Két szomszéd falu. Adatok Kölesd (magyar) és Kistormás (német) összehasonlító néprajzához. Szeged: Egyetem. (Acta Universitatis Szegediensis, Sectio Philologica; XV/1).

VEITH, Werner H. (2003): Soziolinguistik. Ein Arbeitsbuch mit 100 Abbildungen sowie Kontrollfragen und Antworten. Tübingen: Narr. (Narr Studienbücher).

VIHMAN, Marilyn May (1985): Language Differentiation by the Bilingual Infant. In: Journal of Child Language 12. S. 297–324.

VOČADLO, Otakar (1938): Some Observations on Mixed Languages. In: BARR, K[aj]/BRÖNDALM, Viggo/HAMMERICH, L.L./HJELMSLEV, Louis (Réd.): Actes de Quatrième Congrès International de Linguistes. Tenu à Copenhague du 27 aôt au 1er septembre 1936. Copenhague: Munksgaard. S. 169–176.

VOGT, HANS (1954): Language Contacts. In: Word 10. 2–3. S. 365–374.

VOGT, Markus (1997): Sozialdarwinismus. Wissenschaftstheorie, politische und theologisch-ethische Aspekte der Evolutionstheorie. Freiburg [u.a.]: Herder.

VOIGT, Vilmos (2000–2001): Bedeutung und Beleuchtung der Sprachinsel. In: Acta Ethnologica Danubiana 2–3. S. 211–222.

WAAS, Margit (1994): „Deutschies" und „Australianer" – Sprachverlust unter Deutschsprachigen in Australien. In: Muttersprache 104. S. 312–319.

WACKER, Helga (1964): Die Besonderheiten der deutschen Schriftsprache in den USA. Mannheim/Wien/Zürich: Bibl. Institut. (Duden-Beiträge; 14).

WAGNER, Richard (2004): Sprachdesaster und Identitätsfalle. Der Schriftsteller als Rumäniendeutscher. In: Südostdeutsche Vierteljahresblätter 53. 2. S. 81–86.

WALKER, A. G. H. (1976): Sprachwandel in Nordfriesland. Dargestellt am Beispiel der Anredeformen in der Gemeinde Risum-Lindholm. In: Jahrbuch des Vereins für niederdeutsche Sprachforschung 100. S. 86–107.

WALTER, Josef (1988): Sprache und Mundart in Perbál. In: Perbál/Perwall. Geschichte und Erinnerungen an unsere Heimatgemeinde in Ungarn. Zusammenstellung: Josef WALTER. Hrsg. „Förderkreis Heimatbuch Perbál". Hirschberg/Gro. S. 144–147.

WANDRUSZKA, Mario (1979): Die Mehrsprachigkeit des Menschen. München/Zürich: Piper.

WEBER, Max (1972): Wirtschaft und Gesellschaft. Grundriß einer verstehenden Soziologie. 5., rev. Aufl., besorgt von Johannes WINCKELMANN. Tübingen: Mohr. (Studienausgabe).

WEIDLEIN, Johann (1935): Die deutschen Mundarten Rumpfungarns. In: BELL, Karl (Hrsg.): Ungarn. Dresden: Deutscher Buch- und Kunstverl. William Berger. (Das Deutschtum im Ausland. Monographiensammlung; 4). S. 263–294.

WEINREICH, Uriel (1968): Languages in Contact. Findings and Problems. With a Preface by André MARTINET. Sixth Printing. The Hague/Paris: Mouton.

WEINRICH, Harald (1976): Sprache in Texten. Stuttgart: Klett.

WEISS, Andreas v. (1959): Hauptprobleme der Zweisprachigkeit. Eine Untersuchung auf Grund deutsch/estnischen Materials. Heidelberg: Winter. (Bibliothek der allgemeinen Sprachwissenschaft; Dritte Reihe).

WELSCH, Wolfgang (1995): Transkulturalität. Zur veränderten Verfaßtheit heutiger Kulturen. In: Zeitschrift für Kulturaustausch 45. 1. S. 39–44.

WELSCH, Wolfgang (2000): Transkulturalität. Zwischen Globalisierung und Partikularisierung. In: Jahrbuch Deutsch als Fremdsprache 26. S. 327–351.

WERBNER, Pnina (1997): Introduction: The Dialectics of Cultural Hybridity. In: MODOOD, Tariq/WERBNER, Pnina (Eds.): Debating Cultural Hybridity. Multi-Cultural Identities and the Politics of Anti-Racism. London/New Jersey: Zed Books. S. 1–26.

WERLEN, Erika (1996): Teilnehmende Beobachtung. In: GOEBL, Hans/NELDE, Peter H./STARÝ, Zdeněk/WÖLCK, Wolfgang (Hrsg.): Kontaktlinguistik. Ein internationales Handbuch zeitgenössischer Forschung. Berlin/New York: de Gruyter. (Handbücher zur Sprach- und Kommunikationswissenschaft; 12.1). S. 750–764.

WERNER, Otmar (1987): Übersetzungsprobleme bei Sprachmischungen und Sprachschichtungen. Am Beispiel von Lars Anderssons Roman „Snöljus". In: GROENKE, Ulrich (Hrsg.): Arbeiten zur Skandinavistik. 7. Arbeitstagung der Skandinavisten des deutschen Sprachgebietes, 4.8.–10.8.1985 in Skjeberg, Norwegen. Frankfurt a.M./Berlin/Bern/New York/Paris/Wien: Lang. (Texte und Untersuchungen zur Germanistik und Skandinavistik; 18). S. 291–321.

WERNER, Waltraut (1969): Altschwäbisches aus dem ungarndeutschen Dorf Hajós. In: Jahrbuch für ostdeutsche Volkskunde. Bd. 12. Marburg: Elwert. S. 248–270.

WERNER, Waltraut/KÜNZIG, Johannes (1971): Einleitung. In: KÜNZIG, Johannes/ WERNER, Waltraut: Ungarndeutsche Märchenerzähler II. Die „Blinden Madel" aus Gant im Schildgebirge. Freiburg i. Br.: Rombach. (Quellen deutscher Volkskunde; 3). S. 7–12.

WESCH, Andreas (1994): Bereicherung und Nivellierung semantischer Strukturen durch Interferenzen am Beispiel Spanisch/Katalanisch. In: HELFRICH, Uta/RIEHL, Claudia Maria (Hrsg.): Mehrsprachigkeit in Europa – Hindernis oder Chance? Wilhelmsfeld: Egert. (Pro lingua; 24). S. 165–178.

WHINNOM, Keith (1971): Linguistic Hybridization and the ,Special Case' of Pidgins and Creols. In: HYMES, Dell (Ed.): Pidginization and Creolization of the West Indies, Mona, Jamaica, April 1968. Cambridge: Cambridge Univ. Press. S. 91–115.

WIEDENMANN, Ursula/WIERLACHER, Alois (2003): Blickwinkel. In: WIERLACHER, Alois/BOGNER, Andrea (Hrsg.): Handbuch interkulturelle Germanistik. Stuttgart/Weimar: Metzler. S. 210–214.

WIERLACHER, Alois (2000): Interkulturalität. Zur Konzeptualisierung eines Rahmenbegriffs interkultureller Kommunikation aus der Sicht Interkultureller Germanistik. In: Jahrbuch Deutsch als Fremdsprache 26. S. 263–287.

WIESINGER, Peter (1980): Deutsche Sprachinseln. In: ALTHAUS, Hans Peter/HENNE, Helmut/WIEGAND, Herbert Ernst (Hrsg.): Lexikon der Germanistischen Linguistik. 2., vollst. neu bearb. u. erw. Aufl. Tübingen: Niemeyer. S. 491–500.

WIESINGER, Peter (1983): Deutsche Dialektgebiete außerhalb des deutschen Sprachgebiets: Mittel-, Südost- und Osteuropa. In: BESCH, Werner/KNOOP, Ulrich/PUTSCHKE, Wolfgang/WIEGAND, Herbert E. (Hrsg.): Dialektologie. Ein Handbuch zur deutschen und allgemeinen Dialektforschung. Berlin/ New York: de Gruyter. (Handbücher zur Sprach- und Kommunikationswissenschaft; 1.2). S. 900–929.

WIESINGER, Peter (2001): Die sprachpolitische Positionierung der deutschen Sprache und des DaF/DaZ-Unterrichts in der Welt der Mehrsprachigkeit. In: Deutschunterricht für Ungarn 16. 1–2. S. 42–58.

WILD, Katharina (1990): Sprachliche Situation der Deutschen in Südungarn. In: NELDE, Peter (Hrsg.): Deutsch als Muttersprache in Ungarn. Forschungsberichte zur Gegenwartslage. Stuttgart: Steiner. (Deutsche Sprache in Europa und Übersee; 13). S. 101–114.

WILD, Katharina (1994a): Syntax der eingeleiteten Nebensätze in den „Fuldaer" deutschen Mundarten Südungarns. Budapest: Akadémiai. (Studies in Modern Philology; 11).

WILD, Katharina (1994b): Statistisch-syntaktische Untersuchungen ungarndeutscher Mundarten. In: SCHWOB, Anton/FASSEL, Horst (Hrsg.): Deutsche Sprache und Literatur in Südosteuropa – Archivierung und Dokumentation. Beiträge der Tübinger Fachtagung vom 25.–27. Juni 1992. München: Verl. Südostdeutsches Kulturwerk. (Veröff. des Südostdt. Kulturwerks, Reihe B, Wiss. Arbeiten; 66). S. 94–98.

WILDGEN, Wolfgang (1988): Darstellung einiger wichtiger Methoden der Kontaktlinguistik. In: WAGNER, Karl-Heinz/WILDGEN, Wolfgang (Hrsg.): Studien zum Sprachkontakt. Bremen: Univ. (BLIcK: Bremer Linguistisches Kolloquium; 1). S. 3–23.

WILDGEN, Wolfgang (2003): Vom Gen-Pool bis zur Sprachbiographie. Methoden der Sprachkontaktforschung. In: STOLZ, Thomas/KOLBE, Katja (Hrsg.): Methodologie in der Linguistik. Frankfurt a.M./Berlin/Bern/Bruxelles/New York/Oxford/Wien: Lang. S. 195–208.

WILLEMS, Herbert/JURGA, Martin (1998): Inszenierungsgesellschaft. Ein einfürendes Handbuch. Opladen [u.a.]: Westdeutscher Verl.

WILLIAMS, Sarah (1995): Research on Bilingualism and its Relevance for Interpreting. In: Hermes. Journal of Linguistics 15. S. 143–154.

WINFORD, Donald (2003): An Introduction to Contact Linguistics. Malden/Oxford/Melbourne/Berlin: Blackwell Publ. (Language in Society; 33).

WIRRER, Jan (2004): Ethnophraseologie. Zur Elizitierung phraseologischer Daten von nur wenig oder gar nicht dokumentierten Sprachen am Beispiel Nordfriesisch: Söl'ring. In: PALM-MEISTER, Christine (Hrsg.): EUROPHRAS 2000. Internationale Tagung zur Phraseologie vom 15.–18. Juni 2000 in Aske/Schweden. Tübingen: Stauffenburg. (Stauffenburg-Linguistik). S. 533–545.

WÖLCK, Wolfgang (1985): Beyond Community Profiles: A Three-Level Approach to Sociolinguistic Sampling. In: NELDE, Peter H. (Ed.): Methods in Contact Linguistic Research. Methoden der Kontaktlinguistik. Bonn: Dümmler. (Plurilingua; 5). S. 31–43.

WOLFF, Dieter (2003): Gesteuerter Fremdsprachenerwerb. In: RICKHEIT, Gert/HERRMANN, Theo/DEUTSCH, Werner (Hrsg.) (2003): Psycholinguistik. Ein internationales Handbuch. Berlin/New York: de Gruyter. (Handbücher zur Sprach- und Kommunikationsforschung; 24). S. 833–844.

WOLFF, Gerhart (2004): Deutsche Sprachgeschichte von den Anfängen bis zur Gegenwart. Ein Studienbuch. 5., überarb. u. aktual. Aufl. Tübingen/Basel: Francke. (UTB; 1581).

WREDE, Ferd[inand] (1919): Zur Entwicklungsgeschichte der deutschen Mundartenforschung. In: Zeitschrift für deutsche Mundarten 14. S. 3–18.

WURZEL, Wolfgang Ulrich (2001): Ökonomie. In: HASPELMATH, Martin/KÖNIG, Ekkehard/OSTERREICHER, Wulf/RAIBLE, Wolfgang (Eds.): Language Typology and Language Universals. Vol. 1. Berlin/New York: de Gruyter. (Handbücher zur Sprach- und Kommunikationswissenschaft; 20.1). S. 384–400.

WURZER, Bernhard (1969): Die deutschen Sprachinseln in Oberitalien. 2., überarb. Aufl. Bozen: Athesia.

YANG, Wenliang (1990): Anglizismen im Deutschen. Am Beispiel des Nachrichtenmagazins Der Spiegel. Tübingen: Niemeyer. (Reihe Germanistische Linguistik; 106).

ZELLIGER, Erzsébet (2002): Nyelvi kontaktusok és az egyetemi oktatás. In: SZABÓ, Géza/MOLNÁR, Zoltán/GUTTMANN, Miklós (szerk.): IV. Dialektológiai Szimpozion. Szombathely, 2001. augusztus 23–25. Szombathely: BDF. (A Berzsenyi Dániel Tanárképző Főiskola Magyar Nyelvészeti Tanszékének kiadványai; 5). S. 327–330.

ZHU, Xiaoan (2003): Die kognitive Funktion der Metapher in der deutschen Fachsprache. In: ZHU, Jianhua/ZIMMER, Thomas (Hrsg.): Fachsprachenlinguistik, Fachsprachendidaktik und interkulturelle Kommunikation. Frankfurt a.M./Berlin/Bern/Bruxelles/New York/Oxford/Wien: Lang. (Angewandte Sprachwissenschaft; 12). S. 273–284.

ZIEGLER, Arne (1996): Deutsche Sprache in Brasilien. Untersuchungen zum Sprachwandel und zum Sprachgebrauch der deutschstämmigen Brasilianer in Rio Grande do Sul. Essen: Verl. Die Blaue Eule. (Kultur der Deutschen im Ausland; 2).

ZILLICH, Heinrich (1967): Binnendeutsche und Südostdeutsche in der Waffen-SS. In: Südostdeutsche Vierteljahresblätter 16. 2. S. 124–125.

ZILLIG, Werner (2003): Natürliche Sprachen und kommunikative Normen. Tübingen: Narr.

ZIMMER, Dieter E. (1997): Deutsch und anders. Die Sprache im Modernisierungsfieber. Reinbek bei Hamburg: Rowohlt.

ZOGRAF, G. A. (1990): Mnogojazyčie. In: JARCEVA, V. N. (Glavn. red.): Lingvističeskij enciklopedičeskij slovar'. Moskva: Sovetskaja enciklopedija. S. 303.

ZÜRRER, Peter (1999): Sprachinseldialekte. Walserdeutsch im Aostatal (Italien). Aarau/Frankfurt a.M./Salzburg: Sauerländer. (Sprachlandschaft; 23).